Felix Escher

Hauptstadt und Staat

Veröffentlichungen der Historischen Kommission zu Berlin

Herausgegeben von
Ulrike Höroldt

Band 111

Felix Escher

Hauptstadt und Staat

Die Finanzierung des Ausbaus der städtischen Infrastruktur von Berlin 1871–1945

DE GRUYTER
OLDENBOURG

Gedruckt mit Finanzmitteln der Senatsverwaltung für Wissenschaft, Gesundheit und Pflege

Senatsverwaltung für Wissenschaft, Gesundheit und Pflege | BERLIN

ISBN 978-3-11-117820-2
e-ISBN (PDF) 978-3-11-117871-4
e-ISBN (EPUB) 978-3-11-117876-9
ISSN 0067-6071
DOI https://doi.org/10.1515/9783111178714

Library of Congress Control Number: 2023947463

Bibliografische Information der Deutschen Nationalbibliothek
Die Deutsche Nationalbibliothek verzeichnet diese Publikation in der Deutschen Nationalbibliografie; detaillierte bibliografische Daten sind im Internet über http://dnb.dnb.de abrufbar.

publiziert von Walter de Gruyter GmbH, Berlin/Boston.
Dieses Buch ist als Open-Access-Publikation verfügbar über www.degruyter.com.
Satz: bsix information exchange GmbH, Braunschweig
Druck und Bindung: CPI books GmbH, Leck

www.degruyter.com

Vorwort

Die aus einem letzten Projekt unter der Leitung Wolfram Fischers in der Historischen Kommission zu Berlin e. V. hervorgegangene Arbeit hat den Eigenanteil der Stadt Berlin an der Finanzierung als Hauptstadt Preußens und Kapitale des Deutschen Reiches durch bewegte Zeiten zum Inhalt. Es ist nicht unproblematisch, eine Arbeit, die in ihrem Kern vor Jahrzehnten entstand, jetzt zur Publikation zu bringen. Neuere Literatur brachte andere Sichtweisen, doch hofft der Autor, dass seine hauptsächlich aus archivalischen Quellen entstandene Darstellung einen wichtigen Leerraum schließt.

Dank möchte ich vor allem dem Initiator des Projekts und damaligen Vorsitzenden der Historischen Kommission Wolfram Fischer aussprechen. Nicht nur ihm, auch vor allen anderen Johannes Bähr und Frank Zschaler, die nicht nur mit Anregungen, sondern auch durch das Eintreten für die Drucklegung das Werk förderten, gilt mein besonderer Dank. Ebenso dankbar bin ich dem leider früh verstorbenen ehemaligen Lektor der Historischen Kommission Christian Schädlich, der dem Verfasser bei einer ersten Gestaltung des Manuskriptes half und noch bei der letzten Begegnung ihn zur Veröffentlichung ermunterte. Auch der Nachfolger Fischers im Vorsitz der Kommission und Leiter der Berlin-Sektion, der inzwischen verstorbene Wolfgang Ribbe, ist hier zu nennen. Für die endgültige Drucklegung danke ich der heutigen Vorsitzenden der Kommission Ulrike Höroldt und ihrem Vorgänger Michael Wildt sowie für die dafür noch nötige Unterstützung der Geschäftsführerin der Kommission Ellen Franke und ihren Mitarbeitern Jannes Bergmann, Holger Schmidt sowie Dorothee Wagner, die noch gewaltige Arbeit für die Druckvorbereitung hatten, ganz besonders herzlich.

Alles, was ich im letzten halben Jahrhundert geschrieben habe, hat meine Frau Gloria geduldig gelesen und kritisch beurteilt. Mit der Widmung will ich ihr danken.

Felix Escher

https://doi.org/10.1515/9783111178714-201

Geleitwort

Bereits vor der politischen Wende der Jahre 1989/1990 hatte die Historische Kommission zu Berlin e. V. unter dem Vorsitz von Professor Dr. Dr. Dr. h. c. Wolfram Fischer, Inhaber des Lehrstuhls für Wirtschafts- und Sozialgeschichte an der Freien Universität Berlin von 1964 bis zu seiner Emeritierung 1996, ein Forschungsprojekt zur Geschichte der öffentlichen Finanzen Berlins seit 1871 angedacht. Dabei ging es um die Erforschung erstens der finanziellen Absicherung der Wahrnehmung von Hauptstadtaufgaben im Zweiten Kaiserreich, der Weimarer Republik und während der nationalsozialistischen Diktatur, zweitens um die Situation während der Viermächteverwaltung von Deutschland und Berlin, drittens um die besondere politische und wirtschaftliche Lage West-Berlins nach der doppelten Staatsgründung, verbunden mit dem Anspruch, für ganz Berlin die Rolle als symbolische Hauptstadt Deutschlands wahrzunehmen, und Ost-Berlins als DDR-Hauptstadt und viertens um die finanzielle Absicherung der kommunalpolitischen Aufgaben im jeweiligen Zeitraum.

Während neben etlichen Zeitschriften- und Sammelbandaufsätzen bisher zwei Monografien erschienen sind, 1995 von mir zum Thema ‚Öffentliche Finanzen und Finanzpolitik in Berlin 1945–1961. Eine vergleichende Untersuchung von Ost- und West-Berlin' (mit Datenanhang 1945–1989) (Veröffentlichungen der Historischen Kommission zu Berlin, Bd. 88), Berlin/New York, und 2004 von Dr. Harald Engler ‚Die Finanzierung der Reichshauptstadt. Untersuchungen zu den hauptstadtbedingten staatlichen Ausgaben Preußens und des Deutschen Reiches in Berlin vom Kaiserreich bis zum Dritten Reich (1871–1945)' (Veröffentlichungen der Historischen Kommission zu Berlin, Bd. 105), Berlin/New York, gelingt es Professor Dr. Felix Escher, ehemaliger Professor für Geschichte des Mittelalters an der Technischen Universität Berlin, mit dem vorliegenden Werk ‚Hauptstadt und Staat. Die Finanzierung des Ausbaus der städtischen Infrastruktur von Berlin 1871–1945' eine weitere Forschungslücke zu schließen.

Dass die Publikation 2023 zustande kommt, ist selbstverständlich zuerst der unermüdlichen Quellenarbeit und wissenschaftlichen Expertise des Autors zu danken und seiner Bereitschaft, das in großen Teilen bereits vor einigen Jahren fertiggestellte Manuskript unter Berücksichtigung neuer Forschungsstände zu überarbeiten. Die Historische Kommission selber, insbesondere der Vorsitzende Professor i. R. Dr. Michael Wildt, bis 2022 Inhaber des Lehrstuhls Deutsche Geschichte des 20. Jahrhunderts mit Schwerpunkt Zeit des Nationalsozialismus an der Humboldt-Universität zu Berlin, und seine Nachfolgerin, die Direktorin des Geheimen Staatsarchivs Preußischer Kulturbesitz Professorin Dr. Ulrike Höroldt, hat dieses Projekt nachhaltig unterstützt und gefördert, gehört doch die historische Erforschung Berlins, Brandenburgs und Preußens zu ihren satzungsgemäßen Aufgaben.

Im Fokus der Publikation steht die Geschichte der Finanzierung des kommunalen Anteils der hauptstädtischen Aufgaben vom 19. Jahrhundert bis 1945. Daraus lassen sich Rückschlüsse auf das Verhältnis Preußens und des Deutschen Reiches zur Hauptstadt ziehen. Felix Escher schreibt darüber in seiner Einleitung, in der er sein wissen-

https://doi.org/10.1515/9783111178714-202

schaftliches Konzept umfassend erläutert: „Im Ergebnis wird keine Erfolgsgeschichte dargestellt. Nicht die Fülle, eher der Mangel hat das Verhältnis zwischen Staat und Hauptstadt über lange Zeit geprägt.“ Das scheint auch in der Gegenwart zu gelten. Ein Schelm, wer Arges dabei denkt.

Frank Zschaler
für die Historische Kommission zu Berlin e. V.

Inhaltsverzeichnis

1 Einleitung

Im Jahr 1952 überreichte das kurz zuvor in Friedrich-Meinecke-Institut umbenannte Historische Seminar der Freien Universität Berlin anlässlich des 90. Geburtstages dem namengebenden Gelehrten eine Festgabe unter dem Titel ‚Das Hauptstadtproblem in der Geschichte'.[1] Die Schrift war zugleich der erste Band eines neuen Jahrbuches, das bereits im folgenden Jahr in ‚Jahrbuch für die Geschichte Mittel- und Ostdeutschlands' umbenannt wurde. Die Herausgeberschaft und Redaktion wurde später von der 1959 gegründeten Gelehrtenvereinigung ‚Berliner Historische Kommission beim Friedrich-Meinecke-Institut' übernommen. Zu der 1962 in ‚Historische Kommission zu Berlin e. V.' umbenannten Einrichtung gehörte eine Forschungsstelle, in der auch die redaktionelle Betreuung dieses Jahrbuches durchgeführt wurde. Sie gehörte über ein Jahrzehnt zu den Aufgabenbereichen des Verfassers dieser Schrift.

Die Vereinigung Deutschlands 1990 brachte es mit sich, dass lange vernachlässigte Themen, wie die der Hauptstadtfrage, neue Aktualität gewannen. Zeitgleich gehörten große Veränderungen in der Wissenschaftslandschaft des nun wieder wie vor 1945 für Deutschland zentralen Raumes zu den Folgen der Wiedervereinigung. Manche Einrichtung schien nun entbehrlich. Wie wissenschaftliche Einrichtungen der Deutschen Demokratischen Republik (DDR) wurde auch die Forschungsstelle der Historischen Kommission einer entsprechenden Begutachtung unterzogen und – ebenso wie für die Mehrheit der geisteswissenschaftlichen DDR-Akademieeinrichtungen – deren Abwicklung empfohlen. Dies geschah 1996. Einige Projekte konnten allerdings noch durchgeführt werden. Dazu gehörte das vom scheidenden Vorsitzenden der Historischen Kommission zu Berlin, Wolfram Fischer, und dem damaligen Leiter der Sektion zur Geschichte Berlins und Fischers Nachfolger in dem Vorsitz der Kommission, Wolfgang Ribbe, entwickelte Projekt der Hauptstadtfinanzierung. In einem ersten Schritt hatte der Wirtschaftshistoriker Frank Zschaler für die Zeit nach 1945 vergleichend die kommunalen Finanzen in beiden Stadthälften bis in die Zeit des Mauerbaus untersucht.[2] In dem nun an die Deutsche Forschungsgemeinschaft (DFG) gestellten Antrag ging es um das Forschungsprojekt ‚Hauptstadt Berlin. Die Finanzierung des Ausbaus der preußischen Zentrallandschaft (1871–1945)'. Die Bewilligung geschah im Rahmen einer Endförderung der DFG. Für das Projekt der Hauptstadtfinanzierung waren zwei wissenschaftliche Mitarbeiter vom 1. Mai 1997 bis zum 30. April 1999 bewilligt

1 Das Hauptstadtproblem in der Geschichte. Festgabe zum 90. Geburtstag Friedrich Meineckes gewidmet vom Friedrich-Meinecke-Institut der Freien Universität Berlin, zugleich: Jahrbuch für die Geschichte des Deutschen Ostens, Bd. 1 (ab Bd. 2 Jahrbuch für die Geschichte Mittel- und Ostdeutschlands), Tübingen 1952.

2 Frank Zschaler, Öffentliche Finanzen und Finanzpolitik in Berlin 1945–1961. Eine vergleichende Untersuchung von Ost- und West-Berlin (mit Datenanhang 1945–1989) (Veröffentlichungen der Historischen Kommission zu Berlin, Bd. 88), Berlin/New York 1995.

https://doi.org/10.1515/9783111178714-001

worden.[3] Als Projektmitarbeiter wurden zwei durch die Auflösung der Forschungsstelle freigesetzte Mitarbeiter der Historischen Kommission, Harald Engler und der Verfasser, mit einem Zeitvertrag beschäftigt. Harald Engler erhielt während der Bearbeitungszeit die Möglichkeit, über das Thema der Hauptstadtfinanzierung promoviert zu werden. Durch die Möglichkeit, das Projekt zu einem Dissertationsthema zu machen, wurde die zuvor ausgearbeitete Aufgabenteilung zwischen den beiden Bearbeitern hinfällig, da zu den Grundlagen der Dissertation die Vorlage einer „wirtschaftlichen Gesamtrechnung der finanziellen Auswirkungen der Hauptstadtfunktion"[4] gehören musste. Dabei standen für das Forschungsvorhaben die Ermittlung und Bewertung der staatlichen Ausgaben des Reiches und Preußens sowohl für den politisch-administrativen Bereich mit seinen zahlreich in der Hauptstadt angesiedelten Verwaltungen und sonstigen Dienststellen wie auch für die in der Metropole beheimateten Einrichtungen der Kultur und Wissenschaften, der Industrie und des Militärs im Vordergrund. Das Ergebnis war überaus positiv. Engler kommt in seiner umfangreichen Untersuchung zum Schluss, dass die – wesentlich indirekte – staatliche Hauptstadtfinanzierung für den Bearbeitungszeitraum im Durchschnitt ein Volumen von zwei Dritteln des Berliner Haushalts erreichte.[5] Engler hatte seine Forschungsergebnisse im Jahr 2000 vorgelegt und war an der Freien Universität Berlin damit promoviert worden. Die Dissertation erschien 2004 im Druck.

Der Verfasser, dessen Schwerpunkt bei der gemeinsamen Bearbeitung der Hauptstadtfinanzierung in der Analyse des Verhältnisses zwischen der Kommune und dem preußischen Staat beziehungsweise dem Reich gelegen hatte, war gezwungen, seinen Anteil am Gesamtprojekt neu ausrichten. Zum neuen Schwerpunkt wurden der Eigenanteil der Kommune an der hauptstädtischen Entwicklung und das Verhältnis der selbstverwalteten Metropole zu den preußischen und Reichsbehörden. Die dafür relevanten Akten waren in der Bearbeitungszeit erfasst worden. Neue berufliche Aufgaben verzögerten allerdings die Fertigstellung. Erst nach dem Eintritt in den Ruhestand konnte das Manuskript – nun mit der Ausrichtung auf eine Geschichte der Finanzie-

3 Die ersten Ergebnisse des damaligen Vorhabens legte der damaligeVorsitzende der Historischen Kommission und Leiter der Arbeitsgruppe in einem Sammelband vor: Wolfgang Ribbe (Hrsg.), Hauptstadtfinanzierung in Deutschland: Von der Reichsgründung bis zur Gegenwart (Berlin-Forschungen der Historischen Kommission zu Berlin, Bd. 4), Berlin 2004; darin: Felix Escher, Hauptstadtaufgaben, der Berliner Haushalt und die Finanzverwaltung Preußens und des Reiches, S. 27–62; Harald Engler, Hauptstadtbedingte Ausgaben des Deutschen Reiches und Preußens in Berlin vom Kaiserreich bis zum ‚Dritten Reich' (1871–1945), S. 63–122. Zum Forschungsvorhaben siehe auch Felix Escher, Berliner Anleihepolitik bis 1931/33, in: Kristina Hübener/ Wilfried G. Hübscher/Detlev Hummel (Hrsg.), Bankgeschäfte an Havel und Spree. Geschichte – Traditionen – Perspektiven (Brandenburgische historische Studien, Bd. 6), Potsdam 2000, S. 123–156.

4 Harald Engler, Die Finanzierung der Reichshauptstadt. Untersuchungen zu den hauptstadtbedingten staatlichen Ausgaben Preußens und des Deutschen Reiches in Berlin vom Kaiserreich bis zum Dritten Reich (1871–1945) (Veröffentlichungen der Historischen Kommission zu Berlin, Bd. 105), Berlin/New York 2004, S. 6.

5 Engler, Die Finanzierung der Reichshauptstadt [wie Anm. 4], S. 453.

rung des kommunalen Anteils der hauptstädtischen Aufgaben vom 19. Jahrhundert bis 1945 – abgeschlossen werden. Daraus entstand die vorliegende Untersuchung des Verhältnisses des preußischen Staates sowie des Deutschen Reiches zur Hauptstadt. Die hier benutzten Zahlen sind grundsätzlich den jeweils dafür angegebenen Quellen entnommen. Haushaltsansätze, aber auch Abschlüsse aller Art sind immer wieder Veränderungen und Korrekturen unterworfen. So können mitunter beachtliche Unterschiede für Summen mit gleichem Titel bestehen.

Im Ergebnis wird keine Erfolgsgeschichte dargestellt. Nicht die Fülle, eher der Mangel hat das Verhältnis zwischen Staat und Hauptstadt über lange Zeit geprägt. Dazu gab es Konstanten über den gesamten Zeitraum. „Ein eigenartiges Geschick hat es gefügt, daß am Beginn der modernen Selbstverwaltung der alten Stadt Berlin im Jahre 1808 wie an dem der neuen Stadtgemeinde Berlin im Frühjahr 1920 das Gespenst des Bankrotts gestanden hat."[6] Mit diesen Worten leitete der verdienstvolle Stadtarchivar Ernst Kaeber seine Untersuchung zur Geschichte der Berliner Finanzpolitik zwischen 1808 und 1914 ein und nennt zugleich die Ursachen, die nicht mit der kommunalen Selbstverwaltung, sondern mit der preußisch-deutschen Geschichte zusammenhängen: „Beide Male war ein verlorener Krieg vorausgegangen, der erste den preußischen Staat, der zweite das Deutsche Reich in den Abgrund reißend." Die Berliner Finanzgeschichte ist als ein Teil der Geschichte der preußisch-deutschen Hauptstadt nicht nur in diesen Abschnitt mit dem Geschick Deutschlands fest verwoben, sondern durch sie bestimmt. Das von dem Archivar festgestellte Gespenst sollte bis in die Gegenwart die für die Finanzen der Stadt Berlin Verantwortlichen immer wieder aufs Neue ängstigen. Kaeber hat mit seinem Aufsatz, der in einer sehr bewegten Phase der hauptstädtischen Finanzgeschichte verfasst wurde, eine Erfolgsgeschichte der Sicherung und des Ausbaus der städtischen Finanzwirtschaft aus schwierigen Anfängen beschrieben. Die äußeren Umstände waren denen der Zeit der Abfassung des Aufsatzes nicht ganz unähnlich. Sowohl nach dem Sieg Napoleons über Preußen wie nach dem Ersten Weltkrieg mussten der Staat und mit ihm die Stadt Reparationen in gewaltiger Höhe aufbringen. Sowohl nach 1806 wie auch nach dem Ersten Weltkrieg war nach dem Staat besonders die preußisch-deutsche Metropole vor allen anderen Städten davon betroffen. Als Hauptstadt Preußens und des Reiches war Berlin in besonderer Weise mit dem Staat verbunden. In der ersten Sitzung des Reichstages des neuen Deutschen Reiches am 16. März 1871 nannte Reichstagspräsident Eduard (von) Simson in seiner Dankadresse an den Berliner Bürgermeister Hedemann die jahrhundertelange Tradition Berlins als Residenz und Hauptstadt des brandenburgisch-preußischen

6 Ernst Kaeber, Die Epochen der Finanzpolitik Berlins 1808–1914 [zuerst 1924], hier zitiert nach dems., Beiträge zur Berliner Geschichte. Ausgewählte Aufsätze, bearb. von Werner Vogel (Veröffentlichungen der Historischen Kommission zu Berlin, Bd. 14), Berlin 1964, S. 191–203, Zitat S. 191.

Königreiches und nun des Deutschen Reiches.[7] Es war diese Tradition, die den Aufstieg Berlins zur Reichshauptstadt begründete und zugleich die Haupt- und Residenzstädte der anderen das Deutsche Reich bildenden Bundesstaaten in die zweite Reihe verwies. Doch fehlte in der brandenburgisch-preußischen Metropole Berlin im Gegensatz zu anderen europäischen Hauptstädten die Tradition einer mit dem gesamten Reichsgebiet verbundenen Zentrale. Eine aus föderalem Geist gespeiste Reserve gegen Berlin war nicht nur in den nichtpreußischen Bundesstaaten, sondern auch in einigen preußischen Gebieten, vor allem in den erst im 19. Jahrhundert hinzugekommenen, vorhanden und reichte bis in die preußische und die Reichsverwaltung hinein. Das mit einer gewaltigen Zunahme der Wirtschaftskraft einhergehende Wachstum der Hauptstadt ließ vor allem auf konservativer Seite Ängste entstehen. So bestanden latente und mitunter offen hervorbrechende Spannungen zwischen dem Reich, Preußen und der zunehmend selbstbewussten Berliner Stadtverwaltung. Sie fanden ihren Ausdruck in der Frage der Finanzierung des vom damaligen Preußen ab 1860 gewünschten Ausbaus Berlins zu einer europäischen Metropole. Es ist dies eine Auseinandersetzung, die bis in die Gegenwart fortgesetzt wird.

Der Blick auf die Berliner Finanzgeschichte zeigt, dass in allen Zeiten nicht in der Kommune entstandene, sondern exogene Einflüsse die Entwicklungen wesentlich beeinflusst haben. Ein Hauptstadt-Bonus konnte dagegen in keiner Zeit der engen Beziehungen Berlins zu den in der Stadt ansässigen staatlichen Zentralbehörden weder gegenüber der Zeit als Reichshauptstadt noch nach der Rückkehr der Zentralgewalt an die Spree erkannt werden. Der Hinweis auf die rechtlich gebotene Gleichbehandlung war und ist mitunter die Verschleierung von Zurücksetzungen. So bleibt in Deutschland das Verhältnis zwischen dem Staat und seiner Hauptstadt spannungsreich.

Die vorliegende Schrift ist von einem Regionalhistoriker verfasst worden. Der Autor bittet schon deshalb Finanz- und Wirtschaftswissenschaftler um Nachsicht.

---

7 Die Rede erschien progammatisch so wichtig, dass sie in den Verwaltungsbericht der Stadt aufgenommen wurde: Bericht über die Gemeinde-Verwaltung der Stadt Berlin in den Jahren 1861 bis 1876 [im Folgenden: Bericht über die Gemeinde-Verwaltung 1861–1876], H. 1, Berlin 1879, S. 32 f.

2 Die Voraussetzungen. Die Stellung Berlins im preußischen Staat und im Deutschen Reich

2.1 Die Emanzipation vom Obrigkeitsstaat. Das Verhältnis zwischen Staat und Hauptstadt bis zur Reichsgründung

Für ein Verständnis der Finanzsituation der neuen Reichshauptstadt ist es notwendig, bis zum Beginn des 19. Jahrhunderts zurückzugehen. Die preußische Hauptstadt war bereits an der Wende vom 18. zum 19. Jahrhundert zum wirtschaftlichen Zentrum im Gesamtstaat geworden; entsprechend hoch war ihre finanzielle Leistungskraft. Allein die durch den Staat eingezogene städtische Verbrauchsteuer (Akzise) als wichtigste städtische Leistung erbrachte im Jahr 1804 in Berlin 1,364 Millionen Taler.[8] Die Überschüsse dieser Steuer für diese Zeit[9] betrugen für die Kurmark 2,265 Millionen, für den Gesamtstaat 7,539 Millionen Taler. Die städtische Kämmerei von Berlin schloss im Jahr 1800 bei Einnahmen in Höhe von 137.957 Talern mit einem Überschuss von 37.000 Talern ab.[10] In der nun folgenden Kriegszeit bemühte sich die französische Okkupationsmacht wie dann folgend auch die preußische Staatsverwaltung, die finanzielle Leistungsfähigkeit der Stadt für eigene Zwecke zu nutzen. So wurde die Stadtverwaltung im Zusammenhang mit der französischen Okkupation im Jahr 1806 gezwungen, Schulden für nichtkommunale Ausgaben zu übernehmen.

Für die die Stadt betreffenden Angelegenheiten hatte die französische Besatzung anstelle des entlassenen Magistrats ein Comité administratif als städtisches Exekutivorgan ins Leben gerufen.[11] Es stand unter französischer Oberhoheit. Seine wichtigste Aufgabe bestand in der Erfüllung der Wünsche der Besatzungsmacht. Bis Dezember 1808, als die napoleonischen Truppen die preußische Hauptstadt wieder verließen, hatte man für die französischen Bedürfnisse (einschließlich Einquartierungslasten)

---

8 Zahlen nach Friedrich Wilhelm August Bratring, Statistisch-topographische Beschreibung der gesamten Mark Brandenburg, kritisch durchgesehene und verbesserte Neuausgabe, hrsg. von Otto Büsch/Gerd Heinrich (Veröffentlichungen der Historischen Kommission zu Berlin, Bd. 22), Berlin 1968, S. 702.

9 Zahlen für 1804/05 nach Otto Behre, Geschichte der Statistik in Brandenburg-Preussen, Berlin 1905 [ND Vaduz 1979], S. 106.

10 Bratring, Statistisch-topographische Beschreibung [wie Anm. 8], S. 694.

11 Zur Entwicklung der Verwaltung Magnus Friedrich von Bassewitz, Die Kurmark Brandenburg im Zusammenhang mit den Schicksalen des Gesamtstaates Preußen während der Zeit vom 22. Oktober 1806 bis zu Ende des Jahres 1808, Bd. 1, Leipzig 1851, S. 80–101; Kurt Schrader, Die Verwaltung Berlins von der Residenzstadt des Kurfürsten Friedrich Wilhelm bis zur Reichshauptstadt. Unter besonderer Berücksichtigung der Stellung der Stadtverwaltung zu den oberen preußischen Staatsbehörden mit einem Abriß der Berliner Regierung, Diss. masch., Humboldt-Universität zu Berlin 1963, T. 2, S. 3–9.

https://doi.org/10.1515/9783111178714-002

15,17 Millionen Taler aufbringen müssen.[12] Allein die Berliner Bankhäuser Schickler, Beneke, Wolf und Levy Erben hatten 1808 zur Deckung der rückständigen Kriegskontribution in Hamburg eine Anleihe von 635.000 Talern platziert und dafür städtische Schuldverschreibungen erhalten. Zugleich wurden 1,2 Millionen Taler an Stadtobligationen hinterlegt. Weitere 48 Bankiers beteiligten sich durch die Ausstellung von Wechseln an der Sicherung der Transaktion.[13] Im November desselben Jahres erfolgte bei einem Bankier eine neue Kreditaufnahme durch eine Anleihe von 50.000 Talern, ebenfalls zu fünf Prozent Zins, fünfeinhalb Prozent Provision und der Verpfändung von Stadtobligationen in Höhe von 100.000 Talern. Für eine weitere Anleihe von 6.000 Talern mussten 10.000 Taler in Tresorscheinen hinterlegt werden. Erst als im Dezember der Abzug der Besatzungstruppen absehbar war, konnte für eine weitere Anleihe in Höhe von 200.000 Talern die Hälfte bar eingezahlt werden.[14] Damit war für die folgenden 30 Jahre der Schwerpunkt der städtischen Finanzwirtschaft gegeben.[15] Die Auseinandersetzungen zwischen den städtischen und den staatlichen Behörden über die Regulierung und Tilgung der aus französischer Zeit stammenden Kriegsschuld dominierten aber nicht nur das städtische Haushaltswesen der nach der Preußischen Städteordnung von 1808 reorganisierten Hauptstadt im ersten Drittel des 19. Jahrhunderts, sondern vermitteln darüber hinaus einen tiefen Einblick in das damalige Verhältnis zwischen Stadt und Staat. Den Vorschlag des Comité administratif, staatliche Akziseeinnahmen zum Vorteil der Stadt für den Schuldendienst zu verwenden, hatte Friedrich Wilhelm III. bereits 1808 abgelehnt. Ein gewichtiges Argument war die rechtliche Gleichbehandlung der Städte.[16] Die Hauptstadt konnte nicht auf eine Bevorzugung rechnen; eher war das Gegenteil der Fall. Die besondere Leistungsfähigkeit der Stadt erlaubte nach Meinung der Staatsbehörden eine besondere Belastung der Hauptstadt insgesamt als auch für deren ökonomisch führende Schichten. So

---

12 Magnus Friedrich von Bassewitz, Die Kurmark Brandenburg im Zusammenhang mit den Schicksalen des Gesamtstaates Preußen während der Zeit vom 22. Oktober 1806 bis zu Ende des Jahres 1808, Bd. 2, Leipzig 1852, S. 270–272.

13 Ebd., S. 260 f.

14 Zum Vorgang ausführlich Paul Clauswitz, Die Städteordnung von 1808 und die Stadt Berlin. Festschrift zur hundertjährigen Gedenkfeier der Einführung der Städteordnung, Berlin 1908, S. 51.

15 So Kaeber, Die Epochen der Finanzpolitik [wie Anm. 6], S. 192.

16 *Sollte ich jetzt nach dem Vorschlage des Staatsministers v. Voß diejenigen Bedürfnißgegenstände, welche ohne Nachtheil für das Gewerbe und ohne Erschöpfung der Unterthanen, einer höheren Besteuerung fähig sind, bloß zu Gunsten einzelner verschuldeter Städte, da andere durch den Krieg in Schulden gerathene Städte eben so gerechten Anspruch auf meine Hülfe als Berlin haben, mit höheren Akzisesätzen belegen, so würde ich dem Staat einen Theil der Mittel entziehen, die ihm zur Herbeischaffung der allgemeinen Kriegskontribuzion zu Gebote stehen. Ich würde neben den Schulden des Staats auch die Schulden einzelner Kommunen aus den Einkünften des Staats bezahlen, ohne daß selbst diesen Kommunen eine wesentliche Hülfe geschafft werden würde, weil sie alsdann zu den direkten Auflagen, durch welche der Ausfall gedeckt werden müßte, ihren Antheil wiederum beizutragen genöthigt sein würden.* Kabinettsordre vom 16. Dezember 1808, zitiert nach Bassewitz, Die Kurmark Brandenburg, Bd. 2 [wie Anm. 12], S. 277–279.

verwies der zu dieser Zeit noch in Königsberg residierende König in diesem Zusammenhang die *Vorsteher der Stadt Berlin* auf, *wirksame und nachdrückliche Veranstaltungen*, die zu treffen seien, *theils um die Rückstände von den reicheren Einwohnern und dem Handelsstande einzuziehen, theils um die hierdurch nicht gedeckten Bedürfnisse des Augenblicks auf eine den dürftigen und durch die Lasten des Krieges erschöpften Theil der Einwohner nicht belästigende Art aufzubringen*. Um *eine von Frankfurt am Main dargebotene Anleihe* [...] *zu befördern*, wurde den Gläubigern angeboten, *einen zur Spezialhypothek hinreichenden Theil der von der Stadt eingehenden erhöheten Akzisegefälle zur Verpfändung* [zu] *überlassen*.[17]

Die hier vom König indirekt angemahnte kommunale Einkommensteuer wurde von der Stadt und den Gewerbetreibenden – jetzt wie auch später – strikt abgelehnt. Zur gleichen Zeit wuchsen die Geldverlegenheiten. Gemäß einer vom Oberpräsidenten der Provinz Brandenburg Johann August Sack dem Magistrat zugestellten Verfügung musste dieser mitteilen, dass die Anleihe in Frankfurt nicht zustande gekommen war. Zudem befänden sich die (Berliner) Bankiers wegen Bezahlung der Hamburger Schuld in der größten Verlegenheit, da sie diese nicht zurückzahlen konnten und die dafür hinterlegten Stadtobligationen zu verkaufen drohten. Statt einer Einkommensteuer schlug Berlin neben der Erhöhung der indirekten Akzise eine Steuer auf Fuhrwerke, Luxuspferde sowie Schiffsgefälle vor, die auf 4.000 Taler monatlich veranschlagt wurde. Oberpräsident Sack erneuerte daraufhin seinen Antrag, in Berlin die Akzise zu erhöhen. Das Staatsministerium verwarf diese Pläne und verlangte, dass die Berliner Bankiers, die nach der Ansicht des Ministeriums bisher nicht hinreichend mit ihrem Vermögen und Kredit zur Deckung der städtischen Schulden herangezogen wären, die Hamburger Anleihe aus ihrer Kasse als Vorschuss tilgen sollten. Den Vorwurf mangelnder Loyalität der städtischen Körperschaften wies Sack zurück.[18] Zudem wurde der Plan zur Einführung der Einkommensteuer auch wegen der schlechten Konjunktur für nicht ausführbar gehalten.

Mit der Einführung der Städteordnung in Berlin im Jahr 1809 endete die Tätigkeit des Comité administratif. Zum ersten Oberbürgermeister der Stadt Berlin wurde der mit allen Verwaltungsdingen bestens vertraute ehemalige Kammerpräsident Leopold von Gerlach gewählt. Außerhalb des Aufgabenkreises der neuen städtischen Selbstverwaltung blieb das Polizeiwesen, für das ein dem preußischen Innenministerium direkt unterstelltes Polizeipräsidium geschaffen wurde. Dessen Zuständigkeit erstreckte sich von der Festsetzung der Preise für Lebensmittel und Gebrauchsgegenstände, über die Aufsicht über das Bau- und Feuerlöschwesen, die Straßen- (Bau, Unterhaltung, Reinigung und Beleuchtung der Stadtstraßen), die Medizinal- und Gewerbepolizei bis hin zum Bau und Unterhalt von Brücken und Wasserstraßen. Ebenfalls blieben die Gerichte (außer Vormundschaftssachen) außerhalb der städtischen Verwaltung. Für die Aufsicht über die Bauangelegenheiten des Staates bildete die nun Kurmärkische Re-

17 Zitat ebd.
18 Nach Bassewitz, Die Kurmark Brandenburg, Bd. 2 [wie Anm. 12], S. 283.

gierung benannte Mittelbehörde die Schlossbaukommission, die Regierungsbaukommission für die Kurmark (für Staatsbauten in der Stadt) sowie weitere Baukommissionen. Nur für Kommunalbauten wurde eine unter dem Magistrat stehende Stadtbaukommission zuständig. Von 1815 an unterstanden die drei staatlichen Kommissionen dem inzwischen eingerichteten Berliner Regierungspräsidium, in das das Polizeipräsidium umgewandelt worden war. Zu den Aufgaben der neuen Behörde zählte ebenso die Leitung der Servis- und Einquartierungsangelegenheiten wie die Aufsicht über das Armenwesen, die Tierarzneischule und die Charité, die Akademien der Künste und der Wissenschaften und die militärärztliche Akademie. Der Berliner Regierungspräsident übte nun die Kommunalaufsicht über den Berliner Magistrat wie auch seit 1818 die Aufsicht über die staatlichen höheren Schulen (ohne die dem Ministerium direkt unterstellte Universität) aus.

Zunächst war die Kurmärkische Kriegs- und Domänenkammer mit der Kommunalaufsicht über die preußische Hauptstadt betraut. Nach dem Ende der französischen Besatzung übernahm die Regierung in Berlin und nach deren Aufhebung 1821 das preußische Ministerium des Innern diese Aufgabe. Die Minister übten die Kommunalaufsicht gemeinsam mit dem Oberpräsidenten der Provinz Brandenburg aus.[19] Die Städteordnung von 1808 bestimmte: *Für die Beschaffung der öffentlichen Geldbedürfnisse haben die Stadtverordneten zu sorgen.* Sie hatten auch die Aufgabe, die Notwendigkeit und die Höhe der Bedarfssumme zu prüfen. Die Art der Deckung der öffentlichen Geldbedürfnisse vorzuschlagen, blieb dem Magistrat überlassen, der seinerseits der Stadtverordnetenversammlung die Verteilung auf die einzelnen Stadtbewohner vorschlagen sollte. Die Entscheidung darüber blieb wiederum den Stadtverordneten vorbehalten.[20] Damit war den Städten „gerade auf dem Gebiet des Finanzwesens der weiteste Spielraum zugestanden".[21] Die spätere Revision von 1831 präzisierte das städtische Haushaltsrecht in Hinsicht auf einen am Anfang des Jahres aufzustellenden Haushaltsetat und überließ den Regierungsbehörden, nähere Bestimmungen dazu festzusetzen.[22] Nach der Revolution von 1848 wird 1850 die Städteordnung aufgehoben und durch eine Gemeindeordnung ersetzt, doch bereits wenige Jahre darauf zeigte sich die Notwendigkeit einer besonderen Städteordnung, die – erneut umgearbeitet – am 30. Mai 1853 in Kraft trat. In Berlin fand sie sofort Anwendung. Das Haushaltsrecht wird den preußischen Städten weiterhin zugestanden, doch im Titel ‚VII. Vom Gemeindehaushalte' wurde verlangt, dass der vom Magistrat aufgestellte Etatentwurf spätestens im Oktober öffentlich auszuhängen war und auch sofort der Aufsichtsbehörde zugänglich gemacht werden musste. Erst danach hatte die Genehmigung durch die

19 Clauswitz, Die Städteordnung von 1808 [wie Anm. 14], S. 110 f.

20 Preußische Städteordnung von 1808, in: Christian Engeli/Wolfgang Haus (Hrsg.), Quellen zum modernen Gemeindeverfassungsrecht in Deutschland, Stuttgart u. a. 1975, S. 101–134, hier § 184, S. 128.

21 Conrad Bornhak, Preußische Staats- und Rechtsgeschichte, Berlin 1903 [ND Berlin 1979], S. 334.

22 Preußische Städteordnung von 1831, in: Engeli/Haus, Quellen zum modernen Gemeindeverfassungsrecht [wie Anm. 20], S. 180–207, hier § 124, S. 201.

Stadtverordnetenversammlung zu erfolgen. Die Jahresrechnung geschah danach vor dem Mai des folgenden Jahres und wurde dann vom Magistrat den Stadtverordneten zur Prüfung, Feststellung und Entlastung vorgelegt.[23]

In der ersten Preußischen Städteordnung von 1808 hatte sich der Staat weiterhin ein Aufsichtsrecht über die Städte vorbehalten.[24] Die Städteordnung vom 19. Februar 1808 hatte im Paragrafen 184 für die Beschaffung und Prüfung der Bedarfssumme des städtischen Etats die Stadtverordneten verantwortlich gemacht. Allein die Zusammenstellung der Bedürfnisse und die Art der Deckung vorzuschlagen, war Aufgabe des Magistrats. Doch nicht jeder männliche Bürger war bei der Wahl der 102 Berliner Stadtverordneten stimmberechtigt. Er musste das mit nicht geringem Geldaufwand zu erwerbende Bürgerrecht besitzen und unbescholten sein.[25] Auch wer über ein jährliches Einkommen von mindestens 200 Talern verfügte und nicht das Bürgerrecht besaß, konnte wählen. So wurden in die erste Stadtverordnetenversammlung vor allem Repräsentanten der Bürgerschaft gewählt, darunter 31 Kaufleute, 28 Gewerbetreibende, neun Fabrikanten, fünf Eigentümer und Rentiers, fünf Gärtner, vier Gastwirte und vier Apotheker. Der Beamtenstand war durch drei Polizeibeamte und zwei Bauinspektoren vertreten.[26]

Das Interesse der bürgerlichen Vertreter in der Stadtverordnetenversammlung beschränkte sich wesentlich auf den haushälterischen Umgang mit den zur Verfügung stehenden Mitteln. Hauptaufgabe für die städtische Selbstverwaltung wurde die Schuldenregulierung. Nach der von Gerlach am 1. April 1809 vorgelegten Schuldenübersicht betrug die Stadtschuld 4.924.087 Taler, davon waren 3.088.257 Taler als Stadtobligation verpfändet.[27] Am 13. Mai 1809 bewilligte der König der Stadt Berlin monatlich 6.000 Taler zunächst auf sechs, dann auf neun Monate aus den staatlichen Berlinischen Akzisekassen zur Bezahlung der Zinsen. Deren Verwaltung übernahm eine städtische Schuldenkommission unter dem Vorsitz des Oberbürgermeisters.[28] Die angewiesenen Staatsmittel reichten angesichts der Schuldenhöhe bei Weitem nicht aus. Zum nächsten Zahlungstermin, dem 1. Oktober 1809, drohte der Bankrott. Für dessen Abwendung sollten die wohlhabendsten Bewohner der Stadt zu einem Überbrückungskredit herangezogen werden. Der staatlich eingesetzte Zivilgouverneur der preußischen Hauptstadt, Johann August Sack, erwies sich hier als Anwalt der Kommune gegenüber der zentralen Staatsverwaltung und versuchte, zwischen Staat und Kommune zu vermitteln. Doch auch ihm gelang es nicht, für die Einziehung von 500.000 Talern als erzwungener Vorschussanleihe der genannten exklusiven Auswahl der Bewohner zu

23 Preußische Städteordnung von 1853, in: Engeli/Haus, Quellen zum modernen Gemeindeverfassungsrecht [wie Anm. 20], S. 370–395, hier §§ 66–71, S. 391 f.

24 Preußische Städteordnung von 1808 [wie Anm. 20], hier §§ 1–2, S. 105.

25 Ebd. §§ 69–77, S. 112.

26 Clauswitz, Die Städteordnung von 1808 [wie Anm. 14], S. 104 f.

27 Bassewitz, Die Kurmark Brandenburg, Bd. 2 [wie Anm. 12], S. 284 f.

28 Ebd., S. 285.

sorgen. Das Staatsministerium hatte das gesetzlich nicht vorgesehene Verfahren genehmigt und lediglich empfohlen, *große Umsicht* dabei walten zu lassen. Doch kam es, wie vorauszusehen war, zu zahlreichen Einsprüchen von Betroffenen, zu denen auch hohe Staatsbeamte wie Fürst Wilhelm zu Sayn-Wittgenstein-Hohenstein gehörten. Diese verweigerten trotz Entscheidungen über zwei Instanzen ihren Beitrag.[29] Neben der Zivilexekution wurde auch eine Militärexekution gegen säumige Zahler angeregt, die der König, der in dieser Angelegenheit Aufsehen vermeiden wollte, aber ablehnte.[30] Staatskanzler Karl August von Hardenberg hatte allerdings bereits im Juni 1809 von einer neuen Finanzkommission, in der er anstelle von Finanzminister Karl vom Stein zum Altenstein den Vorsitz führte, einen Plan zur Beitreibung der genannten Summe ausarbeiten lassen. Zunächst wurde ein Zahlungsmoratorium mit den Gläubigern vereinbart. Die führenden Bankiers sollten nun der Stadt eine viermonatige Frist gegen Bezahlung von fünf Prozent zur Zahlung der Zwangsanleihe gestatten, die ohne Zwangsmittel erhoben werden sollte. Der Erfolg war, dass die Gläubiger auch über die genannte Frist hinaus stillhielten.[31] Wie in vielen anderen Finanzfragen erreichte Hardenberg in den folgenden Jahren auch in diesem Fall die Abwendung des drohenden Zusammenbruchs der Finanzen der neuen Stadtverwaltung: Er verfügte, dass die 1810 dafür neu gebildete Generalkommission sich auch mit den Berlinischen Kriegsschulden befassen musste, mithin die Berliner Schulden wieder in das allgemeine Staatsschuldenwesen integriert wurden. Als Soforthilfe wurde ihr 1811 eine Übertragsakzise von drei Groschen für einen Taler von der Berliner Getränke-, Mahl-, Schlacht-, Viktualien- und Kaufmannschafts-Akzise überwiesen. 1813 erhielt die Stadt einen Kommunalanteil an der Mehl- und Fleisch-Akzise. Die neuen Einnahmen führten dazu, dass die Stadt nicht nur die Schuldenzinsen bezahlen konnte, sondern sogar zeitweise einen Überschuss erzielte. Eine besondere Bevorzugung Berlins, das seine dringenden Schulden bezahlen konnte, darf hierin allerdings nicht gesehen werden. Die an Breslau gewährten Kommunalanteile an der Akzise lagen bedeutend höher.[32]

Nach der Niederwerfung Napoleons und der Befreiung Preußens erklärte der Minister des Innern, dass die seit 1806 direkt für die Stadteinwohner ausgeschriebenen Steuern als Kriegskontributionen zu betrachten seien. Das hieß aber auch, dass nun in Friedenszeiten die verbliebenen Reste, zu denen die noch nicht von den Steuerbürgern geleisteten Zahlungen gehörten, nicht mehr einzuziehen seien. So entstand wiederum ein Defizit im Schuldendienst. 1820 musste die Stadt deshalb einen Vorschuss

29 Der Wert der Staatspapiere (Tresorscheine) war auf ein Fünftel ihres Nominalwertes gesunken: Kaeber, Die Epochen der Finanzpolitik [wie Anm. 6], S. 191.

30 Bassewitz, Die Kurmark Brandenburg, Bd. 2 [wie Anm. 12], S. 291.

31 Ebd., S. 294; Clauswitz, Die Städteordnung von 1808 [wie Anm. 14], S. 130–132.

32 Bassewitz, Die Kurmark Brandenburg, Bd. 2 [wie Anm. 12], S. 299. Die zur Schuldentilgung bestimmte, zur Staatskasse eingezahlte Kommunalakzise betrug 1813 144.686 Taler, 1814 235.000 Taler, 1815 43.262 Taler, 1816 251.897 Taler, 1817 246.247 Taler, 1818 261.307 Taler, 1819 162.605 Taler, die jährlichen Zinsen der Schulden beliefen sich auf 220.000 Taler, ebd., S. 301 f.; siehe auch Clauswitz, Die Städteordnung von 1808 [wie Anm. 14], S. 138.

von 55.811 Talern aus der Generalstaatskasse in Anspruch nehmen. Die Berliner Stadtverordneten wiesen in diesem Zusammenhang auf die Ungleichbehandlung der verschiedenen Arten der Schulden hin. Am 23. August 1828 beendete eine Kabinettsordre die Diskussion, in der festgestellt wurde, *daß, da eine Ausgleichung weder von den städtischen noch von den königlichen Behörden für ausführbar noch zweckmäßig erachtet worden*, sei, *alle aus vorbemerkten Ausschreibungen als Vorschuß zur künftigen Ausgleichung eingezogenen Summen wie zeitweise geleistete Kriegskontribuzionsbeiträge zu betrachten, und nicht zu ersetzen wären.*[33] Ansonsten blieb der städtische Haushalt in diesem Zeitraum ausgeglichen. Vor allem die Haus- und Mietsteuereinnahmen ermöglichten dies, obwohl der staatliche Anteil an der in ihrer Bedeutung wachsenden Armenverwaltung gekürzt wurde.[34] Bei den hier als *spätere Schulden* aufgenommenen Beträgen handelt es sich um mit viereinhalb Prozent zu verzinsende Hypotheken, die für das Gewerbe-Schulhaus und den Ausbau der Kottwitzschen Anstalten, mithin zur Armenpflege, aufgenommen wurden. Mit 200.000 Talern war dabei allerdings die Errichtung von Elementarschulen der weitaus größte Posten. Hier ist eine Vorstufe der späteren Stadtanleihen zu fassen.[35] Eine aktive Ausgabenpolitik konnte sich die Stadt auch jetzt nicht leisten. Die höchsten Einnahmen wurden von der Haus- und Mietsteuer erbracht, die zwischen 1829 und 1839 von jährlich 350.000 auf 430.000 Taler anwuchs; die indirekten Steuern ergaben 215.000 bis 293.000 Taler. Die traditionelle städtische Haupteinnahmequelle, die Kämmereiverwaltung, hatte dagegen mit unter 100.000 Talern (zwischen 40.000 und 70.000 Taler) einen geringen Stellenwert.

Zu Beginn des Jahres 1822 wurde der Berliner Regierungsbezirk aufgelöst. Das Innenministerium übernahm bis 1828 die Staatsaufsicht über die Hauptstadt. Andere Aufgaben gingen auf die nun territorial zuständige Potsdamer Regierung über, deren Chef Friedrich Magnus von Bassewitz 1824–1842 zugleich als Oberpräsident der Provinz Brandenburg fungierte. Seine Behörde übernahm von 1828 bis 1881 die Kommunalaufsicht über Berlin vom preußischen Innenministerium. Direkt dem Innenministerium war das 1822 wiedererrichtete Polizeipräsidium mit weitreichenden Befugnissen in den Bereichen der Aufsicht über Sicherheit, Gewerbe und Gesundheit unterstellt. Für die Bausachen (einschließlich Brücken und Wasserwege) wie auch die Militärangelegenheiten wurde eine unter einem Präsidenten von den Ministerien des Handels-, des Innern und der Finanzen ressortierende Königliche Ministerial-, Militär-

33 Zitat: Bassewitz, Die Kurmark Brandenburg, Bd. 2 [wie Anm. 12], S. 303.

34 Von jährlich 75.000 auf 55.000 Taler: Clauswitz, Die Städteordnung von 1808 [wie Anm. 14], S. 141. Zur Bedeutung der Armenfürsorge für die Ausbildung der Kommunalverwaltung siehe Jürgen Reulecke, Die Armenfürsorge als Teil der kommunalen Leistungsverwaltung im 19. Jahrhundert, in: Hans-Heinrich Blotevogel (Hrsg.), Kommunale Leistungsverwaltung und Stadtentwicklung vom Vormärz bis zur Weimarer Republik, Köln/Wien 1990, S. 71–80, dort weitere Literatur; zu staatlichen Interventionen in Berlin Wolfgang Radtke, Armut in Berlin. Die sozialpolitischen Ansätze Christian von Rothers und der Königlichen Seehandlung im vormärzlichen Preußen, Berlin 1992.

35 Bericht über die Verwaltung der Stadt Berlin in den Jahren 1829 bis incl. 1840 [im Folgenden: Bericht über die Verwaltung 1829–1840], Berlin 1842, S. 23–25.

und Baukommission eingerichtet.[36] Zu dieser Behörde gehörten ab 1828 das Domänen-Rentamt Berlin, die Mühlenadminstration und die Tiergartenverwaltung. Für die städtische Selbstverwaltung war jetzt neben dem Schuldendienst (1829: 211.558, 1839: 202.045 Taler) die Armenverwaltung (1829: 138.250, 1839: 233.182 Taler), zu der zunächst auch das Armenschulwesen (geistliche und Unterrichtsangelegenheiten als eigener Bereich 1829: 18.410, 1839: 17.899 Taler) gehörte, wichtig geworden. Das Armenwesen war 1820 aus der staatlichen in die städtische Verwaltung übergegangen.[37] Die festgelegten Kommunalabgaben für die Servis-(Steuer-)Verwaltung (jährlich 131.416 Taler), die Polizei- und Gerichtsverwaltung (1829: 66.570, 1839: 101.899 Taler) und die allgemeine Verwaltung (1829: 63.554, 1839: 69.145 Taler) zählten zu den weiteren Hauptausgabeposten.[38] Das Bauwesen (1829: 14.042, 1839: 15.130 Taler) und alle anderen Bereiche besaßen dagegen nur eine untergeordnete Bedeutung. Unvorhergesehene Ausgaben, wie beim Auftauchen der Cholera im Jahr 1831, brachten den Haushalt in ein Ungleichgewicht. Allein zur Bestreitung der durch das Auftreten der Cholera verursachten Kosten mussten 150.000 Taler neue Schulden aufgenommen werden.[39] Als in den Jahren 1828/29 die Stadtschuldenobligationen einen den Nennwert überschreitenden Kurs erreicht hatten, wurden auf Betreiben der städtischen Behörden mit Genehmigung der vorgesetzten Staatsbehörden und der dazu notwendigen Einigung mit den Gläubigern die Zinsen der Stadtschulden von fünf auf vier Prozent herabgesetzt.[40] Nun konnte man einen Amortisationsplan der Gesamtschuld aufstellen. Diese betrug zu diesem Zeitpunkt:

Tab. 1: Amortisationsplan der städtischen Obligationsschuld vom 24. Juni 1829 (in Talern).

Als zinsbare Obligationsschuld	3.539.094
Rückständige Zinsen, die bis 1. Juli 1814 fällig gewesen waren	154.487
Buch- und sonstige Schulden aus der Kriegsperiode	201.605
Spätere Schulden	254.429
Insgesamt	4.149.615

Quelle: Bassewitz, Die Kurmark Brandenburg, Bd. 2 [wie Anm. 12], S. 304.

36 Eberhard Grünert, Die Preußische Bau- und Finanzdirektion in Berlin. Entstehung und Entwicklung 1822–1944, Berlin/Köln 1982.

37 Eine vom Magistrat in Auftrag gegebene Denkschrift, in der aus historischen Gründen auch über das Jahr 1820 hinaus die Verpflichtung des Fiskus für die Armenverwaltung postuliert wurde, führte zu Auseinandersetzungen im Magistrat und schließlich zum Rücktritt des Oberbürgermeisters von Bärensprung, dazu Clauswitz, Die Städteordnung von 1808 [wie Anm. 14], S. 154–158.

38 Siehe Anm. 35.

39 Bericht über die Verwaltung 1829–1840 [wie Anm. 35], S. 48 f. Auch in den folgenden Jahren mussten dafür kurzfristig kleinere Summen aufgenommen werden.

40 Bassewitz, Die Kurmark Brandenburg, Bd. 2 [wie Anm. 12], S. 304 f. Zu fünf Prozent verzinsbar verblieben lediglich 181.664 Taler, die noch 1829 getilgt werden sollten.

Der am 24. Juni 1829 durch Königliche Kabinettsordre genehmigte Amortisationsplan sah vor, dass der gesamte Betrag der der Stadt verliehenen indirekten Steuer bis zur Tilgung der Schuld weiterhin und ausschließlich zu diesem Zweck zur Verfügung stehen sollte. Als Zeitpunkt der vollständigen Schuldentilgung war das Jahr 1861 vorgesehen. 1833 war ein erster Vertrag über den Ausgleich von Forderungen der Stadt und staatlichen Behörden geschlossen worden. Diesem Schritt folgten in den nächsten Jahren noch intensive Gespräche. Nach Rücksprache mit den Ministern des Innern und der Finanzen gelangte Oberpräsident von Bassewitz zu einer Einigung über alle strittigen Punkte mit den städtischen Vertretern, die nach entsprechendem Bericht in einer Kabinettsordre vom 31. Dezember 1838 an den Magistrat der Stadt Berlin zusammengefasst wurde.[41] So war der Weg zu einem generellen Ausgleich der gegenseitigen Forderungen zwischen der Stadt Berlin und den staatlichen Stellen gebahnt, der als Teil eines Finanzausgleiches bis in das 20. Jahrhundert hinein wirksam bleiben sollte. Dies bedeutete, dass die Stadt die in der Franzosenzeit aufgenommenen Anleihen als städtische Schulden endgültig akzeptieren musste. Von den von der Stadt aufgelisteten, aus der Zeit der Besatzung stammenden Ausgaben, die von Vorschüssen an königliche Beamte, preußische Truppen und Ausgaben für königliche Gebäude über Vorschüsse für feindliche Truppen, für das königliche Nationaltheater, Ausfälle von Zinsen und Zuschüssen aus der Akzise, entgangene Gefälle und Bierziese bis hin zur Deckung der Kriegskontribution reichten, wurden dagegen nur 600.000 Taler als berechtigte Forderungen anerkannt und mit den staatlichen Gegenforderungen, vor allem der Zahlung von Stadtschulden, Zinszahlungen von Stadtobligationen, erlösten Stadtschuldscheinen, einbehaltenen Stempelgebühren in Höhe der Anleiheschuld von 1.310.684 Talern, aufgerechnet. Auf diese Weise verblieben als überschüssige Ansprüche des preußischen Staates 600.000 Taler. Diese wurden nun als staatlicher Beitrag zur Kriegskontribution in die Rechnung eingefügt und der Stadt aus *Billigkeits-Rücksichten* erlassen.[42] Nur indirekt hatte sich Preußen damit an dem ansonsten Berlin versagten Versprechen der Zinszahlung und Tilgung der Kriegskontribution beteiligt, doch die Rechtsposition blieb unangetastet, und das von Friedrich Wilhelm III. in einer Kabinettsordre vom 29. August 1807 gemachte Versprechen hinsichtlich der Schulden, *die das Land wegen Abführung der baaren Kriegskontribuzion hat machen müssen, oder noch zu machen genöthigt sein wird, durch alle mögliche Ersparnisse in den Ausgaben beim Militair- und Ziviletat aus den Landeseinkünften nicht allein* [zu] *verzinsen, sondern auch allmälig* [zu] *tilgen,*[43] wurde Berlin weiterhin versagt. In der Kabinettsordre

41 Abschrift der Kabinettsordre im Landesarchiv Berlin [im Folgenden: LAB], A Rep. 005-03-02 Hauptfinanzverwaltung, Nr. 106: Acta des Magistrats zu Berlin betreffend die Finanz-Verhältnisse Berlins und der Vororte, Bd. 1, 1838–1906, unfol.

42 Kabinettsordre, Abdruck: Bericht über die Verwaltung 1829–1840 [wie Anm. 35], S. 55–57; Bassewitz, Die Kurmark Brandenburg, Bd. 2 [wie Anm. 12], S. 309 f. bringt nur einen verkürzten Text, um die eigene Rechtsauffassung zu betonen.

43 Text in Bassewitz, Die Kurmark Brandenburg, Bd. 2 [wie Anm. 12], S. 62 f., zu den Verhandlungen S. 307 f.

von 1839 wurde als Grund dazu vermerkt, dass die Stadt *vielartige Hülfe und Unterstützung vom Staat seit 1809 auf direktem und indirektem Wege* erfahren habe. Die bei der gegenseitigen Aufrechnung noch fehlenden 100.000 Taler bekam die Stadt als *Gnadengeschenk*. Ferner erhielt die Stadt die Genehmigung, die Überschüsse, die aus der Kommunalakzise nach Befolgung des Amortisationsplanes von 1829 verblieben, für eigene Zwecke zu verwenden. So konnten die Polizei-Strafgelder weiterhin in die Stadtkasse fließen, und der Staat zahlte für Nachtwacht, Straßenbeleuchtung und Straßenreinigung von jetzt an einen jährlichen Beitrag von 33.000 Talern. Andere Lasten musste die Stadt tragen. Der Zuschuss der Stadt zum Armenwesen blieb auf 55.000 Taler beschränkt. Doch verzichtete der Staat zugunsten der Stadt auf Einkommen aus dem Leichenfuhrwesen. Die Bettelpolizei wurde gegen eine Entschädigung der Stadt von 3.000 Talern von der Polizeibehörde übernommen. Festgestellt wurden auch die zuvor durch Gerichtsentscheidungen geklärten Verpflichtungen für den Bau und den Unterhalt des Straßenpflasters.

Der Unterhalt der Straßen durch den Staat hatte bereits zuvor Anlass zu Unstimmigkeiten zwischen der Stadt und dem Staat gegeben. Für die Pflasterung der Straßen sah die Staatsverwaltung zunächst runde Granitsteine als ausreichend an. Erst von 1826 an wurden die Hauptstraßen mit rechteckigen Steinen, die Bürgersteige mit Granitplatten versehen. Unterschiede blieben auch nach 1838 bestehen. Das Verfügungsrecht über 135.460 Meter innerhalb des Weichbildes und 31.000 Meter im Tiergartenbereich wurde weiterhin durch den Fiskus, vertreten durch die Ministerial-, Militär- und Baukommission, verwaltet.[44] Der städtischen Gepflogenheit, die Verkehrswege auf einer Kiesunterlage zu betten, um ein Einsinken zu verhindern, schloss sich der Fiskus erst nach 1866 an. Ähnlich zurückhaltend war man bei neuen Überwegen. Rückblickend wurde von städtischer Seite angemerkt, dass bis zur Jahrhundertmitte *die Anregung zu Brückenbauten und die Aufbringung der Baukosten* [...] *fast ausnahmslos dem Unternehmergeiste von Privaten überlassen* [wurden], *die sich zu Aktiengesellschaften zusammenthaten und die Brücken später dem Fiskus gegen Abfindung überließen.*[45]

Vor der Vereinbarung von 1838 wurde 1835 das Verhältnis zwischen der Stadt und der Charité neu gestaltet und der Andrang zu diesem staatlichen Krankenhaus ver-

44 Dies blieb auch so nach der Eingemeindung des bis dahin als Gutsbezirk verwalteten Tiergartenbereichs in den Stadtkreis Berlin (1881). Zur *Verschönerung des Tiergartens* hatte die Stadt jährlich 75.000 Mark beizutragen. Nach dem Ersten Weltkrieg setzte das preußische Finanzministerium durch, dass von 1926 an eine Abgabe zunächst in Höhe von 30.000 Mark, in den folgenden Jahren jeweils um 10.000 Mark ansteigend, gezahlt werden mußte: Friedrich C. A. Lange, Groß-Berliner Tagebuch 1920–1933, 2. Aufl., Berlin 1982, S. 84.

45 Grünert, Die Preußische Bau- und Finanzdirektion [wie Anm. 36], S. 10; Zitat: Friedrich Krause/ Georg Pinkenburg, Die Straßen-Brücken der Stadt Berlin, 2 Bde., Berlin 1902, hier Bd. 1, S. 24. Ein typisches Beispiel ist die bis heute nach dem Unternehmer, einem Baumwollfabrikanten, benannte Jannowitzbrücke, die 1822 gebaut wurde und bis 1840 nur gegen Entgelt zu benutzen war.

mindert.[46] Doch blieb ein Belegungsrecht für städtische Arme erhalten.[47] Eine weitere Folge der Einigung von 1838 war die Minderung der staatlichen Eingriffsmöglichkeiten in die städtische Haushaltsführung. Das Ministerium des Innern bestimmte im Juni 1839, dass die Einwirkung der Regierung Potsdam auf diesem Gebiet nicht weiter stattfinden solle, da das Schuldenwesen und der Haushalt Berlins reguliert sei. Nach Paragraf 2 der Städteordnung war die Stadt nur noch verpflichtet, der Behörde jährlich einen Rechnungsextrakt vorzulegen.[48] Die Kommunalaufsicht hatte die Potsdamer Regierung bereits im Jahr 1827/28 übernommen, nachdem diese zunächst nach der Auflösung des Regierungsbezirkes Berlin vom Ministerium des Innern ausgeübt worden war.[49]

Eine Bevorzugung der Stadt Berlin als Hauptstadt der preußischen Monarchie ist im Verhältnis zwischen Staat und Kommune in den ersten Jahrzehnten nach der Inkraftsetzung der Städteordnung nicht erkennbar. Die Notlage des Staates hatte im Gegenteil dazu geführt, dass Berlin als finanziell leistungsfähigste Stadt besonderen Lasten in der Besatzungszeit unterworfen war und der finanzielle Zusammenbruch der Hauptstadt nur mit unkonventionellen Mitteln abgewendet werden konnte. Den städtischen Behörden wurde auch in der Folgezeit nur ein Aufgabenkreis überlassen, der dem der vorangegangenen ständischen Epoche ähnelte. Neue Aufgaben, wie die der Errichtung einer Gasanstalt, zunächst hauptsächlich zu Beleuchtungszwecken, wurden durch einen Vertrag des Innenministeriums mit einer britischen, auf privatwirtschaftlicher Basis arbeitenden Gesellschaft im April 1825 ohne Beteiligung der Stadt angegangen. Zur Einrichtung einer Wasserversorgung bildete die königliche Staatsverwaltung, nicht die Stadt, eine Kommission, deren Mitglieder entsprechende englische Einrichtungen prüften. Als einziges Mitwirkungsrecht der Gemeinde an der Anlage des ersten Wasserwerkes verblieb das Angebot des Polizeipräsidenten, der den Vertrag 1852 mit dem ebenfalls britischen Unternehmen Fox & Crompton geschlossen hatte, einen geringen finanziellen Anteil zu übernehmen.[50] Mit Recht führte Ernst Kaeber zum Verhältnis zwischen Stadt und Staat für diesen Zeitraum aus: „Für künstlerische, hygienische und städtebauliche Aufgaben oder irgendwelche werbenden Unternehmungen fehlten alle Mittel. Man überließ Kunst, Wissenschaft und äußeren Glanz wie in den Zeiten vor der Städteordnung dem Staat,[51] der seinerseits nicht daran denken

46 Zu den Mehrkosten: Bericht über die Verwaltung 1829–1840 [wie Anm. 35], S. XXVf. und S. 157.

47 Zum Problem der Belegung der Charité siehe Anm. 19. Zu den Kosten: Bericht über die Verwaltung 1829–1840 [wie Anm. 35], S. 157, festgelegt wurde 1835 unter anderem, dass das Belegungsrecht der Armenverwaltung auf 100.000 Verpflegungstage pro Jahr beschränkt blieb.

48 Reskript des Ministeriums des Innern vom 6. Juli 1839, dazu Bassewitz, Die Kurmark Brandenburg, Bd. 2 [wie Anm. 12], S. 307.

49 Ebd., S. 302.

50 Clauswitz, Die Städteordnung von 1808 [wie Anm. 14], S. 172 f.

51 Verwaltungsbericht des Königlichen Polizei-Präsidiums von Berlin für die Jahre 1871–1880, Berlin 1882, S. 7.

konnte, den Gemeinden die aus der Kriegszeit stammenden Lasten abzunehmen."[52]

1853 wurde der Grundstein für das Wasserwerk gelegt, das 1856 seinen Betrieb aufnahm. Inzwischen war die Anlage mit allen Rechten und Verbindlichkeiten auf die Berlin Waterworks Company übergegangen, die mit einem Aktienkapital von (1858) 470.000 britischen Pfund ausgestattet war. Das Kapital sollte später auf 600.000 Pfund erhöht werden.[53]

Rückblickend für die Zeit Friedrich Wilhelms IV. heißt es im 1882 erschienenen Verwaltungsbericht des dem preußischen Innenministerium unterstellten Berliner Polizeipräsidiums in einem noch schärfer mit den Kommunalbehörden umgehenden Resümee: *Für die, von dem überaus kunstsinnigen und von idealen Anschauungen erfüllten Könige ausgehenden Anregungen war auch ein frischer Hauch künstlerischer Entwickelung über die Stadt gekommen, man fand Zeit und Geld zu größeren öffentlichen Bauten, die zur Verschönerung Berlins wesentlich beitrugen, immer aber war und blieb es der Staat und das Fürstenhaus, von denen die Anregung dazu gegeben und erwartet wurde, von der Stadt selbst und ihrer Verwaltung geschah zur Förderung dieser Entwickelung wenig oder gar nichts, ja die städtischen Behörden nahmen dieser Entwickelung des großstädtischen Lebens gegenüber sogar eine mehr abwartende und verneinende, eine mehr verzögernde als fördernde Haltung ein.*

Zu Beginn des dritten Jahrzehnts blieb der planmäßig fortgeführte Schuldendienst weiterhin eine zentrale Aufgabe der städtischen Verwaltung, wenn auch seit 1843 die Ausgaben für das Armenwesen nunmehr die erste Stelle im Haushalt einnahmen. Mit der Einrichtung einer zentralen Stadt-Haupt-Kasse und dem dazu notwendigen verwaltungstechnischen Umbau im gleichen Jahr (1843) zeigte man, dass die Kommunalverwaltung aus sich heraus zur Modernisierung durchaus fähig war.

Die finanzielle Situation der Stadt hatte sich zunächst in den vierziger Jahren verbessert. Vor allem die Einnahmen aus der Haus- und Mietsteuer trugen dazu bei. Die Einnahmen aus dieser Taxe waren zwischen 1829 und 1840 um 75, von 1840 bis 1850 um 72 Prozent angestiegen.[54] Auch konnten 1843 die Zinsen der Obligationsschulden auf dreieinhalb Prozent reduziert werden.[55] Nun war es sogar möglich, Vorhaben wie das einer städtischen Parkanlage, des Friedrichshains, zu beginnen, nachdem man sich zuvor auf kleinere gärtnerische Maßnahmen am Schlesischen Busch beschränkt hatte. Doch war man ängstlich bemüht, derartige Aufgaben aus dem laufenden Haushalt zu finanzieren.[56] Nachdem 1833 festgestellt worden war, dass Straßenbeleuchtung und -reinigung kommunale Aufgaben seien, begann man nach dem Auslaufen der

---

52 Kaeber, Die Epochen der Finanzpolitik [wie Anm. 6], S. 193.

53 Verein Deutscher Ingenieure (Hrsg.), Festschrift zur XXXV. Hauptversammlung des Vereins Deutscher Ingenieure, Berlin 1894, S. 100 f.

54 Bericht über die Verwaltung der Stadt Berlin in den Jahren 1841 bis incl. 1850 [im Folgenden: Bericht über die Verwaltung 1841–1850], Berlin 1853, S. 13.

55 Ebd., S. 21.

56 Zwischen 1842 und 1849 wurden für den Grundstückserwerb und die Einrichtung des Parkes 121.000 Taler aufgewendet: Clauswitz, Die Städteordnung von 1808 [wie Anm. 14], S. 196.

Vertragsperiode mit der Imperial Continental Gas Association mit dem Aufbau eines entsprechenden städtischen Gaswerks neben der englischen Anstalt.[57] Dies konnte freilich nicht mehr nur aus laufenden Haushaltsmitteln geschehen, sondern nach 37 Jahren wurde wiederum eine Anleihe von 1.500.000 Talern aufgenommen, die am 4. April 1845 die königliche Genehmigung erhielt. Im Jahresabschluss für 1845[58] standen auf der Ausgabenseite die Schuldentilgung mit 222.490 Talern neben dem Etat der Verwaltung des (allgemeinen) Armenwesens (424.361 Taler), der Polizei- und Gerichtsverwaltung (131.470 Taler), des Schul- und Armenwesens (188.291 Taler) an zweiter Position der gewöhnlich fortlaufenden städtischen Ausgaben mit einem Gesamtvolumen des Etats von 1.321.473 Talern. Wie in den Jahren zuvor bemühte man sich, einen positiven Abschluss zu erreichen. Beim Abschluss des Gesamtetats überschritt die Summe der gewöhnlichen und außergewöhnlichen Einnahmen mit 1.841.698 deutlich die Ausgaben in Höhe von 1.760.180 Talern.

In den folgenden Jahren änderte sich die kommunale Finanzlage dramatisch. Der für die Anleihe von 1845 geplante Zinssatz von dreieinhalb Prozent konnte freilich in den Jahren ab 1847 nicht mehr aufrechterhalten werden. Die Missernte des Jahres 1847 hatte neben dem allgemeinen Konsumtionsrückgang die Aussetzung der städtischen Mahl- und Schlachtsteuer für dreieinhalb Monate zur Folge.[59] Der Schuldendienst der älteren Anleihe war damit unterbrochen. Andererseits wurde durch ein provisorisches Gesetz vom 4. April 1848 der Kommune vom 1. April 1848 an ein Drittel des bis dahin in die Staatskasse geflossenen Rohertrags der Mahl- und Schlachtsteuer zur Verbesserung der Lage der arbeitenden Klassen zugewiesen. Mit diesen Einnahmen konnten Wege- und Kulturarbeiten auf den vormaligen Berlinischen, Köllnischen und Boxhagenschen Heideländereien, den Rehbergen und dem Wedding durchgeführt werden. In Treptow legte man unter anderem die Neue Krugallee an.[60] Im Jahr 1848 stellten die Wirtschaftsnot und die Folgen der Revolution weitere außerordentliche Ansprüche an den Stadthaushalt. Im Jahr 1850 war es die Mobilmachung der Armee, die weiteren Verzug in der Bedienung des Tilgungsplans brachte, der nun bis 1864 gestreckt werden musste.[61] Die Ausgaben für die Gasanstalt waren höher als gedacht, und bereits 1848 musste man den Anleihemarkt für eine Obligation in Höhe von einer Million Taler erneut in Anspruch nehmen und darüber hinaus als kurzfristige Schuld 600.000 Taler in verzinslichen Kämmereischeinen aufnehmen.[62] 1849 wurden die bei-

57 Ebd., S. 170–172.

58 Für 1845 ist die gedruckte Fassung überliefert in LAB, A Rep. 005-03-1, Nr. 90: Resultate des Finanz-Abschlusses zur Übersicht des Stadthaushaltes der Residenz Berlin für das Jahr 1845.

59 Vom 21. April bis 31. Juli 1847 und die vom Königlichen Steueramt verfügte Steuerrückzahlung an Armenbäckereien. Die städtischen Mindereinnahmen wurden mit 50.262 Talern berechnet: Bericht über die Verwaltung 1841–1850 [wie Anm. 54], S. 18 f.

60 Ebd., S. 19, 42.

61 Ebd., S. 22.

62 Damit konnten weitere kurzfristige Schulden in Höhe von 200.000 Talern umgewandelt werden. Die Genehmigung der Regierung Potsdam vom 18. Oktober 1848 lautete 1. auf Ausgabe von einer Mil-

den Darlehen zu einer fünfprozentigen Stadtschuld vereinigt. Doch war damit die wieder schwieriger gewordene Finanzsituation der Hauptstadt noch nicht stabilisiert. Der Übergang des städtischen Reinigungs- wie des Feuerlöschwesens einschließlich der Installation eines elektromagnetischen Telegrafen mit einem entsprechenden Kabelnetz auf das Polizeipräsidium erforderte erhebliche Mittel, da die Polizeiverwaltung zwar durch den Staat ausgeübt wurde, doch die Kommune die sächlichen Kosten zu tragen hatte.[63] Zudem hatte die preußische Mobilmachung von 1850 erhebliche Mittel verschlungen. Aus diesen Gründen musste 1851 die Schuldentilgung ausgesetzt werden.[64] Dieser Weg schien als Abhilfe aus der schwierigen Lage am gangbarsten zu sein. Für eine generelle Verbesserung der Finanzlage wollte die die vermögenden Bürger repräsentierende Stadtverordnetenversammlung noch immer nicht eine kommunale Einkommensteuer zulassen, obwohl diese inzwischen als Staatssteuer eingeführt worden war. Angeblich waren es die *ungünstigen Verhältnisse der staatlichen Einkommensteuer*, die es *bedenklich* machten, diesen Weg zu betreten. Taxen auf Luxusgegenstände, mit denen man sich zuvor als Ausweg beholfen hatte, waren durch die Zollvereinsgesetzgebung ausgeschlossen. Zunächst setzte man aber den 1852 mit königlicher Genehmigung versehenen Amortisationsplan von 1829[65] außer Kraft. Die Amortisation sollte sich künftig auf ein Prozent jährlich beschränken und der Tilgungsplan der 1852 noch zweieinhalb Millionen Taler betragenden Restschuld um weitere 30 Jahre verlängert werden. Der Zins der Anleihe wurde erneut auf viereinhalb Prozent gesenkt.

Die Probleme zwischen dem preußischen Staat und der Berliner Stadtverwaltung werden an dem über lange Zeit schwelenden Streit über die Straßenbaukosten deutlich. Nach der Einführung der Akzise ab 1684 war der Staat für die Unterhaltung der Straßen und Brücken in der Stadt zuständig geworden. Dies hatte bereits im 18. Jahrhundert zu juristischen Auseinandersetzungen zwischen den staatlichen und städtischen Behörden geführt. 1770 wurde die Verpflichtung der Kommune zum Unterhalt der außerhalb der Zollmauer gelegenen Straßen anerkannt, für die in der eigentlichen Stadt innerhalb dieses Mauerringes gelegenen Straßen aber bestritten. 1820 beantragte der Fiskus unter Berufung auf die eindeutigen Bestimmungen der Städteordnung erneut eine gerichtliche Klärung der Verpflichtung des Magistrates, nicht nur das ge-

lion Taler fünfprozentiger Stadtobligationen, 2. auf Konvertierung der dreieinhalbprozentigen in fünfprozentige Stadtobligationen, 3. auf einmalige Ausgabe von 600.000 verzinslichen Kämmereischeinen, die nicht unter 50 Talern auszustellen und nach drei Monaten wieder einzulösen seien. Das königliche Privileg wurde am 4. Dezember 1848 erteilt. Der Zinsfuß war bis 1849 dreieinhalb, dann fünf, danach viereinhalb Prozent: Geheimes Staatsarchiv Preußischer Kulturbesitz [im Folgenden: GStA PK], I. HA, Rep. 77 Ministerium des Innern, Tit. 441 Berlin: Schuldenwesen, Nr. 32: Acta betr. Creirung neuer Stadt-Obligationen seitens der Stadt Berlin, vom 10. Oktober 1848 bis 10. April 1882, hier Bd. 1.

63 Gesetz vom 11. März 1850.

64 Bericht über die Verwaltung der Stadt Berlin in den Jahren 1851 bis incl. 1860 [im Folgenden: Bericht über die Verwaltung 1851–1860], Berlin 1862, S. 73*f.

65 Ebd. S. 74* (mit falscher Datierung des Amortisationsplanes von 1829).

samte Pflaster innerhalb der Stadt zu unterhalten, sondern ihm auch die vom Staat seit 1773 darauf verwendeten Kosten zu erstatten. Die Klage wurde im Jahr 1826 abgewiesen, die Verhältnisse von 1770 bestätigt. Mit der Anlage der Friedrich-Wilhelm-Stadt als neuem Stadtviertel war die Pflasterungsfrage inzwischen wiederum akut geworden, und der Fiskus bestritt erneut die Verpflichtung, zur Anlage neuer Straßen beizutragen, mit dem Hinweis, dass die gerichtlichen Erkenntnisse von 1770 und 1826 nur auf die schon bestehenden Pflasterwege anzuwenden seien. Nun aber wurde die Stadt in der Revisionsinstanz verpflichtet, für die seit dem 16. September 1820 neu angelegten und zu pflasternden Dammstraßen innerhalb der Landwehr mit dem in der Kabinettsordre vom 14. Oktober 1825 bestimmten Teil der Kommunalabgaben der Einwohner für diese Straßen beitragen zu müssen. In den nun folgenden Vergleichsverhandlungen, deren Ergebnis in die Kabinettsordre vom 31. Dezember 1838[66] einfloss, wurde bestimmt, dass die Stadt 1. für die zwischen dem 16. September 1820 bis zum 1. Januar 1837 neu entstandenen Straßen einen *Aversional*-(Abfindungs-)Beitrag von 8.000 Talern (800 Taler jährlich) zu leisten hat, 2. für deren Unterhalt vom 1. Januar 1837 an 1.837.900 Taler leisten muss, 3. alle von dem 1. Januar 1837 an neu entstandenen und entstehenden Straßen auf eigene Kosten pflastern und unterhalten muss und 4. die Pflasterung der Straßen außerhalb der Zollmauer, soweit für ihre Befreiung kein Rechtstitel vorliegt, auf eigene Kosten übernehmen muss, der Staat aber die Verpflichtung des Unterhalts des Straßenpflasters für die Straßen innerhalb der Mauern anerkennt. Bezüglich der zukünftig auf die Stadt zukommenden Straßenbaukosten bestimmte man, dass ihr die Befugnis zustehe, *bei der Anlage einer neuen Straße, oder bei der Verlängerung einer schon bestehenden, von dem Unternehmer der neuen Anlage oder von den angrenzenden Eigenthümern die Legung des ersten Straßenpflasters oder den Betrag der hierzu erforderlichen Kosten zu verlangen.*[67]

1843 wurde die Stadthauptkasse gegründet. Mit der Anlage (1842–1849) des Friedrichshains als erstem Volkspark der Stadtgemeinde und Gegenstück zu dem noch immer unter staatlicher Verwaltung stehenden Tiergarten sah Ernst Kaeber mit Recht „das Tor zu einer freieren Auffassung der sozialen Pflichten der Großstadt aufgestoßen“, bemerkt dazu aber, dass die Restriktion in der Finanzpolitik weiterhin erfolgte: „Auch die größeren Ausgaben für den Friedrichshain wie für die Schulbauten wurden aus laufenden Mitteln bestritten. Schulden für solche Zwecke aufzunehmen, erschien dieser Zeit noch als sträflicher Leichtsinn.“[68]

Die Notjahre 1846 und 1847 sowie die revolutionären Ereignisse im folgenden Jahr brachten der Stadt bei verminderten Einnahmen erhebliche Mehrausgaben für das Armenwesen und die Beschäftigung arbeitsloser Massen in Notstandsarbeiten. 1847

---

66 Abdruck in: Bericht über die Verwaltung 1829–1840 [wie Anm. 35], S. 55–59, zu den Straßen S. 58 f., dazu Clauswitz, Die Städteordnung von 1808 [wie Anm. 14], S. 141.

67 Artikel 3 der Bestimmungen über die Unterhaltung des Straßenpflasters in Berlin vom 31. Dezember 1838, in: Bericht über die Verwaltung 1829–1840 [wie Anm. 35], S. 59.

68 Zitate: Kaeber, Die Epochen der Finanzpolitik [wie Anm. 6], S. 194.

musste der Schuldendienst zeitweise ausgesetzt werden. Die kommunalen Abgaben sollten möglichst gering gehalten werden. Die Haushalte hatten zunächst wenige Schwerpunkte. Nach dem Abzug der französischen Besatzung war die Schuldentilgung das vordringliche Problem und blieb es bis fast zur Jahrhundertmitte. Die Notjahre, die der Revolution von 1848 vorausgingen, waren durch die einerseits sinkenden Steuererträge, andererseits durch sprunghaft erhöhte Ausgaben in der Armenpflege gekennzeichnet. Die Einnahmen entwickelten sich so negativ, dass die Schuldentilgung 1847 ganz ausgesetzt wurde. Es folgte das Revolutionsjahr 1848 mit seinen vielfältigen Sonderausgaben, in denen die Lasten der Armenverwaltung weiterhin an erster Stelle standen. Während zuvor wirtschaftliche Sachzwänge wie die Schuldentilgung und das Armenwesen ohne erkennbare gesellschaftliche Präferenzen die städtischen Organe beschäftigten, begann die Einbeziehung der Kommunalorgane in Preußen und damit auch in Berlin in die tagespolitische Entwicklung mit der Revolution von 1848. Die Berliner Stadtverordnetenversammlung beschloss am 29. März 1849 einstimmig und ohne Debatte, dem liberalen Präsidenten der Frankfurter Nationalversammlung, Heinrich von Gagern, das Ehrenbürgerrecht zu verleihen.[69] Der Magistrat trug gegen die damit verbundene Adresse an den preußischen König, die Kaiserkrone anzunehmen, Bedenken. Als die beiden wichtigsten Vertreter der damaligen konservativen Restauration, der preußische Ministerpräsident Friedrich Wilhelm Graf von Brandenburg und sein Innenminister Otto von Manteuffel 1849 ebenfalls mit der Ehrenbürgerwürde ausgezeichnet werden sollten, gab es eine stürmische Debatte. 31 Stadtverordnete, darunter der bedeutende Rechtslehrer Rudolf von Gneist, verweigerten sich diesem Antrag, der mit einer Mehrheit von 68 Stimmen angenommen wurde.[70] Mit dem weiteren Erstarken der preußischen Reaktion zwischen 1850 und 1857 wurden die demokratischen Mitglieder der Stadtverordnetenversammlung ausgeschlossen.[71]

Für den Geltungsbereich der Preußischen Städteordnung von 1853 wurden die stimmfähigen Bürger *nach Maßgabe der von ihnen zu entrichtenden Steuern* in drei gleiche Abteilungen eingeteilt, die je nach Abteilung die gleiche Anzahl der Stadtverordneten stellten.[72] In der ersten Klasse entrichtete die kleine Minderheit von nur wenigen sehr vermögenden Bürgern ein Drittel des Gesamtaufkommens der Steuern, während in der dritten Abteilung die ganz überwiegende Mehrheit der Stimmberechtigten nur jeweils mit einer geringen Summen steuerlich veranschlagt war. Das Interesse der ohnehin wenigen Wähler der Stadtverordnetenwahl von 1856 sank in der ersten Abteilung auf 44, in der zweiten auf 25 und in der dritten auf 17 Prozent.[73] Grundsätzlich blieb man bei den alten Prioritäten. „Man musste sparsam um jeden

69 Adolf Streckfuß, Vom Fischerdorf zur Weltstadt. 500 Jahre Berliner Stadtgeschichte, 4 Bde., Berlin 1885, hier Bd. 2, S. 1225.

70 Streckfuß, Vom Fischerdorf zur Weltstadt [wie Anm. 69], S. 1285.

71 Ebd., S. 1325.

72 Preußische Städteordnung von 1853 [wie Anm. 23], hier S. 378 f.

73 Streckfuß, Vom Fischerdorf zur Weltstadt [wie Anm. 69], S. 1329.

Preis sein, selbst die natürlichsten Bedürfnisse der Einwohner nahm man Abstand zu befriedigen." Die Ausgaben, die man in der Zeit um 1843 für Schulen und die Anlage des Parks Friedrichshain machte, mussten aus dem laufenden Etat entnommen werden. Schulden für derartige Zwecke zu machen, galt als „sträflicher Leichtsinn".[74] Erst 1851 konnte wieder ein ausgeglichener Haushalt vorgelegt werden. Die konservative Mehrheit wurde in den jeweils ein Drittel der Stadtverordneten betreffenden Wahlen, die alle zwei Jahre stattfanden, ab 1858 wieder eingeschränkt und 1862 durch eine liberale Mehrheit ersetzt.[75]

War die Geschichte der Berliner Finanzen bis zur Jahrhundertmitte vornehmlich durch die Regulierung der durch gesamtstaatliche Entwicklungen entstandenen Schulden bestimmt, so sollten die Aufwendungen in der zweiten Hälfte des 19. Jahrhunderts die Grundlage einer tragfähigen Infrastruktur einer Metropole von europäischem Rang schaffen. Bei der Entwicklung der modernen kommunalen Leistungsverwaltung[76] und später den Einrichtungen der Daseinsvorsorge nahm die preußisch-deutsche Hauptstadt nach zögerlichen Anfängen vornehmlich für die Ostprovinzen, aber auch für den Gesamtstaat eine führende Rolle ein. In die Zeit nach 1850 fällt die Idee einer Wiederherstellung des Berliner Regierungsbezirks, durch Zusammenfassung des Polizeipräsidiums und der Ministerial-, Militär- und Baukommission sowie der dem Regierungspräsidium in Potsdam zugeordneten Aufgabenbereiche. Die bereits kurz vor der Umsetzung stehende Planung konnte trotz der lebhaften Unterstützung Friedrich Wilhelms IV. nicht verwirklicht werden. Der Tod im Duell des als Präsident der neuen Behörde vorgesehenen Berliner Polizeipräsidenten Carl von Hinckeldey im Jahr 1856 verhinderte dies.[77] Auf der kommunalen Ebene hatte die Revision der Preußischen Städteordnung die Stellung der Stadtverordnetenversammlung gestärkt, die nun nicht mehr einmütig mit dem Magistrat Beschlüsse fassen musste. Die als letztes und äußerstes Mittel städtischer Finanzpolitik angesehene Schuldenaufnahme musste schon 1855, als der Haushalt erneut nicht vollständig gedeckt war, in Anspruch genommen werden: Am 10. Februar 1855 zeigte der preußische Minister des Innern dem König an, dass die städtischen Behörden beschlossen hatten, *zur Deckung eines im Stadthaushalt entstandenen Defizits von ca. 86.500 Rtl, zur Beschaffung von Mitteln, welche*

74 Zitate: Kaeber, Die Epochen der Finanzpolitik [wie Anm. 6], S. 194.

75 Streckfuß, Vom Fischerdorf zur Weltstadt [wie Anm. 69], S. 1329.

76 Zum Begriff vgl. Hendrik Göttrup, Die kommunale Leistungsverwaltung. Grundlage der gemeindlichen Daseinsvorsorge (Schriftenreihe des Vereins für Kommunalwissenschaften, Bd. 37), Stuttgart 1972; Horst Matzerath, ‚Kommunale Leistungsverwaltung.' Zu Bedeutung und politischer Funktion des Begriffs im 19. und 20. Jahrhundert, in: Blotevogel, Kommunale Leistungsverwaltung [wie Anm. 34], S. 3–24; Gerhard W. Wittkämper, Zur Entstehung und Entwicklung kommunaler Aufgabenfelder im 19. Jahrhundert. Forschungsprobleme zwischen Verwaltungswissenschaft und Kommunalgeschichte, ebd., S. 25–41.

77 Dazu vor allem Schrader, Die Verwaltung Berlins, T. 2 [wie Anm. 11], S. 137–155; Berthold Schulze, Polizeipräsident Carl von Hinckeldey, in: Jahrbuch für die Geschichte Mittel- und Ostdeutschlands 4 (1955), S. 81–108.

die Kommune dem Polizei-Präsidium an rückständigen Polizei-Verwaltungs-Kosten aus den letzten vier Jahren zu erstatten hat 240.000 Rtl sowie zur Bestreitung etatmäßiger Ausgaben und der Zinsen vorhandener Stadtobligationen im Betrage von 150.000 Rtl, zusammen 476.500 Rtl, eine Anleihe im Betrage von 500.000 Taler durch Ausgabe auf jeden Inhaber lautende Obligationen aufzunehmen. Die Verzinsung war mit viereinhalb, die Amortisation mit einem Prozent vorgesehen. Der Plan hatte zuvor bereits die Billigung der Regierung und des Oberpräsidenten gefunden; die Verzinsung und Tilgung schien durch das Kapitalvermögen der Stadt und die ihr gehörenden Gebäude, sonstige Grundstücke und Renten hinreichend gesichert.[78] Die Tilgung sollte bis 1896 erfolgen. Am 21. Februar 1855 erhielt die Stadt das entsprechende Privileg.[79] Dem erfolgreichen Versuch, Defizite in der städtischen Haushaltsbilanz durch allgemeine Stadtschulden und nicht durch spezifische Steuererhöhungen auszugleichen, standen auch zu diesem Zeitpunkt noch nicht fixierte Grundsätze der kommunalen Haushaltsführung entgegen. Der Stadtverordnete und das Mitglied des Magistrats sollten nach den Vorstellungen der preußischen Gesetzesväter allein dem Stadtwohl, nicht aber einer politischen Gruppierung verpflichtet sein. Doch blieb dies Fiktion. Bereits 1861 hatte sich eine erste liberale Fraktion in der Berliner Stadtverordnetenversammlung gebildet.[80] Am 15. Mai 1862 wurde Karl Theodor Seydel, ein Schwager des in der Berliner Stadtpolitik als Führer der Liberalen einflussreichen Mediziners Rudolf Virchow, mit der Mehrheit von 74 von 91 Stimmen zum neuen Oberbürgermeister gewählt und im Januar 1863 in sein Amt eingeführt.[81] Die Zeit einer eher konservativ orientierten Stadtverordnetenversammlung war zu Ende. Sein Vorgänger, Oberbürgermeister Wilhelm Krausnick – in der Revolution zeitweise abgesetzt –, hatte der Stadt in der Reaktionszeit keine Impulse geben können.[82]

Die für lange Zeit letzte große Erweiterung der Stadt, die am 1. Januar 1861 in Kraft trat, und der damit verbundene Beginn des Ausbaus der Infrastruktur sind in der letzten Amtsperiode Krausnicks erfolgt. Der Anstoß dazu kam vom preußischen Staat. Am 1. Februar 1859 legte der preußische Minister für Handel, Gewerbe und öffentliche Arbeiten, August von der Heydt, dem Regenten beziehungsweise späteren König und Kaiser Wilhelm I. in einer Audienz eine neue Konzeption für einen Bebau-

78 GStA PK, I. HA, Rep. 77 Ministerium des Innern, Tit. 441, Nr. 32, Bd. 1, Bl. 13; siehe auch Bericht über die Verwaltung 1851–1860 [wie Anm. 64], S. 74*.

79 GStA PK, I. HA, Rep. 77 Ministerium des Innern, Tit. 441, Nr. 32, Bd. 1, Bl. 14, vidimierte Kopie des Privilegs vom 21. Februar 1855: 500.000 Taler Inhaberschuldscheine vier Prozent, ein Prozent Amortisation, zu 100 Prozent, rückzahlbar nach Tilgungsplan durch Ankauf oder Verlosung in den Jahren 1858–1896.

80 Ernst Kaeber, Die Oberbürgermeister Berlins seit der Steinschen Städteordnung, in: Bär von Berlin 2 (1952), S. 53–114, hier S. 75.

81 Karl-Heinz Noack, Karl Theodor Seydel, in: Wolfgang Ribbe (Hrsg.), Stadtoberhäupter. Biographien Berliner Bürgermeister im 19. und 20. Jahrhundert (Berlinische Lebensbilder, Bd. 7), Berlin 1992, S. 113–124.

82 Jürgen Wetzel, Wilhelm Krausnick, in: Ribbe, Stadtoberhäupter [wie Anm. 81], S. 83–107.

ungsplan für die Umgebungen Berlins vor. Der vormalige Bankier hatte das Ministeramt bereits im Dezember 1848 übernommen und war 1858 auch in der Neuen Ära im Kabinett Hohenzollern-Sigmaringen im Amt verblieben. Es war dies die Zeit, als mit der Regentschaft Wilhelms eine Entwicklung zu einer neuerlichen preußischen Machtpolitik zumindest in Ansätzen sichtbar wurde. Sie erforderte, dass nicht nur die militärische Leistungsfähigkeit, sondern auch die Wirtschaft des Staates auf einen international vergleichbaren Standard zu heben war. Zur Unterstreichung der Rolle im Rahmen der europäischen Mächte schien es nötig, sich nicht nur mit einer starken Armee, sondern auch mit einer den Metropolen des Kontinents entsprechenden Hauptstadt zu repräsentieren. Die Voraussetzungen für die Entwicklung Berlins zur Metropole (Bevölkerungszahl, Wirtschaftskraft) waren bereits in der ersten Hälfte des 19. Jahrhunderts vorhanden. Es bedurfte allerdings des Anstoßes durch die preußische Staatsverwaltung, die ihre Geltung als europäische Macht durch eine Hauptstadt von einem entsprechenden Format repräsentiert sehen wollte. Minister von der Heydt konnte den Regenten informieren, dass das Polizeipräsidium schon *seit längerer Zeit mit Vorarbeiten zu einem* […] *allgemeinen Bebauungsplan für die Umgebungen Berlins nach einem genügenden Maßstabe beschäftigt* sei. Der Plan sollte 14 Einzelabschnitte haben. Dazu reichten die bisher damit beschäftigten Arbeitskräfte nicht aus. Um die Arbeiten in kurzer Zeit abzuschließen, sei es *dringend wünschenswert*, dass *ein geeigneter Baubeamter dafür eingestellt* werden sollte. Die Arbeiten sollten in drei Jahren ausgeführt sein. Für sie wurde ein Kostenaufwand von 23.474 Talern veranschlagt.[83] Das zuständige Berliner Polizeipräsidium stellte den 32-jährigen Regierungsbaumeister James Hobrecht ein, einen Bruder des späteren Berliner Oberbürgermeisters Arthur Hobrecht. Das Ergebnis seiner Arbeit, für die er eine besondere Instruktion erhielt,[84] war der ‚Bebauungsplan für die Umgebungen Berlins'. Er wurde am 18. Juli 1862 genehmigt und künftig als Hobrechtplan mit seinem Namen verbunden.

83 Zitiert nach Johann Friedrich Geist/Klaus Kürvers, Das Berliner Mietshaus, Bd. 1: 1740–1862. Eine dokumentarische Geschichte der ‚von Wülcknitzchen Familienhäuser' vor dem Hamburger Tor, der Proletarisierung des Berliner Nordens und dem Übergang von der Residenz zur Metropole, München 1980, S. 485.

84 Abgedruckt ebd., S. 485 f.; zu Hobrecht siehe auch Klaus Strohmeyer, James Hobrecht (1825–1902) und die Modernisierung der Stadt, Berlin 2000; zum Hobrechtplan: Ernst Heinrich, Der ‚Hobrechtplan', in: Jahrbuch für brandenburgische Landesgeschichte 13 (1962), S. 40–58; Jutta Lubowitzki, Der ‚Hobrechtplan'. Probleme der Berliner Stadtentwicklung um die Mitte des 19. Jahrhunderts, in: Wolfgang Ribbe (Hrsg.), Berlin-Forschungen, Bd. V (Einzelveröffentlichungen der Historischen Kommission zu Berlin, Bd. 71), Berlin 1990, S. 11–130; Gabi Dolff-Bonekämper/Angela Million/Elke Pahl-Weber (Hrsg.), Das Hobrechtsche Berlin. Wachstum, Wandel und Wert der Berliner Stadterweiterung, Berlin 2018.

Den von Hobrecht erarbeiteten Fluchtlinien- und Straßenplan flankierten weitere rechtliche Änderungen. Die wichtigste davon war die Erweiterung des Stadtgebiets zum 1. Januar 1861 von 3.511 auf 5.923 Hektar (mithin um 59 Prozent) durch die Kabinettsordre vom 28. Januar 1860. Bis auf wenige Randflächen war nun das gesamte Bearbeitungsgebiet des Hobrechtplans Berliner Stadtgebiet. Damit waren die stadtnahen vornehmen Siedlungsgebiete um den Tiergarten – der freilich bis 1881 noch außerhalb des städtischen Gebietes blieb – im Westen und Süden wie auch die Vorstädte im Norden und Osten mit der Kernstadt vereint. Es sollte bis 1920 die letzte umfassende Stadterweiterung bleiben.[85] Insgesamt wurde Vorsorge getroffen, ein Gebiet neu zu strukturieren, das zwei bis vier Millionen Bewohner aufnehmen konnte. Für die Anlage der neuen Straßen und deren Infrastruktur (Be- und Entwässerung) wurden neue rechtliche Bestimmungen in Kraft gesetzt, die die künftigen Anlieger wesentlich belasteten. Die Anlage der Straßen im Stadterweiterungsgebiet, die Wasserver- und -entsorgung der künftig dort errichteten Gebäude hatten die Bauherren zu leisten. Die preußische Staatsverwaltung, die den Ausbau der Stadtstrukturen initiiert hatte, war damit an der Finanzierung der neuen Straßen nicht mehr beteiligt. In der inneren Stadt blieb bis 1875 die Straßenunterhaltung noch in den Händen der Staatsverwaltung.

Mit dem Amtsantritt des Oberbürgermeisters Seydel im Jahr 1862 hatte der in Deutschland beispiellose umfassende Ausbau einer kommunalen Infrastruktur für das gesamte erweiterte Stadtgebiet begonnen, das letztlich für vier Millionen Einwohner geplant war. Dessen Ausbau sollte die kommenden Jahrzehnte bestimmen. Die städtische Entwässerung, ein wesentlicher und kostenintensiver Teil des großen Vorhabens, konnte in engem Zusammenwirken mit Seydels Schwager Virchow begonnen werden.[86] Der Magistrat hatte im Vorgriff auf künftige Belastungen, vor allem den Bau eines für die nun wesentlich erweiterte Stadtverwaltung geplanten Rathauses und wegen der absehbaren weitergehenden Ansprüche der Polizeiverwaltung, eine Anleihe in doppelter Höhe (eine Million Taler) gefordert, doch hatte sich die Stadtverordnetenversammlung diesem Antrag widersetzt.[87] Dennoch setzte man die bereits eingeleiteten Maßnahmen zur Vorbereitung des Rathausneubaus fort.[88]

85 Dazu Ernst Kaeber, Das Weichbild der Stadt Berlin seit der Steinschen Städteordnung, in: ders., Beiträge zur Berliner Geschichte [wie Anm. 6], S. 234–385, hier S. 290–293, zum Tiergarten S. 300 f.

86 Dazu zusammenfassend Heinrich Tepasse, Stadttechnik im Städtebau Berlins, 3 Bde., Berlin 2001, hier Bd. 1: Das 19. Jahrhundert, S. 72–115.

87 Bericht über die Verwaltung 1851–1860 [wie Anm. 64], S. 77*.

88 1857 veröffentlichte die städtische Baudeputation das Programm nebst Aufforderung zur Einreichung von Entwürfen für ein neues Rathaus in Berlin, zwischen 1845 und 1855 hatte man dafür 22 Grundstücke erworben und 1860 das Areal um weitere 13 Parzellen erweitert. Die Gesamtkosten sollten eine Million Taler nicht überschreiten, dazu Ingrid Bartmann-Kompa, Das Berliner Rathaus, Berlin 1992, S. 41 f.

Abb. 1: Das Berliner Rathaus um 1900; Foto: Waldemar Titzenthaler. © Landesarchiv Berlin, F Rep. 290-01-04, Nr. IV 4.

Dessen Notwendigkeit erschien schon Generationen zuvor unabweisbar zu sein. Im Verwaltungsbericht von 1819 heißt es dazu: *Zu bedauern ist es, daß in früheren Zeiten, in welchen so viel auf den Ausbau der Stadt gewandt wurde, dieselbe nicht auch ein neues Rathaus erhalten hat, welches der Bevölkerung angemessen und der Residenz würdig gewesen wäre. Das jetzige leidet unter vielen Hauptmängeln, es gewähret bei weitem nicht den Raum, den die städtischen Angelegenheiten erfordern und für diese muß, wie z. B. für das Bürger-Wach-Wesen und für unsere Versammlungen ein Lokal außerhalb gemiethet werden.*[89] Es dauerte fast ein halbes Jahrhundert, bis die Stadt nicht mehr wie 1819 trauerte, in vorangegangenen Zeiten kein geeignetes Rathaus erhalten zu haben, sondern die Sache selbst in die Hand nahm. Obwohl man bei der Planung und der folgenden Ausschreibung des Wettbewerbs für das neue Rathaus zum ersten Mal die Verpflichtung zur hauptstädtischen Repräsentation übernahm, fehlte weiterhin eine vorausschauende Kreditpolitik, die der Stadt ermöglicht hätte, den Anspruch sinnfällig zu untermauern. Die Stadt blieb bei einer positiven Vermögensbilanz wei-

89 Die Stadtverordneten zu Berlin an ihre Mitbürger über die Verwaltung ihrer Communal-Angelegenheiten, Berlin 1819, S. 23.

terhin stark unterkapitalisiert, was sich in Krisenzeiten sehr negativ bemerkbar machen sollte. Zugleich ergaben sich für die rasch wachsende preußische Metropole neue Aufgaben in der Infrastrukturversorgung. Im Gegensatz zum Magistrat sahen die Stadtverordneten diese Problematik nicht als so ernst an, dass Abhilfe hätte geschaffen werden müssen.[90]

Die Probleme kulminierten im Jahr 1866, als es zu einer ernsten allgemeinen Finanzkrise kam. Noch vor dem Ausbruch des Deutschen Krieges, aber doch bereits unter dem Eindruck der Mobilmachung, hatte sich die Lage dramatisch verschlechtert. Die von der Stadtverordnetenversammlung im Lauf des April gezeigte Bereitschaft, eine Anleihe von zweieinhalb Millionen Talern zu bewilligen, *teils zur Fortsetzung des Rathausbaus und zur Erweiterung der Gasanstalten bestimmt, teils um durch Entlastung der laufenden Einnahmen von den für jene Zwecken erforderlichen Ausgaben zureichende Mittel flüssig zu machen, um die sonst hervortretenden extraordinairen Bedürfnisse, und namentlich für die Ausbildung des Schulwesens und Verbesserung des Armenwesens bestreiten zu können,* reichte nun nicht mehr aus. Vor allem die Mobilmachung zum preußisch-österreichischen Krieg hatte die städtischen Kassen stark belastet.[91] Die Finanzkrise hatte zudem den Kredit der städtischen Sparkasse in Mitleidenschaft gezogen.[92] Der Magistrat musste deshalb der Stadtverordnetenversammlung die sofortige Aufnahme einer großen Anleihe von vier Millionen Talern vorschlagen, *um bei dem fortdauernden Andrange auf unsere Sparkasse eine unverantwortliche Verschleuderung schwer verkäuflicher Effecten zu vermeiden,* aber auch *um diejenigen Leistungen, welche in Gemäßheit des Gesetzes vom 11. Mai 1855 für Kriegszwecke gefordert werden könnten, erfüllen zu können.* Die vom Magistrat in diesem Zusammenhang

90 Der Magistrat wollte nach einem Bericht an den Minister des Innern vom 19. Mai 1866 eine Anleihe in Höhe von fünf Millionen Talern aufnehmen: GStA PK, I. HA, Rep. 77 Ministerium des Innern, Tit. 441, Nr. 32, Bd. 1, Bl. 20–27.

91 *Während die Kassenabschlüsse für das erste Quartal d. J. sehr günstige Aussichten darboten, sind durch die Eingangs gedachten Maaßahmen [Mobilmachung, Kriegsgefahr] die Bestände nicht blos erschöpft; es haben vielmehr bei dem abnormen Bankzins von 9 ½ % sehr nachtheilige Credite in Anspruch genommen werden müssen, und die Ausgaben für Ankauf der Mobilmachungspferde, für Unterstützung der Familien der eingezogenen Reservisten und Landwehrleute pp. möglich zu machen. Aber auch diese Credite sind erschöpft oder dem Erschöpfen nahe* [...]. *Dazu kommt die unberechenbare Höhe der etwaigen Forderungen an Kriegslasten* [...]. *Schon die plötzliche Forderung von 100.000 Rtl zum Ankauf von Mobilmachungspferden mußte in die größte Verlegenheit setzen.* Ebd., Bericht vom 19. Mai 1866, unfol.

92 *Es kommt hinzu, daß unsere Sparkasse, ein Institut welches auf den gesundesten Grundlagen basirt ist, dessen Capitalien unter gewöhnlichen Verhältnissen eine übermäßige Sicherheit darboten, durch die leicht erregbare Besorgniß der Classe der Interessenten in der äußersten Weise in Anspruch genommen wird. Von Tag zu Tag mehrt sich die Zahl der Abhebungen und Kündigungen. Es hat um polizeiliche Hilfe nachgesucht werden müssen, um unter der Masse der eindringenden Personen Ordnung zu erhalten* [...]. *Die Andauer solcher Verhältnisse erfordert allein für die Sparkasse einen Betrag von monatlich ca. 250.000 Rtl, der selbstredend nur durch Veräußerung von Effecten an der Börse erzielt werden kann. Dazu kommt eine Panique an der Börse, wie sie in den übelsten Zeiten kaum gewesen ist.* Die Gesamtforderung der Interessenten belief sich auf zweieinhalb Millionen Taler: ebd., Bericht vom 19. Mai 1866.

gleichfalls vorgetragene Absicht, die Kommunalsteuern zu erhöhen, um *theils die unvermeidlichen Ausfälle an den bestehenden Steuern zu decken, theils um soweit wie möglich mit der Fortführung der unternommenen öffentlichen Arbeiten vorzugehen*, hatte die Stadtverordnetenversammlung allerdings am 17. Mai 1866 abgelehnt. Nur der Aufnahme einer Obligationsschuld in Höhe von drei Millionen Talern stimmte sie zu.[93] Angesichts der Dringlichkeit der Anleihe arbeiteten die Genehmigungsbehörden sehr schnell. Bereits am 6. Juni lag das königliche Privileg für Inhaberschuldverschreibungen in Höhe von drei Millionen Talern zu einem Zinssatz von fünf Prozent vor.[94] Trotz des zeitweisen Engpasses ging man davon aus, dass der Kredit der Stadt bei Weitem noch nicht ausgeschöpft sei. So wies der Magistrat gegenüber dem Innenministerium in dem obengenannten Antrag darauf hin, *daß nach dem* [...] *Finanzabschluß für das Jahr 1865 die gesamte Schuld der Stadt Berlin auf etwa nur 5 Mio. Thalern belief, während das nutzbare Eigenthum der Stadt – insbesondere die Gasanstalten, der Besitz der Rüdersdorfer Kalksteinbrüche und sonstiges Grundeigenthum – diesen Betrag bei Weitem und wohl um das Doppelte übersteigt*. Der städtische Kreditrahmen aber wurde noch immer traditionell eng gesehen. Doch hatte sich so in der Stadt vor der Reichsgründung „die konservative Konzeption einer staatlichen Auftragsverwaltung" durchgesetzt.[95]

Im Kriegsjahr 1866, als in der Zeit einer schwierigen allgemeinen Finanzlage hohe Mobilmachungskosten auf die Stadt zukamen, wird die Berliner Finanzwirtschaft, früher noch als es für die Ausbildung einer modernen Infrastruktur notwendig war, grundsätzlich verändert. Der Berichterstatter in der Vossischen Zeitung, der 1876 rückblickend auf die auch in der Zeit der damals aktuellen Gründerkrise im Vergleich be-

---

93 Nachtrag zu den Vorlagen (Nr. 19) für die öffentliche Sitzung der Stadtverordnetenversammlung, Referent Stadtverordneter Schauß: Vorgesehen war die Erhöhung der Mietsteuer auf eineinhalb Prozent der Miete, der Haussteuer auf dreieinhalb Prozent neben der Ausgabe von Obligationen in der Höhe von vier Millionen Talern zur *Deckung der in Folge der Armee-Mobil-Machung und der drohenden Kriegsgefahren zu gewärtigender außerordentlichen Mehrausgaben, sowie zur Deckung der Ausfälle an den gewöhnlichen Einnahmen, um möglichst ungestörte Fortführung der öffentlichen Arbeiten, endlich zur Bewahrung des Sparkassen-Instituts vor größeren Kapitalverlusten*: GStA PK, I. HA, Rep. 77 Ministerium des Innern, Tit. 441, Nr. 32, Bd. 1, Bl. 36–37 (Druck).

94 Ebd., Bl. 32. Auch der Regierung Potsdam als untere Aufsichtsbehörde hatte der Magistrat einen Antrag wegen *Aufnahme einer neuen Stadtschuld im Betrage von 3 Mio. Thalern durch Emission von Berliner Stadt-Obligationen* [...] *überreicht. Unter den obwaltenden, in dem Magistratsberichte sehr dringlichen Umständen und mit Rücksicht auf die sonst günstige finanzielle Lage der Haupt- und Residenzstadt* [...] *Ermächtigung so schnell wie möglich zu erwirken*: Kgl. Regierung Potsdam, Abteilung des Innern, an den Minister des Innern vom 23. Mai 1866, ebd., Bl. 19.

95 So Elfie Bendikat, Öffentliche Nahverkehrspolitik in Berlin und Paris 1890–1914 (Veröffentlichungen der Historischen Kommission zu Berlin, Bd. 96), Berlin/New York 1999, S. 69, ebd.: „Angesichts der beträchtlich eingeschränkten Bewegungsfreiheit konzentrierte die Stadtvertretung ihren Wirkungskreis auf die wirtschaftliche Verwaltung [...], vorzugsweise eine vermögensrechtliche Verwaltung".

scheidene Berliner Schuldenlast sah, nannte es *das verhängnisvolle Jahr*.[96] Die internationale Finanzkrise 1859–1866[97] hatte auch die preußische Hauptstadt erreicht und – wie noch zu zeigen ist – Spuren hinterlassen. Der seit Mitte des 19. Jahrhunderts in den städtischen Körperschaften herrschende liberale Geist spiegelte sich in den städtischen Verwaltungsberichten wider. Waren bis dahin die amtlichen Verlautbarungen der Stadt vom ersten Bericht im Jahr 1829 an reine Tätigkeitsberichte, enthält der Bericht 1861–1876, erschienen 1879, ein erstes programmatisches Vorwort: *Gilt es doch der enggescharten großstädtischen Bevölkerung die Möglichkeit des ungehinderten raschen Verkehrs zu sichern; die schädlichen Einflüsse solcher gewaltigen Agglomeration auf die Gesundheit der Bevölkerung nach Möglichkeit abwehren; dem in Armuth und körperlichen Elend versunkenen Theile derselben die nothwendige Hülfe zu gewähren; dem moralischen Verderben* [...] *durch Einrichtungen im Schulwesen und für die Waisenpflege entgegenzutreten* [...]; *gilt es mit Einem Worte doch, alle die innern und äußern Hindernisse zu bekämpfen, welche besiegt werden müssen, wenn eine Großstadt, bei allem Glanze des Reichthums, der Wissenschaft und der Künste des Ruhmes nicht entbehren soll: eine allen die freie Bethätigung ihrer Kräfte sichernde, in den öffentlichen Einrichtungen ihr leibliches und geistiges Wohl nach Kräften fördernde, Kulturstätte zu sein.*[98] Die Aufgaben der Stadtgemeinde beschränkten sich danach auf die Fortentwicklung des Bestands, in erster Linie in technischer und in zweiter Linie auf sozialem Felde. Es ist die Zeit der nun einsetzenden Auffüllung der Infrastruktur für das gesamte Stadtgebiet und der Serie der Straßendurchbrüche und -verbreiterungen. Die sozialen Probleme hoffte man – wie ausgeführt – durch geeignete Anstalten zur Erziehung (Schulen, Waisenhäuser) in den Griff zu bekommen.

Neben notwendigen Verwaltungsbauten errichtete der preußische Staat in diesem Zeitraum bemerkenswerte Bauten für Wissenschaft und Kunst. Auch wenn die verwaltungsmäßige Durchführung in den Händen der Ministerial-, Militär- und Baukommission lag, hatte die Königliche Oberbaudeputation, die bis 1840 Karl Friedrich Schinkel leitete, an der Gestaltung wesentlichen Anteil. Im Einzelnen wurden errichtet beziehungsweise umgebaut:

Tab. 2: Staatsbauten in Berlin vor 1871.

Werk	Jahr
Regierung, Parlament und Verwaltung	
Staatsschuldenverwaltung	1822/23
Potsdamer Tor	1823

96 Berliner Stadtschulden in: Vossische Zeitung vom 2. Dezember 1876: LAB, A Rep. 005-03-02 Hauptfinanzverwaltung, Nr. 106 (vgl. Anm. 41).

97 Hans-Ulrich Wehler, Deutsche Gesellschaftsgeschichte, Bd. 3: Von der ‚Deutschen Doppelrevolution' bis zum Beginn des Ersten Weltkrieges 1849–1914, 2. Aufl., München 2006, S. 96.

98 Bericht über die Gemeinde-Verwaltung 1861–1876 [wie Anm. 7], Vorwort, H. 1, S. VI.

Werk	Jahr
Fasanenmeisterhaus im Tiergarten	1825/26
Packhof	1825–1833
Neues Tor	1829, 1836
Staatsschuldentilgungskasse	1838
Erweiterung des Potsdamer Tores	1843–1846
Umbau des Palais Hardenberg zum Abgeordnetenhaus	1849
Umbau des Palais Mendelssohn zum Herrenhaus	1851
Hauptverwaltung der Staatsschulden und Staatsdruckerei	1849–1858
Steuerhäuser Charlottenburger Chaussee	1857/58
Erweiterung der Militär- und Baukommission	1859
Umbau Staatsministerium	1859
Zehn Steuerhäuser an der Berliner Weichbildgrenze	1860
Umbau des Finanzministeriums	1863/64
Erweiterung des Sitzungssaals des Abgeordnetenhauses	1867
Statistisches Bureau und Meteorologisches Institut	1867/68
Königliche Münze	1868–1871
Umbau des Brandenburger Tores	1869
Erweiterung des Finanzministeriums	1869/70
Königliche Porzellan-Manufaktur	1869–1871
Eisenbahnabteilung des Handelsministeriums	1869/70
Wissenschaft, Gesundheit und Erziehung	
Artillerie- und Ingenieurschule	1822
Akademiegebäude	1822–1826
Altes Museum	1822–1828
Neue Charité	1831–1835
Sternwarte	1832–1835
Erweiterung der Geburtshilfeklinik	1832–1839
Charité, Pockenhaus	1836/37
Krankenhaus Bethanien	1845–1847
Universitätsklinik Ziegelstraße	um 1850
Palmenhaus im Botanischen Garten	1857/58
Realschule Kochstraße	1855–1859
Anatomiegebäude	1863–1865
Königliches Wilhelm-Gymnasium	1863–1865
Erziehungshaus am Urban	1863–1865
Chemisches Laboratorium	1865–1869
Barackenlazarett der Charité	1866/67
Augusta-Hospital	1869

Werk	Jahr
Justiz	
Erweiterungen des Kammergerichts	1834, 1860
Schuldgefängnis	1862–1864
Strafgefängnis Plötzensee	1868–1872
Kirchen, Theater	
Schauspielhaus	1818–1821
Friedrichswerdersche Kirche	1824–1830
St. Paulskirche	1832–1835
St. Elisabethkirche	1832–1835
Nazarethkirche	1832–1835
St. Johanneskirche	1832–1835
Umbau der Klosterkirche	1842–1845
Wiederaufbau der Oper	1844
St. Matthäuskirche	1844–1846
Marcuskirche	1848–1855
St. Bartholomäuskirche	1854–1858
Lukaskirche	1859–1861
Zionskirche	1866–1873
Bühnenhaus der Oper	1867
Kanäle, Brücken und Plätze	
Schloßbrücke	1822–1824
Landwehrkanal	1845–1850
Luisenstädtischer Kanal	1845–1850
Berlin-Spandauer Schifffahrtskanal	1847–1859
Brücke über den Schönhauser Graben	1848
Alsenbrücke mit Uferkaianlage	1859–1865
Stadtschleuse	1861–1864
Unterspree-(Moltke-)brücke	1864/65
Umbau Roßstraßenbrücke	1869

Quelle: Grünert, Die preußische Bau- und Finanzdirektion [wie Anm. 36], S. 21–23, ergänzt nach Kurt Beelitz, Zum 100jährigen Bestehen der Ministerial-, Militär- und Baukommission in Berlin 1922.

Der Rathausbau blieb bei Weitem das größte kommunale Bauprojekt. Zum insgesamt doch noch bescheidenen Rahmen des offiziellen Baugeschehen vor 1871 resümierte Günter Richter mit Recht: „Die großen Bauprojekte der 60er Jahre sind ganz aus kommunalen Bedürfnissen entstanden, nicht im Hinblick auf Repräsentation und Verwaltungsaufgaben der künftigen Reichshauptstadt. Selbst die Siegessäule, deren Grundstein 1865 gelegt wurde, war als ein Denkmal Preußens nach dem dänischen Krieg geplant; erst in ihrer Vollendungsphase 1871–1873 wurde sie zum Nationaldenkmal erweitert.“ Die Großprojekte dieser Jahre haben das Stadtbild Berlins zum Teil bis in unsere Gegenwart hinein geprägt. So der Humboldthain und der Treptower Park, die im Jahrzehnt nach 1863 im Stile moderner Sozialparks entstanden. Fast zeitgleich wurde im Friedrichshain das erste städtische Krankenhaus begonnen. Ein beträchtliches privates Legat von 50.000 Talern erleichterte der Stadt diese Gründung. Die Berliner Kaufmannschaft konnte 1863 das neue Börsengebäude an der Burgstraße als prunkvolles Quadergebäude eröffnen. Die Kosten dieses Bauwerkes betrugen umgerechnet 2,25 Millionen Mark, der Grundewerb weitere 847.000 Mark.[99]

Abb. 2: Das Krankenhaus am Friedrichshain, erbaut 1868–1874 von den Architekten Martin Gropius und Heino Schmieden. © Gemeinfrei unter: https://de.m.wikipedia.org/wiki/Datei:Berlin_Krankenhaus_Friedrichshain_Hauptansicht.jpg [abgerufen am: 24. Juli 2023].

2.2 Berlin wird zur Metropole eines Reiches mit Weltstadtanspruch 1871–1920

2.2.1 Die Modernisierung als Aufgabe der liberalen Stadtverwaltung

Die Reichsgründung änderte die Stellung der neuen Reichshauptstadt Berlin in der Verwaltung und deren Finanzierung im Rahmen des als Staatenbund konstituierten Deutschen Reiches nicht. Der Rangerhöhung der preußischen Metropole zur Hauptstadt des Deutschen Reiches wurde sinnfällig begangen und dabei auch gleich ein spezielles, wenn auch nebensächliches Kapitel der Hauptstadtfinanzierung aufgeschlagen, das der Repräsentationskosten. In der ersten Sitzung des Reichstages nach der Rückkehr der siegreichen Truppen aus dem Deutsch-Französischen Krieg am 16. März

---

99 Berlin und seine Bauten, 2 T. in einem Band, 1. Aufl., Berlin 1877 [im Folgenden: BusB 1877], S. 298–301; Günter Richter, Zwischen Revolution und Reichsgründung, in: Wolfgang Ribbe (Hrsg.), Geschichte Berlins, Bd. 2: Von der Märzrevolution bis zur Gegenwart, München 1987, S. 605–687, hier S. 683 f. Die in BusB 1877 genannten Kosten sind dort bereits in Mark umgereechnet worden.

1871 erwiderte der Präsident des Deutschen Reichstages, Dr. Eduard Simson, auf eine Adresse des Berliner Bürgermeisters Heinrich Philipp August Hedemann:[100]

Die größte Gemeinde des deutschen Staats, mehr als vier Jahrhunderte die Residenz des Herrscherhauses, aus welcher unser erhabener Kaiser hervorgegangen ist, giebt diesen edlen Räumen mit den Gedanken an Kaiser und Reich die Weihe... Ihre Stadt, durch weise Führung und leuchtendes Muster großer Fürsten und durch einen entsprechenden Geist ihrer Bürger aus dürftigen Anfängen in immer gesteigerter und beschleunigter Entwicklung zu stauneneswerther Größe und Bedeutung erhoben, darf sich mit frohem Stolz dessen bewußt werden, was auch sie insbesondere auf dem Grund der Freiheit und Selbständigkeit ihres Gemeindelebens – mittelbar und unmittelbar – in Bürgermuth und Bürgertugend – für die endliche Erreichung der höchsten vaterländischen Ziele mitgewirkt hat. In diesem Sinne [...] nehmen wir die Berührung des Deutschen Reichstages mit den verfassungsmäßigen Vertretern der großartigen Stätte seiner Wirksamkeit zu gutem und glücklichem Vorzeichen für beide. Mögen in der Residenz des Deutschen Kaisers, dem Sitz der Reichsregierung, dem Versammlungsort des Deutschen Reichstages fortan die Geschicke des Vaterlandes alle Zeit zum Heil und Gedeihen, zu Freiheit und Frieden entschieden werden. Möge die vorschreitende Entwicklung des Reiches auch dieser mächtigsten unter seinen Gemeinden mit allen besten Gütern des Staats stetig und nachhaltig, in Wissenschaft und Kunst, in Gewerbefleiß und Handel, zu Gute kommen und jede fernere Begegnung zwischen uns den nämlichen Charakter des Wohlwollens und Einverständnisses an sich tragen, den Sie in die erste mit so viel Glanz und so viel Anmuth zu legen verstanden.[101]

Der Vorsitzende des Parlamentes des Deutschen Reiches betont hier die Herkunft des neuen Staatswesens aus der hohenzollernschen Monarchie, deren Residenz und Hauptstadt seit dem späten Mittelalter Berlin war, und unterstreicht die sich fortsetzenden Hauptstadtfunktionen wie Residenz des Monarchen, Regierungssitz und Versammlungsort des Parlamentes. Hatten diese doch nach seinen Ausführungen zu einer Entwicklung der Stadt mit gewaltiger Dynamik aus *dürftigen Anfängen* zu *staunenswerter Größe* geführt, ein Gedanke, der vor allem mit dem Werk von Adolf Streckfuß populär geworden war. Diese Eloge auf Berlin war nicht kostenfrei zu erhalten und erforderte eine städtische Sondersteuer. Allein die Festivitäten des Jahres 1871 mussten ausgerichtet und bezahlt werden: *Der ersten Stadt dieser mächtigen preußischen Monarchie musste es natürlich anheimfallen, dem Feste zur Feier des Sieges, dem Glanz- und Ruhepunkt eines neuen Zeitabschnittes des Staates einen großartigen und bleibenden Ausdruck zu geben.*[102] Die feierliche Begrüßung des Reichstages wie auch die fest-

100 1800–1872, seit 1832 besoldeter Stadtrat, 1834 Syndikus, seit 1860 Bürgermeister, siehe Cornelius Goeters, Chronologie der Berliner Stadtoberhäupter und ihrer Stellvertreter 1294–1990, in: Ribbe, Stadtoberhäupter [wie Anm. 81], S. 625–669, hier S. 660.

101 Bericht über die Gemeinde-Verwaltung 1861–1876 [wie Anm. 7], H. 1, S. 32 f.

102 Ebd. S. 26. Auch nach dem Sieg von 1866, der Berlin zur Hauptstadt des Norddeutschen Bundes machte, hatte es erhebliche Aufwendungen für die Siegesfeiern gegeben, S. 25.

liche Illumination der Stadt, die Ausschmückung der Via triumphalis, hatte eine Summe von umgerechnet 455.431 Mark erfordert;[103] das von der Stadt geleistete Geldgeschenk an die zurückkehrenden Truppen kostete weitere 300.000 Mark. Insgesamt hatte man für die Feierlichkeiten bei der Beendigung des Deutsch-Französischen Krieges und der Gründung des Deutschen Reiches 1871 einen Betrag von einer Million Mark in den städtischen Etat eingestellt, der aus einem besonderem Zuschlag von zehn Silbergroschen pro Taler zur städtischen Einkommensteuer erbracht wurde.[104] *Es war dies das erste Mal, daß von der Berliner Stadtverordneten-Versammlung zur Veranstaltung einer nationalen Feier eine besondere Besteuerung genehmigt wurde.*[105] Die Feier und ihre Finanzierung sollten einzigartig bleiben. Berlin, das bereits über Jahrhunderte Haupt- und Residenzstadt Preußens und für wenige Jahre Bundeshauptstadt des Norddeutschen Bundes gewesen war, hatte Erfahrungen mit der Staatsgewalt und deren Ansprüchen an die Hauptstadt. Man wusste auch, dass weder der preußische Staat noch das Deutsche Reich Aufgaben finanzierte, die nach dem Gesetz den kommunalen Körperschaften übertragen waren oder – wie im Fall der Feierlichkeiten – von der neuen Reichshauptstadt freiwillig übernommen wurden. Die staatlichen Stellen beschränkten sich grundsätzlich auf die Bereitstellung der Mittel für den Bau beziehungsweise Umbau von Gebäuden für Staatsbehörden und für kulturelle Institutionen sowie für deren Personal, soweit sie zum Zuständigkeitsbereich des preußischen Staates oder des Reiches gehörten, sowie auf die Finanzierung der ab 1867 beziehungsweise 1871 neu eingerichteten Bundes- und Reichsdienststellen. Eine Änderung der Grundsätze der Finanzierung erfolgte nicht. Wohl hatte die Bedeutung Berlins als Hauptstadt durch die Gründung des Norddeutschen Bundes und des Deutschen Reiches zugenommen, aber sie hatte sich nicht qualitativ geändert. Sowohl der Norddeutsche Bund als auch das Deutsche Reich waren unter der preußischen Hegemonie entstanden und die dabei notwendigen zentralen Bundes- und dann Reichsbehörden eng mit den preußischen zentralen Staatsstellen verbunden. So hatte es sich gleichsam organisch ergeben, dass die preußische königliche Residenz und Hauptstadt Berlin auch die Hauptstadtfunktion für den Norddeutschen Bund und das Deutsche Reich übernahm, ohne dass es dafür einer gesetzlichen Fixierung bedurfte. Die enge Verzahnung der bisherigen preußischen Staatsverfassung mit den Organen des Bundes und dann des Reiches sorgte für eine Übertragung der bis dahin gültigen preußischen Gesetzeslage auf die neuen Reichsbehörden. Dazu gehörten auch die Grundsätze der öffentlichen Haushaltsführung. Eine rechtliche Fixierung des Status

103 Ebd., S. 32. Die Talerbeträge sind in der genannten Publikation in Mark umgerechnet.

104 Die Umstellung des auf einem Silberstandard fußenden Talers auf die auf einem Goldwert beruhende Mark mit 100 Pfennigen geschah ab 1871. Zuvor war in Preußen der Reichstaler oder Taler mit 30 Silbergroschen Staatswährung. Der Wert eines weiterhin (bis 1907) gültigen Talers betrug drei Mark. Um den nach 1871 gültigen Wert in Mark zu errechnen, sind die Talerbeträge mit drei zu multiplizieren (siehe Anhang: Zur Berechnung der Währungen).

105 Bericht über die Gemeinde-Verwaltung 1861–1876 [wie Anm. 7], H. 1, S. 32 f.

einer Hauptstadt wie auch die institutionalisierte Hauptstadtfinanzierung war darin nicht vorgesehen. Viele Vorteile ergaben sich allerdings durch die Nähe zu den Staatsbehörden, deren Einrichtung und Unterhalt erhebliche öffentliche Mittel in die Hauptstadt lenkten, die nach der Reichsgründung von 1871 einen gewaltigen Aufschwung erlebte. Erst mit dem Ausbau der preußischen provinzialen Selbstverwaltung gegen Mitte der 1870er-Jahre wurde das Problem der Hauptstadt als besonderes Kommunalgebilde eingehend erörtert. Der Berliner Oberbürgermeister Arthur Hobrecht, dem es gelang, die volle kommunale Hoheit über die Stadtstraßen zu erringen, unterstützte in diesem Zusammenhang einen von der preußischen Staatsverwaltung initiierten Entwurf zur Schaffung einer eigenen Provinz Berlin, die Berlin, Charlottenburg und wenige umliegende Dörfer umfasst hätte. Doch kam der Gesetzesentwurf, der 1875 und erneut 1876 eingebracht wurde, über Ausschussberatungen nicht hinaus.[106] Arthur Hobrecht, dessen Bruder James den Fluchtlinienplan für das Erweiterungsgebiet und seit 1872 die Berliner Stadtentwässerung konzipiert hatte, wechselte darauf in das Amt des preußischen Finanzministers, das den Altliberalen bald in Gegensatz zu Bismarck brachte. Er trat bereits 1879 vom Ministeramt zurück.[107] Auch sein Nachfolger Max von Forckenbeck, der die Grundzüge der Politik Hobrechts fortführte, konnte den Gesetzesentwurf nicht weitervoranbringen. Der Börsenkrach von 1873 und die folgende große Depression konnten zwar zeitweise das Baugeschehen stark verzögern und die Zinsen erhöhen, doch blieb die Stadtwirtschaft insgesamt intakt.[108] Die unter anderem von Arthur Hobrecht geplante preußische Provinz Berlin hätte eine gesetzlich festgestellte eigenständige Dotation erhalten müssen. Der selbstständige, von der Provinz Brandenburg weitgehend unabhängige Stadtkreis Berlin, wie er 1881 aufgrund des gesetzlich fixierten Ausscheidens Berlins aus der Provinz Brandenburg geschaffen wurde, bedurfte dessen nicht. Von der Provinz Brandenburg aus blieben das Konsistorium und Provinzialschulkollegium weiterhin für Berlin zuständig, wie auch der Oberpräsident der Provinz Brandenburg im Landesverwaltungsgesetz vom 30. Juni 1893 in Personalunion die Kommunalaufsicht über die Stadt erhielt. Gestärkt wurde die Ministerial-, Militär- und Baukommission, deren Präsident dem vor allem für Verwaltungsstreitsachen zuständigen, mit Staatsvertretern und Stadtverordneten besetzten Bezirksausschuss vorstand. 1877 erhielt die Kommission die Verwaltungsaufsicht über die 19 unter staatlichem Patronat stehenden Stadtkirchen. Lediglich die Verwaltung der Personalangelegenheiten behielt sich das Konsistorium vor.[109]

---

106 Zu den Kommunalproblemen zusammenfassend Wolfgang Hofmann, Wachsen Berlins im Industriezeitalter. Siedlungsstruktur und Verwaltungsgrenzen, in: Helmut Jäger, Probleme des Städtewesens im industriellen Zeitalter, Köln/Wien 1978, S. 159–177, hier S. 166–173.

107 Vgl. Karl-Heinz Noack, Arthur Hobrecht, in: Ribbe, Stadtoberhäupter [wie Anm. 81], S. 125–134.

108 Zur Krise Wehler, Deutsche Gesellschaftsgeschichte, Bd. 3 [wie Anm. 97], S. 100–105.

109 Dazu Berthold Schulze, 200 Jahre staatlicher Verwaltungsbezirk Berlin, in: Jahrbuch für brandenburgische Landesgeschichte 3 (1952), S. 1–9; Gerhard Kutzsch, Der Staat und die Stadt Berlin. Skizzierung ihres Verhältnisses zueinander im 19. Jahrhundert, in: Bär von Berlin 17 (1968), S. 1–21.

Anders als in Wien, wo der zuvor liberale Karl Lueger im späten 19. Jahrhundert mit der antisemitischen christlich-sozialen Bewegung den kommunalen Liberalismus ablöste und 1897 Bürgermeister wurde,[110] blieb in Berlin die liberale Herrschaft in der Stadtverordnetenversammlung unangefochten bestehen. Doch gab es innerhalb des liberalen Lagers deutliche Veränderungen. Zwar hatten auch die Antisemiten in der Stadtverordnetenversammlung der preußischen Hauptstadt in den 1880er-Jahren einen gewissen Aufwind erlebt, versanken dann allerdings wiederum in der Bedeutungslosigkeit.[111] Differenzen in der Sozialpolitik führten innerhalb der Linksliberalen zur Spaltung zwischen der zunächst von Alexander Meyer, dann von Oskar Cassel geführten Alten Linken und der Neuen Linken von Leopold Rosenow. Daneben gab es noch die nationalliberale Freie Fraktion.[112] Die Unterschiede waren vor allem im linken Spektrum kaum auszumachen. Fraktionsübergreifend bekannte man sich dort zum Kommunalfreisinn. Eine effektive wie sparsame Verwaltung blieb höchstes Ziel.[113] Neuere – parlamentarische – Formen brachte der von Theodor Barth und Hugo Preuß 1898/99 gegründete Sozialfortschrittliche Kommunalverein, dessen Programm für die Mitglieder bindend war. Die soziale Frage und damit die Bekämpfung der Ursachen, nicht nur der schädlichen Folgen für die Stadt in der Zeit der Industrialisierung, rückten in den Vordergrund, die Änderungen aber strebte man im Gegensatz zur Sozialdemokratie, mit denen die Freisinnigen auf kommunaler Ebene manches Bündnis schlossen, auf evolutionärem Weg an.[114] Die Alte Linke, deren Vorsitzende Cassel mit der Freien Fraktion regelmäßig Absprachen hielt, blieb in der Berliner Stadtverordnetenversammlung die bestimmende Fraktion.[115] Eine Verschmelzung der kommunalen politischen Gruppen der Stadtverordneten mit den Parteien des Reichstages wurde im liberalen und sonstigen bürgerlichen Lager vermieden, obwohl nicht wenige Reichstagsabgeordnete auch ein Berliner Stadtverordnetenmandat wahrnahmen. Diese „Verzahnung von nationaler und lokaler Ebene“ ist mit Recht als Teil der „Stellung Berlins als Reichhauptstadt“ charakterisiert worden.[116] Fraktionsdisziplin herrschte nur bei den Sozialdemokraten.

---

110 Felix Czeike, Liberale, christlich-soziale und sozialdemokratische Kommunalpolitik (1861–1934). Dargestellt am Beispiel der Gemeinde Wien, München 1962, S. 61–82.
111 Albert Lichtblau, Antisemitismus und soziale Spannungen in Berlin und Wien 1867–1914, Berlin 1994.
112 Sabine Rudischhauser, Sozialpolitische Konzeptionen im alten und neuen Berlin 1900 bis 1927. Magisterarbeit, Freie Universität Berlin 1988, S. 26; mit dem Schwerpunkt auf der Verkehrspolitik: Bendikat, Öffentliche Nahverkehrspolitik [wie Anm. 95], S. 418–424.
113 Ursula Reuter, Paul Singer (1844–1811). Eine politische Biographie (Beiträge zur Geschichte des Parlamentarismus und der politischen Parteien, Bd. 138), 2. Aufl., Düsseldorf 2006, S. 508.
114 Christoph Müller, Einleitung, in: ders. (Hrsg.), Hugo Preuß, Gesammelte Schriften, Bd. 5: Kommunalwissenschaft und Kommunalpolitik, Tübingen 2012, S. 1–78, hier S. 19–21; Reuter, Paul Singer [wie Anm. 113], S. 500–509; Rudischhauser, Sozialpolitische Konzeptionen [wie Anm. 112], S. 27.
115 Rudischhauser, Sozialpolitische Konzeptionen [wie Anm. 112], S. 28.
116 Ebd., S. 25.

Das preußische Dreiklassenwahlrecht benachteiligte die gering verdienenden Arbeiter. Ein Jahreseinkommen unter 660 Mark oder eine Armenunterstützung reichte aus, um vom Wahlrecht völlig ausgeschlossen zu werden, und auch eine Stimmabgabe in der Dritten Klasse, in der sich die ganz überwiegende Anzahl der Wähler befand, hatte nur geringen Einfluss. So kämpfte besonders die Sozialdemokratie gegen das ungleiche Wahlsystem. Nach der Aufhebung des Sozialistengesetzes 1890 erreichte man zehn der damals 42 Mandate der Dritten Klasse, 1899 hatten die Sozialdemokraten bereits mehr als das Doppelte, nämlich 22 Stadtverordnetensitze gewonnen.[117] Die Sozialdemokraten kamen bei der Wahl von 1900 auf 22 Sitze und 1911 auf 43 von insgesamt 48 Mandaten der Dritten Abteilung.[118] Die Ablehnung des Dreiklassenwahlrechts blieb in der Hauptstadt nicht auf die proletarische Linke beschränkt. Für den Wunsch nach einer großen Wahlrechtsreform ist es bezeichnend, dass wirtschaftlich und kulturell führende Eliten 1895 den linksliberalen Hugo Preuß als Kandidaten in der ersten Abteilung nominierten. Wegen der internen Absprache von sechs bis sieben Stimmberechtigten in der ersten Abteilung eines Stimmbezirks im feudalen Tiergarten waren seine Wahl beziehungsweise die späteren Wiederwahlen eine reine Formsache.[119] Die Änderungen am Wahlrecht, die bis zum Ersten Weltkrieg vorgenommenen wurden, brachten keine grundsätzliche Reform; das Dreiklassenwahlrecht blieb im Kern erhalten. Als im Jahr 1900 aufgrund der Miquelschen Steuerreform die für die erste und zweite Abteilung notwendigen Sätze der Einkommensteuer angepasst wurden, erhöhte sich der Anteil der Wähler in der ersten Abteilung von 578 auf 1.446 Personen und in der zweiten Abteilung, in der nunmehr nur noch eine Zahlung von 200 Mark Einkommensteuer nötig war, von 7.639 auf 26.705 Personen.[120] Die Gesamtzahl der Wähler war 1898 für den Reichstag mit 397.001 und für die Berliner Stadtverordnetenversammlung mit 308.692 festgestellt worden.[121] Im Jahr 1900 wurde die Stadtverordnetenversammlung auf 144 Sitze vergrößert. Vielen Wählern der Dritten Klasse erschien eine Wahlbeteiligung sinnlos. 1903 betrug die Wahlbeteiligung für die Stadtverordnetenversammlung 32 Prozent gegenüber 73 Prozent bei der Reichstagswahl, in der das gleiche Wahlrecht galt.[122]

Der Magistrat zählte zwischen 1900 und 1929 durchschnittlich 34 Mitglieder. Nur wenige von ihnen waren neben dem Oberbürgermeister und dem Bürgermeister (Kämmerer, je zwei Stadtbau- und Stadtschulräte) besoldete Stadträte. Sogar das wichtige Medizinalressort wurde (von Dr. Straßmann) ehrenamtlich geführt. Der ehrenamtliche, für die Grundstückssachen zuständige Stadtrat Paul Busch sollte nach einer

117 Eduard Bernstein, Die Geschichte der Berliner Arbeiter-Bewegung. Ein Kapitel zur Geschichte der deutschen Sozialdemokratie, Bd. 3, Berlin 1910, S. 212–221.

118 Rudischhauser, Sozialpolitische Konzeptionen [wie Anm. 112], S. 28.

119 Müller, Einleitung [wie Anm. 114], S. 1.

120 Rudischhauser, Sozialpolitische Konzeptionen [wie Anm. 112], S. 13.

121 Ebd., S. 12.

122 Ebd., S. 17.

langen Amtszeit am Ende der 1920er-Jahre ins Zwielicht geraten.[123] Die außerordentliche Dramatik der kommunalen Entwicklung der preußisch-deutschen Hauptstadt im 19. Jahrhundert verdeutlichen die folgenden Zahlen: Die Ausgaben der Stadtverwaltung waren vom Zeitpunkt des Erscheinens des ersten Verwaltungsberichts 1829 bis 1876 von 772.552 Taler (2.317.656 Mark) auf 34.740.245 Mark angewachsen; der Anstieg betrug in den 47 Jahren damit sehr beachtliche 1.399 Prozent. Zwar nahm die Bevölkerungszahl Berlins im gleichen Zeitraum von 242.000 auf 979.860 Personen gewaltig zu, doch war dieser Anstieg mit 305 Prozent wesentlich geringer als der der kommunalen Ausgaben.[124] Die Leistungen der Stadt Berlin in der zweiten Hälfte des 19. Jahrhunderts waren nicht nur für die Zeitgenossen erstaunlich. Die anstehenden Aufgaben konnten durch eine in der jeweils notwendigen Personalstärke professionell ausgebildete Verwaltung gelöst werden.

Aus einer Stadt mit wenig mehr als 600.000 Bewohnern ohne moderne Infrastruktur im Jahr 1861 auf einer Fläche von rund 6.000 Hektar innerhalb eines halben Jahrhunderts eine Metropole von drei Millionen Einwohnern mit einer ausgebildeten Stadtstruktur, Straßen, Häusern und Plätzen zu formen, versehen mit allen nötigen Infrastruktureinrichtungen, war eine bemerkenswerte Leistung. Sie kann in ihren Dimensionen anderen großen städtebaulichen Leistungen des 19. Jahrhunderts wie der Umgestaltung von Paris durch Georges-Eugène Haussmann oder der Wiener Ringstraße an die Seite gestellt werden. Besonders hervorzuheben ist, dass für diese Entwicklung der preußisch-deutschen Hauptstadt keine staatlichen Mittel aufgebracht wurden. Die Finanzierung der Infrastruktur, der Verkehrswege wie Straßen und Brücken, der Ver- und Entsorgung mit Wasser, Energie und Lebensmitteln blieb kommunale Aufgabe, auch wenn die Aufsicht darüber staatlichen Stellen oblag, vor allem dem Polizeipräsidenten, dem Oberpräsidenten der Provinz Brandenburg und dem preußischen Innen- und Finanzministerium. Die Kosten konnten nur zum Teil an die davon wirtschaftlich Bevorteilten abgewälzt werden. Die sich in dem neuen Deutschen Reich günstig entwickelnden Steuereinnahmen, die auch den Kommunen Spielraum zur eigenen Entfaltung ließen, ermöglichten eine geordnete Anleihewirtschaft, die Berlin in den Kreis der auf diesem Gebiet maßgebenden europäischen Metropolen führte. Die im Vergleich zu älteren, bereits bebauten Stadtteilen in der Regel groß geschnittenen Grundstücke des Stadterweiterungsgebietes waren vielfältig nutzbar, und die feuerpolizeilichen Bestimmungen schränkten eine enge und hohe Bebauung der großen Grundstücke nur wenig ein. So konnte vor allem nach der Reichsgründung von 1871 die von dem Publizisten Werner Hegemann sogenannte „größte Mietskasernenstadt der Welt“ entstehen.[125] Die unter Seydel gelegten Grundlagen der kommunalpoli-

123 Siehe dazu Annika Klein, Korruption und Korruptionsskandale in der Weimarer Republik, Göttingen 2014, S. 330.

124 Bericht über die Gemeinde-Verwaltung 1861–1876 [wie Anm. 7], Vorwort, H. 1, S. VI.

125 Werner Hegemann, Das steinerne Berlin. Geschichte der größten Mietskasernenstadt der Welt, Berlin 1930 [ND 2. Aufl., Braunschweig 1976]; dazu Caroline Flick, Werner Hegemann (1881–1936).

tischen Arbeit wurden unter seinen durchweg ebenfalls liberalen Nachfolgern fortgeführt. Arthur Hobrecht (1872–1878) hatte zunächst als Jurist im Preußischen Staatsdienst gearbeitet und wechselte mit seiner Wahl zum Oberbürgermeister von Breslau (1863–1872) in den Kommunaldienst.[126] Ähnliches gilt auch für den aus der Reichs- in die Kommunalpolitik gewechselten Oberbürgermeister Maximilian (Max) Franz August von Forckenbeck (1878–1891).[127] Ebenfalls als Verwaltungsjurist gelangte Robert Zelle (1891–1898) über den Berliner Kommunaldienst in das Amt.[128] Alle Berliner Oberbürgermeister der Monarchie hatten ihre hohe Verwaltungskompetenz im Staats- und/oder im Kommunaldienst bereits vor der Ernennung zum höchsten Berliner Kommunalamt bewiesen. Im besonderen Maße konnten Hobrecht und Forckenbeck – wie Miquel in Frankfurt am Main – als „in das politische Establishment voll integrierte Nationalliberale"[129] bezeichnet werden.

Aufgrund staatlicher Anordnungen – zumeist über den Polizeipräsidenten – hatten die Modernisierungen begonnen, die zum zentralen Anliegen der liberal dominierten Kommunalbehörden wurden. Die Intentionen der preußischen Staatsbürokratie und der liberalen Stadtverwaltung waren mithin auf das gleiche Ziel, die Modernisierung der Kommune, gerichtet. Vorbild für die Berliner Stadtverwaltung waren in allen Zweigen der Ausgestaltung des kommunalen Lebens die westeuropäischen Metropolen Paris und vor allem London. Noch im Vorwort des Verwaltungsberichts 1861–1876 heißt es, London sei die Stadt, *auf dessen Kommunikationsmittel, auf dessen Pflaster, auf dessen Parks, auf dessen Markthallen, auf dessen Vorkehrungen für Salubrität und Reinlichkeit wir vielfach mit Neid blicken.*[130] Mit dem Begriff der Salubrität ist der große Bereich der Stadttechnik, der Ver- und Entsorgung angesprochen. In ähnlicher Weise wie London für Berlin sollte die preußische und Reichshauptstadt Vorbild für andere deutsche Städte werden. Bald konnte man auch international zum Vorzeigeobjekt werden. Voll Stolz wurde der französische Techniker Daniel Émile Mayer (Ingénieur des Ponts et Chaussées in Paris) zitiert, der 1885 Berlin besucht hatte und in ‚amtlicher Form' darüber berichtete: *1880 waren in Berlin 25.000 Kellerwohnungen und 3.230 nicht heizbare Gelasse, die zu Wohnungszwecken benutzt wurden. 59.000 Personen lagen in Schlafstellen. Die Berliner Verwaltung ist nie darauf aus gewesen in diesen Verhältnissen selbst Wandel zu schaffen, indem sie gesundere Wohnungen baute oder veranlaßte, solche zu bauen: nicht als ob sie das Uebel verkannt hätte, sondern sie war der Ansicht, daß sie, ohne ihre Befugnisse zu überschreiten, nur durch Vervollkommnung*

Stadtplanung, Architektur, Politik. Ein Arbeitsleben in Europa und den USA, 2 T. (Einzelveröffentlichungen der Historischen Kommission zu Berlin, Bd. 84), München 2005.

126 Zur Vita Noack, Arthur Hobrecht [wie Anm. 107].

127 Karl-Heinz Noack, Max von Forckenbeck, in: Ribbe, Stadtoberhäupter [wie Anm. 81], S. 135–146.

128 Daniel S. Mattern, Robert Zelle, in: Ribbe, Stadtoberhäupter [wie Anm. 81], S. 147–156.

129 Wolfgang Hofmann, Zwischen Rathaus und Reichskanzlei. Die Oberbürgermeister in der Kommunal- und Staatspolitik des Deutschen Reiches von 1890 bis 1933 (Schriften des Deutschen Instituts für Urbanistik, Bd. 46), Stuttgart u. a. 1974, S. 45.

130 Bericht über die Gemeinde-Verwaltung 1861–1876 [wie Anm. 7], H. 1, S. VII.

der öffentlichen Einrichtungen dem Uebel steuern könne.[131] Gleichermaßen als Fazit stellte Mayer fest: *Die Häuser durch Wasserzuführung und Kanalisation zu gesunden Wohnstätten zu machen; die Straßen zu reinigen und zu pflastern, neue durchzulegen, die Lebensmittelzufuhr durch Viehhof und Markthallen zu regeln; die Armenpflege, die Errichtung und Erhaltung der Schulen aller Art; das ist die größte Aufgabe der Berliner Gemeindeverwaltung. Noch vor 25 Jahren waren wenige Städte darin weiter zurück als Berlin; heutzutage sind wenige Städte darin so weit wie Berlin.*[132]

Gemessen an den Wohnungsausstattungen des 20. und 21. Jahrhunderts blieb die Ausstattung der auf dem Stadterweiterungsgebiet des Hobrechtplanes errichteten Gebäude bescheiden, vor allem in den Hinter- und Querhäusern. Innentoiletten und Bäder fehlten vielfach, doch besaßen nahezu alle Wohnungen in den Neubauten Heizmöglichkeiten sowie Gas- und Wasseranschluss. Eine Slumbildung wie in anderen großen europäischen Städten konnte in Berlin vermieden werden. Die auf der Ministerialebene Preußens nach der Jahrhundertmitte entwickelten Ideen, die Hauptstadt adäquat zur Geltung des Staates im europäischen Rahmen zu entwickeln, waren eine innige Verbindung mit dem auf der Berliner Kommunalebene herrschenden Fortschrittsglauben der liberalen Mehrheit der Stadtverordneten eingegangen. Parallel zum Aufstieg Preußens zur Hegemonialmacht in Mitteleuropa und dann des neuen Deutschen Reiches in den Kreis der Weltmächte hatte sich Berlin von einer deutschen Residenz- und Hauptstadt zu einer den alten Zentren wie London, Paris und Wien kaum nachstehenden europäischen Metropole entwickelt. Die von den Oberbürgermeistern und ihren Vertretern in der Nachfolge Seydels im Einvernehmen mit der Stadtverordnetenversammlung geführte liberal-freisinnige Stadtpolitik hatte die Modernisierung der gesamten Infrastruktur als ihre vordringliche Aufgabe gesehen, zu der auch der Ausbau beziehungsweise in einem zweiten Schritt die Kommunalisierung der städtischen Ver- und Entsorgung mit Wasser, Gas, Markthallen, Schlachthöfen und so weiter gehörte.[133]

---

131 Carl Gerstenberg (Hrsg.), Ein französisches Urtheil über die Berliner Gemeinde-Verwaltung nach dem Bericht des französischen Ingenieurs D. Mayer, Berlin 1887, S. 9.

132 Ebd., S. 3

133 Rudischhauser, Sozialpolitische Konzeptionen [wie Anm. 112], S. 83. Oskar Cassel trat 1916 sogar für die Kommunalisierung der Elektrizitätswerke ein.

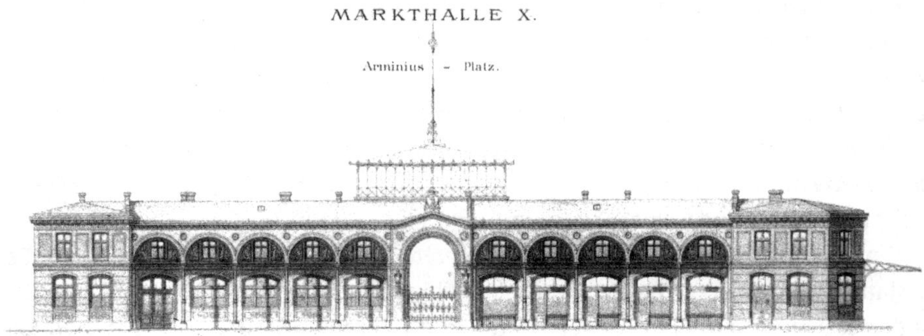

Abb. 3: Die Markthalle X am Arminiusplatz, Eingang (1891 eröffnet). © Gemeinfrei unter: https://upload.wikimedia.org/wikipedia/commons/2/2a/Berlin_Markthalle_X_Fassade_Arminiusplatz.jpg [abgerufen am: 24. Juli 2023].

Auf anderen Gebieten, etwa bei der Wohnungsfrage, vertraute man im Interesse der unterstützenden Hausbesitzer auf die regulierenden Kräfte des Marktes.[134] Die am Ende des 19. Jahrhunderts in der Stadtverordnetenversammlung feststellbare Zurückhaltung in der Eingemeindungsfrage ist aus der Angst vor eventuell steigenden kommunalen Schul- und Armenausgaben zu erklären.

Wichtiger als der politische Dissens der Stadtverordneten untereinander war der mit der – über den gesamten Zeitraum des Kaiserreiches durchgehend konservativen – preußischen und Reichsregierung. Hier wurden die politischen Gegensätze zwischen Staat/Reich und Hauptstadt immer größer. Die Oberbürgermeister des 20. Jahrhunderts, Martin Kirschner (1898–1912)[135] und Adolf Wermuth (1912–1920),[136] stützten sich auf eine nach innen zerklüftete liberale Mehrheit in der Stadtverordnetenversammlung. Kirschner musste zudem anderthalb Jahre auf die königliche Bestätigung für sein Amt warten. Mit der Verzögerung sollten wohl der Magistrat und die Stadtverordneten getroffen werden, die anlässlich des 50. Jahrestages der Märzrevolution unter anderem die würdige Wiederherstellung der Gräber der Gefallenen im Friedrichshain beschlossen hatten. Kirschner erlangte durch den ihm nachgesagten Spruch *Ich kann warten!* eine gewisse Popularität.[137] Trotz aller Gegensätze fand aber eine prinzipielle Konfrontation zwischen der Kommune und der Staats- und Reichsregierung nicht statt. Kirschner wie auch seine Vorgänger bemühten sich, sowohl zum Monarchen wie auch zur Staats- und Reichsregierung ungeachtet der Dissense ein gutes Verhandlungsklima aufrechtzuerhalten und wich einer direkten Konfrontation aus. Die staatliche Kommunalaufsicht hatte bezüglich der kommunalen Finanzverhältnisse

134 Ebd., S. 93.
135 Daniel S. Mattern, Martin Kirschner, in: Ribbe, Stadtoberhäupter [wie Anm. 81], S. 157–166.
136 Andreas Splanemann, Adolf Wermuth, in: Ribbe, Stadtoberhäupter [wie Anm. 81], S. 167–184.
137 Kaeber, Die Oberbürgermeister Berlins [wie Anm. 81], S. 87.

weite Eingriffsmöglichkeiten, beschränkte sich aber auf wenige Felder. Zu ihnen gehörte die partielle Steuerbefreiung von staatlichen Institutionen und Staatsbediensteten. Auseinandersetzungen gab es auch in der Frage der Beteiligung an den Schulkosten für die aus der Stadt gezogenen Vorortbewohner. Grundsatz war, die Belastungen des Staates Preußen durch kommunale Abgabenordnungen zu verhindern oder doch zu minimieren. So prüfte man im Jahr 1895 intensiv die Auswirkungen einer Grund- und Bauplatzverordnung der Stadt Berlin und erreichte deren Änderung.[138] Auch in die Art und Weise der städtischen Steuereintreibung mischte sich die Staatsverwaltung ein, etwa zugunsten von Geringverdienern. So bestand als unterste Gruppe der Einkommensteuerpflichtigen die sogenannte Viermarkstufe. Gegen einen Beschluss der städtischen Deputation, der eine Pfändung auch von Kleinbeträgen vorsah, erhob die Staatsverwaltung Einwände. Im Jahr 1900 teilte der Magistrat dem Oberpräsidenten mit, dass auch weiterhin gepfändet werden würde, aber dies mit *größter Milde*.[139]

Da die kommunalen Steuereinnahmen zwischen 1898 und 1904 nur um fünfeinhalb Millionen Mark (von 57 auf 62,5 Millionen Mark) gestiegen waren, sich die notwendigsten kommunalen und sozialen Ausgaben – ohne die Bauten – aber um 14 Millionen Mark (von 57 auf 71 Millionen Mark) erhöht hatten, mussten neue Einnahmequellen erschlossen werden. In diesen Zusammenhang gehört die Heraufsetzung des kommunalen Zuschlages zur staatlichen Einkommensteuer auf 100 Prozent und die kommunale Umsatzsteuer. Strittig war die Frage der Besteuerung der außerhalb der Stadt wohnenden Vorortbewohner, die ja die städtische Infrastruktur nutzten. Die Stadt Berlin sollte bei ihren Vorstößen sowohl bei der Beteiligung an den Schulkosten[140] wie auch der Heranziehung von Vorortbewohnern zur Einkommensteuer[141] Niederlagen erleiden. Bei neuen Steuern nahm die Stadt auf die Interessen

138 Ein Beispiel ist die Mitteilung des Oberpräsidenten der Provinz Brandenburg an den preußischen Finanz- und Innenminister vom 31. März 1895, dass die Grund- und Bauplatz-Steuerverordnung der Stadtgemeinde Berlin vom 19. Januar 1895 die staatlicherseits gewünschte Änderung des Paragrafen 8 erfahren hat (Nichtanrechnung landwirtschaftlicher Gewinne an zukünftigen Bauplätzen), in: GStA PK, I. HA, Rep. 77 Ministerium des Innern, Tit. 233: Acta betr. die Zusammenstellung der Gemeindebedürfnisse der Stadt Berlin und der dazu vorhandenen Fonds, ingleichen die Aufbringung der Fonds zur Bestreitung der Bedürfnisse, Bd. 17: 8. April 1895 bis 20. November 1896, unfol.

139 Reskript des Magistrat an den Oberpräsidenten zu Potsdam, 22. Mai 1900, in: GStA PK, I. HA, Rep. 77 Ministerium des Innern, Tit. 233 Bd. 19: 14. Dezember 1898 bis 20. Januar 1909, unfol.

140 Unter der Überschrift *Berlin muß bluten* teilte der Vorwärts (Beilage 2) seinen Lesern am 15. März 1903 mit, dass unter Berufung auf § 53 des Kommunalabgabengesetzes verschiedene Vorortgemeinden gegen die Stadt Berlin Prozesse auf Gewährung von Zuschüssen zu den Schulunterhaltungskosten führten. Einen Prozess habe Berlin bereits verloren. Der Artikel schloss mit dem Bemerken: *Berlin wird hübsches Sümmchen zu zahlen haben*, ebd.

141 Der Stadtverordnetenausschuss zur Vorbereitung der Magistratsvorlage über die Frage der Beschaffung neuer Einnahmequellen, die zur Deckung der drohenden Ausfälle im Stadthaushaltsetat dienen können, nahm an, dass auch die Personen in Berlin einkommensteuerpflichtig werden sollten, die zwar nicht ihren Wohnsitz, wohl aber eine gewinnbringende Beschäftigung in Berlin hätten: Berliner Tageblatt vom 31. Januar 1905, Morgenausgabe, ebd.

der Krone und des Staates Rücksicht, etwa bei der am 1. August 1908 in Kraft getretenen Grundsteuerordnung. Von der Pflicht zur Grundsteuer befreit wurden die Königlichen Schlösser mit Nebengebäuden sowie alle dem Staat, den Provinzen, Kreisen und Gemeinden gehörenden Gebäude, insofern sie zum Gebrauch durch öffentliche Behörden bestimmt waren, ferner die Grundstücke fremder Staaten mit Botschaften und Gesandtschaften, Straßen, Eisenbahnen und so weiter. Bei Dienstgebäuden mit steuerfreien Dienst- und steuerpflichtigen Beamtenwohnungen sollte eine Schätzung der Steuer erfolgen.[142] In der Frage einer neuen städtischen Umsatzsteuerordnung ging dem Finanzminister die steuerliche Entlastung des Fiskus allerdings nicht weit genug. Beim Verkauf von Grundstücken sollte nach Paragraf 9, Absatz 2 der Grundsteuerordnung den mit befreiten Personen Vertragschließenden Steuerbefreiung nur zustehen, wenn sie selbst zu den Befreiten gehörten, andernfalls hätten sie die volle Steuer zu entrichten. Der Finanzminister befand dies unvereinbar mit Interessen der Staatskasse, zumal diese an Grundstückserwerbungen in Berlin in den Jahren 1905 und 1908 mit je einer halben Million Mark, 1906 mit rund 3,2 Millionen und 1907 mit 5,6 Millionen Mark beteiligt war.

Aus den Veräußerungen waren in dem genannten Zeitraum 6,75 Millionen Mark für das Gelände Leipziger Straße 75/76 vereinnahmt worden. Unmittelbar bevor stand die Veräußerung des Geländes des alten Botanischen Gartens am Stadtrand zu Schöneberg, dessen Ertrag auf sechs bis sieben Millionen Mark geschätzt wurde, ferner des Grundstücks Potsdamer Straße 120, für das etwa viereinhalb Millionen Mark erwartet wurden. Beim umfangreichen Berliner Geländebesitz und bei der Notwendigkeit, ihn für die zahlreichen Berliner Behörden ständig zu erhalten, wurde auch für die Zukunft mit weiteren Millionenumsätzen bei Erwerb und Veräußerung gerechnet. Deshalb erwartete man *mit Rücksicht auf diese Tatsachen und auf das sich daraus ergebende weitgehende Interesse des Fiskus* eine Freistellung von sämtlicher Umsatzsteuer.[143] Der rein fiskalischen Argumentation der Finanzverwaltung vermochte sich das Innenministerium allerdings nicht anzuschließen. Der Innenminister setzte grundsätzliche Überlegungen dagegen und bemerkte dazu: *Ausschlaggebend für mich ist der Gesichtspunkt, dass es nicht angängig ist, eine den Ministern vom Gesetzgeber übertragene Genehmigung in einem fiskalischen Sinn auszunutzen und von diesem Standpunkte aus die Selbstverwaltung der Städte, vornehmlich der Stadt Berlin, einzuschränken. Die politische Bedeutung dieses Bedenkens muß zu einem Zeitpunkte, wo die Jahrhundertfeier der Stein'schen Städteordnung unter weitgehender Beteiligung der Krone und des Staatsministeriums begangen wird, an Erheblichkeit gewinnen. Im vorliegenden Falle kommt hinzu, dass die bei meinem Ministerium entworfene Zustimmungsverfügung (wohl unter dem Einflusse der dortseits mit den Eisenbahnbehörden gepflogenen Schriftwechsels) rund vier Monate der Mitunterzeichnung Ew. Exz. harrt, und dass ich nicht die Verantwortung mittragen könnte, nach Verlauf eines so langen Zeitraumes der Stadt*

142 So der Oberpräsident an den Innen- und den Finanzminister, 12. Juni 1907, ebd.
143 Der preußische Finanz- an den Innenminister, 20. November 1908, ebd.

Berlin mit der Versagung der Zustimmung und obendrein aus fiskalischen Gründen entgegenzutreten.[144] Der zur Mitunterzeichnung der städtischen Vorlage aufgerufene Finanzminister von Rheinbaben erklärte nach Mahnung am 4. Januar 1909: *Bei der großen finanziellen Bedeutung der zwischen uns bestehenden Meinungsverschiedenheit muß ich zu meinem Bedauern noch jetzt Anstand nehmen, den von Ew. Exz. mir vorgelegten Entwurf einer Verfügung an den Oberpräsidenten zu Potsdam mitzuzeichnen.* [...] *In der Verfügung unserer Herren Amtsvorgänger vom 12. September 1896* [...] *ist doch nur ausgesprochen, daß von uns, wo die Lage der Verhältnisse angetan ist, an der Beibehaltung aller einzelnen Befreiungen des Stempelsteuergesetzes nicht unter allen Umständen werde festgehalten werden. Es liegen aber in Berlin Verhältnisse vor, die eine Heranziehung des Fiskus zu der städtischen Umsatzsteuer als besonders unangemessen erscheinen lassen, auch wenn sie nur auf mittelbarem Wege geschieht, daß bei einem Vertrage zwischen einem Nichtbefreiten und dem Fiskus dem Nichtbefreiten die Zahlung der vollen Umsatzsteuer zur Pflicht wird.* [...] *Wenn hierauf meinerseits namentlich im Hinblick auf die bevorstehenden Grunderwerbungen zur Erweiterung der Stadtbahn Wert gelegt wird, so kommt hier insbesondere in Betracht, daß dieses Unternehmen, das ein wesentliches Verkehrsinteresse der Stadt Berlin erfüllt, schon infolge der Höhe der ursprünglichen Anlagekosten für den Staat sich als unrentabel erwiesen hat, und daß diese mangelnde Rentabilität sich umso mehr steigern wird, je mehr sich die Kosten des Grunderwerbs für die gleichfalls der Stadt in erster Linie zugute kommende Erweiterung erhöhen werden. Was ferner die Grunderwerbe zum Zweck der Vergrößerung von Diensträumen der in Berlin befindlichen Zentralbehörden betrifft, so wird doch in Betracht gezogen werden müssen, welche unendlichen Vorteile für die Stadt Berlin daraus erwachsen, daß sich die Zentralverwaltungen sowohl des Reiches als des preußischen Staates in Berlin befinden. Die Verhältnisse scheinen mir daher gerade bei der Stadt Berlin am allerwenigsten dazu angetan, der Stadtgemeinde für Verträge, bei denen der Fiskus beteiligt ist, die Erhebung der Umsatzsteuer* [...] *zu gestatten.* Grundsätzlich aber fuhr er fort: *Der den zuständigen Ministern gesetzlich übertragenen Befugnis der Zustimmung zu solchen Steuerordnungen würde jeder Inhalt genommen werden, wenn wir wegen der Besorgnis eines Eingriffs in die Selbstverwaltung der Städte darauf verzichten müßten, bei Ausübung der Zustimmungsbefugnis das allgemeine Staatsinteresse zur Geltung zu bringen.*[145] Das besondere Interesse des Eisenbahnfiskus an der Freistellung von der Umsatzsteuer ergab sich aus der beigefügten Nachweisung der Erwerbungen von 1900 bis zum Jahr 1908:

144 Der preußische Innen- an den Finanzminister, 28. November 1908, ebd.
145 Der preußische Finanz- an den Innenminister am 4. Januar 1909, ebd.

Tab. 3: Nachweisung der Erwerbungen und Veräußerungen von Berliner Grundstücken (der Königlichen Eisenbahnverwaltung) von beziehungsweise an solche Personen, die nach dem Stempelsteuergesetz von der Tragung der Stempelsteuer nicht befreit sind (1909).

Jahr	Fläche (in Quadratmetern)	Preis (in Mark)	Anlass
1903	1.186	7.116	Erwerbung am Bahnhof Frankfurter Allee
	288	28.800	Tausch für Gelände am Anhalter Bahnhof
	192	28.800	Tausch für Gelände am Anhalter Bahnhof
1903		64.716	insgesamt
1904	61.068	24.500	Erweiterung Güterbahnhof Weißensee
	619	66.000	als entbehrlich verkauft
1904		2.548.960	insgesamt
1905	565	3.390	zur Regulierung der Bromberger Straße verkauft
	2.322	3.300.000	Gelände in Rixdorf und Gebäude Voßstraße 34
	19.529	1.770.500	Rest Tauschgelände
	1.475	173.592	als entbehrlich verkauft
1905		5.247.482	insgesamt
1906	2	120	zur Regulierung der Dänenstraße verkauft
1906		2.894	insgesamt
1907	2.192	87.500	Erwerb im Tausch mit folgender Nummer
	773	86.044	Gelände in Charlottenburg
	390	253.500	im Tausch mit in Rixdorf gelegenem Gelände
	30	8.500	Zugang zu Stadtbahnbögen
1907		435.544	insgesamt

Quelle: GStA PK, I. HA, Rep. 77 Ministerium des Innern, Tit. 233 Bd. 19.

Für bevorstehende Erwerbungen und Veräußerungen wurden zusammen 1.035.872 Mark veranschlagt. Besondere weitere Kosten hätten sich aus der (nicht erfolgten) Stadtbahnverbreiterung ergeben.

Tab. 4: Für den Stadtbahnbau (Verbreiterung) erworbene Grundstücke, 1909 (Preis in Mark).

Geschätzter Preis für Grundstücke	bebaut: 54.252.495	unbebaut: 459.590
Davon entbehrlich und veräußerungsfähig	bebaut: 19.320.740	Unbebaut: 954.250

Quelle: GStA PK, I. HA, Rep. 77 Ministerium des Innern, Tit. 233 Bd. 19.

Die Auffassung des Finanzministers und des Eisenbahndirektoriums wurde nicht von allen staatlichen Behörden geteilt. Zuerst übernahm der Oberpräsident der Provinz

Brandenburg die Argumentation des Magistrates,[146] und aufgrund der Unterstützung des preußischen Innenministeriums wie auch des Oberpräsidenten der Provinz Brandenburg konnte die Stadt Berlin ihre – die Kommunen insgesamt stärkende – Argumentation durchsetzen. Als sich der Vizepräsident des Staatsministeriums, Bethmann-Hollweg, der Haltung des Innenministeriums anschloss,[147] war der Streit entschieden. Taktische Gründe dafür legte Innenminister Moltke dar: *Grundsätzlich muß ich aber – im Hinblick auf das Ziel der gegenwärtigen Regierungspolitik großen Wert darauf legen, neue Konflikte mit der Stadt Berlin zu vermeiden, zumal eine rein fiskalische Ausübung des kommunalen Aufsichtsrechtes meine Haltung bei Angriffen im Landtage und in der Presse erheblich erschweren müßte.*[148] Der Innenminister schlug intern eine Doppelstrategie vor: Einerseits sollte die Besteuerung durch die Gemeinden strenger überwacht werden als bisher, andererseits sollte man den Gemeinden angesichts ihrer schwierigen Lage infolge ihrer erhöhten Steuerbelastung und der ihnen durch neueste Staatsgesetze auferlegten Lasten und verringerten Einnahmen umso mehr Entgegenkommen durch die Staatsbehörden erweisen. Früheren Anträgen von Köln, Düsseldorf und Wiesbaden sei man nicht ablehnend gegenüber gewesen. Ein weiteres gewichtiges Argument des Innenministers zielte besonders auf Berliner Verhältnisse: *Endlich muß erwogen werden, daß die Umsatzbesteuerung ein wichtiges Mittel zur Verhütung einer spekulativen Bereicherung des Grundstücksmarktes und damit einer ungesunden Beeinflussung des Wohnungsmarktes ist, indem sie durch Verteuerung des Besitzwechsels auf ein Festhalten des Grundbesitzes in der Hand des Eigentümers hinwirken will. Es kann nicht angemessen erscheinen, daß der Staat bei einem derartigen Vorgehen der Gemeinde für seine Kauf- und Verkaufsgeschäfte ein allzu weit ausgedehntes Privileg in Anspruch nimmt.*[149]

Die in der zuvor genannten Stellungnahme des Finanzministers so deutliche Begehrlichkeit der Staatsverwaltung hatte im letzten Drittel des 19. Jahrhunderts dazu geführt, dass die preußischen Kommunen ebenfalls zusammenrückten. Der Magistrat beschloss gemeinsam mit 879 anderen Verwaltungsbehörden eine Petition an das preußische Staatsministerium, dass den Gemeinden ab 1875 die Hälfte der Gebäudesteuer zur Verfügung gestellt werden möge. In der Begründung der Petition hieß es unter anderem: *Die Gesetzgebung und Verwaltungspraxis haben im Laufe der Jahre die Kräfte der kommunalen Selbstverwaltung für staatliche Zwecke in immer ausgedehnterem Maße in Anspruch genommen und gleichzeitig aus national-ökonomischen Gründen eine Menge besonderer Einnahmequellen der Städte beseitigt.*[150] Hier zeigt sich die Me-

---

146 Der Oberpräsident an den preußischen Finanzminister am 22. Juli 1908, ebd.

147 Votum des Vizepräsidenten des Staatsministeriums vom 25. Februar 1909, ebd.

148 Vervielfältigtes Votum des preußischen Ministers des Innern vom 13. Januar 1909 an die Herren Präsidenten des Königlichen Staatsministeriums und an sämtliche Staatsminister, ebd.

149 Der preußische Minister des Innern an den Präsidenten des Staatsministeriums und alle Minister am 19. Februar 1909, ebd.

150 Zitiert nach: Bericht über die Gemeinde-Verwaltung 1861–1876 [wie Anm. 7], H. 1, S. 78, unter den fortgefallenen Steuern wird besonders die Mahl- und Schlachsteuer genannt.

tropole als Wortführerin der preußischen Städte. Für die – späte – Gründung der kommunalen Interessenvertretungen, den Preußischen (1896) und Deutschen Städtetag (1905), stellte die Reichshauptstadt Räume und Personal zur Verfügung.[151] Doch erst mit der Berufung des Magdeburger Stadtrats Hans Luther 1913 und der Zusammenlegung der Geschäftsstellen des Preußischen und Deutschen Städtetages wurden die kommunalen Belange machtvoll vertreten.[152]

Die der Stadt Berlin vom preußischen Staat direkt überwiesenen Mittel waren dagegen eher gering. Um 1895 wurden geleistet:[153] 1. der durch Kabinettsordre vom 31. Dezember 1838 festgesetzte Zuschuss von jährlich 99.000 Mark für Straßenreinigungs-, Erleuchtungs- sowie Nachtwach- und Feuerlöschwesen, 2. der Zuschuss für die Verwaltung und Unterhaltung der überwiesenen Staatschausseen von jährlich 235.315 Mark, 3. der Anteil Berlins an den Dotationsgeldern der Provinzial- und Kreisverbände in Höhe von jährlich 289.155 Mark und als Beitrag des Staates zur Erleichterung der Volksschullasten, 1894/95: 882.263 Mark, 4. Überweisungen aus den Zolleinnahmen (Lex Huene, 1895 außer Kraft gesetzt), Zahlungen zuletzt für 1896/97: 2.469.975 Mark. In diesem Zusammenhang musste die Stadt Berlin an den preußischen Staat Abgaben leisten. Auf den Beitrag zur Verschönerung des Tiergartens (75.000 Mark jährlich) ist bereits hingewiesen worden. So blieb die Stadt Berlin für den Ausbau der hauptstädtischen Infrastruktur vor allem auf die Eigenleistung verwiesen. Wesentlich wurde dabei die Inanspruchnahme des von den kommunalen Aufsichtsbehörden zu genehmigenden Anleiheweges. Dem Problemkreis ist deshalb ein besonderer Abschnitt (D) gewidmet.

Die unter Johannes Miquel als preußischem Finanzminister (1890–1901) durchgeführte Finanzreform mit der Einführung der Einkommensteuer samt Gemeindezuschlägen (1891), der Gewerbesteuer und dem Kommunalabgabengesetz (KAG, 1893) hatten allgemein zu einer Konsolidierung der kommunalen Finanzen geführt. Für die Finanzlage der Stadt Berlin bedeuteten die im Kommunalabgabengesetz vom 14. Juli 1893 fixierten Vorschriften über die kommunalen Betriebe allerdings keine einschneidenden Änderungen. Bereits zuvor war man in Berlin bestrebt, die privatwirtschaftlichen Einnahmen ertragreich zu gestalten, vor allem durch die Gaswerke, aber auch durch Wasser- und Kanalisationsgebühren. Es ergibt sich daraus, dass Berlin in eine Führungsposition unter den preußischen und deutschen Städten gekommen war und aufgrund seiner gut ausgebauten Verwaltung eine Vorbildfunktion hatte. So wurde Berlin zu einem Schrittmacher für die Einrichtung kommunaler Spitzenverbände. Magistrat und Stadtverordnetenversammlung fühlten sich zur Führung einer *Muster-*

---

151 Wolfgang Hofmann, Städtetag und Verfassungsordnung. Position und Politik eines kommunalen Spitzenverbandes, Stuttgart u. a. 1966, S. 6–9.

152 Ebd., S. 10–20.

153 Max Meiling, Die Reform des kommunalen Finanzwesens auf Grund des Gesetzes vom 14. Juli 1893 und der Berliner Gemeindehaushalt 1890/1900, in: Jahrbücher für Nationalökonomie und Statistik LXXXIV (1905), S. 289–364, hier S. 303 f.

stadt berufen.[154] Zu den Voraussetzungen dafür gehörte freilich die Beibehaltung eines ausgeglichenen, möglichst mit Überschüssen arbeitenden Haushalts. Als im Jahr 1903 ein kleines Defizit entstanden war, wurde darüber – nicht ohne Häme – berichtet.[155] Doch gelang es in diesem Fall durch buchungstechnische Veränderungen, den Ausgleich ohne Steuererhöhung wieder herzustellen. Die hohen Erneuerungs- und Ergänzungsfonds der Gasanstalt und der Markthallenverwaltung, die bis dahin in keinem Jahr vollständig verbraucht worden waren, boten dazu Gelegenheit. Aus dem Markthallen-Fonds wurden dreieinhalb (verblieben eineinhalb) Millionen Mark und aus dem Erneuerungsfonds eine Million Mark entnommen und der mit 0,8 Millionen angesetzte Dispositionsfonds auf eine halbe Million Mark zurückgeführt. Ferner nahm man Abstriche am Hochbauetat vor. Die Aufsichtsbehörde stand der Heranziehung der Markthallen und Gasanstalten zum Etatausgleich positiv gegenüber.[156] Auf buchungstechnische Veränderungen ist auch der erhebliche Anstieg im Haushaltsvolumen zwischen 1907 und 1908 zurückzuführen. Wurden zuvor nur die Überschüsse beziehungsweise die Zuschüsse der städtischen Werke in den Haushalt eingesetzt, so waren es nun die gesamten Ausgaben- und Einnahmerechnungen.

Die Staatsverwaltung konnte bei der Ausführung der kommunalen Bauten sicher sein, dass die ausgeführten Gebäude hauptstädtischen Maßstäben genügten. Dies war durch die Auswahl der kommunalen Spitzenbeamten auf diesem Gebiet, etwa der Stadtbauräte Hermann Blankenstein und Ludwig Hoffmann, garantiert.[157] Eine Beteili-

---

154 Dazu Bendikat, Öffentliche Nahverkehrspolitik [wie Anm. 95], S. 421, dort weitere Literatur.

155 Rheinisch-Westfälische Zeitung (Essen) vom 30. September 1902, Mittagsausgabe: *Die Finanzen Berlins und die Provinzstädte. Ein kleiner niedlicher Pleitegeier schwebt über dem Roten Hause in der Königsstraße. Statt mit dem gewohnten Überschuß von ein paar Millionen, schließt der Etat der Stadt Berlin mit einem Verlustsaldo von rund 85.000 M. Das hat bei einem Jahresetat von 130 Millionen gewiß nicht viel zu bedeuten, aber Zweifel am Dogma der Unfehlbarkeit und unanfechtbaren Vortrefflichkeit der Berliner Kommunalverwaltung.* Bisher hatte man *volle Töpfe*. Die Berliner Stadtverwaltung sei nicht schlechter, aber auch nicht besser als die unzähliger Provinzstädte [dazu Randbemerkung der Aufsichtsbehörde: *Sehr richtig!*]. Ein ausgeglichener Kommunaletat, der *größer als der des Königreiches Sachsen* sei, wäre etwa durch eine Erhöhung des Kommunalzuschlages zur Einkommensteuer möglich. Der Berliner Kommunalsteuerzuschlag betrage 100 Prozent. Vor einer Erhöhung aber fürchtet man sich, denn sobald mehr als 100 Prozent gefordert würden, müsse der Etat zur Genehmigung dem Finanzministerium eingereicht werden, *und einer solchen Blamage würde man gerne aus dem Wege gehen.* Der Artikel ist mit der Randbemerkung enthalten in: GStA PK, I. HA, Rep. 77 Ministerium des Innern, Tit. 233 Bd. 19, unfol.

156 Ebd., Die Fonds der Gasanstalten, aus jährlichen Abschreibungen gebildet, betrugen insgesamt 24,8 Millionen Mark. Nach Voranschlägen stünden 4,8 Millionen Mark zur Verfügung. Der Kämmerer hatte dagegen eingewendet, im Erneuerungsfonds der Markthallen müsse ein Bestand von 2 Millionen Mark enthalten sein, überdies sei zweifelhaft, ob man dem Erneuerungsfonds der Gaswerke ohne Änderung der Abschreibungsgrundsätze eine Million Mark zugunsten des Stadthaushaltes entnehmen könne; National-Zeitung vom 3. März 1903, Morgenausgabe, und Norddeutsche Allgemeinen Zeitung vom 4. März 1903, Beiblatt 2.

157 Manfred Klinkott, Hermann Blankenstein. in: Wolfgang Ribbe/Wolfgang Schäche (Hrsg.), Baumeister. Architekten. Stadtplaner. Biographien zur baulichen Entwicklung Berlins (Berlinische Lebens-

gung des Monarchen an städtebaulichen Gestaltungen, wie sie etwa in München aufgrund einer Anordnung des Prinzregenten Luitpold erfolgte, gab es in Berlin nicht. Die Versuche Wilhelms II. (der die Anregung zu einer derartigen monarchischen Beteiligung an der Baukunst im Städtebau einer Notiz der Münchener Allgemeinen Zeitung entnahm), mithilfe seines Geheimen Zivilkabinetts im Jahr 1901 eine entsprechende Regelung in der Reichshauptstadt ebenfalls herbeizuführen, lehnte der brandenburgische Oberpräsident Theobald von Bethmann-Hollweg, der vom preußischen Innenministerium als zuständige Dienstaufsicht hinzugezogen worden war, voll und ganz ab. Der spätere Reichskanzler führte zunächst formale Gründe an, nämlich die ausreichende Zuständigkeit des Polizeipräsidenten für öffentliche Staatsbauten. Zum anderen erklärte er: *Ein Anlaß zur Einwirkung auf die städtische Bautätigkeit hat sich während der fünf Jahre* [...] *nicht ergeben.* Über die städtischen Bauprojekte der Zukunft vermochte er keine verlässliche Auskunft zu geben. Eine Rückfrage an den Oberbürgermeister habe er *in Hinblick auf die in neuester Zeit gerade auf diesen und verwandten Gebieten zu Tage tretenden Differenzen bisher absichtlich unterlassen.*[158] In einem Vermerk hielt der Referent Biehler aus dem Innenministerium weitere Gründe für die Ablehnung einer derartigen Einwirkung des Monarchen fest: *Da sowohl die eigentliche Baupolizei wie die Herstellung der staatlichen Bauten und ihrer hier allein in Betracht kommenden architektonischen Seite zum Geschäftskreis des Ministeriums der öffentlichen Arbeiten gehört, dürfte dessen Beteiligung angezeigt sein. Meines Erachtens ist eine ähnliche Einrichtung, wie sie für München getroffen ist, in absehbarer Zeit für Berlin nicht zu denken. Ganz abgesehen von den Aufrechnungen, die ein solcher, wenn auch vertraulich von der Regierung ausgehender Schritt bei der städtischen Verwaltung finden würde, die sich gerade nach den Vorgängen mit dem Märchenbrunnen zu der Unterstellung ihrer Bauten unter eine auch aus Staatsbeamten bestehende Kommission schwerlich entschließen wird.* Deshalb liege nach seinem Ermessen zu dem *der Stadt gegenüber liegenden Entgegenkommen seitens des Staates* kein Anlass vor. Die monumentalen Bauten, um die allein es sich handeln könnte, seien zudem bisher in ungleich größerer Zahl vom Reich und von Preußen als von der Stadt Berlin gebaut worden. Es brauche, abgesehen von den Denkmälern, nur erinnert zu werden an den Reichstag, den noch im Bau begriffenen Landtag, das neue Zivilkabinett, das Reichsversicherungsamt, das neue Gerichtsgebäude in der Neuen Friedrichstraße, die schon älteren Bauten der verschiedenen Ministerien und Reichsämter in der Wilhelmstraße und Unter den Linden, das Polizeipräsidium, die Oberpostdirektion in der Königstraße, das Reichspostamt in der Leipziger Straße etc. Diesen gegenüber stünde als städtischer Bau eigentlich nur das Rathaus, abgesehen von Schulen

bilder), Berlin 1987, S. 235–256; Wolfgang Schäche, Ludwig Hoffmann, ebd. S. 277–300, dort weitere Literatur.

158 GStA PK, I. HA, Rep. 77 Ministerium des Innern, Tit. 228a Stadt Berlin, Bau-Sachen, Nr. 15: Akten betr. die Bauwerke und Baudenkmäler in der Stadt Berlin, 1901 bis 1936, Bl. 1: Schreiben des Oberpräsidenten an den Minister des Innern vom 10. November 1901.

und Krankenhäusern, die hier kaum in Betracht kämen. Und *in Zukunft wäre, auch wenn die Hauptbedürfnisse für Reich und Staat befriedigt sein sollten, Neubauten für das Auswärtige Amt und das Landwirtschaftsministerium werden vielleicht nicht mehr lange auf sich warten lassen – das Verhältniß kaum wesentlich anders sein.* Biehler schloss seine Ausführungen mit der Befürchtung, dass die Wirkung einer der bayerischen ähnelnden Maßregel der Berliner Stadtverwaltung ohne entsprechende Gegenleistung einen Einfluss auf die Bauten des Reiches und Preußens in Berlin haben könnte. Dafür bestünde aber *kein Grund.*[159] So erhielt Wilhelm II. keine institutionalisierte Möglichkeit, in die Stadtgestaltung einzugreifen. Die Bestrebungen der Monarchie, Einfluss auf die Gestalt der Neubauten zu nehmen, waren zuvor auf wenige Aktionen beschränkt geblieben. Der Hof zeigte der Stadt bei der Durchlegung der Kaiser-Wilhelm-Straße, der älteste Bauteile der Berliner Schlossanlage (am Apothekenflügel) zum Opfer fielen, großes Entgegenkommen. Der Grund und Boden wurde zum Straßenbau unentgeltlich bereitgestellt. Der nun an der neu gebauten Straße auf der dem Schloss gegenüberliegenden Seite im Entstehen begriffene Raschdorff-Dom wurde in den vom Monarchen gewünschten Formen erbaut.

Ein besonderer Eingriff in bestehende Strukturen war die Anlage der Siegesallee auf dem Gelände des in fiskalischem Eigentum befindlichen Tiergartens. Den Erlass über die Stiftung der Siegesallee vom 27. Januar 1895, dem 36. Geburtstag des Monarchen, versah Wilhelm II. mit folgender Begründung: *Ein Vierteljahrhundert ist nahezu verflossen, seitdem das deutsche Volk, dem Ruf seiner Fürsten folgend, sich in Einmütigkeit erhob, um fremden Angriff abzuwehren, und im glorreichen* [...] *Siegen die Einheit des Vaterlandes und die Wiederbegründung des Reiches errang. Meine Haupt- und Residenzstadt Berlin hat an der Entwickelung, welche dem deutschen Städtewesen dadurch beschieden ward, reichen Antheil genommen und sind die städtischen Behörden mit Hingebung und Erfolg bemüht gewesen, die kommunalen Einrichtungen der Stadt ihrer Stellung im Reich entsprechend würdig auszugestalten. Als Zeichen meiner Anerkennung für die Stadt und die ruhmreiche Vergangenheit unseres Vaterlandes, will ich daher einen bleibenden Ehrenschmuck für Meine Haupt- und Residenzstadt stiften.*[160] Als Ort der Denkmalallee mit den überlebensgroßen Skulpturen der sämtlichen brandenburgisch-preußischen Herrscher war eine Strecke vom Königsplatz mit der Siegessäule[161] bis zum Kemperplatz ausersehen. Die Stadt wurde vom Stifter der Siegesallee, Wilhelm II., angeregt, am Kemperplatz am südlichen Ende der Allee einen Rolandbrun-

159 Ebd., Bl. 5: Vermerk Biehler vom 28. November 1901.

160 Zitiert nach Uta Lehnert, Der Kaiser und die Siegesallee. Réclame Royale, Berlin 1998, S. 22.

161 Die Anlage eines Siegesdenkmals auf dem Königsplatz hatte Wilhelm I. bereits im Dezember 1864 befohlen. Die Siege 1866 und 1870/71 brachten Umplanungen für das Siegesdenkmal, das 1873 eingeweiht werden konnte. Die Baukosten hatten 1,8 Millionen Mark betragen, siehe: Irmgard Wirth, Die Bauwerke und Kunstdenkmäler von Berlin. Bezirk Tiergarten, Berlin 1955, S. 203–205, dort weitere Literatur; siehe auch Lehnert, Der Kaiser und die Siegesallee [wie Anm. 160], S. 34–37.

nen aufzustellen.[162] Weiterhin waren für das Nationaldenkmal für Wilhelm I. an der Schlossfreiheit, das vom Kaiser angeregt und vom Reich finanziert wurde, vier Millionen Mark im Jahr 1890 bewilligt worden.

Der Oberbürgermeister von Berlin, Robert Zelle (1892–1898), hatte – ungeachtet der Herausforderungen der immer noch dynamisch sich entwickelnden Stadt – in den wichtigsten Feldern der Kommunalentwicklung in der Finanzpolitik weithin eine außerordentlich zurückhaltende Politik betrieben.[163] Anders als seine Vorgänger gehörte er in der Eingemeindungsfrage zu den Gegnern einer Ausweitung des Berliner Kommunalbezirks. Dennoch blieb die Distanz zwischen der konservativen Staatsführung und der liberalen Stadt bestehen. Sein Nachfolger, der freisinnige, in der Breslauer Kommunalpolitik aufgestiegene Martin Kirschner,[164] der Zelle zuvor als Stellvertreter zur Seite gestanden hatte, erhielt erst 18 Monate nach seiner Wahl die königliche Bestätigung. Damit wurden auch nach außen die Gegensätze zwischen Staatsspitze und Hauptstadt wieder manifest und die Stellung der Metropole im Rahmen der Staatsverwaltung schwächer. Zugleich begann nach einigen wirtschaftlich günstigen Jahren im Herbst 1900 eine erneute Phase des Abschwungs. Wie auf der Reichsebene schlug sich die Depression auf den städtischen Haushalt durch. Die Jahre 1901 und 1902 schlossen jeweils mit Mehrausgaben ab.[165] Die Etatüberschreitungen von 1902/03 beliefen sich auf 2.470.810 Mark und verteilten sich auf 42 verschiedene Etatposten. Der Armenetat war allein um 772.379 Mark, der der Waisenverwaltung um 270.138 Mark, der Hochbauetat um 281.284 Mark und die Baukosten für die Irrenanstalt Dalldorf um 152.772 Mark überschritten.[166] Gleichzeitig musste der wegen der vorangegangenen sehr zurückhaltenden Ausgabepolitik entstandene Investitionsstau abgebaut werden. Die Überschreitungen, die bei anderen buchungstechnischen Grundsätzen, etwa bei der Abschreibung der städtischen Werke, nicht aufgetreten wären, wurden gerügt. Für das Reich wie für die Stadt Berlin sollte es sich negativ auswirken, dass diese Epoche mit ungünstiger Konjunkturlage zugleich mit einer Zeit erhöhten Kapitalbedarfs

162 Der Kostenvoranschlag des 1900 eingeweihten Brunnens betrug 115.000 Mark, siehe Lehnert, Der Kaiser und die Siegesallee [wie Anm. 160], S. 155–158.

163 Zu Zelle Mattern, Robert Zelle [wie Anm. 128]. Der Oberpräsident der Provinz Brandenburg führte in seiner Begründung für die Anleihe an die Minister des Innern und der Finanzen am 30. April 1903 aus: *In der Zeit nach 1892 war die Stadtverwaltung bestrebt gewesen, die Neubauten der Kämmereiverwaltung möglichst aus laufenden Mitteln zu bestreiten. Die Kämmereischuld beträgt gegenwärtig nur etwa 62 Mio. M bei einer Gesamtschuld von etwa 288 Mio. M. Jetzt sollen 110 Mio. M für Kämmereizwecke aufgewandt werden, nach Versilberung der Anleihe wird sich im Jahre 1907 die Kämmereischuld auf etwa 166 Mio. M bei einer Gesamtschuld von etwa 463 Mio. M stellen.* GStA PK, I. HA, Rep. 77 Ministerium des Innern, Tit. 441, Nr. 32, Bd. 2, unfol.

164 Mattern, Martin Kirschner [wie Anm. 135], dort weitere Literatur.

165 Bericht über die Gemeinde-Verwaltung der Stadt Berlin in den Verwaltungs-Jahren 1901 bis 1905 [im Folgenden: Bericht über die Gemeinde-Verwaltung 1901–1905], H. 2, Berlin 1907, S. 52–57.

166 Berichte der Bureau-Deputation zum Normal-Etat, in: LAB, A Rep. 005-03-02 Hauptfinanzverwaltung, Nr. 107, unfol.

zusammentraf.[167] So war die Schuldenaufnahme in Berlin für die Jahre 1896 bis 1902 im Vergleich zu anderen preußischen Großstädten absolut und relativ höher. Dies zeigt folgende Tabelle:

Tab. 5: Anstieg der Schulden preußischer Großstädte 1896–1902 (in Millionen Mark).

	1896	1897	1898	1899	1900	1901	1902
Berlin	273,39	287,94	289,94	300,75	312,97	329,65	331,97
Charlottenburg	20,74	27,02	26,52	35,66	43,78	48,66	54,91
Düsseldorf	28,811	29,99	32,25	36,71	44,14	51,38	55,04
Dortmund	15,29	22,09	24,39	28,13	29,79	32,71	33,10
Frankfurt am Main	65,38	70,87	84,85	94,03	106,92	116,34	122,16
Hannover	50,35	65,50	62,61	63,52	68,88	68,84	66,56

Quelle: Walter Klose, Die Finanzpolitik der preußischen Großstädte, Berlin 1908, S. 226.

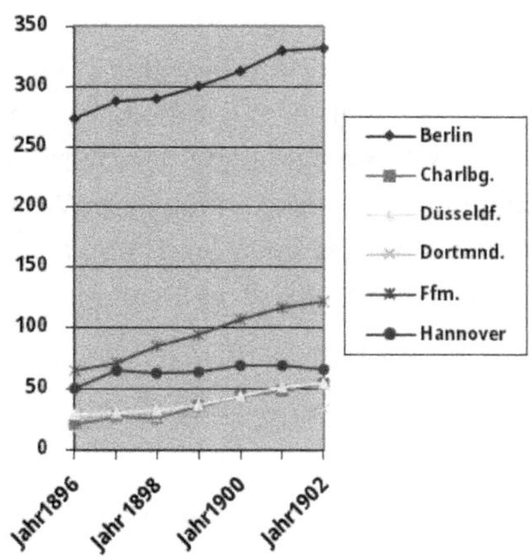

Spannungen zeigten sich zum Beispiel beim Bau der Kaiser-Wilhelm-Gedächtniskirche. Er sollte zunächst wesentlich aus Spendengeldern finanziert werden. Die Berliner Stadtverordneten hatten am 2. Mai 1895 eine von ihnen gewünschte Beteiligung von 300.000 Mark am Bau abgelehnt.[168] Die Staatsverwaltung forderte zunehmend eine

167 Zu den Verhältnissen im Reich Peter-Christian Witt, Die Finanzpolitik des Deutschen Reiches von 1903 bis 1913. Eine Studie zur Innenpolitk des Wilhelminischen Deutschlands, Lübeck/Hamburg 1970, S. 74–80.

168 Die Baukosten, ursprünglich mit 650.000 Mark veranschlagt, beliefen sich bei der Fertigstellung 1895 auf dreieinhalb Millionen Mark, mit dem Innenausbau auf insgesamt 6,4 Millionen Mark, siehe Helmut Engel/Stefi Jersch-Wenzel/Wilhelm Treue (Hrsg.), Geschichtslandschaft Berlin. Orte und Ereignisse, Bd. 1: Charlottenburg, T. 2: Der Neue Westen, Berlin 1985, S. 299–324.

stärkere Beteiligung der Stadt an ihren Baukosten.[169] Der Oberbürgermeister wie auch der Magistrat hatten die Eingriffe der preußischen Staatsverwaltung hingenommen. Man neigte zur „defensiven Konfliktvermeidung".[170] Doch lässt sich am Konflikt über den Neubau der Königlichen Oper die grundsätzliche Position zur künftigen Stadtentwicklung deutlich fassen. Anlass war die Absicht des Hofes, das bestehende Königliche Opernhaus an die Stadt Berlin zu verkaufen. So sollte ein erheblicher Teil der Kosten für den Neubau geleistet werden und zugleich das alte Haus bespielbar bleiben. Der Kaufpreis der Lindenoper sollte acht Millionen Mark betragen. Die Staatsverwaltung hatte dazu folgende Gedanken: *Mit dieser ziemlich hohen Zahlung würde zugleich dem aus Abgeordnetenkreisen wiederholt geäußerten Wunsche Rechnung getragen, daß die Stadt Berlin mit Rücksicht auf die großen Vorteile, die ihr durch das Bestehen der Kgl. Oper vor anderen Städten erwachsen, zu einer namhaften Beitragsleistung herangezogen werden solle, einer Beitragsleistung, die auf anderem Wege als in Form der Preisbemessung beim Verkauf des Opernhauses von der Stadtverordnetenversammlung schwerlich zu erreichen sein würde.*[171] Die auch bei den Etatberatungen im Abgeordnetenhaus geäußerte Angst vor einem politischen Missbrauch des Gebäudes in kommunaler Hand[172] musste zurückgestellt werden, da der Staat die an den Baukosten fehlende Summe ansonsten ganz auf seinen Anteil hätte übernehmen müssen, mithin sein Anteil höher als 15 Millionen Mark gewesen wäre. Bereits bei der Bewilligung der Neubaumittel hatte es Probleme gegeben.[173]. Entscheidend war, dass der Monarch ein lebhaftes Interesse an diesem Projekt besaß.[174] Dieses Interesse nutzte der Oberbürgermeister, um seinerseits in einer in der Kommunalpolitik nicht unüblichen Weise ein Junktim gänzlich verschiedener Bereiche vorzubringen: des Opernkaufs und des kommunalen Anliegens der Eingemeindung des alten Kämmereibesitzes Treptow, wo Ber-

169 Siehe unten, Anhang 2.

170 Bendikat, Öffentliche Nahverkehrspolitik [wie Anm. 95], S. 422.

171 GStA PK, I. HA, Rep. 77 Ministerium des Innern, Tit. 228a, Nr. 16: Acta betr. den Verkauf des alten Königlichen Opernhauses und den Neubau eines Kgl. Opernhauses in Berlin, unfol. Bericht des Finanzministers an den Minister des Innern vom 2. Februar 1912.

172 [...] *daß bei dem zunehmenden Einflusse extremerer Elemente in der Stadtverwaltung und namentlich in der Stadtverordnetenversammlung sich möglicherweise Bestrebungen in Bezug auf die Art der Benutzung des Opernhauses geltend machen könnten, die dem Charakter des Gebäudes nicht entsprächen* [dazu handschriftlich: *Mein Herr Chef meint,* [daß die] *Möglichkeit des Beanstandens* [eines] *Stadtverordnetenbeschlusses zur Überlassung der Stadthalle* für Veranstaltungen von Feiern zu überlassen, *in Elberfeld bereits durchbrochen* sei], ebd.

173 Die Planungen für ein neues, größeres Opernhaus hatten um 1900 begonnen.

174 Die Kronfideikommissverwaltung hatte den Finanzierungsplan aufgrund der ausdrücklichen Zustimmung von *Allerhöchster Stelle* eifrig betrieben, *wo, wie ich annehmen zu dürfen glaube, auch heute noch Befürchtungen wegen einer unangemessenen oder gar politisch bedenklichen Verwendung des Kaufobjektes im Hinblick auf die staatlichen Machtmittel als gegenstandslos angesehen werden. Für ausgeschlossen halte ich, daß die Kronfideikommißverwaltung bei Fortfall des Kauferlöses von 8 Millionen M ihren Beitrag zu den Neubaukosten erhöhen würde,* GSTA PK, I. HA, Rep. 77 Ministerium des Innern, Tit. 228a, Nr. 16, unfol. Bericht vom 2. Februar 1912.

lin erheblichen Grundbesitz besaß.[175] Die Zustimmung zur Eingemeindung von Treptow aber hätte staatlichen Grundpositionen in der Eingemeindungspolitik, die auf einer Stärkung der Vorortgemeinden zu Lasten Berlins hinausliefen, zuwider gewirkt.[176] Nachdem die Pläne des preußischen Innenministers Ernst Ludwig Herrfurth, der noch einmal eine organisatorische Neuordnung des Berliner Raumes unter Einschluss der Metropole betrieben hatte, 1892 endgültig gescheitert waren, beabsichtigte der Staat, die einwohnerstarken und finanziell kräftigen Umlandgemeinden im Zeichen der Politik der Abgrenzung von Berlin zu stärken.[177] So war – trotz eines gewissen Verständnisses für die Berliner Haltung[178] – die Ablehnung des Vorstoßes einhellig. So-

---

175 Ebd.: *Vom Oberbürgermeister der Stadt ist erklärt worden, daß man zur Zahlung von Kaufpreis 8 Millionen bereit sei, aber keine Vertragsbedingungen über die künftige Nutzung akzeptiere, vielmehr für Bereitwilligkeit zu dem Erwerbe ein Entgegenkommen in Sachen der Eingemeindung der Gemeinde Treptow nach Berlin erwarte, die für die Stadt Berlin wegen des großen städtischen Besitzes in der Gemeinde als Lebensfrage angesehen werde.* Der Oberbürgermeister bestehe *mit Entschiedenheit auf staatl. Entgegenkommen* [Randnotiz blau: *nein!*].

176 Ebd., Bericht des Oberpräsidenten an den Minister des Innern vom 19. Februar 1912: *Die Arbeit der Staatsregierung an der Lösung des Problems Groß Berlin geht seit etwa 15 Jahre dahin, weitere Eingemeindungen ganzer Vorortsgemeinden nicht mehr zuzulassen, Berlin vielmehr mit einem Kranze leistungsfähiger selbständiger Vorortstadtkreise zu umgeben. Der Wunsch Berlins richtet sich nach wie vor auf eine Eingemeindung großen Stiles* [...]. *Der konsequent festgehaltenen, Eingemeindungswünsche zurückdrängenden Tendenz würde die Eingemeindung Treptow's nicht nur widersprechen, sie würde auch die bisherige Politik unmöglich machen, eine gesunde Entwicklung des Zweckverbandes verhindern und letzten Endes zur Eingemeindung großen Stiles führen.* Treptow, wie Niederschöneweide, Britz und Berlin benachbart, bedeute, dass die Stadt Neukölln von Berlin *fast umklammert würde.* Der Regierungspräsident von der Schulenburg hatte in seinem Bericht vom 17. Februar davon gesprochen, dass die gesamte Diskussion über Eingemeindungsfragen *das glücklich gebannte Fieber zahlreicher Vorortgemeinden, welche ihre Entlassung aus dem Teltower Kreisverbande anstrebten, zu neuer Glut* entfache.

177 Zur Gesamtproblematik Kaeber, Weichbild der Stadt Berlin [wie Anm. 86]; Felix Escher, Berlin und sein Umland, Zur Genese der Berliner Stadtlandschaft bis zum Beginn des 20. Jahrhunderts (Einzelveröffentlichungen der Historischen Kommission zu Berlin, Bd. 47), Berlin 1985, S. 254. Zu den Hintergründen Felix Escher, Hugo Preuß und der steinige Weg zu einem Groß-Berlin, in: Detlef Lehnert (Hrsg.), Hugo Preuß 1860–1925. Genealogie eines modernen Preußen, Köln 2011, S. 303–316, bes. S. 212.

178 *Für die Stadt Berlin ist die Eingemeindung von Treptow nichts weniger als eine Lebensfrage. Für ihren städtischen Besitz in Treptow dürfte es allerdings von Vorteil sein, wenn Treptow nach Berlin eingemeindet würde. Die Nachteile, welche Berlin augenblicklich davon empfindet, daß sein wertvoller Grundbesitz in einer fremden Landgemeinde liege, hat es sich selbst zuzuschreiben. Denn ganz Treptow war früher ein der Stadt gehörender Gutsbezirk, dessen Umwandlung die Stadt herbeigeführt um drückende Wegeunterhaltungskosten abzuwälzen. Den Vorteil hat sie genossen.* Jetzt aber wäre man dem Erlass des Ministers des Innern vom 8. Oktober 1910 gemäß angewiesen, zum Zwecke der Einverleibung von Treptow nach Rixdorf Verhandlungen zwischen den beiden Gemeinden einerseits und dem Kreis Teltow andererseits einzuleiten *wegen der Bedeutung welche diesem Eingemeindungsplane im staatlichen Interesse beigelegt werden müsse.* Für die Stadt Neukölln bedeutete die Eingemeindung Treptows nach Berlin nach Meinung des Regierungspräsidenten den *Todesstoß*. Auf Dauer sei der Vorort von der Spree abgeschnitten. Berlin verfolge zudem eine *neuköllnfeindliche* Verkehrspolitik, GSTA PK, I. HA, Rep. 77 Ministerium des Innern, Tit. 228a, Nr. 16, Bericht des Regierungspräsidenten

wohl in Potsdam wie auch in der Berliner Ministerialverwaltung war man sich darüber klar, dass ein Nachgeben im Falle Treptows die gesamte territoriale Abgrenzungspolitik gegenüber Berlin zu Fall bringen würde. Eine Kette weiterer Eingemeindungen, die insbesondere die Provinzial- und Kreisverwaltungen mit allen Mitteln verhindern wollten, wäre die Folge gewesen. Zudem wäre die *Vorlage* [...] *des absoluten Widerspruchs im Provinziallandtag sicher, denn in der Frage des territorialen Umfanges der Provinz sind sich Stadt und Provinz vollständig einig, wenn nicht zu erwarten wäre, dass die drei neuerdings in den Provinziallandtag gewählten Sozialdemokraten als einzige Stütze der Regierung in diesem Falle aus wohlerwogenen politischen Gründen für eine solche Vorlage eintreten* [...]. *Da es sich um die Eingemeindung einer ganzen Gemeinde und die Veränderung der entsprechenden Kreis- und Provinzgrenzen handelt, läßt sich im vorliegenden Fall weder der Provinziallandtag noch der Landtag der Monarchie umgehen.* Dort gebe es genügend Abgeordnete, *welche die Konsequenzen einer Eingemeindung von Treptow nach Berlin vollständig übersehen, auf die wiederholten Erklärungen der Staatsregierung hinweisen und betonen würden, dass ihnen das Verlassen der konsequenten Stellungnahme gegen den Preis von 8 Millionen Mark für das Opernhaus nicht ganz verständlich wäre.* Der Potsdamer Regierungspräsident Rudolf von der Schulenburg bemerkte darüber hinaus zu dem von Berlin geschaffenen Junktim in seinem in der gleichen Akte enthaltenen Bericht vom 27. Februar 1912: *Der Gedanke der Stadt Berlin, den Erwerb des alten Opernhauses – also eine reine Finanzfrage – mit ihren Treptower Eingemeindungswünschen – einer Frage weitgehendster Bedeutung – zu verquicken, ist so absurd* [...], *dass sie zurückzuweisen ist.* Fakt blieb, dass sich die Staatsbehörden mit der kategorischen Ablehnung der Eingemeindungen und durch die Festlegung auf die Förderung der Vororte ohne Not in eine Position begeben hatten, die keine Flexibilität zuließ.[179] Dies sollte sich auf dem Gebiet des Steuerwesens ebenfalls zeigen.

Die von der preußischen Staatsverwaltung gewünschte Stärkung der Vororte war nur auf einer ausreichenden finanziellen Grundlage möglich. Zur wichtigsten Kommunalsteuer war nach der Miquelschen Kommunalsteuerreform der kommunale Zuschlag zur progressiven staatlichen Einkommensteuer geworden. Er war in Berlin zunächst auf 96 (1895), von 1898 an auf 100 Prozent festgesetzt. Daneben blieben die

von der Schulenburg, Potsdam, an den Oberpräsidenten von Conrad vom 17. Februar 1912, betrifft: Erwerb des Opernhauses, unfol.; Kaeber, Weichbild der Stadt Berlin [wie Anm. 86], widmet ‚Kirschners Kämpfen' um die Eingemeindungen ein ganzes Kapitel (S. 335–356), doch erwähnt er das Junktim Treptow/Oper nicht.

179 Ebd.: *Die Eingemeindung von Treptow würde wegen ihrer geographischen und auch wegen ihrer großen prinzipiellen Bedeutung sofort die Eingemeindungswünsche in Neukölln, Rummelsburg, Lichtenberg und Weißensee aufleben lassen, die dann schwer zurückzudrängen sein werden und deren Erfüllung Berlin sofort auf das doppelte seines bisherigen Umfanges bringen würde. Die Eingemeindung der östlichen Vororte, die bei Nachgeben der Staatsregierung sofort, allerdings nur gegen den Wunsch der Provinz – bei diesen Gemeinden und bei Berlin zu erreichen wäre, würde aber nicht nur für den Umfang von Berlin von Bedeutung sein.*

nach den neuen Gesetzeserfordernissen aus der Haus- und Mietsteuer gebildete Grundsteuer sowie die Gewerbesteuer und die Umsatzsteuer weitere wichtige kommunale Einnahmequellen.[180] Gegen eine Heraufsetzung des Berliner Kommunaleinkommensteuersatzes auf über 100 Prozent sprach das von der Staatsverwaltung zu einem ausgeklügelten System ausgebaute Verhältnis der Stadt Berlin zu ihren Vororten. Die Entwicklung einer mit Berlin vergleichbaren kommunalen Leistungsfähigkeit blieb das Ziel der mit der Kernstadt wie untereinander konkurrierenden Gemeinden der sich im Großraum um Berlin entwickelnden urbanen Agglomeration. Die Zentren der Entwicklung waren besonders Kommunen wie Wilmersdorf (3.809 Prozent Bevölkerungszuwachs), Schöneberg (2.996 Prozent), Rixdorf-Neukölln (1.787 Prozent), Lichtenberg (1.519 Prozent) und Charlottenburg (1.127 Prozent). Nicht mehr die preußische Metropole selbst, sondern ihr Umland war zum Bereich der stärksten Bevölkerungszunahme im Ballungsgebiet geworden.[181]

Tab. 6: Bevölkerungszahlen 1895–1910.

	1895	1900	1905	1910
Berlin	1.677.304	1.888.848	2.040.148	2.071.257
Charlottenburg	132.377	189.305	239.559	305.978
Rixdorf	59.945	90.422	153.513	237.289
Schöneberg	62.695	95.998	141.010	172.823
Spandau	55.841	65.030	70.295	84.855
Wilmersdorf	14.351	30.671	63.569	109.716

Quellen: Friedrich Leyden, Gross-Berlin. Geographie der Weltstadt, Breslau 1933, S. 208; Escher, Berlin und sein Umland [wie Anm. 177], S. 357.

An das Wachstum der Agglomeration Berlin war auch eine administrative Aufwertung gekoppelt: Charlottenburg (1876), Schöneberg (1899), Rixdorf (1899) sowie (Deutsch)-Wilmersdorf (1907) schieden aus dem Kreisverband Teltow, Spandau (1887) aus Osthavelland und Lichtenberg (1908) aus dem Kreis Niederbarnim als kreisfreie Städte mit mehr als 25.000 Einwohnern aus. Dies bedeutete jedoch gleichzeitig, dass diese Kommunen den Ausbau des Schulsystems, des Verkehrswesens und der Anlagen der technischen und sozialen Leistungsverwaltung als Bestandteil einer modernen Daseinsvorsorge selbstständig und aus eigener Kraft, das heißt eigenem Steueraufkom-

180 Bericht über die Gemeinde-Verwaltung der Stadt Berlin in den Verwaltungs-Jahren 1895 bis 1900 [im Folgenden: Bericht über die Gemeinde-Verwaltung 1895–1900], H. 2, Berlin 1904, S. 74–96, hier S. 92.
181 Zahlen nach Theodor Meinrich, Die Bevölkerung, in: Ernst Friedel/Robert Mielke (Hrsg.), Landeskunde der Provinz Brandenburg, Bd. 2, Berlin 1910, S. 110–112, siehe auch Kurt Adamy/Kristina Hübener, Die preußische Provinz Brandenburg im Deutschen Kaiserreich (1871–1918), in: Ingo Materna/Wolfgang Ribbe (Hrsg.), Brandenburgische Geschichte, Berlin 1995, S. 503–560, bes. S. 505–510.

men vornehmen mussten. Neben Berlin hatte Charlottenburg dabei eine Vorbildfunktion für die anderen größeren Gemeinden.[182]

Tab. 7: Gemeindesteuer-Ertrag (in Millionen Mark).

	1895	1900	1905	1906
Berlin	42,983	59,800	71,416	76,819
Charlottenburg	3,202	6,183	9,594	11,026
Rixdorf	0,795	1,412	2,868	3,386
Schöneberg	1,870	2,357	4,340	4,751
Spandau	0,703	1,031	1,559	1,805
Wilmersdorf	0,454	1,441	3,141	3,584

Quelle: Heinrich Silbergleit, Preußens Städte. Denkschrift zum 100jährigen Jubiläum der Städteordnung vom 19. November 1808, Berlin 1908, S. 454.

Das Ziel der Kommunen musste es sein, stabile kommunale Steuererträge zu erreichen. Andererseits, so wusste man in der preußischen Regierung sehr wohl, durfte sich der Abzug der steuerkräftigen Bevölkerung in die Vorortgemeinden nicht so verstärken, dass die Kernstadt ihren Aufgaben nicht mehr nachkommen konnte. Der Berliner Magistrat schien einer Steuererhöhung zeitweise durchaus positiv gegenüberzustehen, doch vor allem die Stadtverordneten äußerten die Befürchtung, dass die Aufsichtsbehörden bei einer Änderung des Kommunalsteuersatzes Einfluss auf die innerstädtischen Finanzverhältnisse nehmen würden. Nach der Kommunalsteuerreform der 1890er-Jahre hatte der von der Kommune zu beschließende Zuschlag auf die progressive staatliche Einkommensteuer die Bedeutung als wichtigste Kommunalsteuer festigen können. In den Gemeinden mit einem hohen Anteil Besserverdienender konnte dieser Zuschlag in der Höhe gering gehalten werden und trotzdem die Gemeindekasse gut gefüllt sein. Dabei entwickelte sich zwischen der Hauptstadt und den Nachbargemeinden und zwischen diesen untereinander ein erheblicher Konkurrenzdruck. Aus Schöneberger Sicht bemerkte dazu Alexander Dominicus, der 1911 Oberbürgermeister des zu einer selbstständigen Großstadt aufgestiegenen Vororts geworden war: *Es standen aber diese Gemeinden in schärfstem Wettbewerb mit Schöneberg. Alle diese Vorortsgemeinden Groß-Berlins waren auf der Suche nach vermögenden Mietern. Bei immer steigenden Mieten suchten sich die Hausbesitzer durch Schaffung besonderen ‚Komforts' die wohlhabenden Mieter gegenseitig abzuziehen und durch solchen*

182 Dazu Wolfgang Hofmann, Kommunale Daseinsvorsorge, Mittelstand und Städtebau 1817–1918 am Beispiel Charlottenburgs, in: Ekkehard Mai/Hans Pohl/Stephan Waetzoldt (Hrsg.), Kunstpolitik und Kunstförderung im Kaiserreich. Kunst im Wandel der Sozial- und Wirtschaftsgeschichte, Berlin 1982, S. 167–196.

Fortzug verlor die verlassende Gemeinde Steuerzahler.[183] Der Wettbewerb der Groß-Berliner Gemeinden untereinander war um so schwieriger, als sie alle versuchten, die Grenze von 100 Prozent Gemeindeeinkommensteuerzuschlag nicht zu überschreiten.

Tab. 8: Gemeindeeinkommensteuerzuschläge (in Prozent).

Stadt	1895	1900	1905	1907
Berlin	100	100	100	100
Charlottenburg	94	97	100	100
Rixdorf	100	133,5	120	100
Schöneberg	100	100	100	100
Spandau	150	180	190	155
Wilmersdorf	100	100	90	90

Quelle: Heinrich Silbergleit, Preußens Städte. Denkschrift zum 100jährigen Jubiläum der Städteordnung vom 19. November 1808, Berlin 1908, S. 450.

Die Landgemeinde Grunewald mit einem hohen Anteil von Spitzensteuerzahlern kam über einen größeren Zeitraum mit einem kommunalen Zuschlag von unter 30 Prozent zur staatlichen Einkommensteuer aus. Der scharfe Wettbewerb unter den Gemeinden hatte freilich in vielen Fällen dazu geführt, dass die Steuersätze hinter den Erfordernissen der Kommunen zurückblieben. Eine Erhöhung der Berliner Steuersätze hätte dort wie ein Zeichen gewirkt. Andererseits konnten die Vororte mit dem Blick auf Berlin den kommunalen Einkommensteuerzuschlag nicht von sich aus erhöhen. Dies hätte als Signal zur Rückwanderung wohlhabender Vorortbewohner in die Kernstadt aufgefasst werden können. Diese Situation war nicht zuletzt durch die Förderung der Konkurrenz seitens der Staatsbehörden entstanden. Als die großen Vorortgemeinden nach der Jahrhundertwende ihren erheblichen Anleihebedarf geltend machten, kritisierte der Potsdamer Regierungspräsident von der Schulenburg im Jahr 1910 die *künstliche Niederhaltung* des Einkommensteuerzuschlages in den Vororten, ohne selbst einen Ausweg aus dem die Kernstadt und ihre Vororte gleichsam betreffenden Dilemma, das die Kommunen zu erhöhten Kreditaufnahmen zwang, aufzeigen zu können.[184] Die auf den ersten Blick ungewöhnliche Verquickung des geplanten Opernankaufs mit der Eingemeindungspolitik hatte zur Folge, dass der Antrag zum Ankauf völ-

183 Alexander Dominicus, Kommerzienrat Haberland und Groß-Berlin, in: Bodenreform 45 (1934), S. 12–14.

184 Berthold Grzywatz, Städtisches Finanzwesen und Kommunalkredit im Kaiserreich und in der Weimarer Republik, T. 1: Die Grundlagen vor dem Ersten Weltkrieg, in: Jahrbuch für die Geschichte Mittel- und Ostdeutschlands 42 (1994), S. 1–58, hier S. 54.

lig unterblieb.[185] Der Vorgang zeigt, dass die Stadt Berlin außergewöhnliche Wege suchte, um ihre Interessen durchzusetzen. Ein wenig Verzweiflung steckte schon in dem Entschluss, ein derartiges Verhandlungspaket zu schnüren. Die in vielerlei Zwängen steckende Berliner kommunale Verwaltung war nicht in der Lage, städtebauliche Planungen großen Stils selbstständig durchzuführen. So war der internationale städtebauliche Wettbewerb Groß-Berlin für einen Grundplan des verstädterten Raumes in und um die Hauptstadt 1906 nicht von der Berliner Stadtverwaltung, sondern von der Vereinigung Berliner Architekten, einem Berufsverband, ausgelobt worden.[186] Nachdem die Wettbewerbsbeiträge termingemäß 1909 eingegangen wurden, wurden sie nach der Entscheidung des Preisgerichts 1910 in der Allgemeinen Städtebauausstellung in Berlin präsentiert. Der Beitrag der Kommunalverwaltung beschränkte sich dabei auf einen Zuschuss zur Herstellung eines Sammelbandes über die Ausstellung in Höhe von 15.000 Mark.[187] Die durch den Wettbewerb angeregte nationale und internationale Diskussion zur Stadtbauplanung in einem zur städtischen Agglomeration gewordenen Raum um die Hauptstadt hatte zur Folge, dass nun auch die Öffentlichkeit auf die durch kommunale Zersplitterung verhinderte Hauptstadtplanung aufmerksam wurde.[188] Im Vergleich mit anderen Metropolen erkannte man nun große Defizite, vor allem in der Stadtplanung. Die Konkurrenz zwischen der Kernstadt und den Vorortgemeinden hatte die Zersiedlung von weiten Bereichen um Berlin zur Folge, die durch nicht untereinander abgestimmte Bebauungspläne der Vorortkommunen verschärft wurde. In einer Zeit, als die Bestrebungen der Stadt Wien, einen Wald- und Wiesengürtel an der Peripherie des bebauten Stadtgebietes zu erhalten und zu entwickeln,[189] in der Berliner Öffentlichkeit breit diskutiert wurden, fielen um die preußisch-deut-

---

185 Protokolle des Preußischen Landtages, Haus der Abgeordneten, 24. Sitzung, 11. März 1912, Sp. 2600 f.: Der Antrag, 80.000 Mark im Etat für eine neue Oper einzusetzen, wird zurückgenommen; dieser Posten sei noch nicht spruchreif. Antrag des Abgeordneten Linz, Zentrum; andere Fraktionen (der liberalen und konservativen Richtung bis hin zur SPD) schlossen sich an.

186 Dazu Harald Bodenschatz/Celina Kress (Hrsg.), Kult und Krise des großen Plans im Städtebau. Petersberg 2018; Christoph Bernhardt/Harald Bodenschatz, Berlin 1910 – Kulminationspunkt einer internationalen Städtebau-Bewegung, in: Informationen zur modernen Stadtgeschichte 1 (2010), S. 5–13; Helge Pitz/Wolfgang Hofmann/Jürgen Tomisch, Berlin-W. Geschichte und Schicksal einer Stadtmitte, 2 Bde., Berlin 1984, hier Bd. 1, S. 153–187.

187 Bericht über die Gemeinde-Verwaltung der Stadt Berlin in den Verwaltungs-Jahren 1906 bis 1910 [im Folgenden: Bericht über die Gemeinde-Verwaltung 1906–1910], H. 1, Berlin 1912, Bd. 1, Berlin 1912, S. 61.

188 *Tatsächlich ist das Bewußtsein der Notwendigkeit der Schaffung und Erhaltung von Freiflächen an der Peripherie sowohl wie auch im Innern des bebauten Gebietes erst im Anfang dieses Jahrhunderte Gemeingut geworden.* Verband Groß-Berlin. Verwaltungsbericht für die Zeit des Bestehens des Verbandes vom 1. April 1912 bis zum 30. September 1920, Berlin 1920 [im Folgenden: Verband Groß-Berlin, Verwaltungsbericht 1912–1920], S. 81.

189 Andreas Faludi, Der Wiener Wald- und Wiesengürtel und der Ursprung der ‚green-belt'-Idee, in: Raumforschung und Raumordnung 25 (1967), S. 195–206; für Berlin sind solche organisierte Aktivitäten seit 1892 nachzuweisen, vgl. Escher, Berlin und sein Umland [wie Anm. 177], S. 314.

sche Hauptstadt weiterhin entsprechende Flächen dem Konkurrenzdenken der Gemeinden zum Opfer oder waren – wie der Grunewald – akut bedroht, da sich nicht zuletzt der preußische Fiskus ernsthaft mit Verkaufsabsichten trug. 1909 musste sich das Preußische Abgeordnetenhaus mit diesen Fragen beschäftigen.[190] An eine große Lösung, die Eingemeindung des verstädterten Gebietes in eine Kommune und damit unter eine Planungshoheit, war angesichts des entschiedenen Widerstandes der Provinzialorgane der Provinz Brandenburg und der betroffenen Landkreise, die mit dem Verlust ihrer besten Steuerzahler ihre finanzielle Basis verloren hätten, nicht zu denken. In Frage kam nur eine kleine Lösung, wie sie etwa mit der im Abgeordnetenhaus im Juni 1910 debattierten Möglichkeit des partiellen Zusammenschlusses von Kommunen zur Bewältigung besonderer Aufgaben, den Zweckverbänden, eröffnet wurde. Das Amt des Berliner Oberbürgermeisters hatte 1912 der zuvor aus dem Amt des Reichsschatzsekretärs im Streit mit Reichskanzler Bethmann-Hollweg ausgeschiedene Finanzfachmann Adolf Wermuth[191] erhalten.

2.2.2 Der Zweckverband Groß-Berlin

Der mit dem Gesetz vom 19. Juli 1911 zum 1. April 1912 gebildete Zweckverband Groß-Berlin sah den zwangsweisen Zusammenschluss der kreisfreien Städte Berlin, Neukölln, Charlottenburg, Wilmersdorf, Schöneberg, Lichtenberg und Spandau sowie der Landkreise Teltow und Niederbarnim zum Zwecke der „Regelung des Verhältnisses zu öffentlichen, auf Schienen betriebenen Transportanstalten mit Ausnahme der Staatsbahnen", die „Beteiligung an der Feststellung der Fluchtlinien- und Bebauungspläne"[192] sowie der Erwerbung und Erhaltung größerer von der Bebauung freizuhaltender Flächen (Wälder, Parks, Wiesen, Seen, Schmuck-, Spiel- und Sportplätze) vor. Eine besondere staatliche Dotation war für den Verband zunächst nicht vorgesehen. Grundlage der Finanzwirtschaft des Zweckverbandes war der von der Verbandsversammlung festgelegte Haushaltsplan. In der Verbandsversammlung waren die einzelnen Mitglieder (außer Berlin, dessen Vertreterzahl in der Versammlung auf 40 beschränkt war) nach Maßgabe ihrer Bevölkerungszahl vertreten.

190 Dazu Stenographische Berichte über die Verhandlungen des Preußischen Hauses der Abgeordneten, 21. Legislaturperiode, III. Session 1908/09, Bd. 3, Sp. 4008–4010.

191 Adolf Wermuth, Ein Beamtenleben. Erinnerungen, Berlin 1922, zur Tätigkeit als Oberbürgermeister S. 317–443.

192 Zusammenfassend Andreas Splanemann, Brandenburg und Berlin 1920–1932, in: Gerd Heinrich/Friedrich-Wilhelm Hennig/Kurt G. A. Jeserich (Hrsg.), Verwaltungsgeschichte Ostdeutschlands, Stuttgart u. a. 1992, S. 760–765, dort weitere Literatur.

Tab. 9: Haushaltsplan des Zweckverbandes Groß-Berlin.

Rechnungsjahr	Voranschlag (in Millionen Mark)
1912	0,245
1913	0,242
1914	0,311
1915	0,982
1916	1,187
1917	5,415
1918	6,903
1919	13,935
1920	482,192

Quelle: Verband Groß-Berlin, Verwaltungsbericht 1912–1920 [wie Anm. 188], S. 16.

Die tatsächlichen Ausgaben blieben zwischen 1912 und 1918 unter den Voranschlägen, sodass sich jeweils ein geringer Überschuss ergab, der zunächst als Betriebsfonds verwendet wurde. Die Ausgabenerhöhung von 1914 auf 1915 war durch den Ankauf der Dauerwälder verursacht. Der preußische Minister für Landwirtschaft, Domänen und Forsten hatte dem Verband bereits vor dem Ersten Weltkrieg ein Angebot des Verkaufs von 11.200 Hektar Forstgelände zum Preis von 178,632 Millionen Mark vorgelegt. Die Höhe des Kaufpreises hatte aber erhebliche Bedenken verursacht. Der Forstnutzungswert, so wurde festgestellt, betrug lediglich 40 Millionen Mark.[193] Ein erneutes Angebot von diesmal circa 10.000 Hektar zu einem Kaufpreis von 50 Millionen Mark wurde dagegen angenommen. Dem Forstfiskus verblieben dabei die am Rande der Wälder in bevorzugter Lage befindlichen Streifen zur privatwirtschaftlichen spekulativen Veräußerung (sogenannte Preußenflächen). In dem am 27. März 1915 geschlossenen Dauerwaldvertrag wurden die Modalitäten festgehalten: Der Kaufpreis sollte mit fünf Millionen Mark beim Abschluss und dann ratenweise zu drei Millionen Mark pro Jahr erfolgen. Die Ratenzahlung war notwendig, da die Summe innerhalb des Verbandes ohne weitere öffentliche Hilfe aufzubringen war. Nach den Grundsätzen kommunaler Finanzwirtschaft hätte man das Geld in Form einer Anleihe aufbringen müssen. Dies verbot sich während des Krieges. So wurde eine Satzung aufgestellt, die eine Umlegung auf die Verbandsmitglieder nach Maßgabe des Kreis- und Provinzialabgabengesetzes vorsah. Wegen des kriegsbedingten großen Geldbedarfs der Gemeinden war aber auch hier zunächst eine Stundung vorgesehen. Erst 1920 konnten die im Etat fälligen Kaufgelder in Höhe von 20 Millionen Mark – nun schon stark entwertet – eingestellt werden.[194] Die Steigerungen zwischen 1916 und 1918 sind auf die Festlegung der

193 Verband Groß-Berlin, Verwaltungsbericht 1912–1920 [wie Anm. 188], S. 82 f.
194 Ebd., S. 87.

Abgaben, die von den einzelnen Verkehrsbetrieben nicht mehr an die Kommunen, sondern nun an den Verband zu entrichten waren, zurückzuführen. Die halbe Milliarde des Jahres 1918 war für den Erwerb der Großen Berliner Straßenbahn und der Berliner Ostbahn erforderlich.[195] Die Kosten für die Verbandsverwaltung wurden zwischen 1912 und 1914 auf die Verbandsmitglieder umgelegt und erfolgten danach zusätzlich aus Zinserträgen.[196] Auch durch die Verwaltung der Dauerwälder sollten die Verbandsmitglieder nicht belastet werden und die laufenden Kosten aus den Erträgen der Forstwirtschaft erfolgen.[197] Der Zweckverband blieb ein halbherziger Versuch, die anstehenden kommunalen Probleme des Siedlungsraumes Berlin zu lösen, ohne die bestehenden Strukturen nachhaltig zu ändern. Der preußische Staat schuf lediglich den Rahmen zur Neuordnung, beteiligte sich jedoch nicht an der Finanzierung der vom Zweckverband in Angriff genommenen Kommunalaufgaben. Der Forstfiskus bewahrte sich sogar mit der Sicherung der Preußenflächen Bereiche, die erhebliche Gewinne bei der privatwirtschaftlichen Verwertung versprachen.

2.3 Der Erste Weltkrieg

Der Erste Weltkrieg brachte erhebliche Veränderungen im städtischen Etat, die in ihren Auswirkungen unabsehbar waren. Von seinen Folgen sollten sich die städtischen Finanzen in der Zeit zwischen den Weltkriegen nicht wieder erholen. Doch zunächst glaubte man sowohl in der Staats- wie auch der Stadtverwaltung, alles im Griff zu haben. Das Reichsgesetz über Kriegsleistungen vom 13. Juni 1873[198] schien eine ausreichende gesetzliche Basis zu sein. Doch waren diese Bestimmungen über die Lasten – etwa zur Mobilmachung, Proviantierung der Soldaten, Einquartierungen und so weiter – aus den Erfahrungen der kurzen Feldzüge des 19. Jahrhunderts entstanden. Dies gilt ebenso für andere vor 1914 entstandene Vorschriften, die gleichfalls wie das Gesetz von 1873 erhebliche Leistungen beziehungsweise Vorleistungen der Kommunen forderten. Aufgrund der bis dahin nicht gekannten Länge und der alle Lebenszweige erfassenden Intensität des Krieges liefen für die Kommunen gewaltige Ausgaben an. Nach den Ausgaben für die Mobilmachung machten die Einberufung des städtischen Personals aller Verwaltungszweige und der Ver- und Entsorgungsbetriebe zusätzlich die kostenintensive Einarbeitung von (meist weiblichen) Ersatzkräften erforderlich. Auch benötigte man zu diesem Zeitpunkt noch Notstandsarbeiten zur Bekämpfung

195 Ebd., S. 16 f.; siehe auch Anm. 396

196 Die Umlagen der Rechnungsjahre 1912–1919 erbrachten insgesamt 2,128 Millionen Mark, von denen die Stadt Berlin über 50 Prozent trug, ebd., S. 17.

197 Ebd.

198 Dazu Dr. Mann, Leistungen der Gemeinden auf Grund des Kriegsleistungsgesetzes, in: Kommunales Jahrbuch – Kriegsband, Jena 1919, S. 23–31.

der Arbeitslosigkeit.[199] Die Lasten für die Kriegswohlfahrtspflege (Familienunterstützungen nebst Zuschüssen und so weiter, Maßnahmen zur Sicherstellung der Nahrungsmittelversorgung) gehörten zu den Vorleistungen der Kommunen. In den städtischen Werken musste die notwendige Erneuerung des verschlissenen Materials zurückgestellt werden. In den letzten Jahren des Völkerringens wurde die Ernährungsfrage zu einem alle Bereiche der Kommunalverwaltung beherrschenden Problem.[200] Die 1914 errichtete Magistratsabteilung für die Brotbewirtschaftung schuf 1915 eine Brotkartengemeinschaft, die schließlich nicht nur die Hauptstadt, sondern nahezu den gesamten verstädterten Bereich umfasste.

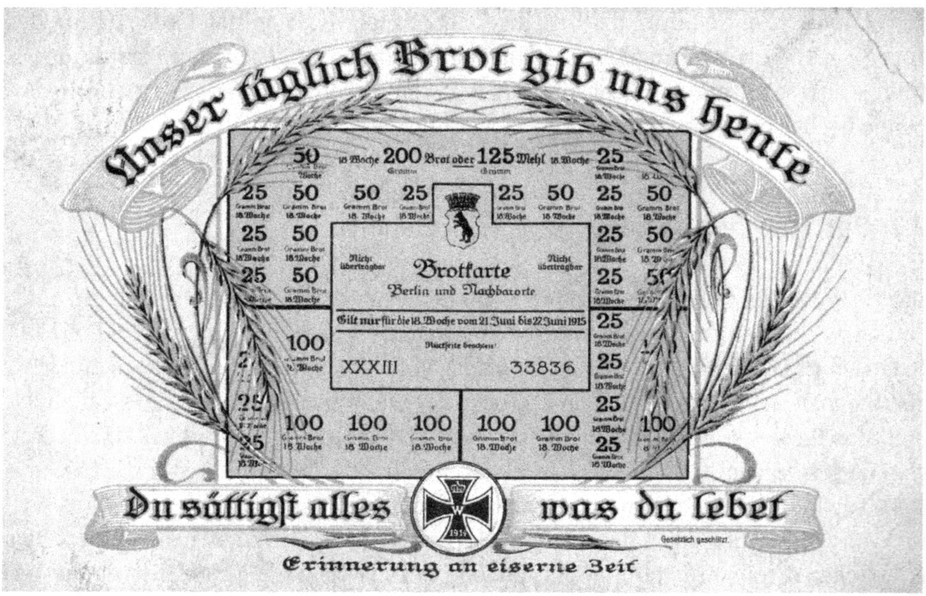

Abb. 4: Die Berliner Brotkarte als Postkartenmotiv, Berlin 1914. © Arkivi Bildagentur, Bildnummer: a979288.

Aus der Magistratsstelle, die auch die Versorgung mit Mehl, Salz, Butter, Milch und Käse übernahm, wurde ein „Großberliner Lebensmittelbureau“.[201] Die Frage, inwieweit Berlin Aussicht hatte, Aufwendungen für Kriegswohlfahrtspflege durch Reich und Staat erstattet zu erhalten, sollte nach Maßgabe des Sozialgesetzes vom 28. Februar 1888 erst nach dem Krieg geklärt werden. Vorerst hielt man zum Ausgleich des

199 GStA PK, I. HA, Rep. 77 Ministerium des Innern, Tit. 233, Bd. 20: 21. Januar 1909 bis 30. März 1915, Protokoll der Sitzung vom 10. Dezember 1914, unfol.

200 Dazu umfassend Ernst Kaeber, Berlin im Weltkriege. Fünf Jahre städtischer Kriegsarbeit, Berlin 1921.

201 Ebd. S. 97; weitere Gemeinschaften gab es z. B. für die Kartoffelversorgung.

Haushalts neue Anleihen für nötig. Der Haushalt von 1915 blieb als erster Kriegshaushalt bereits um 50 Millionen Mark hinter dem von 1914 zurück. Vor allem die Einkünfte aus den Überschüssen der städtischen Werke und einzelner Steuern hatten sich verringert. Den Rückgang fing man durch strenge Sparsamkeit auf, vor allem in dem aus den laufenden Haushaltsmitteln gespeisten Extraordinarium I wie dem durch Anleihemittel finanzierten Extraordinarium II.[202] Dies bedeutete, dass für Baumaßnahmen wie auch für die Erneuerung der technischen Anlagen kaum die nötigsten Mittel vorhanden waren. Allerdings blieb das Steueraufkommen auf der Einnahmenseite weitgehend stabil. Im Rückblick[203] stellten die städtischen Behörden hinsichtlich der Steuersituation im Krieg fest, dass nach schwachem Rückgang in den beiden ersten Kriegsjahren die Steuereinnahmen sogar anstiegen. Nur die indirekten Steuern zeigten eine eher negative Tendenz.

Tab. 10: Steuereinnahmen der Stadt Berlin 1913–1918 (in Millionen Mark).

Einnahmen der Stadt Berlin aus direkten Steuern	
1913	92,8
1914	90,1
1915	94,9
1916	117,4
1917	131,3
1918	(Schätzung) 159,0
Einnahmen der Stadt Berlin aus indirekten Steuern	
1913	6,5
1914	3,8
1915	3,6
1916	3,2

Quelle: GStA PK, I. HA, Rep. 77 Ministerium des Innern, Tit. 441, Nr. 32, Bd. 3, Bl. 91–98.

Bei den Realsteuern war die Grundsteuer mit 29 Millionen unverändert geblieben. Die Gewerbesteuereinnahmen entwickelten sich positiv: Sie stiegen von 14,3 Millionen Mark im Jahr 1913 auf 19,2 Millionen im Jahr 1917 an. Für 1918 wurden sie auf 21,5 Millionen geschätzt. Anders war die Lage bei der Einkommensteuer. Hier war der Kommunalzuschlag von 100 Prozent zur Staatseinkommensteuer nun nicht mehr halt-

202 Ebd., S. 534 f.

203 Bericht des Magistrats an die Minister für Finanzen und des Innern vom 24. Januar 1919, in: GStA PK, I. HA, Rep. 77 Ministerium des Innern, Tit. 441, Nr. 32, Bd. 3, Bl. 91–98. Der Bericht ist auch Grundlage für Kaeber, Berlin im Weltkriege [wie Anm. 200], S. 542–546.

bar.[204] Das städtische Reinvermögen war danach bis zum Ende des Haushaltsjahres 1916 um 66,5 Millionen Mark gemindert worden; in die Passiva der Vermögensaufnahme wurden die bis dahin aufgelaufenen Kriegsausgaben mit 109,2 Millionen Mark eingestellt. Dabei waren die auf Rechnung des Reichs geleisteten Mindestsätze der Familienunterstützung mit insgesamt 91,3 Millionen Mark unberücksichtigt geblieben, und auch sonst ist weitgehend mit Erstattung oder Wiedereingang der von der Stadt vorschussweise geleisteten Kriegsausgaben gerechnet worden. Würde der Staat seiner Erstattungspflicht in dieser Sache nicht nachkommen, so bestünde nach Meinung des Magistrats die Gefahr, dass das städtische Vermögen, das vor dem Krieg rund sechseinhalb Milliarden betrug, nach dem Krieg vollständig aufgezehrt sein würde. Das Reich erklärte sich erst gegen Ende des Jahres 1922 zur Erstattung in bar bereit. Bereits zu diesem Zeitpunkt war der Wert der Forderungen durch die Geldentwertung erheblich gemindert; zur Auszahlung kam dadurch nur noch ein Bruchteil des einstigen Wertes.[205] Am 1. Januar 1919 bezifferten sich die schwebenden Schulden der Stadt Berlin auf 837,7 Millionen Mark. Es handelte sich dabei um kurzfristige und besonders teure Kreditschulden. Vor allem die Notwendigkeit, für Vorhaben in der Kriegszeit, die zuvor durch langfristige Anleihen finanziert worden waren, zum Teil sehr kurzfristige Kredite aufzunehmen, hatte zu dieser prekären Schuldenlast geführt. Nach der Inflation sollte das Fehlen einer ausreichenden Liquidität zum weiteren Anstieg führen.[206]

---

204 Bericht des Magistrats an die Minister für Finanzen und des Innern vom 24. Januar 1919, in: GStA PK, I. HA, Rep. 77 Ministerium des Innern, Tit. 441, Nr. 32, Bd. 3, Bl. 91–94.: *Handel, Gewerbe und Industrie des Reiches bilden ihre Grundlage* [...]; *der wirtschaftliche Rückschlag zu Kriegsbeginn minderte das Normalsoll, und der wirtschaftliche Aufschwung infolge des Zusammenströmens von Handel und Kriegsindustrie und auch der Behördenorganisationen zur Reichshauptstadt stärkten die Steuerkraft wieder so, daß wir 1916 und 1917 mit 160 % und 1818 mit 175 % Zuschlag zur Staatseinkommensteuer auskommen konnten. Die Steuerausfälle nahmen aber zu; während sie in dem letzten Friedensjahr 2,94 % des wirklichen Solls des Aufkommens der Gemeindeeinkommensteuer betrugen, stiegen sie schon 1915 auf 8,83 %, in den beiden folgenden Jahren waren sie ebenfalls rd. dreimal so hoch wie 1913. Das nach dem Ertrag berechnete Normalsoll belief sich in Mio. M, 1913: auf 4,3 Mio. M, 1914: 42,8 Mio. M, 1915: 38,7 Mio. M, 1916: 42,7 Mio. M, 1917: 48,7 Mio. M, 1918 schätzen wir es auf 59 Mio. M.*

205 Die Forderung der Stadt, die am 31. März 1920 noch einen Wert von 34,4 Millionen Goldmark besaß, betrug am Tag der Rückzahlung (2. März 1923) nur noch 108.600 Goldmark für Auslandsanleihen: Erster Verwaltungsbericht der neuen Stadtgemeinde Berlin für die Zeit vom 1. Oktober 1920 bis 31. März 1924 [im Folgenden: Erster Verwaltungsbericht 1920–1924], Bd. 1: Zentralverwaltung, H. 2a Finanzwesen, S. 64.

206 Frauke Bey-Hard, Hauptstadt und Staatsumwälzung Berlin 1919. Problematik und Scheitern der Rätebewegung in der Berliner Kommunalverwaltung (Schriftenreihe des Vereins für Kommunalwissenschaften, Bd. 27), Stuttgart u. a. 1969, S. 191. „Nicht die Höhe der Kreditlasten erwies sich letztlich als verhängnisvoll für die Manövrierfähigkeit des Berliner Kommunalhaushalts, sondern die Art der Kreditaufnahme, als kurzfristige ‚schwebende' also nicht langfristige fundierte Schulden“, so Detlef Lehnert, Kommunale Finanzpolitik im Berlin der 1920er Jahre, in: Heinz Reif/Moritz Feichtinger (Hrsg.), Ernst Reuter – Kommunalpolitiker und Gesellschaftsreformer 1921–1953 (Historisches Forschungszentrum der Friedrich-Ebert-Stiftung, Politik und Gesellschaft, Bd. 81), Bonn 2009, S. 103–125, hier S. 117.

Die gesamten Passiva der Vermögensaufnahme betrugen am 31. März 1917 874 Millionen Mark. Darin waren die Reichssätze der Familienunterstützung mit 206,6 Millionen Mark enthalten. An städtischen Zuschussleistungen gab man 240,4 Millionen Mark aus. Die sogenannten Kriegswohlfahrtsausgaben betrugen insgesamt 210 Millionen Mark, die Ausgaben für die Versorgung der Bevölkerung mit Lebensmitteln hatten einen Umfang von 106 Millionen Mark. Dabei kam es bereits Ende 1916 bei der Lebensmittelbeschaffung zu einem Defizit von 7,4 Millionen Mark. Neben den Familienunterstützungen und Kriegswohlfahrtsausgaben haben zum Anstieg der schwebenden Schuld die einmaligen Teuerungszulagen für die Beamten, Angestellten und Arbeiter beigetragen. Die beiden in den Monaten Oktober und Dezember 1918 nach dem Beispiel der Staatsregierung bewilligten Teuerungszulagen belasteten die Stadt mit 57 Millionen Mark. Das Normalsoll der Einkommensteuer für 1918 betrug dagegen nur 59 Millionen Mark. Die Vermögenslage der Stadt hatte sich zudem in den ersten beiden Kriegsjahren besonders verschlechtert. Es entstanden Fehlbeträge von 5,1 und 8,1 Millionen Mark, die außerhalb des Haushalts mit einer für Anleihezwecke bestimmten Reserve gedeckt werden mussten. Zahlenmäßig schwerer zu beziffern war die Vermögensminderung, die durch die schlechte Beschaffenheit der Betriebsmaterialien im Krieg, die ungeübten Arbeitskräfte und das Zurückstellen aller nicht unbedingt notwendigen Ausbesserungen herbeigeführt wurde. Für Wiederinstandsetzung waren im Etat 1916 12,7 Millionen Mark eingestellt. Bereits damals waren nach Berichten der technischen Mitarbeiter dafür mindestens 20,7 Millionen Mark erforderlich. Zusätzlich war bei der Verwaltung der offenen und geschlossenen Armenpflege im Jahr 1917 eine Lücke von sieben Millionen Mark aufgetreten. Die Zinsen für die Kriegsschulden beliefen sich im selben Jahr auf 15 Millionen und wuchsen 1918 auf 20 Millionen Mark an. Eine weitere Folge des Krieges waren die allgemeinen Preissteigerungen, die Kriegszulagen und einmalige Teuerungszulagen nötig machten. Davon verbuchte man 1917 einen Posten in Höhe von 12,7 Millionen Mark, ebenfalls außerhalb des Haushalts, auf Kriegsvorschusskonten. 1918 stieg die Summe auf 40 Millionen Mark an. Die Teuerungszulagen für die Kämmereiverwaltung hatten 1917 3,6 Millionen Mark erreicht; für 1918 errechnete man sechs Millionen.

So gab es trotz der Entlastung von etatmäßigen Ausgaben Aufwendungen mit stark steigender Tendenz, besonders für Personalbesoldung und Schuldendienst: Die Besoldungsausgaben im letzten Friedensjahr betrugen 17,4, 1917 21 und 1918 25,8 Millionen Mark. Die Schuldenverwaltung brauchte 1913 einen Zuschuss von 3,51 Millionen Mark; 1917 betrug er 8,5 Millionen. Auch die vor dem Krieg aufgestellten Kostenvoranschläge für Bauvorhaben erwiesen sich nun als illusorisch. Als man 1912 mit dem Bau der Nord-Süd-U-Bahn begonnen hatte, war man noch von einem Anschlag von 82,6 Millionen Mark ausgegangen, von denen bereits für die wenigen Arbeiten der ersten Jahre 32 Millionen verausgabt wurden. Beim Baubeginn des Westhafens im Jahr 1914 sollten sich die Kosten auf 36,7 Millionen Mark belaufen, doch hatte man allein für Grund und Boden bereits 12,4 Millionen aufzuwenden. Dort waren sechs Millionen Mark vor und während des Krieges verbaut worden. Neue Aufgaben (Kriegsbeschädigten- und Hinterbliebenenfürsorge, die Fürsorge für heimkehrende Arbeitswillige und Notstandsarbeiten) erforderten weitere Mittel. Hinzu kam die Stärkung des Personalkredits für den gewerblichen Mittelstand und des Realkredits, Bewilligungen für bevölkerungspolitische Maßnahmen wie Kleinwohnungsbau, der Wohnungsnachweis, Säuglings-, Wöchnerinnen- und Schwangerenschutz und das Vormundschaftswesen. Ausgeschlossen aus der Übersicht waren die ausschließlich auf den Krieg zurückzuführenden Aufwendungen, die Ausgaben für die reinen Kriegsaufgaben und auch die Mehrausgaben, die der Krieg den aus Friedenszeiten überkommenen Verwaltungszweigen auferlegt hatte. Dafür waren besondere Konten eingerichtet worden. Auf der Seite der Aktiva standen die privatwirtschaftlich organisierten städtischen Betriebe, die 1913 Überschüsse in Höhe von 8,2 Millionen Mark, aber 1917 nur noch einen Mehrertrag von einer Million Mark erwirtschafteten. 1918 schloss man die Bilanz sogar mit einem Zuschussbedarf von 41 Millionen ab. Allein die Gaswerke erforderten im Jahr 1918 Zuschüsse in Höhe von 25 Millionen. Das 1915 von der Stadt zum Buchwert von 128 Millionen Mark erworbene Elektrizitätswerk erbrachte zwar 1916 noch einen Überschuss von 4,7, im Jahr 1917 von 0,6 Millionen Mark, doch schloss man 1918 auch dort mit einem Defizit von drei Millionen Mark ab. Der Ertrag aus den Wasserwerken ging von zweieinhalb Millionen Reingewinn im Jahr 1913 auf 0,8 Millionen im Jahr 1918 zurück. Nach dem Stand von 1919 stellten die Berliner Kriegsverwaltungen folgende Gewinn- und Verlustrechnung für die Dauer des Krieges auf:

Tab. 11: Bilanz der Berliner Kriegsverwaltungen (in Mark).

Verwaltung	Gewinn	Verlust	Saldo
Lebensmittelverwaltung		23.677.195	
Anteil an der Großen Berliner Straßenbahn-Gesellschaft	9.549.989		
Aufwandsverwaltungen (Kriegswohlfahrtspflege)		282.230.275	
sonstigeAufwendungen (Flüchtlinge usw.)		798.800	
Gesundheitspflege		3.752.104	
Wohnungswesen		289.959	
Bekleidungsbeschaffung		3.075.832	
Futtermittel	3.079.248		
Metallbeschlagnahme	608.489		
sonstige Einrichtungen		71.257.785	
Anteil Berlins am Aufwand für Groß-Berlin		471.721	
Summe	13.237.726	386.333.589	-373.095.863

Quelle: GStA PK, I. HA, Rep. 77 Ministerium des Innern, Tit. 441, Nr. 32 Bd. 3, Bl. 256–261: Zusammenstellung der Gewinne und Verluste aus den Bilanzen der Berliner Kriegsverwaltungen sowie der Beteiligung Berlins an den Groß-Berliner Kriegsverwaltungen nach dem Stande vom 30. Juni 1919.

Vom hier errechneten Gesamtverlust von 373.095.863 Mark[207] waren danach die noch zu erstattenden Beträge des Reiches (Kriegswohlfahrtsausgaben in Höhe von 198 Millionen und zu erstattende Zinsen von 45 Millionen, zusammen 243 Millionen Mark) abzuziehen. Damit belief sich der tatsächliche Verlust der Stadt zu diesem Zeitpunkt auf 130.095.863 Mark. Ähnliche – hier nicht bilanzierte – Verluste dürften die 1920 eingemeindeten Vororte erlitten haben.[208] Mit der Bildung einer Kriegskommission, der neben dem Oberbürgermeister, dem Bürgermeister, zuletzt zwölf Stadträte und führende Verwaltungsmitarbeiter angehörten, war bereits 1914 ein Verwaltungsorgan geschaffen worden, das elastisch auf die neuen Aufgaben reagieren konnte. Die Kommission bereitete die den Krieg betreffenden Beschlüsse des Magistrats nicht nur vor, sondern konnte auch darüber beschließen.[209] Eine Kreditaufnahme wurde den Städten wegen des Vorrangs der Kriegsanleihen untersagt.[210] Große kommunale Bauvorhaben wie der U-Bahnbau mussten eingestellt werden. Für die Veränderungen der Jahre 1914 bis 1919 musste der vom Reichsschatzamt in das Amt des Oberbürgermeisters von Berlin gewechselte Adolf Wermuth am 24. Januar 1919 feststellen, dass Krieg und Revolution so tiefgreifend auf die Finanzen der Stadt eingewirkt haben, *dass ihre geordnete Weiterführung grössten Schwierigkeiten begegnet.*[211]

2.4 Weltstadt in Krisen – Berlin als Hauptstadt während der Weimarer Republik 1920–1933

Die oben beschriebenen politischen Gründe für eine Stärkung der Vorortgemeinden auf Kosten der Kernstadt waren mit der in demokratischen Wahlen gewählten und mit neuen Mehrheitsverhältnissen ausgestatteten Preußischen Landesversammlung nicht mehr haltbar. Zudem hatten sich bereits während der Kriegszeit die Mehrheitsverhältnisse im Zweckverband geändert.[212] Vor allem von sozialdemokratischer Seite wurde auf eine umfassende Lösung der kommunalen Probleme des Ballungsraumes

---

207 Die Zahlen zum Gesamtverlust differieren. Bey-Hard, Hauptstadt und Staatsumwälzung [wie Anm. 206], S. 190, gibt 368,407 Millionen Mark, Kaeber, Berlin im Weltkriege [wie Anm. 200], S. 532, ermittelt 368,41 Millionen Mark.

208 Dazu: Nachweisung der von Beginn bis 31. März 1920 bei den Kriegsverwaltungen entstandenen Fehlbeträge mit Vororten Neukölln 48 Millionen Mark, Schöneberg 25 Millionen Mark, Charlottenburg 33 Millionen Mark, Spandau 10 Millionen Mark, in: GStA PK, I. HA, Rep. 77 Ministerium des Innern, Tit. 441, Nr. 32, Bd. 3, Bl. 380–384. Damit erhöhte sich der Fehlbetrag auf 315 Millionen Mark.

209 Kaeber, Berlin im Weltkriege [wie Anm. 200], S. 7.

210 Otto Most, Finanz- und Steuerwesen, in: Kommunales Jahrbuch – Kriegsband (1919), S. 479–520, hier S. 486–489.

211 Zitat im Bericht des Magistrats vom 24. Januar 1919 an den Oberpräsidenten der Provinz Brandenburg siehe Anm 211.

212 Maßgeblich beteiligt daran war der liberale Schöneberger Oberbürgermeister und spätere Minister Alexander Dominicus, siehe Splanemann, Brandenburg und Berlin [wie Anm. 193], S. 760–824; Escher, Berlin und sein Umland [wie Anm. 177], S. 323 f.

Berlin hingearbeitet. Das Ergebnis war das ‚Gesetz über die Bildung einer neuen Stadtgemeinde Berlin vom 27. April 1920',[213] das am 1. Oktober desselben Jahres rechtskräftig wurde. Keimzellen der neuen kommunalen Ordnung waren die während des Ersten Weltkriegs gebildeten neuen Organisationen wie die Brotkartengemeinschaft Groß-Berlin, die in dem nun zusammengefügten verstädterten Gebiet erfolgreich gewirkt hatten. Abgesehen von den nun notwendigen Vermögensauseinandersetzungen der eingemeindeten Vororte mit dem Provinzialverband Brandenburg blieb die Stellung der Stadt innerhalb des preußischen Staates unverändert.[214] Dies galt in gleicher Weise für die finanzielle Ausstattung wie für die Kommunalaufsicht, die weiterhin vom Oberpräsidenten der Provinz Brandenburg ausgeübt wurde. Konflikte mit der Stadt ergaben sich mit dem Oberpräsidenten Dr. Adolf Maier,[215] der bis zu seiner Ernennung im Jahr 1919 als Bürgermeister in Charlottenburg fungiert hatte, eher auf dem Gebiet der Personal- als der Finanzpolitik.[216]

1920 wurde die Stadt Berlin mit sieben weiteren Städten, 59 Landgemeinden und 27 Gutsbezirken zur neuen Einheitsgemeinde Berlin zusammengeschlossen.[217] Die neue 884 Quadratkilometer große Stadt wurde in 20 Bezirke eingeteilt, die neben der Zentralverwaltung für übergreifende Aufgaben jeweils eine bürgernahe Verwaltung ermöglichen sollten. Vor allem die Landkreise Niederbarnim und Teltow verloren nicht nur ihre bevölkerungsreichsten, sondern auch bezüglich ihres Steueraufkommens wertvollsten Gemeinden.[218] Die Fläche des neuen Kommunalkörpers war allerdings wesentlich geringer als die des von dem neuen Gesetz aufgehobenen Zweckverbandes, dessen Vermögen an die neue Stadtgemeinde überging. Die neue Einheitsgemeinde sollte gemäß der Preußischen Städteordnung mit einer Stadtverord-

213 Groß-Berlin-Gesetz, Text in: Engeli/Haus, Quellen zum modernen Gemeindeverfassungsrecht [wie Anm. 20], S. 562–605.

214 Groß-Berlin-Gesetz, § 1,2: *Die neue Stadtgemeinde Berlin bildet für sich einen von der Provinz Brandenburg abgesonderten Kommunalverband und Verwaltungsbezirk. Sie gilt als Erweiterung der bisherigen Stadt Berlin. Die für die bisherige Stadt Berlin in ihrer Eigenschaft als Kommunalverband sowie als Verwaltungsbezirk geltenden gesetzlichen Vorschriften finden auf die neue Stadtgemeinde Berlin Anwendung, soweit nicht etwas anderes in diesem Gesetz bestimmt ist.*

215 Adolf Maier (1871–1963) fungierte 1919–1933 als Oberpräsident der Provinz Brandenburg. Politisch war er der DDP zuzurechnen, vgl. Lehnert, Kommunale Finanzpolitik [wie Anm. 206], S. 121.

216 Beispiele bringt Christian Engeli, Gustav Böß. Oberbürgermeister von Berlin 1921–1930 (Schriftenreihe des Vereins für Kommunalwissenschaften, Bd. 31), Stuttgart u. a. 1971, S. 65–74.

217 Groß-Berlin-Gesetz [wie Anm. 213], hier S. 583 f.; dazu: Henning Köhler, Berlin in der Weimarer Republik, in: Wolfgang Ribbe (Hrsg.), Geschichte Berlins, Bd. 2, München 1987, S. 814–824; Splanemann, Brandenburg und Berlin [wie Anm. 192], S. 766–773, dort weitere Literatur.

218 Der Kreis Teltow verlor 422.672 Einwohner an Berlin; es verblieben 110.550 Einwohner. Bei der Geldentschädigung für die Restverbände des Kreises wurde nicht von der Steuerkraft der ausgeschiedenen Gemeinden und deren einstige Leistungskraft, sondern allein von der Erhaltung der Leistungsfähigkeit der Restverbände ausgegangen, siehe Adolf Hannemann, Der Kreis Teltow – seine Geschichte, seine Verwaltung und seine Einrichtungen, hrsg. vom Kreisausschuß des Kreises Teltow, Berlin 1931, S. 182–192.

netenversammlung mit 225 Mitgliedern,[219] die nun aus Wahlen nach dem Gleichheitsprinzip hervorgehen sollte[220] und den Oberbürgermeister und den Magistrat bestimmte, demokratisch regiert werden. Neben der Zentralverwaltung wurde eine weitere Ebene der lokalen Deputationen und Bezirksvorstände eingeführt. Doch nicht die Liberalen, sondern die Linke gewann die ersten demokratischen Wahlen im Juli 1920. Die Unabhängige Sozialdemokratische Partei Deutschlands (USPD) und die Sozialdemokratische Partei Deutschlands (SPD) hatten die Mehrheit in der Stadtverordnetenversammlung (125 Mandate gegen 100 Mandate der bürgerlichen und Rechtsparteien).[221] Doch der Bruch innerhalb der Linken beeinträchtigte auch hier deren politische Wirksamkeit. Im Oktober 1920 erklärten sich 21 Stadtverordnete der USPD zur Fraktion der Kommunistischen Partei Deutschlands (KPD). Mit der noch gemeinsam agierenden linken Mehrheit war Wermuth noch einmal zum Oberbürgermeister gewählt worden, doch hatte er bei seinem Vorgehen im Streik der Elektrizitätsarbeiter das Vertrauen der linken Parteien verloren. Bereits zuvor hatte er sich vor allem durch seine Zusammenarbeit mit den Revolutionären den Unmut der Rechtsliberalen zugezogen, die sich in den neuen Parteien Deutschnationale Volkspartei (DNVP) und Deutsche Volkspartei (DVP) organisierten. Am 24. November 1920 trat er zurück. Da eine Einigung der Linken untereinander nicht möglich war, wurde am 20. Januar 1921 wiederum ein Liberaler, der langjährige Stadtkämmerer Gustav Böß von der Deutschen Demokratischen Partei (DDP) zu seinem Nachfolger gewählt.[222]

Die Fiktion eines überparteilichen, allein dem Stadtwohl verpflichteten Magistrats wurde in der Ersten Republik beibehalten. Bis auf Kommunalpolitiker des linken Spektrums, die sich zu ihrer Parteizugehörigkeit bekannten, standen bürgerliche Bürgermeister und Stadträte in der Regel politischen Parteien nahe, waren aber zunächst keine Parteimitglieder. Dies galt auch für den neuen Oberbürgermeister Böß.[223] Als Vertreter der bürgerlichen Minderheit musste Böß bei allen Entscheidungen, besonders bei denen, die den Haushalt betrafen, Mehrheiten schaffen, mithin ein Programm aufstellen, das parteiübergreifend befriedigte.[224] In diesem Kontext wurde neben der selbstverständlichen Hauptstadtfunktion die Rolle Berlins im internationalen Rahmen

---

219 Groß-Berlin-Gesetz [wie Anm. 213], hier § 8, S. 586.

220 Ebd., § 9.

221 Otto Büsch, Entstehung und Leistung der ersten Berliner Demokratie: Das neue Groß-Berlin als Hauptstadt der Weimarer Republik, in: Otto Büsch/Wolfgang Haus, Berlin als Hauptstadt der Weimarer Republik 1919–1933 (Veröffentlichungen der Historischen Kommission zu Berlin, Bd. 70/1/Berliner Demokratie, Bd. 1), Berlin/New York 1987, S. 20–44; zur Zusammensetzung der Stadtverordnetenversammlungen 1919, 1920, 1921, 1925 und 1929 Engeli, Gustav Böß [wie Anm. 216], S. 85.

222 Dazu: Engeli, Gustav Böß [wie Anm. 216], S. 34 f.

223 „Böß repräsentierte [...] den Typ des Verwaltungschefs, der sich als über den Parteien stehender Fachmann verstand". Nach „längerem Zögern" wurde er Mitglied der DDP, Engeli, Gustav Böß [wie Anm. 216], S. 39; zu Sahm mit einer treffenden Charakterisierung Lange, Groß-Berliner Tagebuch [wie Anm. 44], S. 158.

224 Engeli, Gustav Böß [wie Anm. 216], S. 117–154.

Abb. 5: Kraftwerk Klingenberg (Rummelsburg). © Ullstein Bild, Mediennummer: 00193771.

als Weltstadt immer wieder hervorgehoben. Nicht die deutschen Städte, an deren Spitze man zu stehen glaubte, sondern der Rang in einem internationalen Vergleich war dabei Maßstab. *Lebenswichtige Aufgaben* waren im Jahr 1926 in diesem Zusammenhang für Oberbürgermeister Böß die *Schaffung weltstadtnaher neuer Erzeugungsgebiete durch Bodenaufbesserung, die Durchführung des* [1925 fertiggestellten] *Generalsiedlungsplanes* [...], *die Wohnungsfürsorge und Wohnungspflege* [...], *die Individualisierung des Unterrichts, Berufsberatung für die Jugend, Arbeitsbeschaffung für Erwachsene, die allgemeine Wohlfahrt und Volksgesundheit, vor allem im Zusammenhang mit der Frage der Gestaltung der City die neue Orientierung des Stadtgebietes nach Wohnstadt, Industrie- und Geschäftsstadt, der Wiederaufbau der Stiftungen und eine weitschauende Werkspolitik, welche das riesige Stadtgebiet, mit seinem Ausbau Schritt haltend, mit Gas, Wasser und Strom versorgt, und schließlich die Stärkung Berlins als Industrie-, Handels-, Verkehrs- und Schifferstadt.*[225] Dieses Programm bedeutete Ausga-

225 Gustav Böß, Sechs Jahre neues Berlin, in: Hans Brennert/Erwin Stein (Hrsg.), Probleme der neuen Stadt Berlin. Darstellungen der Zukunft einer Viermillionenstadt, Berlin 1926, S. 11–14, Zitat S. 13; siehe auch Ruth Wimmer, Charakteristika der Berliner Kommunalpolitik in den Jahren der Weimarer Republik, untersucht an der wirtschaftspolitischen Konzeption des Berliner Oberbürgermeisters Gustav Böß (1921 bis 1929), in: Jahrbuch für Wirtschaftsgeschichte 1 (1969), S. 75–109.

ben in gewaltiger Höhe. Der bürgerliche Oberbürgermeister sah sich dabei unter Erfolgsdruck. Ab 1925 gab es eine linke Mehrheit in der Stadtverordnetenversammlung. Zum Zeitpunkt seiner programmatischen Rede bereits in Angriff genommen waren unter anderem der Weiterbau am Schnellbahnnetz, der Ausbau des Binnenhafens, die Errichtung der Messehallen und des Großkraftwerks Rummelsburg, die Gestaltung der Volksparks und anderer Freiflächen, Sport-, Spiel und Freibäder, außerdem der Flughafen, die Städtische Oper und das Planetarium. Damit sollte die deutsche Hauptstadt, die Böß auch hier als *Weltstadt* titulierte, mit den internationalen Metropolen gleichrangig werden. Dieser Ausbau gehörte zu den Kernstücken der von der stärksten Fraktion in der Stadtverordnetenversammlung, der SPD,[226] wie auch von Oberbürgermeister Böß und seiner DDP vertretenen Politik.

Die entscheidenden Veränderungen[227] fanden aber auf anderen Ebenen statt. In den Artikeln 8 und 11 der Weimarer Verfassung wurde die Finanzhoheit des Reiches festgelegt. Nunmehr stand dem Reich *die Gesetzgebung über die Abgaben und sonstigen Einnahmen, die es ganz oder teilweise für seine Zwecke in Anspruch nimmt*, zu. Damit besaß es die Steuerhoheit über alle direkten und indirekten Steuern. Der Reichsgesetzgeber konnte so auch Grundsätze in Bezug auf die Zulässigkeit und Erhebungsart der Landessteuern aufstellen. Auch in den weiterhin den Ländern zugestandenen Aufgabenfeldern der Wohlfahrtspflege, des Schutzes der öffentlichen Ordnung, der Religionsgemeinschaften, des Schul- und Hochschulwesens, des Beamtenrechtes sowie der Regelung des Bodenrechtes und des Siedlungs- und Wohnungswesens bestand nun eine Rahmenkompetenz des Reiches. Damit wurde nicht nur die Länderhoheit eingeschränkt, auch bisher den Kommunen überlassene Arbeitsfelder gingen auf die Zentralverwaltung über. Mit der von Reichsfinanzminister Matthias Erzberger 1920 in Angriff genommenen Reichsfinanzreform wurden die Grundlagen der kommunalen wie auch der Länderfinanzausstattung grundsätzlich geändert. Mit dem Übergang der direkten Steuern (vor allem der Einkommensteuer) auf das Reich war die Verteilung dieser Steuern auf Reich, Länder und Gemeinden ein ungelöstes Problem geworden.[228] War das Reich in der Kaiserzeit mit den Matrikularbeiträgen der Länder sowie von Zöllen und Verbrauchsteuern ausgekommen, so wurden von 1920 an die zuvor von den Ländern verwalteten Einkommen-, Kapital- und Körperschaftsteuern zu Reichs-

226 Dazu Edward Gough, Die SPD in der Berliner Kommunalpolitik 1925–1933, Diss. Freie Universität Berlin 1984, S. 129–188.

227 Dazu grundsätzlich Karl M. Hettlage, Die Finanzverwaltung, in: Kurt G. A. Jeserich/Hans Pohl/Georg-Christoph von Unruh (Hrsg.), Deutsche Verwaltungsgeschichte, Bd. 4: Das Reich als Republik und in der Zeit des Nationalsozialismus, Stuttgart 1985, S. 177–185.

228 Sammlung der Drucksachen des Preußischen Landtages (Anlage zu den Sitzungsberichten), 3. Wahlperiode, Bd. 13, Drucksache 7470A, Bericht des 21. Ausschusses: Untersuchungsausschuß zur Prüfung der Mißwirtschaft in der Berliner Stadtverwaltung und der Unterlassung der Ausübung der Aufsichtspflicht seitens des zuständigen Ministeriums (KVG – BVG – Sklarek – Stadtbank), Bd. 1: Niederschriften über die 1. bis 27. Sitzung des 21. Untersuchungsausschusses [im Folgenden: Sklarek-Untersuchungsausschuss], Sp. 1789–1791.

steuern, von denen Anteile an die Länder überwiesen wurden. Den Ländern und Gemeinden verblieben als ihnen zustehende Abgaben wesentlich die Realsteuern sowie ein Finanzanteil an der neuen Hauszinssteuer. Als Ausgleich für die an das Reich übergegangenen Steuern erhielten nun die Länder Anteil an der Grundvermögensteuer, die zuvor den Gemeinden zustand. Die Gemeinden hingegen mussten ihren finanziellen Bedarf aus den ihnen nun vom Reich und den Ländern zugewiesenen Quoten und zusätzlich durch kleine und teuer zu verwaltende Steuern sowie Abgaben der städtischen Werke decken.[229] Hofmann resümierte: „Durch die Erzbergersche Finanzreform von 1920 war den Gemeinden die Fähigkeit genommen, ihre Haushalte durch eigene Steuererträge und Zuschläge zur Landessteuer auszugleichen."[230] Zugleich wurde eine Reichsministerialverwaltung aufgebaut, deren Behörden in ganz überwiegendem Maße in Berlin residierten. Dazu gehörten zum einen die nun eingerichteten Reichsministerien, die zum Teil aus den Reichsämtern der Kaiserzeit hervorgegangen waren, zum anderen neue Zentralbehörden. Zu den ersteren zählten das Reichsaußen-, Reichsfinanz-, Reichsinnen- und Reichswirtschaftsministerium, zu den neuen Reichsministerien das aus der Reichsinnenverwaltung herausgelöste Reichsarbeitsministerium, das Reichsverkehrs-, das Reichspost- sowie das Reichswehrministerium. In dem nun stark ausgebauten Sozialverwaltungsbereich zählten das Reichsarbeitsamt und das Reichsversicherungsamt zu den größten Behörden. Dazu kamen weitere Versorgungseinrichtungen. Eine aufgrund der Kriegs- und Nachkriegsentwicklung exzeptionelle Stellung besaß die Reichseisenbahnverwaltung. Zu den Kontinuitäten in der preußischen Staatsverwaltung, die über den Ersten Weltkrieg erhalten blieben, gehört der Argwohn gegenüber der Hauptstadt.[231] Das Verhältnis zwischen dem preußischen Staat und Reich auf der einen und der Stadt Berlin auf der anderen Seite blieb im Bereich der Finanzen gespannt. Ein wichtiger Punkt der Auseinandersetzungen im Jahr 1919 war die Haftung für Tumultschäden, zu denen auch jene gehörten, die durch die Verhängung des Ausnahmezustands entstanden waren, bis dieses Problem 1920 durch ein Reichsgesetz gelöst wurde, das Ansprüche gegen das Reich zuließ.[232] Eine allgemein gültige Auffassung weiter Teile der in traditionellen Mustern denkenden preußischen Verwaltung findet sich in der Aussage des preußischen Ministers für Volkswohlfahrt Heinrich Hirtsiefer (1921–1933, Zentrum), dass es nötig sei, die Siedlungen auf dem Lande und die kleinen Städte zu begünstigen, um der Tendenz der Zuwanderung in die großen Städte entgegenzuwirken.[233]

229 Lehnert, Kommunale Finanzpolitik [wie Anm. 206], S. 107 f.

230 Hofmann, Zwischen Rathaus und Reichskanzlei [wie Anm. 129], S. 260.

231 Ludovica Scarpa, Martin Wagner und Berlin. Architektur und Städtebau in der Weimarer Republik, Braunschweig/Wiesbaden 1986, S. 48: „Dieselben Kräfte, die bis 1920 die Schaffung einer einheitlichen Verwaltung von Groß-Berlin verhindert haben, werden während der ganzen Zeit der Weimarer Republik ihren Willen manifestieren, die Bedeutung der Großstadt einzudämmen."

232 Bey-Hard, Hauptstadt und Staatsumwälzung [wie Anm. 206], S. 191.

233 Scarpa, Martin Wagner [wie Anm. 231], S. 48.

Zur Sicherung der städtischen Finanzen hatte man den Kommunalzuschlag zur Reichseinkommensteuer gegenüber 1914 um mehr als 100 Prozent erhöht und auf 260 Prozent festgelegt. Doch musste die Stadt ihn bereits im Herbst 1919 noch einmal auf 300 Prozent aufstocken.[234] Mit der von Reichsminister Erzberger initiierten Steuerreform wurden die kommunalen Steuerquellen erheblich modifiziert und führten – wie noch zu zeigen ist – im Berliner Fall zu Einnahmerückgängen. Zum Besteuerungsrecht im Zuge der Auseinandersetzungen mit der Provinz Brandenburg machte Berlin 1922 in einer Eingabe an das preußische Innenministerium eine Mindereinnahme von 65 Millionen Mark geltend. Die Provinz steckte freilich in noch größeren Schwierigkeiten als die Hauptstadt.[235] Die enormen Veränderungen in der Nachkriegs- und Inflationszeit erschwerten die Haushaltsaufstellung der Kommunen. Der durch die Katastrophe des Krieges und die damit zusammenhängende Inflation stark geschwächte deutsche Kapitalmarkt war nicht in der Lage, die kommunalen Kreditwünsche zu annehmbarem Zinssatz zu erfüllen. Eine weitere Folge des verlorenen Ersten Weltkriegs war die Zerrüttung der deutschen Währung. Sie wurde in den Kommunen zunächst als Teuerung eingeordnet. Die eigentliche Ursache der Inflation, die Finanzierung der Defizite des Reichshaushalts durch die Reichsbank, blieb verborgen, wohl auch weil sich der im Krieg begonnene Prozess erst im Sommer 1922 zu einer rasanten Talfahrt der Reichswährung entwickelte.[236] Da die Vorkriegsschulden durch die Inflation entscheidend dezimiert waren, schienen die Aussichten sogar günstig zu sein. Kaum beachtet wurde, dass die Städte, vor allem Berlin, gleichzeitig ihre finanzielle Liquidität verloren hatten und für alle fälligen Ausgaben, zum Beispiel Löhne und Gehälter, beachtliche schwebende, das heißt kurzfristige und damit besonders teure Schulden aufnehmen mussten.[237] Ungeachtet der Finanzkatastrophe der Inflation wollte und konnte man sich in Berlin – wie in vielen anderen deutschen Städten – nicht von den Investitionsplänen der Vorkriegszeit trennen.[238]

Der Berliner Haushalt schloss 1924, im ersten Rechnungsjahr nach der Inflation, mit einem Überschuss von 16 Millionen Reichsmark ab, von denen aber bereits neun Millionen Reichsmark von den städtischen Körperschaften für den Ausgleich im Haushalt 1925 bestimmt wurden. 1924 betrugen die Einnahmen insgesamt 522, die Gesamt-

234 Bey-Hard, Hauptstadt und Staatsumwälzung [wie Anm. 206], S. 191–194.

235 Ebd., S. 194.

236 Carl Ludwig Holtfrerich, Die deutsche Inflation 1914–1923. Ursachen und Folgen in internationaler Perspektive, Berlin/New York 1980; zuletzt ders., Aus dem Alltag des Reichswirtschaftsministeriums 1919–1923/24, in: ders. (Hrsg.), Das Reichswirtschaftsministerium und seine Vorläufer. Strukturen, Akteure, Handlungsfelder, Berlin/Boston 2016, S. 224–360, hier S. 227–229.

237 Das Problem der schwebenden Schuld und der damit zusammenhängenden Kreditfrage wurde bereits in der Etatrede 1919 von Kämmerer Böß angesprochen, vgl. Bey-Hard, Hauptstadt und Staatsumwälzung [wie Anm. 206], S. 191.

238 Jürgen Reulecke, Auswirkungen der Inflation auf die städtischen Finanzen, in: Gerald D. Feldman (Hrsg.), Die Nachwirkungen der Inflation auf die deutsche Geschichte 1924–1933 (Schriften des Historischen Kollegs, Kolloquien, Bd. 6), München 1985, S. 97–116.

ausgaben 502 Millionen Reichsmark. Gegenüber dem Haushaltsentwurf, der Einnahmen und Ausgaben auf 413 Millionen Reichsmark veranschlagt hatte, war das Steueraufkommen um 77 Millionen Reichsmark höher ausgefallen, davon stammten 25 Millionen aus der Gewerbe- und 17 Millionen aus der Grunderwerbs- und Wertzuwachssteuer; weitere 12 Millionen waren Einkommen- und Körperschaftsteueranteile. Von den Ausgaben entfiel die größere Hälfte mit 273 Millionen Reichsmark auf die Bezirkswirtschaft; dabei entstanden Mehrausgaben von 36 Millionen Reichsmark. Die Zentralverwaltung benötigte 233 Millionen Reichsmark gegenüber 176 Millionen des Haushaltsentwurfs. Insgesamt gab es im Ist-Haushalt einen Mehrumfang von 102 Millionen Reichsmark gegenüber dem Soll. Die stärkste Ausgabensteigerung erfolgte bei den Ausgaben für die Allgemeine und Jugendwohlfahrt sowie im Gesundheitswesen (Gesamtausgabe Allgemeine Wohlfahrt 60 Millionen Reichsmark gegen 42 Millionen im Anschlag, Jugendwohlfahrt 17 Millionen gegenüber den veranschlagten 11 Millionen, Gesundheitswesen 44 Millionen gegenüber den veranschlagten 32 Millionen). Durch unerwartet hohe Einnahmen blieb der Haushalt jedoch ausgeglichen, und 1924 waren keine Einschränkungen der Wohlfahrtspflege notwendig.[239] Die Mehrausgaben des Jahres 1925 waren zudem durch die Erhöhung der Lohnsätze nach einem Schlichterspruch verursacht. Konjunkturbedingt lagen die Wohlfahrtsausgaben gegenüber dem Voranschlag um sechs Millionen Reichsmark höher als nach den bisherigen Erfahrungen geschätzt. Mindereinnahmen bei den Steuern wurden von der Stadt mit dem Rückgang der Anteile der Gemeinde an der Reichseinkommensteuer begründet. Die Erhöhung der Umsatzsteuer wirkte sich dagegen nicht positiv aus, zumal der Prozentsatz ermäßigt wurde. Die Gewerbeertragsteuer und die Verkehrsteuern, namentlich Grunderwerb- und Wertzuwachssteuer, gingen gegenüber den Frühjahrszahlen zurück. Mindereinnahmen gab es weiterhin bei den in den Haushalt abzuführenden Werksüberschüssen. Die städtischen Werke waren 1924 mit Abgaben in Höhe von elf Millionen, 1925 mit 26 (gezahlt 21) Millionen und 1926 mit 44 (gezahlt 53) Millionen Reichsmark belastet worden.[240] Vor allem die Elektrizitätswerke investierten ihre Überschüsse in Neubauten. So standen in einem vorläufigen Abschluss für das erste Halbjahr 1925 Einnahmen in Höhe von 219 Millionen Reichsmark Ausgaben von 231 Millionen gegenüber. Mit Zustimmung der Aufsichtsbehörde wurden neun Millionen Reichsmark aus den Überschüssen des Vorjahres übernommen und damit eine Deckung des Fehlbetrages erreicht.[241] Steuerrückgänge sowie Lohn- und Gehaltserhöhungen ließen schon im folgenden Jahr die Bilanz noch negativer erscheinen. Der Haushalt 1925 war bereits im Ansatz nicht mehr ausgeglichen. Die Ausgaben überstie-

239 Prozentzahlen nach dem Berliner Tageblatt vom 13. November 1925, Morgenausgabe: Der Abschluß des Berliner Haushalts.

240 Nach dem Bericht des Stadtkämmerers Friedrich C. A. Lange im Sklarek-Untersuchungsausschuss [wie Anm. 228], Sp. 1835–1847.

241 Die Stadtverordnetenversammlung stimmte den Bedingungen am 14. Oktober 1925 zu: GStA PK, I. HA, Rep. 77 Ministerium des Innern, Tit. 441, Nr. 32, Bd. 3, Bl. 189.

gen die Einnahmen um eine Million. Hohe Beträge erforderte stets die Wohlfahrt (1927 105 Millionen Reichsmark; das waren 16 Prozent des Nettohaushalts). Stadtsyndikus Lange erklärte vor dem Sklarek-Untersuchungsausschuss 1929/30 zur Haushaltsentwicklung der Nachinflationszeit, dass die Ausweitung der tatsächlichen Ausgaben der Jahre 1924/25 nur deshalb möglich gewesen war, weil die Steuern und Einnahmen aus den gewinnbringenden Betrieben erheblich höher waren als von der Kämmereiverwaltung im Haushalt veranschlagt. Die Steueranteile der Stadt hatten sich demnach folgendermaßen entwickelt:

Tab. 12: Steueranteile der Stadt Berlin 1924–1926 (in Millionen Reichsmark).

Jahr	Steuer-Soll	Steuer-Ist
1924	253	330
1925	296	294
1926	313	349

Quelle: Sklarek-Untersuchungsausschuss [wie Anm. 228], Sp. 1834–1847.

Doch blieb noch in den beiden folgenden Jahren das Steuer-Soll hinter dem Ist-Betrag zurück: 1925 um zwei, 1926 um 26 Millionen Reichsmark. Die weit stärker als die Einnahmen wachsenden Ausgaben, vor allem für die kommunalen Werke, machten eine verstärkte Kreditaufnahme notwendig. Für die 1928 im außerordentlichen Haushalt enthaltene Summe von 272 Millionen Reichsmark sollten Anleihemittel in Höhe von 247 Millionen zur Deckung dienen. Durch die schleppende Aufnahme langfristiger Anleihen schwoll die Zahl der kurzfristig vergebenen und häufig verlängerten Kredite und damit die schwebende Schuld stark an. 1928 waren für die außerordentliche Wirtschaft nur 125 Millionen Reichsmark echte Deckungsmittel vorhanden; 60 Millionen Reichsmark mussten unter kurzfristiger Deckung aus dem fingierten *Anleihevorschußkonto* und 221 Millionen als *Reste* in den Haushalt 1929 übernommen werden.[242] Eine nicht unwesentliche Belastung des städtischen Haushalts bedeutete darüber hinaus die im gleichen Jahr auf Reichsebene vorgenommene Besoldungserhöhung. Insgesamt erlebte der städtische Haushalt in den Jahren 1924–1929 folgende Steigerungen:

242 Verwaltungsbericht der Hauptfinanzverwaltung (zugleich Verwaltungsbericht der Stadt Berlin, 1. April 1932 bis 31. März 1936, H. 2a) [im Folgenden: Verwaltungsbericht der Hauptfinanzverwaltung], S. 5 f.

Tab. 13: Städtischer Haushalt 1924–1926 (in Millionen Reichsmark).

Jahr	ordentliches Haushalts-Soll (Ordinarium)	tatsächliche Ausgaben im Ordinarium	außerordentlicher Haushalt
1924	404	506	-
1925	489	550	17,6
1926	518	624	32

Quelle: Verwaltungsbericht der Hauptfinanzverwaltung [wie Anm. 242], S. 5, ergänzt durch Sklarek-Untersuchungsausschuss [wie Anm. 228], Sp. 1834–1847.

Im Unterschied zum vorangegangenen Jahr wurde das Extraordinarium 1927 von 32 auf 220 Millionen Reichsmark erhöht. Die eingestellten Beträge waren für die kommunalen Werke und Gesellschaften, vor allem für den U-Bahnbau (150 Millionen Reichsmark) und wohl auch für die Grundstückserwerbungen erforderlich geworden.[243]

Tab. 14: Städtischer Haushalt 1927–1929.

Jahr	ordentliches Haushalts-Soll (Ordinarium)	außerordentlicher Haushalt
1927	638	220
1928	712	272
1929	781	406

Quelle: Verwaltungsbericht der Hauptfinanzverwaltung [wie Anm. 242], S. 5–7.

Auch im folgenden Jahr waren weitere 195 Millionen Reichsmark für Investitionen der Werke notwendig. Da das tatsächliche Steueraufkommen (1926: 349, 1927: 426, 1928: 473 Millionen Reichsmark) anstieg, glaubte man offenbar nach dem Wechsel im Amt des Stadtkämmerers von Dr. Karding auf Dr. Lange im selben Jahr eine großzügigere Finanzpolitik treiben zu können, obwohl der in die Wirtschaft wechselnde Karding wegen der Verdoppelung sowohl der Schuldenhöhe wie auch des Zinses seit der Vorkriegszeit von einer *Vervierfachung* der Schulden sprach.[244] Die Gesamtausga-

243 1928 mussten in das Extraordinarium 273 Millionen Reichsmark (davon 195 Millionen für die Werke und Gesellschaften) und 1929 162 Millionen Reichsmark (davon 72 Millionen für die städtischen Gesellschaften) in den außerordentlichen Haushalt aufgenommen werden. Damit war der Anteil der sonstigen allgemeinen Verwaltung am Berliner Extraordinarium etwa konstant, Sklarek-Untersuchungsausschuss [wie Anm. 228], Sp. 1834–1843, bes. Sp. 1837 f.

244 Lehnert, Kommunale Finanzpolitik [wie Anm. 206], S. 115.

ben wurden in Berlin im Jahr 1925 zu 51,4 (in anderen deutschen Städten über 200.000 Einwohner 48) Prozent durch Steuern und zu fünfeinhalb (in anderen Städten neun) Prozent durch Werküberschüsse gedeckt. 1927 veränderte sich in Berlin das Verhältnis zu 49,3 (andere Städte 44,8) Prozent durch Steuern und 8,9 (andere Städte 12,34) Prozent durch Einnahmen aus den Stadtwerken.[245] Insgesamt entwickelte sich der Zuschussbedarf (das heißt der durch Steuern und Werküberschüsse zu deckende Teil der Ausgaben) zwischen 1913 und 1926 wie folgt:

Tab. 15: Zuschussbedarf des Berliner Haushalts 1913–1926 (in Millionen Reichsmark).

	1913	**1925**	**1926**
Zuschussbedarf insgesamt	5.445,8	11.725,1	13.554,2
davon gemeindlicher Zuschussbedarf	1.803,4	3.862,5	4.242
Anteil des gemeindlichen Zuschussbedarfs in Prozent	33,1	32,9	31,3

Quelle: Böß, Berlin von heute [wie Anm. 245], S. 136 (S. 280).

Tab. 16: Zuschussbedarf des Berliner Haushalts 1927/28.

Verwaltungsgruppe	**Zuschussbedarf (in Millionen Reichsmark)**		**Zuschussbedarf in Prozent**	
Jahr	1927	1928	1927	1928
allgemeine Verwaltung	61,324	74,919	13,58	14,58
Bau- und Straßenwesen	58,475	74,374	12,94	14,48
Gesundheitswesen	30,758	47,297	6,79	9,21
Wohlfahrtswesen	164,371	176,629	30,38	34,38
Schul- und Bildungswesen	105,627	127,053	23,38	24,73
Kapitaleinkünfte, Überschuss der Grundstücksverwaltung	31,308	13,480	6,03	2,02

Quelle: Böß, Berlin von heute [wie Anm. 245], S. 284.

245 Gustav Böß, Berlin von heute. Stadtverwaltung und Wirtschaft, Berlin 1929, S. 138 (Abdruck in: ders, Beiträge zur Berliner Kommunalpolitik, hrsg. von Christian Engeli, Berlin 1982, S. 282).

Die Ausgabenentwicklung namentlich beim Wohnungsbau und im Verkehrssektor stürzte Berlin am Ende der Weimarer Republik in eine Schuldenkrise. Als Ursache hat Detlef Lehnert jüngst „mangelnde Verwaltungsrationalität“ in den kommunalen Entscheidungsgremien hervorgehoben.[246] Doch muss dieser Vorwurf dann zugleich den anderen, ebenfalls in finanzielle Engpässe gekommenen deutschen Großstädten wie Köln, Frankfurt am Main und Dresden gemacht werden. Zudem werden dabei die zeitgenössischen Erwartungen und Forderungen an eine Hauptstadt, die als Weltstadt[247] den deutschen Nationalstaat auch international repräsentieren sollte, vernachlässigt. Für die Berliner Stadtverwaltung ergab sich die Verpflichtung, vor allem die technischen Voraussetzungen für ein nicht nur im nationalen, sondern auch im internationalen Vergleich führendes Gemeinwesen zu schaffen.[248] Bis zu der nun beginnenden Schuldenkrise war die Ausgabenpolitik in ihren Grundzügen von der die Kommunalaufsicht führenden preußischen Staatsverwaltung mitgetragen worden. Im internationalen Krisenjahr 1929 verschlechterte sich die Berliner Finanzsituation dramatisch. Im außerordentlichen Haushalt sollten für die Ausgaben von 162 Millionen Reichsmark 151 Millionen Reichsmark Deckungsmittel durch neue Anleihen finanziert werden. Nachdem man im Herbst noch einen Inlandskredit von 40 Millionen Reichsmark erhalten hatte, markierte die Verweigerung eines Kredits von 15 Millionen US-Dollar im Dezember 1929 den Beginn der Abhängigkeit der kommunalen Finanzverwaltung von den preußischen Staatsbehörden. Der Kredit war für die Überbrückung bis zum Jahresende vorgesehen. Vor allem die im Zusammenhang mit dem U-Bahnbau gewaltig angewachsenen kurzfristigen Schulden hatten die Finanzen nachhaltig in Unordnung gebracht.[249] Zu den Folgen des gescheiterten Auslandskredits am Ende des Jahres 1929 gehörte ebenfalls das abrupte Ende der Amtszeit des gegenüber den Begehrlichkeiten der städtischen Ressorts allzu nachgiebigen Kämmerers Dr. Lange. Zu seinem kommissarischen Nachfolger wurde der gleichnamige bisherige Syndikus der Stadt berufen.[250] Nun erst wurde die Dimension der offenbar sogar dem Magistrat nicht in ihrem gesamten Ausmaß bekannten schwebenden Schuld der Stadt Berlin offenbar.[251] Die preußischen Staatsbehörden, repräsentiert durch Oberpräsident Dr. Maier, hatten

---

246 Detlef Lehnert, Kommunale Politik, Parteiensystem und Interessenkonflikte in Berlin und Wien 1919–1932. Wohnungs-, Verkehrs- und Finanzpolitik im Spannungsfeld von städtischer Selbstverwaltung und Verbandseinflüssen, Berlin 1988, S. 13.

247 Zur Diskussion des Weltstadtbegriffs in der Vor- und. Nachkriegszeit vgl. Joachim H. Schultze, Die Weltstadt als Objekt geographischer Forschung. Eine Einführung in die Festschrift, in: ders. (Hrsg.), Zum Problem der Weltstadt. Festschrift zum 32. Deutschen Geographentag in Berlin 20.–24. Mai 1959, Berlin 1959, S. IX–XX.

248 Vgl. dazu unten die programmatischen Ausführungen von Oberbürgermeister Böß.

249 Verwaltungsbericht der Hauptfinanzverwaltung [wie Anm. 242], S. 7.

250 Der Sydikus und neue Stadtkämmerer Friedrich C. A. Lange war mit seinem Vorgänger Dr. Lange nicht verwandt. Er ist der Verfasser des Groß-Berliner Tagebuchs.

251 Die Schulden betrugen zu diesem Zweitpunkt circa 400 Millionen Reichsmark: Lange, Groß-Berliner Tagebuch [wie Anm. 44], S. 132.

sich – wie oben gezeigt – zuvor wenig in die inneren Angelegenheiten Berlins eingemischt, wenn auch der Berliner Stadtsyndikus Lange bereits im Februar 1928 anlässlich von Problemen mit dem Provinzialschulkollegium dort Schikanen *einer reaktionären Bürokratie* ausgemacht hatte und vergeblich die Übertragung des Aufsichtsrechtes generell zum preußischen Innenministerium forderte.[252] Der politisch weidlich ausgeschlachtete Sklarek-Skandal hatte den Druck auf die kommunalen Körperschaften wesentlich verstärkt. Seit dem Beginn des Disziplinarverfahrens gegen Böß, der am 31. Oktober 1930 zurücktrat, führte Bürgermeister Arthur Scholtz, der wie Oberpräsident Maier aus der Charlottenburger Verwaltung stammte, die Geschäfte bis zur Wahl Heinrich Sahms in das Amt des Oberbürgermeisters im April 1931. Ein Einschreiten der staatlichen Aufsichtsbehörden gegen die ‚Berliner Verschwendung' wurde von allen Seiten gefordert. Nicht nur die Stadt, sondern auch ihre staatlichen Aufsichtsbehörden wurden in die Kritik einbezogen. Mit der liberalen Begleitung der städtischen Kredite war es nun vorbei. Die Kommunalaufsicht war selbst in Zugzwang geraten, als die Stadt nach der Verweigerung des Auslandskredits aus eigener Kraft nicht mehr die Verbindlichkeiten zum Jahresende 1929 bedienen konnte.[253] Die Staatsaufsicht musste Handlungsfähigkeit zeigen. Im Gefolge des Sklarek-Skandals hatte Oberpräsident Maier ein Disziplinarverfahren gegen den ihm politisch nahestehenden Oberbürgermeister Böß eingeleitet.[254] Nun wurde der Aufsichtsbehörde selbst im Zusammenhang mit den Berliner Vorgängen Unterlassung vorgeworfen. Dies geschah auf Antrag der Fraktion der DNVP im Preußischen Landtag. Mit großem propagandistischen Aufwand wurde ein Untersuchungsausschuss zu den Berliner Verwaltungsverhältnissen gefordert und eingesetzt, der (21.) *Untersuchungsausschuß zur Prüfung der Mißwirtschaft in der Berliner Stadtverwaltung und der Unterlassung der Ausübung der Aufsichtspflicht seitens des zuständigen Ministeriums (KVG – BVG – Sklarek – Stadtbank).* Nach der Feststellung, dass die Finanz- und Kassenlage der Stadt Berlin durch kurzfristige Verschuldung so in Unordnung geraten sei, *daß es nur unter allergrößten Schwierigkeiten und unter Einsatz des ganzen staatlichen Einflusses möglich war, Ultimo Dezember zu überbrücken* und überdies *die kurzfristige Verschuldung zum größten Teil ohne staatsaufsichtliche Genehmigung erfolgt* sei, übernahm der Oberpräsident die Initiative und ordnete *auf Grund des § 7 Zuständigkeitsgesetzes zur Abbürdung der kurzfristigen Kredite und zur Herstellung einer geordneten Verwaltung* eine Reihe von Maßnahmen an.[255] Ebenso wurde die Genehmigung des Auslandskredits durch die ei-

252 Ebd., S. 107; bereits 1924 war der von der Stadtverordnetenversammlung zum Stadtschulrat gewählte Dr. K. Löwenstein wegen politischer Bedenken durch die staatliche Schulbehörde nicht ernannt worden: Engeli, Gustav Böß [wie Anm. 216], S. 67.

253 Materialien in: Sklarek-Untersuchungsausschuss [wie Anm. 228].

254 Dazu Engeli, Gustav Böß [wie Anm. 216], S. 250–257.

255 Erlass vom 20. Dezember 1929, in: GStA PK, I. HA, Rep. 77 Ministerium des Innern, Tit. 441, Nr. 32, Bd. 9, Bl. 525. *Neue Aufgaben dürfen bis zur Regulierung der kurzfristigen Verschuldung nicht übernommen, auch dürfen Ausgaben nicht geleistet werden, die sich auf solche Aufgaben beziehen. Für den Monat Dezember 1929 sind die dort ermittelten Ausgaben für den Bedarf nach Maßgabe anliegender Aufstellung*

nes über elf Monate laufenden Inlandskredits in Höhe von 58,6 Millionen Reichsmark zu einem Zins von mindestens neuneinhalb Prozent ersetzt.[256]

Die städtischen Sparanstrengungen, die bereits im Herbst 1929 eingeleitet worden waren, hatten nun eine neue Qualität erhalten. Am 30. Oktober war der Magistrat gezwungen gewesen, bereits begonnene Bauten oder bisher für unaufschiebbar gehaltene Ausbauten in Höhe von 18,1 Millionen Reichsmark zurückzustellen. Straßenbauten, Schulbauten, Gesundheitsanlagen, der Ausbau des Strandbades Wannsee, Sportplätze und viele andere waren betroffen. Bei der Bauausstellung unter dem Funkturm verzichtete man nach Beschluss vom 5. Dezember auf den zuvor geplanten Bau eigener Hallen.[257] Am 11. November 1929 waren, weil eine Hauptursache der finanziellen Schieflage Berlins, die Verkehrsunternehmungen, die Neubauten und Umbauten der Straßenbahn und die bis dahin weiter projektierten und bereits begonnenen Verlängerungsstrecken der U-Bahn gestoppt worden. Nun mussten sieben Millionen Reichsmark in der Bauverwaltung, 6,3 Millionen im Gesundheitswesen und 25,8 Millionen für Neubauten der außerordentlichen Verwaltung gesperrt werden.[258] Wenn auch der Oberpräsident die Maßnahmen zur strengsten Haushaltsüberwachung bereits am 8. Januar 1930 wieder lockern konnte,[259] hatten andere Staatsbehörden zur Durchleuchtung der städtischen Finanzverhältnisse weitergehende Untersuchungen durchgeführt. Vermutlich unbemerkt von den städtischen Amtsstellen nahm das preußische Innenministerium – offenbar aufgeschreckt durch Pressemeldungen – inhaltliche Prüfungen der in Berlin üblichen Sozialtarife vor, ohne hier besonders herausragende

unbedingt innezuhalten. Die Überschüsse mussten in einen besonderen Tilgungsfonds der Preußischen Staatsbank im Betrage von monatlich mindestens fünf Millionen Reichsmark eingezahlt werden. Der Tilgungsfonds sollte wesentlich durch Erhöhung der Tarife der städtischen Werke und Verkehrsbetriebe gespeist werden. Über den genannten Betrag von fünf Millionen Reichsmark hinausgehende Überschüsse durften nur unter hohen Auflagen zur Fertigstellung von Bauten verwendet werden. Stadtbaurat Wagner führte zu einer Besprechung zwischen Oberpräsident Maier und Bürgermeister Scholtz aus, dass im Jahr 1928 Hochbauten im Wert von 41 Millionen Reichsmark erstellt wurden, von den für 1929 vorgesehenen Bauten für 54 Millionen Reichsmark waren bereits 18 Prozent gesperrt. Durch Stilllegungen würden sich Verteuerungen von rund 20 Prozent ergeben, GStA PK, I. HA, Rep. 77 Ministerium des Innern, Tit. 441, Nr. 32, Bd. 9, Bl. 544–548, Vermerk zu einer Besprechung über die Finanzlage Berlins am 28. Dezember 1929, ebd., Bl. 549–552.

256 Erlass vom 21. Dezember 1929: Genehmigung zur Aufnahme eines kurzfristigen Kredits von 58,6 Millionen Reichsmark, rückzahlbar in elf Monatsteilen, beginnend am 31. Januar 1930 mit einem Zinsfuß von eineinhalb Prozent über dem Lombardzinsfuß, mindestens aber von neuneunhalb Prozent, GStA PK, I. HA, Rep. 77 Ministerium des Innern, Tit. 441, Nr. 32, Bd. 9, Bl. 508. Der Magistrat stimmte noch am gleichen Tag zu.

257 Vossische Zeitung vom 7. Dezember 1929.

258 Vorwärts vom 13. Dezember 1929 (Morgenausgabe). Als besonders problematisch wurde angesichts des Zuzugsüberschusses von 1928 die dauernde Einschränkung des Wohnungsbaus auf das finanziell allenfalls tragbare Maß (25.000 Wohnungen im Jahr) gesehen.

259 Verwaltungsbericht der Hauptfinanzverwaltung [wie Anm. 242], S. 8.

Sätze zu finden.[260] Der Oberpräsident kümmerte sich um die Einbringung eines Nachtragshaushaltes. Fehlbeträge hatte es nicht nur wegen der nicht gezahlten Kommunalabgabe der BVG, sondern auch aufgrund anderer nicht erwarteter Mindereinnahmen in Höhe von 22,9 Millionen Reichsmark gegenüber dem Voranschlag gegeben. Zu den Mehrausgaben gehörten vor allem die stark gestiegenen Ausgaben für die Wohlfahrt in einer Höhe von 29,1 Millionen Reichsmark. Insgesamt blieben 36,2 Millionen Reichsmark ungedeckt. Hinzu kam eine Nachforderung von 10,7 Millionen Reichsmark Polizeikosten. Im Nachtragshaushalt waren 20 Millionen Reichsmark Streichungen an einmaligen Ausgaben sowie Erhöhungen der kommunalen Grundvermögens- und Gewerbesteuer enthalten, die den ungedeckten Anteil von rund 70 auf 27 Millionen Reichsmark verringern sollten.[261] Die erste Sitzung des 21. Untersuchungsausschusses fand am 28. Oktober 1929 statt. Von städtischer Seite wurde das parlamentarische Gremium dazu genutzt, um noch einmal auf die Benachteiligung der Hauptstadt bei den Steuerzuweisungen, namentlich der Einkommen- und Körperschaftsteuer, aber auch der Umsatz-, (Reichs-)Kraftfahrzeugs- und Gewerbesteuer hinzuweisen.[262] Benachteiligungen ergaben sich auch bei den Polizeikosten, deren Bemessungsgrundlage nach dem Polizeikostengesetz von 1929 mit der Reichseinkommens- und Körperschaftsteuer verbunden war.[263] Als Quelle unerwarteter Kosten wurde die Bautätigkeit des Reiches genannt.[264] Zu den besonders behandelten Bereichen gehörten die Verkehrsinvestitionen, deren Verschränkung mit staatlichen Notstandsmaßnahmen Kämmerer Dr. Lange darlegte.[265] Der enge finanzielle Rahmen der kommunalen Finanzverwaltung hatte in der Zeit des Kämmerers Dr. Lange zu einem unübersichtlichen System von Überbrückungs- und kurzfristigen Kassenkrediten geführt. Die innere Verschuldung war

---

260 Der Ministerialrat im Innenministerium, Zintzsch, konnte seinem Vorgesetzten Dr. von Leyden am 28. Dezember 1929 mitteilen, *daß die Unterstützungsrichtsätze in Berlin keineswegs die höchsten in Preußen sind* [...], *daß über diese Richtsätze hinaus nur in wenigen Fällen Barzahlungen erfolgt sind* (Anlagen mit Unterstützungsrichtsätzen in der Akte, GStA PK, I. HA, Rep. 77 Ministerium des Innern, Tit. 441, Nr. 32, Bd. 9, Bl. 531.

261 Der Oberpräsident bezifferte am 30. Dezember 1929 gegenüber dem Magistrat den durch *unzureichende Mittel für die laufende Haushaltsführung* entstandenen Fehlbetrag auf etwa 58 Millionen Reichsmark, GStA PK, I. HA, Rep. 77 Ministerium des Innern, Tit. 441, Nr. 32, Bd. 9, Bl. 528; dazu Lange, Groß-Berliner Tagebuch [wie Anm. 44], S. 132.

262 Sklarek-Untersuchungssausschuß [wie Anm. 228], Sp. 1790–1795.

263 Die Polizeikosten waren von 1924 bis 1928 von 6,57 auf 20,37 Millionen Reichsmark gestiegen, ebd., S. 1794.

264 *Berlin ist dauernd gezwungen, an den verschiedensten Stellen die verschiedensten Sachen zu bauen. Ich darf darauf hinweisen, daß wir ja selbstverständlich in Rechtsbeziehungen zum Reich, zum Staat und auch zu Privaten stehen und daß wir, wenn z. B. das Reich an einer Stelle baut, unter Umständen gezwungen sind, ebenfalls dort Bauten vorzunehmen. Lassen Sie mich an die großen Bauten an der Jannowitzbrücke erinnern. Tiefbaumaßnahmen an der Tempelhofer Straße (Eisenbahn Wannsee, Magdeburg), Tunnel unter Spree müssen fertiggestellt werden.* Sklarek-Untersuchungsausschuss [wie Anm. 228], Sp. 1803.

265 Ebd., Sp. 1884, zum Thema auch die Befragung des Stadtrates Ernst Reuter vom 10. Februar 1930, ebd., Sp. 1915–1929, siehe dazu Anm. 634.

kaum zu entwirren. Eine geordnete Haushaltspolitik war weiterhin nur unter Schwierigkeiten möglich. Die Haushaltsvoranschläge und der rechnungsmäßige Bedarf gingen weiterhin auseinander. Waren es zuvor die Ausgaben für die Werke, die nicht abzuschätzen waren, so wurden seit 1929 die Aufwendungen für die Wohlfahrtserwerbslosen, an denen sich der Staat erst von 1931 an und auch dann mit nicht ausreichenden Zahlungen beteiligte, zum kaum voraussehbaren Haushaltsrisiko.

Tab. 17: Entwicklung der Haushaltswirtschaft der Stadt Berlin 1928–1933 (in Millionen Reichsmark).

Jahr	Einnahmen/ Voranschlag	Einnahmen/ Rechnung	Ausgaben/ Voranschlag	Ausgaben/ Rechnung
1928	897,8	939,6	897,8	964,7
1929	975,9	1.023,5	975,9	1.053,1
1930	1.115,7	1.097,9	1.115,7	1.161,4
1931	1.072,7	1.089,5	1.139,9	1.121,2
1932	922,7	895,3	990,0	987,5
1933	818,3	876,8	958,4	942,0

Quelle: Verwaltungsbericht der Hauptfinanzverwaltung [wie Anm. 242], S. 22 f.

Tab. 18: Aufwendungen für Wohlfahrterwerbslose der Stadt Berlin 1928–1933 (in Millionen Reichsmark).

Jahr	Aufwendungen insgesamt	davon aus Reichswohlfahrtshilfe
1928	21,5	–
1929	40,7	–
1930	90,7	–
1931	161,5	28,4
1932	220,3	77,3
1933	195,5	68,1

Quelle: Verwaltungsbericht der Hauptfinanzverwaltung [wie Anm. 242], S. 22 f.

Angesichts dieser Situation konnte von einer finanziellen Bevorzugung der Hauptstadt durch den preußischen Staat keine Rede sein. Als die zur Deckung wachsender Kommunalschulden vom Berliner Magistrat eingebrachte Einführung einer Bürger- und Kommunalsteuer in der politisch polarisierten Stadtverordnetenversammlung keine Mehrheit fand, glaubte der Oberpräsident als Aufsichtsorgan in die Finanzhoheit der

Hauptstadt – wie es in vielen anderen preußischen Städten bereits geschehen war[266] – abermals eingreifen zu müssen. Er ordnete im Herbst 1930 die Einsetzung eines Staatskommissars an und begründete dies wie folgt: *Der Haushalt der Stadt Berlin ergibt für das Rechnungsjahr 1930 einen Fehlbetrag von mindestens 90 Millionen RM. Dieser Fehlbetrag erhält seine volle Bedeutung erst durch Betrachtung der Haushaltslage 1931. Für das Haushaltsjahr 1931 wird, wenn die Verhältnisse des Jahres 1930 dieselben bleiben und die Haushaltssätze, wie sie im Haushaltsplan 1930 und in dem Entwurf des Nachtragshaushalts des Magistrats von 1930 enthalten sind, beibehalten werden, ein weiterer Fehlbetrag von rund 129,4 Millionen RM entstehen.*

Zur Deckung des Fehlbetrages 1930 durch ordentliche Einnahmen haben die städtischen Körperschaften bisher nur die erhöhte Biersteuer gemäß § 2, II. Abschnitt der Verordnung vom 26. Juli 1930 [RGBl. I, S. 311 f.] *beschlossen. Die erhöhte Biersteuer wird voraussichtlich eine Mehreinnahme für 4 Monate des Jahres 1930 von etwa 3,2 Millionen RM und für 1931 einen Mehrertrag von etwa 9,6 Millionen RM ergeben. Diese Mehreinnahmen reichen bei weitem nicht aus, um die Fehlbeträge 1930 und 1931 auf ein einigermaßen erträgliches Maß zu senken. Die Haushaltsführung Berlins würde vielmehr in den Jahren 1930 und 1931 ordnungsmäßig überhaupt nicht stattfinden können, wenn nicht erhöhte ordentliche Einnahmen bereitgestellt werden und mit schärfster Ausgabendrosselung Hand in Hand gehen. Aber selbst bei größter Sparsamkeit ist ein Haushaltsausgleich für 1930 und 1931 auf der Grundlage der beschlossenen Einnahmen nicht zu erreichen. Die Möglichkeiten, für die Stadt Überbrückungskredite zu erhalten, sind nur begrenzt. Sie setzen überdies das Vertrauen in die Kreditfähigkeit und Kreditwürdigkeit der Stadt Berlin voraus. Dies verlangt unbedingt eine geordnete Haushaltsführung durch Bereitstellung ordentlicher Einnahmen, die wenigstens einen größeren Teil des notwendigen Bedarfs des ordentlichen Haushalts decken. Zu beachten ist, daß der Geldmarkt sowohl für kurzfristiges wie auch für langfristiges Geld versteift ist und nur in bescheidenem Umfange, namentlich für Überbrückungskredite, zur Verfügung steht und dies auch nur mit kurz-, höchstens mittelfristigen Rückzahlungsterminen. Defizitanleihen für den Fehlbetrag des Jahres 1930 würden überdies ihrem Charakter nach aufsichtlich auch nur kurz- oder mittelfristig zugelassen werden können, so daß deren Abdeckung wenigstens mit einem Teile durch den Haushalt 1931 sicherzustellen wäre, wodurch aber der Haushalt 1931 neben dem eigenen Mehrbedarf ohne entsprechende Erhöhung der laufenden Einnahmen in nicht erträglicher Weise weiterbelastet werden müßte.*

---

266 Bis Anfang 1931 wurden in circa 550 Städten in Preußen Staatskommissare bestellt. Die – umstrittene – Grundlage für deren Einsetzung bot das Allgemeine Landrecht für preußische Staaten von 1794, dazu Wolfgang Haus, Chance, Krise und Sturz der Demokratie im Berlin der Weimarer Republik, in: Otto Büsch/Wolfgang Haus, Berlin als Hauptstadt der Weimarer Republik 1919–1933 (Veröffentlichungen der Historischen Kommission zu Berlin, Bd. 70/1/Berliner Demokratie, Bd. 1), Berlin/New York 1987, S. 157–264, hier S. 227; zum Problem der Staatskommissare siehe auch ders., Staatskommissare und Selbstverwaltung 1930–1933. Fragwürdige Überlieferung zum ‚Versagen' der demokratischen Kommunalverwaltungen, in: Der Städtetag 3 (1956), S. 90–97.

Daraufhin ging der Oberpräsident auf die Gründe der gegenwärtigen Notlage ein: *Hinter der Schwierigkeit der laufenden Haushaltsführung und der Beschaffung kurzfristiger Überbrückungskredite stehen die ungewöhnlich hohen Beträge der in erster Linie für den Ausbau des Schnellbahnnetzes allergrößtenteils ohne staatsaufsichtliche Genehmigung eingegangenen kurzfristigen Verschuldung der Stadt Berlin mit 571,74 Millionen RM, deren zweckmäßige Behandlung durch Prolongationen oder Abstoßungskredite aufs äußerste erschwert oder gar unmöglich gemacht wird, wenn nicht eine feste Ordnung in die laufende Haushaltsführung gebracht wird. Die Stadtverordnetenversammlung hat die rechtzeitige Ordnung der Haushaltswirtschaft trotz der Vorlage des Magistrats durch Verwerfung der Dringlichkeit und durch Vertagung der Beschlussfassung gefährdet. Die vom Magistrat vorgeschlagene Einführung neuer laufender Einnahmen begegnet insofern offensichtlichen Bedenken, als eine Erhöhung der Gewerbesteuer für Berlin zur Zeit nicht als erträglich angesehen werden kann. Andererseits läßt sich eine Erhebung der Bürger- und der manchen Bedenken unterliegenden Schankverzehrsteuer ebensowenig umgehen, wie die Erhöhung der Grundvermögenssteuer für das Jahr 1931. Die Erhöhung soll indes den Betrag der gegenwärtig tatsächlich erhobenen Grundvermögenssteuer nicht übersteigen, so daß eine weitere Erhöhung der Mieten über den gegenwärtigen Stand nicht stattzufinden braucht. Im Hinblick auf die Gefahren des Verzuges für die Ordnung im städtischen Haushalt und in der Kasse der Stadt Berlin mußte sich deshalb die Aufsichtsbehörde zum Eingreifen entschließen* […]. *Auf Grund des § 191 II 6 ALR in Verbindung mit § 7 ZustG. und § 42 LVG bestelle ich* […] *Staatskommissare mit dem Auftrage zur Verbesserung der Haushalts- und Kassenlage im Haushaltsjahr 1930 über 1. die Erhebung der Bürgersteuer nach der Verordnung vom 26. Juli 1930 a. a. O. in Berlin für das Haushaltsjahr 1930 in der Höhe des Landessatzes 2. die Einführung der Gemeindegetränkesteuer nach der Musterordnung (vgl. MinBliV 1930 Nr. 34) mit einem Satz von 10 % mit Wirkung vom 1. Dezember 1930 zu beschließen. 3. Da der Haushalt 1930 und 1931 nicht zu trennen sind und gegenüber dem bevorstehenden sogenannten Plafondgesetz eine Sicherung der Einnahmen aus der Grundvermögensteuer in Höhe eines Zuschlages von 312 ½ % für 1931 nach der schon jetzt übersehbaren Haushaltslage zu den staatlichen Grundbeträgen nötig ist, werden die Kommissare gleichzeitig bestellt zur sofortigen Beschlußfassung über den Steuerverteilungsbeschluß für das Rechnungsjahr 1931 und zur Beschlussfassung über die Erhebung der Bürgersteuer auch für das Haushaltsjahr 1931 nach dem Landessatze.*

In Übereinstimmung mit der Vorlage des Magistrats über den Nachtragshaushalt 1930 werden durch Ausgabenminderung einschl. der durchlaufenden Beträge 14,5 Millionen RM für den Rest des Rechnungsjahres 1930 einzusparen sein.

Weitere Verfügungen über Ersparnisse für den Rest 1930 und des Haushaltsjahres 1931, insbesondere über die Streichung oder die Verringerung der Ausgaben für gewisse

Einrichtungen und eine Herabsetzung der sogenannten Einheitssätze für die in allen Bezirken wiederkehrenden Ausgaben behalte ich mir noch vor [...].[267]

Damit hatte die Staatsaufsicht aktiv in das städtische Haushaltsrecht eingegriffen. Die Stadtverwaltung musste dem folgen. Am 15. Oktober 1930 beschloss der Magistrat die bis dahin umstrittene Erhöhung der Biersteuer, die Einführung einer Gemeindegetränkesteuer und die nach Einkommen gestaffelte Bürgersteuer. Mit den drei Steuern sollten zusätzlich 20 Millionen Reichsmark (durch die Bier- und Getränkesteuer je vier, durch die Bürgersteuer zwölf Millionen Reichsmark) in das Stadtsäckel fließen.[268] Damit hatte sich die Arbeit der beiden Staatskommissare erledigt. Mit der Erfüllung der Auflagen der Staatsaufsicht eröffnete sich zugleich die Möglichkeit einer erneuten Kreditaufnahme,[269] die – wie unten gezeigt wird – zum Verlust des wertvollsten Besitzes der Stadt, der BEWAG, führte. Im Erlass vom 27. November 1930 hatte der Oberpräsident den U-Bahnbau als Grund für die schlechte Finanzsituation der Hauptstadt besonders hervorgehoben. Die dadurch entstandene Verschuldung hatte letztlich das aktive Eingreifen in die Finanzverhältnisse der Hauptstadt ermöglicht. Doch hatte die hohe Verschuldung noch andere Ursachen. Wie im Reichsfinanzausgleich gehörte die steuerkräftige Metropole auch im preußischen Finanzausgleich zu den gebenden, nicht zu den nehmenden Gebieten. Die wiederholten Abänderungen des aufgrund des Reichsfinanzausgleichsgesetzes vom 23. Juni 1923 erlassenen Preußischen Ausführungsgesetzes vom 30. Oktober 1923 wirkten sich daher ungünstig auf die Stadt aus. Namhafte Summen flossen im Wege des interkommunalen Lastenausgleichs anderen Gemeinden zu. Die Verringerung der Einnahmen aus Reichssteueranteilen war dabei besonders groß. Von städtischer Seite stellte sich dies folgendermaßen dar: Bereits durch die am 11. November 1923 erfolgte Einfügung eines Paragrafen 9a in das Ausführungsgesetz, durch den die Minister des Innern und der Finanzen die Anteile der Gemeinden erhöhen durften, wenn sie hinter den Gemeindeeinkommensteuersoll von 1911 erheblich zurückgeblieben waren, bezifferte die Stadt Berlin die Mindereinnahmen, zum Beispiel aus der Reichseinkommensteuer in Höhe von 3.380.000 und aus der Körperschaftsteuer von 415.000 Reichsmark. Weitere Kürzungen wurden 1925 und 1926 (durch Erhöhung der Rechnungsanteile zugunsten sogenannter notleidender Gemeinden) vorgenommen. Dies bedeutete für Berlin gegenüber 1924 Verluste an den kommunalen Anteilen der Reichseinkommensteuer in Höhe von 17.736.000 und der Körperschaftsteuer in Höhe von 1.744.000 Reichsmark. Die 1926 eingeführten Kürzun-

267 LAB, A Rep. 001-02 Magistrat von Berlin – Generalbüro, Nr. 2757: Ausschaltung der Gemeinde durch den Staat und Eingriffe des Staates in die Selbstverwaltung (1925–33), Bl. 63, Erlass des Oberpräsidenten Maier vom 27. November 1930, Städtischer Nachrichtendienst von 28. November 1930. Zur Sache auch Verwaltungsbericht der Hauptfinanzverwaltung [wie Anm. 242], S. 10.

268 Zu den Erwartungen an die neuen Steuern: Berliner Börsen-Courier vom 15. Oktober 1930, in: GStA PK, I. HA, Rep. 109 Preußische Seehandlung, Nr. 1130 Inlandsanleihen, Kreise und Provinzen 1. März 1929–31. Dezember 1930, unfol.

269 Kredit für Berlin in Aussicht: Berliner Börsen-Courier vom 29. November 1930, in: GStA PK, I. HA, Rep. 109 Preußische Seehandlung, Nr. 1130.

gen der Überweisungen brachten weitere Mindereinnahmen, 35.642.000 Reichsmark allein aus der Reichseinkommensteuer und 3.729.000 aus der Körperschaftsteuer. So berechnete die Hauptstadt Mindereinnahmen gegenüber 1924 in Gesamthöhe von 167,530 Millionen Reichsmark. Das örtliche Aufkommen der Reichseinkommensteuer betrug 1924 303,8 Millionen Reichsmark. In Berlin verblieben davon 27,84 Prozent, das waren 84,58 Millionen.1927 waren es 453 Millionen Reichsmark, von denen der Stadt nur 16,79 Prozent (76 Millionen) zugebilligt wurden. Berlin konnte dabei nicht auf die Solidarität anderer Kommunen oder des Preußischen und Deutschen Städtetages hoffen, da der Hauptstadtanteil unter den anderen Kommunen verteilt wurde.

Eine ähnliche Entwicklung zeigte die Körperschaftsteuer. 1924 betrug der Berliner Anteil 24 Millionen Reichsmark (25,1 Prozent), im Jahr 1928 nur 21 Millionen (15,74 Prozent). Die Minderungen bei den Zuweisungen der Umsatzsteuer 1925–1929 waren ebenfalls beachtlich. Beim Preußischen Ausführungsgesetz zum Finanzausgleichsgesetz wurde bei der Verteilung des Gemeindeanteils an der Umsatzsteuer nach Bevölkerungszahl je nach Größe ein 1,275facher Faktor eingesetzt. Für Städte über 500.000 Einwohner galt von 1925 bis 1927 der dreifache Faktor, der dann auf das Zweieinhalbfache herabgesetzt wurde. Dies ergab für Berlin pro Jahr weitere Mindereinnahmen von 4,8 Millionen Reichsmark. Bei der Umsatzsteuer waren die Gemeindeanteile von 60 auf 55 Prozent herabgesetzt worden, was für Berlin eine Einbuße von zehn Millionen Reichsmark jährlich und für den Zeitraum 1925–1929 über 30 Millionen Reichsmark bedeutete. Hinsichtlich der (Reichs-)Kraftfahrzeugsteuer hatte Berlin den Status einer preußischen Provinz, was bedeutete, dass die Berechnung des Anteils je zur Hälfte nach Gebietsumfang und Straßenstrecken erfolgte. Dies benachteiligte die Stadt doppelt, da nur Verbindungsstraßen mit den ehemaligen Vororten gezählt wurden, nicht aber Innenstadtstraßen (ingesamt zehn Prozent). Bei einem Reichsaufkommen der Steuer im Jahr 1926 von insgesamt 105 Millionen Reichsmark lag der Anteil, der in der Hauptstadt einkam, bei 12,9 Millionen, doch sollten davon in der Stadt lediglich 2,2 Millionen ausgegeben werden.

In gleicher Weise gehörte Berlin bei der Hauszinssteuer, mit der der Wohnungsbau reichsweit finanziert wurde, zu den größten Zahlern.[270] Doch wurden die für Berlin bestimmten Summen in den Jahren 1926–1929 um insgesamt 133 Millionen Reichsmark gekürzt. Vom Berliner Aufkommen wurden in diesem Zeitraum insgesamt 263 Millionen Reichsmark zugunsten der Bauten in fremden Gemeinden abgeführt. Davon erhielt Berlin lediglich eineinhalb Millionen mit der ausdrücklichen Auflage der Verwendung für Bauten für Staatsbeamte zurück. Den Gesamtbetrag der Verände-

270 Vom ‚Unrecht in der Hauszinssteuer' war Frankfurt am Main im Reich ebenso wie Berlin betroffen. Frankfurt, das mit 78,62 Reichsmark den höchsten Kopfbetrag für die Steuer entrichtete, erhielt davon nur die knappe Hälfte zurück: Frankfurter Zeitung vom 21. April 1928, in: GStA PK, I. HA, Rep. 109 Preußische Seehandlung, Nr. 1130, siehe dazu auch Dieter Rebentisch, Frankfurt am Main in der Weimarer Republik, in: Frankfurter Historische Kommission (Hrsg.), Frankfurt am Main. Die Geschichte der Stadt in neun Beiträgen, Sigmaringen 1991, S. 423–519, hier S. 455.

rungen des Finanzausgleichs zuungunsten Berlins seit 1924 bezifferte Bürgermeister Scholtz auf stattliche 350.700.000 Reichsmark.[271]

Bei den preußischen Ausführungsbestimmungen für das Finanzausgleichsgesetz von 1923 waren die Grundsätze einer ‚relativen Garantie' festgelegt worden. Diejenigen Gemeinden, die durch den Krieg und seine Folgen in ihrer Steuersubstanz besonders viel verloren hatten, erhielten so einen Anspruch auf einen Verlustausgleich, den jene Gemeinden zahlen mussten, die den durchschnittlichen Kommunalanteil an der Einkommen- und Körperschaftsteuer aus der Vorkriegszeit halten beziehungsweise vergrößern konnten. Zu diesen Städten gehörte die Reichshauptstadt. Doch die besondere Konkurrenzsituation im Berliner Raum hatte zu einer besonders niedrigen Belastung der Hauptstadtbewohner mit Kommunalsteuern geführt, die nun zum Nachteil wurde. 1925 wurden die Bestimmungen des Finanzausgleichs novelliert, freilich nicht zugunsten der Nettozahler.[272] Die Stadt Berlin gehörte in der Weimarer Republik zu den großen Nettozahlern im innerpreußischen Finanzausgleich. Bürgermeister Scholz hatte vor dem Untersuchungsausschuss des Preußischen Landtags für die Jahre 1924–1929 die Mindereinnahmen Berlins an Einkommen- und Körperschaftsteuern zugunsten anderer Städte und Gemeinden in Preußen auf 167,530 Millionen Reichsmark beziffert. Hinzu kamen noch Minderüberweisungen aus anderen Steuern wie der Umsatz- und Kraftfahrzeugsteuer.[273] 1927 empfahl die preußische Staatsregierung, die Berechnungsgrundlage für den Finanzausgleich abermals zu verändern und als Grundlage einen Einheitssatz von 25 Pfennig anzusetzen. Dies hätte eine Reduktion des dem interkommunalen Finanzausgleich zufließenden Anteils der Hauptstadt auf maximal 15 Prozent bedeutet. Der Widerstand gegen diese Berlin entlastende Novelle war bei den gesetzgebenden Körperschaften Preußens stark. Man einigte sich schließlich auf 22 Pfennig. Für Berlin, das auf eine gewisse Solidarität gehofft hatte,[274] war dies ein schwerer Schlag.[275] In Berlin hatte man Material zu dieser Frage gesammelt.[276] Die Stadt machte geltend, dass neben Berlin, das mit 86,9 Millionen Reichsmark Kommunalsteuern zum innerpreußischen Ausgleich beitrug, nur wenige andere Städte ebenfalls mit dem Gemeindeanteil ihres örtlichen Steueraufkommens zum Finanzausgleich herangezogen würden. Hannover musste 2,2, Köln 1,31, Düsseldorf 0,96, Stet-

271 Sklarek-Untersuchungsausschuss [wie Anm. 228], Befragung Scholtz, Sp. 1793.

272 Vgl. dazu Engeli, Gustav Böß [wie Anm 216], S. 177–187.

273 Sklarek-Untersuchungsausschuss [wie Anm. 228], Sitzung vom 9. Februar 1930, Sp. 1791.

274 Die Vossische Zeitung vom 23. März 1928 stellte unter der Überschrift *Preußen tut nichts für Berlin* fest, dass die Staatsregierung *bei der Regelung des Finanzausgleichs für Berlin nicht den kleinsten Finger gerührt* habe und der Landtag desgleichen. Für die Belange der Hauptstadt interessierten sich nur die *Kommunisten, Sozialdemokraten und Demokraten. Kein Deutschnationaler, kein Wirtschaftsparteiler, kein Zentrumsmann, kein Volksparteiler hat für Berlin seine Hand erhoben*, in: GStA PK, I. HA, Rep. 109 Preußische Seehandlung, Nr. 1212 Zeitungsausschnitte, Die preußischen Staatsfinanzen 1. März 1928 bis 31. Dezember 1933.

275 Engeli, Gustav Böß [wie Anm. 216], S. 182.

276 LAB, A Rep. 005-03-02 Hauptfinanzverwaltung, Nr. 31.

tin 0,38, Liegnitz 0,10 und Frankfurt am Main 0,04 Millionen Reichsmark als Geber beitragen. Die Abgabenhöhe für Berlin lag damit 21-mal so hoch wie für Köln und 688-mal so hoch wie für Frankfurt am Main. Alle anderen preußischen Städte waren von einer derartigen Verpflichtung frei oder erhielten Geld aus dem Ausgleich. Eine Schlechterstellung der Stadt – so rechnete Berlin vor – gab es auch in weiteren Steuerarten.[277] In einer Denkschrift[278] hatte die Stadt Berlin 1927 ihre Schlechterstellung öffentlich gemacht und zumindest die Gleichbehandlung mit anderen Städten gefordert. Allein der Betrag, der Berlin in den Jahren zwischen 1924 und 1927 im Wege des preußischen Finanzausgleichs zugunsten anderer Gemeinden entzogen wurde, wird auf rund 181 Millionen Reichsmark beziffert. Dieser Betrag setzte sich nach der Berechnung des Magistrats wie folgt zusammen:

Tab. 19: Durch den preußischen Finanzausgleich der Stadt Berlin entzogene Beträge (in Millionen Reichsmark).

Steuerart	**1924**	**1925**	**1926**	**1927**	**1924–1927**
Reichseinkommensteuer	3,380	17,736	35,702	25,861	82,679
Körperschaftsteuer	6,445	1,744	5,089	2,962	10,210
Umsatzsteuer	–	1,247	4,879	4,804	10,930
Hauszinssteueranteil für allgemeine Finanzzwecke	–	24,500	25,500	27,400	76,900
Summe	3,795	45,227	70,670	61,027	180,719

Quelle: Denkschrift der Stadt Berlin zum Preußischen Finanzausgleich [wie Anm. 279], S. 1.

Aufgrund der gesetzlich angeordneten zweistufigen Stadtverwaltung waren aber in Berlin höhere Verwaltungskosten angefallen. Steuererhöhungen, etwa der Gewerbesteuer, schienen für das Berliner Gewerbe *nicht tragbar*, da das Berliner Lohnniveau wie auch die Lebenshaltungskosten im Vergleich zu anderen Städten hoch waren.[279] Außerdem argumentierte die Stadt, dass sie durch ihre Lage außerhalb der Industrieregionen dem Wettbewerbsnachteil der höheren Frachttarife ausgesetzt wäre, die es nicht erlauben würden, den in Rheinland-Westfalen üblichen Gewerbesteuersatz zu

277 Ebd., Ms. *Warum kann sich die Stadt Berlin mit der jetzigen Regelung des preußischen Finanzausgleichs nicht zufrieden geben?*

278 Magistrat von Berlin (Hrsg.), Denkschrift der Stadt Berlin zum Preußischen Finanzausgleich, Berlin 1928. Die Argumentation der Denkschrift wurde von Bürgermeister Scholtz im Sklarek-Untersuchungsausschuss [wie Anm. 228], Sp. 1786–1809, hier Sp. 1789 aufgenommen.

279 Dazu Denkschrift der Stadt Berlin zum Preußischen Finanzausgleich (wie Anm. 278) und Bürgermeister Scholtz. Auch die im Vergleich höheren Krankenhauskosten in Berlin wurden mit dem insgesamt hohen Lohn- und Lebenshaltungsniveau erklärt, ebd., S. 14.

erheben.[280] Der Stadt blieb nur die Möglichkeit, einen Sparkurs einzuschlagen, der angesichts der Konjunkturentwicklung mit Risiken behaftet war.[281] Die unbefriedigende finanzielle Lage Berlins, die zuvor in der preußischen Zentralverwaltung und in der Reichsverwaltung wenig thematisiert worden war, hatte durch die Diskussion über die Novelle des preußischen Finanzausgleichsgesetzes von 1927 weiter an Aktualität gewonnen. In diesen Zusammenhang gehört der Vorstoß des Staatssekretärs im preußischen Innenministerium, Wilhelm Abegg, der mit Wissen von Minister Severing am 27. April 1928 den zuständigen Ministerialdirektor und Leiter der Kommunalabteilung im Innenministerium, Dr. Viktor von Leyden, mit folgenden Überlegungen bekannt machte: *Bei den verschiedensten Gelegenheiten fällt mir auf, daß der Stadt Berlin ungeachtet der besonderen Bedeutung, die sie allgemein wirtschaftlich wie auch besonders finanziell hat, bei jeder Einzelfrage die größten Schwierigkeiten erwachsen, ohne daß es gelingt, sie zu beheben; sie tritt vielmehr fast durchweg hinter anderen Städten zurück, die sich bei aller hervorragenden Stellung an Bedeutung nicht mit ihr messen können, wie zum Beispiel Köln, Frankfurt a. M., Düsseldorf usw. Dies liegt meines Erachtens an zahlreichen Gründen, die sich gar nicht erschöpfend aufführen lassen; ich erwähne nur beispielsweise: das Reich denkt, Preußen sei zuständig, Preußen: das Reich möge seiner Hauptstadt beistehen. Beide: Berlin werde sich bei seiner Kapitalkraft schon selber helfen. Die Folge dieses Zustandes ist eine tiefgehende Verstimmung der Stadt Berlin, die sich bei den verschiedensten Stellen und Gelegenheiten zeigt. Demgegenüber besteht jedoch meines Erachtens das dringendste Interesse, ja eine unbedingte Pflicht, daß Berlin in jeder Hinsicht gefördert wird; das Ansehen Deutschlands bei den Ausländern hängt zum großen Teil von Berlin ab, da diese Stadt vielfach das Einzige ist, was die Fremden von Deutschland, seiner Verfassung, Verwaltung und seinem ganzen Zustand kennen lernen.*[282] Für den Staat müssten, so Abegg, aus der Doppelstruktur der Hauptstadt folgende Schlüsse gezogen werden: *Preußen hat, abgesehen von seiner ausschließlichen Zuständigkeit, das dringendste Interesse daran, für Berlin in jeder nur erdenklichen Hinsicht zu sorgen – sowohl wegen seiner Bedeutung und Bedürfnisse als auch schon deshalb, um diese Stadt eng und unlöslich mit dem Staat zu verbinden, solange er im Reiche besteht, und zu verhindern, daß Berlin sich in dem Gefühl, die Reichshauptstadt zu sein, mehr und mehr von Preußen löst und zum Reiche hinstrebt.* Hier aber stünden Kompetenzprobleme im Wege: *Gerade in dieser Hinsicht aber erwachsen meines Erachtens besondere Schwierigkeiten aus der Tatsache, daß in nahezu sämtlichen in Betracht kommenden Fragen mehrere Ministerien zuständig sind* […], *das heißt bei jeder auftauchen-*

---

280 Von der Stadt wurde (wie Anm. 278, Sp. 1793 f.) argumentiert, dass – anders als im Rheinland und Westfalen, wo die Gewerbesteuer von wenigen Zahlern getragen wurde – aufgrund der mittelständischen Struktur der Berliner Wirtschaft hier eine breite Belastung entstünde.

281 Die Vossische Zeitung vom 23. März 1928 bemerkte dazu: *Kommt eine neue Krise, wächst die Arbeitslosenziffer, entwickelt sich die Konjunktur rückwärts, so ist Berlin am Ende seiner Kraft*, in: GStA PK, I. HA, Rep. 109 Preußische Seehandlung, Nr. 1212.

282 GStA PK, I. HA, Rep. 77 Ministerium des Innern, Tit. 441, Nr. 32, Bd. 9, Bl. 123: Staatssekretär Abegg an Ministerialdirektor Dr. von Leyden (abgezeichnet durch Minister Severing) vom 27. April 1928.

den Frage neue Persönlichkeiten, die mithin über die Gesamtsachlage ebenso wenig unterrichtet sind. Einen Ausgleich für diese Schwierigkeiten hat Berlin um so weniger, als nicht einmal der Städtetag für die Hauptstadt sorgt, wo ihre Interessen sich von denen der anderen großen Städte unterscheiden; vielmehr ist für seine Haltung die größere Zahl der hilfsbedürftigen Gemeinden ausschlaggebend. Um schließlich noch eines anzuführen, habe ich die Empfindung, als wenn sich daraus, daß der Oberpräsident gleichzeitig für die Provinz Brandenburg und für Berlin zuständig ist, doch vielfach die Folge ergibt, daß die Berliner Interessen durch die konkurrierenden Belange der zur Provinz Brandenburg gehörigen Gemeinden und Gemeindeverbände stark beeinträchtigt werden [...]. Zu den daraus abzuleitenden Forderungen gehörte nach Meinung des Staatssekretärs eine Prüfung, *ob unter dem Gesichtspunkt eines billigen Lastenausgleichs die gegenwärtige finanzielle Regelung hinsichtlich der Steuerüberweisungen, Hauszins- und Kraftfahrzeugsteuer eine sachlich ungerechtfertigte Benachteiligung der Stadt Berlin bedeutet*. Gegen die Kompetenzzersplitterung machte er den Vorschlag, einen *General-Referenten für die Stadt Berlin* als Koordinator einzuführen. Der mit der Prüfung des Vorschlags beauftragte Ministerialdirektor Leyden, der als Fachmann für Fragen des kommunalen Wahlrechts,[283] für Finanz- und Lastenausgleich,[284] aber auch für die preußische Verwaltungsreform[285] galt, vermochte nicht einmal das Problem als solches zu erkennen und verneinte rundweg eine Benachteiligung der Hauptstadt.[286] Der Finanzexperte für den Lastenausgleich sah zu diesem Zeitpunkt nur die vorhandene Stärke Berlins, die sich auch in Zeiten wirtschaftlicher Not erwiesen hatte. Insbesondere bewertete er die Kreditfähigkeit Berlins positiv.[287] Zur Klage Berlins, die sich *in einem Hauptpunkt auf eine nicht genügende Berücksichtigung des örtlichen Aufkommens bei der Steuerverteilung* richtet, bemerkte er, dass man im Ministerium, soweit es sich dabei um den Schlüssel für die Überweisungssteuern handelt, gerade bei dem letzten Finanzausgleichsgesetz *fast ausschließlich* zugunsten Berlins für eine stärkere Lockerung der sogenannten *relativen Garantie* eingetreten sei, da auch im Ministeri-

283 Zum Beispiel: Viktor von Leyden, Das preußische Gemeindewahlrecht seit der Staatsumwälzung, Berlin 1925; ders., Das Wahlgesetz für die Provinziallandtage und Kreistage, Berlin 1926.

284 Ders., Probleme und Möglichkeiten eines preußischen Finanzausgleichs [Vortrag, gedruckt], Berlin 1930; ders., Der künftige Finanz- und Lastenausgleich [Vortrag auf einer Sitzung des Reichsstädtebundes vom 17. Juni 1930, gedruckt], Berlin 1930.

285 Ders., Preußische Verwaltungsreform (Schriften des Vereins für Kommunalwirtschaft und Kommunalpolitik, Nr. 34), Berlin 1929.

286 Leyden antwortete: *Aus meiner amtlichen Erfahrung kann ich eigentlich nicht bestätigen, daß Berlin an und für sich schlecht behandelt wird. Von der Kommunalabteilung ist jedenfalls bei allen Anlässen immer wieder darauf hingewiesen worden, daß Berlin als Reichs- und Landeshauptstadt und insbesondere als Stadt der Zentralbehörden ganz besondere Aufgaben hat, die sie stark belasten*, in: GStA PK, I. HA, Rep. 77 Ministerium des Innern, Tit. 441, Nr. 32, Bd. 9, Bl. 139 f., Schreiben vom 7. Juli 1928.

287 *Auf der anderen Seite darf aber nicht verkannt werden, dass eine Stadt von der Größe Berlins ganz andere Möglichkeiten, auch finanzieller Art hat, als alle anderen Städte, sowohl hinsichtlich des Kredites wie insbesondere auch hinsichtlich der Möglichkeit einer Elastizität auch in Zeiten, die andere Städte in große Bedrängnis bringen.*, ebd.

um die Meinung herrsche, dass die Vorausbelastung Berlins dadurch unverhältnismäßig sei. Aber er sah *in Rücksicht auf andere Gemeinden* seine Behörde nicht in der Lage, diesen Antrag zu fördern. Ebenso habe die Stadt Berlin einen Antrag zur Änderung des Kraftfahrzeugsteuer- und Dotationsverteilungsschlüssel gestellt. Der Städtetag hat sich erst nach schwierigen Verhandlungen mit Berlin auf den Ministerialstandpunkt gestellt. Grundsätzlich bemerkt Leyden, dass *in der heutigen Zeit, wo der Lastenausgleich auf allen Gebieten eine Forderung des Tages ist,* es keinen Anspruch einer einzelnen Gemeinde auf restlose Beibehaltung ihres örtlichen Aufkommens gäbe. Das gelte besonders für die Hauszinssteuer. Als *Einzelfall* stufte er ein, dass Berlin bei der Verteilung von Reichsbeihilfen für Unterstützung des Ausstellungswesens unberücksichtigt geblieben sei.[288] Hinsichtlich der Kreditfrage hob er – einigermaßen überraschend – hervor, dass Berlin besonders *gut behandelt* worden sei: nicht nur von der Kommunalabteilung des Ministeriums des Innern, die die Stadt durch die Möglichkeit des unmittelbaren Verkehrs mit Berlin wiederholt, insbesondere bei der Schweizer Anleihe für die Elektrizitätswerke, *sehr stark und sehr schnell* hat unterstützen können, sondern auch von der Beratungsstelle für Auslandskredite. Eine Änderung der Kommunalaufsicht hielt er deshalb für unnötig, da bereits die Vereinigung des Amtes des Oberpräsidenten von Berlin und von Brandenburg *außerordentlich günstig* sei, *obwohl Berlin nicht immer seinen Informationspflichten nachkomme.*[289] Außerdem gab Leyden zu bedenken, dass die Einführung eines Generalreferenten für Berlin in jedem Ministerium schwer durchführbar sei; denn der *Referent würde, um seiner Aufgabe gerecht werden zu können, so eingehende Kenntnisse auf den verschiedensten Gebieten auch technischer Art besitzen müssen, daß ich an der Möglichkeit zweifle, eine geeignete Person hierfür zu finden.* Ferner sei es jedem Referat, das mit Berlin zu tun hat, möglich, sich über Berliner Fragen außerhalb des eigenen Ressorts oder beim Oberpräsidenten schnell und leicht zu informieren. *Seitens der Kommunalabteilung des Ministeriums des Innern ist stets mit befriedigendem Erfolg so verfahren worden.* Von den grundsätzlichen Problemen losgelöst, geht er dann zu Fragen des Verhältnisses zwischen der Stadt und den Staatsbehörden aus seiner Sicht über und beklagt sich: *Sowohl bei der Vergnügungsteuer wie auch bei der Frage der Verkehrsampeln hat sie* [die Stadt] *berechtigten Forderungen gegenüber einen kaum verständlichen, außerordentlich engherzigen Standpunkt* beibehalten, und dies trotz *ministerialer Einwirkungsversuche.* Der Beobachter frage sich, ob der *engherzige Standpunkt* nicht eher

288 Der Reichstag hatte aus eigener Initiative und gegen den Standpunkt der Reichsregierung 1,3 Millionen Reichsmark für Ausstellungen eingestellt und die Verteilung – an Leipzig, Köln und Frankfurt am Main – selbst vorbehalten: GStA PK, I. HA, Rep. 77 Ministerium des Innern, Tit. 441, Nr. 32, Bd. 9, Bl. 128.

289 *Wenn der Oberpräsident über die Berliner Verhältnisse gut unterrichtet ist, so liegt es daran, daß er einmal als früherer Beamter der Stadt Charlottenburg die Berliner Verhältnisse persönlich kennt, und weiter daran, daß er sich selbst in außerordentlich gewissenhafter Weise über die Verhältnisse Berlins informiert, nicht aber daran, daß er von Berlin so informiert wird, wie es seiner Stellung entspricht.*, ebd.

auf der ministeriellen Ebene zu suchen sei, die von grundsätzlichen Problemen rasch auf Auseinandersetzungen um Straßenampeln umschaltet.

Das Problem der Stellung Berlins im Finanzausgleich blieb auf der Tagesordnung, ohne gelöst zu werden. Im Februar 1931 leitete das Preußische Staatsministerium erneut einen Gesetzesentwurf an den Staatsrat, der die Härten der relativen Garantie teilweise mindern sollte, da der Verlust der Hauptstadt schon für das Jahr 1931 aufgrund der bestehenden Gesetzeslage mit rund 35 Millionen Reichsmark beziffert wurde.[290] Doch auch dieser Versuch, mehr Steuergerechtigkeit zugunsten der Hauptstadt zu schaffen, scheiterte. Die zu beobachtende Stärkung der Exekutive, zumal in einer Zeit, in der sich auf allen Ebenen des Reiches und Preußens Krisen verschärften, fand auch in einer Novelle des Berliner Gemeindeverfassungsrechts vom 25. März 1931[291] durch den preußischen Gesetzgeber ihren Niederschlag. Die Initiative zur Abänderung der Gemeindeverfassung war vom preußischen Innenministerium, nicht von der Berliner Stadtverwaltung ausgegangen. Von den noch weitergehenden Vorstellungen verblieb im Gesetz die Stärkung der Stellung des Oberbürgermeisters als ‚Führer der Verwaltung' mit entsprechendem Leitungs- und Weisungsrecht bei gleichzeitiger Reduzierung der Zahl der Stadträte auf Kosten der Stadtverordnetenversammlung und der Stadtbezirke.[292] Der dem Hindenburg-Kreis nahestehende neue Oberbürgermeister Heinrich Sahm und Stadtkämmerer Bruno Asch (SPD) bemühten sich, die Feststellung des Etats auf parlamentarischer Grundlage beizubehalten. Dies geschah trotz der im Gefolge der Notverordnung des Reichspräsidenten von Hindenburg vom 24. August 1931 erlassenen Sparverordnung der preußischen Regierung vom 12. September 1931, die die Mitwirkung kommunaler Vertretungskörperschaften an der Etatfeststellung unnötig machte. Vom April 1932 an erreichten die Stadtverordneten monatlich Ermächtigungen für die zu leistenden Ausgaben, da zeitweise sogar ein Notetat fehlte.[293] Lediglich die Zahlungsunfähigkeit zu den Ultimoterminen konnte in den Jahren 1931/32 durch die Unterstützung Preußens und des Reiches vermieden werden, doch es gab keine grundsätzlichen finanziellen Hilfen.

Die finanzielle Lage des Gesamtstaates Preußen war in den Jahren 1931/32 ebenfalls sehr schwierig geworden.[294] Seit der Übernahme der Staatsgewalt in Preußen durch das Reich beim Preußenschlag des Reichskanzlers von Papen am 20. Juli 1932 wurden in der Staatsverwaltung autoritäre Verwaltungsmuster in immer stärkerem

290 Deutsche Allgemeine Zeitung vom 4. Februar 1931, in: GStA PK, I. HA, Rep. 109 Preußische Seehandlung, Nr. 1212.

291 Preußische Gesetzes-Sammlung 1931, S. 39–44.

292 Haus, Chance, Krise und Sturz [wie Anm. 266], S. 235–238.

293 Ebd., S. 243.

294 Bereits 1931 betrug der Gesamtfehlbetrag des ordentlichen Haushalts Preußens 348 Millionen Reichsmark, Berliner Börsen-Courier vom 16. Juni 1931, in: GStA PK, I. HA, Rep. 109 Preußische Seehandlung, Nr. 1212. Zur Jahreswende 1931 musste der Staat einen Überbrückungskredit in Anspruch nehmen, dazu Hagen Schulze, Preußens demokratische Sendung, Frankfurt am Main/Berlin/Wien 1977, S. 712.

Maße eingeführt. Am 17. September des Jahres war der Finanzminister in einer preußischen Notverordnung zur Sicherung der Ablieferung der Staatssteuern ermächtigt worden, den städtischen Kassenbeamten unmittelbar dazu Anweisungen zu erteilen. In Berlin wurden die Sparanstrengungen weiter verstärkt. Nicht nur wurde das von der Stadt Charlottenburg übernommene Schillertheater geschlossen und das Symphonische Orchester mit dem Philharmonischen Orchester vereint, sondern auch die Zuordnung der städtischen Krankenanstalten, insbesondere des Rudolf-Virchow-Krankenhauses, wurde neu geordnet. Weiterhin stand die Gliederung der 20 Stadtbezirke auf dem Prüfstand. Ihre Zahl sollte durch Zusammenlegungen stark reduziert werden.[295] In diese Spardiskussion mischte sich der inzwischen ernannte Reichskommissar für Preußen, von Papen, ein, der am 19. September 1932 unter Umgehung einer Rücksprache mit dem Oberbürgermeister die städtischen Körperschaften vergeblich ersuchte, die Frage der Neuabgrenzung der Bezirke und deren Verfassungsänderung bis zum 15. Oktober 1932 zu regeln.[296]

2.5 Entmachtung der Kommune und deren Führung durch Hitlers Beauftragte 1933–1945

Die Machtübernahme durch die Nationalsozialisten am 30. Januar 1933 führte auf der kommunalen Ebene zu zahlreichen personellen Veränderungen in der Berliner Stadtverwaltung. Zu den ersten Opfern gehörte der Kämmerer Bruno Asch, der wegen seiner jüdischen Abstammung und als Sozialdemokrat den neuen Machthabern in doppelter Weise missliebig war.[297] Der Anschein der Kontinuität wurde durch den im Amt verbliebenen Oberbürgermeister Sahm aufrechterhalten, doch sollten außer Asch auch sämtliche anderen besoldeten und bis auf zwei auch die unbesoldeten Stadträte ihre Posten verlieren. Die im Amt verbliebenen unbesoldeten Stadträte gehörten der DNVP an. Die Amtsnachfolger in Schlüsselressorts wurden als Staatskommissare, mithin nicht als städtische Amtsträger eingesetzt. Man bemühte sich allerdings, bei der Neubesetzung dieser und anderer wichtigen Positionen in der Berliner Verwaltung Fachleute zu berufen. Zu diesem Kreis gehörte der ehemalige Verbandsdirektor des Zweckverbandes Groß-Berlin Dr. Karl Steiniger, der nach seiner im Ersten Weltkrieg erfolgten Abwahl aus diesem Amt während der gesamten Weimarer Periode als deutschnationaler Abgeordneter sowie als preußischer Staatsrat die Berliner Haus-

295 Einzelheiten bei Lange, Groß-Berliner Tagebuch [wie Anm. 44], S. 173–175.

296 Ebd., S. 174.

297 Bruno Asch, geboren am 23. Juli 1890 in Wollstein, Provinz Posen, schied nach der deutschen Besetzung der Niederlande am 25. Mai 1940 in Amsterdam durch Freitod aus dem Leben, Helga Krohn, Bruno Asch. Sozialist. Kommunalpolitiker. Deutscher Jude. 1890–1940, Frankfurt am Main 2015; Freie Universität Berlin. Zentralinstitut für sozialwissenschaftliche Forschung (Hrsg.), Gedenkbuch Berlins der jüdischen Opfer des Nationalsozialismus, Berlin 1995, S. 45.

haltspolitik kritisch-engagiert verfolgt hatte. Er wurde am 15. März 1933 als Staatskommissar mit der Leitung der Hauptfinanzverwaltung betraut. Bereits vor seiner Berufung zum Verbandsdirektor (1912) hatte der 1864 geborene Steiniger das Amt des Berliner Stadtkämmerers innegehabt. In seiner Haushaltsrede vom 27. April 1933 betonte der im preußischen Staatsdienst geprägte ehemalige Beamte einerseits den Grundsatz ‚Keine Ausgabe ohne Deckung', andererseits machte er aus seinen Ressentiments gegenüber seinen Nachfolgern beziehungsweise seinem Vorgänger im Amt keinen Hehl.[298] Zu den neu berufenen Fachleuten gehörte auch Oskar Maretzky, der seit 1911 in Rummelsburg, 1912–1918 als Syndikus in Lichtenberg und 1918–1920 als Bürgermeister in Lichtenberg gewirkt hatte und der nach der nationalsozialistischen Machtübernahme als Bürgermeister und nach dem erzwungenen Rücktritt Sahms als kommissarischer Oberbürgermeister fungierte.[299] Doch verließen sich die neuen Machthaber nicht nur auf die zumeist national-konservativen Fachleute. Im preußischen Innenministerium wurde außerhalb der Kommunalabteilung die Sonderabteilung Daluege gegründet. Göring hatte bereits am 6. Februar 1933 den preußischen Landtagsabgeordneten Kurt Daluege, der später in der Polizei und in der SS Karriere machen sollte, zum ‚Kommissar zur besonderen Verwendung' gemacht.[300] Dalueges Abteilung wurde insbesondere bei der Vielzahl der von der Partei gewünschten Personalauswechslungen herangezogen. Für Berlin bestand darüber hinaus eine enge Zusammenarbeit Dalueges mit dem Journalisten Dr. Julius Lippert, der ebenfalls im Februar 1933 zum Leiter der städtischen Hauptprüfstelle geworden war.[301] Als Hauptschriftleiter des Berliner Parteiorgans ‚Der Angriff' und als Fraktionsvorsitzender der NSDAP in der Berliner Stadtverordnetenversammlung hatte Lippert zuvor zum Kreis der Vertrauten des nun zum Reichsminister für Volksaufklärung und Propaganda aufgestiegenen Ber-

298 Aus nationalsozialistischer Sicht Erich Berger, Berlin wird deutsch! Ein Beitrag zur Erneuerung der größten deutschen Kommunalverwaltung, Berlin 1934, S. 29–31.

299 Dazu siehe Angela Martin, Oskar Maretzky, in: Ribbe, Stadtoberhäupter [wie Anm. 81], S. 252–260.

300 Dazu siehe Horst Matzerath, Nationalsozialismus und kommunale Selbstverwaltung (Schriftenreihe des Vereins für Kommunalwissenschaften, Bd. 29), Stuttgart u. a. 1970, S. 67 f.

301 Lippert wandte sich am 4. März 1933 an Daluege mit personalpolitischen Einzelfragen und regte die Ausschaltung von *Marxisten* an. Eine Folge war der Runderlass des preußischen Innenministers vom 24./27. März 1933 über die *Beurlaubung sozialistischer Mitglieder in Gemeindevorständen und Deputationen*. Die von Lippert in besonderem Maße in Anspruch genommene Abteilung wurde am 11. Juli 1933 aufgelöst: Matzerath, Nationalsozialismus [wie Anm. 300], S. 83; Christoph Kreutzmüller/Michael Wildt, ‚Ein radikaler Bürger'. Julius Lippert – Chefredakteur des ‚Angriff' und Staatskommissar zur besonderen Verwendung in Berlin, in: Rüdiger Hachtmann/Thomas Schaarschmidt/Winfried Süß (Hrsg.), Berlin im Nationalsozialismus. Politik und Gesellschaft 1933–1945 (Beiträge zur Geschichte des Nationalsozialismus, Bd. 27), Göttingen 2011, S. 19–38, hier S. 31–35; zu den Veränderungen in der Berliner Stadtverwaltung aus nationalsozialistischer Sicht Julius Lippert, Die Reinigungen der Kommunalverwaltung, in: Wilhelm Kube (Hrsg.), Almanach der nationalsozialistischen Revolution, Berlin 1934, S. 203–205.

liner Gauleiters der Partei, Dr. Joseph Goebbels, gezählt.[302] Am Tag nach der Kommunalwahl, am 14. März 1933, bestellte der preußische Innenminister den überaus ehrgeizigen Lippert zum ‚Kommissar zur besonderen Verwendung beim Magistrat der Stadt Berlin' mit der Maßgabe, dass Personalveränderungen wesentlicherer Bedeutung nur im Einvernehmen mit ihm verfügt werden dürfen. Darüber hinaus war Lippert berechtigt, ohne Stimmrecht an den Sitzungen des Magistrats sowie jeder Deputation und Kommission teilzunehmen. Die ihm bereits zuvor übertragene Leitung der städtischen Hauptprüfstelle behielt er ausdrücklich bei.[303] Doch reichte diese Interventionsbasis den neuen Machthabern nicht aus. Im preußischen Innenministerium wurde nun ein ‚Gesetz über die Einsetzung eines Staatskommissars für die Hauptstadt Berlin' vorbereitet. In den Ausführungen des Ministeriums zu dem künftigen Gesetz wurde festgestellt: *Die überwiegende Bedeutung der Hauptstadt Berlin läßt es geboten erscheinen, die rechtliche Übereinstimmung ihrer Verwaltung mit den Interessen von Reich und Staat durch besondere Maßnahmen sicherzustellen. Der Gesetzentwurf sieht deshalb als ständige Einrichtung neben dem Oberbürgermeister und dem Magistrat einen besonderen Staatskommissar vor, den der Innenminister auf jederzeitigen Widerruf ernennt.* Dem neuen Staatskommissar fiel die besondere Aufgabe zu, *den Gang der Verwaltung der Hauptstadt Berlin zu überwachen, etwa auftretende Mißstände nötigenfalls zur Kenntnis der Aufsichtsbehörde zu bringen und bis zu deren Eingreifen die Ausführung von Beschlüssen, die den Interessen des Reiches, des Landes oder der Stadt nachteilig sind, zu verhindern.* Dazu erhielt der Staatskommissar in Paragraf 2, Absatz 3 das Recht, *gegen Beschlüsse des Magistrats, der Stadtverordnetenversammlung, der Deputationen und Ausschüsse* [...] *Einspruch zu erheben.* Zur Durchführung der Überwachung wurde dem Staatskommissar ein weitgehendes Informationsrecht eingeräumt. Dies bezieht sich in erster Linie auf die Vorgänge in der Verwaltung im engeren Sinne. Der Staatskommissar war danach über alle wesentlichen Vorgänge auf dem Laufenden zu halten, konnte an den Sitzungen sämtlicher städtischer Körperschaften teilnehmen und hatte zusätzlich das Recht des jederzeitigen Zutritts zu allen Dienststellen. Darüber hinaus war vorgesehen, dass der Oberbürgermeister, der nach den verfassungsrechtlichen Vorschriften die Stadtgemeinde nach außen und damit auch die städtischen Gesellschaftsanteile in den städtischen Gesellschaften vertrat, den Staatskommissar über die beabsichtigte Stimmabgabe in den Gesellschaftsversammlungen rechtzeitig vor deren Stattfinden und weiter auch über die Beschlüsse der Aufsichtsräte dieser Gesellschaften zu unterrichten hatte.[304] Damit wurden umfassende Auf-

302 Dazu Kreutzmüller/Wildt, Julius Lippert [wie Anm. 301], S. 22–25; Brigitte Oleschinski, Julius Lippert, in: Ribbe, Stadtoberhäupter [wie Anm. 81], S. 261–276.

303 GStA PK, I. HA, Rep. 77 Ministerium des Innern, Tit. 227a, Nr. 104, Bd. 1: Akten betreffend das Gesetz über die Einsetzung eines Staatskommissars in der Hauptstadt Berlin vom 31. Mai 1933, Bl. 1; dazu Kreutzmüller/Wildt, Julius Lippert [wie Anm. 301], S. 25–32.

304 GStA PK, I. HA, Rep. 77 Ministerium des Innern, Tit. 227a, Nr. 104, Bd. 1, Bl. 3; Gesetzestext in: Preußische Gesetzes-Sammlung 1933, S. 196, Abdruck: Hans J. Reichhardt (Hrsg.), Die Entstehung der Verfassung von Berlin. Eine Dokumentation, Bd. 1, Berlin 1990, S. 99–101.

sichtsrechte des Kommissars auf finanzpolitischem Gebiet eingeführt. Doch reichte Lippert diese Machtbasis noch nicht aus. Zwar hatte nach dem Gesetz (Paragraf 3) die Hauptstadt das zur Erledigung seiner Aufgaben erforderliche Personal zur Verfügung zu stellen, doch eine eigene Behörde war damit noch nicht etabliert. Ebenfalls störte ihn die ausdrücklich aufgenommene Bestimmung, den Anweisungen der bisherigen Kommunalaufsicht folgen zu müssen (Paragraf 2, Absatz 5). Mit dem ‚Gesetz zu Änderung der Staatsaufsicht über die Hauptstadt Berlin' vom 15. Dezember 1933[305] wurde die Staatsaufsicht über die Verwaltung vom Oberpräsidenten auf den Staatskommissar übertragen (Paragraf 1, Absatz 1). Zugleich erfolgte die Unterstellung des Staatskommissars unter den preußischen Ministerpräsidenten, *der sich in diesen Geschäften des Ministeriums des Innern bedient* (Paragraf 1, Absatz 2). Doch noch immer fehlte Lipperts Dienststelle die Qualität einer Behörde. Dies wurde erst durch das ‚Gesetz über die Erweiterung der Aufgaben des Staatskommissars der Hauptstadt Berlin' vom 28. März 1934[306] erreicht. Dem Staatskommissar, der nun unmittelbar dem preußischen Ministerpräsidenten unterstand, wurde ein Vizepräsident als ständiger Vertreter beigegeben. Auch gingen weitere Aufsichtsbereiche des Oberpräsidenten an den Staatskommissar. Durch das ‚Gesetz über eine vorläufige Vereinfachung der Verwaltung der Hauptstadt Berlin' vom 22. September 1933[307] waren die Stadtverordnetenversammlung wie auch die Bindung an die Bestimmungen der Städteordnung entfallen. Aufgrund der umfassenden Aufgabenzuweisung an seinen Gefolgsmann Lippert hatte der NSDAP-Gauleiter von Berlin, Joseph Goebbels, eine Schlüsselstellung in der städtischen Verwaltung erreicht. Doch war die Kommunalverwaltung weiter der preußischen Ministerialverwaltung unterstellt, die von Hermann Göring als Ministerpräsident geleitet wurde. Eine besondere Bevorzugung Berlins im preußischen Gesamtstaat war schon deshalb ausgeschlossen. So enthielt der preußische Haushalt für 1933 nur marginale Posten zugunsten der Stadt.[308]

Schon bald nach 1933 versuchte der nationalsozialistische Staat durch spektakuläre, in der Öffentlichkeit weithin positiv bewertete Bauprojekte sein eigenes Prestige zu erhöhen. Zu diesen Projekten gehörte der Ausbau der Sportstätten für die Olympischen Spiele des Jahres 1936, die darüber hinaus umfangreiche Infrastrukturmaßnahmen erforderten.[309] Erfolgreich hatte die nationalsozialistische Führung den seit der Gründung der Republik von der politischen Rechten propagierten Kampf gegen die Ausweitung der kommunalen Ausgaben als Verschwendung übernommen und war ausdrücklich für die Reduzierung der Kommunalhaushalte aufgetreten. Unter

---

305 Preußische Gesetzes-Sammlung 1933, S. 483; Reichhardt, Die Entstehung [wie Anm. 304], S. 104 f.

306 Preußische Gesetzes-Sammlung 1934, S. 239 f.; Reichhardt, Die Entstehung [wie Anm. 304], S. 105 f. sowie auf dem Verordnungsweg am 26. September 1934: Ministerialblatt für die preußische innere Verwaltung 1934, S. 1186–1188.

307 Preußische Gesetzes-Sammlung 1933, S. 356; Reichhardt, Die Entstehung [wie Anm. 304], S. 101 f.

308 Siehe Anm. 314.

309 Siehe Anm. 318.

dieser Losung hatte man seit 1927 auch in Berlin beträchtliche Einbrüche in das nationalkonservative bis nationalliberale Wählerpotential erzielen können, und Lippert stand in der Auseinandersetzung mit der ‚sozialistischen Verschwendung' als Publizist in der ersten Reihe. So war es naheliegend, dass er in seinem neuen Aufgabenkreis auf kommunale Sparsamkeit bedacht war. Kostenträchtige Großprojekte, etwa im U-Bahnbau, hatte er bekämpft und wollte auch in Zukunft von ihnen verschont bleiben. Der Stellenwert der untrennbar mit städtebaulich-architektonischer Gestaltung verbundenen Ordnungsvorstellungen Hitlers[310] blieb nicht nur ihm weitgehend verborgen. Als er am 19. September 1933 gemeinsam mit Oberbürgermeister Sahm und Vertretern der Reichsbahn zu einer Konferenz in die Reichskanzlei gerufen wurde, schien die umstrittene Linienführung der geplanten unterirdischen Nord-Süd-Verbindung der reichsbahneigenen S-Bahn zwischen den Kopfbahnhöfen Anhalter und Potsdamer Bahnhof im Süden und dem Stettiner Bahnhof und Gesundbrunnen im Norden durch die Berliner Innenstadt im Mittelpunkt der Verhandlungen zu stehen. Doch anders als die Berliner Vertreter hatte der Generaldirektor der Reichsbahn in der Sitzung weitergehende Planungen zur Zusammenfassung der Kopfbahnhöfe im Süden und der Anbindung des nun in die Planung aufgenommenen Großflughafens Tempelhof vorgestellt. Über die Linienführung fand nun eine Verhandlung vor Hitler persönlich statt, die mit einer Verständigung über die Linienführung auf der später gebauten Trasse endete. In diesem Zusammenhang entstand der Plan der Haltestelle Unter den Linden (heute Brandenburger Tor).[311] Hitler stellte allgemein die städtebauliche Situation Berlins als *eine systemlose Zusammenfassung oder eine systemlose Aneinanderreihung von Wohn- und Geschäftshäusern* dar. Weiterhin erklärte er: *Berlin als Reichshauptstadt eines 65-Millionen-Volkes muß städtebaulich und kulturell auf eine solche Höhe gebracht werden, daß es mit allen Hauptstädten der Welt konkurrieren kann. Es muß soweit gefördert werden, daß niemals ein Zweifel darüber auftauchen kann, daß Berlin auch kulturell die Hauptstadt des Deutschen Reiches ist und jeden Wettbewerb mit anderen Städten, z. B. London, Paris und Wien, aufnehmen kann.* Zu diesem Zweck ließ Hitler erkennen, *in den kommenden Jahren je 40 Mio. RM durch den Reichsfinanzminister bereitstellen zu lassen.*[312] Diese Ankündigung einer institutionellen Hauptstadtförderung hatte zunächst rein deklamatorische Bedeutung. Eine Verankerung der Fördersumme im Reichshaushalt, die wegen der bisherigen preußischen Zuständigkeiten eine neue gesetzliche Regelung erfordert hätte, erfolgte nicht. Dass die tatsächliche Situation von solchen Absichtserklärungen weit entfernt war, zeigt sich in

---

310 Vgl. dazu Jochen Thies, Architekt der Weltherrschaft. Die „Endziele" Hitlers, 2. Aufl., Düsseldorf 1976.

311 Vermerk des Preußischen Innenministeriums vom 28. September 1933, in: GStA PK, I. HA, Rep. 77 Ministerium des Innern, Tit. 228a, Nr. 19: Akten betr. den Bau der Verbindungsbahn vom Anhalter bis zum Stettiner Bahnhof (Nord-Süd-S-Bahn), 5. August 1933 bis 25. September 1934, Bl. 41.

312 Abdruck des Protokolls in Jost Dülffer/Jochen Thies/Josef Henke (Hrsg.), Hitlers Städte. Baupolitik im Dritten Reich. Eine Dokumentation, Köln/Wien 1978, S. 90–93.

einer Besprechung im Reichsfinanzministerium am 19. Januar 1934, als Ministerialdirektor Dr. Olschner in einer Besprechung (bei der unter anderem die Abschaffung der Nachttarife bei der BVG sowie Straßendurchbrüche im Bereich der Ministergärten und die ebenfalls von Hitler geforderte Verlegung der Zentralmarkthallen am Alexanderplatz auf der Tagesordnung standen) der Stadt Berlin vorwarf, dass sie den Eindruck erweckt habe, *als ob es ihr finanziell gut gehe*. Dazu führte er aus, dass kostenträchtige Maßnahmen mit der Tatsache nicht vereinbar seien, dass die Stadt Berlin in erheblichen Maße *Kostgänger des Reiches* sei. Als einzige Stadt erhalte Berlin besondere Reichsmittel. Deshalb sei nicht angängig, dass die Stadt den Eindruck erwecke, *als ob es ihr besser ginge als dem Reiche*. Der kommissarische Kämmerer Steiniger und Oberbürgermeister Sahm wiesen darauf hin, dass es sich bei den erwähnten Maßnahmen lediglich um geplante Projekte handelte. Im Übrigen sei die Stadt Berlin bereit, ihr Finanzgebaren mit dem Reich abzustimmen. Nun musste der Vertreter des Reichsfinanzministers den eigentlichen Grund für seinen Vorstoß nennen: Für das Reich sei zu diesem Zeitpunkt, wie Olschner zugab, eine schwierige Kassensituation absehbar, weil einerseits hohe Steuerrückzahlungen anstünden und andererseits nicht mehr die Möglichkeit bestehe, sich Mittel durch Veräußerung von Reichsbahnaktien zu verschaffen. Man müsse daher fordern, dass die Stadt Berlin irgendwelche Wege vorschlüge, die es dem Reich gestatteten, die Summen, die die Stadt Berlin dem Reich schulde, kassenmäßig zu mobilisieren. Dies könne dadurch erfolgen, dass die Stadt Berlin dem Reich Aktien ihrer Werke zur Verfügung stellte. Der Druck, unter dem das Reich stand, sollte mithin auf die unter Druck des Reichs stehende Hauptstadt weitergeleitet werden. Zwar betonte der Referent ausdrücklich, dass damit nur eine kassenmäßige Mobilisierung beabsichtigt sei und man nicht etwa die in Betracht kommenden städtischen Betriebe an das Reich ziehen wolle. Aber auf einer kassenmäßigen Mobilisierung müsse bestanden werden. Sahm und Steiniger erklärten dazu, dass es nicht möglich sei, dem Reich Aktien von städtischen Werken zur Mobilisierung zur Verfügung zu stellen, da damit gewisse Gefahren für die Werke und die Stadt verbunden seien.[313] Vor allem der zwischen Partei und Staat geschaltete Staatskommissar Lippert geriet zwischen die Fronten. Er versicherte angesichts weiterer Projekte zu Straßendurchbrüchen und dem Ausbau der Markthallen, dass keine fantastischen Projekte ohne die Möglichkeit einer vernünftigen Finanzierung betrieben werden sollten. Ein Problem wie das der Straßendurchbrüche hänge aber derartig mit dem der Sanierung der Innenstadt zusammen, *daß es vom nationalsozialistischen Standpunkt aus geradezu einer Pflichtverletzung gleichkäme*, wenn man nicht mindestens versuchen sollte, seine Realisierung vorzubereiten. Am Markthallenprojekt war die im Zuge der Notstandsarbeiten bereits in Erscheinung getretene Deutsche Gesellschaft für öf-

313 GStA PK, I. HA, Rep. 77 Ministerium des Innern, Tit. 228a, Nr. 15, Bl. 95–105: Niederschrift über die Besprechung am 19. Januar 1934 im Reichsfinanzministerium über die Finanzlage der Stadt Berlin.

fentliche Arbeiten AG (Öffa) stark interessiert.[314] Skepsis herrschte dagegen in der Ministerialbürokratie. Im Februar 1934 unternahm das preußische Finanzministerium erneut einen Vorstoß gegen die kommunale Berliner Ausgabenwirtschaft. Die Bemerkung, dass der Stadt Berlin nach Umschuldung der älteren Kassenkredite in Höhe von 104 Millionen Reichsmark neue Kredite in Höhe von 32 Millionen Reichsmark aus Reichsmitteln zur Verfügung und weitere 17 Millionen Reichsmark in Aussicht gestellt worden seien, wurde mit der Aufforderung verbunden, die Hauptstadt daran zu hindern, die in der Presse wiederholt genannten Vorhaben zu verwirklichen.[315] Die Stadt machte hingegen das preußische Ministerium darauf aufmerksam, dass die Kommunalaufsicht nicht der Finanzverwaltung, sondern dem preußischen Ministerpräsidenten zustehe.[316] Nun wurde der Ministerpräsident über das preußische Innenministerium eingeschaltet und Staatskommissar Lippert aufgegeben, beim Oberbürgermeister dafür zu sorgen, dass jede Maßnahme zur Durchführung der Straßendurchbruchprojekte, zum Bau der Markthalle und zur Verwirklichung der Schlachthofpläne, die über die bloße Planung hinausgeht, zu unterlassen sei.[317] Lippert hielt dagegen. Er forderte zunächst eine Erläuterung des Begriffs ‚Straßendurchbrüche' und führte dazu aus: *Zur Zeit plant die Stadt Straßendurchbrüche im eigentlichen Wortsinne überhaupt nicht. Es ist vor mehreren Monaten lediglich beim Herrn Reichskanzler von diesem die Möglichkeit der Neuanlage einer monumentalen Prachtstraße im Zusammenhang mit der Verlegung des Potsdamer und Anhalter Bahnhofes erörtert und als wünschenswert bezeichnet worden.* Die Straßenbauprojekte für die Olympiade seien mit Mitteln der Öffa und solchen Mitteln, die ursprünglich für die Anlage von Luftschutzkellern gedacht waren, ausgeführt worden. Das Reichsfinanzministerium sei bei der Umgestaltung des Horst-Wessel-Platzes (Bülowplatz, heute Rosa-Luxemburg-Platz) und der damit zusammenhängenden Sanierung menschenunwürdiger Wohnungen mit 800.000 Reichsmark, bei Sanierungsbauvorhaben am Rolandufer mit Mitteln in gleicher Höhe beteiligt gewesen, ferner seien die Reichswasserstraßenverwaltung und die Bau- und Finanzdirektion unmittelbar beteiligt gewesen, letztere dadurch, dass am Rolandufer der Neubau der Reichsmünze erfolgte. Darüber hinaus seien weitere Projekte bekannt. Er vergaß nicht hinzuzufügen: *Selbstverständlich achte ich pflichtgemäß in jedem Stadium auf das peinlichste darauf, daß durch alle diese Projekte, auch wenn an ihnen Reichs- und Staatsstellen beteiligt sind, die Finanzlage der Stadt nicht erschüttert, bzw. die schrittweise finanzielle Gesundung der Stadt nicht gefährdet wird. Die Tatsache, daß im abgelaufenen Jahr das Etatdefizit von 145 auf 87 Mio. RM gesenkt werden*

314 So schrieb Lippert am 23. Januar 1934 an den Ministerialdirektor Olschner im Reichsfinanzministerium, GStA PK, I. HA, Rep. 77 Ministerium des Innern, Tit. 228a, Nr. 15, Bl. 112.

315 Ebd., Bl. 96.

316 Ebd., Bl. 115.

317 Preußisches Innenministerium vom 25. Mai 1934 an Staatskommissar der Hauptstadt Berlin auf den Bericht vom 11. April 1934, ebd., Bl. 96.

konnte, beweist, daß ich [...] *nicht erfolglos geblieben bin.*[318] Der Berliner Oberbürgermeister verzichtete auf eine derartige nationalsozialistische Selbstdarstellung und wiederholte in seinem Bericht an den Reichskommissar Fakten, die in den letzten Jahren der Weimarer Republik ebenso ausgesprochen worden seien: *Ich erkenne weiter mit größtem Dank an, daß das Reich in den letzten Jahren der Stadt Berlin durch Hergabe von Darlehen die Aufrechterhaltung des Kassenbetriebes überhaupt ermöglicht hat. Ich muß allerdings betonen, daß es sich hierbei nicht etwa um Zuschüsse handelt, sondern um Darlehen, die von der Stadt Berlin verzinst werden müssen und die schon vorhandene große Schuldenlast der Stadt sehr erheblich vermehrt haben* [...]. *Es ist der Stadtverwaltung durch äußerste Sparsamkeit in Verbindung mit den Maßnahmen der Reichsregierung zur Bekämpfung der Arbeitslosigkeit gelungen, das etatmäßig veranschlagte Defizit in Höhe von 140 Mio. auf etwa 100 Mio. herabzudrücken.* Ein Programm für Straßendurchbrüche bestehe nur für eine weitere Zukunft, doch die Stadt müsse wegen der zu erwartenden Steigerung des Kraftfahrzeugverkehrs Vorsorge treffen. Die Verlegung des Großmarkts sei notwendig; dasselbe gelte für die Schlachthofpläne. Die ebenfalls angesprochenen kommunalen Patenschaften für ein drittes und viertes Kind seien von politischem Interesse. Zudem sei im künftigen Haushaltsplan eine weitere Senkung des Fehlbetrages zu erwarten, da es eine Reduzierung der Anzahl der Wohlfahrtserwerbslosen gebe, sodass statt 140 nur noch 90 Millionen Reichsmark gebraucht würden. Auch die Ungerechtigkeit des Finanzausgleichs sprach er wie sein Vorgänger in diesem Zusammenhang an.[319]

Während in anderen Städten die ‚Kommissariate zur besonderen Verwendung' bald wieder aufgelöst wurden,[320] hatte Lippert nicht nur eine Aufwertung seiner persönlichen Stellung erreicht, sondern zugleich einen weiteren Schritt zur rechtlichen Sonderstellung der Hauptstadt innerhalb des nationalsozialistischen Staates eingeleitet. In der am 30. Januar 1935 erlassenen Deutschen Gemeindeordnung wurde der Ausnahmestellung der Stadt Rechnung getragen: Paragraf 122 sah ausdrücklich vor, dass die neue Ordnung nicht für die *Hauptstadt Berlin* galt.[321] Auf einer weiteren neuen Rechtsgrundlage, dem ‚Gesetz über die Verfassung und Verwaltung der Reichshauptstadt Berlin' vom 1. Dezember 1936, beruhte die Ernennung von Lippert zum Stadtpräsidenten, dem Chef einer nun dem Reich und nicht mehr dem Staat Preußen unterstehenden Aufsichtsbehörde.[322] In den Fragen der Finanzverwaltung übte er und nicht mehr der Oberbürgermeister sowohl die Entscheidungsgewalt wie auch die Aufsicht aus.[323] Mit großem persönlichem Ehrgeiz hatte Lippert das Ziel verfolgt, die Berliner

318 Staatskommissar Dr. Lippert an das preußische Innenministerium, 9. Juni 1934, ebd., Bl. 104.

319 Ebd., Bl. 98–100, Bericht an den Staatskommissar vom 10. April 1934.

320 Dazu Matzerath, Nationalsozialismus [wie Anm. 300], S. 83.

321 Deutsche Gemeindeordnung, Text mit Einleitung in: Engeli/Haus, Quellen zum modernen Gemeindeverfassungsrecht [wie Anm. 20], hier S. 672–698.

322 Reichsgesetzblatt 1936, T. I, S. 957.

323 Bei der Amtseinführung des Staatskommissars Dr. Lippert am 30. April 1934 führte der preußische Ministerpräsident Göring unter anderem aus: *Sie werden sich, wenn wir auch teilweise noch*

Stadtpolitik zu dominieren. Während es ihm rasch gelang, den kommissarischen Kämmerer Steiniger zu verdrängen,[324] dauerte dies bei dem geschmeidigen Oberbürgermeister Sahm wesentlich länger, obwohl Lippert dies mit der Hilfe Goebbels' bald nach der nationalsozialistischen Machtübernahme zu erreichen hoffte. Ende 1935 endlich bot eine Denunziation den erhofften Anlass zur Ablösung Sahms, allerdings zunächst durch dessen Stellvertreter Maretzky. Doch waren bereits zuvor schrittweise Befugnisse des Oberbürgermeisters auf den Staatskommissar übergegangen. Die Staatsaufsicht und das höchste Kommunalamt führte Lippert bereits zusammen, als er am 5. Januar 1937 zum Stadtpräsidenten und Oberbürgermeister der Reichshauptstadt Berlin ernannt worden war.[325] So vereinte er die gegensätzlichen Positionen der Spitze der kommunalen Verwaltung wie die der darüber wachenden Staatsaufsicht. Es schien, als ob er den innerhalb des NS-Systems entbrannten Kampf um die Macht in der Reichshauptstadt für sich entschieden hätte.

Die kommende ‚Neugestaltung der Reichshauptstadt' brachte für die Stadt die Übernahme neuer Aufgaben. Dies waren zunächst wesentlich Straßenbauten, die aus den 19 Millionen Reichsmark umfassenden Nachträgen zum Haushalt finanziert werden sollten. Immerhin wurde noch für 1937 ein rechnungsmäßiger Überschuss von 3,2 Millionen Reichsmark erwirtschaftet.[326] Bis zum Beginn des Krieges wurde die Schuldentilgung fortgeführt. Am 31. März 1939 belief sich die äußere Schuld auf 783 Millionen Reichsmark.[327] Lippert hatte bei seinem scheinbar unaufhaltsamen Aufstieg zweifellos große Erfolge sowohl bei der Konsolidierung der städtischen Finanzen als auch beim Rückerwerb der in der Inflationszeit veräußerten Berliner Hafen- und Lagerhaus AG (BEHALA) erworben und wurde nicht müde, diese ins rechte Licht zu rücken. Doch hatte er – wohl in Überschätzung seiner Möglichkeiten – die enge Verbindung mit seinem Gönner und Gauleiter Joseph Goebbels nicht mehr wie vorher gepflegt. Zu seinem Verhängnis aber sollte sich die bereits angesprochene Fehleinschätzung der Bedeutung von Hitlers Plänen zur Neugestaltung Berlins in Verbindung mit dem Machtstreben Albert Speers auswirken. Die in der Stadtverwaltung von Stadtbaurat Kühn aufgestellten Pläne, etwa zur Neugestaltung des Horst-Wessel-Platzes oder zur geplanten Nord-Süd-Achse, fanden nicht die Zustimmung Hitlers und mussten überarbeitet werden.[328] Bei Großvorhaben wie dem Ausbau des Flughafens Tempelhof

---

mit den Mitteln des alten Staates arbeiten müssen, doch an die Grundsätze halten müssen, die das preußische Gemeindeverwaltungsgesetz aufstellt und die später für die Stadt Berlin ihre gesetzliche Anwendung finden werden [...]. *Nach wie vor trägt die Verantwortung für die Leitung der Stadt der Oberbürgermeister* [...]. *Erst nach mühevoller und entsagungsvoller Kleinarbeit sind entscheidende Erfolge zu erreichen* [...] *erst muß die Stadt wieder auf eigenen Füßen stehen*, in: GStA PK, I. HA, Rep. 77 Ministerium des Innern, Tit. 227a, Nr. 104, Bd. 1, Bl. 79.

324 Siehe dazu Anm. 797.

325 Kreutzmüller/Wildt, Julius Lippert [wie Anm. 301], S. 25 f.

326 Verwaltungsbericht der Hauptfinanzverwaltung [wie Anm. 242], S. 6.

327 Ebd., S. 24.

328 Siehe dazu die Protokolle in Dülffer/Thies/Henke, Hitlers Städte [wie Anm. 312], S. 97–107, S. 112–116.

kam er immer wieder auf den Hitler kaum interessierenden Kostenfaktor zu sprechen. Für den Flughafen wurde erreicht, dass er mit Aufrüstungsmitteln finanziert wurde.[329] Eigene Haushaltsmittel für die weitgespannten städtebaulichen Vorstellungen Hitlers, die weder in den Ministerialverwaltungen (die auf der sparsamen Verwendung der Haushaltsmittel bestehen mussten) noch beim Berliner Magistrat (dessen Hauptaufgabe die Haushaltssicherung blieb) in ihrer ganzen Tragweite erkannt wurden, waren noch immer nicht in die Etats eingestellt. Dies sollte sich erst 1936/37 ändern. Gemäß dem von der nationalsozialistischen Staatsführung auch für Berlin seit 1933 geübten System der Mehrfachbeauftragung erhielt der zum Oberbürgermeister aufgestiegene Lippert ein neues Pendant. Hatte Hitler anlässlich einer auf Initiative Lipperts am 28. Juni 1935 in der Reichskanzlei abgehaltenen Besprechung, an der auch der Generaldirektor der Reichsbahn Dorpmüller und Oberbürgermeister Sahm teilnahmen,[330] erklärt, dass *er noch nicht den richtigen Architekten* für die Neugestaltung Berlins gefunden habe, waren bereits 1936 erhebliche Planungsaufgaben an Albert Speer vergeben worden. Dieser war am Ziel, als am 30. Januar 1937 *zur planvollen Gestaltung der Reichshauptstadt* ein *Generalbauinspektor für die Reichshauptstadt* (GBI) für *einen neuen Gesamtbauplan* Berlins eingesetzt wurde. Ausdrücklich wurde Folgendes bestimmt: *Für die Durchführung seiner Aufgaben stehen dem Generalbauinspektor die Behörden des Reiches, Preußens und der Reichshauptstadt zur Verfügung.* Bei Meinungsverschiedenheiten sollte der GBI die *notwendige Anordnung* treffen.[331] Damit war die Stadtplanung Berlins zur Reichssache geworden und der Stadtverwaltung entzogen. Faktisch bedeutete die Einrichtung der Behörde des Generalbauinspektors für die Reichshauptstadt eine völlige Neuordnung der städtischen Finanzverhältnisse. Es mussten *die bisherigen Grundsätze der Finanzpolitik den neuen Bedürfnissen angepaßt werden. Insbesondere konnte der beschleunigten Verminderung der Schulden nicht mehr der Vorrang wie in den letzten Jahren eingeräumt werden.*[332] Doch blieb es ein Bemühen der Stadt, die weiteren sich daraus ergebenen Lasten aus ihrem ordentlichen Haushalt aufzubringen und neue Verschuldungen, zum Beispiel durch geplante U-Bahnen, so lange wie möglich hinauszuschieben. Die allgemeine Haushaltslage verschlechterte sich zudem wieder maßgeblich durch Änderungen in der Steuerzuweisung zwischen dem Reich und den Kommunen (Wegfall des Kommunalanteils an der Reichseinkommensteuer) zu Ungunsten der Kommunen und damit Berlins. Doch konnte auch noch 1938 ein Überschuss von 5,1 Millionen Reichsmark verbucht werden.[333]

---

329 Vermerk vom 18. März 1936, ebd., S. 120 f. Es handelte sich um 75 Millionen Reichsmark.

330 Protokoll, ebd., S. 112–116.

331 Reichsgesetzblatt 1937, T. I, Nr. 13, S. 103: ‚Erlaß über einen Generalbauinspektor für die Reichshauptstadt vom 30. Januar 1937‘, hier § 3.

332 Verwaltungsbericht der Hauptfinanzverwaltung [wie Anm. 242], S. 7.

333 Ebd., S. 9.

Machtträume und Architekturphantasien waren in der Vorstellungswelt Adolf Hitlers bereits lange vor der realen Ausübung von Herrschaft zu einer untrennbaren Einheit verwoben, und der einstige Architekturpostkartenmaler skizzierte künftige Großbauten. Für die umfassende ‚Neugestaltung der Reichshauptstadt', in der für die Olympiade 1936, mit dem weiten Areal des Zentralflughafens Tempelhof und mit neuen Regierungsbauten im Zentrum wie der Reichsbank und dem Reichsluftfahrtministerium bereits eine Anzahl repräsentativer Gebäude geschaffen worden waren, gab es noch keine klaren Pläne. Damit war die Stadtplanung Berlins zur Reichssache geworden. Wenn auch für Berlin – wegen der bereits vorhandenen Größe der Agglomeration – die bei Weitem umfangreichsten Bauaufgaben vorgesehen waren, war die Reichshauptstadt nicht die einzige zur Neugestaltung vorgesehene Stadt: Auch München, die ‚Hauptstadt der Bewegung', Nürnberg, die ‚Stadt der Reichsparteitage' und Hamburg als wichtigste deutsche Hafenstadt und nach dem ‚Anschluss' der ‚Ostmark' das österreichische Linz gehörten zum Kreis der ‚Führerstädte', um die sich eine Gruppe von über 40 weiteren ‚Ausbaustädten' mit geringerer Priorität scharte.

Die städtische Verwaltung aber verlor durch die Institutionalisierung des GBI ab 1937 und dann durch den Kriegsausbruch den Rest der gestalterischen Kompetenzen. Einen finanziellen Spielraum hatte sie bereits zuvor nicht mehr besessen. Bezeichnend für diese Entwicklung ist das in den Kriegsjahren gezeigte Desinteresse, die höchsten Ämter in der Stadt fest zu besetzen. Steeg war ja anfangs nur kommissarisch als Oberbürgermeister und Stadtpräsident eingesetzt worden. Als 1944 die Ämter geteilt wurden, blieb er zunächst weiter kommissarischer Oberbürgermeister. Das Amt des Stadtpräsidenten übernahm der mit vielen Ämtern versehene Gauleiter Goebbels.[334]

Mit den neuen Machtverhältnissen in Berlin hatte zugleich ein grundsätzlicher Wandel in den Finanzierungsmodalitäten stattgefunden. Die Hauptstadt wurde über den GBI nun direkt finanziert. Aufgrund des hohen Stellenwertes der Baumaßnahmen für Hitler spielten dabei Haushaltsgesichtspunkte keine Rolle. Die neuen Grundsätze, die während der Kriegszeit beibehalten wurden, sind ironisch überspitzt von dem führenden Mitarbeiter Speers in Finanzfragen, Karl Maria Hettlage, als Antwort auf eine Frage nach dem Unterschied zwischen der Finanzgebarung bei der Stadt Berlin und beim Generalbauinspektor formuliert worden. Sie bestünden – nach Hettlage – darin, *daß sich bei der Stadt die Ausgaben nach den Einnahmen gerichtet hätten und es bei* uns [gemeint ist GBI] umgekehrt sei, womit er das Thema als erschöpfend behandelt ansehe.[335] Der hier eingeschlagene Weg musste zwangsläufig in einer Katastrophe enden.

---

334 Kreutzmüller/Wildt, Julius Lippert [wie Anm. 301], S. 36.

335 In die Chronik des GBI, 31. März 1941, zitiert nach Hans J. Reichhardt/Wolfgang Schäche, Von Berlin nach Germania. Über die Zerstörung der ‚Reichshauptstadt' durch Speers Neugestaltungsplanungen, 2. Aufl., Berlin 2002, S. 68; Albert Speer, Erinnerungen, 10. Aufl., Berlin 1972, S. 155.

3 Die Finanzierung über den städtischen Haushalt

3.1 Der Ausbau der Infrastruktur einer Metropole

3.1.1 Das Projekt einer Auffüllung des Stadtgebietes mit zeitgemäßer Infrastruktur. Die Berücksichtigung staatlicher Interessen hinsichtlich der Planung von Straßen und Brücken und der Gestaltung öffentlicher Gebäude

Da die Stadt Berlin für ihre kommunalen Aufgaben keine gesonderten Zuwendungen erhielt, kam der Gestaltung des städtischen Haushalts und hier der städtischen Kreditaufnahme eine besondere Bedeutung zu. Seit den späten 1860er-Jahren veränderte sich die städtische Haushalts- und Schuldenpolitik in ihrer grundsätzlichen Orientierung. Die enge Ausrichtung der eigenen Kommunalpolitik und die Überlassung weiter Felder an den Staat in der vorangegangenen Epoche wurden nun kritisiert.[336] Mit dem Wechsel im Amt des Oberbürgermeisters nach dem plötzlichen Tod des seit 1848 amtierenden Oberbürgermeisters Franz Naunyn im Jahr 1860 begann ein neuer Zeitabschnitt, der sich schon zuvor durch das große Rathausprojekt abgezeichnet hatte. Der ehemalige Oberbürgermeister Heinrich Wilhelm Krausnick kehrte in sein altes Amt zurück. Zu seinem Nachfolger wurde der zuvor als Regierungspräsident in Hohenzollern-Sigmaringen wirkende Karl Theodor Seydel gewählt, ein Schwager des sowohl als Arzt, Wissenschaftler wie auch liberaler Politiker ausgezeichneten Rudolf Virchow. Bis 1872 sollte der dezidierte Liberale Seydel im Amt verbleiben.[337]

Große Schritte zur Neuorientierung wurden in den Jahren 1867/68 unternommen, als sich bei der Aufstellung des Etats für 1868 – wie auch im vorangegangenen Jahr – ein Defizit auftat, in diesem Fall in Höhe von einer Million Talern. Hatte man noch im Jahr zuvor die nicht für den Zweck der Anleihe von 1866 verbrauchten Finanzmittel zur Lückendeckung verwendet, beschloss die Stadtverordnetenversammlung am 18. Januar und am 4. März 1868, dass zur teilweisen Deckung des Haushaltdefizits im Jahr 1868 die Überschüsse der städtischen Gasanstalten, die bis dahin zur Verwendung für die alljährlich erforderlichen Erweiterungen der Anstalten bestimmt waren, zunächst für dieses Jahr zu allgemeinen Haushaltszwecken verwendet werden sollten. In den weiteren Verhandlungen der Stadtverordnetenversammlung zur dauernden Neuordnung der städtischen Finanzverhältnisse behielt man auch für die folgenden Jahre diese Regelung zur teilweisen Deckung des städtischen Defizits bei. Vom 1. Januar 1869

336 […] *daß der Kommunalbehörde das Gefühl ihrer Verantwortlichkeit für die Befriedigung der Bedürfnisse der Stadt und für alle städtischen Einrichtungen mehr oder weniger abgegangen und in ihr erst sehr spät lebendig geworden sei, so daß es dem Polizei-Präsidium überlassen blieb, selbständig öffentliche Einrichtungen ins Leben zu rufen, welche zu begründen und zu verwalten Sache der Gemeinde-Behörden gewesen wäre*, Bericht über die Gemeinde-Verwaltung 1861–1876 [wie Anm. 7], H. 2, Berlin 1880, S. 52 f.

337 Noack, Karl Theodor Seydel [wie Anm. 82].

https://doi.org/10.1515/9783111178714-003

an wurde ferner eine Gemeindeeinkommensteuer eingeführt.[338] Die Einnahmen aus beiden Bereichen sollten sich für die Kommune überaus vorteilhaft entwickeln. Zugleich bestand die Erkenntnis, dass zwar die steuerliche Belastung nicht weiter ansteigen dürfe, aber *daß andererseits die Befriedigung anderer Bedürfnisse ein so dringendes Erforderniß geworden sei, daß sie ohne eine unerträgliche Erschwerung der Steuerlast in einem wünschenswerthen raschen Tempo nicht herbeizuführen sein würde.*[339] So mussten sowohl für den nun nicht anders finanzierbaren weiteren Ausbau der Gasanstalten wie auch für weitere extraordinäre Ausgaben systematisch Anleihen aufgenommen werden. Am 9. September 1868 stellte der Magistrat zu Berlin den ‚Antrag auf Genehmigung zur Creirung einer neuen Obligationsschuld von 2 Millionen Thaler für die städtischen Gasanstalten'.[340] Am 30. August 1869 wurde ein weiteres Privileg für eine neue Anleihe in Höhe von 2,5 Millionen Talern ausgestellt, die für die *Ausführung des Baues eines städtischen Krankenhauses und einer städtischen Irren-Anstalt, sowie behufs der Vollendung des Rathaus-Baues*[341] vorgesehen war. Der Deutsch-Französische Krieg brachte nicht nur die Einigung Deutschlands unter preußischer Führung und damit die Hauptstadtfunktion für Berlin. Eine im gesamten Reich geltende neue Währung, die Mark, wurde eingeführt und ihr Wert auf ein Drittel des preußischen Talers festgesetzt. Die Bedeutungszunahme Berlins, zunächst als preußischer Hauptstadt, hatte dazu geführt, dass die kommunalen Defizite mit den nun im Vergleich stehenden Städten wie Paris und London umso schärfer zu Tage traten. Das Problem der Wasserver- und -entsorgung, das in den westeuropäischen Hauptstädten bereits am Anfang des 19. Jahrhunderts angegangen wurde, war im Berliner Raum – abgesehen von einigen kleinräumigen innerstädtischen Gebieten – noch immer ungelöst.[342] Die britische Aktiengesellschaft hatte zunächst Schwierigkeiten gehabt, die Hausbesitzer von der Notwendigkeit zu überzeugen, für ihre Häuser Wasseranschlüsse herzustellen. Die ersten drei Jahre des Betriebes waren deshalb ohne Gewinn abgeschlossen worden. Dies änderte sich in den 1860er-Jahren. Ein Wasseranschluss für alle Wohnungen erschien für zukünftige Bebauung notwendig. Die Aktiengesellschaft war jedoch nicht bereit, neuerliches Kapital vorzuschießen. Schließlich einigte man sich 1874 auf den Ankauf der Berlin Waterworks Company durch die Stadt für 1,35 Millionen Pfund (25,112 Millionen Mark). Der bisherige Direktor leitete den weiteren Ausbau, zu dem neue Wasserwerke, unter anderem an der Havel gehörten. Der Ausbau der nun kommunalen Wasserwerke wurde – wie der der Entwässerung – durch Anleihen finanziert.[343]

338 Bericht über die Gemeinde-Verwaltung 1861–1876 [wie Anm. 7], H. 1, S. 70 f.

339 Zitat ebd., S. 113.

340 GStA PK, I. HA, Rep. 77 Ministerium des Innern, Tit. 441, Nr. 32, Bd. 1.

341 Im Fall des Rathauses handelte es *wesentlich nur noch um die innere und äußere Ausschmückung des Gebäudes*, Bericht über die Gemeinde-Verwaltung 1861–1876 [wie Anm. 7], H. 1, S. 114.

342 Tepasse, Stadttechnik, Bd. 1 [wie Anm. 86], S. 14 f.

343 Festschrift zur XXXV. Hauptversammlung [wie Anm. 53], S. 103.

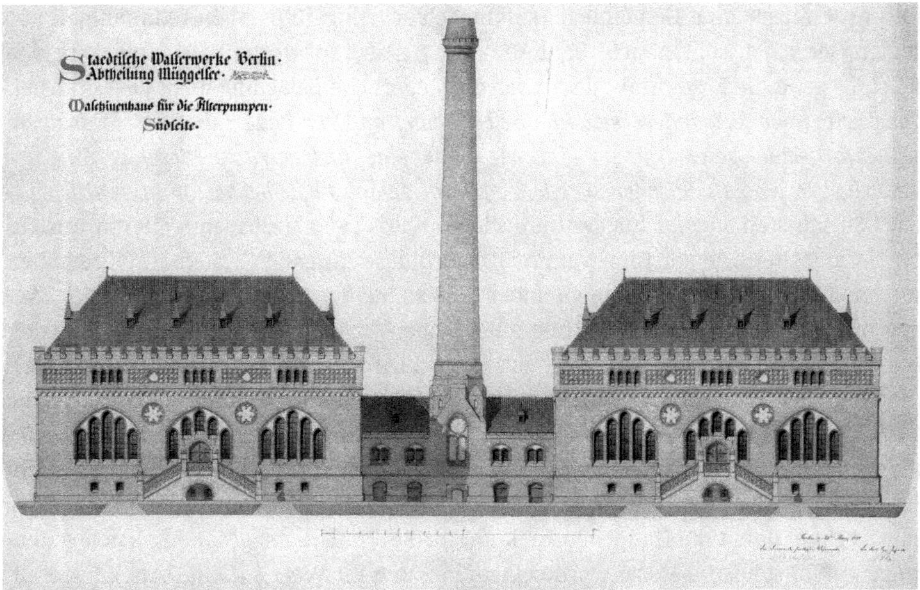

Abb. 6: Wasserwerk Müggelsee, Maschinenhaus, 1889. © Berliner Wasserbetriebe, Signatur: Sig. 113_155.

Oben ist bereits berichtet worden, dass nicht die städtischen Gremien, sondern die preußische Ministerialbürokratie den Rückstand auf dem Gebiet der kommunalen Infrastruktur der preußischen Metropole erkannte. Für die zukünftige Hauptstadt eines nach internationaler Geltung strebenden Deutschen Reiches musste mit einer modernen, zukunftsweisenden Infrastruktur Abhilfe geschaffen werden. Der Anfang wurde mit dem Hobrechtplan gemacht. Damit waren das für bis zu vier Millionen Einwohner vorgesehene Areal sowie der Verlauf der Erschließungsstraßen für die künftige Stadt festgelegt.[344] Der Verfasser des zwischen 1858 und 1862 erarbeiteten Fluchtlinienplans, James Hobrecht, war Tiefbaufachmann. Ihm wurde nach zahlreichen Vorarbeiten die Ausarbeitung der Planung der kostenintensiven Entwässerung der Stadt übertragen. Man hatte sich für eine Schwemmkanalisation entschieden. Das aus der Stadt unter Ausnutzung des natürlichen Gefälles und mittelst Pumpen in zwölf Radialsystemen gesammelte Schwemmmaterial sollte auf Rieselfeldern abgelegt und dort wieder wirtschaftlich genutzt werden. Doch war die Entwässerung nur ein Teil der nötigen Infrastruktur, zu der die Wasser- und Gasversorgung ebenso gehörten wie der Ausbau der Schulen und Krankenhäuser sowie eine hygienische Lebensmittelversorgung durch Schlachthäuser und Markthallen. Man war in der Anlage einer kommunalen Infrastruktur überaus erfolgreich. Aus der rückständigen preußischen Hauptstadt wurde

344 Dazu siehe Anm. 84.

innerhalb einer Generation eine Weltmetropole mit international als vorbildlich geachteter Infrastruktur.

Die Finanzierung dieser Vorhaben war allein Sache der Kommune. Lediglich bei den Straßen, die sich wenige Jahrzehnte zuvor noch in staatlicher Verwaltung befanden, konnte die Gemeinde bei der Neuanlage die Kosten auf die Anlieger abwälzen.[345] Die Hauptlast der Infrastrukturkosten aber wurde von der Stadt getragen. Die Kosten konnten keineswegs aus dem Steueraufkommen bewältigt werden; sie mussten durch Kreditaufnahme erfolgen.

Die kriegerischen und politischen Erfolge des preußisch-deutschen Reiches führten unter anderem zu einer starken Ausweitung des Finanzmarktes, der die Kommunalkredite billiger machte. Nun konnte aber auch der Zins für die Anleihen von 1868 und 1869, der ursprünglich fünf Prozent betragen sollte, reduziert werden: 1872 wurde für beide Anleihen die Herabsetzung des Zinsfußes auf viereinhalb Prozent beantragt und genehmigt.[346] Damit zog man bei den Zinsen mit den preußischen Staatsanleihen gleich. Doch anders als bei den Staatsanleihen, für die 1868 bis 1900 das System der freien Tilgung galt, blieben für die städtischen Obligationen die Amortisationsraten weiterhin vorgeschrieben.[347] Als erste Stadt des Reiches war man sich einer Vorbildfunktion in Finanzfragen bewusst und nahm 1874 beim Reichsinvalidenfonds 30 Millionen Mark auf.[348]

Der Ausbau der Gasanstalt, der Ankauf und die darauf folgende Erweiterung der Wasserwerke sowie die Anlage einer Stadtentwässerung, die neben den Tiefbaumaßnahmen zunächst sehr umfangreiche Geländeankäufe für die Verrieselung erforderten, brachten neue erhebliche Ausgaben für die Stadt mit sich. So wurde 1874/75 eine weitere Anleihe in Höhe von 24 Millionen aufgenommen und durch Allerhöchste Ordre vom 2. Oktober 1874 genehmigt.

---

345 Dazu siehe Anm. 67 und 443.

346 GStA PK, I. HA, Rep. 77 Ministerium des Innern, Tit. 441, Nr. 32, Bd. 1, für die *creirten, doch nicht ausgegebenen, sondern noch im städtischen Besitz befindlichen Stadtobligationen im Betrage von 1,4 Mio. (1868) u 1,93 Mio. (1869).*

347 Wolfgang Hofmann, Aufgaben und Struktur der kommunalen Selbstverwaltung in der Zeit der Hochindustrialisierung, in: Kurt G. A. Jeserich/Hans Pohl/Georg-Christoph von Unruh (Hrsg.), Deutsche Verwaltungsgeschichte, Bd. 3: Das Deutsche Reich bis zum Ende der Monarchie, Stuttgart 1984, S. 577–644, hier S 610.

348 GStA PK, I. HA, Rep. 77 Ministerium des Innern, Tit. 441, Nr. 32, Bd. 1, Bericht der Regierung Potsdam vom 7. April 1876. Die Kosten für den Erwerb und Ausbau der Wasserwerke wurden auf insgesamt 42 Millionen Mark beziffert.

Tab. 20: Kommunalanleihe 1874 (in Millionen Mark).

Zweck	Anleihesumme
Erweiterung der Gaswerke	15
Ausbau der Kanalisation*	6
Ausbau der höheren Lehranstalten	3

Quelle: Bericht über die Gemeinde-Verwaltung 1861–1876 [wie Anm. 7], H. 1, S. 115.
* Zunächst im Radialsystem III (von den insgesamt vorgesehenen Systemen I–XII).

Der Ausbau der höheren Lehranstalten gehörte zu den weiteren kostenintensiven Aufgaben, die anders als die Be- und Entwässerung keine Gebühren abwarfen und so als Kämmereischuld und nicht als gewinnbringende Anlage angesehen wurden. Im Gegensatz zum Elementarschulwesen, zu dessen Ausbau die Gemeinden verpflichtet waren, gab es für die Errichtung und Finanzierung der weiterführenden Schulen zunächst keine zwingenden kommunalen Pflichten. In Berlin bestanden 1848 zwölf höhere Lehranstalten (Gymnasien, Real-, Gewerbe- und höhere Töchterschulen), von denen sieben fiskalisch und fünf städtisch verwaltet wurden. Zwischen 1861 und 1875 wurde die Zahl der höheren Lehranstalten auf über 20 erhöht. Von den bis 1877 fertiggestellten elf Anstalten waren neun kommunal, mithin gehörten nur noch zwei neue Oberschulen zur fiskalischen Verwaltung. Weitere sieben kommunale Lehranstalten waren im Bau.[349] Die dafür anfallenden Kosten wurden auf den laufenden Etat und die städtische Anleihe von 1874/75 verteilt, sodass für den Bau der Oberschulen zwischen 1874 und 1878 jährlich 740.000 Mark in den Etat eingestellt und zusätzlich durch die Anleihe drei Millionen Mark aufgenommen wurden.[350] Damit ergab sich ein kleines Übergewicht von dreieinhalb Millionen Mark bei der Finanzierung aus dem laufenden Etat gegenüber den drei Millionen Mark der Anleihe. Mit dem großzügigen Bauprogramm wie auch mit der Ausstattung wurden Maßstäbe gesetzt. Die Schulen wurden nicht nur so groß angelegt *wie irgend zulässig*, sondern auch architektonisch entsprechend gestaltet. Dabei konnte die Stadt durchaus mit den entsprechenden Bauten des Staates konkurrieren.[351]

---

349 BusB 1877 [wie Anm. 99], T. 1, S. 189.
350 Bericht über die Gemeinde-Verwaltung 1861–1876 [wie Anm. 7], H. 1, S. 174.
351 BusB 1877 [wie Anm. 99], T. 1, S. 190–204.

Abb. 7: Lessing-Gymnasium Pankstraße 1884–1887, Architekt: Hermann Blankenstein. © Architektenverein zu Berlin/Vereinigung Berliner Architekten (Hrsg.), Berlin und seine Bauten, Bd. II und III: Hochbauten, Berlin 1896, S. 311, Abb. 315; gemeinfrei unter: https://digital.zlb.de/viewer/image/16337878/363/ [abgerufen am: 24. Juli 2023].

Mit der Anleihe von 1874/75 begann ein weiteres Kapitel in der städtischen Schuldenpolitik. Vor allem die Kosten für den Ankauf und Ausbau der Wasserwerke hatten sich als höher erwiesen als zunächst gedacht. 1876 wurden sie mit 42 Millionen Mark veranschlagt. Ebenso musste die Entwässerung ausgebaut werden. Die Kosten der einzelnen Posten, vor allem der Kanalisierung, sollten sich nach den Ergebnissen der bis 1876 errichteten Bauten weiterhin nach oben entwickeln und sich mit dem Radialsystem III (6,2 Millionen Mark), den Radialsystemen I, II, IV und V (29,4 Millionen) und dem Ankauf der Rieselfelder (drei Millionen) zuammen auf 38,6 Millionen Mark belaufen. Nur sechs Millionen Mark der Kosten für die Entwässerung waren durch die Anleihe von 1874/75 finanziert worden, mithin waren noch 32,6 Millionen Mark zu beschaffen. Dies sollte von 1876 an ebenfalls auf dem Anleihewege geschehen. Dabei sollten von der Gesamtsumme von 30 Millionen Mark zwölf Millionen zur Erweiterung und Vollendung der städtischen Wasserwerke und 18 Millionen für die Kanalisationsarbeiten verwendet werden. Die Schuldenaufnahmen sollten sich nun miteinander verzahnen. Anders schien die Finanzierung des Ausbaus der hauptstädtischen Infrastruktur nicht möglich. Die Kommunalaufsicht im Brandenburger Oberpräsidium hatte keine Bedenken gegen die Kreditaufnahme. Der zuständige Berichterstatter legte dazu dar, dass die Wasserwerke nach dem Bericht des Magistrats in ihrem derzeitigen Umfange nicht nur die Zinsen und Amortisationsraten der bei dem Reichsinvalidenfonds aufgenommenen Anleihe von 30 Millionen Mark erbrachten, sondern darüber hinaus auch noch einen Überschuss. Durch die Kanalisation würde die städtische Kasse als solche ebenfalls nicht mit Ausgaben belastet, da die Eigentümer der an die Kanalisation angeschlossenen Grundstücke nach einem Ortsstatut vom 4. September 1874 jährlich so viel Geld aufzubringen hatten, dass die laufenden Kosten der Kanalisation einschließlich der Verzinsung und Amortisation der dafür aufgenommenen Anleihe gedeckt waren.[352] Weiterhin führte er aus, dass die Stadtgemeinde Berlin zwar augenblicklich eine Schuldenlast von 73.414.695 Mark aufgenommen habe, dieser Betrag aber für eine Stadt mit 843.693 Einwohnern und einem Sollaufkommen an direkter Staatssteuer von 14.970.729 (für das Jahr 1875) keine bedeutende Schuldenlast darstelle, zumal *das nicht unbeträchtliche sich von Jahr zu Jahr mehrende Grundeigenthum der Stadt* nach dem 1873 festgestellten Lagerbuch der Stadt auf 44.224.053 Mark veranschlagt sei und ferner dem Kredit die große Steuerkraft der Einwohner gegenüberstehe. Anders sah man es auf der Ministerialebene. Der preußische Finanzminister Otto von Camphausen meldete Bedenken an. Vor allem forderte er die Heranziehung der Ertragsüberschüsse zur Amortisation der Kredite.[353] Damit hätte die

---

352 GStA PK, I. HA, Rep. 77 Ministerium des Innern, Tit. 441, Nr. 32, Bd. 1, Bericht der Regierung Potsdam vom 7. April 1876.

353 Die Bedenken formulierte der preußische Finanzminister in einem Schreiben vom 12. Mai 1876 an die Minister des Innern und für Handel, Gewerbe und öffentliche Arbeiten: *Wenn auch mit Rücksicht auf die muthmaßliche Kostspieligkeit der Anlage dagegen nichts zu erinnern ist, daß der Anleihebetrag von 12. Mio. Mark, welche die Stadtgemeinde Berlin zu Erweiterungsbauten der städtischen Wasserwerke aufzunehmen wünscht, und mit 1 Procent unter Zuwachs der ersparten Zinsen vom 1. April 1897 amortisirt werde, so liegt doch meinem ganz ergebensten Dafürhalten kein genügender Grund vor, von den allgemein maßgebenden Grundsätzen abzugehen, nach denen zu der Amortisation des Anleihebetrages von dem gedachten Zeitpunkt ab auch die Ertragsüberschüsse der Anleihe zu verwenden sein werden. Ich habe hiernach die Mitunterzeichnung des nebst Anlagen beifolgenden Immediatbericht ausgesetzt und stelle die bezügliche Ergänzung der Unterlagen anheim. gez. Camphausen.* An den zustimmend votierenden Innenminister schrieb Camphausen am 12. Juni 1876 (ebd.): *Ein Abstandnehmen von der Heranziehung der eventuellen Ertragsüberschüsse zu der Amortisation der Anleihe war überdies ein Act besonderer Convenienz, auf welchen spätere Berufungen nicht geeignet erscheinen* [...]. [...] *für eine gewinnbringende Anlage (Erweiterung der Gasanstalten) hat die Amortisation zu 2 % stattzufinden* [...]. *Vom finanziellen Standpunkt aus habe ich kein sonderliches Gewicht darauf zu legen, ob die Amortisation in diesem Fall mit ein oder 2 Procent jährlich stattfindet. Für den Fall, daß Ew. Ex. den Beschlüssen*

Finanzierung der werbenden Anlagen von denen der Kämmerei abgekoppelt werden müssen. Der Aufbau einer nicht Ertrag bringenden Infrastruktur – vor allem des höheren Schulwesens – wäre so erschwert gewesen. Letztlich folgte aber auch von Camphausen der von der Stadtverordnetenversammlung, dem Oberpräsidium und dem Innenministerium vorgegebenen Linie und unterzeichnete die städtische Vorlage. Damit hatte sich ein spezifisches Finanzierungsmodell zum Ausbau der Infrastruktur der preußisch-deutschen Hauptstadt durchgesetzt. Die Änderungen in der kommunalen Kreditaufnahme und deren Behandlung durch die Staatsaufsicht fanden immer wieder Widerhall in der Presse. In der Vossischen Zeitung bemühte sich der Verfasser, den Bedenken gegen eine Ausweitung der Anleihewirtschaft entgegenzutreten. Die Sorgen, dass Anleihen nicht zu produktiven Zwecken, sondern zur Deckung von großen laufenden Ausgaben verwendet würden, seien nichtig. Bei einer damaligen Gesamtschuld von 12.800.000 Mark hätte man im Kriegsjahr 1866 für die Folgen der Mobilmachung und der drohenden Kriegsausgabe sowie zur Fortführung der öffentlichen Arbeiten für eine Anleihe in Höhe von 9.000.000 Mark entschieden, die nur bei dem hohen Zinsfuß von fünf Prozent und einem Emissionskurs von 90 Prozent zu platzieren gewesen wäre. Die weiteren Anleihen 1869 (sechs Millionen), 1870 (siebeneinhalb Millionen), 1874 (30 Millionen), 1875 (24 Millionen) und 1876 (30 Millionen Mark) konnten zum Zins von viereinhalb Prozent ausgegeben werden, zu dem auch die Anleihe von 1866 umgewandelt worden war. Die Anleiheschulden hatten sich danach auf 119,273 Millionen Mark erhöht. Die Anleihen nach 1866 waren für produktive Zwecke aufgenommen und verzinsen sich aus den gegenwärtigen und künftig zu erwartenden Erträgen. Anders sah der Verfasser die Lage der steigenden Kämmereischuld, die allerdings nur mit 1,4 Millionen Mark zu Buche schlug, doch immerhin 14,5 Prozent der errechneten jährlichen Einkommensteuer zur Verzinsung und Amortisierung erforderlich machte.[354]

Mit der nun eingeleiteten Anleihepolitik wurde auch in der Zeit des erheblichen Konjunkturrückganges systematisch fortgefahren und damit gewissermaßen antizyklisch gehandelt. 1878 beantragte die Stadt weitere Anleihen. Der Gesamtbedarf betrug zu diesem Zeitpunkt für die städtischen Wasserwerke eine Million Mark, für die Kanalisation, hier die Radialsysteme I–V (35,625 Millionen Mark, dazu Kosten für die Rieselfelder 4,86 Millionen) 16,5 Millionen Mark, ferner für die Erbauung eines mit Schlachthäusern verbundenen Viehhofes elf Millionen Mark, für die Erbauung neuer, dem Verkehr entsprechender Brücken acht Millionen Mark, für den Bau eines neuen städtischen Arbeitshauses zu Rummelsburg (Kosten 2,2 Millionen Mark, Zuschuss davon aus Königlichen Zuschussgelderfonds zur polizeilichen Armenpflege 1,75 Millionen) eine halbe Million Mark, für den Bau einer neuen städtischen ‚Irrenanstalt' zu Dall-

der Stadtverordneten-Versammlung nachzugeben geneigt sein sollen, habe ich den Entwurf mitgezeichnet.

354 Berliner Stadtschulden in: Vossische Zeitung vom 2. Dezember 1876: LAB, A Rep. 005-03-02 Hauptfinanzverwaltung, Nr. 106.

dorf (insgesamt viereinhalb Millionen Mark, davon aus provinzialen Dotationsfonds 0,39 und aus dem Bestand der Anleiheschuld von 1870 1,51 Millionen) 2,4 Millionen Mark, für die Vergrößerung des Betriebsfonds der städtischen Hauptkasse (bisher 2,1 Millionen Mark) 0,9 Millionen Mark. Bewilligt wurden in zwei mit unterschiedlichem Zinsfuß ausgestatteten Anleihen zusammen 35 Millionen Mark, mithin nicht die gesamte Summe. Für den Berichterstatter der Regierung Potsdam[355] erschien die Finanzsituation der Stadt weiterhin stabil. Die Sicherheiten konnten *nicht bezweifelt werden*, obwohl man die damalige Anleiheschuld der Stadt Berlin mit 110.042.750 Mark als *recht erheblich* einstufte. Entscheidend war, dass ein großer Teil nicht als Kämmereischuld galt. Denn es entfielen von der Gesamtschuld 22,15 Millionen Mark auf die Gasanstalten, 40,71 Millionen auf den Ankauf und die Erweiterung der Wasserwerke und 23,88 Millionen auf die Ausführung der Kanalisation und Entwässerung. Damit ergaben sich insgesamt Schulden in Höhe von 86,75 Millionen Mark, deren Kosten durch Beiträge zu decken waren. Mithin verblieb zu diesem Zeitpunkt eine eigentliche Kämmereischuld von 23,849 Millionen Mark.

Es lag im Bestreben des Berliner Magistrats, die Kosten des Schuldendienstes auf dem Kreditmarkt, den man aufmerksam beobachtete, nach Möglichkeit zu verringern. Mit der Verbesserung der Konjunkturaussichten war dies möglich geworden. Am 7. Juli 1880 stellte der Magistrat den Antrag auf Erteilung der staatlichen Genehmigung zur Herabsetzung des Zinsfußes des noch nicht begebenen Teils der städtischen Anleihe vom Jahre 1878 von viereinhalb auf vier Prozent, mit der Begründung: *Seit der Beschlußfassung der städtischen Behörden über die Aufnahme der erwähnten Anleihe haben sich die Verhältnisse des Geldmarktes erheblich geändert. Als beschlossen wurde, daß die Anleihe mit 4 ½ % verzinst werden sollte, hatten wir alle Veranlassung anzunehmen, daß dieser Zinsfuß ein angemessener sei, weil er der Stadtgemeinde eine verhältnismäßig leichte Begebung der Anleihe ermöglichte und von dem Publicum – namentlich den Kapitalisten, welche ihre Gelder fest anlegen wollten – gewünscht und vorgezogen werde.* Seitdem aber war der Zinsfuß gesunken, die Hypotheken, die früher über fünf Prozent Zinsen erbrachten, wurden jetzt zu viereinhalb Prozent ausgegeben. Deshalb war der Kurs der Anleihe auf 104 Prozent gestiegen. Im Interesse der Stadt war deshalb eine Herabsetzung des Zinsfußes notwendig. Am 16. August 1880 entsprach man dem Antrag.[356]

In einem weiteren Antrag bat die Stadt darum, auch die Anleihen von 1866 und 1867 in Höhe von 37.843.000 Mark von viereinhalb auf vier Prozent zu reduzieren. Auch diesmal befürwortete der Oberpräsident der Provinz Brandenburg den Antrag. Aus dem sich dabei ergebenden Schriftwechsel[357] ist einiges zur Struktur der Käufer

---

355 GStA PK, I. HA, Rep. 77 Ministerium des Innern, Tit. 441, Nr. 32, Bd. 1, Bericht der Regierung Potsdam an das preußische Ministerium des Innern vom 8. April 1878.

356 Ebd. Allerhöchste Ordre vom 16. August 1880 betreffend Herabsetzung des Zinsfußes für 22,5 Millionen Mark der Berliner Anleihe ab 1. Juli des Jahres.

357 Ebd.

der Anleihen, der eigentlichen Finanziers des Hauptstadtausbaus, zu entnehmen. Am 4. Juni 1881, nach der ersten Zinsreduzierung, traf eine Eingabe des Magistrats der Stadt Siegen ein, in der dieser darauf hinwies, dass die dortige Sparkasse 247.000 Mark in Berliner Kommunal-Obligationen zum Kurs von 103,77 Prozent erworben hatte, was im Fall der Zinsreduktion einen sicheren Kursverlust von 6.000 Mark bedeuten würde. Viele andere Institute – so teilte man mit – würden ähnliche Verluste erleiden. Der preußische Innenminister Robert Viktor von Puttkamer nahm dieses Problem ernst und wandte sich an Albert von Maybach, den Minister der öffentlichen Arbeiten,[358] der dazu ein Votum der Preußischen Seehandlung einholte. Dort wurde bestätigt, dass *für derartige Anleihen gerade ‚weniger Bemittelte, kleine Anleger' aus der Stadt, Sparkassen und Stiftungen in Frage kommen, die nun die Verluste hätten.*[359] Von den im Umlauf befindlichen 94.817 Stücken der vier Anleihen waren Anleihen in insgesamt 2.400 Händen. Die Folgen für den Geldmarkt, wenn nicht auf einmal und bare Einlösung verlangt wird, schätzte man dagegen eher gering ein. Bei der Seehandlung waren 1880/81 im Ganzen 379.800.000 Mark verschiedenster Kommunaleffekten herabgesetzt worden. Das Innenministerium fasste zusammen, dass aus finanzpolitischen Gründen keine Versagung, wenn sie nicht allgemein wäre, möglich sei. Aber angesichts der *Tatsache, daß die Berliner Stadt-Obligationen vorzugsweise in den Händen der weniger vermögenden Klassen der Berliner Einwohnerschaft* [...] [liegen], *die ihre Kapitalien der Stadt anvertraut haben und durch die Convertirung eine nicht unerhebliche Schmälerung ihres Einkommens erleiden würden*, votierte der Innenminister für eine Ablehnung der Herabsetzung des Zinsfußes.[360] Doch erfolgte durch Allerhöchsten Erlass im September 1881 die Genehmigung, dass der Zinsfuß der Anleihen 1866, 1868, 1869, 1874 auf vier Prozent reduziert werden könne.[361]

Eine Zusammenstellung aus dieser Zeit gibt den Umfang der städtischen Obligationsschuld und den Stand von deren Tilgung wider:

358 Er erhielt folgende Antwort: *Die allgemeinen Gründe wirtschaftlicher und finanzpolitischer Natur, welche den Herrn Minister der öffentlichen Arbeiten bestimmt haben, durch den Bescheid vom 17 des Monats den Antrag der Berlin-Anhaltischen Eisenbahn-Gesellschaft auf Convertirung ihrer Prioritäts-Obligationen von 4 ½ auf 4 % abzulehnen, sind zwar bisher bei gleichartigen Anträgen von Kreisen und Stadtgemeinden nicht für durchgreifend erachtet worden, weil die erzielte Zinsersparnis nicht wie bei den Erwerbsgesellschaften lediglich zur Erhöhung des Gewinns der Aktionäre bestimmt ist, sondern bei den kommunalen Korporationen allen Mitgliedern der Letzteren durch Ermäßigung der kommunalen Steuerbelastung zu Gute kommt. Bei der Höhe der in Rede stehenden Summe von fast 38 Mio. M halten wir es jedoch vor* [...] *Genehmigung* [...] *für erforderlich zu constatiren, ob von der derselben nicht ein nachtheiliger Einfluß auf die Lage des Geldmarktes zu befürchten steht*, ebd.; die Anfrage datiert vom 25. Juni 1881.

359 Generaldirection der Seehandlungs-Societät an den Minister des Innern, 29. Juni 1881, Votum vom 25. Juni, ebd.

360 Votum des preußischen Ministers des Innern vom 26. Juni 1881, ebd.

361 Amtsblatt der Regierung Potsdam und der Stadt Berlin, Stück 38, 23. September 1881.

Tab. 21: Obligationsschuld der Stadt Berlin und deren Tilgung 1875–1881 (alle Beträge auf Millionen Mark umgestellt).

Anleihe der Jahre*	**1828**	**1846**	**1849**	**1855**	**1866**	**1869 (1868)**	**1870 (1869)**	**1874**	**1875**	**1876**	**1878**	**1878**
Amortisation	1 % 1836–1895	1 % 1852–1890	1 % 1852–1890	1 % 1858–1896	1 % 1870–1906	2 % 1872–1897	2 % 1872–1897	1 % 1874–1912	2 % 1877–1912	1 % 1879–1918	1 % 1881–1919	1 % 1881–1919
Schuld (in Millionen Mark)	11,067	4,500	3,000	1,500	9,000	6,000	7,500	30,000	24,000	30,0	12,5 zu 4,5 %	22,5 zu 4,5 %
davon bis 1875 getilgt	6,705	1,883	1,245	0,404	0,612	0,519	0,649	0,614	–	0,620	0,130	0,220
davon bis ultimo März 1881 getilgt	7,730	2,667	1,909	0,628	1,281	1,329	1,1657	2,409	2,061			

Quelle: GStA PK, I. HA, Rep. 77 Ministerium des Innern, Tit. 441, Nr. 32 Bd. 1.
* Erläuterung: Die vor und bis 1828 bestehende Obligationsschuld wurde 1829 in vierprozentige Obligationsscheine eingetauscht; bis 1852 Tilgung durch Kommunalakzise; 1846 für die Beschaffung von Geldmitteln für die Gasanstalt 1849–1852 zunächst zu dreieinhalb, dann zu fünf, danach viereinhalb Prozent; 1855 Regulierung des städtischen Haushalts (siehe oben); 1866 Mobilmachung; 1869 Erweiterung der städtischen Gasanstalt, Obligationen zu viereinhalb Prozent; 1870 Vollendung des Rathausbaus, zunächst mit Obligationen zu fünf, ab 1874 zu viereinhalb Prozent; 1874 Ankauf und Erweiterung der Berliner Wasserwerke mit Obligationen zu viereinhalb Prozent; Schuldenaufnahmen von 1875 für Erweiterungsbauten der städtischen Gasanstalt und den Bau höherer Lehranstalten, die Ausführung der städtischen Kanalisation im Radialsystem III; 1876 Erweiterungsbauten der städtischen Wasserwerke und die Ausführung der Kanalisation in den Radialsystemen I, II, IV und V; 1878 Vollendung der städtischen Wasserwerke, Ausführung der Kanalisation in den Radialsystemen I–V, Erbauung des Viehhofs, Bau von Brücken, des städtischen Arbeitshauses Rummelsburg und der Irrenanstalt Dalldorf, zudem wurden Betriebsfonds der Stadthauptkasse mit den Obligationen zu viereinhalb Prozent aufgestockt.

3.1.2 Der weitere Ausbau der städtischen Infrastruktur über städtische Anleihen

Die Reihe der mit den jeweiligen Vorgängeranleihen verzahnten Schuldenaufnahmen wurde im Juni 1882 fortgesetzt. Die Annahme der Regierung, dass die Kosten der Kanalisation, ebenso wie die Kosten der Wasserwerke, *durch die Beiträge der Grundstücksbesitzer vollständig gedeckt werden würden*, hatte sich nicht erfüllt.[362] Weiterhin blieben *bedeutende Zuschüsse* nötig. Diese Notwendigkeiten waren es offenbar, die dem Bericht erstattenden Oberpräsidenten über einige Mängel des Verfahrens hinwegse-

362 Der Oberpräsident der Provinz Brandenburg an die Minister für Handel, Gewerbe und öffentliche Arbeiten, der geistlichen Angelegenheiten und der Finanzen, 28. Juni 1882, in: GStA PK, I. HA, Rep. 77 Ministerium des Innern, Tit. 441, Nr. 32, Bd. 2. [auch für die nachfolgenden Quellenzitate].

hen halfen. So war die Gesamtsumme der Ausgaben, 64,55 Millionen Mark, nur überschlagsweise berechnet und konnte deshalb für die nächsten drei Jahre auf 45 Millionen Mark reduziert werden. Dabei sei, wie der Oberpräsident schrieb, der Magistrat von der Annahme ausgegangen, dass die Stadtgemeinde nicht genötigt sei, sich genau an die veranschlagten Teilsummen zu halten. Wörtlich fuhr er fort: *Hierdurch gewinnt es den Anschein, als wolle der Magistrat sich freie Hand wahren, unter Umständen, wenn die anderen Verwendungspunkte weniger Mittel erfordern, z. B. für die Kanalisation nicht bloß den reducirten Betrag von 26 Mio., sondern die volle Bedürfnissumme von 32,6 Mio. aus der Anleihe zu decken. Dieses Verlangen geht aber m. E. zu weit. Reicht der reducirte Betrag von 26 Mio. für die Canalisation pp. nicht aus, so wird vielmehr den städtischen Behörden überlassen bleiben müssen, deshalb weitere Anträge zu stellen.* Der Oberpräsident votierte für eine Zustimmung. Auch gegen die vorgesehene Amortisation mit einem Prozent und die Verzinsung von vier Prozent, deren Kosten mit jährlich 2,25 Millionen Mark berechnet wurden, hatte er nichts einzuwenden, da der *überwiegend größere Theil dieser Summe sich aber wiederum selbst verzinsen und amortisieren* würde, *ohne der Gemeinde zur Last zu fallen.*

Der Gesamtbedarf betrug danach:

Tab. 22: Der Gesamtbedarf 1882 (in Millionen Mark).

Zweck	Summe des nachzuweisenden Bedürfnisses	Anleihe	Rest
1. Fertigstellung der Kanalisation in den Radialsystemen I–VI	32,60	26,00	6,6
2. Herstellung von Brücken	6,60	2,00	4,6
3. Erweiterung der Wasserwerke	2,60	2,60	
4. Bau eines Polizeidienstgebäudes	6,00	3,00	3,0
5. Bau eines Krankenhauses	1,00	1,00	–
6. Errichtung der Markthallen	10,00	5,00	5,0
7. Errichtung eines Hospitals und Siechenhauses	2,00	2,00	–
8. Vollendung des Viehhofs, Entschädigung der Schlachtberechtigten usw.	2,00	2,00	–
9. Straßenregulierung und Anlegung der Stadtbahn	1,75	1,75	–
zusammen:	64,55	45,35 (45)	19,2 (19,55)

Quelle: GStA PK, I. HA, Rep. 77 Ministerium des Innern, Tit. 441, Nr. 32, Bd. 2.

Besonders die Punkte 1, 2, 3 und 8 behandelten Ausgabenzwecke, für die bereits früher Anleihen aufgenommen worden waren. Die Punkte 4, 5, 6, 7 und 9 wurden als *außerordentliche Ausgaben für dauernde Einrichtungen, für welche die Mittel aus den laufenden Einnahmen nicht entnommen werden konnten*, bezeichnet. Auch diese Anleihe wurde genehmigt.[363] In der Erkenntnis, einer fortlaufenden Reihe von ineinander verschränkten Obligationen gegenüberzustehen, führte der Oberpräsident der Provinz Brandenburg gegenüber den Ministern des Innern und der Finanzen in seiner Begründung für die Zustimmung der Genehmigung der nächstfolgenden Anleihe von 1886 in Höhe von 50 Millionen Mark aus, dass diese Anleihe ein *neues Glied in der Kette* der 1874, 1876, 1878 und 1883 genehmigten Anleihen von 24, 30, 35 und 45 Millionen Mark bilden würde und sich *namentlich an die letzte dieser Anleihen anschließen mit welcher sie eine Reihe von Zwecken gemeinsam hat.* Grundsätzlich bemerkte er zum Anleihebedarf: *Das starke Anwachsen der Stadt Berlin während der letzten zwanzig Jahre und die gleichzeitige Steigerung der Ansprüche, welche auf fast allen Gebieten der Lebensinteressen an die größeren Stadtgemeinden gemacht werden, haben ein so fühlbares Mißverhältniß zwischen den Bedürfnissen der hauptstädtischen Bevölkerung einerseits und der überkommenden Befriedigungsmitteln andererseits zu Wege gebracht, daß die städtische Verwaltung unvermeidlich auf dem Weg einer Wirthschaft mit großen, nur durch fortgesetzte Anleihen zu deckenden Extraordinarien des Ausgabeetats gedrängt worden ist. Diese Periode ist auch gegenwärtig noch nicht überstanden, man wird indessen wohl hoffen dürfen, daß wenn erst die Kanalisation sowie die Brückenbauten und die damit zusammenhängende Regulirung des Flußbetts der Spree zur völligen Durchführung gelangt sein werden, der Zeitpunkt gekommen sein wird, mit welchem die Verhältnisse des Stadthaushalts wieder einen mehr normalen Character annehmen können. Einstweilen wird man auf dem eingeschlagenen Weg weiter fortschreiten müssen.*[364] Zu den Modernisierungsmaßnahmen ist auch das 1883 begonnene Projekt der Errichtung von Markthallen zum Detailverkauf von Lebensmitteln und die Anlage einer Zentralmarkthalle mit Eisenbahnanschluss am Alexanderplatz zu zählen. Damit stellte der Oberpräsident zugleich die Genese dieser Art der Hauptstadtfinanzierung dar, in die die Stadt Berlin, wie er ausdrücklich betont, *gedrängt worden ist.* Die Verzahnung der Anleihen macht die folgende Zusammenstellung deutlich.

363 Privileg vom 23. August 1882, Amtsblatt der Regierung Potsdam und der Stadt Berlin, Stück 40, 6. Oktober 1882.

364 Der Oberpräsident der Provinz Brandenburg an die preußischen Minister des Innern und der Finanzen, 22. März 1886, in: GStA PK, I. HA, Rep. 77 Ministerium des Innern, Tit. 441, Nr. 32, Bd. 2.

Tab. 23: Anleihen und Bedarf 1882–1886 (in Millionen Mark).

Zweck	aus der Anleihe von 1882 anfänglich als bestimmt gemacht	wirklich überwiesen	jetzt (1886) als Bedarf angemeldet
1. Erbauung von Brücken	2,0	1,50	3,00
2. Erweiterung der Wasserwerke	2,6	–	2,60
3. Bau des Polizeidienstgebäudes	6,0	0,50	5,50
4. Krankenhaus im Süden	1,0	–	1,00
5. Hospital und Siechenhaus	2,0	0,20	2,40
6. Fortführung der Kanalisation	26,0	30,95	12,65
7. Errichtung der Markthallen	10,0	10,00	2,20

Quelle: GStA PK, I. HA, Rep. 77 Ministerium des Innern, Tit. 441, Nr. 32, Bd. 2.

Zu den erwähnten, schon in der letzten Anleihe berücksichtigten Unternehmungen kamen weitere Ausgaben, unter anderem für die Erweiterung der städtischen Gasanstalten, für den Bau mehrerer höherer Schulen, das Asyl für nächtliche Obdachlose, die Anlage der Kaiser-Wilhelm-Straße, die Anstalt für Geisteskranke und eine andere für Anstalt für Epileptiker hinzu. Auch diesmal waren die einzelnen angegebenen Bedarfssummen nur als *vorläufig-kalkulatorische* zu betrachten. Einer Zustimmung stand nach Meinung des Oberpräsidenten auch jetzt nichts im Wege. Den städtischen Schulden stand eine mehr als ausreichende Deckung gegenüber, zumal die Hälfte für Einrichtungen aufgenommen wurde, die Verzinsung und Amortisation aus ihren besonderen Einkünften zu leisten hatten. Für den Schuldendienst der neuen Anleihe von 1886 veranschlagte man jährlich 1.149.750 Mark. Bisher waren für diesen Dienst im Etat 1885/86 8,7 Millionen Mark vorgesehen, wovon die städtischen Betriebe 7,519 Millionen aufzubringen hatten. Suchte man eine andersartige Lösung bei der Befriedigung des Finanzbedarfes der Hauptstadt, so müsste nach Auffassung des Oberpräsidenten die Gemeindeeinkommensteuer (100 Prozent Zuschlag zur Staatseinkommensteuer), deren Einkünfte für die Jahre 1885/86 mit 11.717.575 Mark veranschlagt worden waren, um zehn Prozent erhöht werden. Nähme man die kommunale Mietsteuer in Höhe von 10,85 Millionen Mark hinzu, hätte dies eine Belastung der Einwohnerschaft von demnächst 202,4 Prozent der Staatsklassen- und Einkommensteuer an persönlichen Kommunalsteuern mit sich gebracht. Dies wäre nach der Auffassung des Oberpräsidenten *zwar an und für sich kein unerhebliches Maaß*, doch im Vergleich seien *bekanntlich viel weniger leistungsfähige Gemeinden höher belastet*, zumal wenn man berücksichtige, dass in Berlin kein Schulgeld an den Volksschulen erhoben wird und die dortige Haussteuer nur 65 Prozent der Staatsgebäudesteuer betrage. Auch diese Anleihe wurde bewilligt.[365] Der zügige Schuldendienst und die Lage am Anleihe-

365 Privileg vom 5. Mai 1886; die Verzinsung betrug dreieinhalb Prozent.

markt machten sogar im Jahr 1889 eine Zinsreduktion bei früheren Anleihen möglich.[366] Nachdem die Anleihe von 1886 bis auf einen Restbetrag von 1,2 Millionen Mark zur Verwendung gelangt war, machte der Oberpräsident der Provinz Brandenburg die zuständigen Ministerien im Jahr 1890 mit einem weiteren städtischen Anleiheersuchen bekannt.[367] Im Einzelnen sahen die städtischen Behörden für die neue Anleihe in Höhe von 55 Millionen Mark verschiedene Verwendungszwecke vor:

Tab. 24: Anleihezwecke 1890 (in Millionen Mark).

1. Fortführung der Kanalisation	15.345.538
2.Vollendung der Erweiterung der städtischen Wasserwerke	8.618.835
3. Fortsetzung des Baus von Markthallen	3.500.000
4. Neubau und Erweiterung der städtischen Gasanstalten	2.500.000
5. Erweiterung des Zentral-Viehmarktes und Schlachthofes	2.238.000
6. Erbauung von Brücken	2.911.706
7. Vollendung des Polizeidienstgebäudes	235.030
8. Neubau eines Krankenhauses auf dem Urban	1.285.790
9. Neubau eines Hospitals und Siechenhauses an der Prenzlauer Allee	2.000.000
10. Erbauung höherer Schulen	511.310
11. Anlegung der Kaiser-Wilhelm-Straße	514.600
12. Errichtung einer ‚Irrenanstalt' in der Feldmark Lichtenberg	2.052.222
13. Errichtung einer Anstalt für Epileptiker in der Feldmark Biesdorf	930.173
14. Straßenregulierungen infolge der Stadtbahnanlage	206.730
15. Umgestaltung des Mühlendammes und Regulierung der Unterspree	2.470.000
16. Ausbau des Dammmühlengebäudes	500.117
17. Anlegung eines Hafens am Urban	2.000.000
18. Verlegung der Berlin-Stettiner Eisenbahn innerhalb des Berliner Weichbildes	1.000.000
19. Verstärkte Tilgung des beim Reichsinvalidenfonds aufgenommenen Darlehens	1.510.869
insgesamt:	51.864.720

Quelle: GStA PK, I. HA, Rep. 77 Ministerium des Innern, Tit. 441, Nr. 32 Bd. 2.

Für einen verbleibenden Betrag von 3.135.280,21 Mark war auch bei dieser Anleihe *ein bestimmter Verwendungszweck noch nicht in Aussicht.* Bei den Punkten 1–16 handelte

366 Die Stadt Berlin bat am 8. Mai 1889 um die Genehmigung zur Herabsetzung des Zinsfußes von vier auf dreieinhalb Prozent. Die Genehmigung erfolgte durch Allerhöchste Ordre vom 1. Juni 1889 und betraf die Anleihen von 1869, 1874, 1876, 1878 und 1882, Amtsblatt der Regierung Potsdam und der Stadt Berlin, Stück 26, 28. Juni 1889, in: GStA PK, I. HA, Rep. 77 Ministerium des Innern, Tit. 441, Nr. 32, Bd. 2.
367 Der Oberpräsident der Provinz Brandenburg an die preußischen Minister des Innern und der Finanzen, 23. April 1890, ebd.

es sich wiederum um die Fortführung bereits 1886 gebilligter Unternehmungen. Die neu auftauchenden Posten, wie die Umgestaltung des Mühlendammes, die damit verbundene Regulierung der Unterspree sowie der mit diesen Veränderungen in Zusammenhang stehende Ausbau der Dammmühlengebäude, beruhten ebenso wie die Verlegung der Berlin-Stettiner Eisenbahn auf Verpflichtungen, die die Stadt der Staatsregierung gegenüber eingegangen war. Schon aus diesem Grunde, bemerkte der Oberpräsident, könnte *die Notwendigkeit und Zweckmäßigkeit dieser Bauausführungen nicht in Abrede gestellt werden.* Der Zusammenhang zwischen Anleihegewährung und Hauptstadtfinanzierung wird hier explizit ausgeführt. Ebenfalls wird das vom Oberpräsidenten vertretene staatliche Interesse an der Leistungskraft der Hauptstadt deutlich, das nicht durch Schuldenbedienung allzu sehr geschmälert werden sollte.[368] Man stellte fest, dass kein Teilbetrag dieser Summen zur Rückzahlung älterer Anleiheschulden benutzt worden war. Zu deren Tilgung wurden vielmehr – abgesehen davon, dass aus einem der Stadt zugefallenen Ablösekapital sowie aus den Erlösen für ein der Eisenbahnverwaltung verkauftes Grundstück die Restsummen zweier älterer Anleihen in Höhe von 10 Millionen zurückgezahlt sind – nur die in den betreffenden Amortisationsplänen festgesetzten Beträge verwandt. Doch näherte sich die Hauptstadt nun einer kritischen Grenze der Schuldenaufnahme, wie der Oberpräsident ausführte: Auch wenn der Magistrat seinem Bericht eine *Übersicht von dem Vermögens- und Schuldenzustande der Stadt Berlin* beigefügt hatte, aus der hervorging, dass *die Passiva von den Activis um 294.760.694 M übersteigen* würden, dass *mithin die sämtlichen Schulden der Stadt bei Weitem noch nicht die Hälfte ihres Vermögens erreichen*, gab der Oberpräsident zu bedenken, *daß die* [...] *unter den Rubriken ‚Grundstücke, Mobilien und städtische Werke' aufgeführten Werthe zum großen Theile dauernd unrealisirbar sind.* Dagegen schien das kommunale Steueraufkommen noch steigerungsfähig.[369] Die Schulden von 1890 bezifferte der Oberpräsident mit 197.664.138 Mark. Doch hatte er *wg. Leistungsfähigkeit der Stadt* noch keine Besorgnis, auch wenn die Lage *nicht mehr besonders günstig* sei. Der Haushalt 1889/90 schloss in Ausgaben und Einnahmen mit 70.609.692 Mark. Davon waren für Verzinsung und Tilgung 11.189.223 Mark bestimmt, wovon 8.911.624 Mark auf die städtischen Werke entfielen, sodass noch 277.599 Mark aus den allgemeinen Einnahmen der Stadthauptkasse zu entnehmen waren. Der Oberpräsident schätzte, dass die nächste Anleihe bestimmt spätestens im Jahr 1893 aufge-

368 Der Oberpräsident der Provinz Brandenburg an die preußischen Minister des Innern und der Finanzen, 23. April 1890. Die städtischen Schulden vom 11. Dezember 1873 betrugen nur 9.320.061 Taler (27.960.183 Mark), bis 1886 waren sie auf 214.000.000 Mark angewachsen, ebd.

369 *Die Berliner Gemeinde-Einkommenssteuer entspricht zur Zeit einem Zuschlage von 70 % zur Staatssteuer, hält sich also im Vergleich zu anderen Städten – selbst bei Berücksichtigung der in Berlin bestehenden Miethssteuer – innerhalb sehr mäßiger Grenzen.* Eine stärkere Heranziehung der Einwohner sei nicht zu wünschen, so der Oberpräsident an die preußischen Minister der Finanzen, Juli 1892, ebd.

legt werden würde.[370] Dann sollte nach seiner Auffassung nicht in der bisherigen Weise fortgefahren werden. Er schlug vor, dem Magistrat *schon jetzt zu eröffnen, daß auf Genehmigung der bisher zugelassenen Amortisationsbedingungen nicht wieder gerechnet werden kann.* Eine derartige Mitteilung an den Magistrat scheint bei der Genehmigung dieser Anleihe[371] doch nicht erfolgt zu sein. Erst als im Juli 1892, früher als vorausgesagt, eine neue Anleihe aufgelegt werden sollte, machte man dem Magistrat davon Mitteilung.[372] Zudem musste nun die Stadt, die nach Meinung der Kommunalaufsichtsbehörde keine ausreichende Begründung gegeben hatte, darlegen, weshalb eine verstärkte Tilgung nicht möglich sei; außerdem musste eine Erhöhung von Gebühren und die stärkere Heranziehung der Reinerträge der Wasserwerke ausgeschlossen werden. Der Stadt wurde eine um ein halbes Prozent erhöhte Tilgungsrate vorgeschrieben, die sie akzeptieren musste.[373] Den staatlichen Stellen war dabei sehr wohl bewusst, dass sie in einen Bereich eingriffen, der der kommunalen Selbstverwaltung vorbehalten war. Eine Ablehnung der Anleihe wurde ausgeschlossen, da ein *zwingender Grund* für einen derartigen *Eingriff in die Selbstbestimmung eines Gemeinwesens, zumal eines solchen von der Bedeutung der Stadt Berlin* nach Meinung des Oberpräsidenten *zur Zeit* nicht vorliege. Zudem fehle es *auch nicht an Anzeichen dafür, daß die städtischen Körperschaften aus eigener Entschließung zu einer vorsorglicheren Finanzwirthschaft zurückkehren werden.*[374] Inhaltlich reihte sich diese mit 70 Millionen Mark bemerkenswert hohe Obligationsschuld wesentlich an die vorangegangene Anleihe von 55 Millionen Mark an.[375]

370 1892 wurde festgestellt: *Die […] 1890 ausgegebenen Anleihescheine haben nicht, wie der Magistrat annahm, zur Deckung des Bedarfs für drei bis vier Jahre ausgereicht, sondern sind jetzt schon nahezu verbraucht.* Der Oberpräsident an Minister der Finanzen vom Juli 1892, ebd.

371 Das Privileg erfolgte am 27. Juni 1890, die Anleihehöhe betrug 55 Millionen Mark, die Verzinsung dreieinhalb Prozent bei einem Prozent Amortisation, Amtsblatt der Regierung Potsdam und der Stadt Berlin. Stück 31, 31. August 1890.

372 Der Magistrat gab dem Oberpräsidenten der Provinz Brandenburg am 15. Dezember 1892 einen Bericht zur verstärkten Tilgung vom 29. August 1892, in dem er mitteilte, dass bereits 15 Millionen Mark Schulden getilgt seien, doch seien *künftige Finanzverhältnisse unvorhersehbar*, in: GStA PK, I. HA, Rep. 77 Ministerium des Innern, Tit. 441, Nr. 32, Bd. 2.

373 Amtsblatt der Regierung Potsdam und der Stadt Berlin, Stück 47, 18. November 1892, Privileg vom 16. Oktober 1892; die Verzinsung war zu dreieinhalb, die Tilgung zu eineinhalb Prozent festgesetzt.

374 Der Oberpräsident am 22. Dezember 1892: *Da ferner nicht dargethan ist, daß die Tilgung der neuen Schuld mit nur 1 Prozent und die Hinausschiebung des Beginns der Tilgung bis zum Jahre 1897 durch die zeitige Finanzlage der Stadt geboten sei, so würde die Aufrechterhaltung der in dem hohen Erlaß vom 12. Juli vorgesehenen Bedingung und demgemäß die Ablehnung des Genehmigungsantrages in der angebrachten Art an sich gerechtfertigt sein*, GStA PK, I. HA, Rep. 77 Ministerium des Innern, Tit. 441, Nr. 32, Bd. 2.

375 Der Oberpräsident berief sich in seiner Bitte um Genehmigung vom Juli 1892 darauf, dass *die von den städtischen Körperschaften beschlossene Anleihe von 70 Mio. M wesentlich zu den bereits in Anleihe 1890 angegebenen Zwecken* erfolgen würde und bezog sich auf den Bericht zur vorangegangenen Anleihe von 55 Millionen Mark, ebd.

Bei allem Verständnis für den Finanzbedarf der Hauptstadt Berlin legte die preußische Staatsverwaltung bei der Genehmigung der Berliner Kommunalanleihen andere Maßstäbe an als bei den eigenen Staatsanleihen. Seit Dezember 1869 hatte der preußische Staat auf feste Tilgungsraten verzichtet.[376] Die effektive jährliche Tilgung war dort geringer als ein Viertel Prozent.[377] Auch wurde dabei kein Unterschied zwischen den allgemeinen Schulden und den Eisenbahnschulden gemacht, die denen der städtischen Werke vergleichbar waren. Die Entwicklung der Staatsschulden, die zwischen 1869 und 1914 von nominal 1.438 Millionen Mark (davon 553 Millionen Eisenbahnschulden) auf nominal 10,36 Milliarden Mark (davon 7,81 Milliarden Eisenbahnschulden)[378] anstiegen, war durchaus mit dem Schuldenanstieg der Stadt Berlin vergleichbar. Die Reichsschuldenverwaltung war mit der preußischen Finanzverwaltung organisatorisch eng verbunden.[379] Auch dort hatte man mit der Ausgabe von Anleihen zunächst vorsichtig begonnen, doch in der Folgezeit wuchsen die Schuldsummen erheblich an.[380] Die Schuldenlast des Reichs betrug bereits 2.298 Millionen Mark im Jahr 1900, sodass hier von dem *dunkelsten Punkt in der tatsächlichen Wirtschaftsführung* gesprochen und dem Reich ein *planloses Schuldenmachen* vorgeworfen wurde. Generell hatte sich die Verschuldung des Reichs wie folgt entwickelt:

Tab. 25: Entwicklung der Schulden des Reichs 1877–1914 (in Millionen Mark).

Jahr	Summe	pro Kopf der Bevölkerung
1877	16	0,37
1880	218	4,80
1885	410	8,80
1890	1.118	22,70
1895	2.081	40,00
1900	2.298	41,00
1905	3.203	53,10
1910	4.844	75,00
1914	5.200	77,60

Quelle: Schremmer, Steuern und Staatsfinanzen [wie Anm. 411], S. 181.

376 Dazu Otto Schwarz/Georg Strutz (Hrsg.), Der Staatshaushalt und die Finanzen Preußens, Bd. 3: Dotationen und allgemeine Finanzverwaltung, Berlin 1904, S. 60.

377 Erst im ‚Gesetz betreffend die Tilgung der Staatsschulden vom 8. März 1897' (Reichsgesetzblatt 1897, S. 43) wurde von 1898/99 an eine regelmäßige Tilgung von 3,5 Prozent der Kapitalschuld festgelegt.

378 Zahlen nach Jeserich/Pohl/von Unruh, Deutsche Verwaltungsgeschichte, Bd. 3 [wie Anm. 347], S. 709–714.

379 Ebd., S. 174 und S. 257.

380 Übersicht bei Witt, Die Finanzpolitik des Deutschen Reiches [wie Anm. 167], S. 56.

In diesem Zusammenhang wurde zugleich das *Fehlen in sich gefestigter Tilgungsgrundsätze* beklagt.[381] Wie nach den Beratungen des Reichshaushalts von 1900 Grundsätze für die Deckung der Reichsschuld entwickelt wurden, so bestand auf der Reichsebene zunächst der Grundsatz der freien Tilgung, der von 1901 an partiell, mit dem Finanzgesetz vom 15. Juli 1909 für die gesamte Schuld aufgehoben und durch ein gestuftes System (für die Schulden ab 1910 für werbende Anlagen ab mindestens 1,9 Prozent, für Anleihen für unproduktive Zwecke mindestens drei Prozent, jeweils unter Anrechnung der ersparten Zinsen) abgelöst wurde.[382] Die nächste Kommunalanleihe wurde 1898 *für die Fortführung der städtischen Kanalisation, der Erweiterungsbauten der städtischen Wasserwerke, für die verstärkte Tilgung des für letztere beim Reichsinvalidenfonds aufgenommenen Darlehns, für Neu- und Erweiterungsbauten der städtischen Gaswerke, sowie des städtischen Zentral-Viehmarktes und Schlachthofes, für die Erbauung von Brücken, für die Umgestaltung des Mühlendammes und Kanalisierung der Unterspree einschließlich der damit zusammenhängenden Brücken- und Wasserbauten, für die Anlegung des Hafens am Urban und für Straßenregulierungen aus Anlaß des Baues der Stadtbahn* in Höhe von 60 Millionen Mark aufgenommen.[383] Als Tilgungssumme waren zwei, als Zinsen dreieinhalb Prozent vorgesehen.[384] Die vom Oberpräsidenten ausgemachten *Anzeichen zu einer vorsorglicheren Finanzwirthschaft* wurden in der Amtszeit des Oberbürgermeisters Robert Zelle konsequent eingeleitet, freilich mit unguten Folgen für die Stadt.

3.1.3 Staatliche Beteiligungen an der Finanzierung nach der Reichsgründung

Die wesentliche und auch kostenintensive Aufgabe der Bereitstellung einer den hauptstädtischen Ansprüchen genügenden modernen Infrastruktur für die durch Zuzug rasch wachsende Kommune wurde – wie gezeigt – von der städtischen Verwaltung übernommen. Dies schloss die Finanzierung der betreffenden Einrichtungen wie selbstverständlich ein. Doch der Anstoß zur Modernisierung der Infrastruktur kam nicht aus der Kommune selbst. Es war der Polizeipräsident, mithin eine Behörde des Staates Preußen, die in Ausübung ihrer Aufsichtsrechte entsprechende Anstalten forderte und zum Beispiel für die Gas- und Wasserversorgung durch Verträge mit privaten Gesellschaften Fakten schuf. Die besondere Stellung des Polizeipräsidiums wurde aber durch die Gesetzgebung im Umkreis der Einrichtung der provinzialen Selbstver-

381 Zitate und Übersicht nach Friedrich W. R. Zimmermann, Die Finanzwirtschaft des Deutschen Reiches und der deutschen Bundesstaaten zum Kriegsausbruch 1914, Berlin/Leipzig 1916, S. 62 f.

382 Dazu Wilhelm Gerloff, Die Finanz- und Zollpolitik des Deutschen Reiches nebst ihren Beziehungen zu Landes- und Gemeindefinanzen von der Gründung des Norddeutschen Bundes bis zur Gegenwart, Jena 1913, S. 400–407.

383 Privileg vom 25. November 1898, Amtsblatt der Regierung Potsdam und der Stadt Berlin Stück 49, 9. Dezember 1898.

384 Der Stadt blieb das Recht vorbehalten, den Tilgungsstock zu verstärken.

waltung eingeschränkt. Mit dem Gesetz vom 30. April 1873 betreffend die Dotation der Provinzial- und Kreisverbände, zusammen mit dessen Ausführungsgesetz vom 8. Juli 1875, waren nun die Dotationen an die Stadt festgesetzt. Als ein aus der Provinz Brandenburg ausgesonderter Stadtkreis erhielt die Stadt Berlin rund 373.000 Mark, 289.000 Mark Renten und weitere 235.000 Mark für die Übernahme und Verwaltung der innerhalb der Stadt gelegenen Chausseen. Für die Berliner höheren Schulen wurden – außer kleineren, wohl auf alte Verpflichtungen zurückgehenden Zahlungen für die drei ältesten städtischen Gymnasien (Graues Kloster, Köllnisches und Friedrichswerdersches Gymnasium) – zu diesem Zeitpunkt (1875) keine weiteren staatlichen Finanzleistungen erbracht. Beihilfen für Anstalten und Stiftungen blieben ebenfalls bis auf die Zuwendung für das Friedrichs-Waisenhaus (70.000 Mark) gering.[385] Eine völlig andere Rechnung machte das Königliche Polizeipräsidium nur wenige Jahre später, 1880, auf, um die Bedeutung der Stadt Berlin im Finanzrahmen des neuen Deutschen Reiches zu verdeutlichen.[386] So berechnete man die staatlich-preußischen Aufwendungen für örtliche Bedürfnisse Berlins:[387]

Tab. 26: Aufwendungen des Staates für örtliche Bedürfnisse Berlins 1880 (in Millionen Mark).

Polizei	6,396
Gerichte	3,150
Stadtpost und Telegraphie	12,908
Universität	1,396
Gymnasien etc.	2,762
Sonstige Lehranstalten	3,000
Technische Hochschule	1,238
Militär in Berlin	26,969
Zusammen:	57,829

Quelle: Verwaltungsbericht des Königlichen Polizei-Präsidiums [wie Anm. 51], S. 4.

Der städtische Haushalt Berlins hatte im Jahr 1880 im Vergleich mit den Bundesstaaten beziehungsweise mit dem Reichsland folgende Relation:

385 Bericht über die Gemeinde-Verwaltung 1861–1876 [wie Anm. 7], H. 1, S. 103–108.
386 Verwaltungsbericht des Königlichen Polizei-Präsidiums [wie Anm. 51], S. 4.
387 Die Aufstellung bleibt fragwürdig, zumal ein großer Teil des Berliner Polizei-Etats von der Stadt bezahlt werden musste. Bei den Gymnasien handelt es sich um die von den kommunalen unabhängigen staatlichen Schulen. Auch sind einmalige (Bau-)Leistungen und ständige Zahlungen nicht unterschieden.

Tab. 27: Der städtische Haushalt Berlins im Vergleich mit Bundesstaaten/Reichsland 1880.

Land	Einwohner	Etat (in Millionen Mark)
Preußen	25.742.096	711
Bayern	5.022.990	221
Sachsen	2.760.342	86
Württemberg	1.881.505	52
Elsass-Lothringen	1.530.408	39
Baden	1.507.179	34
Hessen	884.219	17
Berlin	1.122.504	43

Quelle: Verwaltungsbericht des Königlichen Polizei-Präsidiums [wie Anm. 51], S. 4.

Berlin stand zu diesem Zeitpunkt nach seiner Größe gemessen an der Einwohnerzahl an der siebten, nach dem Umfang des Etats an der sechsten Stelle, wäre die Hauptstadt unter den Bundesstaaten des Reiches (einschließlich des Reichslandes Elsass-Lothringen) gezählt worden. In einer weiteren Tabelle listete das Polizeipräsidium die staatlichen Aufwendungen für Berlin auf (ohne allerdings für die Hauptstädte der anderen Bundesstaaten Entsprechendes herauszurechnen). Bei der Addition des Stadt- und Staatsetats hatte Berlin demnach – gemessen am Haushaltsumfang – noch vor Sachsen den dritten Platz im Reich inne. Die Kommune hatte den Ausbau der Infrastruktur nicht immer freiwillig übernommen. Mitunter war das fehlende staatliche Engagement ausschlaggebend, und auch die Kommune mochte die Kosten nicht übernehmen. Für die nach der Gesetzeslage dem Staat zufallende Aufgabe der Erweiterung des an der Kapazitätsgrenze angelangten Landwehrkanals hatte dem Preußischen Abgeordnetenhaus 1880 eine Regierungsvorlage vorgelegen, die eine Verbreiterung der innerstädtischen Wasserstraße mit einem Aufwand von eineinhalb Millionen Mark vorsah. Die Vorlage wurde mit der Begründung abgelehnt, dass hier die Stadt Berlin nicht stark genug herangezogen sei. Die Stadt lehnte daraufhin eine Beteiligung ab, da der Kanal die Stadt ja umgehe, diese von einer Erweiterung also keinen Nutzen habe. Die Baumaßnahmen wurden daraufhin stark vereinfacht durchgeführt.[388] Ein Projekt, das sowohl für die Stadt als auch für den Staat nützlich schien, war hingegen die Ersetzung des Mühlendammes durch einen Schleusen- und Brückenbau. Für diese Maßnahme sah die Stadt zum gleichen Zeitpunkt sieben Millionen Mark vor.[389] Von 1891/92 an wurde mit dem Urbanhafen am Landwehrkanal ein erster städtischer Hafenumschlagplatz gebaut. Dies geschah vornehmlich auf Druck der Berliner Kaufmann-

388 Bericht über die Gemeinde-Verwaltung der Stadt Berlin in den Jahren 1877 bis 1881 [im Folgenden: Bericht über die Gemeinde-Verwaltung 1877–1881], H. 1, Berlin 1883, S. 82 f. Die Pflasterung der Ladestraßen hätte die Stadt mit 1,9 Millionen Mark belastet.

389 Ebd., S. 84.

schaft. Weitere derartige Anlagen sollten folgen. Die städtische Selbstverwaltung war, wie unten gezeigt wird, in den 1870er- und 1880er-Jahren mit dem Ausbau der Infrastruktur in haushaltstechnischer Hinsicht vor völlig neue Aufgaben gestellt. Neben der beträchtlichen Kreditaufnahme musste der einer Kommune zugestandene Steuerrahmen voll ausgeschöpft werden.

Kritik am System der Kommunalsteuern blieb dabei nicht aus. Dies geschah vor allem, wenn sich Staatsbeamte durch kommunale Steuern allzu sehr bedrängt fühlten. Kein geringerer als Reichskanzler Bismarck machte sich zum Wortführer der Gegner der in Berlin erhobenen Mietsteuer.[390] Er bemerkte am 4. März 1881, *daß mir das Finanzsystem dieser Stadt, die zu bewohnen wir gezwungen sind, im allerhöchsten Grade reformbedürftig erscheint*. Es sei eine der *dringendsten Aufgaben* der preußischen Regierung, *dahin zu wirken, daß diese reformbedürftigen Zustände in der Hauptstadt des Deutschen Reiches aufhören* [...]. *Es muß also was früher der reiche Fremde zahlte, jetzt der arme Mann in Berlin und der kleine Beamte mit kümmerlichem Gehalt* aufbringen, *lediglich wegen des Mangels an Geschick und Umsicht und des Mangels an Aufsicht seitens der Regierung über eine für das Gesamtwohl des Staates so erstaunlich wichtige Verwaltung, wie die finanzielle Verwaltung von Berlin ist*. Doch auch Bismarck kannte die Gründe für die Steuern und fuhr mit der Bitte fort, *mit Rücksicht auf den ärmeren Teil der Bevölkerung die Bestrebungen der Reichsregierung zu unterstützen von denen die Reichsregierung im Bunde mit der preußischen geleitet ist, aus den Staatsrevenuen abgeben zu können an die Gemeinden, um ihnen tragen zu helfen einen großen Teil der Lasten, die ihrem Ursprung nach Staatslasten sind, die der Staat* [...] *auf die Gemeinden abgewälzt hat, und für deren Leistung der Staat wenigstens eine moralische Verpflichtung hat, erhebliche Zugeständnisse zu machen.*[391] Das Problem der Abwälzung gesamtstaatlicher Lasten auf die Kommunen wurde hier zwar angesprochen, blieb aber ungelöst.

3.1.4 Das Haushaltsdefizit der Stadt bis zum Jahr 1903 und die Diskussion über staatliche Eingriffe

Mit Ausnahme des Jahre 1895, für das Mehrausgaben in Höhe von 1,456 Millionen Mark für den Jahreshaushalt festgestellt wurden, hatte der Berliner Stadthaushalt bis

---

390 Zitiert nach Hegemann, Das steinerne Berlin [wie Anm. 125], S. 282 f.; siehe auch Die Berliner Miethsteuer und der Reichskanzler. Die Reichstagsverhandlungen zweiter und dritter Berathung über das Gesetz, betreffend die Besteuerung der Dienstwohnungen der Reichsbeamten, die Reden der Abgeordneten Richter (Hagen), von Benda, von Forchenbeck und Löwe, sowie des Reichskanzlers Fürsten Bismarck vom 29. und 30. April nach den stenographischen Berichten, nebst Erläuterungen, in: Verhandlungen und Berichte des Deutschen Reichstages. 4. Legislaturperiode, IV. Session 1881, Bd. 2, Berlin 1891.

391 Dazu Hegemann, Das steinerne Berlin [wie Anm. 125], S. 282.

zur Jahrhundertwende stets positiv abgeschlossen.[392] Einige Jahre lang hatte die Stadt neue Schuldenaufnahmen verhindert. Darin ist wohl die Handschrift der hauptsächlich auf Haushaltskonsolidierung ausgerichteten Kommunalpolitik des Oberbürgermeisters Robert Zelle (1892–1898) zu sehen.[393] Unter seinem Nachfolger Robert Kirschner sollte sich dies wieder ändern: Am 30. April 1903 machte der Oberpräsident der Provinz Brandenburg die für die Aufsicht zuständigen preußischen Ministerialverwaltungen des Innern und der Finanzen mit der Absicht der Stadt Berlin bekannt, eine Anleihe in Höhe von 228 Millionen Mark aufzunehmen. Sie war bestimmt für die Neu- und Erweiterungsbauten der städtischen Gaswerke, die Fortsetzung der Erweiterungsbauten der städtischen Wasserwerke, die Fortführung der städtischen Kanalisation, die Erweiterung des städtischen Zentralviehmarktes und des Schlachthofes, die Fortsetzung des Baus von Markthallen, die Anlegung des Krankenhauses am Urban, die Rückzahlung älterer Schulden, die Erhöhung des Betriebsfonds für die Hauptkasse der städtischen Werke, den Bau weiterer Brücken, die Umgestaltung des Mühlendammes, die Kanalisierung der Unterspree, die Straßenregulierungen in Folge der Stadtbahnanlage, Straßen-Durchlegungen und -Verbreiterungen, den Bau einer neuen ‚Irren'- und einer ‚Idiotenanstalt', eine neue Siechenanstalt und ein neues Krankenhaus, die Verlegung des Friedrich-Werderschen Gymnasiums sowie des Friedrichs- und Andreasrealgymnasiums, den Neubau einer technischen Mittelschule, die Herstellung eines Nordparkes, den Bau des Rudolf-Virchow-Krankenhauses, den Neubau der dritten ‚Irrenanstalt', den Bau des Märkischen Provinzialmuseums, das Verwaltungsgebäude in der Jüdenstraße, zwei höhere Mädchenschulen im Norden und Südwesten der Stadt und ein Kinderkrankenhaus. Mit der Finanzierung der Errichtung von Krankenhäusern und Schulen durch Anleihen war nach nur zehn Jahren der 1892 gefasste Beschluss, Schul- und Krankenhausbauten aus den laufenden Einnahmen zu finanzieren, außer Kraft gesetzt.[394]

Im Einzelnen sollten zur Erweiterung der städtischen Werke (Gas- und Wasserwerke, Kanalisation, Vieh- und Schlachthof, Markthallen, Hafen am Urban) 130 Millionen Mark verwandt werden. 110 Millionen Mark waren für Kämmereizwecke vorgesehen, vornehmlich für Straßendurchbrüche (hier den Weiterbau der Kaiser-Wilhelm-Straße) und die Errichtung von Kranken- und ‚Irrenhäusern', für die ebenfalls aus laufenden Mitteln 67 Millionen Mark angesetzt waren. Die vergleichsweise außerordentliche Höhe der Anleihe dürfte auf die zuvor geübte Enthaltsamkeit bei den investiven Kommunalausgaben zurückzuführen sein, wodurch ein Ausgabenstau ausgelöst wor-

392 Übersichten in: Bericht über die Gemeinde-Verwaltung der Stadt Berlin in den Jahren 1889 bis 1895 [im Folgenden: Bericht über die Gemeinde-Verwaltung 1889–1895], H. 2, Berlin 1899, S. 4–7; Bericht über die Gemeinde-Verwaltung 1895–1900 [wie Anm. 180], H. 2, S. 92–96. Das Defizit von 1895 war gemessen am Haushaltsumfang (Einnahmen 89.126, Ausgaben 90.582 Millionen Mark) denkbar gering.
393 Siehe Anm. 163.
394 Dazu Kaeber, Die Epochen der Finanzpolitik [Anm. 6], S. 203.

den war.[395] Unter der Rubrik ‚Rückzahlung älterer Schulden' verbarg sich unter anderem die Übernahme der Finanzierung des über ein Darlehen der städtischen Sparkasse abgewickelten Ankaufs der Berliner Elektrischen Straßenbahn[396]. Im Zusammenhang mit der auch auf der Ebene des Reiches und Preußens in dieser Zeit geführten Diskussion über das öffentliche Schuldenwesen dürfte das bereits zuvor bestehende Unbehagen am Ausufern der Berliner Anleihewirtschaft bei den die Aufsicht führenden Behörden verstärkt worden sein. Doch waren die Bedenken der Ministerialverwaltungen zuvor nur intern geäußert worden. Nun wurden sie öffentlich gemacht.[397] Bedenkenträger gab es or allem im preußischen Finanzministerium, wo man sowohl formale[398] als auch inhaltliche[399] Verstöße gegen geltende Haushaltsordnungen fest-

---

395 Dies betonte auch der Oberpräsident: *Man kann der städtischen Verwaltung den Vorwurf nicht ersparen, daß sie die letzten guten Jahre nicht hinreichend ausgenützt hat. Anstatt in dieser Zeit den Bauetat reichlicher zu dotieren und Rücklagen für schlechte Jahre zu schaffen, ist die Stadt mit dem Bau notwendiger Anlagen, wie Krankenhäusern und Irrenanstalten, erheblich im Rückstand geblieben. Eine Reihe von Bauten, welche wie das Rudolf-Virchow-Krankenhaus, die dritte Irrenanstalt in Buch, der Neubau des Märkischen Provinzialmuseums, das Verwaltungsgebäude in der Jüdenstraße, aus laufenden Mitteln begonnen sind, sollen nunmehr mit Hülfe von Anleihen vollendet werden. Reichliche Überschüsse früherer Jahre sind allmählich aufgezehrt worden. Der diesjährige Etat kann nur durch knappe Bemessung der Ausgaben, Einstellung eines Betrages von 5 ½ Mio. M aus der noch nicht genehmigten Anleihe und eines Betrages von 3 ½ Mio. M aus dem Erneuerungs- und Ergänzungsfonds der Markthallen zum Balancieren gebracht werden*, GStA PK, I. HA, Rep. 77 Ministerium des Innern, Tit. 441, Nr. 32, Bd. 2.

396 Bendikat, Öffentliche Nahverkehrspolitik [wie Anm. 95], S. 405.

397 Der Berliner Lokal-Anzeiger veröffentlichte am 4. April 1903 in seiner Abendausgabe einen Artikel: *Der Anleiheplan der Stadt Berlin vorläufig nicht genehmigt.* Der preußische Finanzminister schrieb dazu am 28. Juli 1903 an den preußischen Minister des Innern: *Der Plan der Stadt Berlin, zur Durchführung der weitausgreifenden Bauprojekte eine Anleihe von 228 Mio. M aufzunehmen, hat vorläufig die Genehmigung der Regierung noch nicht gefunden. Es wurden von der Stadt Aufklärungen über verschiedene Punkte des Anleiheplanes und der Finanzlage der Stadt verlangt. Vor einem Vierteljahr wurde der Anleiheplan von einer Denkschrift begleitet der Regierung übermittelt. Jetzt ist darauf ein Bescheid eingetroffen. Er stellt keine endgültige Antwort dar; aber die Genehmigung zur Emission hat das Ministerium zunächst nicht erteilt. Es sind mehrfache Beanstandungen erfolgt, und die Regierung verlangt über eine Anzahl von Posten weitere Aufschlüsse. Wie verlautet sind über die Reservefonds der Stadt und deren Verwendung Erklärungen verlangt worden. Es hängt dieses Verlangen, wie angenommen werden darf, mit der letzten Etataufstellung zusammen, bei der bekanntlich durch Heranziehung der Reservefonds aus den Markthallenbetrieben der alte Steuersatz von 100 v. H. ermöglicht worden ist*, GStA PK, I. HA, Rep. 77 Ministerium des Innern, Tit. 441, Nr. 32, Bd. 2.

398 *In Ziffer 1 des Runderlasses vom 1. Juni 1891 sind grundsätzlich Anleihen zu Zwecken, die erst später bestimmt werden sollen, für unzulässig erklärt worden und nach Ziffer 2 kommt bei der Aufnahme einer Anleihe nur die Beschaffung der Mittel für sofort zu verwendende Ausgaben in Betracht.* [...] *angesichts einer solchen Praxis ist es schwer vertretbar, hier ohne jede Prüfung des Bedürfnisses eine Anleihe von so ungewöhnlich hohem Betrage zu genehmigen, welche keine Nachprüfung ermöglichen*, ebd., Schreiben vom 28. Juli 1903.

399 *Solche Bedenken bestehen namentlich hinsichtlich der nahezu 19 Mio. M, welche zur Erweiterung des Zentralviehmarktes und des Schlachthofes sowie zur Fortsetzung des Baues von Markthallen vorgesehen werden, während gleichzeitig in den Etat 3,5 Mio. M eingestellt sind, die aus der Erneuerung und Ergänzungsfonds der Markthallen zur Verwendung für allgemeine Kommunalzwece – also zur Balan-*

stellte. Der Finanzminister führte aus: *Meines Dafürhaltens bedeutet es eine ganz ungewöhnliche Begünstigung der Stadt Berlin vor anderen anleihebedürftigen Gemeinden, wenn ihr auf Grund der vorliegenden Unterlagen überhaupt eine Anleihe genehmigt wird.*[400] Die Entwicklung des Berliner Anleihewesens mit besonderer Berücksichtigung der Kämmereizwecke stellte sich wie folgt dar:

Tab. 28: Anteile der Kämmereizwecke an den Anleihen 1886–1898 (in Millionen Mark).

Jahr	Gesamtbetrag	davon für Kämmereizwecke
1886	50	23
1890	55	13
1892	70	22
1898	60	4

Quelle: GStA PK, I. HA, Rep. 77 Ministerium des Innern, Tit. 441, Nr. 32 Bd. 2.

Die Art der Verzahnung der Anleihen, die einen dahinterliegenden Anleiheplan erkennen ließ, wurde in der zeitgenössischen Literatur durchaus positiv gesehen.[401] Auch die Höhe der Anleihe ließ angesichts des bisherigen prompten Schuldendienstes nicht nur Berlins, sondern der deutschen Kommunen überhaupt, keinen Zweifel an der Rückzahlung auch dieser Anleihe aufkommen. Zur Schuldenaufnahme gab es freilich keine Alternative. Eine Änderung der Berliner Kommunalsteuereinnahmen war nicht ohne die Angleichung der neuen Steuertarife Berlins an die Vorortgemeinden und umgekehrt möglich. Dies aber hätte eine grundsätzliche Neuordnung der Kommunalverhältnisse des Berliner Raumes bedeutet, die von der Staatsverwaltung abgelehnt wurde. Wie gezeigt wurde, differierten vor allem die Zuschlagssätze zur Staatseinkommensteuer zwischen Berlin und den Vororten wie auch der Vororte untereinander erheblich.[402] So blieb keine andere Wahl, als den bisherigen Kommunalsteuersatz wei-

cierung des Etas – entnommen werden sollen. Ebenso bedenklich erschien die *beabsichtigte, durch Vorgänge aus den Jahren 1869 und 1875 meines Erachtens nicht zu rechtfertigende Verwendung von 5 Mio. M zur Erhöhung des Betriebsfonds für die Hauptkasse der städtischen Werke. Nach beiden Richtungen hin würde* [...] *eine Anleihe für eine Provinzialgemeinde von uns beanstandet werden. Nicht minder ernste Bedenken muß es erregen, wenn aus der Anleihe Mittel für Zwecke (Krankenhausbauten pp.) entnommen werden sollen, deren Erfüllung nach den besonderen Verhältnissen der Stadt Berlin aus laufenden Einnahmen stattfinden müßten.* Zu den Aufwendungen für Krankenhäuser gab das Finanzministerium zu bedenken, *daß eine sehr bedeutende Anzahl von Betten in der Charité und den Universitätskliniken für die Aufnahme städtischer Kranker verfügbar* sei, GStA PK, I. HA, Rep. 77 Ministerium des Innern, Tit. 441, Nr. 32, Bd. 2, Schreiben vom 28. Juli 1903.

400 Ebd.

401 Walter Franz Koch, Städtische Anleihen- und Bankpolitik, in: Robert Wuttke (Hrsg.), Die deutschen Städte. Geschildert nach den Ergebnissen der ersten deutschen Städtebauausstellung zu Dresden 1903, Leipzig 1904, S. 701.

402 Siehe Anm. 184 und 369.

terhin zu gestatten. Dazu aber mussten die bisherigen Rahmenbedingungen beibehalten und die Anleihe trotz aller Bedenken des Finanzministers genehmigt werden.[403] In einem den Unterlagen für die Anleihe von 1903 beigefügten Exposé führte die Stadt Berlin aus, dass der Ausbau des Schulwesens bis 1953 weitergeführt werden müsse. Das hieß, dass unter anderem der Bau von weiteren 125 Volksschulen und acht Bürgerschulen notwendig war. Das damalige enge Stadtgebiet hätte dann mit drei Millionen Menschen bewohnt sein müssen.[404] Hier wurde zum ersten Mal der Gedanke der Auffüllung der Stadt mit Infrastruktur öffentlich gemacht. Die Anleihe wurde in zwei Serien ausgegeben, zunächst Serie I in Höhe von 127,546 Millionen Mark bis 1906. Die anschließende Serie II hatte den Nennwert von 100 Millionen Mark und konnte bereits nicht mehr zum vorgesehenen Zinssatz von dreieinhalb Prozent zu einem angemessenen Kurs platziert werden, sodass eine Erhöhung des Zinssatzes auf vier Prozent nötig wurde. 1908 erfolgte die Genehmigung. Hier waren die Folgen der im September 1905 beginnenden negativen Entwicklung auf dem deutschen Geldmarkt[405] unmittelbar zu spüren. Die Begebung dieser Serie erfolgte in zwei Teilbeträgen zu je 50 Millionen Mark, von denen ein erster Teil von der Deutschen Bank, der zweite ab 1909 von der Preußischen Seehandlung übernommen wurde.[406]

Nicht zuletzt das Fehlen einer institutionalisierten Hauptstadtfinanzierung hatte den Vorstoß des preußischen Finanzministeriums gegen die weitere Ausdehnung der städtischen Schulden gestoppt. Der Ausbau der Reichshauptstadt mit kommunaler Infrastruktur war auf andere Weise nicht möglich und musste zudem im Wege des Schuldendienstes teuer bezahlt werden. Aufgrund der vom preußischen Staat geförderten Konkurrenzsituation konnten die Vororte ebenso wenig wie Berlin die Gemeindesteuern, allen voran den kommunalen Zuschlag der Einkommensteuer, den städtischen Erfordernissen in geeigneter Weise anpassen. So sah sich beispielsweise Schöneberg ebenso wie die Metropole gezwungen, noch als Landgemeinde 1892 Anleihen aufzunehmen. Die 1899 zu einer selbstständigen kreisfreien Stadt erhobene Gemeinde hatte 1896 eine unter anderem für den Bau von Schulen bestimmte Anleihe in Höhe von sieben Millionen Mark aufgelegt. Dieser Verwendungszweck wurde durch die zuständige Aufsichtsbehörde, den Potsdamer Regierungspräsidenten, als bedenklich angesehen, doch musste er der Gemeinde zugestanden werden.[407] Nach einer bei der Sparkasse des Kreises Teltow 1899 aufgenommenen Anleihe wurde von 1902 an mit der Begebung einer weiteren Anleihe in Höhe von siebeneinhalb Millionen Mark begonnen, die für den Ausbau der Kanalisation, von Straßen, für den Neubau des

403 Die Genehmigung und die Privilegierung erfolgten im Januar 1904.

404 Siehe Anm. 98.

405 Dazu Witt, Die Finanzpolitik des Deutschen Reiches [wie Anm. 167], S. 145–151.

406 Bericht über die Gemeinde-Verwaltung der Stadt Berlin in den Verwaltungs-Jahren 1906 bis 1910 [im Folgenden: Bericht über die Gemeinde-Verwaltung 1906–1910 [wie Anm. 187], H. 1, S. 115–118.

407 Dritter Verwaltungsbericht des Magistrats der Stadt Schöneberg, 1. April 1902 bis 31. März 1908, Schöneberg 1910, S. 319. Die Anleihe wurde von der Kur- und Neumärkischen Ritterschaftskasse betreut.

Krankenhauses und des Rathauses sowie für Neu- und Umbauten von Schulgebäuden bestimmt war. Die für ähnliche Zwecke konzipierte Anleihe von 1904 in Höhe von sechs Millionen Mark war zuvor vom Potsdamer Bezirksausschuss genehmigt worden, doch erhielt die Stadt von der zweiten Aufsichtsebene, dem preußischen Minister des Innern und dem preußischen Minister der Finanzen, eine Erinnerung an die vormaligen *ernsten Bedenken*. Aber auch diesmal vermochten sich die Minister *mit Rücksicht auf die besonderen Verhältnisse der Stadt* und die Höhe des Bedarfs für Gemeindeschulen aus Anleihemitteln nicht zu widersetzen.[408]

Abb. 8: Gemeinde-Doppelschule an der Bötzowstraße (Prenzlauer Berg), Architekt Ludwig Hoffmann, Aufnahme 1909. © Fritz Stahl, Ludwig Hoffmann (14. Sonderheft der Berliner Architekturwelt), Berlin 1914, S. 51; gemeinfrei unter: https://digital.zlb.de/viewer/image/34558510/75/LOG_0055/ [abgerufen am: 24. Juli 2023].

408 Allerdings wurde für diese Summe der Tilgungssatz auf fünf Prozent festgelegt, ebd., S. 319 f.

Der Bedarf für die Baukosten lag freilich höher, sodass Schöneberg im Jahr 1907 schon wieder Schulden zu gleichen Zwecken aufnehmen musste. Man teilte diese auf in ein bei der städtischen Sparkasse aufgenommenes Amortisationsdarlehen in Höhe von 6,253 Millionen Mark und eine Anleihe in Inhaberpapieren von 14 Millionen Mark. Auch diesmal konnten die Vorstellungen der Schöneberger mit wenigen Auflagen der Kommunalaufsicht durchgesetzt werden.[409] Wie im Falle Berlins zeigten sich die Aufsichtsbehörden bei der großen Vorortgemeinde letztlich großzügig.

Dem Potsdamer Regierungspräsidenten Rudolf von der Schulenburg waren die Finanzprobleme der Berliner Vorortgemeinden, die ihre Kommunalsteuern aus Gründen der Konkurrenz untereinander und mit Berlin nicht erhöhen konnten, wohl bewusst. In einer Besprechung mit dem Oberbürgermeister des als Vorort Berlins zur Großstadt aufgestiegenen Charlottenburg und dem Stadtkämmerer teilte er 1911 seine Besorgnis über die künstliche Niederhaltung des kommunalen Zuschlags zur Einkommensteuer mit, die nach seiner Meinung langfristig zur Überschuldung der Kommunen führen musste.[410] Sein Versuch der Harmonisierung der Zuschläge schlug allerdings fehl. Der *schwere Konkurrenzkampf* und die *unheilvolle Steuerjagd* gingen weiter. Wie für Schöneberg musste auch für Charlottenburg akzeptiert werden, dass der Anleihebedarf – vor allem die Anleihe von 1910 in Höhe von 40 Millionen Mark – auf nicht werbende Anlagen wie Schulen, Krankenhäuser und so weiter ausgedehnt wurde. Der Aufsichtsbehörde blieb nur die Möglichkeit, die Tilgungsmodalitäten für die steuerstarken Gemeinden zu ändern. 1910 war von der Aufsichtsbehörde verfügt worden, dass statt der von den städtischen Körperschaften vorgesehenen Tilgung von 2 Prozent eine vierprozentige Tilgung erfolgen musste.[411] Hatte Charlottenburg 1907 noch für den Ankauf der privaten Charlottenburger Wasserwerke einen Kredit in Höhe von 19,2 Millionen Mark aufgenommen und war die Anleihe von 1908 in Höhe von 40 Millionen Mark für den Ausbau der technischen Infrastruktur bestimmt gewesen,[412] so diente eine weitere 40-Millionen-Mark-Anleihe von 1910 vornehmlich ähnlichen Zwecken wie die Schöneberger Anleihe von 1907. Die Anleiheschulden Charlottenburgs hatten sich wie folgt entwickelt:

409 Ebd., S. 328–333.
410 Dazu Grzywatz, Städtisches Finanzwesen, T. 1 [wie Anm. 184], S. 54.
411 Ebd., S. 56. Allerdings war auch die Verschuldung im preußischen Staat auf eine beträchtliche Höhe angestiegen, dazu Eckart Schremmer, Steuern und Staatsfinanzen während der Industrialisierung Europas. England, Frankreich und das Deutsche Reich 1800 bis 1914 (Enzyklopädie der Rechts- und Staatswissenschaft), Berlin u. a. 1994, S. 162–164. Noch 1903 konnte das steuerstarke Frankfurt am Main eine halbprozentige Tilgung durchsetzen, Koch, Städtische Anleihen- und Bankpolitik [wie Anm. 401], S. 702.
412 Grzywatz, Städtisches Finanzwesen, T. 1 [wie Anm. 184], S. 52.

Tab. 29: Langfristige Anleiheschulden der Stadt Charlottenburg (in Millionen Mark).

Jahr	1881	1891	1901	1911	1914
Schulden	1,411	16,056	49,498	162,511	197,937

Quelle: Berthold Grzywatz, Städtisches Finanzwesen, Teil 1 [wie Anm. 184], S. 55.

Im preußischen Staat hatten die Staatsschulden im Jahr 1866 umgerechnet 870 Millionen Mark betragen. Im Jahr 1872 waren sie auf 1.302 Millionen und bis 1882 auf 2.686 Millionen Mark angestiegen, um dann auf hohem Niveau zu stagnieren. Im Jahr 1892 betrugen die Schulden bereits 6.240 Millionen Mark und stagnierten dann abermals bis zum Jahr 1902 (6.721 Millionen Mark). Danach ist abermals ein schwächerer Anstieg bis zum Jahr 1913 zu konstatieren, als die Schuld 9.421 Millionen Mark betrug.[413] Im Vergleich zu anderen preußischen und deutschen Städten[414] hatte sich der bereits 1870 sehr beachtliche Berliner Haushalt folgendermaßen entwickelt:

Tab. 30: Entwicklung der städtischen Haushalte preußischer Städte 1870–1900 (in Millionen Mark).

Jahr	1870	1875	1880	1885	1890	1895	1900
Berlin	16,882	33,268	33,107	51,334	73,516	90,386	107,238
Düsseldorf	2,892	5,124	13,878	14,121	21,617	26,897	39,934
Dortmund	0,263	0,775	1,444	2,441	2,209	4,563	10,452
Frankfurt am Main	1,660	7,195	12,78 8	16,797	17,499	22,565	49,954
Köln	1,888	3,924	4,871	5,524	10,074	14,871	18,420

Quelle: Heinrich Silbergleit, Preußens Städte. Denkschrift zum 100jährigen Jubiläum der Städteordnung vom 19. November 1808, Berlin 1908, S. 480 f.

413 Zahlen nach Schremmer, Steuern und Staatsfinanzen [wie Anm. 411], S. 163; zur wirtschaftlichen Seite Walter G. Hoffmann, Das Wachstum der deutschen Wirtschaft seit der Mitte des 19. Jahrhunderts, Berlin u. a. 1965.

414 Vgl. dazu Richard H. Tilly, Städtewachstum, Kommunalfinanzen und Munizipalsozialismus in der deutschen Industrialisierung: eine vergleichende Perspektive 1870–1913, in: Jürgen Reulecke (Hrsg.), Die Stadt als Dienstleistungszentrum. Beiträge zur Geschichte der ‚Sozialstadt' in Deutschland im 19. und frühen 20. Jahrhundert, St. Katharinen 1995, S. 125–152; ders., Investitionen der Gemeinden im deutschen Kaiserreich. Ein Überblick, in: Karl Heinrich Kaufhold (Hrsg.), Investitionen der Städte im 19. und 20. Jahrhundert (Städteforschung, Bd. A/42), Köln/Wien 1997, S. 39–59.

3.1.5 Die Berliner Stadtobligationen und die Grenzen der Aufnahmefähigkeit des deutschen Anleihemarktes vor dem Ersten Weltkrieg

Die finanzpolitischen Dimensionen, in die Berlin inzwischen hineingewachsen war, werden schlaglichtartig deutlich an den Einwänden, die 1909 gegen eine neuerliche Kreditaufnahme der Stadt erhoben wurden. Am 20. November 1909 richtete der Reichskanzler des Deutschen Reiches, Theobald von Bethmann-Hollweg, als Chef des Reichsschatzamtes ein vertrauliches Schreiben an die als Aufsichtsbehörden über die Stadt Berlin fungierenden preußischen Minister des Innern und der Finanzen, in dem er sich auf Zeitungsnachrichten bezog, in denen von der Begebung einer Anleihe der Stadtgemeinde Berlin im Betrag von etwa 400 Millionen Mark in naher Zukunft die Rede war. Wegen Genehmigung dieser Anleihe sollten bereits Verhandlungen bei der Aufsichtsbehörde stattgefunden haben. Der Reichskanzler sah *reichspolitische Ziele gefährdet*, wenn die Anleihe *in dieser ungewöhnlichen Höhe demnächst zur Begebung gelangen würde*, und sah voraus, dass dies *eine höchst nachteilige Rückwirkung auf die Benutzung derjenigen Kredite ausüben müßte, welche dem Reiche durch den Nachtragsetat für das Rechnungsjahr 1909 und den Reichshaushaltsetat für 1910 zur Verfügung gestellt werden sollen.* Anschließend trug er die Bitte vor, *in geeigneter Weise Vorsorge zu treffen, daß eine Begebung der geplanten Anleihe* [...] *nach Möglichkeit hinausgeschoben wird, damit dem Reiche der etwaige Vortritt gewahrt bleibt.*[415] Hinter dem Vorstoß des neuen Reichskanzlers möchte man die Politik des energischen, ebenfalls im Juli 1909 neu ernannten Staatssekretärs im Reichsschatzamt, Adolf Wermuth,[416] vermuten. Bereits während des Rechnungsjahres 1909 bemühte er sich, den Schuldenstand des Reiches zu vermindern. Ein besonderes Augenmerk widmete er dabei der Kurspflege der Reichsanleihen, die – wie die preußischen und Berliner Emissionen – mit einem Zinssatz von vier Prozent ausgegeben wurden und trotzdem schwer verkäuflich blieben.[417] Reichs-, Staats- und Stadtanleihen waren mithin an der Börse Konkurrenten.

Der Vorstoß des Reichsschatzamtes kam verfrüht. Die von dem ehemaligen preußischen, jetzt Reichsbeamten Wermuth nun gegen seinen ehemaligen Dienstherren verfochtene Sparpolitik wurde auf der preußischen Ministerialebene als Einmischung des Reiches in innerpreußische Angelegenheiten aufgefasst. Dies führte dazu, dass auch der Vorstoß wegen der Berliner Anleihe außerordentlich reserviert zur Kenntnis genommen wurde und das Schatzamt eine lapidare Antwort erhielt.[418] Zwar sollte die alte Anleihe von 1904 den Anleihebedarf der Stadt für fünf Jahre (bis 1908) decken,

---

415 GStA PK, I. HA, Rep. 77 Ministerium des Innern, Tit. 441, Nr. 32, Bd. 3.

416 Zur Tätigkeit im Reichsschatzamt siehe Wermuth, Ein Beamtenleben [wie Anm. 191], S. 273–316, doch schweigt Wermuth, der 1912 zum Berliner Oberbürgermeister gewählt wurde, in seinen Erinnerungen über den Kampf gegen die kommunale Finanzpolitik, die er später selbst verteidigen sollte.

417 Dazu Witt, Die Finanzpolitik des Deutschen Reiches [wie Anm. 167], S. 322.

418 *Über den Plan einer Anleihe ist uns amtlich noch nichts bekannt geworden. Nach einer Nachricht im amtlichen Gemeindeblatt der Haupt- und Residenzstadt Berlin hat der Magistrat weder über die Höhe, noch über den Zeitpunkt, noch über den Verwendungsgrund der neuen Anleihe Beschluß gefaßt.* Der

doch hatte die neuerliche Krise nach der nur kurzzeitigen Entspannung auf dem Kapitalmarkt die Stadt Berlin zu einer flexibleren Schuldenpolitik gezwungen. Im Jahr 1908, dem Höhepunkt der Krise, behalf man sich deshalb wesentlich ohne Anleihemittel. Infolge der Entwicklungen am deutschen Finanzmarkt waren allerdings die Finanzierungspläne der Stadt in Verzug geraten.[419] Die Abwicklung der Anleihe von 1904 war noch 1912, als die neue Anleihe genehmigt wurde, nicht völlig abgeschlossen. Die neue Anleihe wurde nun für das Anleihebedürfnis der Stadt innerhalb eines fünfjährigen Zeitraumes – vom 1. April 1909 bis zum 1. April 1914 – konzipiert,[420] erhielt mithin rückwirkende Geltung. Die in ihrer Mehrheit liberale Stadtverordnetenversammlung setzte zudem eine Kürzung der Magistratsvorlage um 42 Millionen Mark durch.[421] Folgende Positionen sollten mit der Anleihe abgedeckt werden:[422]

Tab. 31: Anleihezwecke 1914 (in Millionen Mark).

Erweiterung der städtischen Werke (Gas-, Wasser-, Kanalisationswerke, Schlachthof und Markthallen)	119
Verkehrsunternehmungen (Bau des Ost- und des Westhafens mit Kränen und Ladestraßen, der Nord-Süd-U-Bahn, des Straßenbahntunnels am Kaiser-Franz-Joseph-Platz und vor dem Brandenburger Tor	124
Kämmereizwecke (Brückenbauten, Straßendurchlegungen, Straßenerweiterungen, Parkanlagen)	34

Quelle: GStA PK, I. HA, Rep. 77 Ministerium des Innern, Tit. 441, Nr. 32 Bd. 3, Bl. 8–13.

Zur näheren Begründung der Anleihe führte der Oberpräsident an, dass gegen die Höhe der Anleihe nichts einzuwenden sei. Nach seiner Auffassung stünde dem ausreichende Deckung gegenüber. Das Kämmereivermögen habe nach einer Aufstellung des Magistrats für das Etatjahr 1909 einen Wert von 696 Millionen Mark, die Passiva betrügen zur gleichen Zeit 481 Millionen. Allerdings sei in der Vermögensaufstellung keine Unterscheidung zwischen werbendem Vermögen und jederzeit amortisierbarem

preußische Innenminister an das Reichsschatzamt, 26. November 1909 (Konzept), in: GStA PK, I. HA, Rep. 77 Ministerium des Innern, Tit. 441, Nr. 32, Bd. 3, Bl. 2.

419 Der Oberpräsident der Provinz Brandenburg an die Minister des Innern und der Finanzen, 22. Januar 1912, ebd., Bl. 8–13.

420 Ebd.: *Da ein großer Teil des Zeitraumes nun bereits verstrichen war, hatte man erhebliche Beträge ohne Genehmigung und für Rechnung der neuen Anleihe bereits verausgabt (Ende des Etatsjahres 1910 bereits 37,5 Mio. M), darunter Ausgaben für neue Zwecke, zum Beispiel 4 Mio. M für die städtische Straßenbahn. Der Oberpräsident hätte auf die Unzulässigkeit dieses Vorgehens – aber offenbar ohne Sanktionen – hingewiesen.*

421 Die Kürzungen betrafen die städtischen Werke (von 145 auf 119 Millionen Mark), Verkehrsunternehmungen (von 132 auf 124 Millionen Mark; der Lindentunnel am Kaiser-Franz-Joseph-Platz wurde gebaut, der vor dem Brandenburger Tor nicht) und Kämmereizwecke (von 53 auf 34 Millionen Mark).

422 GStA PK, I. HA, Rep. 77 Ministerium des Innern, Tit. 441, Nr. 32, Bd. 3, Bl. 8–13: Der Oberpräsident der Provinz Brandenburg an die Minister des Innern und der Finanzen, 22. Januar 1912.

Kapital- und Grundvermögen gemacht worden. Zur Entwicklung der Steuerkraft wurde weiterhin bemerkt, dass trotz des Rückgangs der Einwohnerzahl in den Jahren 1909 und 1910 ein allmähliches Steigen des Staatseinkommensteuersolls und des Istbetrages des Gemeindeeinkommensteuersolls zu verzeichnen sei, ebenso der Gemeindegrundsteuer mit Ausnahme der Grundsteuer nach gemeinem Wert. Bezüglich der Entwicklung des kommunalen Zuschlags zur Einkommensteuer musste besonderes Augenmerk auf das Verhältnis der Kernstadt zu ihren nicht eingemeindeten Vororten gerichtet werden. So stellte der Oberpräsident fest: *Wenn die Finanzlage der Stadt mit Rücksicht auf das starke Abwandern der steuerkräftigen Bewohner nach den westlichen Vororten auch in Zukunft nicht ganz ohne Bedenken ist, so ist doch andererseits zu berücksichtigen, daß Berlin immer mehr der Mittelpunkt des öffentlichen wie des wirtschaftlichen Lebens des Landes wird, daß im Zusammenhang damit der Wert des Grund und Bodens im beständigen Steigen begriffen ist und daß der Entwickelung der inneren Stadt und der damit zusammenhängenden Verminderung der Steuerleistung physischer Personen die Verminderung der Schul- und Krankenhauslasten sowie die gesteigerte Steuerkraft der juristischen Personen, insbesondere der großen centralen Institute, der Großbanken, Warenhäuser, Hotels usw. gegenüberstehen.* Die Kürzungen durch die Stadtverordneten führten dazu, dass nun weitere zunächst einbezogene Projekte anderweitig finanziert werden mussten.[423] Doch war bereits bei Verhandlungen im Magistrat die Frage erörtert worden, ob es bei dem großen Anleihebedürfnis der Stadt nicht ratsam sei, den Betrag von 23 Millionen Mark, der der Stadt aus einem gerichtlichen Vergleich mit der Großen Berliner Straßenbahn zugeflossen war, ganz oder zum Teil zur Verminderung der Anleihe zu benutzen. Als Beispiel wurde ein Beitrag zu den Baukosten der Nord-Süd-U-Bahn vorgeschlagen.[424] Es fällt auf, dass hinsichtlich der Verkehrsunternehmungen insbesondere die Wünsche des Hofes – etwa nach Freihaltung der Straße Unter den Linden und des Bereichs am Brandenburger Tor von störenden Straßenbahnoberleitungen – bei der Konzipierung der Anleihe ohne Einschränkung berücksichtigt wurden. Bereits vor den abschließenden Beratungen der Stadtverordneten, in denen die genannten Kürzungen beschlossen wurden, hatte das

423 Der Oberpräsident wies die Aufsichtsführenden darauf hin, dass der Stadt weitere Ausgaben *besonderer Art bevorständen, die in jetziger Anleihe nicht enthalten seien.* Unter anderem wurden genannt: siebeneinhalb Millionen Mark zur Schaffung von Räumen für Sieche und Altersgebrechliche, sechs Millionen Mark für den Ankauf des Opernhauses, eine Million Mark Darlehen *für das Hagenbeck'sche Tierparkunternehmen in der Jungfernheide,* 1,1 Millionen Mark für gemeinnützige Wohnbauten in der Jungfernheide, sieben bis acht Millionen Mark zum Erwerb von Baugelände bei Schloss Bellevue für Markthallenzwecke und endlich ein Betrag zur Freilegung der Südseite des Schlossplatzes aus Anlass der Feier des 500-jährigen Bestehens des Hohenzollernhauses in der Mark Brandenburg. Für Krankenhauszwecke waren weitere zwei Millionen Mark vorgesehen. Sie sollten nicht für Um-, sondern nur für Neubauten verwendet werden und ihre Verwendung ausdrücklich der Kommunalaufsicht vorbehalten bleiben, ebd.

424 In der Presse wurde dieser Betrag *Etatausgleichsfonds* genannt. Der preußische Innenminister wandte sich gegen eine entsprechende Ausweitung, ebd., Bl. 14 f.

Reichsschatzamt erneut unmissverständlich seine Interessen betont. Man legte wiederum ein besonderes Gewicht auf das Verhältnis zu den eigenen Emissionen mit dem Bemerken, dass, *wenn eine Anleihe von so ungewöhnlicher Höhe zur Begebung gelangen würde, dies eine höchst nachteilige Rückwirkung auf die Lage der Reichskredite ausüben müßte* [...]. *Gleichwohl wäre schon die Tatsache der Genehmigung einer Anleihe in einer Höhe wie sie meines Wissens wohl noch nicht von einer Gemeinde beantragt worden ist, einen schädlichen Druck auf den Effektenmarkt hervorzurufen geeignet.* So war denn die kommunale Schuldenaufnahme insgesamt suspekt. *Auch müßte der Umstand, daß auf dem Anleihewege so gewaltige Summen verhältnismäßig leicht zu erlangen sind, einen bedenklichen Einfluß auf die Finanzgebarung nicht nur Berlins, sondern auch der übrigen Kommunalverwaltungen äußern. Wie* [...] *bekannt ist, haben die Schulden der deutschen Stadtgemeinden in der Zeit von 1881 bis 1908 sich um mehr als das Dreifache im Vergleiche zu den Reichs- und Staatsschulden vermehrt.*[425] *Es dürfte deshalb über die auch in der Presse, in der Literatur und in den Parlamenten betonte Notwendigkeit, den städtischen Anleihebedarf nach Möglichkeit einzuschränken, kein Zweifel bestehen.*[426] Darüber hinaus wurde eine Prüfung des Antrags vorgeschlagen, die nach Auffassung des Schatzamtes unter folgenden Gesichtspunkten zu erfolgen hätte: *1.) Ob die Bedürfnisse, für welche die Anleihe nachgesucht wird, in der Tat auf dem Anleiheweg anstatt mit ordentlichen Mitteln des Haushalts Befriedigung finden müssen. Nach dieser Richtung erlaube ich mir insbesondere auf die Ausgaben für Krankenhäuser, höhere Lehranstalten und Parkanlagen aufmerksam zu machen und 2.) ob nicht das gesamte Anleiheprojekt in verschiedene Teile zu zerlegen wäre, sodass die Ausführung mehrerer Einzelprojekte in erheblichen Zeitabständen mit selbständigen*

---

425 Die Gesamtheit der städtischen Schuld im Reich war von 1897 bis 1907 sogar auf das Fünffache gestiegen und hatte mit 3,8 Milliarden Mark sogar die Reichsschuld (3,4 Milliarden Mark) übertroffen, vgl. Otto Ziebill, Geschichte des Deutschen Städtetages. Fünfzig Jahre deutsche Kommunalpolitik, Stuttgart/Köln 1953, S. 253; Berthold Grzywatz, Städtisches Finanzwesen und Kommunalkredit, T. 2: Die kommunale Finanzsituation unter Einwirkung des Ersten Weltkrieges und den Reformversuchen der Weimarer Republik, in Jahrbuch für die Geschichte Mittel- und Ostdeutschlands 43 (1995), S. 95–170, mit weiterer Literatur. Die städtische Obligations- und Anleiheschuld Berlins hatte 1881 110,2 Millionen Mark betragen: Bericht über die Gemeinde-Verwaltung der Stadt Berlin in den Jahren 1882 bis 1888 [im Folgenden: Bericht über die Gemeinde-Verwaltung 1882–1888], H. 1, Berlin 1889, S. 220. Sie stieg bis 1908 auf 390,7 Millionen Mark (etwa um das Dreifache) an, während die Reichsschulden im gleichen Zeitraum von 267,8 auf 3.203,5 Millionen Mark anwuchsen, siehe Gerloff, Die Finanz- und Zollpolitik [wie Anm. 382], S. 521.

426 Der Reichskanzler (Reichsschatzamt) an die preußischen Minister des Innern und der Finanzen, 14. Juni 1911, in: GStA PK, I. HA, Rep. 77 Ministerium des Innern, Tit. 441, Nr. 32, Bd. 3, Bl. 3–4. Als der Reichskanzler am 9. Dezember 1914 gebeten wurde, an einer Besprechung über die Finanzlage Berlins teilzunehmen, erklärte er, dass von den Besprechungsthemen allein das Anleihebedürfnis der Stadt Berlin von Interesse sei und erklärte, dass er voraussetzen, müsse, *daß seitens der Stadt Berlin alles vermieden wird, was die Begebung von Kriegsanleihen während der Kriegszeit beeinträchtigen könnte*, GStA PK, I. HA, Rep. 77 Ministerium des Innern, Tit. 233, Bd. 20.

Anleihen vor sich ginge und zunächst eine wesentlich niedrigere Anleihe zu genehmigen wäre.

Abb. 9: Klinikstadt Buch. Heimstätte für Brustkranke 1904/05, Architekt Ludwig Hoffmann. © Ludwig Hoffmann (Hrsg.), Neubauten der Stadt Berlin, Bd. 4, Berlin 1905, S. I, Abb. 1.

Die preußische Ministerialbürokratie hatte die Belehrungen aus dem Reichsschatzamt, auch wenn sie rechtlich zutreffend waren, nur ungern zur Kenntnis genommen. Die anschließenden, den Kern der Wermuthschen Finanzpolitik betreffenden Bemerkungen – *es mir nicht als einen Eingriff in bundesstaatliche Verhältnisse zurechnen zu wollen, wenn ich der vorliegenden Frage ernsten Anteil widme. Die Anleihepolitik des Reiches und Preußens hängt aufs engste zusammen. Die Schonung des Marktes aber, welche wir beiderseits im Interesse der Wiedergesundung der Finanzlage uns auferlegt haben, würde ohne Erfolg bleiben, wenn statt dessen die Gemeinden mit verdoppelter Stärke auf den Markt drückten* – wurden mit Randbemerkungen wie: *Das sind innerpreußische Angelegenheiten, die durchaus uns vorbehalten bleiben müssen*[427] versehen. Die preußischen Ministerien des Innern und der Finanzen hatten am 1. Februar 1912 eine gemeinsame Verfügung veröffentlicht, die die Aufnahme von Kommunalkrediten strenger regelte. Unter anderem sollten höhere Tilgungssätze gefordert und mit der bisherigen Praxis gebrochen werden, Beträge aus noch nicht genehmigten Anleihen

427 Obwohl die abschließende Bitte um Mitteilung mit der Randbemerkung, *Ja, aber mit Protest!* versehen wurde, scheint der Protest nicht erfolgt zu sein. Auf eine Anmahnung der Antwort auf das Schreiben vom 14. Juni wurde am 4. November 1911 bemerkt: *Die Gründe für ein Hinhalten in der Antwort bestehen fort. Übrigens sind die Kommunalanleihefragen jetzt kommissarisch mit dem Reichsschatzamt erörtert worden, und dabei auch die Berliner Anleihesache erheblich erörtert worden. Vielleicht sieht damit das Reichsschatzamt die Sache als erledigt an*, GStA PK, I. HA, Rep. 77 Ministerium des Innern, Tit. 441, Nr. 32, Bd. 3, Bl. 6.

zu verbrauchen.[428] Die Zunahme der Verschuldung des bei seiner Gründung schuldenfreien Reiches betrug zwischen 1877 und 1914 das 325fache. Die Schulden waren in diesem Zeitraum von 16 Millionen auf 1.118 Millionen (1890), 2.298 Millionen (1900), 4.844 Millionen (1910) und 5.200 Millionen Mark (1.4.1914) gestiegen.[429] Da sowohl in Berlin als auch in den anderen deutschen Großstädten das Verhältnis von Aktiv- und Passivvermögen in der Regel positiv gehalten wurde, blieb die Verschuldung vor dem Ersten Weltkrieg undramatisch. Mit Recht bemerkt Krabbe: „Ohne die hohe Kreditaufnahme hätte es die Blüte des deutschen Städtewesens um die Jahrhundertwende, wie sie in der Leistungsverwaltung zum Ausdruck kam, nicht gegeben."[430]

Der Anteil Berlins an der Gesamtheit der deutschen Kommunalschulden im Jahr 1913 betrug zehneinhalb Prozent. Der vergleichsweise hohe Prozentsatz wird bei einem Blick über die deutschen Grenzen hinaus relativiert: In Frankreich beispielsweise war die Metropole Paris mit einem Anteil von 61 Prozent an den dortigen Kommunalschulden beteiligt.[431] Bei der Berliner Anleihe von 1912 hatte man insbesondere an der Höhe und an der Verteilung unter den Einzelposten, doch keineswegs generell an deren Aufnahme Kritik geübt. Nachdem die städtischen Körperschaften diese Einwände berücksichtigt hatten und da sie zugleich einen Mehrbedarf und Umschichtungen[432] geltend machen konnten, erhielt die Stadt am 25. Mai 1912 das königliche Privileg für eine Anleihe über 262 Millionen Mark. Wiederum war der Berliner Kreditbedarf, ein Ausgleich für fehlende institutionelle Förderung, unabweisbar gewesen. Als Gegner der städtischen Anleihepolitik erscheint hier mit dem Reichsschatzamt eine zentrale Reichsbehörde. Von dem – letztlich vergeblichen – Versuch des Reichsschatzamtes und damit Wermuths, alle Bereiche der Staatswirtschaft in ein strenges Haushaltsregime einzugliedern, lässt sich der Bogen bis zu den gleichgearteten Versuchen im Zuge der Wiederaufrüstung nach 1933 ziehen,[433] auch wenn die Bedingungen andere waren. Berlin als führender Kommune des Reiches kam dabei als sehr großer Anlei-

428 Grzywatz, Städtisches Finanzwesen, T. 2 [wie Anm. 425], S. 96.

429 Zahlen nach Schremmer, Steuern und Staatsfinanzen [wie Anm. 411], S. 181.

430 Wolfgang R. Krabbe, Die deutsche Stadt im 19. und 20. Jahrhundert, Göttingen 1989, S. 165.

431 Vergleichszahlen nach Bendikat, Öffentliche Nahverkehrspolitik [wie Anm. 95], S. 182.

432 Die städtischen Körperschaften hatten den staatlichen Wünschen in allen Punkten Rechnung getragen und die Anleihe auf 262 anstatt auf 258 Millionen Mark festgesetzt. Davon waren nur 19 Millionen für Verkehrszwecke und vier Millionen für den allgemeinen Haushalt zur freien Verfügung vorgesehen: Der Oberpräsident an die preußischen Minister des Innern und der Finanzen, 16. April 1912, in: GStA PK, I. HA, Rep. 77 Ministerium des Innern, Tit. 441, Nr. 32, Bd. 3, Bl. 9.

433 Bei den einschränkenden Bedingungen von 1912 wie auch nach 1933 war das Ziel gleich: die Abdrängung der Kommunen vom Kapitalmarkt, der nach 1933 dem Reich für seine Aufgaben der Arbeitsbeschaffung und der Aufrüstung uneingeschränkt zur Verfügung stehen sollte, vgl. für die Zeit nach 1933 Gustav Giese, Kommunales Schuldenwesen, in: Handbuch der kommunalen Wissenschaft und Praxis, Bd. 3, Berlin u. a. 1959, S. 197; Hermann Dietrich-Troeltsch, Die Einrichtung der Beratungsstelle für Auslandskredite und deren Funktionsweise/Die Diskussion der Deckungsregeln, in: Karl-Heinrich Hansmeyer (Hrsg.), Kommunale Finanzpolitik in der Weimarer Republik (Schriftenreihe des Vereins für Kommunalwissenschaften, Bd. 36), Stuttgart u. a. 1973, S. 200–220, hier S. 219.

henemittend eine besondere Funktion zu. Die Stadt besaß zudem eine gewisse Vorbildfunktion. So konnte die Hauptstadt des Reiches keine kommunalen Anleihen außerhalb Deutschlands aufnehmen. Eine Änderung dieser Situation wäre als Signal für andere Städte aufgefasst worden. Deshalb blieb Berlin allein auf den zusehends enger werdenden deutschen Anleihemarkt angewiesen und konnte vor dem Ersten Weltkrieg noch nicht – wie etwa Frankfurt am Main – die Kommunalanleihen in den Vereinigten Staaten platzieren.[434]

Staatssekretär Adolf Wermuth trat nach dem Scheitern seines Versuchs, den durch die Flotten- und Heeresvorlage stark erweiterten Reichshaushalt mit einer entsprechenden Deckungsvorlage zu verbinden, zurück und wurde nur wenige Wochen später, am 15. Mai 1912, zum Oberbürgermeister der Stadt Berlin gewählt.

3.1.6 Der Neubau von Stadtstraßen, deren Finanzierung und die Finanzierung des öffentlichen Nahverkehrs im Kaiserreich

3.1.6.1 Die Stadtstraßen

Ein besonderes, deshalb einzeln zu behandelndes Problem stellt die Finanzierung der Stadtstraßen und der öffentlichen Verkehrsmittel dar.[435] Im Unterschied zu anderen Metropolen, in denen der Ausbau von Hauptstraßen eine Aufgabe nationaler Repräsentation, mithin eine Staatsaufgabe war, wurde in Berlin der Straßenbau aller Kategorien grundsätzlich gleich behandelt und die Finanzierung ganz oder teilweise den Anliegern überlassen. Dies musste auch Kanzler Otto von Bismarck bei seinem Vorstoß in das Gebiet der Stadtplanung erfahren: *Wenn man sich Berlin, welches seit kurzem von 200.000 Einwohnern auf 800.000 Einwohner angewachsen ist – eine Ziffer, die Paris zur Zeit von Louis Philippe hatte, während es dieselbe seitdem mehr als verdoppelt hat – in demselben Maße weiter zunehmend denkt – und nach den jetzigen Erfahrungen wächst es besonders nach Charlottenburg und dem Grunewald hin –, so können leicht Verhältnisse eintreten, in welchen man es bereuen wird, eine Straßenlinie, welche in der Königlichen Verfügung stand, denselben nicht erhalten zu haben.* Mit diesem Argument plädierte Bismarck am 5. Februar 1873 in einem Brief an den Chef des kaiserlichen Zivilkabinetts für eine angemessene Breite des alten Verbindungsweges zwischen der kaiserlichen Hauptstadt und dem traditionellen Jagdrevier der Hohenzollern westlich der Stadt, dem Grunewald, der als *Kurfürstendamm* bezeichnet

434 Frankfurt am Main hatte 1901 eine Anleihe in Höhe von 14,77 Millionen Mark zu dreieinhalb Prozent u. a. in New York platziert, siehe dazu Koch, Städtische Anleihen und Bankpolitik [wie Anm. 401], S. 708.

435 Aus der Sicht eines Verkehrsplaners und Verwaltungsfachmannes liegt nun eine umfassende Darstellung zu diesem für die städtische Entwicklung so wichtigen Komplex von 1862 bis zur Gegenwart vor: Ural Kalender, Die Geschichte der Verkehrsplanung Berlins (Archiv für die Geschichte des Straßen- und Verkehrswesens, H. 24), Köln 2012.

wurde.[436] Daran schloss Bismarck folgende Überlegung an: *Denkt man sich Berlin so wie bisher wachsend, so wird es die doppelte Volkszahl noch schneller erreichen, als Paris von 800.000 Einwohnern auf 2.000.000 gestiegen ist. Dann würde der Grunewald etwa für Berlin das Bois de Boulogne und die Hauptader des Vergnügungsverkehrs dorthin mit der Breite der Elysäischen Felder durchaus nicht zu groß bemessen sein.* Ein erster Schritt zur Verwirklichung war die von Kaiser Wilhelm I. in einer Allerhöchsten Kabinettsordre vom 2. Juni 1875 erfolgte Festlegung der Breite des künftigen Kurfürstendamms mit 53 Metern aufgrund der Eingabe Bismarcks. Wohl konnte die Fluchtlinie Allerhöchst festgelegt werden; die Straße war damit aber noch nicht gebaut. Der Reichskanzler musste einen Lernprozess durchmachen: Für die Finanzierung der Stadterweiterungen und die Anlage von Straßen, der Ver- und Entsorgung bis hin zur Erschließung der baureifen Parzellen und deren Bebauung gab es weder ein schlüssiges Konzept noch irgendwelche Finanzmittel. Zwar war in der Hauptstadt selbst und in den staatlichen Forsten zu diesem Zeitpunkt der Ausbau der Straßen Sache des Fiskus, aber in den umliegenden Landgemeinden, durch deren Feldmark der Kurfürstendamm führte, war die örtliche Straßenpolizeibehörde dafür zuständig. Allgemein galt, dass die Unterhaltspflicht erst nach fünf Jahren begann. Die Kosten für die Erstpflasterung mussten die Anlieger aufbringen.

In anderen europäischen Metropolen war die Situation gänzlich unterschiedlich: In die Zeit Bismarcks als preußischer Gesandter in Paris fällt das Wirken des Präfekten des Departements Seine, Baron Haussmann (1853–1869), der die Straßendurchbrüche der großen Boulevards organisatorisch leitete, und in Wien wurde ab 1859 der ‚Grundplan für die Gestaltung der Ringstraße' genehmigt und bis 1890 ausgeführt. Wenn auch in beiden Fällen die immensen Entwicklungskosten durch den anschließenden Grundstücksverkauf gedeckt werden sollten, so waren doch gewaltige staatliche Vor- und Nebenleistungen nötig. So wurde in Wien unter der Aufsicht des Innenministers ein öffentlich-rechtlicher Stadterweiterungsfonds gebildet, dessen reelle Ausgaben von 1858 bis 1914 102.329.686 Gulden betrugen, denen Einnahmen von insgesamt 112.525.631 Gulden (vornehmlich durch Grundstücks- und Hypothekenverkauf) gegenüberstanden. Die Stadt Wien hatte für das Projekt im Gesamtzeitraum Ausgaben in Höhe von 27,51 Millionen Gulden, die aus Steuererhöhungen und Anleihen gedeckt wurden. Dennoch kam man in der Stadtverwaltung zu folgendem Urteil: *Faßt man unbefangen und gerecht die Verhältnisse ins Auge, so läßt sich nicht verkennen, daß die Regierung die Interessen der Gemeinde in wichtigen, die Verschönerung und Erweiterung der Stadt berührenden Fragen berücksichtigte, daß der Kaiser selbst in seinem*

---

436 LAB, A Pr. Br. Rep. 042 Preußische Bau- und Finanzdirektion, NF Straßenbausachen, Spezialia, Nr. 1020, dazu Eberhard Bohm, Kurfürstendamm. Entstehung und erste Entwicklung, in: Wolfgang Ribbe (Hrsg.), Von der Residenz zur City. 275 Jahre Charlottenburg, Berlin 1980, S. 67–102, bes. S. 79–96; Escher, Berlin und sein Umland [wie Anm. 177], S. 265–267; Karl-Heinz Metzger/Ulrich Dunker, Der Kurfürstendamm. Leben und Mythos des Boulevards in 100 Jahren deutscher Geschichte, Berlin 1986.

Wohlwollen für das Gedeihen und Emporblühen Wiens wiederholt fördernd und unterstützend eingriff und daß der Gemeinde, ohne daß für die Regierung eine Verpflichtung vorlag, in zahlreichen Fällen eine Erleichterung der finanziellen Lasten zu Theil wurde.[437] Dieser amtlichen Auskunft der Kommunalverwaltung der österreichischen Kaiserstadt wären die Kommunalvertreter Berlins sicher nicht gefolgt.

Der 1838 beschlossene Kompromiss zwischen Preußen und der Stadt Berlin über die Straßenunterhaltung[438] wurde 1860 auf das nun erweiterte Stadtgebiet ausgedehnt. Für dieses Gebiet lag 1862 der im Auftrag des Berliner Polizeipräsidenten bearbeitete ‚Bebauungsplan für die Umgebungen Berlins', der nach seinem Verfasser James Hobrecht auch Hobrechtplan genannt wurde, als Fluchtlinienplan vor.[439] Auch diese Planung konnte durch Intervention der Interessenten örtlich abgeändert werden. Die Instruktion für den mit der Ausarbeitung eines Bebauungsplanes für Berlin beauftragten Baubeamten sah vor, dass nicht nur alle künftig für den Verkehr notwendigen Straßen projektiert werden sollten, sondern auch die *bereits vorhandenen Straßen und Wege nur aus ganz überwiegenden Gründen geändert werden* dürfen.[440] Damit sollten zweifellos die Kosten der Straßenanlagen niedriger gehalten werden. Unter den Planänderungen litten besonders die im ganzen Erweiterungsgebiet vorgesehenen Schmuckplätze. Die Eisenbahn als neuer Verkehrsträger beanspruchte darüber hinaus erhebliche Flächen im Süden (Abteilung 3 des Bebauungsplanes). Dem fielen nicht nur die geradlinige Führung des Generalszuges (eines nach den militärischen Führern der Befreiungskriege gegen Napoleon benannten Straßenzuges), sondern auch dessen größte Schmuckplätze, der – Blücher- und der Wahlstattplatz – zum Opfer.[441] Wichtiger als die repräsentative Führung des Generalzuges war im Bereich der späteren Betriebsanlagen des Potsdamer und Anhalter Bahnhofs die ausreichende Flächenversorgung der Eisenbahnverwaltungen. Auch bei weiteren Großplätzen kam

---

437 Karl Weiss, Wien 1848–1888. Denkschrift zum 2. December 1888, hrsg. vom Gemeinderathe der Stadt Wien, Bd. 1, Wien 1888, zitiert nach Kurt Mollik/Herbert Reining/Rudolf Wurzer, Planung und Verwirklichung der Wiener Ringstraße (Die Wiener Ringstraße. Bild einer Epoche. Die Erweiterung der inneren Stadt Wien unter Kaiser Franz Joseph, Bd. 3, Textband), Wiesbaden 1980, S. 188; zur Finanzierung Franz Baltzarek/Alfred Hoffmann/Hannes Stekl, Wirtschaft und Gesellschaft der Wiener Stadterweiterung (Die Wiener Ringstraße. Bild einer Epoche. Die Erweiterung der inneren Stadt Wien unter Kaiser Franz Joseph, Bd. 5), Wiesbaden 1975, S. 153–182.

438 Siehe Anm. 83.

439 Felix Bentlin, Der Weg zum Bebauungsplan von 1862, in: Dolff-Bonekämper/Million/Pahl-Weber, Das Hobrechtsche Berlin [wie Anm. 84], S. 34–45; Lubowitzki, Der Hobrechtplan [wie Anm. 84], dort weitere Literatur.

440 Zitiert nach Geist/Kürvers, Das Berliner Miethaus, Bd. 1 [wie Anm. 83], S. 485 f.

441 Johann Friedrich Geist/Klaus Kürvers, Das Berliner Mietshaus, Bd. 2: 1862–1945. Eine dokumentarische Geschichte von ‚Meyer's-Hof' in der Ackerstraße 132–133, München 1984, S. 165–169, S. 166 instruktiver Plan der nicht ausgeführten Straßen und Plätze des Bebauungsplans; jetzt dazu auch: Felix Bentlin/Fritz Lammert, Der Wandel von Schifffahrts- und Bahninfrastruktur. Neuordnung des Bebauungsplans von 1862, in: Dolff-Bonekämper/Million/Pahl-Weber, Das Hobrechtsche Berlin [wie Anm. 84], S. 171–195.

es zu Verkleinerungen beziehungsweise zur Umplanung.[442] Die mit ihren großzügigen Gürtelstraßen und Schmuckplätzen noch in preußischer Königszeit projektierte Stadtanlage wurde nach 1871 in ihrer monumentalen Wirkung stark vermindert. Im Gegensatz zu der in Wien fast gleichzeitig durchgeführten Erschließung und Bebauung des Vorfeldes der Befestigung durch das monumentale Ringstraßenprojekt, stand in Berlin nicht imperiale Pracht, sondern allein die kostengünstige Bereitstellung und Erschließung der für eine Zweimillionenstadt erforderlichen Flächen im Mittelpunkt. Die auch für das Berliner Stadterweiterungsgebiet geplante Ringstraße konnte nur ansatzweise verwirklicht werden. In Berlin hatten die Anlieger die Kosten zu übernehmen. Deshalb kam man ihnen – wo immer es notwendig war – entgegen. Dies gilt auch für die Ausnutzung der in der Regel recht groß geschnittenen Bauparzellen. Ein Ziel war, den preußischen Staat von den Kosten der großen Stadterweiterung freizuhalten.

Nach langen Verhandlungen zwischen den Kommissarien der Ministerien des Innern, der Finanzen und des Handels und den Deputierten der Stadt, in die auch das Polizeipräsidium und die Ministerial-, Militär- und Baukommission einbezogen waren, enthielt die Kabinettsordre vom 28. Dezember 1875 über die Übernahme der fiskalischen Straßen- und der Brückenbau-Unterhaltungslast die endgültige Entscheidung. Der Minister des Innern wurde nun ermächtigt,[443] *die örtliche Straßenbaupolizei von Berlin, worunter die gesamte auf die Anlegung, Regulirung, Entwässerung und Unterhaltung der Straßen und Brücken bezügliche örtliche Polizei daselbst begriffen ist, der Stadtgemeinde Berlin zur eigenen Verwaltung nach § 62 der Städteordnung vom 30. Mai 1853 widerruflich zu überlassen.* Die Fläche der fiskalischen Straßen betrug 1876 1.565.000 Quadratmeter, die der städtischen Straßen 1.772.000 Quadratmeter.[444] Dem Polizeipräsidium verblieben nur *die Rechte einer Landes-Polizeibehörde über die Stadt Berlin zur eigenen Verwaltung überlassene Straßenbaupolizei*, mithin das Recht einer Aufsichtsbehörde, wie es in den preußischen Provinzen durch die Provinzialbehörden ausgeübt wurde. Die neue Regelung trat zum 1. Januar 1876 in Kraft. Für die Stadt brachte das Dispositionsrecht über die Straßen eine wesentliche Stärkung der Selbstverwaltung, auch wenn es erhebliche Mehrausgaben bedeutete. Im Verwaltungsbericht heißt es dazu: *Die Kommunalbehörden waren sich bei Abschluß des Vertrages dessen vollkommen bewußt, dass die Rente von 556.431 M, welche der Fiskus für die Befreiung von der ihm obliegenden Baulast übernahm, nicht ausreichen würde, um die Unterhaltung der bisher fiskalischen Straßen und Brücken in einer den heutigen Verkehrsbedürfnissen entsprechenden Weise zu bewirken. Aber sie wollten auch um den Preis bedeutender Opfer auf jenen der Gemeinde naturgemäß zustehenden Besitz und auf ein so wesentliches Stück der Selbstverwaltung nicht verzichten; sie wollten die Be-*

442 Lubowitzki, Der Hobrechtplan [wie Anm. 84], S. 84–108.

443 Bericht über die Gemeinde-Verwaltung 1861–1876 [wie Anm. 7], H. 1, S. 35 f., dazu Escher, Berlin und sein Umland [wie Anm. 177], S. 212.

444 Die öffentlichen Straßen Berlins, in: Festschrift zur XXXV. Hauptversammlung [wie Anm. 53], S. 23.

schaffenheit der Verkehrsmittel nicht ferner von der Bewilligung des Finanzministers und des Abgeordnetenhauses abhängig machen, welche, ohne dass man bei ihrer Verpflichtung das Interesse sämtlicher preußischer Steuerzahler im Auge zu behalten, ihnen daraus einen Vorwurf machen kann, jene rechtlich dem Fiskus abgelegenen Leistungen, namentlich soweit sie das Straßenpflaster betrafen, nur innerhalb der Grenzen des unbedingt Nothwendigen zu erfüllen geneigt gewesen waren.[445] Die Stadt übernahm damit auf eigene Kosten einen wichtigen Teil der Hauptstadtfinanzierung. Die Straßenpflasterungen durch die Stadt Berlin entwickelten sich folgendermaßen:

Tab. 32: Städtische Maßnahmen zu Straßenpflasterungen 1862–1876.

Jahr	Neupflasterung (in Quadratmetern)	Umpflasterung (in Quadratmetern)
1862	500	34.600
1863	25.000	55.100
1864	63.400	64.200
1865	18.600	54.000
1866	35.000	29.300
1867	97.400	65.400
1868	33.400	14.100
1869	15.900	35.900
1870	29.700	44.500
1871	43.300	10.100
1872	85.000	39.400
1873	173.500	103.800
1874	120.600	66.300
1875	260.100	59.200
1876	101.300	44.800

Quelle: Bericht über die Gemeinde-Verwaltung 1861–1876 [wie Anm. 7], H. 2, S. 49 f.

Die Neupflasterungen bis 1874 zeigen die Intensität des Baugeschehens, vornehmlich in dem seit 1861 eingemeindeten Stadterweiterungsgebiet, die Umpflasterungen wesentlich die Modernisierung des innerstädtischen, zuvor vom Staat unterhaltenen Straßennetzes. Bis 1893 waren 3.084.000 Quadratmeter mit einer Unterbettung, davon circa eine Million Quadratmeter mit Asphaltdecke gepflastert. Die Straßenbaukosten stiegen in den folgenden Jahren kontinuierlich an. Der Anteil am Gesamthaushalt der

445 Ebd., S. 36.

Stadt betrug 1873 8,6 Prozent.[446] Insgesamt hatte die Stadt zwischen 1876 und 1893 62 Millionen Mark für den Straßen- und Brückenbau verausgabt,[447] bis 1905 110,5 Millionen Mark.

Tab. 33: Straßenbaukosten der Stadt Berlin 1896–1905 (in Millionen Mark).

Zeitabschnitt	Kosten insgesamt	Jahresdurchschnitt
1896–1900	21,425	4,285
1901–1905	24,155	4,831

Quelle: Bericht über die Gemeinde-Verwaltung 1901–1905 [wie Anm. 165], H. 1, S. 104.

Bis 1905 war der Anteil der Pflasterung mit minderwertigem Material auf 6,3 Prozent gesunken.[448] Wegen der Einführung der Kanalisation mussten die Straßen zumindest teilweise erneuert werden. Vielfach konnten die Kosten gemeinsam mit den Straßenbahnunternehmen getragen werden, vor allem mit der Großen Berliner Pferde-Eisenbahn, die jetzt im Innenstadtbereich ein dichtes Netz schuf, sowie mit den Pferdebusfirmen. Mit den Straßen war auch der Brückenbau im Zentrum auf die Kommune übergegangen. Es zeigte sich, dass nur neun massiv gewölbte steinerne Brücken übernommen wurden; vier Brücken hatten massive Pfeiler und einen eisernen Überbau. Alle anderen übernommenen 42 Wasserübergänge waren aus Holz, davon sieben mit massivem Oberbau. Einige Brücken waren noch mit Zugvorrichtungen für die Schifffahrt ausgestattet und entsprachen kaum den zeitgemäßen Verkehrsansprüchen. Bis 1896 war die Anzahl der Holzbrücken über Wasserwege (16) auf über die Hälfte gesunken, zugleich war die Gesamtzahl der Wasserbrücken auf 90 angestiegen.[449] Ebenso war eine Vielzahl von niveaugleichen Schienenübergängen von der Stadt im Interesse des Durchgangsverkehrs mit Über- und Unterführungen ausgestattet worden.

Die bis dahin geltenden gesetzlichen Regelungen, vor allem die Kostenübernahme der Erstpflasterung durch die Anlieger, hatten in der Gründerzeit zu bürokratischen Hemmnissen geführt. Die Terraingesellschaften legten wohl Straßen innerhalb ihrer Terrains an. Über die Kosten für die weiterführenden Verkehrswege kam es häufig zu Streitigkeiten, sowohl zwischen den Anliegern als auch mit der Stadt. Das preußische ‚Gesetz betreffend die Anlegung von Straßen und Plätzen' vom 2. Juli 1875 (Fluchtliniengesetz) bestimmte dann nicht nur, dass die Kosten der Straßen- und Kanalisationsanlagen auf die einzelnen Grundstücke der Anlieger zu verteilen seien (maßgeblich war dabei die Straßenfrontlänge), sondern eröffnete den Kommunen auch den Weg,

446 BusB 1877 [wie Anm. 99], T. 2, S. 11.

447 Festschrift zur XXXV. Hauptversammlung [wie Anm. 53], S. 23.

448 Ingenieurwerke in und bei Berlin (Hrsag.), Festschrift des Bezirksvereins Deutscher Ingenieure 1906, Berlin 1906, S. 124.

449 BusB 1896, T. 1, S. 111–116.

durch Ortsstatuten eine Bebauung an nicht vorschriftsmäßig regulierten und kanalisierten Straßen zu verbieten. Von diesem Recht machte Berlin bald nach dem Inkrafttreten Gebrauch. Die Erschließung der Grundstücke war aber erheblich verteuert, und damit war vor allem dem Wirken kapitalkräftiger Terrainunternehmen Vorschub geleistet worden. Der früh verstorbene Nationalökonom Paul Voigt bemerkte dazu richtig: „Jedenfalls vollzieht sich die Anlage der Straßen und ihre Kanalisierung stets nur im möglichst engen Anschluß an die Bauthätigkeit und dadurch erhält die Terrainspekulation die Möglichkeit, sich mit voller Wucht auf ein relativ kleines Gebiet zu werfen, hierauf alle ihre verfügbaren Kapitalien zu konzentrieren, die Bodenpreise in die Höhe zu treiben und das Massenmiethaus zur einzig möglichen Bebauungsweise zu machen. Die Konkurrenz des übrigen billigen Terrains wird durch das Bauverbot einfach ausgeschlossen, der natürliche Monopolcharakter des städtischen Grund und Bodens systematisch verstärkt."[450] Der Bau und die Pflasterung des Gehweges mit Granitbahnen waren ohnehin Sache des anliegenden Grundstücksbesitzers.[451] Eine Befreiung von den Belastungen wurde nur in Ausnahmefällen vorgenommen. Wurde ein Privatunternehmen vom Staat angekauft, wurde es weiter als Privatgesellschaft angesehen. Dies musste auch die Direktion der verstaatlichten Eisenbahn erfahren, als sie die Befreiung von der Pflicht anstrebte, die Gehwege in der Mühlenstraße anzulegen.[452]

Die Regelungen für die Straßen im Berliner Weichbild hatten eine Entsprechung in der Regelung der Finanzierungsfrage für die innerörtlichen Straßen außerhalb der Stadt in den Vororten. Auch hier brachte das Fluchtliniengesetz von 1875 die Möglichkeit einer Lösung auf privatwirtschaftlicher Basis. Die Entlastung der öffentlichen Hand von den Straßenbaukosten wurde als ein besonders wichtiges Anliegen angesehen. Die Intentionen des Gesetzes werden etwa in einem Schriftwechsel aus dem Jahr 1896 zwischen dem Landrat des Kreises Teltow, Ernst von Stubenrauch, als Vorsitzendem des Teltower Kreisausschusses mit dem Ortsvorsteher der Landgemeinde Britz

450 Paul Voigt, Grundrente und Wohnungsfrage in Berlin und seinen Vororten. Eine Untersuchung ihrer Geschichte und ihres gegenwärtigen Standes, Jena 1891, S. 139–141, Zitat S. 140.

451 Nach dem gemäß *Allerhöchster Kabinettsordre vom 5. August 1834 erlassenen Reglement vom 30. Juni 1835, betr. die Anlegung von Granitbahnen auf den Bürgersteigen in den Straßen der Residenz Berlin* (Amtsblatt der Regierung Potsdam 1835, S. 205) war angeordnet, dass eine Vergütung für die Anlage der Granitbahnen nicht stattfindet in den Fällen, *wo solche vor Königlichen, prinzlichen, Staats-, Kommunal-, Kirchen, Schulbauten* liegen oder *Stiftungen, Korporationen, Zünften, Gesellschaften, oder Vereinen* gehören. Das Reglement des Magistrats vom 6. Februar 1874 bestimmte, dass die Anlieger auf eigene Kosten verpflichtet sind, die Straße und damit auch den Bürgersteig zu finanzieren.

452 Schreiben des Ministers der öffentlichen Arbeiten an den Minister des Innern vom 27. September 1898 wegen der Anlage des Bürgersteiges in der Mühlenstraße (für die eisenbahneigenen Grundstücke). Der Streit geriet vor die Oberrechnungskammer, die eine diesbezügliche Verpflichtung verneinte. Demgegenüber stellte das Ministerium der öffentlichen Arbeiten in einem Schreiben an die Königliche Eisenbahndirektion vom 9. April 1899 fest, dass die Gemeinde den Betrag rechtmäßig fordere, GStA PK, I. HA, Rep. 77 Ministerium des Innern, Tit. 233, Bd. 19.

(heute zu Berlin-Neukölln), einem ehemaligen Landgendarmen, deutlich. Der Ortsvorsteher hatte bei einer Neuanlage einer Straße die Gemeindekasse belastet. Landrat Stubenrauch belehrte darin in scharfer Form den überforderten Britzer Kommunalbeamten über die Gesetzeslage: Zunächst seien Fluchtlinien festzulegen, mahnte er an; die Kosten für die Straße müssten, da *die Besitzer der angrenzenden, der Bebauung erschlossenen Terrains den weitaus größten Vortheil haben*, auf diese abgewälzt werden. *In Gemeinden, welche nicht über beträchtliche Mittel verfügen, aber auch sonst von verständigen Gemeindeverwaltungen wird in der Regel so verfahren, daß die Anlegung von einer Straße denjenigen Spekulanten überlassen wird, welche aus der Anlegung Vortheile erhoffen. Die Gemeinde übernimmt dann nur die Unterhaltung der Straße* [...]. *Oder aber die Gemeinde übernimmt die Ausführung, wenn sie daran ein erhebliches Interesse hat, nachdem die beteiligten Grundbesitzer die Kosten* [...] *übernommen bzw. sichergestellt haben* [...]. *Nur in ganz vereinzelten Fällen wird die Gemeinde geringere Kostenbeteiligungen, welche von den Grundbesitzern zur Zeit nicht zu erlangen sind zu verauslagen haben – vorbehaltlich der Rückerstattung.* Er schloss seine Ausführungen mit dem Fazit: *nichts von alledem ist im vorliegenden Falle geschehen* und kam zum Schluss: *Es muß im hohem Grade befremden, daß die Gemeinde Britz hier in's Ungewisse beträchtliche Ausgaben übernimmt, welche nach Gesetz und Recht den Privatinteressenten zur Last fallen, während sie sich andererseits sträubt, die allerdringendsten Aufgaben der Gemeinde wie z. B. Straßenreinigung, Armenpflege und dergleichen zu erfüllen.* Stubenrauch endet mit der Drohung, *Material zu sammeln, welches genügt, um Euer Wohlgeboren zur Entfernung aus einem Amt zu zwingen, dem Sie in keiner Weise gewachsen sind.*[453] Dazu kam es nicht mehr; der Ortsvorsteher starb über den Streit.

Beim Kurfürstendamm gab es allerdings besondere Anreize für die Finanziers der Straße. Allein wegen der Hartnäckigkeit des eisernen Kanzlers war der weitere Ausbau der Straße als hauptstädtischer Boulevard in den wirtschaftlich ungünstigen Jahren, die der Gründerzeit folgten, nicht zu den Akten gelegt worden. Doch bedeutete dies noch keineswegs den Ausbau der nun provisorisch gepflasterten, unbebauten Straße, sondern lediglich eine Festschreibung der Baufluchten für die zukünftige Bebauung. Der endgültige Ausbau des Verkehrsweges musste auch hier durch die Anlieger, mithin private Kapitalgeber erfolgen. Dazu bedurfte es freilich wirtschaftlicher Anreize. Bismarck glaubte, mit dem ihm persönlich bekannten Baumschulenbesitzer John Booth aus Klein Flottbek bei Hamburg, der bereits zuvor mit dem in Terraingeschäften in Großbritannien, Hamburg und im Vorort Lichterfelde erfolgreichen Unternehmer Johann Anton Wilhelm Carstenn Geschäftsbeziehungen unterhalten hatte, den geeigneten Partner für den Ausbau gefunden zu haben. Im Jahr 1882 unterbreitete Booth als Sprecher vornehmlich englischer Anleger dem Reichskanzler das Angebot, die Herstellung der Straße gegen die Überlassung fiskalischen Forstlandes zu übernehmen. Im August desselben Jahres wurde daraufhin ein Vertrag zwischen dem Konsor-

453 Dazu mit Quellenangaben Felix Escher, Neukölln (Geschichte der Berliner Verwaltungsbezirke, Bd. 39), Berlin 1988, S. 47 f.

tium und der Regierung in Potsdam in diesem Sinne geschlossen. Für die Herstellung der über vier Kilometer langen und 53 Meter breiten Straße erhielt die Interessentengruppe aus dem am Westende der Straße gelegenen fiskalischen Forst Grunewald 234 Hektar Pachtland zu einem mäßigen Pachtsatz für die Dauer von 90 Jahren, verbunden mit der Option, das Pachtland – ausschließlich des Holzwertes – für die Anlage einer Villenkolonie zu einem Kaufpreis von 12.000 Mark je Hektar zu erwerben. Das von Booth geführte Konsortium trat seine vertraglich vereinbarten Rechte gegen Entschädigung an die Deutsche Bank ab, die zusätzlich 155.000 Quadratmeter am Kurfürstendamm und in dessen Nähe für 2.000.000 Mark erwarb. Im Dezember 1882 übernahm die zu diesem Zweck neu gegründete Aktiengesellschaft Kurfürstendamm-Gesellschaft die Rechte aus dem Vertrag. Das Grundkapital betrug 200.000 Mark, die auf 400 Namensaktien zu je 500 Mark verteilt waren. Neben den Aktien gab man 400 ebenfalls auf den Namen lautende unkündbare Obligationen zu je 7.500 Mark mit einer maximalen Laufzeit von 30 Jahren und zu vier Prozent Zinsen aus. Eine jährliche Dividende war in dieser den späteren Terrainunternehmen zum Vorbild dienenden Gesellschaft nicht vorgesehen. Der jährliche Gewinn sollte nach Abzug von fünf Prozent Rücklagen unter die Mitglieder verteilt und zunächst zur Amortisation des Aktienkapitals verwendet werden und später, nachdem die Aktionäre den Nominalbetrag der Aktien zurückgezahlt hatten, zu 90 Prozent als Gewinnausschüttung an die Aktionäre, zu zehn Prozent als Tantiemen an die Geschäftsführung gehen. In den Jahren 1882 bis 1886 wurde die Straße in der geforderten Form hergestellt.[454]

Wie beim Bau des Kurfürstendamms traf auch bei einem weiteren großen Terraingeschäft im Umkreis der Hauptstadt der Wunsch staatlicher Stellen nach einem repräsentativen Straßenausbau mit privaten Erschließungsinteressen zusammen. Es war die Herstellung der vom preußischen Militärfiskus geforderten Verbindung zwischen dem Berliner Westen und dem neuen, westlich der Stadt gelegenen Manövergelände von Döberitz. Der Mehraufwand für den Ausbau des Heerstraße genannten westlichen Ausfallweges wurde durch weitere Landvergabe und die Einstufung des Geländes in eine höhere Bauzone, die eine Verbesserung der Renditeaussichten bedeutete, kompensiert. Das Aktienkapital dieser Gründung war in zwei Klassen geteilt, von denen bei der einen (B-Aktien) das Nennkapital nur zu 25 Prozent eingezahlt werden musste, aber bei der Gewinnverteilung zuerst berücksichtigt wurde und bezüglich des Stimmrechts den anderen Aktien gleichgestellt war. Die B-Aktien blieben in der Hand der Gründer und erreichten bei einem Einführungskurs von 128 Mark mit 192,5 Mark im Jahr 1905 den höchsten Stand. Die Attraktivität des Geländes konnte zusätzlich durch eine von der ebenfalls mit der Deutschen Bank verbundenen Hochbahngesellschaft gebaute Untergrundbahnstrecke erhöht werden. Südlich und westlich des in der Zeit vor 1873 von der Westend-Gesellschaft entwickelten Gebietes hatte die Deutsche Bank sich eine größere Fläche gesichert, für weitere Terrains bestanden

454 Voigt, Grundrente und Wohnungsfrage [wie Anm. 450], S. 222–236; Escher, Berlin und sein Umland [wie Anm. 177], S. 265–267.

Optionen (insgesamt 135 Hektar). Nachdem man im Jahr 1901 mit Charlottenburg übereingekommen war, nach den von der Stadt aufgestellten Fluchtlinienplänen das Gelände bis zur Baureife zu entwickeln und das Straßenland unentgeltlich herzugeben, war die 1903 zu diesem Zweck gegründete Aktien-Gesellschaft Neu-Westend von diesem Zeitpunkt an wesentlich an der Finanzierung der Straße beteiligt.[455] Als Teil der ‚Ost-West-Achse' sollte die Heerstraße in den monumentalen Projekten Albert Speers eine wichtige Rolle spielen.[456]

Interventionen des preußischen Staates – das Deutsche Reich hatte ohnehin keine rechtliche Handhabe, in dieser Weise tätig zu werden –, die darauf abzielten, den repräsentativen Ausbau des Regierungssitzes zu veranlassen, konnten nur auf privatwirtschaftlicher Grundlage erfolgen. Der Neubau eines Regierungsviertels für das Deutsche Reich unterblieb. Die Regierungsgebäude in der Wilhelmstraße waren in ihrer Mehrheit bereits vor 1871 in staatlichem Besitz. Hier kam es eher zu Komplettierungen. Mitunter wurde der einer Hauptstadt entsprechende Ausbau der Straßen durch die Staatsbehörden verhindert. So plante die Stadt Berlin bereits in den 1870er-Jahren den Ausbau der Straße am Rande des Parkgeländes des Prinz-Albrecht-Palais auf dem fiskalischen Terrain der vormaligen Porzellanfabrik, in deren Gebäudekomplex der Reichstag zeitweise provisorisch untergebracht war. Das Ministerium der öffentlichen Arbeiten, das nach dem Baufluchtgesetz die Zustimmung geben musste, lehnte das Straßenbauprojekt ab, *weil durch die Ausführung des Straßenbauprojekts nicht näher zu bezeichnende wichtige militärische, also Reichsinteressen verletzt werden würden.*[457] Als die Straße dennoch angelegt wurde und 1891 offiziell ihren Namen Prinz-Albrecht-Straße (heute Niederkirchnerstraße) erhielt, sollten hier Staatsgebäude im *monumentalen Stil* staatlichen Glanz in der Hauptstadt verbreiten.

Das Ziel des Straßen- wie auch des Hochbaus in der inneren Stadt war es, wie der in städtischen Diensten arbeitende Statistiker Ernst Bruch ausführte, *das kleinstädtische Element* zu *überwinden*. Der Stadtkern mit seinen zum Teil noch auf das Mittelalter zurückgehenden Fluchtlinien sollte nun für den modernen Verkehr geöffnet werden. *Es stehen sich daher zwei Principien gegenüber: die kleinstädtische Anlage der Stadt* [...] *und der darüber hinweg gehende großstädtische Verkehr. Das altmodische Kleid ist schon jetzt dem großgewordenen Kinde zu eng geworden.*[458] Bruch dürfte sich mit seinen Modernisierungsvorschlägen von 1869/70 mit dem liberalen Spektrum sowohl im Magistrat als auch in der Stadtverordnetenversammlung einig gefühlt haben. Doch konnten bei Weitem nicht alle von ihm vorgeschlagenen 103 Durchbrüche für den Fußgänger- und Fahrzeugverkehr realisiert werden. Die Finanzierung des Stra-

455 Escher, Berlin und sein Umland [wie Anm. 177], S. 305–308, dort Quellen und weitere Literatur.

456 Siehe dazu Anm. 817.

457 Zitat aus: Bericht über die Gemeinde-Verwaltung 1877–1881 [wie Anm. 388], H. 1, S. 66.

458 Zitiert nach Benedikt Goebel, Der Umbau Alt-Berlins zum modernen Stadtzentrum. Planungs-, Bau- und Besitzgeschichte des historischen Berliner Stadtkerns im 19. und 20. Jahrhundert (Schriftenreihe des Landesarchivs Berlin, Bd. 69), Berlin 2003, S. 121, zur Kaiser-Wilhelm-Straße ebd., S. 134–136.

ßenneubaus durch die Anlieger erschwerte die Straßenregulierung im bebauten Bereich. Großflächige Neugestaltungen auf bereits bebautem Grund waren kaum möglich. Die Probleme werden an der bedeutendsten Leistung auf diesem Gebiet in Berlin, der Anlage der Kaiser-Wilhelm-Straße (heute Karl-Liebknecht-Straße) deutlich.

Abb. 10: Neubauten am Straßendurchbruch, Kaufhaus Kaiser-Wilhelm-Straße 33–36, 1894–1895, Architekten Heinrich Joseph Kayser und Karl von Großheim. © Blätter für Architektur und Kunsthandwerk 11 (1898), Tafel 109; gemeinfrei unter: https://digital.zlb.de/viewer/image/16054086_1898/318/ [abgerufen am: 24. Juli 2023].

Sie sollte eine Verbindung des am Schloss sackgassenartig endenden Boulevards Unter den Linden nach Osten zur Schönhauser und Prenzlauer Allee schaffen. Für den westlichsten Abschnitt des Straßendurchbruchs musste ein Teil des ältesten Bauwerks auf dem Areal des Berliner Schlosses am sogenannten Apothekenflügel geopfert werden. Ferner fiel dem Straßenausbau ein Teil der Umbauung des Neuen Marktes und der Marienkirche zum Opfer. Der östlichste Abschnitt des Durchbruchs (zwischen der Münz- und der Landsberger Straße) führte über die Grundstücke des sowohl baulich wie sozial heruntergekommenen Scheunenviertels und hatte damit zugleich Sanierungsfunktion. Mit dem Projekt eines Durchbruchs an der Königsmauer (einem Schwerpunkt der Prostitution) und dem Ankauf eines Häuserkomplexes an der Kloster- und Neuen Friedrichstraße durch die Stadt begannen die Vorbereitungen im Zusammenhang mit dem Stadtbahnbau um 1875.[459] Am 21. März und 19. April 1877 stellten die Stadtverordneten dafür 1.721.000 Mark zur Verfügung.[460] Für den Durchbruch zwischen dem Apothekenflügel des Schlosses[461] und dem Dom gab es mit der Krone und dem für den Dom zuständigen Kultusministerium sowie mit dem Kriegsministerium wegen der nahegelegenen Kriegsakademie eine Übereinkunft, in der auch die Fluchtlinien festgelegt wurden, doch die Verhandlungen mit den anderen Grundstücksbesitzern erwiesen sich als schwierig. In der Hoffnung, dass eine privatwirtschaftlich arbeitende Gesellschaft mit der Möglichkeit zur Durchführung weitergehender spekulativer Grundstücksgeschäfte die Kosten des Straßendurchbruchs senken könne, schloss man 1884 mit der Berliner Handels-Gesellschaft einen Vertrag. Die von der Bank in der Rechtsform einer Aktiengesellschaft gegründete Baugesellschaft Kaiser-Wilhelm-Straße verpflichtete sich, die zur Herstellung der Straße noch notwendigen Grundstücke zu erwerben und diese *in würdiger Weise* zu bebauen. Die Stadt verpflichtete sich, die Freilegung der Kaiser-Wilhelm-Straße *innerhalb von drei Jahren zu bewirken*, das durch die Ausführungen der Straßenanlage freiwerdende Straßenland der Baugesellschaft unentgeltlich abzutreten und die bisher erworbenen Grundstücke, soweit sie nicht zum Straßenbau gebraucht würden, der Gesellschaft *ohne Berechnung eines besonderen Kaufpreises eigentümlich* zu überlassen, der Baugesellschaft eine Entschädigung von 4,5 Millionen Mark in bar zu gewähren und die Regulierung, Be- und Entwässerung der bisher nicht regulierten Grundstücke auf eigene Kosten durchzuführen.[462]

Zu den Freilegungen gehörte die der noch in mittelalterlicher Weise umbauten Marienkirche, die nun mit ihrer Turmfront in einen Platz eingefügt werden sollte. Durch die Entscheidung, die städtische Zentralmarkthalle am Alexanderplatz zu errichten, die freie Zu- und Abfahrten benötigte, war der Straßendurchbruch für die Stadt Berlin unbedingt notwendig. Die Hochbauten der Markthallen entstanden beiderseits der neuen Straße am Stadtbahnviadukt. Der erste Abschnitt der Kaiser-Wilhelm-Straße bis zur Klosterstraße war am 1. Mai 1887 fertiggestellt. Zuvor war am 1. Mai 1886 gleichzeitig mit der Eröffnung der Zentralmarkthalle am Alexanderplatz der Abschnitt der Neuen Friedrichstraße zwischen Kaiser-Wilhelm-Straße und Königstraße dem Verkehr übergeben worden. 1886 erfolgte auch die Freilegung der Marienkirche. Wesentliche Auseinandersetzungen mit dem Fiskus ergab die monumentale Gestaltung der neuen Spreebrücke, die den Stadthaushalt mit 1,5 Millionen Mark

---

459 Bericht über die Gemeinde-Verwaltung 1861–1876 [wie Anm. 7], H. 2, S. 38 f.

460 Bericht über die Gemeinde-Verwaltung 1877–1881 [wie Anm. 388], H. 1, S. 55, allein 1.180.000 Mark kostete der Ankauf des fiskalischen Mehlmagazins.

461 Die Stadt zahlte eine Entschädigung von 500.000 Mark: Bericht über die Gemeinde-Verwaltung der Stadt Berlin in den Jahren 1882 bis 1888 [im Folgenden: Bericht über die Gemeinde-Verwaltung 1882–1888 (wie Anm. 425)], H. 1, S. 41.

462 Ebd., S. 38.

belastete. Für die Stadt ergaben sich bis 1888 Gesamtkosten in Höhe von 10.796.286 Mark. Für die Berliner Handels-Gesellschaft als federführendes Bankhaus erfüllte die Beteiligung an dem Projekt keineswegs die geschäftlichen Erwartungen. Von den erforderlichen 68 Grundstücken wurden zunächst nur wenige angekauft. Für 57 Grundstücke mussten Enteignungsverfahren eingeleitet werden, die aber schließlich nur für sieben Grundstücke wirklich durchgeführt wurden. Der gesamte Ankauf hatte die Gesellschaft 10,8 Millionen Mark gekostet.[463] Die dann errichteten repräsentativen Gebäude waren schwer verkäuflich.[464] Angesichts des bisherigen unbefriedigenden Geschäftsverlaufs beteiligte sich die Baugesellschaft nicht mehr am weiteren Straßenausbau. 1888 war die Kaiser-Wilhelm-Straße bis zur Münzstraße fortgeführt. 1891 erwarb der Königstädtische Bauverein als ‚Unternehmer' das der Weiterführung in Richtung Nordosten entgegenstehende Grundstück des Hansa-Theaters.[465] Gegen einen Zuschuss der Stadtgemeinde zu den Anlagekosten von 400.000 Mark war er die Verpflichtung eingegangen, die Kaiser-Wilhelm-Straße bis zur Hirtenstraße fortzusetzen.[466] Der erst 1894 von einem weiteren Unternehmer entworfene Plan für die Bebauung des gesamten Viertels zwischen der Hirten- und der Lothringer Straße (heute Torstraße) wurde von den Gemeindebehörden nicht akzeptiert; der Weiterbau des Straßendurchbruchs stockte nun.[467] Die Stadt selbst erarbeitete einen weiteren Entwurf zur Straßenanlage und Bebauung von 114, später 119 Grundstücken in diesem Bereich. Er lag der Aufsichtsbehörde im Jahr 1900 vor und wurde 1904 mit Veränderungen genehmigt. Die für die Ausführung nötigen Mittel in Höhe von 13,3 Millionen Mark waren bereits in der 1903 genehmigten Anleihe von 228 Millionen Mark enthalten. Dazu gehörte allerdings die Verpflichtung, das gesamte Unternehmen entweder von der Stadt in eigener Regie oder von einem Unternehmer durchführen zu lassen. Doch trotz längeren Zuwartens fand sich diesmal kein Unternehmen dazu bereit. So begann die Stadt selbst mit dem Grundstücksankauf. Bis 1905 hatte man 21 Grundstücke zum Gesamtkaufpreis von 3.186.629 Mark erworben, 1906 bereits 44 Grundstücke (eine Fläche von 19.233 Quadratmetern) für 6.300.988 Mark, und bis zum Ende des Jahres 1906 sollte die Zahl der freihändig gekauften Grundstücke auf 75, die im Enteignungsverfahren erworbenen auf 31 ansteigen. Bei neun weiteren Parzellen war das

---

463 Dazu Harald Bodenschatz, Platz frei für das Neue Berlin! Zur Geschichte der Stadterneuerung in der ‚größten Mietskasernenstadt der Welt' seit 1871, Berlin 1987, S. 27–30. Die Mittel der Baugesellschaft setzten sich aus dem Aktienkapital (sechs Millionen), dem städtischen Zuschuss (viereinhalb Millionen) und Hypotheken (zehn Millionen Mark) zusammen.

464 Noch 1912 verfügte die Gesellschaft über 35 Häuser, Christoph Bernhardt, Bauplatz Groß-Berlin. Wohnungsmärkte, Terraingewerbe und Kommunalpolitik im Städtewachstum der Hochindustrialisierung (1871–1918), Berlin/New York 1998, S. 49.

465 Bodenschatz, Platz frei [wie Anm. 463], S. 32. Die Gesellschaft war mit der Dresdner Bank verbunden.

466 Bericht über die Gemeinde-Verwaltung 1889–1895 [wie Anm. 392], H. 2, Berlin 1898, S. 46 f.

467 Bericht über die Gemeinde-Verwaltung 1895–1900 [wie Anm. 180], H. 1, Berlin 1904, S. 60 f.

Enteignungsverfahren noch anhängig.[468] Bis 1910 konnte der Straßendurchbruch im Gebiet des nun angelegten Bülowplatzes (Rosa-Luxemburg-Platz) bis auf die Fertigstellung des Straßenpflasters abgeschlossen werden. Dieser Teil des Projekts hatte den Ankauf von 119 Parzellen mit 44.544 Quadratmetern notwendig gemacht. Der Ankauf wie auch der Ausbau der Straße einschließlich der Pflasterung kosteten die Stadt 16.246.902 Mark, das waren 2.946.902 Mark mehr als in der Anleihe vorgesehen. Die freigeräumten Grundstücke wurden Unternehmern zur Aufteilung gegen einen Kaufpreis von acht Millionen Mark überlassen, von denen allerdings nur 1,8 Millionen bei der Auflassung bezahlt werden mussten; die anderen 6,2 Millionen waren zu vier Prozent Zins bis 1916 zu entrichten.[469] Für den Bau des Theaters der Freien Volksbühne auf dem Bülowplatz gab die Stadt ein Darlehen von zweieinhalb Millionen Mark. Der vergleichsweise kurze Straßendurchbruch (circa 700 Meter) hatte die Stadt – abgerechnet die Einnahmen in Höhe von acht Millionen Mark – 20 Millionen Mark gekostet und dauerte mehr als 30 Jahre. Die Platzanlage mit dem Volksbühnentheater konnte noch vor dem Ersten Weltkrieg abgeschlossen werden, die Randbebauung ließ noch weitere 20 Jahre auf sich warten. Die städtischen Ausgaben für den Straßendurchbruch Kaiser-Wilhelm-Straße betrugen demnach insgesamt 28.943.198 Mark.

An weitere großzügige Straßenneuanlagen im Stadtzentrum war – trotz vieler entsprechender Pläne – angesichts dieser Erfahrungen nicht zu denken. Bereits vor dem Projekt der Kaiser-Wilhelm-Straße waren vor allem in der Umgebung des Spittelmarkts mit der Beuth- und der Seydelstraße und der Verlängerung der Französischen Straße zum Werderschen Markt kleinere Straßendurchbrüche und -neuanlagen zur Modernisierung des Stadtkerns entstanden.[470] Auch danach erfolgten einige Straßenerweiterungen wie die Verbreiterung der Neuen Friedrichstraße zwischen Kloster- und Königstraße, der Rochstraße, der Gertraudenstraße, der Spandauer Straße und der Potsdamer Straße. Im Zusammenhang mit dem Stadtbahnbau wurden die Verlängerung der Stralauer Straße (Schicklerstraße) und die Grunerstraße am Polizeipräsidium angelegt und das Gebiet am Hackeschen Markt neu geordnet. Durch den Abriss der in der Barockzeit gestalteten Bebauung wurde die Schlossfreiheit für das geplante Nationaldenkmal vorbereitet. Kleinere Straßendurchbrüche erfolgten zum Beispiel zwischen dem Kupfergraben und der Oranienburger Straße sowie an der Bernauer Straße zwischen Berg- und Ackerstraße. Den Durchbrüchen wie auch Straßenverbreiterungen fielen zahlreiche bedeutende Bauten aus vorangegangenen Bauepochen zum Opfer. Sogar in der Historiografie wurden die älteren Epochen der Stadtgeschichte als ‚dörflich' abqualifiziert.[471] Durch die Modernisierung des Stadtkerns konnten die

468 Bericht über die Gemeinde-Verwaltung 1901–1905 [wie Anm. 165], H. 1, Berlin 1907, S. 54–61, zu den ursprünglich 114 Grundstücken wurden zunächst eines, dann vier weitere angekauft.

469 Bericht über die Gemeinde-Verwaltung 1906–1910 [wie Anm. 187], H. 1, S. 168.

470 BusB 1877 [wie Anm. 99], T. 1, S. 72.

471 Kennzeichnend ist dafür der Titel von Streckfuß, Vom Fischerdorf zur Weltstadt [wie Anm. 69]; dazu Goebel, Der Umbau Alt-Berlins [wie Anm. 458], S. 51–53.

hohen Bodenpreise und Mieteinnahmen im Stadtkern erhalten, wenn nicht sogar gesteigert werden. Insgesamt ist für Berlin ein sehr hoher privater und relativ geringer staatlicher Anteil an der Stadtentwicklung festzustellen.

Die funktionale Bedeutung der Straße als Verkehrsweg blieb für die kommunalen wie auch für die staatlichen Entscheidungsträger stets ausschlaggebend. Eine Ausnahme bildete der 1902 und 1910 wiederholt vorgebrachte Vorschlag des Berliner Polizeipräsidenten, ein System von Reitwegen von den innerstädtischen Garnisonsstandorten zu den Forsten Grunewald und Jungfernheide anzulegen. Sowohl die Stadt Berlin als auch die betroffenen Vororte wiesen das Ansinnen wegen der hohen Einrichtungs- und Unterhaltungskosten und der geringen Nutzung ab. Außer dem Kurfürstendamm und bestimmten Straßen der Kolonie Grunewald erhielten nur wenige Straßen derartige Reitwege, etwa die kaum repräsentative Fabeckstraße, die Verbindung der Lichterfelder Garnisonstandorte mit den Schießplätzen im Grunewald.[472] Im Vergleich mit anderen Hauptstädten der deutschen Bundesstaaten blieb die Einwirkung des Staates auf diesem Gebiet gering. Dies gilt vor allem für die staatliche Repräsentation an und durch die neuen Straßen. Eine vom Monarchen ausgeübte Aufsicht über den Städtebau, wie sie in München bestand und für Berlin von Wilhelm II. gewünscht wurde, konnte in der preußischen Hauptstadt nicht eingerichtet werden. Bemerkenswert ist die zustimmende Haltung des Hofes beim Straßendurchbruch Kaiser-Wilhelm-Straße, der ja das Schlossgelände teilte und den ältesten Teil des Schlossensembles, den Apothekenflügel, dem Teilabriss auslieferte. Allein in der pompösen Gestaltung des Raschdorff-Domes wurde hier der imperiale Anspruch offenbar. Ein sowohl in den Dimensionen als auch in der Verbindung der Ziele (Verkehrsdurchbruch und Sanierung) ähnliches Projekt wurde zur gleichen Zeit in London mit dem Kingsway durchgeführt.[473] Auch die Anlage eines Platzes mit der Freilegung einer historischen Kirche fehlte dort nicht. Im Wissen, dass sich kein Privatunternehmer an dem Projekt beteiligen würde, dessen Kosten man zunächst auf vier Millionen Pfund, dann (1908) auf 5,136 Millionen Pfund veranschlagte, übernahm von Beginn an das London County Council die finanzielle Führung. Etwa vier Millionen Pfund konnten durch den Wiederverkauf der Baugrundstücke erlöst werden. In wesentlich kürzerer Zeit als in Berlin, nämlich zwischen 1899 und 1905, wurde die Straße angelegt, wenn auch die Bebauung durch die schlechte Konjunkturlage erst nach 1908 vollendet wurde. Aber auch in London blieb ein derartiger Straßendurchbruch eine Besonderheit. In Paris konnte ein vergleichbares Projekt, der Bau der rund 500 Meter langen Avenue de l'Opéra, deren Planung noch aus der Haussmann-Ära stammte, von 1876 an verwirklicht werden. Auch bei diesem Straßendurchbruch vermischten sich städtebauliche

472 Escher, Berlin und sein Umland [wie Anm. 177], S. 310 f.

473 Der Kingsway hatte eine Länge von 1.200 Metern und war 27–30 Meter breit, die Kaiser-Wilhelm-Straße war nur 700 Meter lang und 22 Meter breit, dazu Dirk Schubert, Stadterneuerung in London und Hamburg. Eine Stadtbaugeschichte zwischen Modernisierung und Disziplinierung, Braunschweig/Wiesbaden 1997, S. 168–173.

und stadthygienische Aspekte, ähnlich wie die bei der Sanierung des ehemaligen Scheunenviertels mit seiner seit langem vernachlässigten Bausubstanz in Berlin. Im Vorgriff auf die neuerliche Weltausstellung in Paris von 1878 machte der Seine-Präfekt 1876 den Vorschlag zur Begebung einer Anleihe in Höhe von 120 Millionen Franc. Davon sollten 64 Millionen für die Anlage der Avenue de l'Opéra verwendet werden. Ausdrücklich wurde dieses Projekt den städtischen Behörden, nicht aber, wie zuvor üblich, privaten Interessenten anvertraut. Der verbliebene Teil der Anleihe wurde unter weiteren unvollendet gebliebenen großen Projekten der Zeit Napoleons III., dem Boulevard Saint-Germain und dem Hafen- und Lagerhauskomplex am Quai de Bercy aufgeteilt.[474] Durch die nun vom Staat geschaffene Möglichkeit von Zwangskäufen wurde die private Spekulation eingeschränkt und so der städtische Kostenrahmen für den Ankauf der 168 Grundstücke zu 10 Millionen Franc um 0,4 Millionen leicht unterboten. Die vollständigen kommunalen Kosten für die Avenue waren mit 45 Millionen Franc sehr günstig. Die positive Abwicklung wirkte sich auf das Projekt des Boulevards Henri IV aus. Auch dort war der Ausbau vor 1870 im Ansatz steckengeblieben. Hier konnte der Wiederverkauf der Grundstücke die Hälfte der Erwerbungskosten und ein Drittel der Erschließung decken. Die Gesamtkosten wurden auf neun Millionen Franc geschätzt, von denen zweieinhalb Millionen durch den Grundstücksverkauf zurückgeholt werden sollten. Fünf Millionen Franc kamen aus der Anleihe von 1875 und wurden dann mit den Gewinnen aus dem Bau des Boulevard Saint-Germain verrechnet.[475]

So bestanden im internationalen Vergleich für Berlin erhebliche Defizite bei der Finanzierung großer städtischer Aufgaben, vor allem beim Straßenbau. Im Hinblick auf eine weitere deutsche Haupt- und Residenzstadt konstatierte Christoph Bernhardt: „Verglichen mit Dresden ist für den Berliner Raum vor allem der sehr viel geringere Umfang an staatlichen Rahmenvorgaben für die Stadtentwicklung festzuhalten; hier hat sich das Modell des in den 1830er-Jahren mit der Stadtplanung der Luisenstadt etablierten liberalistischen, von sozial- und gesundheitspolitisch motivierten Vorschriften kaum beeinflussten Städtewachstums sehr weit durchgesetzt. Bis zum Ersten Weltkrieg änderte sich daran nur wenig. Im Unterschied dazu riß in Sachsen und damit auch in Dresden die absolutistische Tradition in der Stadtentwicklung nie ganz ab."[476] Der Einfluss des Monarchen auf die Berliner Stadtplanung blieb eher auf kleine Areale wie das Schlossumfeld begrenzt.

3.1.6.2 Die Eisenbahn als städtischer Verkehrsträger

Nachdem die Bebauung nach 1860 die im Hobrechtplan ausgewiesenen Flächen außerhalb des Zollmauerrings erreicht hatte, bestand auch in Berlin die Notwendigkeit,

---

474 Anthony Sutcliffe, The Autumn of Central Paris. The Defeat of Town Planning 1850–1970 (Studies in Urban History, Bd. 1), London 1970, S. 49–51.

475 Ebd., S. 54

476 Bernhardt, Bauplatz Groß-Berlin [wie Anm. 464], S. 327.

größere Entfernungen mit öffentlichen Verkehrsmitteln zurückzulegen. Als einziges Verkehrsmittel stand allerdings zunächst nur die auf den Fernverkehr ausgerichtete Eisenbahn zur Verfügung. Im 19. Jahrhundert war Berlin zum Mittelpunkt des preußischen und zu einem Hauptzentrum des deutschen Eisenbahnnetzes geworden. Zwischen 1838 und 1870 verbanden Schienenstränge die Hauptstadt mit Potsdam(-Magdeburg), Dessau, Stettin, Frankfurt/Oder, Breslau, Hamburg, Küstrin und Görlitz auf direktem Wege. Die Strecken endeten in Berlin jeweils in eigenen Bahnhöfen, die von den durch wesentlich von privaten Geldgebern finanzierten und betriebenen Eisenbahngesellschaften mit Ausnahme des 1842 eröffneten Bahnhofes der Berlin-Frankfurter, ab 1852 Niederschlesisch-Märkischen Eisenbahn (heute Ostbahnhof)[477] außerhalb der Zollmauer angelegt wurden. Die Kommunalverwaltung hatte keinen Einfluss auf den Bau und Betrieb der Eisenbahnen. Die Interessen des preußischen Staates hinsichtlich dieser neuen Verkehrswege beschränkten sich wesentlich auf deren strategische Bedeutung und militärische Nutzung. So kam man nicht umhin, nach der Mobilmachung von 1850, als sich durch das Umladen und Verschieben der Truppen auf den Kopfbahnhöfen große Komplikationen ergaben, eine erste Staatsbahn, eine eingleisige ebenerdige Strecke parallel zur Zollmauer zwischen den Fernbahnhöfen anzulegen.[478] Auch der Bau der ersten preußischen staatlichen Fernbahn, der Ostbahn, war wesentlich militärisch motiviert. 1852 hatte der preußische Staat die unter Kapitalnot leidende Berlin-Frankfurter Eisenbahn übernommen und umfirmiert. Für den Bau der strategisch wichtigen Strecke von Frankfurt/Oder in die Provinz Preußen (Ostbahn) gab es ohnehin keine ausreichende private Nachfrage, die für private Investoren den Einstieg lohnend gemacht hätte. Als ab 1867 eine kürzere direkte Verbindung über Küstrin geschaffen wurde, erhielt auch diese Bahn einen repräsentativen Kopfbahnhof in Berlin.[479]

Privatwirtschaftlich finanzierten die wohlhabenden Eisenbahnunternehmen die großen und repräsentativen Kopfbahnhöfe, die zugleich Aushängeschild der Gesellschaften waren. Dazu gehörte auch der von der Berlin-Anhalter Eisenbahn AG im Jahr 1880 fertiggestellte Anhalter Bahnhof, dessen Baukosten sich auf 6,9 Millionen Mark beliefen. Er ersetzte einen Vorgängerbau aus den 1840er-Jahren. Allein eine Million Mark hatte man davon für den Grunderwerb ausgeben müssen.[480] Ähnlich repräsentative Kopfbahnhöfe entstanden nach der Reichsgründung mit dem Lehrter (1871), dem Potsdamer (1872) und dem Stettiner (1876) Bahnhof. Angesichts des raschen Wachstums der Stadt über die seit den 1860er-Jahren nicht mehr in Funktion befind-

---

477 Über die deshalb notwendigen baulichen Beschränkungen Laurenz Demps, Der Schlesische Bahnhof in Berlin. Ein Kapitel preußischer Eisenbahngeschichte, Berlin 1991, S. 25.

478 Die achteinhalb Kilometer lange Strecke kostete 900.000 Taler, Königlich Preußischer Minister der öffentlichen Arbeiten (Hrsg.), Berlin und seine Eisenbahnen: 1846–1896, Bd. 1, Berlin 1896, S. 237.

479 Die Baukosten für den Bahnhof beliefen sich auf 554.000 Taler, rund zehn Prozent der Gesamtkosten der Strecke Küstrin – Berlin (1862 waren 5.600.000 Taler für den Bau bewilligt worden), ebd., S. 234 f.

480 Zahlen nach Helmut Maier, Berlin Anhalter Bahnhof, Berlin 1984, S. 237.

liche Zollmauer hinaus wurde nun die parallel zur Mauer geführte Verbindungsbahn mehr und mehr zum Verkehrshindernis.[481] Auch die militärischen Ansprüche an eine Verbindungsbahn waren entschieden gewachsen. In den Kriegen 1864 und 1866 zeigten sich die Mängel besonders deutlich. 1867 wurde der Bau einer das bebaute Stadtgebiet weiträumig umfahrenden neuen Verbindungsbahn, der späteren Ringbahn, von Moabit über Stralau bis Schöneberg beschlossen. Diese Strecke konnte im Juli 1871 für den Zivilverkehr eröffnet werden, nachdem sie im Deutsch-Französischen Krieg bereits für Militärtransporte gedient hatte. Dieser insgesamt 22,9 Kilometer lange Teil war in der Regel niveaufrei geführt und bis auf knapp drei Kilometer zweigleisig ausgeführt. Die Bahnhöfe gestaltete man zumeist als einfache Holz- oder Fachwerkbauten, häufig im sogenannten Schweizerstil. Als Gesamtkosten waren 4.250.000 Taler veranschlagt.[482] 1877 wurde der Ring – nunmehr 37 Kilometer lang – mit dem Ausbau des westlichen Teiles geschlossen. Vor allem die Gründerzeit nach dem Entstehen des Reiches hatte die Vorortbildung um Berlin beschleunigt. So bestanden zwischen Charlottenburg im Westen und den östlichen Stadtvierteln Entfernungen, die nur in weit mehr als einer Stunde zu Fuß zurückgelegt werden konnten. Hier bestand nun auch ein nennenswertes ziviles Verkehrsbedürfnis.[483]

Trotz der Verstaatlichung der Hauptstrecken war auch nach der Reichsgründung der preußische Staat keineswegs daran interessiert, notwendige Eisenbahnanlagen selbst zu finanzieren. Die Reichsgründung hatte vor allem eine Intensivierung des Verkehrs nach Westen und Süden notwendig gemacht. In der 1873 eingebrachten Eisenbahnvorlage der preußischen Staatsregierung, die eine Anleihe von 120 Millionen Talern vorsah, war ein namhafter Betrag (50,75 Millionen Taler)[484] für den Bau einer Eisenbahnlinie von Berlin nach Wetzlar vorgesehen. Wiederum waren militärische Gründe ausschlaggebend. Die Bahn ermöglichte die Durchfahrt von Elsass-Lothringen bis zur russischen Grenze. Mit der Führung durch den forstfiskalischen Grunewald in den Westen Charlottenburgs erhoffte sich der Fiskus sicher eine Wertsteigerung seiner Ländereien als Bauland. 1879 konnte die Strecke von Berlin nach Blankenheim dem Verkehr übergeben werden.[485] Es war bereits in der Vorbereitung der Planung eine Einfädelung in die für den Ost-West-Fernverkehr wie für die innerstädtische Kommunikation geplante Stadtbahn vorgesehen. Mit ihr begann der Bau einer ersten Eisenbahn, die sowohl für den Fern- als auch für den Nahverkehr konzipiert wurde.

481 Ab 1861 war der Betrieb auf die Nachtstunden beschränkt, Berlin und seine Eisenbahnen, Bd. 1 [wie Anm. 478], S. 252.

482 Ebd., S. 304–313.

483 Zu den militärischen und zivilen Motiven siehe die Begründung des Gesetzesentwurfes zum Bau der Stadtbahn, Preußisches Haus der Abgeordneten, 12. Legislaturperiode, 1. Session 1873/74, Drucksache Nr. 117.

484 An Bauten in Berlin waren der Rangier- und Betriebsbahnhof Grunewald mit Lokschuppen, Wasserstation ferner Beamtenwohnungen zu 0,3 Millionen Mark enthalten. Später entstanden dort ein Personenbahnhof und Werkstätten, Berlin und seine Eisenbahnen, Bd. 1 [wie Anm. 478], S. 287.

485 Ebd., S. 284–288.

Die hauptsächlich private Finanzierung begründete man wie folgt: *Die Eisenbahnverwaltung verhehlt sich allerdings nicht, daß es im gewissen Grade mißlich sei, ein die allgemeine Verkehrsinteressen der Hauptstadt so berührendes Unternehmen in die Hände einer Privatgesellschaft zu legen, welche dasselbe der Verfolgung ihrer Privatinteressen in einer dem Gesamtwohl vielleicht nicht ganz zusagenden Weise zu verwalten geneigt sein möchte. Sie mußte sich aber auch sagen, daß bei den außergewöhnlich hohen Kosten, welche die Anlage einer Eisenbahn durch die Stadt Berlin unter allen Umständen erfordert, das Projekt einer derartigen Bahn nur dann Aussicht auf Bewilligung haben könnte, wenn die Erwerbung für die Bahn selbst wie für die Bahnhöfe etc. zu annehmbaren Preisen zu erwarten stehe.*[486] Das Haushaltsrecht wurde hier als wesentliche Beschränkung der staatlichen Bautätigkeit genannt. Für dieses aufwendigste eisenbahntechnische Vorhaben der Kaiserzeit in Berlin hatte ein von der Staatsverwaltung in die Privatwirtschaft gewechselter Beamter, der Wirkliche Geheime Oberregierungsrat Emil Hermann Hartwich, nach dem Scheitern noch weitergehender Projekte[487] wesentliche Vorarbeiten geleistet. Es gelang ihm, den preußischen Staat für eine gemischte Finanzierung der Charlottenburg-Bahn im Westen und den Endpunkt der Niederschlesisch-Märkischen-Eisenbahn im Osten zu interessieren; es handelte sich hierbei um eine über zwölf Kilometer verbindende, auf steinernen Viadukten geführte viergleisige Eisenbahn. An der 1874 für den Bau der Stadtbahn gegründeten Berliner Stadteisenbahngesellschaft waren folgende Beteiligungen vorgesehen:

Tab. 34: Finanzielle Beteiligungen an der Berliner Stadtbahn 1874 (in Millionen Mark).

preußischer Staat	21
Berlin-Potsdam-Magdeburger Eisenbahngesellschaft	6
Magdeburg-Halberstädter Eisenbahngesellschaft	6
Berlin-Hamburger Eisenbahngesellschaft	3
Deutsche Eisenbahnbaugesellschaft	12
Grundkapital insgesamt	48

Quelle: Berlin und seine Eisenbahnen, Bd. 1 [wie Anm. 478], S. 315.

Die Deutsche Eisenbahnbaugesellschaft war eine Gründung Hartwichs, der in der Konjunktur der Gründerzeit nach 1871 offenbar hoffte, die notwendigen zwölf Millionen Mark durch Wertsteigerungen seiner Grundstückskäufe im Charlottenburger Westen[488] aufzubringen. Die Gründerkrise beendete seine Hoffnungen. Lediglich

486 Ebd.
487 Für das Projekt der Berliner Südwestbahn, die zweifellos die Entwicklung der Stadt in die Fläche positiv beeinflusst hätte, konnte Hartwich die notwendigen 150 Millionen Mark nicht aufbringen, ebd., S. 314.
488 Escher, Berlin und sein Umland [wie Anm. 177], S. 230 f., dort auch eine Aufstellung der Vorbesitzer der Grundstücke.

20 Prozent (2,4 Millionen Mark) konnten tatsächlich eingezahlt werden. Daneben hatte sich gegenüber dem ursprünglichen Kostenvoranschlag ein Mehrbedarf von 9,1 Millionen Mark herausgestellt. Mithin bestand ein Fehlbetrag von 18,7 Millionen Mark. Dies führte 1878 zur Auflösung der Aktiengesellschaft, deren Aufsichtsrat 1877 die 2,4 Millionen Mark der inzwischen in Konkurs gegangenen Deutschen Eisenbahnbaugesellschaft für verfallen erklärt hatte. Der Anteil der privaten Eisenbahngesellschaften wurde nun auf 40 Prozent des von ihnen gezeichneten Aktienkapitals, mithin auf sechs Millionen Mark, als unverzinslicher Beitrag zu den Baukosten festgesetzt. Der Preußische Landtag genehmigte die unter staatlicher Leitung stehende Finanzierung, und mit dem Gesetz vom 26. Juni 1878 wurden weitere 35,7 Millionen Mark zu den bereits 1873 bewilligten 21 Millionen hinzugeschossen. Der Mehrbedarf setzte sich folgendermaßen zusammen:

Tab. 35: Mehrbedarf für die Stadtbahn 1878 (in Millionen Mark).

Ausfall durch Ausscheiden der Privateisenbahngesellschaften	9,0
Ausfall durch Ausscheiden der Deutschen Eisenbahnbaugesellschaft	9,6
Erhöhung des Bedarfs gegenüber dem Anschlag	9,1
Für über den Bedarf angekaufte und wieder zu veräußernde Grundstücke	8,0

Quelle: Berlin und seine Eisenbahnen, Bd. 1 [wie Anm. 478], S. 316.

Die gesamten Baukosten der 1882 dem Verkehr übergebenen Strecke mit zunächst neun Bahnhöfen hatte danach insgesamt 65,1 Millionen Mark betragen,[489] davon wurden 56 Millionen vom preußischen Staat, der Rest von Privatgesellschaften aufgebracht (2,4 Millionen Mark aus der Deutschen Eisenbahnbaugesellschaft, sechs Millionen von den Eisenbahngesellschaften). Weil die Strecke über die seit der Zeit der Befestigung Berlins im 17. und 18. Jahrhundert noch immer fiskalischen Festungsgräben geführt wurde, konnte privater Baugrund, etwa im Bereich des Alexanderplatzes, umgangen werden. Nach den durch das Scheitern der gemischtwirtschaftlichen Finanzierung vergleichsweise hohen staatlichen Aufwendungen für die Stadtbahn reagierte der Preußische Landtag auf weitere Eisenbahnvorlagen für das Gebiet der Metropole außerordentlich zurückhaltend. So wurde zum Beispiel im Frühjahr des Jahres 1883 eine Vorlage des Ministeriums der öffentlichen Arbeiten zur Erweiterung des Bahnhofs Steglitz bei Berlin im Preußischen Abgeordnetenhaus eingebracht, die mit einem Kostenaufwand von 422.000 Mark veranschlagt wurde.[490] In der Diskussion befürchteten Gegner der Maßnahme unter anderem, dass die Staatsregierung jetzt für die Um-

489 Mit den Anschlüssen zu den Bahnen im Westen und Osten waren es sogar 71,6 Millionen Mark, Demps, Der Schlesische Bahnhof [wie Anm. 477], S. 154.

490 Debatte am 19. April 1883, Stenographische Berichte über die Verhandlungen der am 2. November 1882 berufenen beiden Häuser des Landtages. Haus der Abgeordneten, Bd. 3, Berlin 1883, S. 1501 ff.

gebung von Berlin *dieselbe liebevolle Fürsorge wie für die innere Stadt* walten lassen wolle. Auch der Ausdruck *Wasserkopf* fiel in diesem Zusammenhang, und der Abgeordnete von Ludwig (Breslau) forderte, dass zunächst *alle kleineren Bahnhöfe des ganzen Preußenlandes mindestens soviel Bequemlichkeiten* haben müssten wie zu diesem Zeitpunkt der Bahnhof Steglitz.[491] Obwohl der zuständige Minister Maybach eindringlich über die *fortwährenden Gefahren für Leib und Leben* auf dem Bahnhof sprach, wurde die Vorlage abgelehnt. Erst nach einem schweren Unglück am 2. September 1883 im Bahnhof Steglitz, das wegen der Sicherheitsmängel Todesopfer forderte, wurden entsprechende Ausbaumittel, nun nicht mehr allein auf Steglitz beschränkt, sondern für die Hauptbahnen des Gesamtstaates bewilligt. Der Umbau des Bahnhofs Steglitz steht auch im Zusammenhang mit dem Ausbau der Neuen Wannseebahn als erster unabhängig vom Fernverkehr betriebener Vorortstrecke. Neben der als Stammbahn bezeichneten Eisenbahnstrecke Berlin-Potsdam war bereits mit der Alten Wannseebahn – einem Bogen, der von der Stammbahnstrecke in Zehlendorf abzweigte und über Schlachtensee und Wannsee führte, um in Kohlhasenbrück auf die Stammstrecke zurückzukehren – in der Privatbahnzeit (1874) der erste Schritt dazu getan. Förderer des Baus der neuen Strecke war vor allem der Bankier Wilhelm Conrad (Berliner Handels-Gesellschaft), der zuvor maßgeblich an der Gründung der Villenkolonie Alsen (Wannsee) beteiligt gewesen war. So diente diese Strecke vor allem der Verwertung der Terraininteressen. Mit der Neuen Wannseebahn wurde die Strecke nun für 13,59 Millionen Mark[492] bis zum Oktober 1891 mit eigenen Streckengleisen vom Berlin-Potsdamer Bahnhof über Zehlendorf und Wannsee nach Potsdam ausgebaut. Zu diesem Zeitpunkt führte man auch einen Vororttarif im Berliner Raum ein. Die nun verstaatlichte Eisenbahnstrecke war zunächst in Schlachtensee zum Ausgangspunkt größerer Terrainunternehmungen geworden. Die Interessenten mussten freilich die neuen Stationen auf eigene Kosten anlegen, wie die Heimstätten-AG den Kreuzungsbahnhof Nikolassee im Jahr 1902 und die Zehlendorf-West AG im Jahr 1904 den Bahnhof Zehlendorf-Beerenstraße (Mexikoplatz). 1909 errichtete eine Terraingesellschaft die Station Botanischer Garten ebenfalls wesentlich auf eigene Kosten. So hatte diese nunmehr als zweigleisig ausgebaute Strecke den Charakter einer Erschließungsbahn behalten. Dies trifft auch für die 1911 eröffnete Vorortbahn von Charlottenburg über Pichelsberg nach Spandau zu, für die staatliche Mittel eingesetzt wurden, die man mit der Erschließung des forstfiskalischen Gutsbezirks Heerstraße zurückzuholen hoffte.[493]

Zusammenfassend kann konstatiert werden, dass eine besondere Bevorzugung Berlins im Eisenbahnwesen des preußischen Staates nicht erfolgte. Der vor der allge-

491 Ebd., S. 1506.

492 Davon 7,1 Millionen Mark für den Streckenumbau Schöneberg – Ringbahn bis Zehlendorf, 3,1 Millionen für den Anschluss Berlin/Potsdamer Bahnhof bis zur Ringbahn, Gesamtberechnung nach Stefan Handke, Die Eisenbahn Berlin-Potsdam. Die Wannseebahn, Berlin 1988, S. 182.

493 Escher, Berlin und sein Umland [wie Anm. 177], S. 307.

meinen Verstaatlichung vom preußischen Fiskus vorgenommene Streckenausbau war vornehmlich militärisch motiviert und schuf Verbindungen zwischen den von Privatgesellschaften geschaffenen Kopfbahnstrecken. Die 1878 konstituierte Königliche Direktion für den Bau der Berliner Stadteisenbahn wurde 1882 Teil der mit der Verstaatlichung der wichtigsten Eisenbahngesellschaften geschaffenen Eisenbahndirektion Berlin.[494] Ihre Aufgabe bestand wesentlich in der Sicherstellung des reibungslosen Funktionierens des Berliner Verkehrsknotens. Die von der Stadt ausgehenden Fernbahnstrecken, selbst die innerhalb der Agglomeration gelegenen Eisenbahnwerkstätten der verstaatlichten Privatbahnen, gehörten zum Teil nicht zum Berliner Direktionsbezirk. Erst durch die 1907 erfolgte Einrichtung des Eisenbahn-Zentralamtes in Berlin begann eine neuerliche Verwaltungskonzentration in der Hauptstadt.[495] Die wenigen für den Nahverkehr im Vorortbereich gebauten Strecken (Neue Wannseebahn, Verbindung nach Spandau über Pichelsberg) dienten vornehmlich der Erschließung der anliegenden ehemaligen staatlichen Forstgebiete als Terrains für den Wohnungsbau. Noch vor der Jahrhundertwende erhielt die Stadtbahn neue Haltestellen (Tiergarten, Savignyplatz, Warschauer Straße); die Bahnhöfe Zoologischer Garten und Friedrichstraße (ab 1914) wurden erweitert.[496] Die über 700 Viaduktbögen und die Brücken mussten seitdem mehrfach erneuert werden, doch blieb die Grundsubstanz über alle Zeitläufte erhalten. Die Zahl der Fahrten auf dem Berliner Stadtring und mit den Vorortbahnen hatte sich folgendermaßen entwickelt (1882: 311 Züge täglich auf der Stadtbahn):

Tab. 36: Zugfrequenzen im Berliner Vorortverkehr.

Jahr	Fahrten im Stadt-, Ring- und Vorortverkehr (in Millionen)	Züge auf der Stadtbahn (täglich)
1884	14,1	keine Angaben
1895	136,0	606
1900	185,0	721
1913	340,6	946
1926	370,6	750
1930	448,2	1.136

Quelle: Verkehrstechnische Woche 26 (1932), S. 84.

Nicht der Ausbau der Hauptstadt, sondern die Behebung des Missstandes der fehlenden Verbindungen zwischen den durch die privaten Eisenbahnunternehmer angeleg-

494 Die 1879 geschaffenen elf Direktionsbezirke, die eine Dezentralisierung des Eisenbahnwesens bringen sollten, wurden 1895 auf 20, 1896 auf 21 verändert, dazu Wolfgang Klee, Preußische Eisenbahngeschichte, Stuttgart u. a. 1982, S. 179.

495 Ebd., S. 181.

496 Zum 50-jährigen Bestehen der Stadtbahn, in: Verkehrstechnische Woche 26 (1932), H. 5, S. 53–84.

ten Kopfbahnhöfen in der Stadt war Ausgangspunkt der staatlichen Investitionen im Eisenbahnbereich. Militärische Erwägungen hatten dabei einen hohen Stellenwert. Doch auch noch bei der Projektierung der Stadtbahn hoffte man auf eine überwiegende Finanzierung durch Privatkapital. Der durch den Gründerkrach hervorgerufene Konjunktureinbruch veränderte die Grundlagen und führte zu einer Staatsinvestition. Bereits 1873 wies der Direktor des Statistischen Büros der Stadt Berlin, Herrmann Schwabe, auf den Zusammenhang zwischen einer guten Eisenbahnerschließung und der Lösung der Wohnungsfrage hin. Im Vergleich mit London, so zeigte er auf, war das Schienennetz um die deutsche Hauptstadt nur schwach ausgebaut.[497] Die ganz überwiegende Mehrzahl der gegenwärtigen und künftigen Bewohner, nach der Jahrhundertwende circa 2,1 Millionen Menschen, mussten in den vom Hobrechtplan erfassten knapp 6.000 Hektar des inneren Stadtgebiets wohnen.

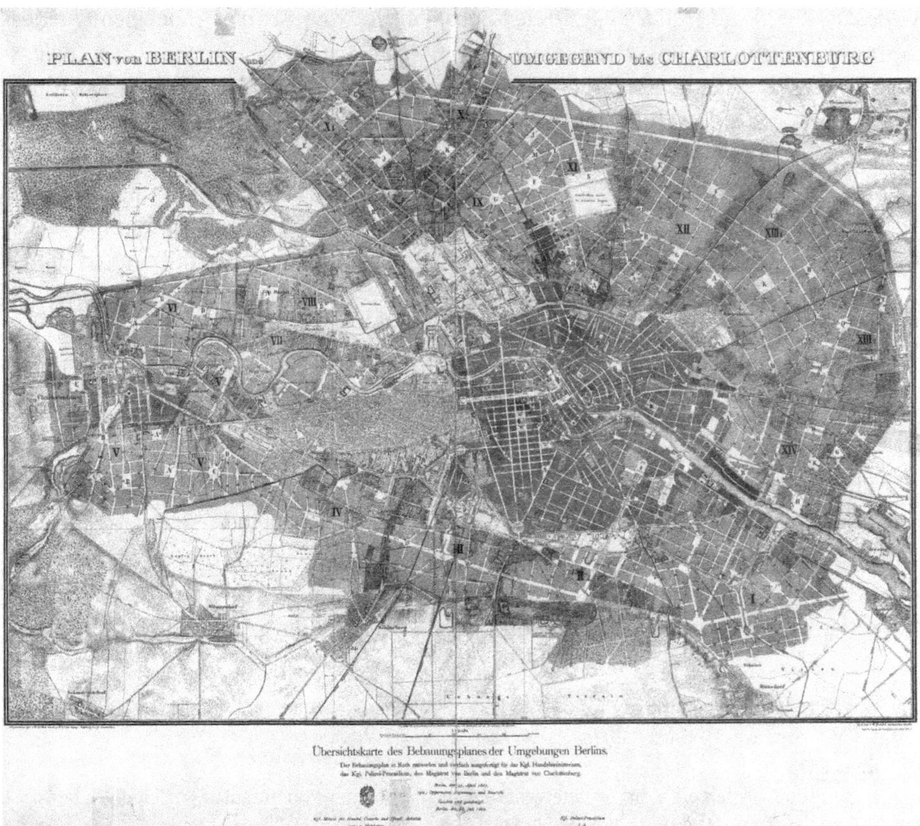

Abb. 11: Hobrechtplan von 1862. © Gemeinfrei unter: https://de.wikipedia.org/wiki/Hobrecht-Plan#/media/Datei:Boehm_Berlin_1862.jpg [abgerufen am: 24. Juli 2023].

497 Escher, Berlin und sein Umland [wie Anm. 177], S. 231.

Damit war Berlin, wie der Stadtverordnete und ehrenamtliche Stadtrat für Verkehr, Hugo Preuß, es im Jahr 1911 formulierte, die *kleinste Millionenstadt der Welt*, eine Stadt, in der die Menschen in der ungesunden Wohnform der *Mietskaserne* zusammengepfercht seien.[498] Preuß konstatierte: *Eine kommunale Bodenpolitik, Wohnungspolitik, Ansiedlungspolitik ist durchaus bedingt von der Gestaltung des kommunalen Verkehrswesens, von der Möglichkeit kommunaler Verkehrspolitik, von dem Vorhandensein einer sozialpolitisch durchdachten und geleiteten Organisation, eines Netzes von ineinandergreifenden Verkehrsmitteln, Vorortbahnen, unterirdischen und oberirdischen Schnellbahnen, Straßenbahnen usw. Nur wenn sie die Leitung einer solchen Organisation in der Hand hat, gewinnt die Kommunalverwaltung auch den Einfluß, der gerade für die Gestaltung der modernen Großstadt unentbehrlich ist, den entscheidenden Einfluß auf die räumliche Gruppierung der Klassen; die räumliche Gruppierung der Industrie im Zusammenhang mit den Einrichtungen für den Güter- und Fernverkehr, die Niederlassungen des Handels, der freien Berufe mit all den gar nicht hoch genug zu bewertenden Folgen für das kommunale Steuerwesen, Schulwesen, Armenwesen usw.*[499] Der Publizist Werner Hegemann, der an dieser Vortragsreihe mit einem Referat ‚Die Entwicklung des städtebaulichen Gedankens in Groß-Berlin seit 1848' ebenfalls beteiligt war,[500] sollte dies zu einer Kernaussage seines wohl bedeutendsten Werkes ‚Das steinerne Berlin. Geschichte der größten Mietskasernenstadt der Welt' machen. Der Autor setzte dem Buch eine zweiseitige Widmung an Hugo Preuß voran, in der er bekannte, wie wesentlich er von Preuß beeinflusst war.[501] Mit der Eröffnung einer Debatte über diese Defizite der Stadt hat Preuß einen wesentlichen Anstoß zur Schnellbahnpolitik der Weimarer Zeit gegeben.[502]

3.1.6.3 Die Straßenbahnen

Wie andere Verkehrsinvestitionen waren die Aufwendungen für den innerstädtischen öffentlichen Personennahverkehr Sache des privaten Kapitals. Die Stadt Berlin beschränkte sich darauf, über die Konzessionsabgabe, die aus dem Wegerecht abgeleitet wurde,[503] ein wenig am wirtschaftlichen Erfolg der konzessionierten Verkehrsträger teilzunehmen. Im August des Jahres 1865 wurde die Pferdestraßenbahnstrecke zwischen dem Kupfergraben in Berlin und dem Charlottenburg-Spandauer Damm von

---

498 Hugo Preuß, Sozialpolitik im Berliner Verkehr, in: Fragen der kommunalen Sozialpolitik in Groß-Berlin. Fünf Vorträge, H. I, Jena 1911, S. 1–26, hier S. 14.

499 Ebd., S. 15.

500 Hugo Preuß, Sozialpolitik im Berliner Verkehr, in: Fragen der kommunalen Sozialpolitik in Groß-Berlin. Fünf Vorträge, H. II, Jena 1912, S. 98–124.

501 Hegemann, Das steinerne Berlin [wie Anm. 125], S. 7 f.; die Widmung gilt ‚Dem Andenken von Hugo Preuß.' Die von Preuß zitierten Gedanken erscheinen bei Hegemann im Kapitel ‚Verkehrsanlagen in London, New York, Paris und die fehlende Schnellbahn-Milliarde Berlins'; zu Preuß als Vorbild und Vordenker für Hegemann siehe Flick, Werner Hegemann [wie Anm. 125], T. 1, S. 337–341.

502 Escher, Hugo Preuß [wie Anm. 177], S. 312.

503 Bendikat, Öffentliche Nahverkehrspolitik [wie Anm. 95], S. 252–254.

der Berliner Pferde-Eisenbahn-Gesellschaft E. Besckow, einer Kommanditgesellschaft auf Aktien, eröffnet. Die Gesellschaft mit einem Grundkapital von 840.000 Mark hatte 1864 die Konzession erhalten. Doch erst die in einem Bericht des Magistrats vom 13. Mai 1871 getroffene Feststellung, dass die Ausdehnung der nun zur Hauptstadt des Deutschen Reiches gewordenen Stadt durch fehlende Verkehrsmittel behindert werde, führte dazu, dass Vorbereitungen zum Bau eines innerstädtischen Schienenbahnnetzes getroffen werden. Doch nicht die Stadt, die mit Interessenten einen Vertrag über die Errichtung eines Netzes schloss, sondern das Polizeipräsidium, das dem Bankier Pinkus eine diesbezügliche Konzession erteilte, hatte zum damaligen Zeitpunkt die Verwaltung der städtischen Straßen. Im November desselben Jahres einigten sich beide Interessentengruppen und gründeten gemeinsam die Große Berliner Pferdeeisenbahn mit einem Aktienkapital von eineinhalb Millionen Mark. Der ständige Ausbau des Netzes machte bald Kapitalerhöhungen notwendig. Bis 1875 war das Aktienkapital bereits auf zwölf, bis 1894 auf 21,375 Millionen Mark angestiegen. Das Streckennetz war 1875 auf 74, bis 1884 auf 164 Kilometer ausgebaut worden und wuchs ständig weiter. 1894 zahlte die Gesellschaft eine Pauschalsumme von einer Million Mark an die Stadt zur Abgeltung der Kosten für eine Verbindung des Streckennetzes nördlich und südlich der Straße Unter den Linden, deren direkte Querung durch Straßenbahnen verboten war.[504]

Zum Ausbau der für den Schienenverkehr vorgesehenen Straßen und Brücken, unter anderem zum Erwerb von Vorgärten an der Potsdamer Straße und zur Freilegung des Potsdamer Platzes, musste die Gesellschaft 1879 706.000 Mark aufwenden; die gleiche Summe für die Verbreiterung der Straße am Mühlendamm und weitere 281.000 wurden anteilig für Brückenbauten bezahlt.[505] Die von 1896 an erfolgende Elektrifizierung erforderte weitere erhebliche Kapitalerhöhungen. In den Jahren 1898 und 1899 emittierte man jeweils Aktien in Höhe von 22,875 Millionen Mark, 1900/01 weitere Aktien für 18,66 Millionen. Das Aktienkapital war 1901 auf 85,735 Millionen, 1904 auf 100,082 Millionen Mark angewachsen. Neben den Aktien gab man Prioritätsobligationen aus, zwischen 1878 und 1901 insgesamt für 22,83 Millionen Mark mit Zinssätzen um vier Prozent, zwischen fünf (1878) und dreieinhalb Prozent (1894). 1895 war der Zinssatz von acht Prozent erreicht.[506] Die Obligationen konnten bis 1911 bis auf einen Restbetrag von rund einer Million Mark getilgt werden. Vornehmlich zur Vergrößerung des Wagenparkes bewilligte die Generalversammlung der Gesellschaft 1911 erneut Prioritätsanleihen in Höhe von 45 Millionen Mark. Zur Ausgabe kamen zunächst allerdings nur Obligationen im Wert von 30 Millionen Mark.[507] Die Dividende

504 Zum 50-jährigen Bestehen der Stadtbahn [wie Anm. 496], S. 21–66.

505 Die Große Berliner Straßenbahn 1871–1902. Denkschrift aus Anlaß der vollständigen Durchführung des elektromotorischen Betriebes, Berlin 1902, S. 13.

506 Ebd., S. 9 f.

507 Zahlen ab 1902: Verein deutscher Straßenbahn- und Kleinbahn-Verwaltungen (Hrsg.), Die Große Berliner Straßenbahn und ihre Nebenbahnen 1902–1911. Denkschrift aus Anlaß der XIII. Vereinsversammlung des Vereins deutscher Straßenbahn- und Kleinbahn-Verwaltungen, Berlin 1911, S. 21–24.

der Großen Berliner Pferdeeisenbahn stieg von 4,75 Prozent im Jahr 1874 bis neuneinhalb Prozent im Jahr 1881 kontinuierlich an (Ausnahme 1882: achteinhalb Prozent) und lag nach 1884 stets über zehn Prozent. Ein Höchststand war im Jahr 1898 mit 18 Prozent erreicht.[508] Danach waren Rückgänge zu verzeichnen. Die Stadt profitierte finanziell von der günstigen Entwicklung der Gesellschaft. Im Vertrag vom Juli 1880 war festgesetzt worden, dass für die Straßenbenutzung bei einer Bruttoeinnahme von sechs Millionen Mark jährlich vier Prozent an die Stadt abzuführen seien, für jede Mehreinnahme in Höhe von einer Million Mark sollte der prozentuale Anteil der Stadt um ein halbes Prozent bis auf acht Prozent bei 15 Millionen Mark steigen. Seit 1896 wurden jedes Jahr acht Prozent abgeführt.

Zu dem im Zuge der Elektrifizierung Große Berliner Straßenbahn-Aktiengesellschaft (GBSt) genannten Betriebs gehörten als Nebenbahnen weitere Betriebe, wie die zur Erschließung Weißensees 1875 gegründete Neue Berliner Pferdebahn-Gesellschaft, ferner die Westliche Berliner Vorortbahn, die 1884 das von der Kurfürstendamm-Gesellschaft im Verbund mit anderen Terraininteressenten betriebene Dampfstraßenbahnnetz im Bereich der Vororte Schmargendorf, Schöneberg, Friedenau und Steglitz übernommen hatte. Weiterhin gehörten zum Verbund der ‚Großen Berliner' die Südliche Berliner Vorortbahn (nach Britz und Rixdorf) sowie die Nordöstliche Berliner Vorortbahn (nach Hohenschönhausen). Nahezu alle unmittelbar an das Berliner Stadtgebiet angrenzenden Gemeinden hatten sich in der Hoffnung auf guten Verkehrsanschluss in den Kern der Hauptstadt vertraglich mit der ‚Großen Berliner' gebunden. Der Aufsichtsrat war 1902 mit führenden deutschen Finanziers wie Eduard Arnhold, Eugen Gutmann (Dresdner Bank) und Isidor Loewe besetzt. Die ‚Große Berliner' besaß mit ihrem dichtmaschigen Netz und den Nebenbetrieben Monopolcharakter. Die Elektrifizierung wurde durch die maßgeblich von Loewe im Jahr 1894 begründete Gesellschaft für elektrische Unternehmungen (Gesfürel) mit Ausrüstungen aus der Produktion der Allgemeinen Electricitäts-Gesellschaft (AEG) betrieben.[509]

Dem auf dem gleichen Wirtschaftssektor wie die AEG tätigen Siemens-Konzern mit seiner engen Verbindung zur Deutschen Bank verblieb – obwohl die erste elektrische Straßenbahn der Welt von Siemens 1879 in der Hauptstadt vorgeführt und im Vorortbereich (Lichterfelde) 1881 praktisch erprobt wurde – lediglich die Kontrolle über kleinere Straßenbahnbetriebe, wie über die 1893 gegründete Berliner Elektrische Straßenbahn AG (BESTAG) in Pankow und Treptow. Diese wurde 1903 von der Stadt Berlin für 5,8 Millionen Mark erworben, um die Monopolstellung der ebenfalls an der Übernahme interessierten GBSt zu begrenzen. Das zunächst von der städtischen Sparkasse erworbene Aktienpaket wurde zum Nennwert von 166 ⅓ Prozent erworben.

508 Dividenden: Die Große Berliner Straßenbahn [wie Anm. 505], S. 56–58.

509 Dazu Peter Czada, Die Berliner Elektroindustrie in der Weimarer Zeit. Eine regionalstatistisch-wirtschaftshistorische Untersuchung (Einzelveröffentlichungen der Historischen Kommission zu Berlin, Bd. 4), Berlin 1969, S. 50, dort weitere Literatur.

Man schien hohe Erwartungen an die Erträge der Gesellschaft gehabt zu haben.[510] Im Zusammenhang mit dem Ausbau der Produktionsstätten der AEG in Oberschöneweide erfolgte die Gründung der diesem Konzern nahestehenden Berliner Ostbahnen, die vom Zweckverband Groß-Berlin 1919 für 6,45 Millionen Mark gekauft wurden. Weniger Bedeutung besaßen die weiteren, hauptsächlich kommunalen Straßenbahnbetriebe, die von den Städten Potsdam, Köpenick und Spandau sowie den Gemeinden Heiligensee, Steglitz, Schmöckwitz-Grünau, Schöneiche-Woltersdorf und auch vom Kreis Teltow betrieben wurden. Die folgende Tabelle zeigt, dass in der Zeit um den Ersten Weltkrieg trotz sinkender Gewinne weiterhin in die Nahverkehrsmittel investiert wurde. Die Streckenlänge und die Anlagekosten der Bahnen stellten sich zwischen 1912 und 1916 wie folgt dar:

Tab. 37: Streckenlänge (in Kilometern) und Anlagekosten (in Millionen Mark) der Straßenbahn.

Unternehmen	Streckenlänge		Anlagekosten	
	1912	1916	1912	1916
Teltower Kreisbahnen	24,00	32,30	3,79	4,2
Städtische Straßenbahn Cöpenick	25,00	27,40	2,25	2,8
Berliner Städtische Straßenbahn	14,00	24,50	4,94	8,5
Spandauer Straßenbahn	22,00	22,00	4,96	5,3
Schmöckwitz-Grünauer Uferbahn	8,00	8,00	0,30	0,5
Straßenbahn Steglitz	3,23	5,10	0,50	1,2
Straßenbahn Heiligensee	–	11,00	–	0,8
Straßenbahn Schöneiche	–	6,00	–	0,5
Straßenbahn Kalkberge	–	7,50	–	0,6
Straßenbahn Woltersdorf	–	6,00		0,5
Straßenbahn Potsdam	2,10	2,10	–	–
kommunale Straßenbahnen (insgesamt)	100	151	16,34	24,9
Große Berliner Straßenbahn	246,00	265,00	152,49	172,0
Nebenbahnen der Großen Berliner	106,00	123,00	44,02	51,0
Ostbahnen	29,00	34,00	6,93	8,0
Berliner Straßenbahn AG	25,00	27,00	5,72	6,0
Flachbahn der Hochbahn	2,00	3,00	0,61	0,7

510 Zum Vorgang Bendikat, Öffentliche Nahverkehrspolitik [wie Anm. 95], S. 397 f. Von 1909 bis 1913 deckten die Straßenbahngesellschaften nicht nur die Erträge, Tilgung und Verzinsung, sondern brachten ihren Eigentümern sogar Gewinne.

Unternehmen	Streckenlänge		Anlagekosten	
	1912	1916	1912	1916
Siemens & Halske	–	1,30	–	0,1
Privatbahnen (gesamt)	407,00	453,00	209,77	238,8
alle Straßenbahnen	507,00	604,00	226,51	263,7

Quelle: Verwaltungsbericht 1912–1916 [wie Anm. 518], S. 8 f.

Die Berliner Straßenbahnbetriebe waren aus privatwirtschaftlichen Interessen entstanden und blieben gewinnorientiert. An den Gewinnen partizipierten sowohl die Aktionäre wie auch die Stadt. Im Aufsichtsrat der ‚Großen Berliner' waren 1911 die Bankiers Eduard Arnhold (Vorsitzender, Dresdner Bank), Carl Fürstenberg (Berliner Handels-Gesellschaft), Eugen Gutmann (Dresdner Bank), Maximilian von Klitzing (Bank für Handel und Industrie), Julius Stern (Nationalbank von Deutschland) und Siegfried Samuel (Schaaffhausen'scher Bankverein) vertreten.[511] Die Gesellschaften bestimmten die Linienführung nach Wirtschaftlichkeitsinteressen. Erst im Zuge der Elektrifizierung des Pferdebahnnetzes und dessen vertraglicher Fixierung 1897/98 fand eine Änderung statt. Für die zwischen 1902 und 1907 auf Wunsch der Stadt neu entstandenen Linien sollten ein Drittel, ab 1912 die Hälfte der Baukosten vom Magistrat übernommen werden. Für den Innenstadtbereich hatten die Stadtverordneten beschlossen, ab 1900 nur noch neue Linien kommunaler Straßenbahnen zuzulassen. Magistrat und Stadtverordnetenversammlung begannen damit, in den öffentlichen Verkehr zu intervenieren.[512] Mit dem Ersten Weltkrieg änderten sich die Gewinnerwartungen. Die Löhne und Gehälter hatte man 1918 erhöhen müssen und den Acht-Stunden-Tag eingeführt. Mit weiteren Lohnerhöhungen im Jahr 1919 summierten sich die Mehrausgaben insgesamt auf über 40 Millionen Mark. Die Tarife mussten – auch wegen eines neuen Zustimmungsvertrages von 1918 – bei schleichender Geldentwertung konstant gehalten und sogar gesenkt werden. Am 15. Juli 1919 erwarb der Zweckverband die ‚Große Berliner' und ihre Nebenbahnen für 137,5 Millionen Mark.[513] Andere Unternehmen waren bereits in den Besitz des Verbandes gelangt. Sie wurden – nachdem die Stadt Berlin 1920 Rechtsnachfolger des Zweckverbandes wurde – im September 1923 als Berliner Straßenbahn-Betriebs GmbH geführt.

3.1.6.4 Die elektrischen Schnellbahnen und der Autobus

Den Vorsprung der AEG auf dem Gebiet des Straßenbahnwesens in Berlin konnte Siemens auf dem Gebiet der niveaufrei geführten Bahnen ausgleichen, nachdem parallele Pläne der AEG zunächst nicht zur Ausführung gekommen waren. 1895 hatte man

511 Die Große Berliner Straßenbahn [wie Anm. 505], nach Titelei.

512 Bendikat, Öffentliche Nahverkehrspolitik [wie Anm. 95], S. 354.

513 Walter Schneider, Der städtische Berliner öffentliche Nahverkehr, 12 Bde. [Manuskript], Berlin [o. J.], hier Bd. 6, S. 188–191.

mit der Hauptstadt und noch im selben Jahr mit der Stadt Schöneberg, 1896 mit Charlottenburg und 1897 mit dem Eisenbahnfiskus Konzessionsverträge abgeschlossen und bereits 1893 die Allerhöchste Genehmigungsurkunde für die Strecke von der Warschauer Brücke bis zum Nollendorfplatz erlangt.[514] Gemeinsam mit der Deutschen Bank gründete Siemens 1897 die Gesellschaft für elektrische Hoch- und Untergrundbahnen (vereinfacht: Hochbahngesellschaft) und stattete sie mit einem Aktienkapital von zwölfeinhalb Millionen Mark aus. Der Betrieb auf der Stammstrecke wurde 1902 aufgenommen. Bis 1902 war das Aktienkapital bereits auf 30 Millionen Mark heraufgesetzt worden.[515] Die Geschäftsführung lag zu dieser Zeit in den Händen des Regierungsbaumeisters Paul Wittig, der führende Architekten, unter anderen den gebürtigen Schweden Alfred Grenander für die Bahnhofsgestaltung und weitere Baulichkeiten heranzog. Im Aufsichtsrat führte der ehemalige Oberbürgermeister und Minister Arthur Hobrecht den Vorsitz, sein Stellvertreter war der Direktor der Deutschen Bank, Kommerzienrat Max Steinthal. Dem Aufsichtsrat der Deutschen Bank gehörte auch ein weiteres Mitglied, der Eisenbahndirektor a. D. Karl Schrader an. Justizrat Dr. Adolf Braun gehörte zur Meininger Hypotheken-Bank, Werner von Siemens und der Direktor Heinrich Schwieger vertraten den für die Technik zuständigen Siemens-Konzern.[516] Die Streckenerweiterungen bis zum Ersten Weltkrieg in bis dahin unbebautes Terrain im Westen Charlottenburgs, nach Norden in Prenzlauer Berg sowie die als kommunale Bahnen unter der Betriebsführung der Hochbahngesellschaft in Wilmersdorf und Dahlem gebauten Strecken zeigen, dass nicht allein der gewinnbringende Betrieb der vom Potsdamer Platz zum Alexanderplatz erweiterten Innenstadtlinie, sondern insbesondere die Terraininteressen der Deutschen Bank und der Kommunen bei der Streckengestaltung eine Rolle spielten.[517]

Die Stadt Berlin verfolgte darüber hinaus eigene Schnellbahnpläne. 1912 begann der Bau einer Nord-Süd-Strecke. Als Trasse für die dringend benötigte Nord-Süd-Verbindung durch die Stadt sollte die Friedrichstraße als der verkehrsreichste in Nord-Süd-Richtung verlaufende Straßenzug genutzt werden. Andere Pläne wie die für eine Schwebebahn nach Wuppertaler Vorbild fanden in Berlin, wo bereits einige schienengebundene Nahverkehrssysteme vorhanden waren, keine allgemeine Zustimmung und wurden nicht verwirklicht. Genehmigt wurde hingegen das Projekt der mit dem Siemens-Konzern konkurrierenden AEG für den Bau einer weiteren unterirdischen Schnellbahn, der Verbindung von Gesundbrunnen nach Neukölln. Im März 1912 schloss der Konzern darüber einen Vertrag mit der Stadt Berlin und gründete im folgenden Jahr die AEG -Schnellbahn AG, die noch 1913 mit dem Bau begann. Der Fertigstellungstermin der Nord-Süd- wie auch der AEG-Bahn war in den Genehmigungsur-

514 Gustav Kemmann, Zur Eröffnung der elektrischen Hoch- und Untergrundbahn in Berlin, Berlin 1902 [ND Berlin 2002], S. 8.

515 Scheider, Der städtische Berliner öffentliche Nahverkehr [wie Anm. 513], hier Bd. 4, S. 116.

516 Kemmann, Zur Eröffnung der elektrischen Hoch- und Untergrundbahn [wie Anm. 514].

517 Escher, Berlin und sein Umland [wie Anm. 177], S. 277 f.

kunden auf das Jahr 1918 festgesetzt, doch mussten die Arbeiten während des Ersten Weltkrieges reduziert und zum Teil ganz eingestellt werden. Die Anlagekosten (einschließlich Kraftwerk) für die 9,46 Kilometer lange AEG-Strecke wurden 1917 mit 90,9 Millionen Mark berechnet. Für die städtische Nord-Süd-Bahn mit zunächst 7,6 Kilometern Streckenlänge schätzte man die Kosten zum gleichen Zeitpunkt auf 60 Millionen Mark. Beide Summen waren sicherlich bereits zu diesem Zeitpunkt viel zu niedrig angesetzt. Die Hochbahngesellschaft (ohne Wilmersdorfer und Dahlemer Untergrundbahn, die ebenfalls von der Hochbahngesellschaft betrieben wurden und 16,6 Millionen Mark Anlagekosten erforderten) hatte bei einer Streckenlänge von 29,2 Kilometern als Anlagekosten 136,34 Millionen Mark beziffert.[518]

Eine erste kommunale Untergrundbahn hatte die selbstständige Stadt Schöneberg 1908–1910 errichtet. Die Finanzierung erfolgte durch die Aufnahme von städtischen Anleihen. Zunächst entnahm man der bereits genehmigten städtischen Stadtparkanleihe Mittel, ein Schritt, zu dem man sich durch den Bau des U-Bahnhofes Stadtpark inmitten der Parkanlage berechtigt sah, da dieser zugleich ein Schmuckelement des Parks darstellte. Zur Fertigstellung der Linie hatte man eine eigene Untergrundbahnanleihe aufgelegt.[519] Die Bauausführung lag bei der Firma Siemens und Halske, die den Kostenrahmen trotz des schwierigen Baugrundes einhalten konnte. Mit der Betriebseröffnung im Jahr 1910 wurde der Betrieb der Hochbahngesellschaft vertraglich überlassen, wie der der Wilmersdorfer und Dahlemer Strecke. Damit besaß allein die Hochbahngesellschaft die Ansätze zu einem Schnellbahnnetz. Bei den Schnellbahnunternehmen im Berliner Raum waren folgende Entwicklungen festzustellen:

Tab. 38: Streckenlänge (in Kilometern) und Anlagekosten (in Millionen Mark) der Schnellbahnunternehmen im Berliner Raum 1912–1916.

Unternehmen	Streckenlänge		Anlagekosten	
	1912	1916	1912	1916
Schöneberger U-Bahn	3,0	3,0	13,51	14,0
Wilmersdorfer U-Bahn	–	4,0	–	12,5
Dahlemer U-Bahn	–	3,0	–	–
Nord-Süd-Bahn	–	7,6	–	69,0
AEG-Schnellbahn	–	9,5	–	100,0
Hochbahngesellschaft insgesamt	17,0	29,0	76,26	136,0
gesamt	20,0	56,1	89,77	331,5

Quelle: Verband Groß-Berlin, Verwaltungsbericht 1912–1916 [wie Anm. 518], S. 10.

518 Verband Groß-Berlin. Verwaltungsbericht umfassend die Zeit vom 1. April 1912 bis 31. März 1916: Verkehr, Berlin 1917 [im Folgenden: Verband Groß-Berlin. Verwaltungsbericht 1912–1916], S. 15.

519 Dazu Schneider, Der städtische Berliner öffentliche Nahverkehr [wie Anm. 513], hier Bd. 5, S. 123–139, hier S. 127.

Der Omnibusverkehr erforderte geringeren Kapitaleinsatz. Deshalb waren an diesem Betrieb – anders als bei den Straßenbahnen – Kapitalgeber aus der zweiten Reihe beteiligt. Nachdem das Polizeipräsidium als Aufsichtsbehörde 1844 ein ‚Reglement für den Betrieb der Omnibusse' mit einer vorgeschriebenen Konzessionspflicht durch die eigene Behörde verfasst hatte und dafür ein Nachweis der Kapitalkraft der Unternehmer erbracht werden konnte, erfolgte 1846 die staatliche Betriebserlaubnis für die Concessionierte Berliner Omnibus Compagnie mit 20 Wagen und 120 Pferden.[520] Wegen mangelnden Zuspruchs konnte die Gesellschaft die ihr von der Aufsichtsbehörde auferlegten Pflichten nicht voll erfüllen. Für die Folgezeit ist eine Überbesetzung des Gewerbes festzustellen. 1854 machten sich 15 Gesellschaften Konkurrenz.[521] Erst als 1865 neue Grundlagen für die Betriebsführung geschaffen wurden und 1868 durch Vereinigung älterer Betriebe die Allgemeine Berliner Omnibus-Actiengesellschaft (ABOAG) mit über 250 Wagen und 1.000 Pferden entstand, konnte dieser Verkehrszweig sinnvoll ausgebaut werden.[522] Doch bedeutete nun die Pferdestraßenbahn eine übermächtige Konkurrenz. Innerhalb von zwölf Jahren, von 1868 bis 1880, sank der Verkehrsanteil der nicht schienengebundenen Omnibusse von 89 auf 17 Prozent. Die Umstellung der Straßenbahn auf den elektrischen Betrieb bedeutete weitere Verluste für den Verkehrsträger, aber auch weitere Konzentration. Im Jahr 1903 übernahm der Bankier Carl Neuburger die kränkelnde Neue Berliner Omnibus AG und fusionierte sie mit der ABOAG.[523] Damit hatte diese Gesellschaft ein faktisches Monopol im Omnibusbereich. Die geringere Bedeutung des führenden Omnibusbetriebes gegenüber den anderen Verkehrsträgern vor dem Ersten Weltkrieg spiegelt sich in der Kapitalausstattung wider. Die Motorisierung des Omnibusbetriebes erforderte weitaus geringere Summen als die Elektrifizierung der Straßenbahn. 1906 wurde unter Führung des Bankhauses Bleichröder bei der ABOAG eine Kapitalaufstockung wegen Betriebshof- und Werkstatt-Neubauten für die Motorwagen auf insgesamt 12,6 Millionen Mark nötig.[524] Die Dividende ging von 15 Prozent im Jahr 1905 auf sechs Prozent im Jahr 1906 und erholte sich bis 1911 auf sieben Prozent. Dies war zugleich die Zeit, in der sowohl die Große Berliner Straßenbahn wie auch die Hochbahngesellschaft große Aktienpakete der ABOAG erwarben und sich damit Einfluss auf diesem Sektor sicherten. Ein erster Schritt zur Vereinheitlichung der Verkehrsträger war damit getan, wenn auch sicher unfreiwillig. 1913 ging der Vorsitz im Aufsichtsrat der ABOAG, den ab 1911 Dr. Paul von Schwabach innehatte, an Max Steinthal über. Wichtige Posten im Vor-

520 Schneider, Der städtische Berliner öffentliche Nahverkehr [wie Anm. 513], hier Bd. 1, S. 104.
521 Ebd., S. 107.
522 Ebd., S. 117–230.
523 Hans D. Reichardt, Berliner Omnibusse. Vom Pferdeomnibus zum Doppeldecker, Düsseldorf 1975, S. 9.
524 Schneider, Der städtische Berliner öffentliche Nahverkehr [wie Anm. 513], hier Bd. 6, S. 45–49; Reichardt, Berliner Omnibusse [wie Anm. 523], S. 14. Der Bankier Bleichröder war Vorsitzender des Aufsichtsrates der ABOAG.

stand wurden mit Persönlichkeiten aus der Hochbahngesellschaft besetzt.[525] Die vollständige Umstellung vom Pferde- auf den Kraftomnibusbetrieb sollte aber noch bis nach dem Ersten Weltkrieg dauern. Zu den Aufgaben des Zweckverbandes Groß-Berlin gehörte die Vereinheitlichung des Verkehrswesens. Doch anders als im Fall der Dauerwalderwerbungen gelang es dem Zweckverband während der kurzen Zeit seines Bestehens nicht, die ihm gesetzlich vorgeschriebene Aufgabe zu erfüllen. Stand den Verbandsorganen beim Waldankauf in Gestalt des preußischen Fiskus nur ein – dem Verbandsziel gegenüber zudem sehr aufgeschlossener – Eigentümer gegenüber, waren es auf dem vor dem Ersten Weltkrieg wirtschaftlich interessanten Feld der Verkehrsbetriebe zahlreiche sehr unterschiedliche Kapitaleigner. Es war nicht möglich, die Anteile der einzelnen Banken an den Verkehrsbetrieben festzustellen. Beim Betrachten der Aufsichtsräte nach der Jahrhundertwende fällt auf, dass alle in Berlin ansässigen größeren Bankhäuser an dem Verkehrsgeschäft beteiligt waren. Die Interessen der einzelnen Geldhäuser an den profitablen Nahverkehrsbetrieben scheinen dabei sorgsam verteilt, sodass hier eine kartellähnliche Absprache – wie sie in der Zeit nicht unüblich war – die Grundlage gebildet hätte. Eine städtische Aktienmehrheit der für die Anleger so wertvollen Großen Berliner Straßenbahn war nur in Verbindung der Streckenkonzessionen denkbar.

3.2 Die tiefe Zäsur

3.2.1 Der Erste Weltkrieg und seine irreparablen Folgen für die Finanzsituation der Stadt. Staatliche und städtische Schulden

Die Heeresvorlage von 1912 hatte nicht nur den künftigen Oberbürgermeister Wermuth vom Reichs- in den Kommunaldienst befördert und die Auseinandersetzung über die Anleihepolitik der Hauptstadt entfacht. Ihr Passieren durch die parlamentarischen Gremien machte den in Berlin Verantwortlichen die drohende Kriegsgefahr deutlich. Ein Magistratskommissar für Militärangelegenheiten bemühte sich, die Bestimmungen für den Mobilmachungsfall, die beim Einquartierungsstatut noch aus dem Jahr 1863 stammten, sowie die Vorschriften über die zukünftige Unterstützung der Angehörigen von Kriegsopfern auf einen zeitgemäßen Stand zu bringen.[526] Alle Abteilungen der modern ausgebauten Verwaltung und damit auch die Finanzverwaltung waren betroffen. Doch orientierte man sich bei aller Modernität an den Erfahrungen der Kriege des 19. Jahrhunderts. Nach dem Vorbild des Reiches wurde unmittelbar nach dem Kriegsausbruch im Jahr 1914 ein Kriegsvorschusskonto eingerichtet, das bis zum Ende des Krieges auf 139 Unterkonten angewachsen war, die in neun

525 Schneider, Der städtische Berliner öffentliche Nahverkehr [wie Anm. 513], hier Bd. 6, S. 33 f.
526 Kaeber, Berlin im Weltkriege [wie Anm. 200], S. 30.

Kriegsbuchhaltereien der Stadthauptkasse geführt wurden.[527] Doch angesichts des sehr schnell nahezu alle Lebensbereiche erfassenden Krieges stellte sich die Vorbereitung auf seine Eventualitäten als illusorisch heraus. Zunächst aber schien es möglich, gewohnte Wege weiter zu beschreiten. Ähnlich wie in der Vorkriegszeit beantragte die Stadtgemeinde Berlin 1915 eine Anleihe in Höhe von 288,601 Millionen Mark. In der neuen Anleihe sollten wesentliche Beträge für den Ankauf der Berliner Elektrizitätswerke und der Herrschaft Lanke aufgewendet werden.[528] Nach einer Vertragsdauer von 15 Jahren hatte die Stadt Berlin 1915 eine Ankaufsoption für die Elektrizitätswerke. Schon im Vorfeld hatte es allerdings von der Seite des Kreises Teltow Irritationen gegeben. Man befürchtete dort eine Einschränkung der Selbstständigkeit der Vorortgemeinden, wenn Berlin Eigentümerin der Berliner Elektrizitätswerke werden würde. Der Ankauf der Herrschaft Lanke gehört in den Zusammenhang mit dem Erwerb von 10.000 Hektar preußischer Staatsforsten zur Sicherung als Dauerwälder (Grunewald, Jungfernheide, Tegel, Dahme, Köpenick, Grünau sowie Teile der Potsdamer Forsten und Groß-Schönebeck) durch den Zweckverband Groß-Berlin im selben Jahr.[529] Die Einzelpositionen der Anleihe betrafen:

Tab. 39: Anleihezwecke 1915 und deren Kosten (in Millionen Mark).

ältere Werke	68
neue Werke (Ankauf der Berliner Elektrizitätswerke: 128,07, deren Erweiterung: 8,36, Ankauf der Herrschaft Lanke: 13 Millionen Mark)	150
Verkehrsunternehmungen (Häfen: 5,64, Schnellbahnen: 15,43, Straßenbahntunnel Kaiser-Franz-Joseph-Platz: 0,2 Millionen Mark)	21
Kämmereizwecke (Straßen: 9,5, Krankenhäuser: 12,5, Schulen: 6, kleinere Erwerbungen zusammen: 6 Millionen Mark)	34
Restbedarf aus der Anleihe von 1912	15

Quelle: Vorlagen für die Stadtverordnetenversammlung Berlin 1915, Bd. 1, Vorlage zur Beschlußfassung betreffend die Aufnahme einer neuen Anleihe in Höhe von 288.601.000 Mark in Schuldverschreibungen, S. 419–421.

Die Anleihe sollte mit vier bis fünf Prozent verzinst und mit ein bis zwei Prozent amortisiert werden. Der Kapitalbedarf war diesmal besonders dringend, da die Begebung des zweiten und dritten Teilbetrages der Stadtanleihe von 1912 in Höhe von 197 Millionen Mark infolge des Kriegsausbruchs nicht mehr möglich gewesen war.[530]

527 Ebd. S. 531.
528 GStA PK, I. HA, Rep. 77 Ministerium des Innern, Tit. 441, Nr. 32, Bd. 3, Bl. 52–55, Der Oberpräsident der Provinz Brandenburg an die Minister des Innern und der Finanzen, 27. Juni 1915.
529 Siehe Anm. 64, sowie Escher, Berlin und sein Umland [wie Anm. 177], S. 320.
530 Die Stadt war genötigt, Anleihewerte der Reichsdarlehenskasse zur Anschaffung flüssiger Mittel zu verpfänden, die allerdings nur zu 60 Prozent beliehen werden konnten, Brandenburgisches Lan-

Wie die Berliner Stadtverwaltung war der Oberpräsident der Provinz Brandenburg noch zu diesem Zeitpunkt optimistisch und begründete seine Zustimmung zur Anleihe damit, dass die finanziellen Verhältnisse der Stadt *seit dem Jahre 1912 – abgesehen von den durch den Krieg hervorgerufenen, voraussichtlich vorübergehenden Erscheinungen – keine Änderung erfahren* hätten.[531] Doch hatte sich der Zugang zum Geldmarkt für Kommunen nun gewandelt, da die Börse seit Kriegsbeginn geschlossen blieb. Gemäß einem noch im Oktober 1917 erneuerten Runderlass des preußischen Finanzministers[532] sollten bei einer Kreditaufnahme der Gemeinden nur kurzfristige Kredite gewährt werden, damit der (Kriegs-)Kreditbedarf des Reiches nicht ungünstig beeinflusst würde. Dies sollte etwa über die städtische Sparkasse geschehen, die Kredite zu viereinviertel Prozent verzinste.[533] Eine technische Entlastung bot dabei der kommunale Giroverband, der 1912 in Charlottenburg seine Arbeit aufgenommen hatte.[534] Die ministerielle Zustimmung zur Anleihe wurde mit der Auflage erteilt, die Mittel nur zur Lombardierung bei der Reichsdarlehenskasse zu verwenden.[535] Die veränderten Finanzierungen verteuerten allerdings den Ankauf der Elektrizitätswerke und von Lanke auf 190 Millionen Mark. Die schwebende Schuld der Stadt sollte bis 1919 auf 1.293 Millionen Mark anwachsen.[536] Ferner konnte die Stadt vornehmlich am Monatsende auf Bankkredite von Großbanken zurückgreifen, in Form von Wechsel- wie Lombardkrediten. Nicht nur die Großbanken, auch kleinere Banken und Private boten zunächst noch Lombard- und Wechselkredite an.[537] Wegen der insgesamt stabilen kommunalen Einnahmen stand der städtische Kredit höher als der Reichskredit. Deshalb hatten die deutschen Kommunen durchaus die Möglichkeit, In- und Auslandskredite aufzunehmen. Berlin aber hielt sich bei der Kreditaufnahme in Anleiheform – im Gegensatz zu anderen Städten – zurück. Dies war wohl dem mit der Hauptstadtfunktion verbundenen Vorbildcharakter geschuldet. Von der Möglichkeit der Kreditaufnahme im Ausland hatte die Stadt nur in einem besonderen Fall Gebrauch gemacht: beim Ankauf von Kaninchen und Hühnern in den Niederlanden für den Verkauf an Kleinzüchter zur Verbesserung der Ernährungssituation.[538] So war die Stadt auch nicht betroffen, als die kommunale langfristige Kreditaufnahme als Gefahr für den

deshauptarchiv [im Folgenden: BLHA], Pr. Br. Rep. 1 Oberpräsident der Provinz Brandenburg, Nr. 1789: Acta betr. Anleihen der Stadt Berlin, Schreiben des Oberbürgermeisters Wermuth an den Oberpräsidenten vom 8. Juni 1915.

531 Escher, Berlin und sein Umland [wie Anm. 177], S. 230.

532 BLHA, Pr. Br. Rep. 1 Oberpräsident der Provinz Brandenburg, Nr. 1789, Runderlass vom 5. Oktober 1917.

533 Kaeber, Berlin im Weltkriege [wie Anm. 200], S. 533.

534 Grzywatz, Städtisches Finanzwesen, T. 2 [wie Anm. 425], S. 106–111.

535 BLHA, Pr. Br. Rep. 1 Oberpräsident der Provinz Brandenburg, Nr. 1789, Zustimmungsurkunde vom 15. November 1915.

536 Kaeber, Berlin im Weltkriege [wie Anm. 200], S. 534.

537 Ebd., S. 533.

538 Bei der Aufnahme von 1,5 Millionen Gulden auf fünf Jahre zu fünfdreiviertel Prozent. Es handelte sich um die sogenannte Kaninchenanleihe, dazu Kaeber, Berlin im Weltkriege [wie Anm. 200], S. 533.

Reichskredit, vor allem für die Kriegsanleihen untersagt wurde.[539] In einem anderen Fall musste die Hauptstadt zusammen mit den finanziell als ähnlich gesichert angesehenen Städten Hamburg, Bremen und Frankfurt am Main für einen von einem dänischen Bankkonsortium für Rechnung der Reichsbank gewährten Kredit von 40 Millionen Kronen einspringen, der als Sicherheitsleistung die Hinterlegung von Schatzwechseln deutscher Städte in Dänemark erforderlich machte. Die vier Städte wurden daraufhin von der Reichsbank ersucht, die für das Kreditgeschäft auszustellenden Solawechsel bis zum Höchstbetrag von je zehn Millionen Kronen zu unterschreiben und der genannten Bank kostenlos zu überlassen. Die Reichsbank verpflichtete sich, für alle Schäden aufzukommen, die den Städten aus ihrer Unterschrift auf den in Frage stehenden Wechseln etwa erwachsen sollten.[540]

Nach dem für Deutschland so ungünstigen Ausgang des Krieges musste Oberbürgermeister Wermuth im Jahr 1919 zum Antrag für eine neue Anleihe in Höhe von 400 Millionen Mark eine Übersicht über die städtischen Finanzen vorlegen.[541] Dabei wurde das ganze Ausmaß der Veränderungen der Jahre 1914 bis 1918/19 aufgezeigt. Am Schluss des Anleiheantrags von 1919 ging der Oberbürgermeister auf die politische Gegenwart des Jahres 1919 ein. Sie drohte mit weiteren Risiken vielfältiger Art, selbst für die Hauptstadtfunktion. Die Polizeikosten, die 1919 auf eine *unerträgliche Höhe angewachsen* waren, konnten wegen der zahlreichen Unruhen zahlenmäßig noch nicht vollständig erfasst werden. Revolutionsschäden waren nach dem preußischen Gesetz vom 11. März 1850 betreffend die Verpflichtung der Gemeinden zum Ersatz des bei öffentlichen Aufläufen verursachten Schadens zunächst Kommunalaufgabe.[542] Aufgrund von Schwierigkeiten bei der Kapitalbeschaffung hatte sich die städtische schwebende Schuld von 80 Millionen im Jahr 1914 auf 775 Millionen Mark im Jahr 1919 erhöht,[543] und auch die Zukunft erschien düster. Der Oberbürgermeister befürchtete

---

539 Die kommunale inländische Anleiheaufnahme über Kreditvermittler und im Ausland wurde von der Reichsbank 1917 zugunsten des Vorranges der Kriegsanleihen unterbunden. Den Kommunen war mithin nur die kurzfristige Kapitalaufnahme gestattet: Most, Finanz- und Steuerwesen [wie Anm. 210], S. 486–489.

540 GStA PK, I. HA, Rep. 77 Ministerium des Innern, Tit. 441, Nr. 32, Bd. 3, Bl. 71. Dies teilte der Magistrat in einem als *geheim* eingestuften Bericht an den Minister des Innern vom 25. August 1917 mit. Demnach musste Berlin zwei Millionen Kronen (zehn Wechsel zu je 200.000 Kronen und zehn Wechsel zu je 800.000 Kronen) als städtische Schulden übernehmen. Unter Mitwirkung der Deutschen Bank konnten die Wechsel 1918 und 1919 mehrfach verlängert werden, ebd., Bl. 73–98. Im Februar 1919 wurden sie auf zehn neue Wechsel zu je 600.000 Kronen und zehn Wechsel zu je 150.000 Kronen umgewandelt, die im September 1919 fällig wurden, ebd., Bl. 98.

541 Der Magistrat an den Oberpräsidenten der Provinz Brandenburg, 24. Januar 1919, in: GStA PK, I. HA, Rep. 77 Ministerium des Innern, Tit. 441, Nr. 32, Bd. 3, Bl. 91–96.

542 Dies änderte sich durch das Reichsgesetz über die im Zusammenhang mit inneren Unruhen verursachten Schäden vom 12. Mai 1920, mit dem das Reich und der Staat nach einem Schlüssel ebenfalls herangezogen wurden. Bis dahin war etwa die Hälfte der Schäden mit 24 Millionen Mark rechnerisch bezifferbar gewesen, Erster Verwaltungsbericht 1920–1924 [wie Anm. 205], Bd. 1, H. 2a, S. 29 f.

543 Bey-Hard, Hauptstadt und Staatsumwälzung [wie Anm. 206], S. 191, zu den Tumultschäden ebd.

weitere *allerschwerste Erschütterungen* und in deren Gefolge strukturelle Veränderungen. *Die Abwanderung der kräftigsten Steuerzahler, die bisher schon nach den wohlhabenden westlichen Vororten stattfand, wird durch die Unsicherheit in Groß-Berlin noch gesteigert werden zum Vorteil derjenigen Landesteile, in denen Leben, Gut und Wirtschaft nicht in gleicher Weise bedroht sind. Es ist bekannt, daß zahlreiche wohlhabende Berliner Bürger ihr Vermögen – auch unter Verlusten – flüssig zu machen und nach Süddeutschland und den von der Entente besetzten Gebieten zu verbringen suchen.* Handel und Industrie Berlins seien *infolge der maßlosen Lohnansprüche am Ende ihrer Kräfte und dem Zusammenbruch nahe. Berlin steht vor der Gefahr, seiner Stellung als Mittelpunkt von Handel und Verkehr verlustig zu gehen. Dies umso mehr, wenn die vielfach befürchtete Zersplitterung des Reiches sich verwirklichen sollte. Ist doch entgegen der geschichtlichen Entwickelung und dem offensichtlichen Interesse des Reiches davon geredet worden, daß Berlin seiner Stellung als Reichshauptstadt entkleidet werden solle.*[544] Eine Deckung der bereits absehbaren Fehlbeträge war nur durch erneute Anleihen möglich, die zugleich der Umwandlung kurzfristiger Darlehen in längerfristige Schulden dienten. Erst nach dem Krieg konnten die noch vor 1914 in Angriff genommenen Projekte in der geplanten Weise finanziert werden. So ermächtigte die preußische Regierung am 28. März 1919 ihre Minister des Innern und der Finanzen zur Ausgabe von Schuldverschreibungen in Höhe von 400 Millionen Mark zur Beschaffung der Mittel für Neu- und Erweiterungsbauten der städtischen Gas-, Wasser- und Kanalisationswerke, des Vieh- und Schlachthofs und der Markthallen, zum Erwerb der Elektrizitätswerke sowie der Herrschaft Lanke, zum Bau des Ost- und Westhafens sowie für die Anlegung von Ladestraßen an den Häfen, für den Fortbau der Nord-Süd-U-Bahn, für den Ankauf von Straßenbahnen und den Bau von zwei Straßenbahntunneln, für eine Badeanstalt und eine dritte Desinfektionsanstalt, ferner für die Errichtung eines Bibliotheksgebäudes, für höhere Lehranstalten, Real- und Pflichtfortbildungsschulen und zum Zweck einer Hypothek an den Verein Freie Volksbühne sowie für den Erwerb des Ermelerhauses, Breite Straße 11.[545]

---

544 GStA PK, I. HA, Rep. 77 Ministerium des Innern, Tit. 441, Nr. 32, Bd. 3, Bl. 96.

545 Ebd., Bl. 115. Im Namen der preußischen Regierung zeichneten Südekum und Heine.

Abb. 12: Gasanstalt Tegel um 1900; Foto: Waldemar Titzenthaler. © Reichsbahnzentrale für den Deutschen Reiseverkehr (Hrsg.), Deutsche Technik (Deutsche Bilder, Reihe 7), München [1930], S. 25.

Die Ziele der letzten Anleihen aus der Zeit um 1914 waren demnach nicht vollständig erreicht worden. Beim Rechnungsabschluss der Kriegsverwaltungen der Stadt und der Aufnahme ihrer seit dem 1. Oktober 1920 eingemeindeten Vororte ergaben sich 1922 folgende Verlustrechnungen:

Tab. 40: Rechnungsabschluss der Kriegsverwaltungen (in Millionen Mark).

Gesamt-Ist			Deckung der Fehlbeträge							
Bezirk	**Einnahme**	**Ausgabe**	**Fehlbetrag**	**aus laufenden Mitteln**	**aus eigener Anleihe**	**aus Mitteln des Zentralhaushalts**	**Reich**	**reiner Fehlbetrag**	**Bevölkerung 1919**	**Fehlbetrag pro Kopf**
Berlin gesamt	7.727,60	9.037,83	1.310,23	99,19	388,78	241,71	580,55	729,68	3.806.530	192
davon Alt-Berlin	6.213,42	7.011,92	798,50	50,80	232,00	121,92	393,78	404,72	1.902.510	214

Quelle: Erster Verwaltungsbericht 1920–1924 [wie Anm. 205], Bd. 1, H. 2a, S. 20.

Der Fehlbetrag von 1.310,23 Millionen Mark hatte am 1. November 1922 noch einen Wert von 1,3 Millionen Goldmark. Von dem Gesamtverlust gingen rund 580 Millionen Mark gemäß Paragraf 59 des Landessteuergesetzes zu Lasten des Reiches, rund 99 Millionen waren aus laufenden Mitteln und Überschüssen, 389 Millionen aus Anleihen der früheren Vorortgemeinden, darunter 100 Millionen aus der Alt-Berliner Anleihe von 1920 gedeckt worden. Der Rest von 242 Millionen Mark konnte im Dezember 1923 beim Kurs 1 Goldmark = 1 Billion Papiermark leicht getilgt werden.[546] Haushalt, Anleihebedarf und die städtische Schulden hatten von 1914 bis 1922 folgende Entwicklung genommen:

Tab. 41: Städtische Schulden 1914–1922 (in Millionen Mark).

Jahr	Haushalt	Anleihebedarf	feste Schuld	schwebende Schuld	Gesamtschuld
1914	670	123	1.189	25	1.214
1918	769	37	1.641	745	2.386
1919	1.491	316	2.287	1.219	3.506
1920	5.901	1.261	2.440	1.669	4.106
1921	6.117	783	2.764	1.764	4.528
1922	12.511	668	2.860	2.798	5.658

Quelle: BLHA, Pr. Br. Rep. 1 Oberpräsident der Provinz Brandenburg, Nr. 1789.

546 Erster Verwaltungsbericht 1920–1924 [wie Anm. 205], Bd. 1, H. 2a, S. 20.

3.2.2 Inflation und vorläufige Konsolidierung

Der Kreditbedarf der Stadt Berlin blieb nach dem verlorenen Krieg extrem hoch. Vor allem wurden Mittel für die notwendige Umschuldung gebraucht. Neues Investitionskapital benötigten aber auch die während des Krieges vernachlässigten städtischen Werke. Nachdem der Rest der vier Prozent Anleihe von 1919 bis November 1920 allmählich an der Börse verkauft worden war, konnte die folgende, ebenfalls mit vier Prozent verzinste Anleihe von 1920 über 200 Millionen Mark nicht im Inland platziert werden. Sie hatte gemäß der schon vor der Bildung der Einheitsgemeinde erkennbaren stärkeren sozialen Ausrichtung der Kommunalverwaltung bei ansonsten gleicher Zweckbestimmung wie die nicht begebene Anleihe im Krieg den Zusatz *im Interesse der Waisenpflege und Fürsorgeerziehung* und zu *Siedlungszwecken* erhalten[547] und war vom Magistrat *im Interesse der Kriegswohlfahrtspflege, besonders der Familienunterstützung*, beantragt worden.[548] Von New Yorker und deutschen Großbanken vor allem in den Vereinigten Staaten platziert, mutierten sie dort zu einem Spekulationspapier auf Besserung der Mark. So gab es auch in Übersee keine festen Abnehmer. Das gleiche Schicksal traf die ebenfalls mit vier Prozent verzinste Anleihe des Zweckverbandes von 1920 mit rund 133 Millionen Mark und die sogenannte Eingemeindungsanleihe, die vom November 1922 bis März 1923 in Höhe von 480 Millionen Mark begeben wurde. In dem jetzt auf mehr als das Zehnfache vergrößerten Stadtgebiet hatte die Vereinheitlichung der Verwaltung zusätzliche hohe einmalige Ausgaben verursacht, die eine Anleihe zu rechtfertigen schienen.[549] Weitere Auslandsschulden bestanden in der während des Krieges unfreiwillig aufgenommenen dänischen Anleihe und der Kaninchenanleihe in den Niederlanden. Beide Kriegsanleihen machten nun teure Umschuldungen nötig.

Die kommunalen Finanzverhältnisse im Deutschen Reich sollten allgemein durch die von Minister Matthias Erzberger eingeführte Steuerreform grundlegend umgestaltet werden. Dies geschah zugunsten der Staatsgewalt und hatte für Berlin wie für alle größeren Städte des Reichs entschieden negative Folgen. In der Inflationszeit wurden die staatlichen Zuweisungen, die in der Regel verspätet eingingen, durch die galoppierende Geldentwertung noch zusätzlich im Wert gemindert. Die den Städten als Einnahmen verbliebenen beweglichen Steuern, wie etwa die Vergnügungsteuer, machten nun einen unangemessen großen Teil des Steueraufkommens aus.[550] Auch hatte die Vereinheitlichung der unterschiedlichen Gemeindesteuern der 1920 in die Einheitsgemeinde Berlin eingemeindeten Kommunen zusätzliche rechtliche Probleme bereitet. Die bereits vor dem Weltkrieg erstrebten Überschüsse der städtischen Werke (Gas,

547 GStA PK, I. HA, Rep. 77 Ministerium des Innern, Tit. 441, Nr. 32, Bd. 3, Bl. 143, die Ermächtigung der preußischen Staatsregierung erfolgte am 9. Juni 1920.

548 Ebd., Bl. 155.

549 Erster Verwaltungsbericht 1920–1924 [wie Anm. 205], Bd. 1, H. 2a, S. 79.

550 Erster Verwaltungsbericht 1920–1924 [wie Anm. 205], Bd. 1, H. 2b Steuerwesen, S. 88 f.

Wasser, Elektrizität) wie auch die Einnahmen aus vertraglich verbundenen fremden Werken hatten nun für den Haushaltsausgleich eine weit größere Bedeutung als in der Vorkriegszeit.

Tab. 42: Überschüsse der städtischen Werke 1913–1924 (in Millionen [Papier-]Mark, für 1924: Goldmark).

Jahr	städtische Werke	fremde Werke
1913	19,9	1,7
1920	1,3	12,9
1921	88,7	23,0
1922	301,9	38,8
1923	1.594,0	324,0
1924	7,1	3,0

Quelle: Erster Verwaltungsbericht 1920–1924 [wie Anm. 205], Bd. 1, H. 2a, S. 70.

Eine schnell realisierbare rentable Nutzung war bei einigen städtischen Betrieben nicht zu erzielen. So wurden scheinbar unrentable Stadtgüter gegen eine Roggenpacht auf 18 Jahre vergeben.[551] Die kommunalen Häfen und Lagerbetriebe wurden in eine städtische Aktiengesellschaft umgewandelt. Nennenswerte Einkünfte erzielte die Stadt auch aus dem von 1918 bis 1923 möglichen Druck eigener Notgeldscheine. Der nicht als Geldentwertung, sondern als Verteuerung aller Dinge erkannten Ursache der Haushaltsprobleme nach dem verlorenen Krieg versuchte man nicht nur durch Kapitalaufnahme, Notgelddruck und Inanspruchnahme der städtischen Werke beizukommen. Den Klagen über die Kostenexplosion, insbesondere die vermeintlich allzu hohen Belastungen durch ansteigende Personalaufwendungen, wie auch über die dadurch entstehenden Schulden versuchte man durch Personalentlassungen in großem Stil zu begegnen und so eine Reduzierung der Ausgaben zu erreichen.[552] Dringende andere Ausgaben wurden zurückgestellt. Ausgenommen blieben davon allerdings die zugleich für die Beschäftigung von Erwerbslosen wichtigen Vorhaben, wie der Ausbau des Westhafens, die Erweiterung des Krankenhauses Moabit und der Bau der Caprivibrücke über die Spree. Grundsätzlich wurden im Berliner Rathaus – wie auch in der staatlichen Finanzverwaltung – weiterhin nur die Symptome, nicht aber die Ursache der immer stärkeren Geldentwertung gesehen.[553] Weiterhin wurden die steigen-

551 Die Abgabe betrug im ersten Betriebsjahr 90.000 Zentner Roggen, Erster Verwaltungsbericht 1920–1924 [wie Anm. 205], Bd. 1, H. 2a, S. 70 f.

552 Auf Beschluss der Großen Deputation wurde eine Kommission eingesetzt, die für sämtliche Büros der Stadtverwaltung prüfen sollte, *ob und in welchem Umfange Bürohilfskräfte nach und nach entlassen werden können*, GStA PK, I. HA, Rep. 77 Ministerium des Innern, Tit. 441, Nr. 32, Bd. 3, Bl. 185.

553 *Das Problem des Währungsverfalls ist sehr lange Zeit nicht in seiner wirklichen Bedeutung erkannt worden. Statt in dem Niedergange die Folge der Vermehrung der Banknoten zu erblicken, sah man darin*

den Löhne und Gehälter als Grund der Verteuerung und nicht als eine Folge der Entwertung angesehen. Sozialmaßnahmen, durch die die Not gelindert werden sollte, gerieten zu Ursachen weiterer finanzieller Verschlechterungen. Am 12. März 1921 wandte sich der Magistrat an den Reichs- und den preußischen Finanzminister und teilte ihnen mit, dass die Stadt infolge der entsprechend der Reichsregelung vom preußischen Staat durchgeführten Gewährung von Notzuschlägen zur gesetzlichen Kinderbeihilfe und der dazu erlassenen Notverordnung vom 8. Februar 1921 zum Ausgleichsteuerzuschlag für preußische Beamte *in eine äußerst schwierige Finanzlage geraten* sei.

Aufgrund der Bildung einer neuen Stadtgemeinde Berlin waren alle Pflichten, auch die der Bedienung der Schulden der vormals selbstständigen und jetzt zur Einheitsgemeinde Berlin zusammengefassten Gemeinden und Gutsbezirke, auf die neue Stadtgemeinde Berlin übergegangen. Doch schien die Vermögenslage sowohl der alten Stadt Berlin als auch der Vororte auch jetzt noch nicht ungünstig zu sein. Im Jahr 1921 wurde unter Einrechnung der Vororte folgende Vermögensaufstellung vorgenommen:

Tab. 43: Aufstellung über das Vermögen und die Schulden der neuen Stadtgemeinde Berlin nach dem Stand vom 31. März 1921 durch Stadtkämmerer Dr. Karding vom 15. September 1921 (in Mark).

Vermögenswerte		Schulden	
Gebäude Grundstücke Anlagen	4.365.500.000	feste Schuld	2.440.000.000
Forderungen an das Reich aus der Kriegswohlfahrtspflege gemäß § 59 Landessteuergesetz	588.700.000	schwebende Schuld	1.665.800.000
Summe	5.192.200.000		4.106.800.000

Quelle: GStA PK, I. HA, Rep. 77 Ministerium des Innern, Tit. 441, Nr. 32 Bd. 3, Bl. 371.

Mithin wurde zu diesem Zeitpunkt noch ein städtisches Reinvermögen von 1.086,1 Millionen Mark errechnet. Die bereits weiter oben dargelegte Politik des preußischen Staates zur Stärkung der Vororte in der Konkurrenz zu Berlin[554] hatte in den damals noch selbstständigen Gemeinden die Selbstständigkeit gefördert. Die wirtschaftliche Situation der zumeist von Pendlern in die Kernstadt Berlin und deren Familien be-

unter Beibehaltung der Fiktion Mark = Mark vielfach nur eine Teuerung. Diese ließ auf der einen Seite die Gehälter und Löhne sowie die Lasten für die Armen- Schul- und Gesundheitspflege anschwellen und auf der anderen Seite unter Forderung sozialer Gesichtspunkte die Einnahme namentlich aus Werken und Steuern [...] *nicht Schritt halten*, Erster Verwaltungsbericht 1920–1924 [wie Anm. 205], Bd. 1, H. 2a, S. 45. Zur allgemeinen Einschätzung der Inflation als Problem einer Teuerungswelle siehe Reulecke, Auswirkungen der Inflation [wie Anm. 238], S. 101 f.

554 Siehe Anm. 182.

wohnten Gemeinden war sehr komfortabel. Gerade die Besserverdienenden zogen aus der bereits eng bebauten Innenstadt heraus, ebenso expandierende, wirtschaftlich erfolgreiche Gewerbebetriebe. Da die Kommunalhaushalte vornehmlich durch die Einkünfte aus dem Kommunalzuschlag zur staatlichen Einkommensteuer und in gewissem Maße auch durch die Gewerbesteuer bestimmt waren, entwickelte sich – ohne dass dafür schon ein Begriff vorhanden war – ein erster Speckgürtel um die deutsche Hauptstadt. Die Vorortgemeinden der Vorkriegszeit vermochten ohne Rücksicht auf Berlin und die Nachbarn selbstständig ambitionierte Haushalte aufzustellen. Doch war ihre soziale und wirtschaftliche Struktur untereinander sehr verschieden. Eine gewisse Angleichung der Verhältnisse fand aber während des Ersten Weltkrieges statt, als die vor allem im Westen und Südwesten gelegenen wohlhabenden und mit Kommunaleinrichtungen gut ausgestatteten Vorortgemeinden wie Charlottenburg, Schöneberg und Wilmersdorf sehr beachtliche Haushaltseinsparungen vornahmen, während andere vornehmlich im Osten und Norden aufgrund hoher Ausgaben im Wohlfahrts- und Schulbereich ihren Etat nur wenig herabsetzen konnten. Dies waren jene Gemeinden, deren Erträge aus der Einkommensteuer trotz im Vergleich wesentlich höherer Zuschläge unter denen der westlichen Vororte geblieben waren und deshalb bereits vor dem Krieg vorsichtig gewirtschaftet hatten, sodass kein Sparpotential verblieben war. Der weitaus stärkste Anteil an Einsparungen fiel freilich auf das damalige Berlin. Die dabei eingeschlagene Richtung der Sparpolitik wurde zwischen 1920 und 1924 von der 1920 vergrößerten Stadt konsequent fortgesetzt. Für die Haushalte 1913–1924 (1920 und 1921 jeweils zum Abschluss) der neuen Stadtbezirke ergab sich folgendes Bild:

Tab. 44: Haushalte der Bezirke 1913–1924 (umgerechnet in Millionen Goldmark).

Bezirk	**1913**	**1920**	**1921**	**1922**	**1923**	**1924**	**1924 in Prozent von 1913**
Charlottenburg	39,4	18,9	18,2	14,5	14,6	17,5	44
Neukölln	16,6	16,1	12,7	11,6	10,2	12,8	77
Schöneberg	17,3	10,0	9,7	8,0	7,9	9,3	55
Lichtenberg	10,6	8,7	7,3	6,7	5,7	8,1	76
Wilmersdorf	14,0	7,5	6,6	5,9	6,3	7,3	52
Steglitz	10,2	7,0	5,7	5,1	4,9	6,1	80
Spandau	7,0	7,1	5,3	4,8	4,7	5,4	77
Pankow	6,2	6,3	4,1	3,8	3,6	4,9	80
Reinickendorf	6,0	5,7	4,3	4,2	3,7	5,1	85
Treptow	5,5	5,0	3,9	4,1	3,8	5,1	93
Tempelhof	3,5	3,5	2,9	2,8	2,5	3,2	93
Köpenick	3,2	2,1	2,4	3,3	3,2	3,4	106
Weißensee	4,0	3,7	2,9	2,8	2,8	3,3	83

Bezirk	1913	1920	1921	1922	1923	1924	1924 in Prozent von 1913
Zehlendorf	3,0	1,7	1,6	1,8	1,9	2,0	67
Summe dieser ehemaligen Vororte	146,5	103,3	87,6	79,5	75,8	93,564	64
Alt-Berlin (Bezirke 1–6)	189	140	101	69	67	72,5	38

Quelle: Erster Verwaltungsbericht 1920–1924 [wie Anm. 205], Bd. 1, H. 2a, S. 41.

So war nach der Eingemeindung von 1920 für Berlin unter Einschluss der Verbindlichkeiten der eingemeindeten Orte die feste Schuld auf rund 2.400.000.000 Mark angestiegen. Bedenklich war bereits damals die stark anschwellende schwebende Schuld, also die kurzfristigen Verbindlichkeiten. Diese Art der Schuld war in der zunehmenden Inflation, in der es der Stadtgemeinde erschwert war, Bargeld in ausreichender Menge zu beschaffen, wesentlich vergrößert worden. Zur Überwindung der Engpässe in der Bereitstellung von liquiden Mitteln bei den großen monatlichen und vierteljährlichen Zahlungsterminen hatte man zunächst die Darlehenskasse in Anspruch genommen. Dafür waren die im städtischen Besitz befindlichen Wertpapiere sowie die Zwischenscheine der genehmigten, aber noch nicht begebenen Anleihe von 1920 (200 Millionen Mark) und der für Rechnung des Reichs aufzunehmenden Anleihe für die Kriegskosten verpfändet worden. Bei der Darlehenskasse hatte man von Dezember 1920 bis Oktober 1922 19,2 Millionen Goldmark aufgenommen.[555] Der Finanzbedarf allein für das Rechnungsjahr 1920 betrug nach Abzug der festen und umlagefähigen Steuern rund 550 Millionen Mark.[556] Nach dem Verkauf der Anleihescheine war der Weg über die Darlehenskasse nicht mehr gangbar. Der Haushalt für 1920 wies einen Fehlbetrag von 400 Millionen Mark auf, doch waren die Fehlbeträge bereits 1921 ausgeglichen worden.[557] Kommunalkredite hatten an dem durch die Inflation noch weiter zerrütteten Finanzmarkt ohnehin keine Chancen mehr. Den Ausweg für Berlin wie für andere Kommunen bildeten Staatskredite, die über die Notlage hinweghelfen mussten. Durch einen Erlass des preußischen Ministers des Innern vom 3. Oktober 1922 wurden für notleidende Gemeinden Vorschüsse auf genehmigte, aber noch nicht begebene Anleihen, für deren Verwendungszwecke bereits nennenswerte Ausgaben gemacht worden waren, in Aussicht gestellt. Für Berlin traf dies auf die Anleihe von 1922 zu, die nicht mehr platziert werden konnte. Die vorgesehenen Zwecke waren die Finanzierung der von der Stadt auf Rechnung des Reichs aufzunehmenden Kriegswohlfahrtskosten sowie die Kosten der Eingemeindung.

555 Erster Verwaltungsbericht 1920–1924 [wie Anm. 205], Bd. 1, H. 2a, S. 48.

556 Der Magistrat an den Reichminister der Finanzen, 12. März 1921, in: GStA PK, I. HA, Rep. 77 Ministerium des Innern, Tit. 441, Nr. 32, Bd. 3, Bl. 240.

557 Erster Verwaltungsbericht 1920–1924 [wie Anm. 205], Bd. 1, H. 2a, S. 80.

Tab. 45: Genehmigte, aber nicht begebene Anleihe von 1922 (in Millionen Mark).

Kriegswohlfahrtskosten	396
sogenannte Eingemeindungsanleihe von 1922, Teil I	480
Eingemeindungsanleihe, Teil II	1.067
zusammen	1.943

Quelle: Erster Verwaltungsbericht 1920–1924 [wie Anm. 205], Bd. 1, H. 2a, S. 47.

Darauf gewährte der preußische Staat am 30. Oktober 1922 einen dreimonatigen Wechselkredit von einer Milliarde Mark und nach Ablauf der Frist weitere 600 Millionen Mark.[558] Am 9. November 1922 wurde über die Preußische Staatsbank ein weiterer dreimonatiger Wechselkredit über 250 Millionen Mark (167.000 Goldmark) in Anspruch genommen und um dieselbe Frist verlängert. Sowohl Preußen als auch das Reich beteiligten sich an einer über die Girozentrale abgewickelten Kreditaktion, in der zur Beschaffung von Lebensmitteln für Minderbemittelte auf die beschafften Waren Akzepte gegeben wurden, deren Diskontierung die Reichsbank übernahm. Diese von Dezember 1922 bis Juli 1923 laufende Aktion hatte ein Kreditvolumen von 0,275 Millionen Goldmark. Nach der Ruhrbesetzung wurden Berlin zur Sicherstellung der Gasversorgung Wechselkredite zur Beschaffung ausländischer Kohle in Höhe von eineinhalb Milliarden Mark (0,33 Millionen Goldmark) zur Verfügung gestellt.[559] Außerdem erhielt die Stadt Verwaltungskredite aus Reichsmitteln über die Reichsbank. Damit wurde die Fortführung der Verwaltungsarbeit ermöglicht. Aber auch für die Fortsetzung des U-Bahnbaus als wichtige Arbeitsbeschaffungsmaßnahme waren Kredite nötig.[560] Ein Vorschuss von zwei Milliarden Mark wurde im Vorgriff auf die Zuflüsse aus den der Kommune zustehenden Grund-, Kopf-, Hunde- und Vergnügungsteuern aufgenommen. Auf dem Höhepunkt der Inflation, im August 1923, beantragte die Stadt wegen des Ausbleibens des kommunalen Anteils der Reichseinkommen- und -umsatzsteuer einen Kredit von 1,3 Billionen Mark. Diese Kredite hatten trotz der imponierenden Zahlen insgesamt nur einen Wert von 4,76 Millionen Goldmark.[561] Alle behördlichen Maßnahmen, die darauf abzielten, die Steuern mit der Geldentwertung zu koppeln, blieben angesichts der galoppierenden Inflation wirkungslos.

Bereits während der Inflationszeit beteiligte sich die Stadt an der Arbeitslosenfürsorge im positiven Sinne: der Arbeitsbeschaffung. Zugleich aber führten kommunale Maßnahmen zu Massenentlassungen in unrentablen städtischen Betrieben. Am schmerzlichsten war wohl die Entlassung von 10.000 Arbeitnehmern bei den kommu-

558 Ebd., S. 47. Der Wert der ersten Anleihe betrug danach 0,635 Millionen Goldmark, der der zweiten 0,12 Millionen Goldmark.

559 Ebd.

560 Dazu Anm. 579.

561 Erster Verwaltungsbericht 1920–1924 [wie Anm. 205], Bd. 1, H. 2a, S. 48.

nalisierten Straßenbahnbetrieben, deren Tarife mit der Geldentwertung nicht Schritt halten konnten.[562]

Die Schuldenlast war unterdessen zu einem beliebten Thema – vor allem der rechtsstehenden Presse – geworden. Die wesentlich mit der Inflation entstandene und durch gigantische Zahlen verzerrte Haushalts- und Schuldensituation der neuen großen Stadt konnte als willkommenes Agitationsmittel gegen deren politische Führung benutzt werden. Für die Zeitungen wie auch für große Teile der Öffentlichkeit gab es keinen Zweifel am Verursacher der städtischen Schulden, nämlich einer gegenüber den Forderungen kommunaler Bediensteter folgsamen Stadtverwaltung.[563] Diese Vorwürfe waren freilich unberechtigt. Konsequent hatte der Magistrat sein Sparprogramm fortgeführt und zum Beispiel auf Baumaßnahmen, die nicht zwingend notwendig waren, verzichtet. Darunter fielen auch Notstandsaktionen, wie sie von vormals selbstständigen Städten wie Neukölln begonnen worden waren.[564] Für die Berliner Tiefbauverwaltung gliederten sich die vom Reich und vom Staat bezuschussten Notstandsarbeiten während der Inflation in drei Aktionen:[565]

Tab. 46: Notstandsarbeiten während der Inflation.

Aktion	Zeitraum	Zahl der Unternehmen	Kosten (in Millionen)
I.	Dezember 1918–Juni 1920	24	32 (Goldmark)
II.	Juli 1920–Dezember 1922	41	121.410 (Papiermark)
III.	Januar–Dezember 1923	110	2,06 (Goldmark)

Quelle: Erster Verwaltungsbericht 1920–1924 [wie Anm. 205], Bd. 1, H. 6, S. 14 f.

562 Anlässlich einer Besprechung betreffend die Berliner Straßenbahn und einen der Stadt Berlin zu gewährenden Kommunalkredit am 25. August 1923 teilte Oberbürgermeister Böß den Vertretern der Aufsichtsbehörden mit, dass die Verkehrsdeputation und der Magistrat die Stilllegung der gesamten Straßenbahnbetriebes beschlossen hätten, da es sich als unmöglich herausgestellt habe, das Unternehmen auf der bisherigen Grundlage fortzuführen. Dabei sollten *11.000 Köpfe* entlassen und ein gemischtwirtschaftliches Unternehmen in Form einer GmbH zwecks Übernahme neu gegründet werden, das den Betrieb *mit alsdann 6–7.000 Köpfen in bedeutend eingeschränktem Umfang* wieder eröffnen sollte. Die Stilllegung fand tatsächlich am 9., die Neueröffnung des reduzierten Betriebes am 10. September 1923 statt, GStA PK, I. HA, Rep. 77 Ministerium des Innern, Tit. 441, Nr. 32, Bd. 5, Bl. 153.

563 Als Beispiel sei das in die Ministerialakten aufgenommene Deutsche Tageblatt genannt, das am 15. Juni 1922 mit *Überall Fehlbeträge und Etatüberschreitungen* titelte. Darin wurde ausgeführt, dass man *viele ununterbrochene Lohnerhöhungen, Ausstände usw. in der letzten Zeit miterlebt und beobachtet hat und jetzt wieder sieht, daß die städtischen Arbeiter auf den Rieselgütern neue Forderungen in Höhe von rund 20 Mio. M trotz eines ungeheuren Fehlbetrages im Etat der Stadtgüter stellen.*

564 Bei den Maßnahmen handelte sich um die Fortsetzung von Tiefbauarbeiten an der Untergrundbahn, Arbeiten an den Neuköllner Hafenanlagen und Siedlungsbau in der Köllnischen Heide, GStA PK, I. HA, Rep. 77 Ministerium des Innern, Tit. 228a, Nr. 17: betreffend finanzielle Unterstützung der Nord-Süd-Bahn der Stadt Berlin, 1.1.1921–10.4.1931, Schreiben vom 11. Januar 1921.

565 Erster Verwaltungsbericht 1920–1924 [wie Anm. 205], Bd. 1, H. 6, Bau- und Wohnungswesen, S. 14 f.

Allein an der dritten Aktion hatte sich gemäß einem Erlass des Reichsarbeitsministers vom 15. August 1923 der Staat mit rund 60 Prozent beteiligt. Den drei Aktionen schloss sich eine vierte mit einem Volumen von rund sechs Millionen Goldmark und insgesamt 228 Einzelmaßnahmen an; davon waren 113 Straßenbauprojekte. Noch vor dem oben erwähnten Kreditwunsch vom August 1923 hatte die Stadt im Mai desselben Jahres einen Antrag auf Inhaberschuldverschreibungen in Höhe von zehn Milliarden Papiermark gestellt.

Tab. 47: Antrag auf Inhaberschuldverschreibungen 1923 (in Millionen Mark).

städtischer Anteil an der Nord-Süd-Bahn	2.500
Straßenbahn	700
Kapital- und Schuldenverwaltung	1.900
Schulwesen	500
Jugendpflege	5
Müllbeseitigung	150

Quelle: GStA PK, I. HA, Rep. 77 Ministerium des Innern, Tit. 441, Nr. 32 Bd. 5, Bl. 75.

Anders als zuvor gab es hier keine formale Zustimmung des Oberpräsidenten und anschließende befürwortende Weiterleitung an die beiden preußischen Ministerien des Innern und der Finanzen, sondern eine Besprechung zwischen der Kommunalaufsichtsbehörde und der Stadtverwaltung.[566] Bezüglich der Finanzierung der Nord-Süd-Bahn hatte die Kommunalaufsicht grundsätzlich keine Bedenken. In der genannten Sitzung konnte auch von Sparerfolgen der Stadt berichtet werden. In diesem Zusammenhang gab der Stadtbaurat für Verkehrswesen Dr. Leonhard Adler einen Überblick über die Lage der Straßenbahn, bei der insgesamt 4.000 Personen entlassen worden waren. Dies bedeutete eine Ersparnis von eineinhalb Milliarden Mark. Der weitergehende Wunsch der Stadtverwaltung, zur Konsolidierung der Straßenbahn eine Abstimmung mit der Eisenbahn über die Tarife zu erreichen, war allerdings nicht zu verwirklichen.[567] Doch bemühte man sich auch anderweitig um Kredite. Parallel zu

566 Niederschrift der Besprechung im preußischen Innenministerium über den Antrag der Stadt Berlin vom 13. April und 12. Mai auf Genehmigung zur Ausgabe von Schuldverschreibungen auf den Inhaber im Gesamtbetrag von 10 Milliarden Mark vom 18. Mai 1923. Anwesend waren Vertreter der preußischen Ministerien der Finanzen und des Innern, der Oberpräsident der Provinz Brandenburg und seitens der Stadt Berlin Oberbürgermeister Böß, Kämmerer Dr. Karding und die Stadträte Dr. Adler und Dr. Ziethen, GStA PK, I. HA, Rep. 77 Ministerium des Innern, Tit. 441, Nr. 32, Bd. 5, Bl. 75.

567 Aus dem Reichsverkehrsministerium erklärte man am 6. September 1923, dass sich die Reichsbahn bei der Tarifpolitik *nur von allgemeinen wirtschaftlichen Gesichtspunkten, nicht aber von Rücksicht auf Einzelunternehmen leiten* ließe, *daß sie bei der Festsetzung der Stadt- und Vororttarife auch die mit dem Reichsarbeitsministerium und dem preußischen Wohlfahrtsministerium vereinbarten Grundsätze über die Behandlung des Wohn- und Siedlungsverkehrs beachten müsse* und *daß weder ein Anspruch*

entsprechenden Vorhaben des Reichs[568] hatte die Stadt Berlin 1923 den Versuch unternommen, über eine sogenannte Sachwertanleihe zu stabilen eigenen Krediten zu gelangen. Im Mai 1923 legte die Stadt Berlin, nachdem sie einen Teil der Stadtgüter gegen Roggenpacht verpachtet hatte, eine Roggenwertanleihe auf, insgesamt 60.000 Zentner (ein Zentner = 95.000 Mark) zu fünf Prozent Zinsen, zugleich mit einer Markanleihe zu zwei Milliarden Mark. Während die Roggenwertanleihe sofort mehr als hundertfach überzeichnet wurde, brachte die Geldanleihe in der Zeit der rasanten Geldverschlechterung nur 1,3 Milliarden Papiermark.

Die älteren städtischen Anleihen hatten mit der Inflation ihren Vorkriegswert verloren. Eine Aufwertung erfolgte zunächst nicht, da dies der Reichsgesetzgebung vorbehalten blieb. Vor allem in der Hochphase der Inflation ergab sich aber durch die immer stärkere Geldentwertung die Chance zu einer grundsätzlichen Entschuldung der Stadt.[569] Im August 1923 wurde der Kämmerer ermächtigt, Vorkriegsanleihen zurückzukaufen. Dafür wurden eine Million Goldmark in den Haushalt eingestellt. Für den Rückkauf zahlte die Stadt fünf Prozent des Nennwertes. Für Nachkriegsanleihen war der Goldwert nur schwer auszumachen. Die Stadthauptkasse hatte für Anleihen von 1919 eineinhalb Prozent, von 1920 ein Viertel Prozent und von 1922 0,01 Prozent des Nennwertes festgestellt. Das entsprach fünf Prozent des Goldwertes.[570] Die Schulden konnten nun abgegolten werden. Für die Zukunft sollte der durch die Kriegs- und Nachkriegsentwicklung nachhaltig negativ veränderte Kapitalmarkt schwerwiegende Folgen haben. Denn parallel zur Entschuldung hatte sich ein neues Problem ergeben. Die Stadtverwaltung brauchte dringend Vorschüsse, und dies nicht nur für große Investitionen, sondern vornehmlich um den Geschäftsbetrieb aufrechtzuerhalten. Kommunen und Wirtschaftsbetriebe standen reichsweit vor demselben Problem. Es bestand eine ungeheure Nachfrage an kurzfristigen Darlehen. Dies bedeutete, dass man zur Kreditaufnahme mit kürzesten Laufzeiten nun sehr hohe Zinsen zu akzeptieren gezwungen war. Die Kreditnot wurde besonders zu den üblichen Zahlungsterminen am Monats-, Quartals- und Jahresende spürbar. Die schwebende Schuld entwickelte sich deshalb in astronomische Höhen.

---

der Straßenbahn auf Entschädigung, noch Billigkeitsgründe anerkannt werden könne, die dafür sprächen, die Berliner Straßenbahn deswegen zu unterstützen, weil die Reichsbahn mit ihren Tarifen hinter denen der Straßenbahn zurückgeblieben oder der Geldentwertung nicht ausreichend gefolgt sei, GStA PK, I. HA, Rep. 77 Ministerium des Innern, Tit. 441, Nr. 32, Bd. 5, Bl. 156. Der Anteil der Stadtring- und Vorortbahnen war in der Inflationszeit auf über die Hälfte des gesamten Berliner Nahverkehrsaufkommens angestiegen, dazu Otto Büsch, Geschichte der Berliner Kommunalwirtschaft in der Weimarer Republik (Veröffentlichungen der Historischen Kommission zu Berlin, Bd. 1), Berlin 1960, S. 83.

568 Zur Einschätzung der Reichfinanzverwaltung siehe Hettlage, Die Finanzverwaltung [wie Anm. 227], S. 193 f.

569 Dazu allgemein Reulecke, Auswirkungen der Inflation [wie Anm. 238], S. 112 f.

570 GStA PK, I. HA, Rep. 77 Ministerium des Innern, Tit. 441, Nr. 32, Bd. 5, Volks-Zeitung vom 16. August 1923, Mittagsausgabe.

Tab. 48: Entwicklung der schwebenden Schuld 1920–1923 (in Millionen Papiermark).

Termin	Schuld
1.10.1920	1.859
1.10.1921	1.666
1.10.1922	2.798
1.4.1923	8.075
1.10.1923	95.406.229

Quelle: Erster Verwaltungsbericht 1920–1924 [wie Anm. 205], Bd. 1, H. 2a, S. 80.

Zu den kurzfristig aufgenommenen Kapitalien gehörten Kredite des preußischen Staates, zum Beispiel zum Weiterbau der Nord-Süd-Bahn, des Westhafens und des Krankenhauses Moabit in Form von Wechselkrediten der Preußischen Staatsbank. Im März 1923 war ein Kredit zur Fortführung der Verwaltung im Vorgriff auf die zu erhöhende kommunale Grund-, Kopf-, Hunde- und Vergnügungsteuer in Höhe von zwei Milliarden Papiermark aufgenommen worden. Für den gleichen Zweck beantragte man im August 1923 wegen des Ausbleibens der der Kommune zustehenden Anteile der Reichseinkommens- und Umsatzsteuer 1,3 Billionen Papiermark.[571]

Nach der Einführung der Rentenmark zeigte sich, dass gerade die Unmöglichkeit, die kurzfristigen in langfristige Schulden umzuwandeln, die Entschuldung der Kommune wesentlich gefördert hatte. Die kurzfristig aufgenommenen Schulden konnten bereits in der galoppierenden Entwertung zurückgezahlt werden und blieben so von späteren Aufwertungen unberührt. Am 1. April 1924 bestand nur noch eine schwebende Schuld von vier Millionen Goldmark.[572] Aus dieser Erfahrung dürfte die später zu beobachtende Geringschätzung der schwebenden Schuld zumindest zum Teil gespeist worden sein. Die Papiermarkschulden[573] in Höhe von 8,8 Milliarden Mark waren nach dem Erlass der Aufwertungsgesetze auf 1.565 Millionen Mark festgesetzt worden. Dies bedeutete nach der Aufwertung um zwölfeinhalb Prozent 190 Millionen Reichsmark. Die Papiermarkschulden von 1.565 Millionen verteilten sich auf folgende Bereiche:

571 Erster Verwaltungsbericht 1920–1924 [wie Anm. 205], Bd. 1, H. 2a, S. 48 beziffert die Staatskredite des Jahres 1923 auf 4,7 Millionen Goldmark. Doch noch auf einen Bericht des Oberpräsidenten vom 5. Dezember 1923 erfolgte vom preußischen Finanzministerium das Ersuchen, der Kasse der Preußischen Bau- und Finanzdirektion der Stadt Berlin die achte Kredithilfe in Höhe von 1.493.942.400.000.000 (eine Billiarde vierhundertneunzig Billionen neunhundertzweiundvierzig Milliarden vierhundert Millionen) Mark zuzuweisen, GStA PK, I. HA, Rep. 77 Ministerium des Innern, Tit. 441, Nr. 32, Bd. 5, Bl. 298.

572 Erster Verwaltungsbericht 1920–1924 [wie Anm. 205], Bd. 1, H. 2a, S. 80.

573 Zahlen nach dem Bericht des Stadtkämmerers Lange vom 7. Februar 1930, in: Sklarek-Untersuchungsausschuss [wie Anm. 228], Sp. 1838 f.

Tab. 49: Schulden der Stadt Berlin 1924 (in Millionen Papiermark).

Kämmereiverwaltung	858,0
Gaswerke	196,0
Wasserwerke	88,0
Elektrizitätswerke	81,6
Straßenbahn	90,6
U-Bahn	19,6
Stadtentwässerung	185,8
Hafen- und Industriebahnanlagen	59,9

Quelle: Sklarek-Untersuchungsausschuss [wie Anm. 228], Sp. 1838 f.

Unter der bedrückenden finanziellen wie auch personellen Situation während der Inflationsjahre war den Berliner Kommunalorganen die Lösung einer wesentlichen Aufgabe geglückt: die Vereinheitlichung der städtischen Verwaltung und deren Akzeptanz durch die Bewohner der neuen Einheitsgemeinde. Die noch 1920 politisch ernstzunehmende ‚Los-von-Berlin-Bewegung' war zu einer Splittergruppe zusammengeschmolzen. Zudem fiel in den wenigen Ortsteilen, in denen es zu einer Abstimmung über die Rückkehr zur Provinz Brandenburg kam, die Entscheidung ganz überwiegend für die Einheitsgemeinde aus. Dies ist umso bemerkenswerter, als die Rückkehrbewegung von den brandenburgischen Kreis-, Regierungs- und Provinzialverwaltungen kräftig unterstützt wurde, die sich ihrer wichtigsten Steuerzahler beraubt sahen.[574] Zugleich senkte man die Zahl der von der Stadt Beschäftigten. Die in der Inflationszeit gewaltig angewachsenen Personalkosten machten einen hohen Teil des Haushaltsmehrbedarfs aus, da man der Lohn- und Besoldungspolitik des Reichs folgen musste. Auch dies war letztlich eine Folge des Krieges, in dessen Verlauf der Personalbestand der Verwaltungen stark aufgestockt worden war. Zwischen 1913 und 1926 stieg der Besoldungsaufwand in der preußischen Haushaltswirtschaft um 85 Prozent an. Von den dauernden Ausgaben entfielen in Preußen 1913 57,2 Prozent und 1926 76 Prozent auf Personalkosten.[575] Die Inflation steigerte diese Entwicklung dramatisch: Von 1918 bis 1922 wuchsen die Personalausgaben der Gemeinden um das 22-fache.[576] Auch wenn allgemein Reichszuschüsse bis zu 60 Prozent des Mehrbedarfes abdecken sollten, versuchte man

574 Dazu Felix Escher, Berlin und sein Umland in den Zwanziger Jahren, in: Wissenschaftliche Zeitschrift der Humboldt-Universität, Reihe Geistes- und Sozialwissenschaft 6 (1992), S. 103–109, mit weiterer Literatur.

575 So der Berliner Oberbürgermeister Gustav Böß, Wie helfen wir uns? Wege zum wirtschaftlichen Wiederanstieg, Berlin 1926, zitiert nach dem Wiederabdruck in: Christian Engeli (Hrsg.), Gustav Böß, Oberbürgermeister von Berlin 1921–1930. Beiträge zur Berliner Kommunalpolitik (Schriften des Vereins für die Geschichte Berlins, Bd. 31), Berlin 1971, S. 66.

576 Gisela Upmeier, Die Entwicklung der kommunalen Ausgaben und Einnahmen im Verlauf des Währungsverfalls, in: Hansmeyer, Kommunale Finanzpolitik [wie Anm. 433], S. 63–71, hier S. 64.

in vielen Kommunen, die Kosten zu reduzieren. Noch vor der entsprechenden Verordnung des preußischen Staates im Februar 1924 hatte man in Berlin mit dem Personalabbau begonnen und innerhalb von zwei Monaten die Zahl der Beschäftigten um 18 Prozent gesenkt. Dies ergab eine Haushaltseinsparung von 17 Millionen Reichsmark.[577] Doch auch nach der Inflationszeit bestand das Problem fort, nicht genügend Mittel zur Aufrechterhaltung des Geschäftsbetriebes zu besitzen. Weiterhin mussten kurzfristige Kredite zu hohen Zinsen aufgenommen werden. Die schwebende Schuld der Stadt stieg deshalb auch nach der Inflationszeit kontinuierlich an.

3.2.3 Städtische Investitionen. Der erneute Beginn des Schnellbahnbaus. Die Vermischung von arbeitsmarktpolitischen, verkehrspolitischen und sozialen Interessen

Der verlorene Krieg und seine Folgen, die Geldentwertung und die wirtschaftliche Unsicherheit trübten die Gewinnaussichten der vor dem Krieg gewinnträchtigen Verkehrsunternehmen. Die AEG-Schnellbahn AG, die aus eigenen Mitteln die Verbindung zwischen Gesundbrunnen und Neukölln in Angriff genommen hatte, erklärte bereits 1919, dass die Weiterführung des U-Bahnbaus durch die Änderung der wirtschaftlichen Verhältnisse unmöglich sei. Die Stadt aber bestand auf der Erfüllung der vertraglich eingegangenen Verpflichtungen der Gesellschaft und erhielt in dritter Instanz vor dem Reichsgericht eine Entscheidung zu ihren Gunsten. Die Gesellschaft trat daraufhin in Liquidation. Die bereits ausgeführten Bauten (2.750 Meter Tunnel im Rohbau) gingen ohne Entschädigung in den Besitz der Stadt über, die den Bau der Linie nach der Fertigstellung der Nord-Süd-Bahn ab 1926 wieder aufnahm.[578] Als die preußischen Ministerien im Juni 1921 von der Berliner Gewerkschafts-Kommission und von Bauarbeiterverbänden erfuhren, dass bei der Einstellung des U-Bahnbaus in Neukölln im Zuge der Sparmaßnahmen durch die Stadt Berlin 5.500 bis 6.000 Arbeiter der Gemeindebetriebe erwerbslos würden, intervenierte Preußen sofort, und es gelang, das Reichsarbeitsministerium einzuschalten.[579] Die Vertreter der Stadt, der Kämmerer und spätere Oberbürgermeister Gustav Böß und Baurat Ludwig Hoffmann, erklärten darauf, dass die Stadt Berlin kein Geld für die Fortsetzung der Arbeiten habe. Bei den bestehenden Kreditverhältnissen gäbe es auch keine Aussicht auf Besserung. Bei der

577 Engeli, Gustav Böß [wie Anm. 216], S. 70 f. In Berlin waren am 1. Oktober 1923 37.326 Personen (davon 25.975 Beamte) beschäftigt, am 1. Oktober 1924 32.282 Personen, am 1. September 1925 27.904 Personen, davon 21.884 Beamte und 6.020 Dauerangestellte. Der Abbau betrug damit 25,24 Prozent. Dem Staat Preußen gelang lediglich ein Abbau von 7,8 Prozent des Staatspersonals, im Reichsdienst waren es wie in Berlin 25 Prozent, Zahlen nach Böß, Wie helfen wir uns [wie Anm. 574], S. 66 und 68.

578 Erster Verwaltungsbericht 1920–1924 [wie Anm. 205], Bd. 1, H. 6, S. 23. Die höchstrichterliche Entscheidung fiel 1923.

579 Der Reichsarbeitsminister an den Staatsekretär in der Reichskanzlei, 27. Juni 1921, GStA PK, I. HA, Rep. 77 Ministerium des Innern, Tit. 228a, Nr. 17.

Baustelle der Untergrundbahn handelte es sich um die vor Kriegsausbruch begonnene erste städtische U-Bahn-Linie, die Nord-Süd-Bahn. Sie war während des Krieges auf Veranlassung der Heeresverwaltung stillgelegt worden, soweit es die schwierigen Berliner Untergrundverhältnisse zuließen.

Anders als in den Ministerialverwaltungen schätzte der Kämmerer Berlins die Bedeutung der Fortführung dieser Maßnahmen angesichts der hohen allgemeinen Arbeitslosenzahlen eher gering ein.[580] Die durch das Interesse der Staats- und Reichsverwaltungen gegebenen Möglichkeiten der Mischfinanzierung ließen aber die Stadt umschwenken und den Bau der Untergrundbahn, der nur 1922 noch einmal in Frage gestellt wurde,[581] fortsetzen. Dabei wurde auch weiterhin betont, dass die Stadt nicht aus eigenem Antrieb, sondern durch den Anstoß der Staats- und Reichsregierung zu derartigem Handeln gezwungen sei.[582] So begann der schließlich für die Finanzen der Stadt so verhängnisvolle Weg des U-Bahn-Ausbaus gegen den erklärten Willen der Stadtverwaltung. Für die Reichsverwaltung aber war die zeitweise Unterstützung des Schnellbahnbaus eine Möglichkeit, eine weitergehende und kostenintensivere Beteiligung an anderen Berliner Vorhaben abzulehnen.[583] Ein völliger Rückzug war allerdings nicht möglich, da in Berlin ein Viertel der Arbeitslosen des Reiches konzentriert war.[584] Als Ergebnis konnte der Reichsarbeitsminister dem Magistrat am 26. Juli 1921 mitteilen, dass *in Anbetracht der besonders großen Erwerbslosigkeit in Berlin sowohl die Reichsregierung als auch die Preußische Staatsregierung, mit der ich im Einvernehmen handele, grundsätzlich bereit* sei, den Weiterbau der Nord-Süd-Untergrundbahn in Berlin aus Mitteln der produktiven Erwerbslosenfürsorge mit einem Betrag von 120 Millionen Mark zu fördern. Davon sollten auf das Reich sechs Zwölftel (75 Millio-

580 Der Stadtkämmerer Böß erklärte in einem Schreiben an den Leiter der Kommunalabteilung im preußischen Innenministerium, Ministerialdirektor Mulert [hier unrichtig: Muhlert] vom 29. Januar 1921, dass beim Bau der Nord-Süd-Bahn insgesamt rund 1.800 Arbeiter (davon 900 Facharbeiter) beschäftigt seien und künftig bei voller Inbetriebnahme der Bauten 9.000 Arbeiter (davon 4.000 Facharbeiter) beschäftigt werden könnten, zur Zeit aber 100.000 Erwerbslose in Berlin gemeldet seien, ebd.

581 Das Berliner Tageblatt meldete in der Abendausgabe vom 18. Februar 1922 unter der Überschrift *Die Fertigstellung der Nordsüdbahn*, dass zu dem kürzlich mitgeteilten Sparprogramm des Berliner Magistrats auch die Einstellung der Arbeiten an der Nordsüdbahn gehöre. *Es braucht nicht auseinandergesetzt werden, welche unerfreuliche Wirkung eine derartige Sistierung des Baus im Gefolge haben würde. Die Rettung kann nur in der Beschaffung neuer Mittel für die Fortführung des Baus gefunden werden* [...]. *Der kommunalisierte Betrieb hat auch in der Bewirtschaftung der städtischen zu Rieselzwecken erworbenen Güter Schiffbruch erlitten. Die städtische Administration ist zu teuer*, ebd.

582 Die Stadtgemeinde Berlin sei *infolge Drängens der Arbeitslosen genötigt, Arbeitsmöglichkeiten zu suchen u. schaffen*, Niederschrift vom 30. März 1921, ebd.

583 Das Reich wolle *die Mittel aus der Erwerbslosenfürsorge hauptsächlich unter dem Gesichtspunkt geben* [...], *daß durch den Ausbau der Nord-Süd-Bahn der weitere Ausbau der Stadt- und Ringbahn noch herausgeschoben werden könne*. Endlich habe sich auch der Magistrat damit einverstanden erklärt, dass Unternehmen unproduktiver Art einzelner Vororte im Gesamtvolumen von 90 Millionen Mark nicht zur Ausführung gelangen sollen, *um die Mittel des Reiches zu schonen*, ebd.

584 Der Reichsarbeitsminister an den Staatssekretär in der Reichskanzlei, 27. Juni 1921, ebd.

nen), auf Preußen vier Zwölftel (50 Millionen) und auf die Stadt Berlin zwei Zwölftel (25 Millionen Mark) entfallen.[585] An der Finanzierung von Schnellbahnen war die Stadt Berlin mit dem Projekt der Nord-Süd-Bahn schon vor dem Ersten Weltkrieg beteiligt gewesen. Dies geschah freilich mit einem – verglichen mit den Aufwendungen der Hochbahngesellschaft – eher bescheidenen Projekt, das die kommunale Finanzkraft nicht übermäßig belastete. Auch bei der Hochbahngesellschaft waren die Baumaßnahmen während des Krieges weitgehend eingestellt worden. So erfolgte die Wiederaufnahme des Schnellbahnbaus nach dem Ersten Weltkrieg unter stark veränderten Bedingungen. Nicht der verkehrs-, sondern der arbeitsmarktpolitische Effekt des Großbauvorhabens war Anlass des Neubeginns. Die Initiative dazu kam eher von staatlicher Seite. Die Stadt hatte aus Gründen der Haushaltsdisziplin eine zurückhaltende Position eingenommen, obwohl bereits erhebliche städtische Gelder verbaut worden waren.[586] Damit hatte man nach dem Stand von März 1921 allerdings erst rund 50 Prozent der Gesamtarbeiten und damit gut 60 Prozent des Unternehmens fertiggestellt. Das Ende der Arbeiten erwartete der damalige Kämmerer Böß in anderthalb Jahren. Dafür waren insgesamt 650 Millionen,[587] also weitere 300 Millionen Mark nötig. Diesen letzteren Beitrag konnte die Stadt selbst nicht aufbringen.[588] In Verhandlungen namentlich mit dem Reich (Arbeitsvermittlungsstelle) und dem preußischem Wohlfahrtsministerium wurde im Frühjahr 1921 erreicht, dass aus der sogenannten produktiven Erwerbslosenfürsorge 120 Millionen Mark für den Weiterbau zur Verfügung gestellt wurden. Die Stadt Berlin sollte nach dieser Übereinkunft ihrerseits weitere 25 Millionen Mark überweisen, sodass die Gesamtsumme 145 Millionen betrug. Damit war geplant, 8.000 Erwerbslose 18 Monate lang zu beschäftigen.[589]

Die Bahn sollte nicht als Kommunalbetrieb, sondern als selbstständige Gesellschaft geführt werden. Der Magistrat trat für die Bildung einer Aktiengesellschaft mit einem Aktienkapital von einer Million Mark ein. Sie sollte die bis zur endgültigen Fertigstellung erforderlichen 300 Millionen durch Obligationen oder durch hypothekarische Belastung der Bahn aufbringen. Das Aktienkapital hätte nach der Vorstellung des Magistrats zu je 300.000 Mark vom Deutschen Reich und von Preußen, zu

---

585 Ebd., der Reichsarbeitsminister an den Magistrat, 26. Juli 1921.

586 *In diesem Zusammenhang erklärte Böß, daß die Stadt bereits 200 Mio. M aus eigenen Mitteln aufgewandt und durch Inhaber-Anleihen bzw. schwebende Schuld gedeckt hätte. Wenn die Mittel der Erwerbslosenfürsorge hinzukämen ständen ungefähr 350 Mio. M zur Verfügung*, ebd., Akten betr. finanzielle Unterstützung der Nord-Süd-Bahn der Stadt Berlin vom 1. Januar 1921 bis 10. April 1931, Niederschrift vom 30. März 1921.

587 Nach einem Gutachten des Baurats Dr. Kemmann, das der Magistrat dem Innenministerium am 20. April 1920 übermittelte, betrugen die Baukosten insgesamt 525 Millionen Mark. Zur vollständigen Fertigstellung waren weitere viereinhalb Millionen Tagwerke in der produktiven Erwerbslosenfürsorge vorgesehen. Spätere Gewinne schätzte man aber noch sehr hoch ein, sodass eine Verzinsung von vier Prozent möglich schien, ebd.

588 Ebd., Niederschrift vom 30. März 1921.

589 Dazu siehe Anm. 563.

400.000 Mark von der Stadt Berlin aufgebracht werden müssen. Damit hätte sich bei dem Unternehmen ein Übergewicht von Reich und Staat ergeben. Mit diesem Plan war das Reichsarbeitsvermittlungsamt grundsätzlich einverstanden. Die Finanzverwaltungen des Reiches und Preußens hatten allerdings gegen diesen Plan erhebliche Bedenken. Eine Beteiligung des Reichs und Preußens an der von der Stadt Berlin geplanten Aktiengesellschaft war nach ihrer Ansicht mit erheblichen Gefahren für die beteiligten öffentlichen Körperschaften verbunden.[590] Energisch verweigerte der Oberpräsident als Träger der Kommunalaufsicht seine Zustimmung zu dem in diesem Zusammenhang vom Reichfinanzminister entwickelten Vorschlag, zwecks Fertigstellung der Nord-Süd-Bahn den Verkauf der städtischen Elektrizitätswerke in Erwägung zu ziehen.[591] Angesichts der sich immer stärker entwickelnden Inflation reichte der Betrag von 150 Millionen Mark zur Fertigstellung der Nord-Süd-Untergrundbahn freilich keineswegs aus. Im Mai 1922 wurde auf Beschluss der städtischen Körperschaften die Berliner Nordsüdbahn-Aktiengesellschaft mit dem Zweck gegründet, die Geldbeschaffung für den Weiterbau der Bahn zu erleichtern. An der neuen Gesellschaft waren die Stadt mit sieben Zehnteln und die Hochbahngesellschaft mit drei Zehnteln des eine Million Mark betragenden Aktienkapitals beteiligt. Zur Gründungszeit hatte man als Finanzausstattung lediglich Darlehnshypotheken in Höhe von 600 Millionen Mark erhalten. Die Hoffnung auf Geldbeschaffung von privater Seite erfüllte sich nicht. Die Stadt musste Beträge in Höhe von zweieinhalb Milliarden Mark für den Weiterbau aufbringen. Zu weiteren Vorschüssen war sie nicht in der Lage. Vom preußischen Staat und vom Reichsfinanzministerium wurden im Verlauf des Jahres 1923 bei laufender Geldentwertung immer wieder neue Summen gefordert. Vor allem das Reich blieb in dieser Hinsicht sehr zurückhaltend. Im April 1923 war die Stadt mit einem weiteren Antrag auf Verhandlungen an das Reichsfinanzministerium mit dem Ziel herangetreten, das Reich an der Finanzierung des städtischen Bahnunternehmens der Stadt durch einen langfristigen Kredit von nun 10,5 Milliarden Mark zu beteiligen. Aus dem preußischen Finanzministerium und Ministerium des Innern wurde allerdings darauf hingewiesen, dass es mehr als zweifelhaft erscheine, ob sich das Reich zur Her-

---

590 Der Reichsarbeitsminister schrieb am 27. Juni 1921 an den Staatsekretär in der Reichskanzlei: *Wenn auch zunächst das Reich sich nur mit einem Betrage von 300.000 an dem Aktienkapital beteiligen soll, so steht doch zu erwarten, daß dann wenn das Baukapital zur Vollendung nicht ausreicht, – welcher Fall namentlich bei sinkender Währung und steigender Teuerung sehr leicht eintreten kann – das Reich genötigt sein wird, weitere Beiträge zu dem Unternehmen zuzuschießen* [...]. *Bei der Finanzlage des Reiches muß es aber abgelehnt werden, ein Risiko in derartigem Umfange nur zu Gunsten einer einzelnen Stadt des Reiches zu übernehmen*, ebd. Ein Hauptstadtbonus kam für Berlin nicht in Frage.

591 In der Sitzung vom 13. Oktober 1921 im Reichsfinanzministerium warf der Vertreter des Reichsschatzministers die Frage auf, ob die Stadt Berlin nicht eine Interessengemeinschaft mit der dem Reich gehörenden Elektrowerke AG eingehen und dabei die Stromerzeugungsanlagen der städtischen Elektrizitätswerke an die Elektrowerke veräußern und den Erlös zur Fertigstellung der Nord-Süd-Bahn verwenden könne. Der Oberpräsident nahm *im Interesse der Stadt als Kommunalaufsicht nachdrücklichst* gegen einen derartigen Plan Stellung, Schreiben des Oberpräsidenten an den preußischen Minister des Innern, 18. November 1921, ebd.

gabe eines derart langfristigen Darlehens bereitfinden werde. Wenn ein derartiges Vorgehen überhaupt Aussicht auf Erfolg haben sollte, so könne dies nur dann der Fall sein, wenn nachgewiesen werde, dass die Stadt alle anderen Wege, sich Geldmittel zu beschaffen, ausgeschöpft habe. Der Stadt wurde aufgegeben, darzulegen, welche Angebote sie seitens privatkapitalistischer Kreise unter welchen Bedingungen erhalten habe und aus welchen Gründen sie nicht zu einem Übereinkommen gelangt sei. Oberbürgermeister Böß – der nicht in der Anwesenheitsliste für die Besprechung geführt war – wandte dagegen ein, dass die finanzielle Notlage der Stadt in ihrer Tragweite sicherlich nicht verkannt werden solle, doch dürfe man nicht so weit gehen, sich durch die wahrscheinlich nur vorübergehende finanzielle Notlage von Reich, Staat und Gemeinden verleiten zu lassen, höhere Gesichtspunkte zurückzustellen und Zukunftswerte jetzt aus der Hand zu geben, um im Augenblick damit die Bereitstellung einer größeren Summe von Papiermark zu erkaufen. Würde die Stadt auf ein zuvor vom Stadtkämmerer erwähntes Angebot einer privaten Bankengruppe eingehen, so gäbe sie damit ihren maßgebenden Einfluss auf die Nord-Süd-Bahn auf. Damit entfielen jedoch gleichzeitig die Einheitlichkeit in der Leitung des gesamten Berliner Verkehrswesens und damit die Möglichkeit einer homogenen Verkehrspolitik. Ferner hätte die Bahn Goldwert, der nicht kurzsichtig für Aktien aufgegeben werden sollte. Wenn keine weiteren Mittel bereitstünden, so müssten die Arbeiten eingestellt werden, dann wären Tausende von Arbeitern arbeitslos. Böß betonte besonders, dass es sich um ein bereits vor dem Krieg begonnenes städtisches Unternehmen handele und dass die Stadt die Arbeiten während des Krieges auf Wunsch der Heeresverwaltung habe einstellen müssen. Der Vertreter des preußischen Finanzministeriums wies hier – wie auch an anderer Stelle – auf die Vermögenswerte der Stadt hin. Es läge jetzt der Fall vor, dass die Stadt zwar Goldwerte besäße, aber nicht in der Lage sei, sie augenblicklich ihrem wirklichen Wert entsprechend zu realisieren. In derselben schwierigen Lage befänden sich auch das Reich und der Staat. Die Stadt Berlin aber müsse, bevor sie mit Anträgen auf Kreditgewährung durch das Reich hervorträte, sämtliche Möglichkeiten einer anderweitigen Geldbeschaffung erschöpfen. Auch die Kommunen müssten in derselben Weise wie Reich und Staat die Folgen des verlorenen Krieges tragen, und das Reich könne nicht zur Übergabe der Mittel gezwungen werden, für deren Bereitstellung es keinen Rechtstitel gäbe. Unter den Anwesenden herrschte Übereinstimmung, dass die zuständigen Reichsministerien wegen der Bedeutung der Sache zu diesen Besprechungen hinzugezogen werden sollten. Im August 1923 ließ allerdings das Reichsfinanzministerium das preußische Ministerium für Handel und Gewerbe wissen, dass es für den Weiterbau der Nord-Süd-Bahn *keinerlei Reichshilfe mehr leisten, auch eine weitere Ausweitung der bereits geleisteten Reichshilfe nicht in Aussicht stellen könne.*[592] Am 24. September 1923 teilte Reichsminister Rudolf Hilferding dem preußischen Minister für Handel und Gewerbe mit, dass die Finanzierung der Nord-Süd-Bahn – wie von der Reichsfinanzverwaltung ausdrücklich und mit aller

592 GStA PK, I. HA, Rep. 77 Ministerium des Innern, Tit. 441, Nr. 32, Bd. 5, Bl. 286.

Bestimmtheit erklärt wurde – mit der letzten Rate am 1. September beendet sei. Eine weitere Reichshilfe könne weder geleistet werden, noch sei eine Aufwertung in Aussicht zu stellen.

Damit war der Schnellbahnbau, der ja nach dem Krieg durch staatliche Intervention aufgenommen worden war, wieder ausschließlich kommunale Angelegenheit. Für die Fortsetzung der Bauarbeiten hatte die Stadt der neuen Gesellschaft schon zuvor von einem kurzfristigen Kredit über 250 Millionen Mark durch die Seehandlung den Anteil von 150 Millionen Mark zur Verfügung gestellt und ferner im Einverständnis mit den Stadtverordneten aus dem sogenannten Dänendarlehen einen Betrag von etwa 240 Millionen Mark für die Nord-Süd-Bahn bestimmt und vorschussweise gezahlt. Die Stadt musste den aus dem sogenannten Hafenvertrag zugesagten kurzfristigen Kredit von einer Milliarde Mark verpfänden. Doch alle Finanzmittel waren in der Zeit der galoppierenden Inflation rasch entwertet. An der Strecke im Zuge der Friedrichstraße und auf der Linie im Straßenzug Belle-Alliance-/Gneisenaustraße traten zudem Grundwasserprobleme auf. Nun wurden Milliardensummen benötigt. Die Gesellschaft kam in eine schwierige Lage. Am 21. Februar 1923 zeigte der Magistrat dem preußischen Minister des Innern an, dass im Reichsministerium des Innern in den Verhandlungen am 20. Februar 1923 über die Geldbeschaffung für die städtischen Unternehmen für die Nord-Süd-Bahn die Aufnahme einer hochprozentigen Obligationenanleihe durch die Nordsüdbahn-Aktiengesellschaft mit einer Bürgschaft der Stadt Berlin empfohlen worden sei. Gleichzeitig sei zum Zweck der Zeitgewinnung für die Darlehensbeschaffung die Gewährung eines Sonderkredits von einer Milliarde Mark für die Fortführung der Bauarbeiten an der Nord-Süd-Bahn aus Mitteln des Landes zugesagt worden. Die Bedingungen für dieses kurzfristige Darlehen sollten dieselben sein, wie sie bei Gewährung des Dreimonatskredits der Seehandlung an die Stadt Berlin in Höhe von 250 Millionen Mark ab 26. Februar 1923 festgesetzt worden seien (ein halbes Prozent Provision und Verzinsung mit zwei Prozent über dem Reichsbanklombardzinsfuß). Außerdem mussten Mittel, die die Stadt aufgrund des Vertrags über die städtischen Häfen zu beanspruchen hätte, verpfändet werden. Man gab die Versicherung ab, dass die geforderte Verpfändung des Anspruchs aus dem Hafenvertrag vom 17. Februar 1923 auf Zahlung der nach der betriebsfähigen Fertigstellung des Westhafens fälligen zweiten eineinhalb Milliarden Mark an den preußischen Staat gemäß Paragraf 1280–1284 Bundesgesetzbuch vorgenommen werde. Die eine Milliarde wurde unverzüglich bereitgestellt.[593]

Der Reichfinanzminister verzichtete nach der Inflation zwar auf die Rückzahlung der sogenannten Liquiditäts- und Besoldungsdarlehen, doch nicht auf die der Stadt Berlin seinerzeit gewährten Kredite für die Nord-Süd-Bahn. Sie sollten aufgewertet zurückgezahlt werden. Den dafür erforderlichen Betrag schätzte das Finanzministerium auf 200.000 bis 300.000 Reichsmark.[594] Ein erster Abschnitt der Nord-Süd-Bahn (Stetti-

593 GStA PK, I. HA, Rep. 77 Ministerium des Innern, Tit. 228a Nr. 17.
594 Ebd., Vermerk des preußischen Innenministers vom 14. Mai 1925.

ner Bahnhof – Hallesches Tor) konnte bereits am 23. Januar 1923 eröffnet werden. Weitere Teilstrecken folgten im März 1923 (Stettiner Bahnhof – Seestraße), April 1924 (Hallesches Tor – Belle-Alliance-Straße) und Dezember 1924 (Gneisenaustraße – Hasenheide). Damit war der Kreuzungspunkt mit der von der AEG Schnellbahn-AG projektierten Schnellbahnstrecke Gesundbrunnen – Neukölln am Herrmannplatz nahezu erreicht.

3.2.4 Der Weltstadtanspruch und seine Kosten. Die Begrenztheit des deutschen Anleihemarktes

Seit dem Ende der Inflation glaubte man nicht nur in der deutschen Hauptstadt, am Beginn einer neuen, positiven Ära der Stadtentwicklung zu stehen. Zudem erschien es Berlin nicht angemessen, auf einen Gestaltungsspielraum zu verzichten. Zum Anspruch, eine Weltstadt zu sein, gehörte die Erfüllung ‚lebenswichtiger Aufgaben' wie der Generalsiedlungsplan und die Schaffung neuer Wohnungen, Arbeitsbeschaffung, Wohlfahrt und Volksgesundheit und die entsprechenden Infrastrukturmaßnahmen.[595] Doch konnten Ausgaben für elementare Lebensbedürfnisse, beispielsweise der Familien- und Arbeitslosenfürsorge, im politischen Tageskampf immer wieder mit Ausgaben auf dem Gebiet der Kultur aufgerechnet werden, etwa bei einem Zuschuss zur Volksbühne oder zum Ankauf einer antiken Statue zur Abrundung der Sammlungen der staatlichen Museen.[596] Eine Voraussetzung für die städtische Freiflächen- und Wohnungspolitik war der Besitz notwendiger Flächen. Die Stadt beschränkte sich nicht auf den Erwerb von Einzelgrundstücken, sondern kaufte, gemessen am Einzelkauf, zu günstigen Preisen die letzten auf dem Gebiet der Stadt gelegenen Großgrundbesitze auf.

Tab. 50: Ankauf geschlossenen Großgrundbesitzes durch die Stadt Berlin 1924–1929.

Gut	Erwerbungsjahr	Größe (in Hektar)	Kaufpreis (in Millionen Reichsmark
Britz	1924	599	5,8
Düppel	1927	792	11,5
Biesdorf	1927	378	6,6
Gatow/Neu-Kladow	1928	466	11,7
Marienfelde	1929	333	6,4

Quelle: Paul Busch, Zeitgemäße Grundstückspolitik der Stadt Berlin, Berlin 1929, S. 21.

595 Siehe Anm. 225.

596 GStA PK, I. HA, Rep. 77 Ministerium des Innern, Tit. 233, Bd. 21: 1. April 1915 bis 13. Juli 1934.

Tab. 51: Ankauf größerer Gutskomplexe durch die Stadt Berlin 1924–1929.

Gut	Erwerbungsjahr	Größe (in Hektar)	Kaufpreis (in Millionen Reichsmark
Bötzow-Gelände	1927	55	2,5
Schöneberger Südgelände	1927	75	7,2
Neu-Rahnsdorf (ersteigert nach Zwangsverkauf)	1929	101	1,5

Quelle: Busch, Zeitgemäße Grundstückspolitik, S. 21, unpag.

Weitere größere Areale wurden für das Messegelände, den Volkspark Jungfernheide und die Flugplätze Johannisthal und Staaken sowie außerhalb der Stadt zur Vergrößerung der Rieselflächen erworben. Grund zum Ankauf der Güter war die Vorsorge für die Erhaltung von Freiflächen wie auch der städtischen Baulandreserve. Diese Ankaufspolitik haben später auch politische Gegner als positiv für die Stadtentwicklung eingeschätzt.[597] Bei der Siedlungs- und Verkehrspolitik, die primär die Verbindung zu den Wohnstätten schaffen sollte, folgte Böß sozialdemokratischen kommunalpolitischen Vorstellungen. Doch war er darüber hinaus für zeitgenössische Vorstellungen der Städteplaner aufgeschlossen, wie sie etwa der einflussreiche Architekt Martin Mächler (1881–1958), einer der Initiatoren des City-Ausschusses,[598] formulierte. Aus diesen Überlegungen heraus gab es ein zunächst diffuses Bild der Investitionsnotwendigkeiten, in denen das Verkehrswesen, die Stromversorgung und der Wohnungsbau höchste Priorität erhielten.

Die künftigen Wohngebiete benötigten einen Anschluss an den öffentlichen Nahverkehr, die Straßenbahn und – für weiter entfernte Komplexe – die Schnellbahnverbindung. Besonders kostenintensiv war der Schnellbahnbau, der den Verkehr von bisher benachteiligten Stadtgebieten in das Zentrum verbessern sollte, aber auch – wie im Zehlendorfer Bereich – zur Erschließung neuer Großsiedlungen (Onkel-Tom-Siedlung) diente.[599] Vor allem Stadtrat Ernst Reuter führte die bereits vom Zweckverband Groß-Berlin begonnene Vereinigung der Nahverkehrsträger unter dem Dach der Berliner Verkehrs-Gesellschaft (BVG) kraftvoll weiter. Beim U-Bahnbau standen die Vollendung der bereits vor dem Ersten Weltkrieg begonnenen Nord-Süd-Strecke sowie die der ehemaligen AEG-Linie Gesundbrunnen – Neukölln bevor. Ein Weiterbau dieser Linien über ihre damaligen Endpunkte im Süden und Norden hätte auch dort neue Großsiedlungen (Hufeisensiedlung in Britz, Weiße Stadt in Reinickendorf) angeschlossen.

597 Siehe dazu Verwaltungsbericht der Hauptfinanzverwaltung [wie Anm. 242], S. 65.
598 Ilse Balg (Hrsg.), Martin Mächler. Weltstadt Berlin. Schriften und Materialien, Berlin 1986, S. 167–176.
599 Celina Kress, Adolf Sommerfeld | Andrew Summerfield. Bauen für Berlin 1910–1970, Berlin 2011, S. 136–141, zur Schnellbahnerschließung S. 147–149.

Zur Finanzierung eines groß angelegten Wohnungsprogramms wurde die Wohnungsfürsorgegesellschaft Berlin als Finanzierungsinstitut zum Zweck der *Förderung des Wohnungs- und Siedlungswesens im Gebiet der Stadt Berlin* gegründet.[600] Am Stammkapital der Gesellschaft waren die Stadt Berlin mit 320.000 Reichsmark, der Staat Preußen und die Landesversicherungsanstalt mit je 1.000 Reichsmark beteiligt. Die nötigen Mittel dafür verschafften die aufgrund der preußischen Steuernotverordnung vom 1. April 1924 erfolgte Besteuerung von Wohn-, Gewerbe- und Industriegebäuden[601] und Hypothekarkredite aus der 1924 eingeführten preußischen Mietzinssteuer. Zwischen 1924 und 1932 entstanden in Berlin so rund 150.000 mit öffentlichen Mitteln subventionierte Wohnungen. Davon erhielten rund 41.300 Einheiten zusätzliche städtische Hypothekenkredite.[602] Am Wohnungsbau beteiligten sich wegen der staatlich festgesetzten Mieten vor allem gemeinnützige, von der Stadt, dem preußischen Staat oder öffentlichen Institutionen beziehungsweise Genossenschaften gegründete Baugesellschaften und nur wenige private Bauherren.

Abb. 13: Waldsiedlung Zehlendorf, Blick von der U-Bahn-Brücke am Bahnhof Onkel Toms Hütte auf die Riemeisterstraße mit Rückfront der 400 Meter langen Zeile an der Argentinischen Allee, 1926–1931, Architekt Bruno Taut. © Landesarchiv Berlin, F Rep. 290, Nr. 0068471.

600 Verband Berliner Wohnungsbaugenossenschaften (Hrsg.), Geschichte der gemeinnützigen Wohnungswirtschaft in Berlin, Berlin 1957, S. 95.

601 Rudolf Baade, Kapital und Wohnungsbau in Berlin 1924 bis 1940. Die öffentliche Förderung in der Weimarer Republik und im NS-Staat (Berlin-Forschungen der Historischen Kommission zu Berlin, Bd. 3), Berlin 2004, S. 65 f. Die Steuer sollte ursprünglich auf zwei Jahre (1924–1926) beschränkt bleiben, wurde aber verlängert.

602 Zahlen ebd., S. 93.

Wie die Ver- und Entsorgungsbetriebe waren das Berliner Hafen- und Messewesen sowie der Flughafen in privatwirtschaftlicher Form organisiert. Im Fall der 1923 gegründeten BEHALA waren 25 Prozent des Aktienkapitals in privaten Händen. Die Ausbauten bei einigen Gesellschaften konnten mithilfe des jeweils aufgestockten Kapitals erfolgen. So wurde bei der Berliner Flughafen-AG das Kapital bis 1927 auf 4,75 Millionen Reichsmark erhöht. Dies war möglich, da sich von 1924 an das Reich und ab 1926 auch der preußische Staat mit je 23,8 Prozent am Aktienkapital beteiligten. 52 Prozent des Aktienkapitals waren in städtischer Hand verblieben.[603] 1924 wurde die Gemeinnützige Berliner Ausstellungs-, Messe- und Fremdenverkehrs-GmbH gegründet, deren Kapital zu 99,3 Prozent der Stadt gehörte. Sie sorgte nach der Übernahme der älteren Automobilhallen in Charlottenburg für die Bereitstellung geeigneter Ausstellungsflächen und wurde sehr erfolgreich „ausführendes Organ der sich selbst verwaltenden Fachausstellungs- und Fachmessekörper der einzelnen Wirtschaftszweige".[604] Die Ausgangsvoraussetzungen für die ehrgeizigen Konzepte der Stadt Berlin blieben jedoch schlecht. Nachdem im Haushaltsjahr 1924 ein Überschuss erwirtschaftet worden war,[605] hatten sich 1925 wiederum Defizite aufgetan, die in den folgenden Jahren immer dramatischere Formen annehmen sollten. Die Berliner Kommunalschulden, die sich im Lauf der Inflation erheblich dezimiert hatten, sollten sich deshalb bald wieder rapide erhöhen. Das Kreditbedürfnis blieb bereits aufgrund des durch die Inflation 1922/23 gestockten Kapitalzuflusses hoch. Zudem war die Stadt nun von allen realisierbaren Vermögenswerten entblößt. Die Schwierigkeiten, an dem durch Inflation und Reparationszahlungen verwüsteten deutschen Kapitalmarkt frisches Kapital zu erhalten, zeigten sich im November 1923, als eine Anleihe von 20 Millionen Goldmark nicht im Inland platziert werden konnte.[606] Andererseits bestand außerhalb Deutschlands ein hohes Interesse, Gelder im nun wieder konsolidierten Markbereich anzulegen.[607] Als Notlösung wurde im Vorgriff auf eine langfristige Anleihe unter Vermittlung der Deutschen Bank (Berlin) und der Firma Lazard Speyer-Elissen (Frankfurt am Main), die Kontakt zu einem amerikanischen Konsortium unter der Führung der Firma Speyer & Co. (New York), das die Equitable Trust Co., Chase Securities Corporation, Blair & Co. Inc. (sämtlich New York) aufgenommen hatte, ein Konsortium gebildet. Zunächst wurde mit dem Konsortium ein Darlehen über 3 Millionen US-Dollar auf ein Jahr ver-

603 Büsch, Geschichte der Berliner Kommunalwirtschaft [wie Anm. 567], S. 98–102.

604 Ebd., S. 103.

605 Nach dem vorläufigen Abschluss von 1924 betrugen die Einnahmen 535, die Ausgaben 519 Millionen Mark, GStA PK, I. HA, Rep. 77 Ministerium des Innern, Tit. 441, Nr. 32, Bd. 6, Bericht des Magistrats an das Ministerium des Innern vom 26. Juli 1925, Bl. 176–188, hier Bl. 179 f.

606 Erster Verwaltungsbericht 1920–1924 [wie Anm. 205], Bd. 1, H. 2a, S. 45 f. Bis zum 31. März 1924 waren davon gerade Anteile von 45.000 Goldmark abgesetzt.

607 Drastisch beschreibt es Hjalmar Schacht, 76 Jahre meines Lebens, Bad Wörishofen 1953, S. 272: „Man konnte kaum am Hotel Adlon [das heißt dem wichtigsten Aufenthaltsort ausländischer Kapitalgeber F. E.] vorbeigehen, ohne daß ein Finanzvertreter hinausgesprungen kam, mit der Frage, ob man nicht einen Industriebetrieb oder eine Kommune wisse, der man einen Kredit offerieren kann."

einbart. Damit war die Aufrechterhaltung des Kassenbetriebes, für die vor dem Krieg 18 Millionen Mark zur Verfügung gestanden hatten,[608] vorläufig gesichert. Die mit dem Kredit in Höhe von drei Millionen US-Dollar eingeleitete Verbindung führte dazu, dass im folgenden Jahr über dasselbe Konsortium eine städtische Anleihe von 15 Millionen US-Dollar (63 Millionen Reichsmark) aufgenommen werden konnte. Diese Auslandsanleihe der Stadt Berlin musste wie alle langfristigen Kredite von der zur Sicherung der Rentenmark eingerichteten Beratungsstelle für Auslandskredite genehmigt werden. Hjalmar Schacht als Präsident des Reichsbankdirektoriums (1923–1930) war maßgeblich an der Schaffung dieser Schutzinstitution für die neue deutsche Währung beteiligt. Sie sollte eine wirkungsvolle Kontrolle der Devisen gewährleisten, einen „übermäßigen Umfang" der Anleihen, die über den „dringendsten außerordentlichen Bedarf" [609] hinausgehen, verhindern, und die Rentenmark durch eine restriktiv gehandhabte Bewilligung schützen. Die über die Beratungsstelle zu erhaltende Aufsicht auf den Zinsen- und Tilgungsdienst im Ausland und die Sorge um die Transferierbarkeit deutscher Reparationszahlungen bei einem etwaigen Druck auf die deutsche Zahlungsbilanz, mit der die Einrichtung begründet wurde, schien währungspolitisch notwendig zu sein, zumal die ausländischen Kapitalmärkte an der Kapitalaufnahme aus Deutschland sehr interessiert waren. Dabei muss aber auch die politische Zielrichtung bedacht werden. Es bestand eine grundsätzliche Gegnerschaft der Initiatoren der Beratungsstelle gegen die Kreditaufnahme und damit gegen die politische Selbstständigkeit der Kommunen. Dies verraten die folgenden Formulierungen aus den Vorbesprechungen zur Einrichtung, die zugleich die volle Kenntnis der schwierigen Situation der Städte aufzeigen: *Die öffentlichen Einnahmen, die das Reich nach dem Finanzausgleich den Ländern und Gemeinden überlassen kann, sind niedrig bemessen. Nehmen nun Länder und Gemeinden über das dringend notwendige Maß hinaus Anleihen auf, aus denen sich für sie fortlaufende Ausgaben für den Anleihedienst ergeben, so erhöht sich der Finanzbedarf für die kommende Zeit und das ohnehin schon äußerst schwierige Problem des Finanzausgleichs wird durch diese Vorbelastung der Länder und Gemeinden weiter kompliziert.*[610] Aus Sorge um die allgemeine Kreditfähigkeit des Reichs wurde der dringend erforderliche Kommunalkredit der formal als Gutachter-, faktisch aber als Entscheidungsgremium wirkenden neuen Beratungsstelle übergeben, die durch eine Verordnung des Reichspräsidenten vom 29. Januar 1925 ins Leben gerufen worden war.[611] Zunächst waren in der beim Reichsfinanzministerium angesiedelten

---

608 Trotz dieses Betriebsstockes waren auch kurzfristige Kredite aufgenommen worden, so Stadtkämmerer Karding in der Deutschen Tageszeitung, Abendausgabe, vom 12. November 1924, in: GStA PK, I. HA, Rep. 77 Ministerium des Innern, Tit. 441, Nr. 32, Bd. 5, Bl. 320.

609 Umfassend zur Problematik Helmut Müller, Die Zentralbank – eine Nebenregierung. Hjalmar Schacht als Politiker der Weimarer Republik, Wiesbaden 1973.

610 Dazu Dietrich-Troeltsch, Die Errichtung der Beratungsstelle für Auslandskredite [wie Anm. 433], S. 174–185, die Zitate stammen aus einer Besprechung im Finanzministerium am 17. Oktober 1924, S. 178 f.

611 Reichsgesetzblatt 1925, T. I, S. 7.

Einrichtung ein Ministerialdirektor des Ministeriums sowie je ein Vertreter der Reichsbank, der Preußischen und der Bayerischen Staatsbank und ein Vertreter des jeweiligen Landes der anleihesuchenden Kommune oder sonstigen Institution beteiligt.

Die Berliner Anleihe war die erste Kommunalanleihe, die in diesem Gremium geprüft wurde. Man untersuchte das kommunale Vorhaben am 27. Juni 1925 vornehmlich unter dem Gesichtspunkt, *ob die Zweckbestimmung des Erlöses der Anleihe und ihre Bedingungen die Inanspruchnahme des ausländischen Kapitalmarktes im gegenwärtigen Zeitpunkt rechtfertigen und die Interessen der deutschen Wirtschafts- und Währungspolitik dabei hinreichend gewahrt sind.* Für die Berliner Anleihe von 1925 (Übernahmekurs 85,5, Anleihezinsfuß 6, ein halbes Prozent, Rückzahlung zu pari, Laufzeit 25 Jahre, Tilgung mit gleichen Annuitäten unter Zuwachs der ersparten Zinsen bis 1950) ergab sich eine effektive Belastung von 8,275 Prozent. Doch beschränkte man sich nicht allein auf den finanztechnischen Bereich. Das Gremium erörterte auch die Zweckbestimmung. Der Erlös der Anleihe sollte für den Ausbau der Kraftwerke Charlottenburg, Moabit, Oberspree sowie von Umspannwerken und so weiter in Höhe von 37,605 Millionen Reichsmark sowie für die Fertigstellung der Nord-Süd-Bahn in Höhe von 15 Millionen Reichsmark verwendet werden. In diesem Zusammenhang war die Beratungsstelle der Ansicht, dass die Kraftwerksanlagen *dringlich im Interesse der ungestörten Versorgung der industriellen Unternehmungen mit elektrischer Kraft* seien und die Verbesserung und der Ausbau der Verkehrsmittel für die Berliner Bevölkerung *eine Erhöhung der Arbeitsintensität* bedeuten würden und so als *mittelbar produktiv* bezeichnet werden könnten. Deshalb kam die Beratungsstelle *unter Zurückstellung grundsätzlicher Bedenken* und *unter Berücksichtigung der besonderen Verhältnisse Berlins* zu einer Befürwortung des Anleihevorhabens.[612]

Die schwierige Kreditsituation hatte zur Folge, dass eine Reichsbehörde, hier die Reichsbank, mit der städtischen Kreditaufnahme und damit der gesamten Strukturpolitik der Hauptstadt befasst wurde. Nun nahm – zumindest für den Bereich der längerfristigen Auslandschulden – neben den preußischen kommunalaufsichtspflichtigen Behörden eine vom Präsidenten der Reichsbank, Hjalmar Schacht, dominierte Einrichtung eine inhaltliche Kommunalaufsicht wahr, die sich – wie es sich bei der Berücksichtigung der *besonderen Verhältnisse Berlins* zeigt – des Problems der Hauptstadtfinanzierung sehr wohl bewusst war und bald nicht mehr zögerte, mit der neugewonnenen Macht die eigenen kommunalpolitischen Ordnungsvorstellungen durchzusetzen. In Gemeinschaft mit anderen führenden Vertretern der Finanzpolitik

612 Beglaubigter Auszug, Beratungsstelle für Auslandskredite, 10. Juli 1925, in: GStA PK, I. HA, Rep. 77 Ministerium des Innern, Tit. 441, Nr. 32, Bd. 6, Bl. 87. In seinem Bericht vor dem Untersuchungsausschuss am 7. Februar 1930 erklärte der Stadtsyndikus F. C. A. Lange, dass das Reich dabei über die Beratungsstelle versucht habe, *seine speziellen finanzielle Interessen mit der Auslandsanleihe zu verquicken.* Gemeint war ein Vertrag über die Grundstromabnahme bei reichseigenen Elektrowerken: Sklarek-Untersuchungsausschuss [wie Anm. 228], Sp. 1841.

seiner Zeit stand Schacht der kommunalen Wirtschaft insgesamt skeptisch gegenüber und verbarg nicht seine grundsätzliche Ablehnung der Kreditwünsche, die von städtischen Körperschaften gestellt wurden. Dabei nahm er für sich bald auch das Recht in Anspruch, die Kreditwünsche inhaltlich zu prüfen. Amerikanischen Investoren gegenüber äußerte er seine Ablehnung der Berliner und der Kölner Anleihen von 1925 aus grundsätzlichen Bedenken.[613] Der Kreditbedarf Berlins konnte mit dieser ersten Anleihe in Übersee keineswegs gedeckt werden. Vor allem der U-Bahnbau benötigte dringend weitere Mittel, und jede finanztechnisch bedingte Verzögerung schuf kostenträchtige neue Probleme. Für die weiteren Kredite war die Stadt zur Bürgschaft angehalten worden.[614] Nachdem die Berliner Stadtverordnetenversammlung am 30. Juni 1925 den Bau eines Großkraftwerkes mit einer Leistung von etwa 200.000 Kilowatt gebilligt hatte, musste sich der zur Führung der notwendigen Verhandlungen zur Beschaffung der Mittel ermächtigte Magistrat[615] nur wenige Wochen später wegen der Aufnahme einer weiteren Anleihe wiederum an die Aufsichtsbehörde wenden. Gleichzeitig reichte der Magistrat einen Antrag auf grundsätzliche Genehmigung des Weiterbaus der von der AEG vor dem Krieg begonnenen Schnellbahnlinie von Gesundbrunnen nach Neukölln ein, der ebenfalls von den Stadtverordneten beschlossen worden war. Die Gesamtkosten des geplanten Baus von Christianiastraße (heute Osloer Straße) bis Hermannplatz wurden mit 72,6, davon vorrangig die Strecke Gesundbrunnen – Hermannplatz mit 45 Millionen Reichsmark veranschlagt.[616]

Die Entscheidung für den kommunalen Weiterbau der U-Bahn wurde nicht zuletzt in Hinsicht der im Rohbau bereits weitgehend fertiggestellten Tunnelbauwerke getroffen. Der Ausstieg der privaten Interessenten ohne Rücksicht auf die bereits getätigten beträchtlichen Investitionen zeigt an, dass unter den völlig veränderten Verhältnissen nach dem Ersten Weltkrieg bei einem derartigen Projekt keine Gewinnaussichten mehr bestanden. Auch war die der Deutschen Bank und dem Siemens-Konzern nahestehende Hochbahngesellschaft in ihrer Investitionstätigkeit nach dem Krieg zunächst außerordentlich zurückhaltend. Der Magistrat begann nun die durch die Einnahmerückgänge während der Inflation verbilligten Aktien der Gesellschaft aufzukaufen und eine Aktienmehrheit zu erreichen. Der von der Deutschen Bank nominierte

---

613 Harold James, The German Slump, Oxford 1986, zitiert nach der deutschen Übersetzung: Deutschland in der Weltwirtschaftskrise 1924–1936, Stuttgart 1988, S. 104.

614 Der Magistrat stellte an den Oberpräsidenten am 14. Juni 1925 den Antrag auf Genehmigung zur Übernahme einer Bürgschaft für eine Auslandsanleihe, da von der Anleihe in Höhe von 15 Millionen US-Dollar bisher nur 11,3 Millionen US-Dollar (41,3 Millionen Reichsmark, davon für die Nord-Süd-Bahn elfeinhalb, für die Elektrizitätswerke 29,8 Millionen) begeben worden waren, GStA PK, I. HA, Rep. 77 Ministerium des Innern, Tit. 441, Nr. 32, Bd. 6, Bl. 139.

615 Am 10. Juli 1925, ebd.

616 Vorlagen der Stadtverordnetenversammlung der Stadt Berlin, Nr. 4, 1925, S. 36–38, eingefügt in: GStA PK, I. HA, Rep. 77 Ministerium des Innern, Tit. 441, Nr. 32, Bd. 6, Bl. 121. Der Kostenplan ist in der Denkschrift zum Entwurf der Fertigstellung der Schnellbahn Gesundbrunnen – Neukölln enthalten, ebd., Bl. 122–130.

Vorsitzende des Aufsichtsrats der Hochbahngesellschaft, Max Steinthal, wurde 1925 davon überrascht, dass die städtischen Aktionäre nun begannen, auch diese Gesellschaft zu zwingen, neues Kapital aufzunehmen, um Neubauten zu finanzieren.[617] Am 10. Juli 1926 wurde ein Vertrag zwischen der Stadt und der Hochbahn geschlossen, in dem bestimmt wurde, dass das Grundkapital der Hochbahngesellschaft gegen die Ausgabe neuer Aktien erhöht werden sollte, die ab 1. Januar 1926 am Reingewinn beteiligt waren. Die 50.000 Schutzaktien über je eine Reichsmark, die eine Überfremdung der Gesellschaft verhindern sollten, wurden eingezogen. Die Hochbahngesellschaft übernahm die Nordsüdbahn-AG und die Schöneberger U-Bahn und damit alle gleichartigen Berliner Schnellbahnbetriebe. Damit war zugleich eine Kapitalerhöhung von 62 Millionen Reichsmark (50 Millionen für die Nord-Süd-Bahn, zwölf Millionen für die Schöneberger Bahn) verbunden. Den Aktionären wurde ein Umtausch ihrer Aktien gegen Zertifikate angeboten, die anstatt der schwankenden Dividende sieben Prozent Zinsen garantierten.[618] Zugleich wurden die Schulden in Höhe von 33 Millionen Reichsmark übernommen.[619] Der politisch motivierte Ankauf der Bahnen kam die Stadt teuer zu stehen. Wie der Verkehr sollte auch die Versorgung nun weltstadtmäßig sein. Die mit dem Verbrauch der elektrischen Energie vor allem in Spitzenzeiten nicht Schritt haltende Infrastruktur der Elektrizitätsversorgung hatte den Neubau eines weiteren Kraftwerks für die Spitzenlast und damit noch 1925 eine weitere Auslandsanleihe nötig gemacht, für die man diesmal – wohl wegen der parallelen Hochbahnanleihe – nicht mit Banken aus den Vereinigten Staaten, sondern mit einer schweizerisch-niederländischen Bankengruppe Vorgespräche geführt hatte. Diese Anleihe sollte nicht

617 Dazu berichtet die Vossische Zeitung vom 1. Mai 1925 unter dem Titel: *Was will die Stadt von der Hochbahn? Äußerungen des Oberbürgermeisters und des Stadtkämmerers*, dass Oberbürgermeister Böß und Stadtkämmerer Dr. Karding in einem aufsehenerregenden Verlauf der Generalversammlung der Hochbahn AG die Erklärung abgaben, dass die Hochbahn zugunsten der Allgemeinheit ausgebaut werden müsse, zumal durch die Politik der Hochbahn der ganze Osten und Norden der Stadt dieses Verkehrsmittels entbehre. Die Zeitung resümiert: *Es war zweifellos für die Hochbahn und die dahinter stehende Deutsche Bank überraschend, daß die Stadt die Nordsüdbahn in der Inflationszeit ausbaute und jetzt mit Energie daran geht, auch die AEG-Schnellbahn zu beenden* [...]. *Die Deutsche Bank kann augenscheinlich keine Kapitalien in die Hochbahn hineinstecken* [...]. *Die Stadt muß einen Weg suchen, um Fortschritte zu erzwingen*, GStA PK, I. HA, Rep. 77 Ministerium des Innern, Tit. 228a, Nr. 17: Akten betr. finanzielle Unterstützung der Nord-Süd-Bahn der Stadt Berlin vom 1. Januar 1921 bis 10. April 1931.

618 Darüber hinaus wurden Sonderzulagen in Höhe von 14 Millionen Reichsmark zu den sieben Prozent geleistet. Die ursprüngliche Forderung der Anteilseigner war acht Prozent bei einem Kurs von 120 Prozent, Lehnert, Kommunale Politik [wie Anm. 246], S. 350.

619 Schneider, Der städtische Berliner öffentliche Nahverkehr [wie Anm. 513], hier Bd. 7, S. 190–198; Verwaltungsbericht der Stadt Berlin 1924–1927 (1. April 1924–31. März 1928) [im Folgenden: Verwaltungsbericht 1924–1927], H. 8: Verkehrswesen, Werke, Betriebe und Gesellschaften, Berlin 1930, S. 6. Umgetauscht wurden Aktien im Nennwert von 69,8 Millionen Reichsmark; Aktien über achteinhalb Millionen Reichsmark blieben im freien Verkehr.

als städtische, sondern als Werksanleihe der Elektrizitätswerke aufgenommen werden.

Die Kosten für den Kraftwerksbau wurden mit 52 Millionen Reichsmark beziffert, dazu kamen der Grunderwerb und unvorhergesehene Ausgaben mit fünf Millionen Reichsmark. Den über die Anleihesumme von 30 Millionen Reichsmark hinausgehenden Bedarf glaubte man durch die Aufnahme kurzfristiger Kredite zu decken, namentlich bei der städtischen Sparkasse, deren Einlagenbestand rund 40 Millionen Reichsmark betrug. Davon wurden bis zu 25 Prozent in Anspruch genommen. Eine Belastung des städtischen Haushalts schloss man aus, da Zinsen- und Tilgungsdienst aus Erträgen der Berliner Städtischen Elektrizitäts-Werke-AG bestritten werden sollten.[620] Bereits vor dem Anleiheantrag waren für das Vorhaben Vorarbeiten geleistet worden, wie das preußische Ministerium für Handel und Gewerbe festhielt.[621] Grundsätzlich äußerte sich das Ministerium positiv zu dieser Anleihe, trotz der Verpflichtung der Stadt in einer Nebenabrede, in einem Zeitraum von drei Jahren für drei Millionen Reichsmark Bestellungen bei Brown Boveri & Cie. AG, Baden (Schweiz) aufzugeben. In weiteren Verhandlungen wurde die schweizerisch-niederländische Bankgruppe, die mit dem Brown-Boveri-Konsortium identisch war,[622] ihrerseits verpflichtet, für den gleichen Betrag Rohstoffe in Deutschland einzukaufen. Der nach dem beteiligten Elektrounternehmen BBC-Anleihe genannte Kreditantrag lag wohl wegen der industrienahen Geschäftspartner in dem Bereich, den Reichsbankpräsident Schacht als positiv ansah. Sie konnte die Beratungsstelle – trotz eines Widerspruchs zur Nebenabrede – passieren.[623]

Zur Umwandlung der von der Stadt für den Bau der Nord-Süd-Bahn aufgenommenen beträchtlichen schwebenden Schuld in feste Anleihen und zur Sicherstellung der weiteren Baumaßnahmen schloss die Hochbahngesellschaft noch im Jahr 1926 mit

620 Der Magistrat an den Oberpräsidenten, 10. Juli 1925, in: GStA PK, I. HA, Rep. 77 Ministerium des Innern, Tit. 441, Nr. 32, Bd. 6, Beschluss der Stadtverordnetenversammlung vom 30. Juni 1930, Bl. 1–5.

621 In einer Stellungnahme für den preußischen Innenminister vom 29. Oktober 1925 stellte man im Ministerium für Handel und Gewerbe fest, dass, obwohl bisher keine Genehmigung vorlag, die Bestellung von drei Turbinen zu je 70.000 Kilowatt Leistung bereits erfolgt und Ausschachtungsarbeiten im Wert von zehn Millionen Reichsmark bereits geleistet seien. Dem Ministerium erschien dies *nicht verständlich, weshalb Magistratsvertreter fait accompli in Abrede stellen*, GStA PK, I. HA, Rep. 77 Ministerium des Innern, Tit. 441, Nr. 32, Bd. 6, Bl. 173.

622 Frankfurter Zeitung vom 19. November 1925, Morgenausgabe.

623 Laut Gutachten der Beratungsstelle für Auslandskredite zum Plan einer Auslandsanleihe in Höhe von 30 Millionen Schweizer Franken der Berliner Städtischen Elektrizitätswerke vom 23. November 1925 erregte die effektive Belastung von 8,46 Prozent keine Bedenken. Dagegen glaubte man in der Beratungsstelle der Verkoppelung des Anleihevertrags mit dem Nebenvertrag widersprechen zu sollen, obwohl die zwischen BBC Mannheim und BEWAG vereinbarten Geschäfte gemessen am Gesamtumfang gering waren. Die Beratungsstelle hielt es deshalb für vertretbar, die Aufnahme der Anleihe in der geplanten Höhe zu befürworten, GStA PK, I. HA, Rep. 77 Ministerium des Innern, Tit. 441, Nr. 32, Bd. 6, Bl. 331–338. Am 25. November 1925 teilte die Deutsche Allgemeine Zeitung in ihrer Abendausgabe mit, dass die BBC-Anleihe überzeichnet war.

dem bereits für die städtische Anleihewirtschaft tätig gewesenen Bankhaus Speyer (New York) und dem Bankhaus Hope & Co. (Amsterdam) einen Anleihevertrag über 15 Millionen US-Dollar, verzinslich mit sechseinhalb Prozent und mit einer Laufzeit von 30 Jahren. Zur Sicherung der Forderungen wurde eine erstrangige Hypothek über 16 Millionen US-Dollar auf das gesamte Eigentum der Gesellschaft, einschließlich der geplanten Strecke in der Frankfurter Allee, eingetragen. Ausgegeben wurden die Papiere in New York und Amsterdam zu einem Kurs von 94,5 Prozent.[624] Die Heranziehung ausländischen Kapitals für die Zwecke des öffentlichen Nahverkehrs war allerdings umstritten. Oberpräsident Adolf Maier hatte am 24. September 1925 seine Ablehnung zu dieser Kreditaufnahme wegen der fehlenden Rentabilität der U-Bahn zu Protokoll gegeben,[625] während er den Kredit für das Kraftwerk befürwortete.[626] Da es sich bei dem Anleiheschuldner im Falle des Verkehrsträgers um eine Privatgesellschaft handelte, erforderte diese Kapitalaufnahme keine Begutachtung durch die Beratungsstelle. Auch die Kommunalaufsicht konnte hier zwar Bedenken äußern, aber nicht eingreifen. Mit der Verbesserung der Wirtschaftslage wurde den Stadtverordneten am 24. März 1926 der Plan zu einer Inlandsanleihe zur Beschlussfassung vorgelegt.

Tab. 52: Inlandsanleihe von 1926 (in Millionen Reichsmark).

Zweck	Summe
Bürodienstgebäude (unter anderem die Bezirksrathäuser von Wedding und Zehlendorf)	3,3
Krankenhäuser	8,1
Gymnasien usw.	2,0
Studienanstalten, höhere Mädchenschulen	3,1

624 Schneider, Der städtische Berliner öffentliche Nahverkehr [wie Anm. 513], hier Bd. 7, S. 194 f.

625 Der Oberpräsident führte aus: [Deshalb] *erscheint es mir nicht unbedenklich, für ein Verkehrsunternehmen, selbst wenn dessen Inbetriebnahme erwünscht ist, Auslandskredit in Anspruch zu nehmen; denn ein Verkehrsunternehmen wie die Untergrundbahn wird nur dann als produktiv anzusehen sein, wenn die Verbesserung der Beförderung der Personen für die Gesamtwirtschaft so nutzbringend ist, daß sie durch Ersparnis an Zeit eine vermehrte Arbeitsleistung oder Steigerung der Wirtschaftlichkeit zur Folge hat* [...]. *Dieser Prozentsatz reicht aber nach den bisherigen Erfahrungen bei der ersten Berliner Auslandsanleihe zur Deckung des Anleihedienstes nicht aus, so daß die weiteren Unkosten zu Lasten der Allgemeinheit gehen müßten* [...] *dies scheint mir* [...] *bei Verkehrsunternehmungen der Jetztzeit nicht vertretbar zu sein. Die Annahme der Stadt, daß es ihr gelingen werde, in 1–2 Jahren einen langfristigen Inlandskredit von 20 Mio. RM zu erhalten, dürfte reichlich optimistisch sein. M. E. wird daher die Stadt unter Ablehnung einer Vorentscheidung über den Antrag dahin zu bescheiden sein, daß der Genehmigung der beantragten Inlandsanleihe für den ausgegebenen Zweck grundsätzliche Bedenken entgegenständen und ihr nahezulegen sein, zunächst andere Wege zu suchen, um den beabsichtigten Bahnbau zu finanzieren*, GStA PK, I. HA, Rep. 77 Ministerium des Innern, Tit. 441, Nr. 32, Bd. 6, Bl. 135.

626 Er befürwortete ihn mit der Begründung, dass *die Fertigstellung des Großkraftwerks sowohl wegen der Elektrizitätsversorgung Berlins, wie auch um die Wirtschaftlichkeit des Großkraftwerks zu heben und so die Zins- und Tilgungslast der Auslandsanleihe zu tragen, notwendig ist*, ebd.

Zweck	Summe
Badeanstalten	6,2
Tiefbau (Brücken-, Straßenbau, -durchbrüche usw.)	5,7
Feuerlöschwesen, Berufs- und Fachschulen	0,6
Siedlungs- und Wohnbauten	10,0
Gesundheitswesen	1,5
Kapital- und Schuldenverwaltung	4,5
Abrundung und Disagio	4,7

Quelle: GStA PK I. HA, Rep. 77 Ministerium des Innern, Tit 441, Nr. 32 Bd. 6.

Nach dem Stadtverordnetenbeschluss, der gegen die Stimmen der DNVP zustande gekommen war,[627] vermochte auch der Oberpräsident keine Bedenken mehr gegen die Dringlichkeit einer Anleihe in einer Höhe von bis zu 45 Millionen Reichsmark vorzubringen. Im Zusammenhang der Tiefbauausgaben sah der Oberpräsident keinen Handlungsbedarf für den Straßendurchbruch im Verlauf der Kochstraße durch den Prinz-Albrecht-Park. Doch geschah dies aus formalen Gründen, da der zugrundeliegende Fluchtlinienplan bisher nicht verabschiedet worden war. Zudem glaubte der Oberpräsident hinzusetzen zu müssen: [M]*it Rücksicht auf den immerhin doch noch nur bescheiden aufnahmefähigen Inlandsmarkt beabsichtige ich aber, zumal der Anleihebedarf sich auf die beiden Rechnungsjahre 1926 und 1927 erstrecken soll, meiner grundsätzlichen Genehmigung für die Aufnahme einer Inlandsanleihe bis zu 45 Mio. RM die Bedingung hinzuzufügen, daß von diesem Betrag nur die Hälfte im Laufe des Rechnungsjahres 1926 begeben werden darf, während die zweite Hälfte erst 1927 an den Markt gebracht werden darf.*[628] Im Mai 1927 wurde die Genehmigung für diese Inlandsanleihe erteilt.[629]

3.2.5 Die Aufnahme kurzfristiger Schulden

Der Kreditbedarf der Stadt Berlin blieb weiterhin groß. Im August 1926 beantragte der Magistrat *wegen der hohen Arbeitslosigkeit* eine Umschichtung der Anleihemittel zugunsten der Bauten, gemeint waren damit vor allem die U-Bahnbauten, die ohne weitere Finanzspritzen nicht fortgesetzt werden konnten. Deshalb sollte die zweite Hälfte

627 GStA PK, I. HA, Rep. 77 Ministerium des Innern, Tit. 441, Nr. 32, Bd. 6, Bl. 360.

628 Ebd., Bl. 385.

629 Mitteilung des Oberpräsidenten vom 6. Mai 1926 an den Magistrat, dass die Genehmigung für die Aufnahme einer Inlandsanleihe von 45 Millionen Reichsmark unter den angegebenen Bedingungen erteilt und bei einer Acht-Prozent-Anleihe Disagio nicht mehr als sechs Prozent, bei sieben Prozent Effektivverzinsung ebenfalls nicht mehr als 8 ¾ Prozent betragen darf, GStA PK, I. HA, Rep. 77 Ministerium des Innern, Tit. 441, Nr. 32, Bd. 6, Bl. 396.

der Anleihemittel bereits jetzt auf den Markt gebracht werden können.[630] Auch dies wurde genehmigt. Erhebliche Mittel erforderte die Modernisierung und Vereinheitlichung der aus den verschiedenen Straßenbahngesellschaften zusammengeschlossenen Berliner Straßenbahn-Betriebs GmbH.[631] Der nächste Schritt zur Vereinheitlichung der öffentlichen Verkehrsträger war die am 15. März 1927 gegründete Interessengemeinschaft der Straßenbahn, der Hochbahngesellschaft und der ABOAG.[632] Damit konnten die Tarife übersichtlich vereinheitlicht werden. Der Grundpreis war mit 20 Pfennig sozial tragbar. Die Kehrseite war, dass die Stadt und ihre Wirtschafts- und Verkehrsbetriebe in der kurzen Zeit von zwei Jahren gemäß den von Oberbürgermeister Böß verkündeten und von der Stadtverordnetenversammlung ganz überwiegend gebilligten Zielen für den haupt- und weltstädtischen Ausbau sehr erhebliche Schulden aufgehäuft hatten.

Die bedenkliche Schuldensituation, in die man gleichsam hineinschlitterte, blieb nicht völlig unbemerkt. Als der liberale Stadtkämmerer Dr. Karding im Sommer 1926 vom Magistrat in die Wirtschaft überwechselte, benutzte er diese Gelegenheit, um auf bedenkliche Entwicklungen in der Berliner Haushaltsführung hinzuweisen, insbesondere bei den Kosten des U-Bahnbaus.[633] Der Stadtverordnete Ernst Reuter entgegnete ihm in einer grundsätzlichen Stellungnahme,[634] die zugleich die Denkmuster erkennen lässt, die zu der Schuldenpolitik führten. Zur Finanzierung des Kraftwerks Rummelsburg erklärte Reuter, diese sei zwar durch eine starke Inanspruchnahme kurzfristiger Kredite erfolgt. Um das Werk fertigzustellen, sei es allerdings noch notwendig, die letzte Drei-Millionen-US-Dollar-Anleihe in eine langfristige Anleihe von 15 Millionen US-Dollar umzuwandeln. Den Gesamtanleihebedarf für den Ausbau der Berliner Elektrizitätswirtschaft in den Jahren 1925–1927 bezifferte der zukünftige Stadtrat auf etwa 150 Millionen Reichsmark. Doch sei dies durchaus tragbar, denn vor dem Krieg, so erklärte Reuter weiter, habe Berlin in einem erheblichen Prozentsatz Kredite für *reine Kämmereizwecke* aufgenommen, nun aber sei Berlin ein *gewaltiger*

---

630 *Zur Behebung der Arbeitslosigkeit haben wir uns entschlossen, die Bauten, die aus Mitteln der unterm 6. Mai 1926 genehmigten 7 % Inhaberanleihe hergestellt werden sollten, mit größter Beschleunigung weiter zu führen. Die bisher gedachte Verteilung der Ausgaben auf zwei Jahre wird dadurch unmöglich.* Der Oberbürgermeister bat um die Genehmigung, die Ausgabe der zweiten Hälfte der Inhaberanleihe von 1926 in Höhe von 22,5 Millionen Reichsmark zu sieben Prozent Zinsen zu erteilen.

631 Das Kapital der im September 1923 gegründeten Straßenbahn-Betriebs GmbH war am 9. März 1925 auf zehn Millionen Reichsmark umgestellt worden, Verwaltungsbericht 1924–1927 [wie Anm. 619], H. 8, S. 11. 1926 wurden 13 Millionen Reichsmark für die Straßenbahn aufgenommen, GStA PK, I. HA, Rep. 77 Ministerium des Innern, Tit. 441, Nr. 32, Bd. 7.

632 Die Überschüsse der Gesellschaften sollten zusammengefasst werden und die Dividende sollte für die Hochbahngesellschaft mindestens fünf, für die ABOAG mindestens sechs Prozent betragen, Verwaltungsbericht 1924–1927 [wie Anm. 619], H. 8, S. 19.

633 Dazu Lehnert, Kommunale Politik [wie Anm. 246], S. 476.

634 Die Berliner Anleihewirtschaft. Ist die Stadt bereits überschuldet? in: Vorwärts, 26. August 1926, Nachmittagsausgabe, Nr. 404, enthalten in: GStA PK, I. HA, Rep. 77 Ministerium des Innern, Tit. 441, Nr. 32, Bd. 6, Bl. 440.

Industrieunternehmer geworden. Berlins Anlagen *stellen einen Konzern größten Umfangs, mit gewaltiger Kapitalkraft und selbstverständlich mit großem Kapitalbedarf dar.* Anleihen im Sinne der früheren kommunalen Anleihewirtschaft gebe es nur in geringem Umfang. Dazu gehöre die Sechs-Prozent-Anleihe von 1924 über nominal 20 Millionen Goldmark. Die Anleihe sei zudem *reichlich spät*, erst im Lauf des Jahres 1926 untergebracht worden. Für die zu sieben Prozent verzinsliche Anleihe des Jahres 1926 in Höhe von 42 Millionen Reichsmark (siehe Tabelle 49) seien 24 Millionen für Anlagen vorgesehen, die nicht als werbend angesehen werden können. Doch der weitere Ausbau des Berliner Verkehrswesens sei eine unbedingte Notwendigkeit. Einer weiteren Verschuldung stand aber auch Reuter skeptisch gegenüber. Es sei *augenblicklich nicht angängig, überstürzt Anleihen* aufzunehmen, wie er auch stets Wert darauf gelegt habe, dass die Anleihepolitik des Magistrats zurückhaltend und vorsichtig bleibe. Die Berliner Verschuldung pro Einwohner war zu diesem Zeitpunkt (Anfang 1927) erheblich geringer als die anderer deutscher Großstädte. Köln hatte pro Einwohner 205,88, Frankfurt am Main 262,94, Berlin aber nur 183,8 Reichsmark Kreditschulden.[635] Freilich waren die von den städtischen Werken selbstständig aufgenommenen Kredite dabei nicht eingerechnet.

Tab. 53: Stand der Berliner Anleihen 1927.

Emittend	Jahr	Verzinsung	Höhe (in Millionen Goldmark)	jährliche Zinslast (in Millionen Reichsmark)
Inlandsanleihen				
Stadt Berlin	1923	Roggenwert	0,8	0,04
Stadt Berlin	1924	6 % Goldwert	20	1,20
Stadt Berlin	1926	7 % Goldwert	45	3,15
Hochbahngesellschaft	1925	10 %	12	1,20
Straßenbahn	1926	7 %	60	4,20
Auslandsanleihen				
Stadt Berlin	1925	6 %	63,0	4,1
Hochbahngesellschaft	1926	6 %	105,0	6,8
BEWAG	1925	7 % schweizerisch	24,3	1,7
BEWAG	1926	6,5 % US-Dollar	12,6	0,8
BEWAG	1926	6,5 % US-Dollar	84,0	5,5

Quelle: GStA PK, I. HA, Rep. 77 Ministerium des Innern, Tit. 441, Nr. 32 Bd. 7, Bl. 21.

635 Rebentisch, Frankfurt am Main [wie Anm. 270], S. 455; Statistisches Jahrbuch Deutscher Städte 23 (1928), S. 290–294.

Die bereits vor der großen Depression erneut ansteigende Arbeitslosigkeit und die damit verbundene Notwendigkeit von Arbeitsbeschaffungsmaßnahmen bedeuteten neue unvorhergesehene außerordentliche Ausgaben für die Berliner Stadtverwaltung. In diesem Zusammenhang bestand ein Druck von preußischen und Reichsinstitutionen zugunsten großer Investitionsvorhaben. Oberpräsident Maier hatte dem preußischen Minister für Volkswohlfahrt am 19. November 1926 zur *produktiven Erwerbslosenfürsorge* mitgeteilt,[636] dass es bezüglich *der Beschäftigung Berliner Erwerbsloser* gelungen sei, *die Zahl der Notstandsarbeiter auf 8.586 zu erhöhen*, sodass rund fünfeinhalb Prozent der Hauptunterstützungsempfänger bei Notstandsarbeiten beschäftigt seien. Allerdings glaubte der Oberpräsident nicht, *daß in dieser Hinsicht in erster Linie über die bereits schwebenden Projekte hinaus ein weiterer Ausbau des Berliner Schnellbahnnetzes zu verfolgen sein wird, da schon die Finanzierung der im Gange befindlichen Bahnprojekte erhebliche Schwierigkeiten* mache. Der Magistrat versuche noch neuerdings die Genehmigung für die AEG-Schnellbahn über eine Inlandsanleihe von 30 Millionen Reichsmark zu erhalten. In Kenntnis der ablehnenden Haltung des Oberpräsidenten wandte sich der Präsident der Reichsarbeitsverwaltung, Reichsamt für Arbeitsvermittlung, Dr. Syrup, am 27. Dezember 1926 mit der Forderung nach neuen Notstandsmaßnahmen an den preußischen Innenminister. Im Einzelnen führte er aus: *Nachdem die Förderung von Hochbauten im Anschluß an die Ergebnisse der Länderbesprechungen durch den Herrn Reichsarbeitsminister als nicht angängig bezeichnet worden ist, erscheint es mir besonders notwendig, für die Stadt Berlin im Hinblick auf die gegenwärtig wieder steigende Erwerbslosenziffer der Frage der Förderung anderer Arbeiten wiederum erhöhte Aufmerksamkeit zuzuwenden* [...]. *Der Oberpräsident wird die Sache im Auge behalten. Ich möchte mir aber doch den Vorschlag gestatten, in diesem Zusammenhang gerade die Möglichkeit eines etwaigen weiteren Ausbaus des Berliner Schnellbahnnetzes, den der Herr Oberpräsident freilich bisher als nicht besonders aussichtsvoll betrachtet hat, weiterzuverfolgen, selbst wenn es hierzu der Bewilligung neuer erheblicher Reichs- und Landesmittel bedürfen sollte, da es sich hierbei doch um Arbeiten von hohem wirtschaftlichen Wert handelt, durch deren Vornahme zugleich eine erhebliche Entlastung des Arbeitsmarktes herbeigeführt werden kann.*[637] Zur (fünften) Notstandsaktion von 1925 gehörte der Ausbau der Verkehrswege. Für Straßenbahnbaumaßnahmen standen 1,9 Millionen Reichsmark zur Verfügung, in der siebten derartigen Aktion stellte man für den Bau der Schnellbahnstrecke Gesundbrunnen – Neukölln vom Landesarbeitsamt einen Zuschuss von 2,3 Millionen Reichsmark in Aussicht. Das Reich und Preußen beschlossen, sich daran mit einem Darlehen in Höhe von 11,3 Millionen Reichsmark zu beteiligen. Darüber hinaus waren für den Neuköllner Anschluss der Nord-Süd-Bahn Zuschüsse in Höhe von 3,3 Millionen Reichsmark vorgesehen. Von September 1927 an wurden auf den U-Bahnbaustellen Zuschüsse des

636 GStA PK, I. HA, Rep. 77 Ministerium des Innern, Tit. 441, Nr. 32, Bd. 7, Bl. 15 (Abschrift für das Innenministerium).

637 Ebd., Bl. 12.

Arbeitsamtes in Höhe von 1,03 Millionen sowie Reichs- und preußische Darlehen in Höhe von rund 12 Millionen Reichsmark erwartet.[638]

Nur der Oberpräsident war bei seiner grundsätzlichen Ablehnung des U-Bahnbaus geblieben und schlug im Dezember 1926 die von der Deutschen Reichsbahngesellschaft bereits mit den erforderlichen Unterlagen vorbereitete oberirdische Stichbahn von Jungfernheide nach Gartenfeld vor, die mit erheblich geringeren Mitteln zu realisieren war und für die überdies mit finanzieller Unterstützung des Siemenskonzerns gerechnet werden konnte.[639] Die zügige Umwandlung der Berliner Verkehrsträger in eine einzige kommunale Gesellschaft hatte den Anleihebedarf erneut stark ansteigen lassen: Am 7. Februar 1927 teilte der Magistrat den Aufsichtsbehörden mit, dass man eine städtische Inlandsanleihe von 90 Millionen Reichsmark aufzulegen gedenke.[640] Als Grund wurde angeführt, dass sich durch die Übernahme der Mehrheit der Aktien der Hochbahngesellschaft und der Allgemeinen Berliner Omnibus AG durch die Stadt die verkehrspolitischen Verhältnisse prinzipiell geändert hätten und die Notwendigkeit bestünde, nach dem Abschluss dieser Umwandlung, die *Verkehrsunternehmungen als Einheit zusammenzufassen*. Die Zunahme des Verkehrs dränge dazu, die Straßen durch den Ausbau von Schnellbahnen zu entlasten, den Straßenbahnverkehr innerhalb der Stadt zu verbessern und die Außenbezirke durch neue Verkehrsverbindungen mit dem Zentrum zu verbinden. Ferner zwinge die noch immer herrschende große Erwerbslosigkeit dazu, diese Projekte sofort zur Ausführung zu bringen und dadurch Tausenden von Arbeitern sowie auch der Berliner Industrie Arbeit zu verschaffen. Die Anleihemittel sollten für folgende Zwecke verwendet werden:

1. Berliner Straßenbahnen: Der Anleihebedarf belief sich hier auf 25 Millionen Reichsmark; sie sollten dazu dienen, die im Jahr 1926 aufgenommenen Kredite von rund 13 Millionen Reichsmark abzudecken, die bereits für die Erneuerung des Wagenparks und die Verbesserung der Verkehrseinrichtungen (Umbau des Depots Müllerstraße und Neubau von Strecken in die Außenbezirke) ausgeben worden waren.
2. Schnellbahnen:
   a) Gesundbrunnen – Neukölln (vormalige AEG-Bahn): Vor der Liquidation waren Bauleistungen in Höhe von 20 Millionen Reichsmark erbracht worden.[641] Die

638 Verwaltungsbericht 1924–1927 [wie Anm. 619], H. 1, Einleitung und Allgemeine Verwaltung, S. 18 f.

639 GStA PK, I. HA, Rep. 77 Ministerium des Innern, Tit. 441, Nr. 32, Bd. 7, Bl. 16. Im Zusammenhang der Elektrifizierung der Berliner S-Bahn war für die 4,4 Kilometer lange Stichbahn eine Vereinbarung zwischen dem Siemens-Konzern und der Reichsbahngesellschaft geschlossen worden, nach der zwei Drittel der mit 14 Millionen Reichsmark veranschlagten Baukosten von der Reichsbahngesellschaft und ein Drittel vom Siemens-Konzern (Bauausführung: Siemens-Bauunion) übernommen wurden, siehe Autorenkollektiv, Die Berliner S-Bahn, 2. Aufl., Berlin 1968, S. 46; BusB X 2, S. 136.

640 GStA PK, I. HA, Rep. 77 Ministerium des Innern, Tit. 441, Nr. 32, Bd. 7, der Stadtverordnetenbeschluss war am 3. Februar 1927 gefasst worden.

641 Zur Liquidation der AEG-Bahn und Weiterbau unter städtischer Regie siehe Anm. 614.

weiteren Baukosten, die mit 55 Millionen Reichsmark beziffert wurden, waren durch Zuschüsse vom Oberpräsidenten in Höhe von 16,5 Millionen, dem Erlös aus dem Verkauf der Kommunalanteile an der Reichsgetreidestelle in Höhe von 1,5 Millionen sowie aus dem Erlös der Goldanleihe von 1924 in Höhe von sieben Millionen Reichsmark abgedeckt worden. Benötigt wurden zunächst für 1927 weitere 20 Millionen Reichsmark für den Weiterbau bis zum Kottbusser Damm. Für den Bau bis zur damaligen Münchener Straße waren weitere achteinhalb Millionen Reichsmark geplant.

b) Verlängerung der Nord-Süd-Bahn von der Jonasstraße bis zur Grenzallee: Deren Kosten wurden auf 6,1 Millionen Reichsmark beziffert. Davon waren bisher unter anderem aus der produktiven Erwerbslosenfürsorge 0,55 Millionen und aus Darlehen des Oberpräsidenten zweieinhalb Millionen aufgebracht; es fehlten noch 2,8 Millionen Reichsmark.
c) Verlängerung der Nord-Süd-Bahn vom Bahnhof Kreuzberg bis zur Ringbahn in Tempelhof (mit Anschluss des Flughafens): Sie erforderte Finanzmittel in Höhe von sieben Millionen Reichsmark. Aus der produktiven Erwerbslosenfürsorge waren bis dahin 0,43 Millionen, als Darlehen des Oberpräsidenten 2,16 Millionen Reichsmark aufgebracht worden. Der noch abzudeckende Betrag belief sich hier auf 4,41 Millionen Reichsmark.
d) Schnellbahn Alexanderplatz – Lichtenberg – Friedrichsfelde: Man ermittelte Baukosten von insgesamt 75 Millionen Reichsmark, von denen bisher aus der produktiven Erwerbslosenfürsorge fünf und als Darlehen des Oberpräsidenten 20 Millionen Reichsmark abgedeckt wurden. Für dieses Projekt waren weitere 25 Millionen Reichsmark an Baukosten und Betriebsmittel in Höhe von 4,39 Millionen Reichsmark erforderlich.

Der Gesamtbedarf wurde mit 120,61 Millionen Reichsmark beziffert; der Bedarf für 1927 sollte mit einer Stadtanleihe von 90 Millionen Reichsmark zu sechs Prozent Zinsen mit einer Laufzeit von 20 Jahren gedeckt werden. Die schwierige Kreditsituation, aber auch der nun verstärkte Druck der staatlichen Behörden auf die Kommunen, vor allem auf Berlin, wird in der Behandlung des Antrags deutlich. Bei einer grundsätzlichen Anerkennung des Anleihezwecks und -bedarfs machte jedoch der Oberpräsident am 16. Februar 1927[642] gegen den Antrag geltend, dass die einzelnen Verkehrsunternehmen *unterschiedliche Wirtschaftlichkeit* besäßen. Zudem war in der Wirtschaftsberechnung die Verzinsung des Anlagewertes nicht enthalten, ebenso waren keine Tilgungsbeträge für die Anleihe vorgesehen. Erst wenn diese Faktoren in die Rechnung eingestellt würden und ausreichende Rücklagen für den Erneuerungsfonds vorgesehen seien, ergäbe sich nach der Meinung des Oberpräsidenten ein klarer Überblick. Mit der Verzinsung von sechs Prozent erklärte sich der Oberpräsident einverstanden, wenn der Auszahlungskurs nicht unter 95 ½ zu liegen käme. Das Einverständnis für die

642 GStA PK, I. HA, Rep. 77 Ministerium des Innern, Tit. 441, Nr. 32, Bd. 7, Bl. 66.

Abb. 14: U-Bahnhof Alexanderplatz, Endpunkt der Linie nach Friedrichsfelde 1930, Architekt Alfred Grenander. © Stiftung Deutsches Technikmuseum Berlin, VI.1.003 05782; Foto: Historisches Archiv.

vorgesehene 20-jährige Tilgung, jährlich 2,72 Prozent bei Zuwachs der ersparten Zinsen, erfolgte *mit Rücksicht darauf, daß ein großer Teil der Anleihe für die Straßenbahn, anderseits die Gegenwart durch Erwerbslosigkeit und Wohnungsnot gekennzeichnet* sei. Der U-Bahnbau, der von 1927 bis 1930 mit der Projektierung und Errichtung einer neuen Strecke zwischen Alexanderplatz und Friedrichsfelde fortgesetzt wurde, erwies sich auch weiterhin als äußerst kostenintensiv. In Verbindung mit den in diesem Zusammenhang durchgeführten Notstandsarbeiten und den vor allem im Bereich von Alexanderplatz und Frankfurter Allee vorgenommenen Umbau- und Sanierungsmaßnahmen gehörte das Projekt zur größten städtebaulichen Umgestaltung im Stadtkern. Beim Grundstücksankauf im Bereich Alexanderplatz, der wie die anderen Immobiliengeschäfte unter der Leitung des seit der Zeit vor dem Ersten Weltkrieg ehrenamtlich in dieser Funktion tätigen unbesoldeten Stadtrats Paul Busch stand, kam es zu Interessenüberschneidungen der an den verschachtelten Grundstücksgeschäften Beteiligten und der Stadt. Busch geriet in den Verdacht der Vorteilsannahme.[643] Die

643 Im Sklarek-Untersuchungsausschuss [wie Anm. 228] wurde später zusammenfassend geurteilt: *Die ohne Zustimmung der zuständigen städtischen Stellen durchgeführten umfangreichen Grundstücksankäufe der städtischen Unternehmungen, im Besonderen der B. V. G. standen zum Teil mit den satzungsmäßigen Aufgaben der Gesellschaften nur im losen Zusammenhang, vermischten Gesellschaftsaufgaben*

für die Verkehrs- und Grunderwerbsfinanzierungen geplante Inlandsanleihe kam nicht zustande. Nicht zuletzt hatten die Einwände des Oberpräsidenten und ein von ihm gefordertes Gutachten für eine Verzögerung gesorgt.[644] Zugleich hatte sich die Lage auf dem ohnehin anfälligen inländischen Kreditmarkt verschlechtert. Die von Stadtkämmerer Lange parallel dazu unternommenen Versuche, günstige Rahmenbedingungen zu erlangen, zum Beispiel die Befreiung von der Kapitalertragsteuer im Vorfeld einer künftigen Auslandsanleihe, schienen da aussichtsreicher.[645] Der Stadtkämmerer nahm in dieser Sache mit dem Reichsfinanzministerium, der Reichsbank und dem preußischen Innenministerium Fühlung auf. Am 23. Juni 1927 wandelte die Stadtverordnetenversammlung aufgrund einer Magistratsvorlage den Beschluss der Stadtverordnetenversammlung vom 3. Februar 1927 zur Inlandsanleihe über 90 Millionen Reichsmark zu dem über eine Auslandsanleihe um, die zusätzlich zu den bereits definierten Zwecken für die Wasserwerke und den Bau der Fleischgroßmarkthalle auf den Betrag von 100 Millionen Reichsmark erhöht wurde.[646] Entsprechende Anleiheangebote lagen aus den Vereinigten Staaten und Großbritannien vor. Die Bedingungen eines amerikanischen Bankhauses wurden nicht akzeptiert,[647] wohl aber das Angebot eines britischen Konsortiums.[648] Bereits am 28. und 29. Juni 1927 wurde in der Beratungsstelle für Auslandskredite darüber befunden. In einer dramatischen Sitzung wa-

---

und allgemeine städtische Zwecke, zum Beispiel Straßendurchbrüche und nahmen auf die überaus gespannte Finanzlage der Stadt Berlin keine Rücksicht. Siehe dazu auch Cordula Ludwig, Korruption und Nationalsozialismus in Berlin 1924–1934 (Geschichtliche Grundlagen der Politik, Bd. 1), Frankfurt am Main u. a. 1998, S. 99–132.

644 Eine gewisse Rolle bei der abwartenden Haltung dürfte das Angebot des amerikanischen Bankhauses Chapman & Co, 14.000 Wohnungen auf dem Schöneberger Südgelände zu errichten, gespielt haben. Die dabei aufzunehmende Anleihe zur Deckung der Baukosten hätte 20 Millionen US-Dollar betragen und sollte innerhalb von 26 Jahren durch eine von der Stadt garantierte jährliche Pachtsumme verzinst und getilgt werden (jährlich 15,78 Millionen Reichsmark). Die zur Verzinsung notwendige Miete – für die von der Stadt eine Garantie verlangt wurde – hätte 150 Prozent über der Vorkriegsmiete gelegen: Geschichte der gemeinnützigen Wohnungswirtschaft [wie Anm. 600], S. 6. Der Magistrat lehnte das Angebot im Februar 1927 ab, nachdem sich auch der preußische Wohlfahrtsminister gegen das Projekt ausgesprochen hatte: Lange, Groß-Berliner Tagebuch [wie Anm. 44], S. 91. Weitere Vorbesprechungen hatte es im Mai 1927 mit der Reichsbank gegeben.

645 Vermerk einer Besprechung im preußischen Innenministerium vom 28. Mai 1927. Der Finanzminister hatte zugesagt, die Steuerbefreiung in das Kabinett zu bringen, auch die Reichsbank habe, so der Stadtkämmerer, keine Bedenken wegen der Anleihe, GStA PK, I. HA, Rep. 77 Ministerium des Innern, Tit. 441, Nr. 32, Bd. 7, Bl. 71.

646 Ebd., Bl. 156.

647 Der Magistrat informierte den Oberpräsidenten am 3. Juni 1927, dass die Kreditbedingungen – sechsprozentige Anleihe über 20 bis 25 Millionen US-Dollar – mit der Maßgabe angeboten wurden, dass die Anleihe auf 25 oder 30 Jahre unkündbar sein soll und danach die Rückzahlung im Ganzen stattzufinden habe. Der Oberpräsident befand am 10. Juni, dass diese Bedingungen *keinesfalls empfehlenswert* seien, da für 25 Jahre ein *hoher Zinsfuß* bestehe, ebd., Bl. 74.

648 Beteiligt werden sollten die Londoner Bankhäuser J. Henry Schröder & Co, Baring Brother & Co. Limited und N.M. Rothschild & Sons. Sie boten die Anleihesumme in Höhe von fünf Millionen britischen Pfund, bei einer Verzinsung von sechs Prozent auf 30 Jahre, ebd., Bl. 80.

ren *sämtliche Mitglieder unter Zurückstellung der grundsätzlichen Bedenken* [...] *geneigt, für die Stadt Berlin einen wesentlichen Betrag gutzuheißen.* Ebenso einmütig aber sprachen sie sich gegen die Genehmigung des vollen Betrags von 100 Millionen Reichsmark aus. Gestrichen werden sollten die 25 Millionen für die Straßenbahn. Weitergehende Vorschläge wollten allgemein die Projekte des Schnellbahnbaus etwas kürzen und gingen auf insgesamt 60 Millionen Reichsmark hinaus. Durch die Vermittlung des Präsidenten der Preußischen Staatsbank, Franz Schröder, wurde schließlich der Anleihebetrag auf 70 Millionen Reichsmark (dreieinhalb Millionen britische Pfund) festgesetzt.[649] Gekürzt wurden 25 Millionen für die Straßenbahn, fünf Millionen für die U-Bahnverbindung nach Tempelhof und fünf Millionen Reichsmark für die U-Bahnlinie Alexanderplatz – Lichtenberg. Mithin war die Gesamtsumme des Kredits um insgesamt 35 Millionen Reichsmark reduziert worden. Als anleihefähig wurden 65 Millionen Reichsmark angesehen.[650]

Vor allem dem Präsidenten der Preußischen Staatsbank war es zu verdanken, dass ein Kompromiss erreicht wurde, dem der Vertreter der Reichsbank schließlich zustimmte. Nicht einverstanden war allerdings Reichsbankpräsident Schacht, der den Kompromiss am 11. Juli 1927 nachträglich in Frage stellte. In einer weiteren Sitzung der Beratungsstelle wandte sich der Vertreter der Reichsbank – offenbar auf Weisung des Reichsbankpräsidenten – *sehr energisch gegen die Berliner Auslandsanleihe* und lehnte es ab, die von der Stadt hereingenommenen 3 ½ Millionen britische Pfund aufzunehmen. Die Großbanken sollten darüber informiert werden. Damit hatte er *gewissermaßen vor dem Ankauf dieser Devisen gewarnt.* Auch ließ der Vertreter der Reichsbank durchblicken, dass die Reichsbank unter Umständen auch in späteren Fällen, in denen Auslandskredite aufgenommen würden, deren Verwendung ihrer Ansicht nach nicht produktiv und dringlich wäre, die Annahme der ihr angebotenen Devisen verweigern würde. Dies hätte bedeutet, dass nach der Erörterung in der Beratungsstelle eine nochmalige Prüfung durch die Reichsbank geschähe. Damit war die Autorität der Prüfungsstelle grundsätzlich in Gefahr.[651] Die nun vorgebrachten Proteste bewirkten, dass die Beratungsstelle ihre Tätigkeit zunächst einstellte. Der Reichsbankpräsident zeigte sich auch in einer Aussprache mit dem Reichsfinanzminister und Vertretern des Deutsche Städtetages im September 1927 über die Reduktion der Auslandsanleihen für die Gemeinden wenig kompromissbereit. Am 21. September stellte die Reichsbank ihre Mitwirkung in der Beratungsstelle ein. Die grundsätzlich politisch motivierte Ablehnung der kommunalen Kreditwünsche war unübersehbar. In einer Eingabe vom 1. Oktober 1927 an den Reichsfinanzminister wies der Deutsche Städtetag nochmals

---

649 Ebd., Vermerk vom 29. Juni 1927. Grundsätzlich hatte sich die Reichsbahngesellschaft – offenbar wegen des Umfangs der Verkehrsbauten – gegen die Vorlage ausgesprochen.

650 Die Ermächtigungsurkunde wurde am 1. Juli 1927 ausgestellt, ebd., Bl. 157.

651 Vermerk vom 13. Juli 1927, ebd.

auf die Bedeutung der Gleichbehandlung der wirtschaftlichen Tätigkeit der Kommunen und der Privatwirtschaft durch die Beratungsstelle hin.[652]

Mit Recht beklagte sich der Deutsche Städtetag über die schlechtere Behandlung der Kommunen im Vergleich zur großzügiger gehandhabten Kreditaufnahme der Privatwirtschaft.[653] Den Höhepunkt erreichte diese Auseinandersetzung, in der sich der Reichsbankpräsident und der amerikanische Reparationsagent Parker Gilbert einig wussten, in einer Rede Schachts vor rheinisch-westfälischen Wirtschaftskreisen unter dem Titel ‚Eigene oder geborgte Währung' am 18. November 1927 in Bochum. Der Reichsbankpräsident führte aus: *Von kommunalpolitischer Seite ist immer wieder betont worden, daß die Kommunen nur für wirklich notwendige, wirtschaftliche, sogenannte produktive Zwecke ihre Auslandsschulden aufnähmen und daß die als Luxus erscheinenden Ausgaben, unter denen immer die berühmten Stadien fungieren, nur einen verschwindenden Bruchteil der Gesamtausgaben ausmachen. Ich stelle hier fest, daß wenn die Städte jene Luxusausgaben beziehungsweise nicht dringlichen Ausgaben unterlassen hätten, wir wahrscheinlich nicht eine einzige kommunale Auslandsanleihe hätten aufzunehmen brauchen. Es steht der Reichsbank selbstverständlich nur ein unvollkommener Ausschnitt aus den kommunalen Finanzziffern zur Verfügung, aber dieser Ausschnitt ist ausreichend, daß die seitens der deutschen Kommunen verausgabten Summen für den Bau von Stadien, Schwimmbädern, Grünanlagen, Schmuckplätzen, für Gelände- und Güterkäufe, Messegebäude, Festhallen, Hotelbauten, Flugplätze, Theater- und Museumsbauten, für Kreditgewährung und Beteiligung an der Privatwirtschaft usw. einen Gesamtbetrag ergeben, der nicht weit hinter dem Gesamtbetrag der von den Städten aufgenommenen Auslandsanleihen zurückbleibt.*[654]

Schacht blieb ein überzeugter Gegner des städtischen Munizipalismus.[655] Zudem fehlte ihm das Verständnis für die wirtschaftliche und vor allem politische Bedeutung der nicht nur von den Kommunen, sondern auch vom Reich und den Ländern durchgeführten Notstandsmaßnahmen. Seine extreme städtefeindliche Haltung forderte zum Widerspruch heraus, der vor allem vom geschäftsführenden Präsidenten des

652 Carl Böhret, Aktionen gegen die ‚kalte Sozialisierung' 1926–1930. Ein Beitrag zum Wirken ökonomischer Einflußverbände in der Weimarer Republik (Schriften zur Sozial- und Wirtschaftsgeschichte, Bd. 3), Berlin 1966, S. 174.

653 Ziebill, Geschichte des Deutschen Städtetages [wie Anm. 425], S. 256 f.

654 Zitiert nach: Schacht in seinen Äußerungen. Im Auftrage des Reichsbankdirektoriums zusammengestellt in der Volkswirtschaftlichen und Statistischen Abteilung der Reichsbank. Zum 22. Januar 1937, Berlin 1937, S. 73 f.; dazu Vorwärts, Nr. 547, 19. November 1929. Noch in seiner Autobiografie, 76 Jahre [wie Anm. 607], schrieb Schacht (S. 271): „Konnte man von der Industrie, die Anleihen in fremder Währung aufnahm, erwarten, daß sie aus ihren Exporterlösen Verzinsung und Tilgung der Anleihen aufzubringen in der Lage war, so traf dies auf die öffentlichen Körperschaften in keinerlei Weise zu [...]. Für Verzinsung und Tilgung der öffentlichen Anleihen mußte also die Wirtschaft die Devisen aufbringen."

655 Müller, Die Zentralbank [wie Anm. 609], S. 65: „Die Einwände gegen kommunale Auslandsanleihen entsprangen teilweise privatkapitalistischer Interessenideologie." Zur kommunalen Seite Tilly, Städtewachstum, Kommunalfinanzen und Munizipalsozialismus [wie Anm. 414].

Deutschen Städtetages, Oskar Mulert, artikuliert wurde.[656] Schacht verbarg seine grundsätzliche Gegnerschaft zur kommunalen Selbstverwaltung geschickt hinter Missbrauchsvorwürfen. Die Kommunen und so auch Berlin machten den Fehler, den – oft ungerechtfertigten – Einzelvorwürfen zu begegnen. Der dahinter stehende grundsätzliche Angriff auf die Kommunalwirtschaft als solche wurde kaum wahrgenommen. Die von der Reichsbank als maßgebend für die Ablehnung der kommunalen Kredite genannte Sorge um die deutsche Währung[657] war unberechtigt. Eine Erhöhung des Notenumlaufs trat nicht ein, obwohl langfristige Auslandsanleihen von insgesamt 5.700 Millionen Reichsmark ausgegeben worden waren.[658] Die Frage der Produktivität, die für die Ablehnung der Kommunalanleihen so entscheidend war, stellte sich für eine andere Antragsgruppe, die der Landwirtschaft, nicht in gleichem Maße. Von den beantragten landwirtschaftlichen Anleihen befürwortete die Beratungsstelle im Zeitraum 1925–1928 97 Prozent, das heißt Anleihen im Wert von 283 Millionen Reichsmark. Von den kommunalen Anleihen waren es dagegen nur 44 Prozent, das heißt 930 statt der beantragten 2.038 Millionen Reichsmark. Die staatlichen Anleihen wurden zu 92 Prozent, das heißt mit 635 Millionen Reichsmark befürwortet. Etwas schlechter war das Verhältnis der Befürwortung der Anleihen von industriellen Unternehmen mit öffentlicher Garantie, deren Anträge zumeist von Kommunen gestellt wurden. Hier wurden 283 Millionen Reichsmark, das heißt 88 Prozent, bewilligt.[659] So hat Wolfgang R. Krabbe in diesem Zusammenhang mit Recht den Verdacht der „antimodernistischen Agitation“ geäußert.[660] Zur Abschätzung der Bedeutung der Kommunen für die deutsche Auslandsverschuldung ist es notwendig, ihren Anteil an der Gesamtverschuldung festzustellen. Er betrug im November 1927 lediglich sieben, der des Reichs 15 und der der Länder zehn Prozent.[661]

Die Kapitalnot, die die Großstädte seit der Erzbergerschen Reichsfinanzreform zu kurzfristigen Krediten zwang, die wegen des engen inländischen Kapitalmarktes im Ausland platziert werden mussten, war durch die rigorose Auslegung der Richtlinien der Beratungsstelle verstärkt und damit die Einrichtung selbst in Frage gestellt worden. Freilich findet sich die Argumentation Schachts auch im Bericht des Reparations-

656 Ziebill, Geschichte des Deutschen Städtetages [wie Anm. 425], S. 257 f.; Oskar Mulert, Die Bedeutung des Auslandskredits für die deutschen Gemeinden, in: Schriften des Vereins für Sozialpolitik 174 (1928), T. 3, S. 25–48, hier S. 27–30. Der Anteil der Kommunalanleihen an der Auslandsverschuldung betrug circa zehn Prozent.

657 Deutscher Reichstag, 4. Legislaturperiode, Die Reichsbank. Verhandlungen und Berichte des Unterausschusses für Geld-, Kredit und Finanzwesen (5. Unterausschuß), Berlin 1929, S. 96–105, bes. S. 99 f.

658 Die Reichsbank [wie Anm. 657], S. 101–105, bes. S. 105.

659 Tabelle: Die Reichsbank [wie Anm. 657], S. 85.

660 Krabbe, Die deutsche Stadt [wie Anm. 430], S. 171. Der Autor sieht im Verhalten Schachts einen Ausfluss des Feldzuges der Wirtschaftsverbände gegen die „kalte Sozialisierung“, die sich einfügt „in die von der politischen Rechten geschürte antimodernistische Agitation, die eine agrarromantische, schon traditionelle Städtefeindschaft artikulierte, deren Ursprünge in den Anfängen der Urbanisierung liegen“.

661 Berliner Börsen-Courier vom 20. November 1927, dazu Engeli, Gustav Böß [wie Anm. 216], S. 174 f.

agenten Parker Gilbert aus dem Jahr 1928, der meinte, dass man *Hunderte von Millionen* einsparen könne, wenn man die Zuweisungen für die Länder und Gemeinden kürzen würde.[662] Der Kreditbedarf, dessen Ursachen ja in bereits beschlossenen und begonnenen Projekten zu suchen war, blieb weiterhin bestehen. Die Verweigerung langfristiger Finnzmittel zwang den Berliner Kämmerer, mit kurzfristigen Krediten für eine Zwischenfinanzierung zu sorgen.[663] Die schwebende Schuld der Stadt wuchs an. Als es im Sommer 1928, der Zeit überhitzter Konjunktur in den Vereinigten Staaten, möglich schien, von einem amerikanischen Konsortium sehr günstige Konditionen für eine Auslandsanleihe zu erhalten, bemühte sich die Hauptstadt abermals um einen Auslandskredit. Der beantragte Anleihebedarf in Höhe von 248 Millionen Reichsmark wurde von der Beratungsstelle auf 60 Millionen Reichsmark (15 Millionen US-Dollar) gekürzt. Doch konnte sich Berlin dabei noch glücklich schätzen. Anleihewünsche anderer Städte wie München, Breslau und Frankfurt am Main wurden in der Beratungsstelle überhaupt nicht behandelt, sondern die Städte auf den Berliner Kredit verwiesen, und die Hauptstadt wurde veranlasst, den betreffenden Kommunen Teilbeträge daraus zur Verfügung zu stellen.[664]

Gerade die Auseinandersetzungen um die Berliner Auslandskredite hatten Folgen für die Zusammensetzung der Beratungsstelle. Schon zuvor, im Jahr 1927, war ja festgelegt worden, dass jeweils ein Vertreter des Reichsfinanz- und des Reichswirtschaftsministeriums, der Reichsbank, der Preußischen und der Bayerischen Staatsbank als ständige Vertreter sowie jeweils ein staatlicher Beauftragter des betreffenden Landes teilnahmeberechtigt waren. Die Städte waren zunächst nur über die bei der Aufsichtsbehörde vorliegenden Gutachten vertreten. Erst 1930 wurden Vertreter der kommunalen Spitzenverbände als stimmberechtigte Mitglieder zugelassen. Kurzfristige Kredite und die Anleihen der selbstständigen kommunalen Werke lagen außerhalb der Kompetenzen der Beratungsstelle. Wirtschaftsunternehmen konnten Auslandskredite ohnehin ohne deren Mitwirkung erhalten. Da Inlandsanleihen im Ausland, vor allem in den Niederlanden, platziert werden konnten und auf diese Weise die Beratungsstelle umgangen werden konnte, blieb ihre Tätigkeit auch uneffektiv. Die Gegnerschaft der Beratungsstelle zur Kommunalwirtschaft war deutlich ausgeprägt. Städtische Anleihen wurden nicht nur in den bereits genannten Fällen für Breslau, Köln und Frankfurt am Main erschwert oder auch gänzlich versagt, sondern auch für weitere Städte wie zum Beispiel Leipzig.[665] Der von der Beratungsstelle immer wieder erneuerte Verweis auf inländische Kredite blieb problematisch, da es in Deutschland keinen Markt

662 Berliner Börsen-Zeitung vom 18. Januar 1929.

663 GStA PK, I. HA, Rep. 77 Ministerium des Innern, Tit. 441, Nr. 32, Bd. 7. Im Artikel *Diktate vom grünen Tisch* – Vorwärts vom 12. Juli 1927, Morgenausgabe – wird bemerkt, dass das Vertrauen des Auslands und die Kreditfähigkeit außer Frage stehen. Angesichts der kurzfristigen, teuren Kredite ergebe sich die Frage, ob man uns *zu krummen Wegen* zwingen will.

664 Sklarek-Untersuchungsausschuss [wie Anm. 228], Sp. 1880.

665 Darüber berichtete das Berliner Tageblatt vom 6. Februar 1929 in: GStA PK, I. HA, Rep. 109 Preußische Seehandlung, Nr. 1129.

für langfristige und größere Kreditsummen gab. Damit wurde dem vom brandenburgischen Oberpräsidenten grundsätzlich als anleihefähig anerkannten hauptstädtischen Kreditbedürfnis für außerordentliche Zwecke nur zum Teil stattgegeben. Er hatte die Kreditaufnahme von 50 Millionen Reichsmark durch Erlass vom 5. April 1928 und von 68 Millionen Reichsmark am 14. August 1928 genehmigt. Das hohe Kreditbedürfnis konnte aber nur in geringem Maße und zu extrem hohen Zinsen befriedigt werden. Die Stadt Berlin schritt im August 1928 zur Ausgabe von Goldschatzanweisungen im Betrag von 40 Millionen Reichsmark zu achtprozentigen Zinsen mit vierjähriger Laufzeit. In diesem Zusammenhang wurde festgestellt: *Der Inlandsanleihemarkt hat es seit langem nicht ermöglicht, langfristige Anleihen zu angemessenen Bedingungen aufzunehmen* [...]. *Nach Auffassung der Banken hat auch jetzt lediglich die Form von Schatzanweisungen Aussicht, vom Publikum gezeichnet zu werden. Der Kapitalmarkt gebietet auch jetzt eine Einschränkung des Anleihebetrages, so daß wir trotz des erheblich höheren Bedarfs der Stadt Berlin in den Beratungen mit dem Konsortium nur einen Betrag von 40 Millionen zur Zeichnung auflegen wollen.*[666]

Doch war von den Berliner Schatzanweisungen über 40 Millionen Reichsmark am Ende der Zeichnungsfrist im Sommer 1929 lediglich ein Betrag von 25 Millionen Reichsmark gezeichnet worden. Ein Konsortium unter Führung der Preußischen Staatsbank und der Deutschen Bank brachte schließlich weitere achtprozentige Schatzanweisungen in Höhe von 15 Millionen Reichsmark zum Kurs von 92 Prozent unter. Die Zinsen waren ab dem 1. Oktober 1929 fällig; die Rückzahlung zum Nennwert sollte bis zum 1. Oktober 1933 erfolgen. Vereinbart wurde, dass dem Konsortium die Option auf weitere Schatzanweisungen in gleicher Höhe (25 Millionen Reichsmark) und zum gleichen Kurs eingeräumt wurde. Dies geschah dann auch, und im Oktober wurden die weiteren Schatzanweisungen in derselben Höhe und zu denselben Bedingungen wie bei den vorangegangenen Anweisungen ausgegeben. Benötigt wurden die Schatzanweisungen zur Abdeckung noch kurzfristigerer Kredite, die nicht zuletzt durch die schleppenden Kreditvergaben entstanden waren. Der preußische Finanzminister hatte nach Fühlungnahme mit der Staatsbank keine Bedenken dagegen.[667] Grundsätzliche Gegnerschaft zu dem Berliner Anleihebedürfnis machte die Presse

666 Der preußische Minister des Innern an den Oberpräsidenten, 3. Oktober 1928. In der Übersicht über die Verwendung der geplanten Stadtanleihen finden sich folgende Posten: allgemeine Verwaltung (Bauten) 0,522 Millionen Reichsmark, Bauverwaltung (Tiefbau, unter anderem Unterführung am Bahnhof Neukölln) 3,759 Millionen Reichsmark, Schulverwaltung 4,479 Millionen Reichsmark, Gesundheitswesen 2,048 Millionen Reichsmark, Betriebe (unter anderem der Kommunalbeitrag zur Verlegung der Fernstrecke Charlottenburg–Spandau am Messegelände an die Reichsbahn) 4,192 Millionen Reichsmark, Finanzverwaltung (Grundstückskäufe) 23,555 Millionen Reichsmark, Prospekt im Berliner Börsen-Courier vom 1. September 1929, in: GStA PK, I. HA, Rep. 77 Ministerium des Innern, Tit. 441, Nr. 32, Bd. 9, Bl. 240–242.

667 Schreiben vom 22. August 1929 (Abschrift), ebd.

aber im Bereich der deutschen Großbanken aus.[668] Wie die Berliner Schatzanleihe konnten die Inlandsschatzanweisungen der Städte Frankfurt am Main und Breslau ebenfalls nicht voll auf dem deutschen Markt platziert werden. Die Überzeichnung einer Kölner Schatzanweisung war auf deren Verkauf in London zurückzuführen.[669]

Die Zusammenführung der städtischen Nahverkehrsträger zur Berliner Verkehrs-Gesellschaft (BVG) machte weitere Finanzoperationen notwendig, die vor allem aus den Verpflichtungen der Ablösung der amerikanischen Hochbahnanleihe erwuchsen. Zusätzlich war die Abfindung der freien Aktionäre ein besonderes Problem. 72,8 Millionen Reichsmark waren für die Ablösung der freien Aktionäre der Hochbahn-AG, 1,8 Millionen für die der ABOAG erforderlich. So wandte man sich im Dezember 1928 erfolgreich an den Oberpräsidenten, um die Genehmigung zur Ausgabe von Inhaberschuldverschreibungen in Höhe von 102,5 Millionen Reichsmark zu erhalten. Die neue, die zum 1. Januar 1929 an die Öffentlichkeit trat, wurde mit einem Aktienkapital von 400 Millionen Reichsmark ausgestattet, das sich ausschließlich im Besitz der Stadt befand.[670]

Die Schulden der Stadt wuchsen weiter. Katastrophale Fehleinschätzungen beschleunigten die Talfahrt. Die aus Vorkriegserfahrungen gespeiste optimistische Auffassung über die zukünftige Rolle der einheitlichen Verkehrsgesellschaft BVG sollte sich nicht bestätigen. Zusätzlich war das Abfindungsangebot für die privaten Aktionä-

---

668 In der Berliner Morgenpost vom 30. August 1929 (Vormittagsausgabe) wird bemerkt, dass die Gegnerschaft der Großbanken wesentlich damit zusammenhänge, dass sie die großen städtischen Unternehmungen, die bei ihnen große Konten unterhielten, als Kunden verloren haben, nachdem die Gas- und Wasserwerke und die Verkehrsgesellschaft ihre Banktransaktionen zum großen Teil über die Stadtbank erledigen, GStA PK, I. HA, Rep. 109 Preußische Seehandlung, Nr. 1213.

669 Deutsche Zeitung vom 17. September 1929. Die Frankfurter und Breslauer Anleihen waren schließlich in den Niederlanden untergebracht worden, GStA PK, I. HA, Rep. 109 Preußische Seehandlung, Nr. 1213; Berliner Börsen-Zeitung vom 29. August 1929; Deutsche Allgemeine Zeitung vom 27. August 1929, in: GStA PK, I. HA, Rep. 109 Preußische Seehandlung, Nr. 1130.

670 Die Satzung der BVG, der Vertrag zwischen der Stadt Berlin zum Übergang der Hochbahn an die Stadt Berlin und die Übertragung des Betriebes der ABOAG auf die neue Gesellschaft in: GStA PK, I. HA, Rep. 77 Ministerium des Innern, Tit. 441, Nr. 32, Bd. 9, Bl. 149–151. Die neue Verkehrs-AG sollte mit einem Aktienkapital von 400.000.000 Reichsmark ausgestattet und Eigentümerin und Betriebsführerin der zu übernehmenden Verkehrsanlagen werden. Die bisherigen drei Verkehrsgesellschaften sollten dafür liquidiert werden. In einem Prospekt der Stadt Berlin über 69.755.000 Reichsmark auf den Inhaber laufende Zertifikate (ebd., Bl. 179) werden Einzelheiten genannt. Die Straßenbahnaktien waren bereits sämtlich im Besitz von Berlin. Für die Übertragung der Vermögenswerte erhielt die Stadt die entsprechenden Anteile der neuen Gesellschaft. Bei der Hochbahn und der ABOAG sollte der Liquidationserlös in Gestalt von siebenprozentigen städtischen Obligationen ausgeschüttet werden, die der neuen Verkehrs-AG von der Stadt Berlin gegen Überweisung einer entsprechenden Anzahl Aktien zu überweisen waren. Soweit die Stadt bisher mit städtischem Kapitalvermögen dauernd beteiligt war, sollte die Ausgabe von Obligationen nicht stattfinden, sondern unter Verzicht auf einen Liquidationserlös direkt in Aktien der Verkehrs-AG übergehen.

re der Hochbahngesellschaft allzu großzügig bemessen. Verkehrsdezernent Reuter sah die Rolle der neuen Aktiengesellschaft sicherlich allzu rosig, als er meinte, dass sie *als starke Unterlage für alle Kreditbedürfnisse des Berliner Verkehrs dienen könnte.*[671] Zur Abfindung der Aktionäre war eine neue erhebliche Kreditaufnahme notwendig. Zu diesem Zweck wurden im September 1929 Schuldverschreibungen der Stadt Berlin in Höhe von 74.500.000 Reichsmark zu sieben Prozent Zinsen als Teilbetrag des genehmigten Gesamtbetrags von 102.500.000 Reichsmark angeboten. Die Schuldverschreibungen sollten am 31. März 1950 zum garantierten Rücknahmekurs von 102 Prozent fällig werden.[672] Durch die fortgesetzten Bauarbeiten bei der U-Bahn erwuchsen der Stadt weiterhin erhebliche Belastungen. Der der Stadtverordnetenversammlung am 17. Januar 1929 vorgelegte städtische Etat sollte bald von der Weltwirtschaftskrise überschattet werden. Er hatte ein Gesamtvolumen von 1.120 Millionen Reichsmark, von denen 921 Millionen auf den ordentlichen Haushalt entfielen. Zuwächse von insgesamt 40 Millionen Reichsmark gegenüber dem Vorjahr waren bei der allgemeinen Wohlfahrtspflege, im Gesundheits- und Bauwesen, vor allem aber bei der Erwerbslosenfürsorge[673] zu verzeichnen.

Mit 154 Millionen Reichsmark hatte der Anleihehaushalt gegenüber dem des Vorjahres einen geringeren Umfang, was der schlechten Lage auf dem Kreditmarkt geschuldet war. Die schwebende Schuld gab Kämmerer Dr. Lange mit 113 Millionen Reichsmark für die Kämmerei und 88 Millionen für die städtischen Werke an. Aus dem Haushaltsjahr 1928 hatte er 221 Millionen Reichsmark als Einnahme und Ausgabe in den Haushalt von 1929 übernehmen müssen. Die Risiken dieses Haushaltsansatzes waren außerordentlich hoch. Noch meinte der Kämmerer, der den Bedarf der Werke und Verkehrsträger auch in diesem Haushalt niedrig angesetzt hatte, dass sich die Betriebe *erfreulich entwickelt* hätten. Lange bemühte sich, in seinen Ausführungen mehr dem Bericht des Reparationsagenten Seymour Parker Gilbert vom 10. Juni 1927[674] zu

---

671 Zitiert nach Lange, Groß-Berliner Tagebuch [wie Anm. 44], S. 118; Vorlage zur Beschlußfassung betreffend die Zusammenlegung der Berliner Verkehrsunternehmungen vom 19. September 1928, in: Vorlagen für die Stadtverordnetenversammlung, Berlin 1928, zitiert nach dem Abdruck in: Ernst Reuter, Schriften. Reden, Bd. 2: 1922 bis 1946, hrsg. von Ernst E. Hirschfeld/Hans J. Reichhardt, Berlin 1973, S. 244–250.

672 Prospekt in: GStA PK, I. HA, Rep. 109 Preußische Seehandlung, Nr. 1130; Berliner Börsen-Zeitung vom 17. August 1929. Die Schuldverschreibungen dienten ausschließlich zum Erwerb der Aktien der Berliner Verkehrsbetriebe und der anschließenden Abfindung der Aktionäre der Hochbahn und der ABOAG.

673 Verwaltungsbericht der Hauptfinanzverwaltung [wie Anm. 242], S. 6.

674 James, Deutschland in der Weltwirtschaftskrise [wie Anm. 613], S. 142. Parker Gilbert hatte sich – wie Schacht – schon 1925 gegen die kommunale Kreditaufnahme ausgesprochen, ebd. S. 104. Zur Kritik Parker Gilberts und deren Zurückweisung siehe auch Engeli, Gustav Böß [wie Anm. 216], S. 174, und Anm. 653.

widersprechen, der ausgeführt hatte, dass das Reich Hunderte Millionen Mark hätte sparen können, wenn es durch eine Änderung des Reichsfinanzausgleichs die Steuerüberweisungen an die Länder und Gemeinden verkürzt hätte.[675] Wenn man auf der anderen Seite die großen Fehlbeträge der Staatshaushalte und der Länder und die finanziellen Schwierigkeiten der Gemeinden betrachte, so sei diese Auffassung nur so zu verstehen, dass die Aufteilung des Steueraufkommens zwischen Reich, Ländern und Gemeinden nicht richtig gewürdigt werde.[676] Das in den Ausführungen nur versteckt enthaltene Bekenntnis des Kämmerers, dass er nicht mit allen Vorlagen des Vorjahres einverstanden gewesen sei, schien dem – gleichnamigen – Stadtsyndikus Friedrich Lange nicht deutlich genug als Warnsignal öffentlich wahrgenommen worden zu sein.[677] Zu dem nach langen Verhandlungen verabschiedeten außerordentlichen Stadthaushalt, der mit 162 Millionen Reichsmark Ausgaben knapp bemessen war, sollten 151 Millionen Reichsmark wieder durch neue Anleihen aufgebracht werden. Der Grad der Verkennung der Finanzlage der Stadt durch die Stadtverordnetenversammlung zeigt sich eindrucksvoll in dem am 16. April 1929 zunächst grundsätzlich gefassten Beschluss, in einem fünfjährigen Bauprogramm vier U-Bahnstrecken erheblich zu verlängern sowie zwei U-Bahnlinien von beträchtlicher Länge (Hallesches Tor – Alsenstraße – Moabit – Siemensstadt und Weißensee – Unter den Linden – Charlottenburg) neu zu errichten.[678] Die Finanzierung derartiger Pläne war völlig unklar. Die Hauptstadt hatte ihre eigenen finanziellen Möglichkeiten weit überschätzt. Als letzte der U-Bahnstrecken der Zwischenkriegszeit konnte im Dezember 1930 die Linie Alexanderplatz – Friedrichsfelde in Betrieb genommen werden. Die weiteren Baustellen wurden stillgelegt. Die konsolidierten Schulden stellten sich beim Ausbruch der Krise 1929 wie folgt dar:

675 In einer Note an die Reichsregierung vom 20. Oktober 1927 hatte sich Parker Gilbert allgemein gegen die Auslandsanleihepolitik der Länder und Kommunen gewandt: Böhret, Aktionen gegen die kalte Sozialisierung [wie Anm. 652], S. 174.

676 GStA PK, I. HA, Rep. 109 Preußische Seehandlung, Nr. 1213: Deutsche Allgemeine Zeitung vom 28. Januar 1929. Berlins Vermögenslage sei gesund, aber seine Finanzlage angespannt (aus der Haushaltsrede des Stadtkämmerers Dr. Lange gegen den Bericht des Reparationsagenten).

677 Lange, Groß-Berliner Tagebuch [wie Anm. 44], S. 120.

678 50 Jahre Berliner U-Bahn 1902–1952, Berlin 1952, S. 30 f.

Tab. 54: Auslandsanleihen 1924–1928.

Jahr	Zinssatz/Besonderheiten	Nennbetrag (in Reichsmark)	Reinerlös (in Reichsmark)	Verwendungszweck
1924	6 % Goldanleihe	20.000.000	14.500.000	Schnellbahn Gesundbrunnen – Neukölln, Bahnhof Nollendorfplatz, Wohnungs- und Brückenbau, Stadthauptkasse
1927	6 % 3,5 Millionen britische Pfund	71.505.000	66.670.000	Schnellbahn Gesundbrunnen – Neukölln, Nord-Süd-Bahn, Alexanderplatz – Friedrichsfelde, Wasserwerke
1928	6 % 15 Millionen US-Dollar	63.000.000	58.000.000	Schnellbahn Gesundbrunnen – Neukölln, Nord-Süd-Bahn, Alexanderplatz – Friedrichsfelde, Westend, Elektrizitätswerke, Stadtentwässerung
1929	6,5 % 15 Millionen US-Dollar der Elektrizitätswerke	63.000.000	56.667.765	Bauprogramme 1927–1929

Quelle: Anlage zum Bericht des Magistrats vom 15. November 1929 betreffend den Verwendungsnachweis der in der Anleihebedarfsnachweisung erwähnten Anleihen (verkürzt), November 1929, in: GStA PK, I. HA, Rep. 77 Ministerium des Innern, Nr. 32/9.

Tab. 55: Auslandsanleihen der Stadt Berlin einschließlich der städtischen Werke.

Jahr	Schuldner	aufgenommen	Gegenwert (in Millionen Reichsmark)	Verwendungszweck	Beratungsstelle	Bemerkungen
1924	Stadt	3 Millionen US-Dollar	12,6	Auffrischung der Betriebsmittel	ohne	für ein Jahr
1925	Stadt	15 Millionen US-Dollar	63,0	45 Millionen Reichsmark für Elektrizitätswerke,18 Millionen Reichsmark für Schnellbahnen	befürwortet	
1926	Elektrizitätswerke mit Bürgschaft der Stadt	30 Millionen Schweizer Franken	24,2	Kraftwerk Rummelsburg	befürwortet	
1926	Elektrizitätswerke	3 Millionen US-Dollar	12,6		ohne	1 Million Reichsmark auf zwei, 2 Millionen Reichsmark auf drei Jahre
1926	Elektrizitätswerke	20 Millionen US-Dollar	84,0		ohne	
1926	Hochbahn	15 Millionen US-Dollar	63,0		ohne	
1927	Stadt	3,5 Millionen britische Pfund	71,4	Ausbau der Schnellbahnen und Wasserwerke	befürwortet	
1928	Stadt	15 Millionen US-Dollar	63,0	Schnellbahnen, Elektrizitätswerke	befürwortet	
1929	Elektrizitätswerke	15 Millionen US-Dollar	63,0		ohne	

Quelle: Anlage zum Bericht des Magistrats vom 15. November 1929 betr. den Verwendungsnachweis der in der Anleihebedarfsnachweisung erwähnten Anleihen (verkürzt), November 1929, in: GStA PK, I. HA, Rep. 77 Ministerium des Innern, Nr. 32/9.

Tab. 56: Inlandsanleihen der Stadt Berlin (in Millionen Reichsmark).

Jahr	Schuldner	geplant	aufgelegt	Verwendungszweck	Bemerkungen
1923	Stadt	–	0,825	–	5 % Roggenanleihe
1924	Stadt	–	20,000	–	6 % Goldanleihe
1926	Stadt	45,0	22,500	Siedlungs- und Verwaltungsbauten usw.	7 % Goldanleihe
1928	Stadt	50,0	25,000	Beschaffung von Mitteln für außerordentliche Aufgaben der Verwaltung usw.	fünfjährige Schatzanweisung
1929	Stadt	40,0	40,000	Finanzierung einmaliger Ausgaben	vierjährige Schatzanweisungen, nach Zeitungsmeldungen gezeichnet 25 Millionen Reichsmark
1929	Stadt	102,5	74,500	Abfindung der Aktionäre der Aboag und Hochbahn	38 Millionen Reichsmark in städtische Fonds, 74,5 Millionen Reichsmark an der Börse

Quelle: GStA PK, I. HA, Rep. 77 Ministerium des Innern, Tit. 441, Nr. 32, Bd. 9.

3.2.6 Die Weltwirtschaftskrise und ihre Folgen. Das Ende der städtischen Infrastrukturpolitik. Die Abwendung der Zahlungsunfähigkeit

Wie gezeigt werden konnte, hatte die Stadt Berlin spätestens seit der Hyperinflation von 1923 schwerwiegende Probleme bei der Kreditbeschaffung, die sich in den folgenden Jahren kontinuierlich verschärften. Hinzu kamen unvorhergesehene Ausgaben für die Stadtkasse. Die Erwerbslosenziffern und damit die Ausgaben der kommunalen Erwerbslosenfürsorge hatten – verglichen mit anderen Teilen des Reichs – bereits im Vorfeld der Krise im Jahr 1928 überproportionale Zuwächse zu verzeichnen.[679] Die Berliner Industrie mit ihrem hohen Exportanteil reagierte besonders früh und heftig auf jeden Konjunkturrückgang. Das Ende einer kurzfristigen Aufschwungsperiode rief Enttäuschung hervor. Vor diesem Hintergrund muss die Erbitterung gesehen werden, mit der die Öffentlichkeit auf das Bekanntwerden der Betrügereien der Gebrüder Sklarek im Oktober 1929 reagierte. Als Inhaber einer Bekleidungsfirma hatten sich die

679 Siehe Anm. 630.

Sklareks durch Bestechung städtischer Amtsträger große Vorteile verschafft.[680] Der Skandal fiel zudem in die Zeit des Kommunalwahlkampfs und wurde, obwohl die Sklareks für sie wichtige Entscheidungsträger (vor allem unbesoldete Stadträte) aller wichtigen Rathausparteien von der KPD bis hin zu den bürgerlichen Parteien bestochen hatten, dem Oberbürgermeister und vor allem der SPD angelastet. Da der schwere Schaden durch erschlichene Kredite bei der Berliner Stadtbank, der Girozentrale der kommunalen Sparkasse, entstanden war, blieb die städtische Kreditfähigkeit – vor allem im Inland – von der Affäre nicht unbeeinflusst.[681] Doch war noch jetzt die bereits vorbereitete Inlandsanleihe von 40 Millionen Reichsmark auf den Weg gebracht worden.

Zum Zeitpunkt der Aufdeckung des Skandals befand sich Oberbürgermeister Böß auf einer Reise durch die Vereinigten Staaten. Offiziell galt die Reise als Erwiderung auf einen Besuch des New Yorker Oberbürgermeisters, doch wollte Böß wohl die Gelegenheit zu Verhandlungen mit den US-Banken über weitere städtische Auslandskredite nutzen.[682] Denn das städtische Kreditbedürfnis hatte inzwischen dramatische Züge angenommen. Neben den Wohlfahrtsausgaben erwiesen sich wiederum der Bau der U-Bahnstrecken sowie die im Zusammenhang mit der Bildung der einheitlichen Berliner Verkehrs-Gesellschaft entstandenen finanziellen Verpflichtungen als äußerst kostspielig. Unter den Materialien, die für die Reise des Oberbürgermeisters zusammengestellt wurden, befand sich auch eine bereits als Manuskript vorliegende Ausarbeitung über die Auslandsschulden,[683] in dem festgehalten war, dass die Auslandsverschuldung deutscher Städte über 50.000 Einwohner 1929 niedriger sei als vor dem Ersten Weltkrieg. Danach betrug die kommunale Verschuldung deutscher Städte im Ausland am 31. März 1913 insgesamt 5.158 Millionen Mark, mithin 315 Mark pro Einwohner. Am 31. März 1929 belief sich die kommunale Neuverschuldung auf 3.291 Millionen Renten-

---

680 Engeli, Gustav Böß [wie Anm. 216], S. 230–240; Büsch, Geschichte der Berliner Kommunalwirtschaft [wie Anm. 567], S. 198–202; Zusammenfassung bei Köhler, Berlin in der Weimarer Republik [wie Anm. 217], S. 868–875; Ludwig, Korruption und Nationalsozialismus [wie Anm. 643], S. 133–166.

681 Das Berliner Tageblatt vom 20. November 1929 berichtete über Wirkungen des Sklarek-Skandals auf den Berliner Auslandskredit und bemerkte dazu, dass die Kurse der deutschen Anleihen in Amerika wieder stark zurückgegangen seien, die Kursabschläge lägen zwischen zwei und vier Prozent. Die Verluste der Berliner Anleihen lagen höher, wie das Blatt bemerkt. Die Sechseinhalb-Prozent-Anleihe der Hochbahn, die noch am 30. Oktober mit 88 Prozent notiert wurde, war am 18. November auf 75 Prozent zurückgefallen, die Sechseinhalb-Prozent-BEWAG-Anleihe fiel im gleichen Zeitraum von 87,5 auf 81 Prozent, die Berliner Stadtanleihe von 1925 war von 95 auf 89 Prozent gefallen. Der Journalist überlegte, ob *es an der Zeit ist die Stadt und die Aufsichtsbehörde zu fragen, was sie unter diesen Umständen zur Konsolidierung der Berliner kurzfristigen Schulden zu tun gedenken, da ihnen die kürzliche Verbilligung des Auslandsgeldes offenbar nicht zugutekommen wird.*

682 Engeli, Gustav Böß [wie Anm. 216], S. 226–240, bes. S. 229; für die Reise wurde in der Stadtverwaltung aus verschiedenen Dezernaten eine Akte zusammengestellt (LAB, A Rep. 005-03-02 Hauptfinanzverwaltung, Nr. 23), die allerdings wohl eher als Materialgrundlage für öffentliche Statements denn für geheime Verhandlungen gedacht war.

683 Ebd.

mark. Darin enthalten waren 881 Millionen Rentenmark als Verpflichtungen aus alten Markanleihen und 681 Millionen Rentenmark-Aufwertungsschulden. Dadurch beliefe sich die neue Pro-Kopf-Verschuldung auf nur knapp 30 Reichsmark. Für Berlin einschließlich der Werkbetriebe wird die Auslandschuld in dieser Aufstellung mit 618 Millionen Reichsmark im Jahr 1929 beziffert. Allerdings waren ausdrücklich nur die langfristigen Schulden aufgeführt, denen ein städtisches Vermögen in Höhe von 2.416 Millionen Reichsmark gegenübergestellt wurde. In einem weiteren, ‚Die öffentliche Finanzwirtschaft' betitelten Manuskript in demselben Konvolut werden die Gründe der Probleme der öffentlichen Finanzwirtschaft der Weimarer Zeit klar angesprochen. Es war *in erster Linie das Anwachsen der Ausgaben für unmittelbare und mittelbare Kriegslasten*, die den Zuschussbedarf der öffentlichen Körperschaften auf das Dreifache der Vorkriegszeit ansteigen ließ. Unter diesen Ausgaben aber nahmen die Wohlfahrtsausgaben die erste Stelle ein. Auch dieses Manuskript schloss mit der beruhigenden Aussage, dass das Vermögen der Stadt den Schuldenstand, der hier mit 750 Millionen Reichsmark angegeben wurde, *um mehr als das Dreifache übersteigt*. Einen greifbaren Erfolg konnte Böß mit diesen Zahlen und Manuskripten nicht mehr erreichen.

Als nahezu gleichzeitig mit der Böß-Reise die Kurse an der in der Welt führenden New Yorker Börse im Oktober 1929 einbrachen, war mit einem Schlag nicht nur der Weg zu günstigem Geld aus Übersee versperrt, vielmehr sah man sich auch mit verschärften Rückforderungen der Gläubiger aus den Vereinigten Staaten konfrontiert. Prolongationen und Umschuldungen waren nun – wie sich zeigen sollte – weiter erschwert. Die dramatische Finanzsituation, in die Berlin im Jahr 1929 geriet, wurde in der preußischen Ministerialverwaltung deutlich unterschätzt. Es bedurfte der Hinweise eines außenstehenden Experten, um deren Brisanz zu erkennen. Der ehemalige Berliner Stadtkämmerer und Direktor des Zweckverbandes Groß-Berlin, Karl Steiniger, damals als Abgeordneter der DNVP Mitglied der Stadtverordnetenversammlung, des Reichstages und des preußischen Staatsrates, wies den preußischen Innenminister am 16. November 1929 in einem vertraulichen Schreiben auf die Haushaltsschwierigkeiten Berlins und die damit verbundenen Konsequenzen hin – allerdings vergeblich.[684] Ausgangspunkt für die Analyse Steinigers war die in der Aufsichtsratssitzung der BVG am 4. November mitgeteilte und im Protokoll festgehaltene Äußerung des Kämmerers Dr. Lange, dass den schwebenden Schulden der Stadt Berlin in Höhe von 246 Millionen Reichsmark Forderungen an die BVG und die Nord-Süd-Bahn in Höhe von 217 Millionen Reichsmark gegenüberstünden. Da die BVG und die Nord-Süd-Bahn ihrerseits circa 120 Millionen Reichsmark Bankverpflichtungen zu bedienen hätten, so folgerte Steiniger, beliefe sich der Gesamtbetrag der Verbindlichkeiten auf rund 360 Millionen Reichsmark. Die BVG und ihre Tochtergesellschaften hätten mithin

684 GStA PK, I. HA, Rep. 77 Ministerium des Innern, Tit. 441, Nr. 32, Bd. 9, Schreiben vom 16. November 1929, *An den Herrn Minister des Innern persönlich*, Bl. 377. Zu dem Brief siehe auch Lehnert, Kommunale Finanzpolitik [wie Anm. 206], S. 120 f.

nach einer Übersicht vom 30. September 327 Millionen Reichsmark Schulden, die bis Ende 1930 fällig seien. Wie viele schwebende Schulden andere städtische Gesellschaften hatten, vermochte Steiniger nicht zu übersehen. Doch schätzte er die gesamten Beträge als *zweifellos hoch und bedrohlich* ein. Zudem hätte die Verkehrs-AG schon vor Monaten die Erklärung abgegeben, dass sie die ihr von den städtischen Behörden auferlegte Sonderabgabe von 19 Millionen Reichsmark nicht zahlen könnte. *Wäre der Gläubiger nicht die Stadt*, so Steiniger, *so läge der Konkursfall vor.* Auch die weiteren Schritte der Gläubiger sah Steiniger voraus: *Ich habe Grund zu der Annahme, daß das Großkapital diese Lage ausnützen wird, um die besten städtischen Unternehmungen aus dem Alleineigentum der Stadt herauszuführen. Man wird zweifellos dazu das wertvollste Objekt, nämlich die Bewag wählen, aus der ungeheure Beträge herausgeholt werden können* [...]. *Hier handelt es sich aber um einen bereits bestehenden Riesenbesitz der Stadt Berlin, zu dessen Erwerb die letzten Jahrzehnte gearbeitet haben.* Die dadurch entstehende ausländische Kapitalmehrheit bei dem vormals städtischen Besitz wie der gesamte Vorgang der Transaktion bedeutete für den nationalkonservativen ehemaligen Kämmerer Steiniger, *nach meiner Vergangenheit und grundsätzlichen Einstellung ein furchtbares Erlebnis.* Den ersten Schritt in dieser Richtung sah er darin, *daß der Kämmerer nach den Zeitungen behufs der Ultimoregulierung seinen Besitz an Aktien des E-Werkes Südwest lombardiert hat.*[685]

Offenbar anlässlich einer Staatsratssitzung informierte Steiniger den zuständigen Ministerialdirektor im Innenministerium danach persönlich über seine Befürchtungen bezüglich des Berliner Haushalts, der dies in Protokollform festhielt.[686] Steiniger beschrieb präzise die Lage und ihre Ursachen, die der Ministerialverwaltung in dieser Deutlichkeit nicht klar waren. Im Sklarek-Skandal, so führte Steiniger aus, sei der Oberbürgermeister *über alle Gebühr unwürdig und ungerecht behandelt* worden. Was die gegenwärtige und zukünftige Aufsicht über die Stadtbank und so weiter angehe, solle man doch in anderen Städten nicht glauben, dass man vor solchen Dingen gesichert sei, wenn er, Steiniger, auch nicht leugnen wolle, dass Berlin *schlimmer dran sei.* Wenn der Oberbürgermeister und der Stadtsyndikus erklärt hätten, dass sie gar nicht imstande seien, die Sache zu übersehen, so hätten sie darin vollkommen Recht. Zur städtischen Kreditfähigkeit führte er aus, dass sie weitergehend sei als die Kreditwürdigkeit. *Die Kreditwürdigkeit sei furchtbar. Diese persönlichen Kreditgeschäfte seien keine Geschäfte für Beamte und für ein städtisches Organ. Die Deutsche Bank zum Beispiel falle bei solchen Dingen manchmal auch hinein, sie sei aber ganz anders gestellt als eine Stadtbank, denn sie habe ihre 30- bis 40jährigen Erfahrungen.* Die Deutsche Bank verwalte nur das Kapital der Aktionäre, die Stadt Berlin aber habe das Kapital der Steuerzahler und Sparer zu verwalten. Zudem bekäme die Deutsche Bank von allen mög-

685 Tatsächlich erfolgte die Lombardierung bei der Gesfürel erst im Januar 1930, siehe Anm. 724.

686 GStA PK, I. HA, Rep. 77 Ministerium des Innern, Tit. 441, Nr. 32, Bd. 9, Durchschlag des Protokolls des Ministerialdirektors von Leyden, Bl. 379–393, paginiert S. 81–95. Steiniger gab an, zuvor an den Innenminister geschrieben zu haben.

lichen Seiten Informationen. Zum Problem der Ultimoregulierung am Jahresende meinte Steiniger, dass diese nur unter den allergrößten Schwierigkeiten möglich gewesen sei, da eine Privatbank dem Kämmerer eine Million gegeben habe und dieser weitere fünf Millionen habe beschaffen müssen, *damit die Hauszinssteuer flüssig würde*. Das wäre zwar bedenklich, allerdings *kein Verbrechen des Kämmerers gewesen, wie die ‚Deutsche Zeitung' und andere geschrieben hätten*. Weiter wies Steiniger darauf hin, dass für die nächsten Monate auch die Gehaltszahlungen nicht mehr gesichert erschienen. Dennoch habe man riesenhafte Bauten (BVG 100 Millionen) in Angriff genommen. Diese Bauten sollten nach Steinigers Meinung *eigentlich stille stehen, da man den Beschluß gefaßt hätte, daß keinerlei schwebende Schulden mehr aufgenommen werden sollten, soweit es nicht im Interesse der Fertigstellung der Bauten in dem früher beschlossenen Ausmaß unvermeidlich seien*. Andererseits gab auch Steiniger zu: *so wie Berlin jetzt aufgerissen* ist, kann *es natürlich nicht bleiben*. Die Großbauunternehmer hätten der Stadt angeboten, dreieinhalb oder fünf Millionen Reichsmark auf zwei bis drei Jahre zu kreditieren, bloß damit gebaut werde. Sie hätten noch den Bankkredit, über den der Kämmerer von Berlin nicht mehr verfüge. *Dies seien furchtbare Zustände*. Er, Steiniger, möchte nun an den Minister die Frage richten, die er nicht öffentlich stellen wolle, *ob nicht bereits das letzte Mittel der Steuerverpfändung in Aussicht stehe oder in Aussicht genommen sei? Die Staatsverwaltung müsse unter allen Umständen gegebenenfalls mit Notvorschriften eingreifen. Sie könne es nicht verantworten, daß es dem jetzt doch sehr dezimierten Magistrat der Stadt Berlin allein überlassen werde, die Stadt angesichts dieser 360 Mio. RM schwebender Schuld zu retten. Sie werde, wenn sie Genehmigung erteilt habe, mit Staatshilfe eingreifen müssen, um vorübergehend die Stadtgemeinde in die Lage zu versetzen, die dringendsten schwebenden Schulden wieder aufzulösen und dafür zu sorgen, daß sie fundierte Schulden bekommen*. Dazu müsste eventuell durch Notgesetze die Möglichkeit geschaffen werden. Der Gesprächspartner und Protokollant in der Ministerialverwaltung, Ministerialdirektor Dr. von Leyden vom preußischen Innenministerium, schien die Brisanz der präzisen Information nicht voll begriffen zu haben. Er erklärte zwar, *die Ausführungen des Vorredners nicht ohne eine gewisse Beklemmung vernommen* zu haben, sein Urteil sei aber *doch wesentlich anders als dasjenige des Vorredners*. Zur Beurteilung der Finanzlage Berlins, belehrte der ministerielle Theoretiker den kommunalen Praktiker, müsse man *die Etatlage und Kassenlage vollkommen auseinanderhalten. Was die Etatlage angehe, so wünsche er nur, daß viele Gemeinden in Preußen in einer annähernd so günstigen Lage wären wie die Stadt Berlin, was die Steuerkraft zu den Ausgaben der Stadt anlange, obgleich diese Ausgaben entsprechend der Funktion der Stadt als Reichs- und Landeshauptstadt ganz besonders groß seien, so sei dieses Verhältnis denkbar günstig. Die Stadt Berlin habe auch dank dieser Lage bisher in einer finanziell außerordentlich gesunden Weise gearbeitet. Sie habe sich für ihre Kämmereiverwaltung, worunter er die ganze öffentliche Verwaltung mit Ausnahme der Werke verstehe, bisher sowohl hinsichtlich des ordentlichen Etats im Rahmen ihrer Einnahmen gehalten wie auch hinsichtlich des außerordentlichen Etats im Rahmen ihrer langfristigen Kredite, was in der heutigen Zeit viel bedeute. Denn nur wenige Städte seien in den letzten Jahren dazu in der Lage gewesen.* Nur die Kassenlage sei außerordentlich beengt. Dies sei, so bemerkte der Ministerialdirektor und Experte für den preußischen Finanzausgleich, eine *Folge des Umstandes, daß es seit Jahren auch für die dringendsten langfristigen Aufgaben keine langfristige Deckung gegeben habe. Deshalb habe der kurzfristige Kredit für Zwecke in Anspruch genommen werden müssen, für die er an und für sich nicht vorhanden sei. Es sei ganz müßig, die theoretische Forderung zu erheben, daß langfristige Aufgaben* [...] *nicht kurzfristig gedeckt werden dürften. Wenn die deutschen und preußischen Gemeinden in den letzten zwei Jahren nach diesem Grundsatz verfahren wären, dann wären die Aufträge an die Wirtschaft überhaupt ausgefallen.* Die Gesamtheit der Gemeinden sei der größte Auftraggeber der Privatwirtschaft. Die 144 Millionen Reichsmark, die Steiniger als kurzfristige Verschuldung genannt habe, seien überwiegend nicht schwebende Schulden, sondern Kredite, die von der Aufsichtsbehörde genehmigt und von einem außenstehenden Gläubiger aufgenommen worden seien. Dass daneben die Stadt noch *schwebende Schulden habe, sei eine Sache für sich.* Die kurzfristigen Kredite seien von der Stadt Berlin zudem mit 124 Millionen Reichsmark lediglich für ihre Werke aufgenommen worden, die immerhin den Wert von einer Milliarde Reichsmark hätten, bei einem Gesamtvermögen der Stadt von zweieinhalb Milliarden Reichsmark einschließlich Verwaltungs- und Finanzvermögen. Die im Brief an den Minister enthaltene Behauptung, dass die Erklärung der BVG, den etatmäßig eingesetzten Überschuss in diesem Jahr nicht in voller Höhe abführen zu können, eine Konkurserklärung bedeute, sei *absolut nicht richtig,* da die Abgabe von 20 Millionen Reichsmark zusätzlich zu dem etatmäßig vorgesehenen Gewinn von 14,8 Millionen Reichsmark gefordert würden. Außerdem, so fügte er hinzu, sei der Beratungsstelle von den preußischen Ministern des Innern und der Finanzen für Auslandskredite ein kurzfristiger Auslandskredit von 60 Millionen Reichsmark als Vorschuss für einen Antrag über einen Kredit von 120 Millionen Reichsmark zur Genehmigung vorgelegt worden. Damit würde *die Stadt Berlin nicht nur jeder Schwierigkeit für Ende Dezember enthoben sein, sondern würde so überhaupt eine so wesentliche Entlastung der im Augenblick schwierigen Kassenlage erfahren.* Nach diesen Ausführungen konnte Dr. Steiniger den Ministerialdirektor nur noch um seinen Optimismus beneiden. Doch korrigierte er ihn sogleich. Die benötigte Summe seien 360, nicht 120 Millionen Reichsmark, davon brauche die BVG bis Ende September 85,6 Millionen; für die Nord-Süd-Bahn seien weitere 19 Millionen erforderlich. Steiniger zeigte sich damit wesentlich genauer über die Finanzsituation der Stadt Berlin informiert als die Staatsregierung. In der Bilanz vom 31. Dezember 1928 der Berliner Nordsüdbahn-AG, die nun als Tochtergesellschaft der neuen Berliner Verkehrs-Gesellschaft firmierte, standen auf der Aktivseite Baukosten von 193 und Grundstückswerte von 93 Millionen Reichsmark den auf der Passivseite aufgeführten langfristigen Deckungsmitteln von 58 und kurzfristigen Darlehen der Stadt Berlin in der stolzen Höhe von 186 Millionen Reichsmark gegenüber, zu denen weitere 21,5 Millionen Bankschulden kamen. 17 Millionen Reichsmark hatte man als langfristige Darlehen der Erwerbslosenfürsorge erhalten, und weitere 17 Millionen war man Unternehmern schuldig geblieben. Mithin hatten sich innerhalb eines Jahres hier die Schulden von rund 199 auf 211 Millionen Reichsmark erhöht.[687] Auf Aufforderung von Leydens[688] bezifferte der Kämmerer den Überschuss der großen städtischen Werke für 1929 auf 80,239 Millionen Reichsmark. Ihr Vermögen stellte sich danach wie folgt dar:

Tab. 57: Vermögenslage der großen städtischen Werke 1929 (in Millionen Reichsmark).

Betrieb	Aktienkapital	Pachtvermögen
BEWAG	15	404,650
Gaswerke	15	108,853
Wasserwerke	6	101,243
BVG	400	608,949

Quelle: GStA PK, I. HA, Rep. 77 Ministerium des Innern, Tit. 441, Nr. 32 Bd. 9, Bl. 436.

Über den tatsächlichen Eingang der im Haushalt festgesetzten Summen gab der Kämmerer, der wohl auch nicht darum gebeten wurde, allerdings keine Nachricht. Erhellender dürfte für die Ministerialverwaltung die am 27. November 1927 zugesandte Aufstellung[689] über die kurzfristigen Kredite (unter 2 Jahren an Banken und andere Gläubiger unter Einschluss von Kassenkrediten) gewesen sein. Danach hatte die Stadt nach den Angaben des Kämmerers zum 30. September 1929 im Bereich der Kämmereiverwaltung 144,3 Millionen, der Werke 71,72 Millionen, mithin zusammen rund 216 Millionen Reichsmark schwebende Schulden. Dazu kamen aus dem Verkehrsbereich 120,6 Millionen Reichsmark an kurzfristigen Verbindlichkeiten. Von der schwebenden Schuld waren 113,13 Millionen Reichsmark bis zum 31. Dezember 1929, weitere 60,8 Millionen bis zum 31. Januar 1930 fällig.[690] Mithin war es unmöglich, ohne erhebliche Neuverschuldung über den Jahreswechsel zu kommen. Der aktuelle Anleihebedarf wurde im November 1929 mit 217,186 Millionen Reichsmark berechnet. Er setzte sich wie folgt zusammen:

---

687 Verwaltungsbericht der Stadt Berlin, für die Zeit vom 1. April 1932 bis 31. März 1936, H. 2a, S. 7.

688 Stadtkämmerer Lange an Ministerialdirektor von Leyden, 25. November 1929, in: GStA PK, I. HA, Rep. 77 Ministerium des Innern, Tit. 441, Nr. 32, Bd. 9, Bl. 436.

689 Stadtkämmerer Lange an Ministerialdirektor von Leyden, 27. November 1929, unter Bezugnahme auf ein Telefongespräch vom 26. November 1929, ebd., Bl. 438.

690 Ebd., Bl. 492 ff. Zusammenstellung der Fälligkeiten der schwebenden Kredite der Kämmerei und der Gesellschaften; außerdem ein Voranschlag für die Einnahmen und Ausgaben des Magistrats im Monat Dezember, der eine Zusammenstellung der schwebenden Schuld der Kämmerei und Gesellschaften enthält (ebd., Bl. 501).

Tab. 58: Aktueller Anleihebedarf der städtischen Werke 1929 (in Millionen Reichsmark, aufgerundet).

Wasserwerke	12,0
Elektrizitätswerke	116,7
Schnellbahn	(verbessert aus 58,4) 88,4
Zusammen	217,1

Quelle: GStA PK, I. HA, Rep. 77 Ministerium des Innern, Tit. 441, Nr. 32 Bd. 9, Bl. 401.

An den erneuten Auslandskredit, den Kämmerer Dr. Lange mit dem New Yorker Bankhaus Dillon Read & Co. und der Amsterdamer Filiale von Mendelssohn & Co. vorbereitet hatte,[691] knüpfte sich die Erwartung, unter den veränderten Bedingungen der Weltwirtschaftskrise endlich neue, langfristige Kreditbeziehungen herzustellen. Die Konditionen des Kredits wurden in der Presse je nach politischer Überzeugung als *günstig*[692] oder *weder besonders günstig noch ungünstig*[693] eingestuft. Sorge machte in jedem Fall die kaum vorhersehbare Entscheidung der Beratungsstelle, bei der nun wieder ein Vertreter der Reichsbank beteiligt war. Die Argumente wurden bereits im Vorfeld diskutiert. Der sozialdemokratische Vorwärts wies dabei auf die Vorteile der

691 Inhalte des Vertrags zwischen der Stadt Berlin und dem Bankhaus vom 5. Dezember 1929 in: GStA PK, I. HA, Rep. 77 Ministerium des Innern, Tit. 441, Nr. 32, Bd. 9, Bl. 1–34 (hektografiert). Der Gesamtbetrag belief sich auf 15 Millionen US-Dollar, die Zinsen in Höhe von siebeneinhalb Prozent waren vierteljährlich fällig, die Laufzeit war auf ein Jahr nach Beginn der Abrufe festgesetzt. Eine Provision 150.000 US-Dollar musste vom Gesamtbetrag geleistet werden. Außerdem ging die Stadt die Verpflichtung ein, über alle ausländischen Finanzierungen (nicht einschließlich unabhängiger Finanzierungen stadteigener Gesellschaften und mit Ausnahme der Verlängerungen zur Zeit laufender kurzfristiger Darlehen durch Verlängerung oder Erneuerung um Fristen von nicht über je einem Jahre) zuerst mit den Bankiers des Konsortiums zu verhandeln. Zeichnungsberechtigt für Berlin waren Bürgermeister Arthur Scholtz und die Stadträte Emil Wutzky, Martin Katz und Ernst Reuter.

692 Vorwärts vom 1. Dezember 1929. Die Zinsbedingungen seien mit insgesamt 8,6 Prozent günstig. Die deutschen Städte zahlen ansonsten zwischen elf und 14 Prozent. Zu den Aussichten schrieb man: *Der Geldmarkt wird, da kurzfristige Bankkredite abgelöst werden, entsprechend erleichtert. Die Privatbanken müssen sich über die Erhöhung ihrer Liquidität freuen. Wird die Beratungsstelle sich gegen eine Kreditverbesserung Deutschlands im Ausland und gegen eine Verbesserung der Bankenliquidität erklären?*

693 Das Berliner Tageblatt vom 30. November 1929 erläuterte die Zusammenhänge mit dem Young-Plan. Es bestehe die *Notwendigkeit, daß den Kommunen langfristiges Auslandskapital in größerem Umfange früher oder später zufließen muß, und ihre Absicht wird keineswegs dahin gehen, solchen Konsolidierungsoperationen prinzipielle Schwierigkeiten in den Weg zu legen. Dabei dürfte auch der alte Kontigentierungsrahmen für die Kommunalkredite keine hemmende Rolle mehr spielen, besonders nachdem Deutschland nach Genehmigung des Young-Planes seine Freiheit in allen diesen Fragen wiedergewonnen haben wird* [...]. [...] *die Beratungsstelle dürfte sich aber auch die Frage vorlegen, ob einer oder mehrere zu den heutigen noch relativ ungünstigen Zinsverhältnissen abgeschlossenen Kredite nicht die Basis zu Zinsbesserungen späterer großzügigerer Anleiheaufnahmen verschlechtern könnten. Auf der anderen Seite wird sich allerdings die Frage aufwerfen, ob nicht im Interesse des baldigen Wiederingangkommens langfristiger Anleihen Bedenken der oben geschilderten Art zurückgestellt werden sollten.*

Liquiditätsverbesserung hin; im liberalen Berliner Tageblatt wurden hingegen die grundsätzlichen Gesichtspunkte im Zusammenhang mit den Regelungen des Young-Plans und zukünftiger Zinspolitik erörtert. Vor allem der Bankenkreisen nahestehende Berliner Börsen-Courier[694] betonte vor der zweiten Sitzung der Beratungsstelle, dass die Auffassung der Reichsbank dahin ginge, *dass die Berliner Anleihe ein Präjudiz* und die mit ihrer Genehmigung logisch verbundene Zustimmung zu einer großen Fundierungsanleihe im Jahr 1930 eine *sehr unerwünschte Festlegung* bedeuten würde, und plädierte für eine Ablehnung des Kredits. Neben anderen Gründen[695] wurde hier auch das Hauptargument der Gegnerschaft, die Konkurrenzsituation der öffentlichen und privaten Auslandskreditaufnahme, genannt: *Nur durch schärfste Einschränkung der öffentlichen Auslandsanleihen kann eine langsame Besserung der Zinssätze für die deutsche Kapitalnachfrage erreicht werden.* An einer Zusage hing nicht nur der Berliner Kredit.[696] Auch Auswege aus der schwierigen Situation eröffnete das Blatt, indem es den Vertreter der Reichsbank daran erinnerte, dass wenn sie *aus wohlerwogenen Gründen gegen den Antrag* stimme, sie die Pflicht habe, gegen eine positive Entscheidung der Beratungsstelle Berufung einzulegen. Wohl an die Adresse Schachts richtete man die Warnung, dass ein Ausscheiden der Reichsbank aus der Beratungsstelle die *Lahmlegung des gesamten deutschen Auslandskredits* zur Folge habe. Trotz der bereits zuvor bekannten Gegnerschaft zum städtischen Kredit schienen diesmal die Aussichten für eine Genehmigung der Auslandsanleihe durch die Beratungsstelle zunächst nicht ungünstig zu sein. Im Oktober 1929 hatte die Beratungsstelle eine Auslandsanleihe der Stadt Hannover in Höhe von achteinhalb Millionen US-Dollar auf zehn Jahre mit einem Zinssatz von sieben Prozent genehmigt.[697] Doch schon bei den Vorverhandlungen wie auch bei der Verhandlung in der Beratungsstelle zeigte sich, dass auch das zu diesem Zeitpunkt noch von Hilferding geführte Reichsfinanzministerium das Berliner Anleiheprojekt nicht in dem erhofften Maße unterstützte. In der Beratungsstelle hielt sich der Vorsitzende, ein Vertreter des Reichsfinanzministeriums, sachlich zurück. Im Nachhinein wurde bemerkt, dass *der Vortrag* [...] *des Sachreferenten, der an und für sich objektiv war, ganz anders hätte gehalten werden können, wenn er oder Ge-*

694 Berliner Börsen-Courier vom 11. Dezember 1929, in: GStA PK, I. HA, Rep. 77 Ministerium des Innern, Tit. 441, Nr. 32, Bd. 9.

695 *Die Reichsbank befürchtet offenbar* [...] *daß eines Tages, und zwar unter Umständen sehr schnell, die Frage nach der Berechtigung deutscher Kommunalanleihen nicht mehr allein im Inland aufgeworfen werden wird, sondern bei den Kreditgebern im Ausland. Eine solche Situation war schon einmal gegeben – das weiß auch das Finanzministerium sehr genau – und damals mußte die absolute Kreditsperre für Kommunalanleihen Hals über Kopf vorgenommen werden.*

696 Ebd.: *Wie verlautet wird der Sparkassen- und Giroverband Kreditkontingente für mittlere Städte und ebenso die Stadt Breslau eine noch nicht ausgenutzte Anleihegenehmigung der Stadt Berlin zur Verfügung stellen.*

697 GStA PK, I. HA, Rep. 109 Preußische Seehandlung, Nr. 1130; Berliner Börsen-Courier vom 22. Oktober 1929. Der Erlös sollte verschiedenen öffentlichen Zwecken und besonders dem Ausbau der Versorgungsbetriebe dienen. Der Emissionskurs war noch nicht bekannt.

heimrat Norden [der Vertreter der Reichsbank] *für die Anleihe hätten eintreten wollen.* Norden *sprach sich auf das schärfste gegen den Anleiheantrag aus. Die Hauptbedenken erblickt er darin, daß die Anleihe nach einem Jahr zurückgezahlt werden solle. Er hält es für ausgeschlossen, daß innerhalb eines Jahres im In- und Ausland ein solcher Betrag langfristig zur Verfügung stehen werde. Die Katastrophe werde also nur um 1 Jahr hinausgeschoben.*[698] Damit hatte er objektiv zweifellos Recht, doch galt es eben, über die kurzfristige Anleihe langfristige Kreditbeziehungen anzubahnen. Obwohl die Länder- und der Reichsvertreter für die Anleihe gestimmt hatten und allein der Vertreter der Reichsbank dagegen, erreichte dieser nach einer über Stunden gehenden Sitzung die Vertagung. Das vom DVP-Mitglied Moldenhauer geführte Reichswirtschaftsministerium zog daraufhin seine Bereitschaft zur Zustimmung zurück. In der Sitzung des Reichskabinetts am 12. Dezember 1929 konnte der Austritt der Reichsbank aus der Beratungsstelle nur durch die Übereinkunft, die Berliner Ausgabenpolitik zu ändern, verhindert werden. Ein in der Sache unverantwortliches Gremium maß sich das Recht an, über die finanzielle Seite der Berliner Stadtpolitik zu entscheiden. Eine zweite Sitzung war für den 16. Dezember 1929 anberaumt. Auch sie endete *angesichts des nicht zu überwindenden Widerstandes des Vertreters der Reichsbank,* der den anderen Mitgliedern bei Zustimmung mit dem sofortigen Austritt der Reichsbank aus der Beratungsstelle drohte, ohne Ergebnis.[699] Damit war der dringend notwendige Auslandskredit ohne formelle Ablehnung unmöglich geworden. Die Reichsbank bestimmte über die Berliner Finanzpolitik.[700]

Berlin stand zu Ultimo die Zahlungsunfähigkeit bevor. Oberpräsident Maier als Aufsichtsbehörde war gezwungen, unverzüglich zu handeln. Es gelang ihm am folgenden Tag, den Reichsbankpräsidenten dazu zu bewegen, den deutschen *Banken nahezulegen, der Stadt Berlin einen Kredit zu geben.*[701] Die Furcht vor der Signalwirkung der

---

698 Der preußische Minister des Innern, 13. Dezember 1929, Notiz über die Sitzung der Beratungsstelle für Auslandskredite vom 11. Dezember 1929, in: GStA PK, I. HA, Rep. 77 Ministerium des Innern, Tit. 441, Nr. 32, Bd. 9, Bl. 478, zum Abstimmungsverhalten; Vorwärts vom 12. Dezember 1929.

699 Vorwärts vom 17. Dezember 1929. Bereits nach der ersten Sitzung war klar, dass man nicht zu einer Einigung kommen würde. Der preußische Minister des Innern Severing schrieb am 12. Dezember 1929 vertraulich an den Ministerpräsidenten Otto Braun, *daß die Katastrophe der Zahlungseinstellung leider unzweifelhaft ist, falls Berlin die 60 Millionen jetzt nicht sofort erhält.* Zur Verhandlungsführung bemerkte Severing, dass die Erklärung der Reichsbank, bei einem zustimmenden Votum aus der Beratungsstelle sofort auszuscheiden, ohne auch nur den Versuch zu machen, eine zweite Instanz (die bei sonst gleicher Zusammensetzung den Eintritt der Chefs anstelle ihrer Sachbearbeiter erforderlich gemacht hätte) anzurufen, die Beseitigung der Freiheit der Abstimmung bedeute, GStA PK, I. HA, Rep. 77 Ministerium des Innern, Tit. 441, Nr. 32, Bd. 9, Niederschrift (Durchschlag) vom 12. Dezember 1929, Bl. 85.

700 Martin Voigt (Bearb.), Akten der Reichskanzlei, Weimarer Republik, Das Kabinett Müller II, Bd. 2, Boppard 1970, S. 1249 f.

701 GStA PK, I. HA, Rep. 77 Ministerium des Innern, Tit. 441, Nr. 32, Bd. 9, Vermerk zu einer Besprechung über die Finanzlage Berlins am 28. Dezember 1928, Bl. 544 ff. Die vermeintliche Zustimmung hatte der Oberpräsident wohl durch die Einführung einer Bedingung erreichen wollen, von der Seve-

drohenden Zahlungsunfähigkeit der Hauptstadt für den deutschen Kredit insgesamt dürfte dabei den Ausschlag gegeben haben. Verheerend waren aber die politischen Folgen für die Berliner Stadtverwaltung. Für den Reichsbankpräsidenten, der zugleich mit dem Reichsfinanzminister und dessen Staatssekretär im Kampf um die Reichsanleihe und damit die Entscheidungskompetenz in Finanzfragen im Reich stand, war die Auseinandersetzung über den Berliner Kredit sicher nur eine Art von Nebenschauplatz.[702] Nahezu gleichzeitig sollten die Ultimoschwierigkeiten des Reichs durch eine Anleihe beim US-Bankhaus Dillon Read überbrückt werden. Schacht gelang es, die Anleihe zu verhindern und damit gleichzeitig den Sturz des sozialdemokratischen Ministers Hilferding einzuleiten. Er regierte neben der Reichsregierung und war bemüht, seine Vorstellungen über die Revision der Reparationen, hier speziell des Young-Plans durchzusetzen.[703] Auch hier wurde die grundsätzliche Missachtung der von der parlamentarischen Demokratie eingeführten Gremien und ihrer Mehrheitsentscheidungen[704] deutlich. Diesmal aber hatte Schacht überzogen und verließ im März 1930 seinen Posten. Für die Stadt hatte der Ausfall der US-Anleihe erhebliche Folgen. Nun hatte sie ihren finanziellen Handlungsspielraum endgültig verloren. Auch die Aufsichtsbehörde gab jetzt ihre traditionell liberale Haltung gegenüber den Berliner Kreditwünschen auf. Der Oberpräsident stellte fest, dass die Finanz- und Kassenlage der Stadt Berlin *durch kurzfristige Verschuldung so in Unordnung geraten* sei, *daß es nur unter allergrößten Schwierigkeiten und unter Einsatz des ganzen staatlichen Einflusses möglich war, Ultimo Dezember zu überbrücken* und diese Überbrückung nur *ein schwaches Provisorium* darstelle und überdies *die kurzfristige Verschuldung zum größten Teil ohne staatsaufsichtliche Genehmigung erfolgt* sei. Daraufhin ordnete er *auf Grund des § 7 Zuständigkeitsgesetzes zur Abbürdung der kurzfristigen Kredite und zur Herstellung einer geordneten Verwaltung* an: *Neue Aufgaben dürfen bis zur Regulierung der kurzfristigen Verschuldung nicht übernommen, auch dürfen Ausgaben nicht geleistet werden, die sich auf solche Aufgaben beziehen. Für den Monat Dezember 1929 sind*

---

ring an Ministerpräsident Braun schrieb, *daß Berlin den Rückzahlungsbetrag binnen eines Jahres durch interne Tilgung aufbringt, was* [...] *durch eine auf jeden Fall notwendige Erhöhung der Tarife ermöglicht werden kann. Mit dieser Maßgabe, die die Rückzahlung des ausländischen Darlehens unter allen Umständen sicherstellt, ist ein Haupteinwand Schachts beseitigt*, ebd., Bl. 85. Doch war auch dieser Kredit noch nicht sicher, da die Großbanken, voran die Deutsche Bank, den Kredit ablehnten.

702 Oberpräsident Maier, der vor den Sitzungen mit Schacht konferierte, hatte geglaubt, den Reichsbankpräsidenten von seiner Auffassung überzeugt zu haben, und führte dessen erneute Meinungsänderung auf ein *kurz danach hervorgetretenes Verlangen des Reiches nach Auslandskrediten* zurück. Zum Konflikt von Schacht mit Popitz und Hilferding siehe Anm. 697.

703 William Smalldone/Rudolf Hilferding. Tragödie eines deutschen Sozialdemokraten, Bonn 2000, S. 198–201.

704 Der preußische Innenminister Severing schrieb in seiner Notiz vom 12. Dezember 1929: *Der besondere Ernst der Situation und ihre selbst über den ernsten Fall von Berlin hinausgehende Bedeutung liegt aber in der Art und Weise, wie der Reichsbankpräsident die Mitglieder der Beratungsstelle, d. h. die Reichsminister, das Land Preußen und die Präsidenten der beiden Staatsbanken, geradezu zu vergewaltigen versucht*, GStA PK, I. HA, Rep. 77 Ministerium des Innern, Tit. 441, Nr. 32, Bd. 9, Bl. 85.

die dort ermittelten Ausgaben für den Bedarf nach Maßgabe anliegender Aufstellung unbedingt innezuhalten. Die Überschüsse der städtischen Kassen mussten in einen besonderen Tilgungsfonds der Preußischen Staatsbank im Betrag von monatlich mindestens fünf Millionen Reichsmark eingezahlt werden. Der Tilgungsfonds sollte wesentlich durch Erhöhung der Tarife der städtischen Werke und Verkehrsbetriebe gespeist werden. Über den genannten Betrag von fünf Millionen Reichsmark hinausgehende Überschüsse durften nur zur Fertigstellung solcher Bauten verwendet werden, bei denen die Fertigstellung zur Erhaltung der Bauten notwendig sei.[705] Ebenso wurde die Genehmigung des Auslands- durch die eines Inlandskredits ersetzt.[706] Es ergibt sich die Frage, ob Reichsbankpräsident Schacht mit seiner die Entscheidung in der Beratungsstelle ignorierenden Haltung einer spezifischen Berlinfeindlichkeit Ausdruck verliehen hat. Dies scheint nicht der Fall gewesen zu sein. Über seine grundsätzliche Voreingenommenheit gegenüber der kommunalen Wirtschaft überhaupt ist bereits berichtet worden.[707] Die im Vergleich großen Kreditsummen dürften ihn in seiner ablehnenden Haltung noch bestärkt haben. Eine bestimmte Absicht, etwa die, Berlin zu veranlassen, den wertvollsten Werkbesitz der Stadt, die Elektrowerke, zu veräußern, wie sie ihm etwa Ernst Reuter nachsagte,[708] ist nicht nachzuweisen, ebenso wenig ein spezieller Kampf gegen die Stadtbank als kommunale Konkurrenz der Privatbanken. Die großen Städte wie Berlin, Frankfurt am Main und Dresden konnten allerdings im Ausland günstigere Bedingungen als im Inland erzielen, was von deutschen Banken nicht gern gesehen wurde. Mit der Abdrängung der deutschen Kommunen vom ausländischen Kapitalmarkt und dem Zugang zu langfristigen Krediten erreichte die Reichsbank zudem einen ungleich höheren Einfluss auf das kommunale Finanzwesen.[709] Darüber hinaus ist die Übereinstimmung der Argumentation der Privatwirtschaft gegen die den Kommunen unterstellte ‚kalte Sozialisierung' mit der des Reichsbankpräsidenten

705 Erlass vom 20. Dezember 1929, ebd., Bl. 525. Stadtbaurat Wagner führte zu einer Besprechung zwischen dem Oberpräsidenten und Bürgermeister Scholtz aus, dass Berlin im Jahr 1928 Hochbauten im Wert von 41 Millionen Reichsmark erstellt habe. Von den für 1929 vorgesehenen Bauten, für die 54 Millionen Reichsmark vorgesehen waren, sei bereits ein Teil (18 Prozent) gesperrt. Durch Stilllegungen würden sich Verteuerungen von rund 20 Prozent ergeben, ebd., Bl. 544 ff. Vermerk zu einer Besprechung über die Finanzlage Berlins am 28. Dezember 1929, Bl. 549 ff.; zum gesamten Vorgang siehe auch Verwaltungsbericht der Hauptfinanzverwaltung [wie Anm. 242], S. 7 f.

706 Erlass vom 21. Dezember 1929, Genehmigung zur Aufnahme eines kurzfristigen Kredits von 58,6 Millionen Reichsmark, rückzahlbar in elf Monatsteilen, beginnend am 31. Januar 1930 mit einem Zinsfuß von eineinhalb Prozent über dem Lombardzinsfuß, mindestens aber von neuneinhalb Prozent, in: GStA PK, I. HA, Rep. 77 Ministerium des Innern, Tit. 441, Nr. 32, Bd. 9, Bl. 508. Der Magistrat stimmte noch am gleichen Tag zu.

707 Siehe Anm. 660.

708 Ernst Reuter in einem Referat der vierten Reichskonferenz für Kommunalpolitik in Halle vom 10. bis 12. Oktober 1929, in: Reuter, Schriften, Reden, Bd. 2 [wie Anm. 671], S. 278. Am Ende des Jahres 1929 bemerkte Schacht allerdings, dass Berlin, wenn es sich retten wolle, lieber die BEWAG verkaufen solle, dazu James, Deutschland in der Weltwirtschaftskrise [wie Anm. 613], S. 105.

709 So Upmeier, Die Entwicklung der kommunalen Ausgaben [wie Anm. 576], S. 168–171.

auffallend.[710] Auch wenn Schacht mit Recht immer wieder auf seine Pflicht hinwies, die wertvollen Devisen nur für hochproduktive Zwecke bereitzustellen, so zeigt die Statistik der Bewilligungen ein anderes Bild: Während von den staatlichen Anleihen der Jahre 1925–1928 92 und 97 Prozent der landwirtschaftlichen Auslandsanleihen die Beratungsstelle passierten, waren es bei den Kommunalanleihen nur 45 Prozent.[711] Bei den landwirtschaftlichen Anleihen handelte es sich im Wesentlichen um Anträge der Rentenbank-Kreditanstalt, die von der Reichsregierung der Beratungsstelle vorgelegt wurden.[712] Seit 1925 hatte sich die Reichsregierung um die planmäßige Förderung von Agrarinvestitionen bemüht. Die – unrentablen – Großbetriebe wurden bei der Kreditvergabe bevorzugt.[713] Auch war man sich in der Reichsbank der Fragwürdigkeit des den Entscheidungen der Beratungsstelle zugrundeliegenden Produktivitätsbegriffs[714] durchaus bewusst. Auch war bekannt, dass den ausländischen Anleihegläubigern, anders als der Beratungsstelle, der Anleihezweck durchaus gleichgültig[715] war. Die vielbeschworenen Gefahren der Bewilligung von Kommunalanleihen für den deutschen Auslandskredit werden zudem relativiert, wenn man die Gesamtrelationen betrachtet. Mit unter zehn Prozent machten die städtischen Auslandsanleihen nur einen kleinen Teil der deutschen Gesamtverschuldung[716] im Ausland aus.

Ohne den vergleichsweise hohen Auslandskredit blieb die Finanzlage der Hauptstadt trotz des Überbrückungskredits äußerst angespannt. Die Deckungslücken des vorangegangenen Haushalts mussten trotz aller Sparanstrengungen mit 26,6 Millionen Reichsmark fortgeschleppt werden. Im außerordentlichen Haushalt wurden 95 Millionen Reichsmark vom Ausgabesoll abgesetzt, sodass Restausgaben von 214 Millionen Reichsmark verblieben. Zudem waren allein in den ersten drei Monaten des Jahres 1930 Rückzahlungen in Höhe von rund 165 Millionen Reichsmark fällig. So war die Stadt weiterhin gezwungen, neue Kredite als Zwischenkredite[717] aufzunehmen. Schon in der zweiten Januarhälfte des Jahres 1930 ergab sich die Notwendigkeit einer Darlehensaufnahme von acht Millionen Reichsmark. Doch gelang es der Stadt Berlin auch damit nicht, über den Ultimotermin des Monats Januar 1930 zu kommen. Nur wenige Tage später nahm die Stadt einen Fünfmonatskredit bei der Preußischen Elektrizitäts-Aktiengesellschaft (PREAG) in Höhe von 25 Millionen Reichsmark auf. Angesichts der erkennbar schwierigen Lage der Stadt konnten die Kreditgeber ihre Forderungen erhöhen. Als Bedingung für den Fünfmonatskredit musste Berlin einer Verlängerung

710 Böhret, Aktionen gegen die kalte Sozialisierung [wie Anm. 652], S. 179.
711 Die Reichsbank. Verhandlungen und Berichte [wie Anm. 657], S. 85.
712 Böhret, Aktionen gegen die kalte Sozialisierung [wie Anm. 652], S. 184.
713 James, Deutschland in der Weltwirtschaftskrise [wie Anm. 613], S. 250 f.
714 Die Reichsbank. Verhandlungen und Berichte [wie Anm. 657], S. 98 f.
715 Ebd., S. 90.
716 Siehe Anm. 661.
717 Zusammenstellung: Berliner Börsen-Courier vom 24. Oktober 1930, in: GStA PK, I. HA, Rep. 109 Preußische Seehandlung, Nr. 1130.

des Abnahmevertrags mit den Elektrowerken um fünf Jahre zustimmen.[718] Einen Monat später, Ende Februar, hatte die Stadt bei einem Bankenkonsortium unter Führung der Preußischen Staatsbank (Seehandlung) und der Deutschen Bank einen Kredit in Höhe von 45 Millionen Reichsmark in Form von mit acht Prozent verzinsten Goldschatzanweisungen erhalten. Auch in diesem Fall errechnete sich für die Stadt eine hohe Effektivbelastung von etwa zehn Prozent.[719] Als Sicherung wurde das städtische Aktienpaket der Deutschen Gasgesellschaft verpfändet, was einen Protest des Konsortialführers der 15-Millionen-US-Dollar-Anleihe von 1927, Brown Brothers & Co., hervorrief.[720] In den Vereinigten Staaten war die Berliner Situation bis dahin nicht so dramatisch eingeschätzt worden. Über die Ausgabenverteilung gibt folgender Verwendungsnachweis Auskunft:

Tab. 59: Verwendungsnachweis des Erlöses der Acht-Prozent-Goldschatzanweisung von 1929 nach dem Stand Ende Juni 1930 (in Millionen Reichsmark).

allgemeine Verwaltung	(0,522 verändert in) 0,855
Bauverwaltung	3,215
Schulverwaltung	4,256
Gesundheitsverwaltung	2,114
Betriebe	4,276
Finanzverwaltung	19,513
Zusammen	33,896

(Im Bereich Finanzverwaltung waren unter anderem für den Ankauf am Schöneberger Südgelände 6,32 Millionen Reichsmark, für den Ankauf des forstfiskalischen Geländes am Bahnhof Heerstraße für das Messegelände 1,5 Millionen und als Entschädigung für Hochbahnaktionäre 6,786 Millionen Reichsmark vorgesehen.)
Quelle: GStA PK, I. HA, Rep. 77 Ministerium des Innern, Tit. 441, Nr. 32, Bd. 10, Bl. 118 f.

718 Die Verzinsung betrug neuneinhalb Prozent, der Kredit war 1931 in Raten zurückzuzahlen. Der amtierende Kämmerer sprach von *wucherischen Bedingungen* und davon, dass die Notlage vom Reich ebenso *schamlos ausgebeutet* werde *wie von der Preußischen Staatsbank und der Finanzabteilung der Reichsversicherungsanstalt für Angestellte*: Lange, Groß-Berliner Tagebuch [wie Anm. 44], S. 133.
719 Sie wurden ab März zum Verkaufskurs von 95,25 Prozent verkauft, Deutsche Sparkassen-Zeitung vom 1. März 1930, in: GStA PK, I. HA, Rep. 109 Preußische Seehandlung, Nr. 1130. Nach der Frankfurter Zeitung vom 1. März 1930, ebd., waren 14 große Banken an der Emission beteiligt, doch fehlten einige bei früheren Zeichnungseinladungen genannte Firmen wie S. Bleichröder, Hardy & Co., Lazard Speyer-Elissen, Jacquier & Securius, Internationale Handelsbank, Merck Finck & Co.
720 Die Maßnahme wurde rasch aufgehoben: *Infolge des guten Absatzes der Berliner Schatzanweisungen hat das unter Führung der Preußischen Staatsbank, der Deutschen Bank und der Disconto Gesellschaft stehende Konsortium sich entschlossen, schon vorzeitig die bei dem Geschäft vorgesehene Verpfändung der Deutschen Gasaktien aufzuheben*, Berliner Börsen-Courier vom 26. Februar 1930, Vossische Zeitung vom 20. März 1930. Verpfändet worden waren Aktien im Wert von 45,341 Millionen Reichsmark, Berliner Lokal-Anzeiger vom 20. März 1930.

Mit knapper Mehrheit (101 zu 98 Stimmen) nahm die Stadtverordnetenversammlung diese von Bürgermeister Scholtz eingebrachte Vorlage an.[721] Insgesamt hatten die Anleihen bis dahin folgende Ausgabenschwerpunkte:

Tab. 60: Verwendung der Kommunal-Kredite von siebeneinhalb Milliarden Reichsmark (zusätzlich 1,2 Milliarden Reichsmark Altschulden), in Millionen Reichsmark.

Verwendung	Höhe	in Prozent
Wohnungswesen	2.030,5	26,8
Verkehrswesen	1.678,2	22,2
Versorgungsbetriebe	997,5	13,2
Grundvermögen	640,0	8,6
Kassenreserven, Deckung von Fehlbeträgen	533,8	7,1
Wohlfahrtswesen	465,0	6,2
Verschiedene Anstalten	363,8	4,8
Verschiedene Unternehmungen	257,3	4,7
Bildungswesen	336,6	4,4
allgemeine Verwaltung	148,9	2,0
Summe	7.561,4	100,0

Quelle: Berliner Tageblatt vom 13. Dezember 1930, in: GStA PK, I. HA, Rep. 109 Preußische Seehandlung, Nr. 1130.

Tab. 61: Verwendung der städtischen Anleihen über ein Jahr Laufzeit, Stand Ende Mai 1931 (in Millionen Reichsmark, aufgerundet).

Verwendungszweck	insgesamt	davon Inhaberschuldverschreibungen	davon Schuldscheindarlehen	davon Notstandsdarlehen
Kämmerei				
1. Verwaltungsgebäude usw.	5,66	5,15	0,48	0,040
2. Straßen, Wege und Brücken	51,32	33,82	12,95	4,560

721 Stenographische Berichte über die öffentlichen Sitzungen der Stadtverordnetenversammlung der Stadt Berlin, 1925–1932, Jahrgang 1930, Sitzung vom 20. Februar 1930, S. 239. Die in der Vorlage vorgesehenen Ausgaben (18 Millionen Reichsmark für Brücken- und Straßenbauten, 14,5 Millionen für Schulbauten) ließen sich nicht realisieren. Lediglich bereits begonnene Bauten konnten fertiggestellt werden, vergleiche dazu Berthold Grzywatz, Arthur Scholtz, in: Ribbe, Stadtoberhäupter [wie Anm. 81], S. 203–233, hier S. 225.

Verwendungszweck	insgesamt	davon Inhaberschuldverschreibungen	davon Schuldscheindarlehen	davon Notstandssdarlehen
3. Zuschüsse zu Reichsbahnbauten	6,70	5,49	1,21	
4. Wohnungs- und Siedlungswesen	84,14	28,43	55,71	0,006
5. Meliorationen	11,79	2,31	9,49	
6. Schulbauten	18,63	14,27	4,35	0,003
7. Bibliotheksbau	0,007		0,007	
8. Krankenanstalten usw.	18,240	14,27	3,950	18,240
9. Badeanstalten	5,950	4,18	1,740	0,024
10. Obdach	5,950	2,33	2,160	
11. Erziehungsanstalten	1,210	0,92	0,280	
12. Grundstücksankäufe	34,960	11,44	23,520	
13. Betriebsfonds der Kasse	2,400	2,40		
14. Rückzahlung der vor dem 1.4.1924 aufgenommenen Schulden	0,420		0,420	
Gemeinnützige Einrichtungen				
1. Stadtentwässerung	16,220	10,51		5,710
2. Feuerlöschwesen	0,520	0,47	0,050	
3. Markt- und Messehallen	8,740	6,04	2,700	
4. Parkanlagen	2,680			2,680
5. Dauerwald	10,360	10,36		
6. Friedhöfe	0,040			0,040
Werke				
1. Elektrizitätsversorgung	60,570	60,57		
2. Wasserversorgung	10,400	10,40		
3. Werk Buch	1,080	1,08		
4. Verkehrsbetriebe	321,700	263,21	36,830	21,660
5. Häfen und Wasserstraßen	1,950	0,14	1,810	
6. Ziegelei Gransee	0,360		0,360	
zusammen	680,530	487,80	158,010	34,730

Quelle: GStA PK, I. HA, Rep. 77 Ministerium des Innern, Tit. 441, Nr. 32 Bd. 10.

In der Aufstellung enthalten waren Schuldscheindarlehen, einschließlich Notstandsdarlehen von Reich und Staat in Höhe von 70,76 Millionen Reichsmark, die wesentlich für die Bereiche Wohnungswesen (30,6 Millionen), Vermögensverwaltung (13,4 Millionen) und Schnellbahnen (neun Millionen) verwendet worden waren. Aus den Zahlen ergibt sich, dass die Berliner Kämmereiverschuldung vor allem durch den Wohnungs- und U-Bahnbau verursacht worden war. Der Börsenprospekt für die neue Schatzanweisung wies das Gesamtvermögen Berlins mit 2,6 Milliarden Reichsmark aus. Darin waren das Werksvermögen mit insgesamt 1,4, das Finanzvermögen mit 0,7 und das Verwaltungsvermögen mit einer halben Milliarde Reichsmark[722] beziffert. Die Kreditnot zwang Berlin, die eigene Finanzsubstanz anzugreifen. Noch Ende 1929 hatte man beteuert, dass *der Gedanke der Verpfändung oder Veräußerung städtischen Werkbesitzes* für den Magistrat *nicht diskutierbar* sei.[723] Ein erster Schritt zur Veräußerung war, dass man der der AEG und Loewe-Gruppe nahestehenden Gesellschaft für elektrische Unternehmungen (Gesfürel) um die Jahreswende 1929/30 für einen Kredit in Höhe von 23,5 Millionen Reichsmark Aktien des seit 1920 in Berlin gelegenen Elektrizitätswerks Südwest als Lombard überlassen musste. Das Kraftwerk hatte vor 1920 die vormaligen Vororte Schöneberg, Wilmersdorf, Schmargendorf mit Energie beliefert. Als Rechtsnachfolger der Vorortgemeinden besaß die Hauptstadt Aktien im Wert von 18,5 Millionen Reichsmark dieses Versorgungsbetriebes. Die Gesfürel verfügte bereits über ein größeres Paket (21,4 Millionen Reichsmark) an Südwest-Aktien. Da eine Rückzahlung des Kredits im März 1930 unmöglich war, musste das Berliner Paket der Gesfürel überlassen bleiben. Am 30. Mai desselben Jahres wurde unter der Führung der Deutschen und Dresdner Bank ein Konsortium gebildet, das für eine 30-jährige Anleihe von zehn Millionen US-Dollar die städtischen Anteile des Elektrizitätswerks Südwest übernahm.[724] Aus der Transaktion wurden 25 Millionen Reichsmark Barwert durch den Paketverkauf und 32 Millionen durch die Diskontierung der Kämmereiabgabe und durch

---

722 Berliner Börsen-Courier vom 4. Dezember 1930, in: GStA PK, I. HA, Rep. 109 Preußische Seehandlung, Nr. 1130.

723 Berliner Tageblatt vom 17. Dezember 1929, ebd.

724 GStA PK, I. HA, Rep. 77 Ministerium des Innern, Tit. 441, Nr. 32, Bd. 10, Bl. 68 f., Mitteilung des Konsortiums Electricitätswerk Südwest AG (Deutsche Bank und Disconto-Gesellschaft, Dresdener Bank) an den Reichsminister der Finanzen vom 30. Mai 1930. Danach hatten die unterzeichneten Banken die Bildung eines Konsortiums zur Emission einer Anleihe für die Elektrizitätswerke Südwest AG Berlin übernommen. Die Höhe des Anleihebetrags betrug zehn Millionen US-Dollar, die mit mindestens sechseinhalb Prozent verzinst wurden. Dafür hatte die Stadt Berlin die Konzession bis zum 31. Dezember 1960 erteilt und in eine Ablösung der von der Gesellschaft zu zahlenden Kämmereiabgabe gegen 32 Millionen eingewilligt. Zu den Transaktionen des Konsortiums gehörte neben einer Kapitalerhöhung der Erwerb von Wertpapieren in Höhe von 62.176.000 Reichsmark, die danach zum Kurs von 111,76 Prozent einstehen sollten. Der Nennwert der Obligationsanleihe, zu deren Begebung sich die E-Werk Südwest verpflichtet hatte, betrug zehn Millionen US-Dollar (42 Millionen Reichsmark). Die Anleihe war ausschließlich im Ausland zahlbar und zum Handel an deutschen Börsen nicht zugelassen. Die Société Financière de Transports et d'Entreprises Industrielles (Sofina) war mit 25 Prozent, die Deutsche Bank und die Dresdner Bank mit je zehn Prozent, die Berliner Handels-Gesellschaft, S. Bleichröder und die Danat-Bank mit je acht Prozent, die United States and Overseas Corporation mit neun Prozent und die Gesfürel mit 4,8 Prozent beteiligt.

die Verlängerung der Konzession der Kämmerei zugeführt.[725] Damit war der Weg vorgezeichnet, der ein Jahr später im Fall der BEWAG beschritten werden sollte.

Nicht nur die Banken, auch andere öffentliche Kreditgeber sahen nun eine Chance, eigene zusätzliche Forderungen durchzusetzen. Bei dem Mitte Mai durch die Stadt bei der Reichsversicherungsanstalt für Angestellte aufgenommenen Kommunaldarlehen zur Verbilligung von Zusatzhypotheken zum Wohnungsbau über 15 Millionen Reichsmark musste die Hauptstadt Belegungsrechte für die Wohnungen durch die Reichsversicherungsanstalt akzeptieren.[726] Auch bei dem eine Woche später von der Seehandlung gewährten kurzfristigen Kassenkredit zur Abdeckung rückständiger Polizeikosten von 15 Millionen Reichsmark fühlte sich der kommissarische Kämmerer Lange bereits bei den Vorverhandlungen übervorteilt.[727] Weiterhin nahm man am 2. Oktober 1930 bei der kommunalen Deutschen Girozentrale ein Umschuldungsdarlehen von 10 Millionen Reichsmark auf. Dieses Darlehen sollte eine Laufzeit von 30 Jahren haben. Zu dieser Zeit wurden also nicht nur zur Überbrückung der Jahreswende, sondern auch zum Quartalsultimo und zu den Monatsenden höhere Überbrückungskredite notwendig. Am 23. Oktober 1930 konnte gemeldet werden, dass die Verhandlungen über einen Kredit von 25 Millionen Reichsmark mit einem Konsortium unter Führung der Preußischen Staatsbank erfolgreich abgeschlossen worden waren. Die Rückzahlung sollte ratenweise innerhalb von fünf Monaten erfolgen. Das Konsortium hatte eine Sicherstellung durch den Oberpräsidenten verlangt. So wurde festgesetzt, dass bestimmte Steuereinnahmen als Garantie für die Rückzahlung angesehen werden sollten.[728]

Trotz der allgemeinen Wirtschaftslage wurde aber nun die Finanzlage Berlins als *wesentlich besser als vor einem Jahr* eingeschätzt. Einsparungen begannen zu greifen, und der Kredit von 45 Millionen Reichsmark des Vorjahres war aus dem dafür aus Tariferhöhungen bei der BVG geschaffenen Fonds ordnungsgemäß getilgt worden.[729] Doch zeigten sich im Haushaltsplan von 1930, den der neue kommissarische Kämme-

725 Verwaltungsbericht der Stadt Berlin, für die Zeit vom 1. April 1932 bis 31. März 1936, H. 2a, S. 9; dazu Gough, Die SPD in der Berliner Kommunalpolitik [wie Anm. 226], S. 309; Büsch, Geschichte der Berliner Kommunalwirtschaft [wie Anm. 567], S. 194; Vossische Zeitung vom 1. März 1930, in: GStA PK, I. HA, Rep. 109 Preußische Seehandlung, Nr. 1130.

726 Berliner Börsen-Courier vom 17. Mai 1930, in: GStA PK, I. HA, Rep. 109 Preußische Seehandlung, Nr. 1130: *Von den 30 Mio. RM die Berlin im vorigen Jahr zur Gewährung von verbilligten Zusatzhypotheken in den außerordentlichen Haushalt eingestellt hat, sind 25 Mio. durch Anleihen gedeckt worden. Es steht also noch ein Rest von 5 Mio. rechnungsmäßig zur Verfügung. Um den Bau von Wohnungen zu ermäßigten Mieten zu fördern* [...], *will der Magistrat* [...] *bei der Reichsversicherungsanstalt für Angestellte ein Kommunaldarlehen von 15 Mio. Goldmark aufnehmen*, siehe auch Berliner Börsen-Courier vom 24. Oktober 1930, ebd.

727 Siehe Anm. 263.

728 Berliner Börsen-Courier vom 24. Oktober 1930, in: GStA PK, I. HA, Rep. 109 Preußische Seehandlung, Nr. 1130.

729 *Es ist in diesem Zusammenhang sehr interessant, daß man aus der Gehaltskürzung für die städtischen Beamten eine Einsparung von etwa 10 bis 12 Mio. RM erwartet* [...]. *Die Kreditwilligkeit der*

rer im April 1930 unter großen Schwierigkeiten eingebracht hatte und den die Stadtverordneten verabschiedet hatten, wiederum Deckungslücken. Mindereinnahmen von 38 Millionen Reichsmark standen den vor allem durch die steigenden Aufwendungen für die Erwerbslosenfürsorge entstandenen Mehrausgaben von 38 Millionen gegenüber. Im Nachtragshaushalt vom Dezember 1930 entschieden sich die Stadtverordneten aufgrund des Vorschlags des Magistrats gegen Steuererhöhungen für die Aufnahme eines mittelfristigen Kredits über 40 Millionen Reichsmark. Auch zu diesem Zeitpunkt sah der Magistrat die Finanzlage noch nicht in ihrer gesamten Bedrohlichkeit.[730] Man hatte sich für weiteres finanzielles Flickwerk entschieden. Die geplante Anleihe konnte allerdings nicht untergebracht werden. Der Fehlbetrag des Jahres 1930 wurde schließlich mit 63,5 Millionen Reichsmark festgestellt.[731] Zudem nahm neben der Stadt selbst auch die Verkehrsgesellschaft BVG eigene weitere Schulden auf. Die Fertigstellung der noch 1927 begonnenen U-Bahnbauten belastete weiterhin die Bilanzen des Verkehrsbetriebs. Vor allem die Darmstädter und Nationalbank (Danat-Bank) engagierte sich in diesem Bereich. Sie stellte 15 Millionen Reichsmark bereit und wirkte in einem Konsortium entscheidend mit, das 65 Millionen Reichsmark à conto einer von der BVG aufzunehmenden Anleihe von 80 Millionen Reichsmark für ein Jahr zur Verfügung stellte.[732] Die Gesamtsumme für die Bauten wurde auf 350 Millionen Reichsmark geschätzt. Der Schuldenstand der BVG hatte zu diesem Zeitpunkt circa 600 Millionen Reichsmark erreicht, was für die Stadt, wo man gehofft hatte, eine Verkehrsabgabe zu erhalten, einen Schuldendienst von jährlich 50 Millionen Reichsmark bedeutete. So bestand für die deutsche Hauptstadt am Jahresende 1930 wiederum die akute Gefahr der Zahlungsunfähigkeit. Die Zeiten, in denen ein angemessener Kredit im Zusammenhang mit der Reduzierung des aufwendigen U-Bahnbaus für eine grundsätzliche Verbesserung der finanziellen Lage gesorgt hätte, wie sie vielleicht in den Jahren 1927/28 noch möglich schien, waren angesichts der sich verschärfenden Wirtschaftskrise endgültig vorbei. Die potentiellen Kreditgeber hatten als Reaktion auf den absehbaren finanziellen Engpass bereits ihre Vorstellungen über künftige Kreditbedingungen ausgearbeitet: Obwohl man in Berlin noch glaubte, mehrere Eisen im Feuer zu haben, erschienen die Berliner Kreditbemühungen auswärtigen Beobachtern als we-

---

Banken mag zur Zeit dadurch etwas größer sein, weil am 30. September gerade der Tilgungskredit der Stadt vom Dezember vorigen Jahres in Höhe von 45 Mio. RM abgelaufen war, ebd.

730 Die Vossische Zeitung vom 13. Oktober 1930 (ebd.) beruhigte ihre Leser mit dem Bericht: *Die Stadt sorgt vor.* Berlin habe *zwei Eisen im Feuer,* zum einen ein amerikanisches Bankenkonsortium für 40 Millionen Reichsmark Kredit, zum anderen Berliner Banken. *Kommt der Dollarkredit zum Abschluß, so wird die neue Anleiheberatungsstelle, die durch die Zustimmung der Länderkonferenz kürzlich in Funktion getreten ist, ihre erste Entscheidung zu fällen haben.* Der amtierende Kämmerer bemerkte dazu: *Auf dem Papier eine einfache Lösung, aber kein Ausweg aus unserer verzweifelten Situation,* Lange, Groß-Berliner Tagebuch [wie Anm. 44], S. 156.

731 Verwaltungsbericht der Hauptfinanzverwaltung [wie Anm. 242], S. 10.

732 Berliner Börsen-Zeitung vom 15. März 1930, in: GStA PK, I. HA, Rep. 109 Preußische Seehandlung, Nr. 1130.

nig erfolgversprechend. In Frage käme nur *ein kurzfristiger Kredit, der sich in kleinerem Rahmen halten soll.* Betont wurde, dass die *Stadt energischer als bisher* versuchen solle, durch *Abstoßung überflüssiger Substanzteile* von ihren *ständig wachsenden kurzfristigen Schulden herunterzukommen.*[733] Der Kredit zur Sicherung des Ultimobedarfs hatte ein Volumen von rund 50 Millionen Reichsmark; davon war die Hälfte von einem deutschen Konsortium unter Führung der Seehandlung und der Deutschen Bank begeben worden. Als Sicherheit für diesen Anteil wurden Wechsel der Wasserwerke für 17 und der Gaswerke für acht Millionen Reichsmark hinterlegt. Für den zweiten Teilkredit, ebenfalls in Höhe von 25 Millionen Reichsmark, der von der Continentalen Elektrizitäts-Union AG in Basel, einer Tochter der PREAG, und verschiedenen amerikanischen und Schweizer Banken aufgebracht worden war, mussten die im Besitz der Stadt befindlichen Aktien der PREAG in Höhe von 45 Millionen Reichsmark verpfändet werden.[734] Die Bedingungen waren mit einer Verzinsung von über acht Prozent und einer kurzen Laufzeit (bis April 1931) ungünstig.

Der Etat von 1931 wurde vor allem durch das Anschwellen der Wohlfahrtslasten außerordentlich beansprucht. Bei der Aufstellung des Haushaltsplans von 1930 waren für 50.000 Wohlfahrtserwerbslose 46 Millionen Reichsmark in den Etat eingesetzt worden. Nun mussten im Etat von 1931 für diesen Zweck allein 158 Millionen bereitgestellt werden. In dem im Mai 1931 aufgestellten Haushaltsplan standen für den ordentlichen Haushalt Einnahmen in Höhe von 1.298 Ausgaben von 1.390 Millionen Reichsmark gegenüber. Das nicht ausgleichbare städtische Defizit hatte sich damit um 92 Millionen Reichsmark erhöht.[735] Der Etat wurde am 9. Juli mit knapper Mehrheit verabschiedet.[736] Schon zuvor wurde die Rückzahlung weiterer kurzfristiger Schulden fällig. Deshalb war es bereits im Frühjahr notwendig, einen weiteren Überbrückungskredit aufzunehmen, diesmal in Höhe von 75 Millionen Reichsmark. Bei der Kreditanbahnung wurde dem amtierenden Kämmerer in den Räumen der Seehandlung im Beisein von Vertretern der PREAG und der Reichselektrowerke mitgeteilt, dass der Zwischenkredit von einem Konsortium in- und ausländischer Banken unter der Führung der Seehandlung und der Reichs-Kredit-Gesellschaft mit der Bedingung gewährt werde, dass Verhandlungen über die Verwertung der BEWAG aufgenommen werden könnten. Da an der Transaktion ausländisches Kapital (insgesamt 22 Millionen Reichsmark),[737] vor allem der belgischen Sofina, beteiligt war, hätte nach den Richtlinien die

---

733 Frankfurter Zeitung vom 14. Dezember 1930, ebd.

734 Dazu Berliner Börsen-Courier vom 20. Dezember 1930, Frankfurter Zeitung und Berliner Tageblatt vom 21. Dezember 1930, Berliner Lokal-Anzeiger vom 24. Dezember 1930, ebd.

735 Verwaltungsbericht der Hauptfinanzverwaltung [wie Anm. 242], S. 11.

736 Vossische Zeitung vom 10. Juli 1931. Die Verabschiedung des Haushaltsplans geschah mit fünf Stimmen Mehrheit. Der Umfang betrug nun 1,43 Milliarden Reichsmark, das ungedeckte Defizit 67 Millionen Reichsmark.

737 Am 20. März 1931 überreichte der Oberpräsident der Beratungsstelle die Genehmigung für die Aufnahme des 75-Millionen-Kredits mit der Bitte, die nachträgliche Zustimmung herbeizuführen. Bei der Unaufschiebbarkeit des Kreditbedarfs hat er sich mit der alsbaldigen Entgegennahme der Kredit-

neu konstituierte Beratungsstelle hinzugezogen werden müssen. Diese hatte freilich nur nachträglich die Möglichkeit, der Genehmigung zuzustimmen.[738] Die Finanznot zwang die Stadt, den Verkauf der stadteigenen BEWAG mit der nächsten Kreditaufnahme zu verbinden, trotz des Widerstands zahlreicher Stadtverordneter, die sogar die Einsetzung eines Untersuchungsausschusses beantragten. In verhältnismäßig kurzer Zeit wurde das städtische Unternehmen börsenfähig gemacht. Dies geschah durch ein Konsortium mit der Preußischen Staatsbank (Seehandlung), der Reichs-Kredit-Gesellschaft AG, der Deutschen Bank, der Berliner Handels-Gesellschaft, S. Bleichröder, Commerz- und Privatbank, Darmstädter und Nationalbank (Danat-Bank) KG. a. A., Dresdner Bank, J. Dreyfus & Co., Jacquier & Securius, Mendelssohn & Co., Gebr. Arnhold, Simon Hirschland, M. M. Warburg & Co. und A. Levy. Das Grundkapital der neu organisierten Aktiengesellschaft betrug 240 Millionen Reichsmark. Davon hatte ein internationales Konsortium Aktien der Gruppe A im Wert von 160 Millionen Reichsmark fest übernommen. Zu diesem gehörte eine belgische Gruppe (Sofina, 54 Millionen),[739] eine amerikanische (32 Millionen), eine englische (zehn Millionen), eine schweizerische (zehn Millionen), eine holländische (sieben Millionen, Konsortium unter Führung von Mendelssohn & Co., Amsterdam), eine skandinavische (sieben Millionen) und eine italienische (sechs Millionen). Die deutsche Gruppe übernahm insgesamt 44 Millionen Reichsmark; davon gingen 34 Millionen in den öffentlichen Handel. Aktien der Gruppe B erhielten die Stadt Berlin (im Wert von 30 Millionen Reichsmark), die reichseigene Elektro-Werke AG (25 Millionen) und die Preußische Elektrizitäts-Werke AG (25 Millionen).[740] Die Aktien unterschieden sich nach dem Stimmrecht: In der Gruppe A gab es eine Stimme je Aktie, in der Gruppe B zwei Stimmen. Da die langfristige unverzinsliche Schuld der Stadt gegenüber der BEWAG von der neuen Gesellschaft übernommen wurde, betrug der Kaufpreis insgesamt 560 Millionen Reichsmark. Die Konzessionsabgabe an die Stadt wurde auf 22,4 Millionen Reichsmark festgesetzt.

Der seit Juli 1931 in Berlin tätige neue Kämmerer Dr. Bruno Asch, der zuvor in Frankfurt am Main die gleiche Stellung innehatte, stellte fest, dass beim Verkauf der BEWAG die kurzfristige Verschuldung 620 Millionen Reichsmark betragen habe, davon hatte die innere Verschuldung einen Anteil von 100 Milionen. Durch vorzeitigen Verbrauch des Reservefonds waren im Mai 1931 140, im Juni 120 und im Juli 175 Millionen Reichsmark fällig. Vom finanziellen Standpunkt aus nahm Asch das sofortige Hineinströmen von 210 Millionen Reichsmark in die leere Stadtkasse als positiven Vor-

summe einverstanden erklärt, GStA PK, I. HA, Rep. 77 Ministerium des Innern, Tit. 441, Nr. 32, Bd. 10, Bl. 94 ff.

738 Berliner Börsen-Zeitung vom 29. März 1931, ebd., Bl. 97.

739 Sie wird auch als Sofina-Gesfürel-Gruppe bezeichnet, Berliner Börsen-Zeitung vom 7. Mai 1931.

740 Börsenprospekt in: Berliner Börsen-Courier vom 2. und 11. Mai 1931, in: GStA PK, I. HA, Rep. 109 Preußische Seehandlung, Nr. 1130.

gang zur Kenntnis.[741] Tatsächlich aber brachte der Verkauf des rentabelsten Teils des Berliner Werkvermögens einen Netto-Barerlös von 195 Millionen Reichsmark, von denen der überwiegende Teil, nämlich 120 Millionen, zur Ablösung früherer Zwischenkredite benötigt wurde. Nur 42 Millionen konnten für den zukünftigen Finanzbedarf eingesetzt werden. Als im Juli 1931 mit dem Zusammenbruch der Danat-Bank die deutsche Bankenkrise ausbrach, musste allerdings die Hoffnung auf eine Konsolidierung der Berliner Finanzen durch den Verkauf der BEWAG endgültig aufgegeben werden.[742] Der Verkauf erschien dem Sozialdemokraten Asch als *Folge der systematischen Abschnürung der deutschen Großstädte vom Auslandskapitalmarkt*. Besonders der 1930 abgelöste Reichsbankpräsident Schacht mit seiner städtefeindlichen Haltung wurde immer wieder für die finanzielle Situation verantwortlich gemacht. Er habe *seinerzeit mit dem übrigen öffentlichen Kredit auch den der Stadt Berlin ruiniert und damit das Zustandekommen der für die Tilgung der Investitionsschulden der B. V. G. nötigen Auslandsanleihen verhindert*. Derartigen Auffassungen glaubte der Korrespondent der Frankfurter Zeitung widersprechen zu müssen. Er führte aus, dass *Schacht wahrscheinlich – infolge seiner Anleihe-Sperrpolitik – an den jetzigen Schwierigkeiten der Stadt eine nicht geringe Schuld* trage. Aber auch ohne Schacht wäre *der im Eiltempo vollzogene Ausbau des Berliner Schnellbahnnetzes heute nicht nur privatwirtschaftlich, sondern auch kommunalwirtschaftlich gesehen, im jetzigen Augenblick und angesichts der herrschenden Kapitalknappheit zum Teil ein Fehler gewesen. Richtung, Maß und Tempo der Expansion hätte in einem erträglichen Verhältnis zueinander stehen müssen*.[743] Zur gleichen Auffassung kam der ehemalige Kämmerer Karding, der auch auf den Zusammenhang der Grundstücksankäufe mit der Gesamtverschuldung einging: Je größer die Stadt, so betonte er, umso notwendiger sei es, dass sie sich Einfluss auf die Entwicklung der Bebauung verschaffe. Es komme dabei *nicht nur darauf an, neue Flächen* [...] *planmäßig zu erschließen, sondern ebenso gewisse Flächen vor der Bebauung zu bewahren*. Die Ausgaben dafür hätten sich 1920–1926 auf rund 32 Millionen Reichsmark belaufen, von denen nur fünf Millionen aus dem ordentlichen Haushalt gedeckt wurden. Anders verhielt es sich bei den späteren Geländeankäufen für den Schnellbahnbau und die Straßendurchbrüche, für die rund 150 Millionen Reichsmark an Finanzierungsmitteln aufgebracht werden mussten, wesentlich durch kurzfristige Kredite.[744] Darauf beruhte *die Übersteigerung der schwebenden Schuld Berlins,*

741 Vorwärts vom 13. Mai 1931, 1. Beilage: *Berlins Kampf. Stadtkämmerer Asch über die Bewag-Umgestaltung*.

742 Verwaltungsbericht der Hauptfinanzverwaltung [wie Anm. 242], S. 11.

743 Frankfurter Zeitung vom 13. Mai 1931, in: GStA PK, I. HA, Rep. 109 Preußische Seehandlung, Nr. 1213.

744 GStA PK, I. HA, Rep. 77 Ministerium des Innern, Tit. 228a, Nr. 17: Akten betr. finanzielle Unterstützung der Nordsüd-Bahn der Stadt Berlin vom 1. Januar 1921 bis 10. April 1931, darin Berliner Tageblatt vom 3. Mai 1930, Morgenausgabe, *Grundstücks-Käufe für 144 Millionen*. Nach der Vorlage für die Stadtverordnetenversammlung der Stadt Berlin, Nr. 15 (342), S. 243–282, hier S. 282, Hauptzusammenstellung der Grundstückskäufe, gliederten sich die Ausgaben wie folgt: Schnellbahn Gesundbrunnen –

die im März 1926 nur 43 Mio. betrug, während sie Ende Januar 1930 auf 555 Mio. RM gestiegen war.[745] Dieser Auffassung war auch sein lediglich kommissarisch tätig gewesener Vorgänger Lange, und ähnlich sah es Oberpräsident Maier. Doch wies er anlässlich der vom preußischen Minister für Handel und Gewerbe im November 1930 geforderten Preissenkung bei der BVG ebenso darauf hin, dass der U-Bahnbau nicht allein von der Stadt Berlin zu verantworten sei: *Die schwierige Finanzlage der Stadt Berlin ist untrennbar verbunden mit dem Schnellbahnbautempo, das unter der dem Herrn Minister des Innern bekannten Einwirkung des Handelsministeriums eingeschlagen worden ist. Der weit überwiegende Teil der kurzfristigen und fast ganz aufsichtlich nicht genehmigten Verschuldung der Stadt Berlin entfällt auf die Schnellbahnen. Ich habe in meinem Bericht darauf hingewiesen, dass trotz des Fehlens jeder Ablieferung der B. V. G. an den Haushalt, diese lediglich die Verzinsung der kurzfristigen Verschuldung aus den von ihr de iure übernommenen Schnellbahnstrecken trägt, nicht aber der de facto im Betrieb befindlichen Strecken und vor allem nicht die Zinsen für die Kosten des Erwerbs der Hochbahn beziehungsweise für den Erwerb aufgenommener Anleihen.*[746]

Seit dem Kriegsende hatte der Schnellbahnbau neben dem erklärten Ziel, Wohnen und Arbeiten aus dem eng bebauten Kern in das 1920 vergrößerte Stadtgebiet zu verteilen, auch eine arbeitspolitische Seite. Kein anderes Großvorhaben war so gut für Arbeitsbeschaffungsmaßnahmen geeignet. In diesem Punkt waren sich die Kommune und der preußische Staat einig und teilten sich die Kosten. Auch der U-Bahnbau nach 1945 im Westteil Berlins, der unter dem Regierenden Bürgermeister Ernst Reuter erneut begonnen wurde, hatte diese Doppelfunktion. Im preußischen Innenministerium erschien es darüber hinaus 1930 *auffallend, in wie starkem Maße die Leiter kommunaler Betriebe ‚privatkapitalistisch' in dem Sinne eingestellt sind, daß sie die Vorteile des einzelnen Betriebes soweit in den Vordergrund stellen, daß das Interesse der Stadt dahinter zurücktritt. Es ist also so, als ob der Direktor einer Aktiengesellschaft die Interessen der Aktionäre vernachlässigt, wobei ganz übersehen zu sein scheint, daß im Falle eines kommunalen Betriebes Aktionär die öffentliche Hand ist, die Dividende ja nicht im privatwirtschaftlichen Sinne konsumiert.* Ferner konstatierte man: *Die – überschuldete – Verkehrsgesellschaft sei nicht geneigt, die schweren Opfer, die die Stadt Berlin durch den Ausbau der Untergrundbahn gebracht hat, finanziell anzuerkennen und zu*

Neukölln 55,01 Millionen Reichsmark, Strecke Alexanderplatz – Friedrichsfelde 42,18 Millionen Reichsmark, Weiterbau der Nord-Süd-Bahn 1,69 Millionen Reichsmark, Straßendurchbruch Gruner-/Jägerstraße 9,24 Millionen Reichsmark, Vorarbeiten für die Strecke Alexanderplatz – Steglitz 9,13 Millionen Reichsmark und Grundstücke für verschiedene Zwecke 10,16 Millionen Reichsmark.

745 Deutsche Allgemeine Zeitung vom 23. Mai 1930.

746 GStA PK, I. HA, Rep. 77 Ministerium des Innern, Tit. 228a, Nr. 17, Bericht des Oberpräsidenten an den Innenminister, 21. November 1930, betreffend die Preissenkung bei der BVG. In der Anlage befindet sich der Aktenvermerk einer Besprechung im Handelsministerium vom 17. November 1930 über die Senkung der Fahrpreise der Verkehrsunternehmungen der BVG *im Interesse der Gesundung der Wirtschaft.*

erstatten [...], *das heißt mit einem Kapitalaufwand zu wirtschaften, der nicht durch eigene Erträge, sondern nur durch die Stadt getragen werden kann.*[747]

Im Juli 1931 bemühten sich Stadtkämmerer Asch und Oberbürgermeister Sahm aus Sorge wegen des fällig werdenden Kredits von 35 Millionen US-Dollar für die BVG zur Fortführung der Untergrundbauten, die Danat-Bank über den preußischen Innenminister Finanzminister Höpker-Aschhoff zu einer Bürgschaft für die Stadt zu bewegen. Hatte man in Berlin doch gehofft, die beiden kurzfristigen Kreditaufnahmen über eine langfristige Anleihe zu finanzieren. Durch die Zahlungseinstellung der Danat-Bank als Konsortialführerin war dies nun unmöglich geworden. Städtischerseits hoffte man, dass die seitens der Stadt eingeleiteten Verhandlungen wegen der Veräußerung der Berliner Städtischen Gaswerke-AG (GASAG) zur Erleichterung der schwierigen Lage ebenso beitragen könnten wie die Aussicht auf eine langfristige Anleihe von 50 Millionen Reichsmark von privaten Versicherungsgesellschaften, mit denen die Stadt auf der Basis verhandelte, dass unter Verzicht auf die bisher geübte Selbstversicherung Versicherungsschutz bei den Gesellschaften genommen werden sollte. Die kurzfristigen Verschuldungen stellten sich nach dem Stand vom 31. Mai 1931 wie folgt dar: Kämmerei 186,1 Millionen Reichsmark, Gesellschaften 181,23 Millionen, zusammen 367,33 Millionen. Der preußische Finanzminister Höpker-Aschoff erklärte zu diesem vom Oberpräsidenten und vom Innenminister unterstützten Vorstoß *kategorisch, daß er weder als Finanz-Minister noch auf dem Wege über die Staatsbank in der Lage wäre, der Stadt Berlin in irgend einer Weise Hilfe zu leisten.*[748]

Die durch die Zahlungsunfähigkeit der Danat-Bank im Juli 1931 ausgelöste Bankenkrise, für die freilich nicht die Berliner U-Bahnkredite, sondern der Zusammenbruch der Norddeutschen Wollkämmerei & Kammgarnspinnerei in Delmenhorst verantwortlich war,[749] führte dazu, dass die städtische Kreditaufnahme durch Notverordnungen des Reichspräsidenten unterbunden wurde und die Landesregierungen ermächtigt wurden, den Gemeinden die Maßnahmen zum Ausgleich der Haushalte auf dem Verordnungsweg vorzuschreiben. Für Berlin übertrug der Ministerpräsident dieses Recht dem neuen Oberbürgermeister Sahm, der nun bei der Haushaltssicherung nicht mehr auf die Zustimmung der Stadtverordnetenversammlung angewiesen war. In weiteren Notverordnungen wurden unter anderem der Zinssatz der Anleihen auf sechs Prozent und die städtischen Gehälter und Löhne reduziert. So konnte der Fehlbetrag beim Jahresabschluss trotz Steuerausfällen von 46 Millionen Reichsmark von 67,5 auf 31,7 Millionen Reichsmark gesenkt werden. Hier war entscheidend, dass die Zahl der Wohlfahrtserwerbslosen die durchschnittlich angenommene Zahl von

---

747 GStA PK, I. HA, Rep. 77 Ministerium des Innern, Tit. 441, Nr. 32, Bd. 10, Ministervorlage des Ministerialdirektors von Leyden vom 27. Februar 1930, Bl. 51.

748 Ministervorlage des Ministerialrats Zschintzsch vom 7. Juli 1931, ebd.

749 Zur Spezialisierung der Kreditvergabe auf die krisenanfälligen Bereiche Kommunalwirtschaft und Textilindustrie James, Deutschland in der Weltwirtschaftskrise [wie Anm. 613], S. 285–300, bes. S. 298 f.

185.000 nicht wesentlich überstieg.[750] Doch mussten im Haushalt auch Fehlbeträge der Vorjahre (110, tatsächlich 136 Millionen Reichsmark) ausgeglichen werden. Beim Jahreswechsel 1931/32 schien sich die Situation etwas entspannt zu haben. Der Fehlbetrag des ordentlichen Haushalts war von über 60 auf 31,7 Millionen Reichsmark zurückgegangen. Doch konnte die Stadt Berlin ihren Schuldendienst in der Zeit um Ultimo 1931/32 nur unvollkommen fortführen. Dies geschah mit Rückendeckung durch den Oberpräsidenten, der der Deutschen Girozentrale – Deutsche Kommunalbank, die sich wegen rückständiger Zins- und Tilgungsleistungen vornehmlich aus kurzfristigen Darlehen in Höhe von 6,694 Millionen Reichsmark an ihn gewandt hatte,[751] am 10. Februar 1932 Folgendes mitteilte: *Die Aufrechterhaltung der Zahlungsfähigkeit für Unterstützungen, Löhne, Gehälter und die dringendsten Zins- und Tilgungsleistungen war der Stadt Berlin in den letzten Monaten nur durch Aufnahme von Kassenkrediten (September und Dezember) sowie durch Rückstellung gewisser Zinsverpflichtungen und zahlreicher Tilgungsleistungen möglich. Die Deutsche Girozentrale hat durch die unmittelbare Abführung des 14 Mio. RM-Kassenkredits als Gläubiger der Stadt* [...] *eine recht günstige Behandlung erfahren. Wenn Zinsrückstände bedauerlicher Weise notwendig wurden, blieb dem Oberbürgermeister nichts anderes übrig, als diese zunächst bei den großen öffentlichen Anstalten eintreten zu lassen, bei denen Verständnis für die kommunale Lage besteht.*[752] Die Reichsbank hatte allerdings in diesem Zusammenhang aus prinzipiellen Erwägungen jede Hilfe versagt. Dort argumentierte man: Da *jede Stundung von Anleihezins- und Tilgungsbeträgen gegenüber den zahlungspflichtigen Kommunen eine neue Kreditgewährung an diese Kommunen darstellt, die gemäß § 3 der Notverordnung vom 5. August 1931 (RGBl. I, Nr. 50) strikte untersagt ist, setzen wir voraus, daß der Hilfskredit der Reichsbank, der von uns verabredungsgemäß ausschließlich für die Bewerkstellung der Sparkassenauszahlungen zur Verfügung gestellt wird, bisher weder mittelbar noch unmittelbar zugunsten dieser zahlungssäumigen Kommunen herangezogen wurde und auch künftighin nicht herangezogen wird.*[753]

Wenig Verständnis für die Notsituation Berlins brachte das preußische Ministerium für Landwirtschaft und Forsten auf, das noch Restkaufgelder vom Verkauf der Wuhlheide, der Rehberge und des Messegeländes zu fordern hatte.

---

750 Verwaltungsbericht der Hauptfinanzverwaltung [wie Anm. 242], S. 12.

751 Die Deutsche Girozentrale – Deutsche Kommunalbank an den Oberpräsidenten der Provinz Brandenburg, 18. Januar 1932 (Abschrift), GStA PK, I. HA, Rep. 77 Ministerium des Innern, Tit. 441, Nr. 32, Bd. 10, Bl. 191.

752 Antwort des Oberpräsidenten vom 10. Februar 1932, ebd., Bl. 92.

753 Antwort des Reichsbankdirektoriums vom 31. Dezember 1931, ebd., Bl. 193.

Abb. 15: Funkhalle mit Funkturm auf dem Messegelände um 1926. © Landesarchiv Berlin, F Rep. 290, Nr. II 12851.

Hier sollte ein gerichtlicher Zahlungsbefehl erwirkt werden. Der Oberbürgermeister schien darüber *aufs äußerste überrascht*, da *bei den vielen Stundungsverhandlungen mit privaten Gläubigern der Stadt eine solche Behandlung nicht vorgekommen ist, sondern daß ich immer Verständnis für die jetzige Notzeit und entsprechendes Entgegenkommen gefunden habe*, und er belehrte die Staatsverwaltung dahingehend, dass *der Erlaß eines Zahlungsbefehls keineswegs die Realisierung der Forderung bedeute* und die preußische Staatsregierung den Gemeinden zur *Tragung ihres Schuldendienstes* keinerlei Hilfe in Aussicht gestellt, sondern ausdrücklich betont habe, dass in erster Linie im Interesse der Ruhe und des inneren Friedens die Wohlfahrtskosten bereitzustellen seien. Er erhielt dabei Unterstützung vom preußischen Innenminister, der seinem Kabinettskollegen die Unmöglichkeit vorhielt, dass der preußische Staat bei der heutigen Finanz- und Kassenlage der Stadt Berlin, die alle Kräfte aufbieten muss, um die unbedingt erforderlichen Zahlungen an die Wohlfahrtserwerbslosen aufrechtzuerhalten, zu Vollstreckungsmaßnahmen schreitet.[754]

---

754 Schreiben des Berliner Oberbürgermeisters an den Regierungspräsidenten in Potsdam vom 21. Januar 1932 und des preußischen Ministers des Innern an das Ministerium für Landwirtschaft, Domänen und Forsten vom 2. Februar 1932, ebd., Bl. 201 ff. Eine Klärung fand im Rahmen einer Besprechung am 12. Mai 1932 im Landwirtschaftsministerium statt. Stadtkämmerer Asch versprach, die Leistungen für

Politische Unterstützung für ihr Ausgabenkonzept fand die Stadt dagegen beim preußischen Ministerium für Volkswohlfahrt. Als der Landtagsabgeordnete Mentz (Berlin, Wirtschaftspartei) in einer kleinen Anfrage forderte, dass der Magistrats- und Stadtverordnetenbeschluss von 1927, für den Bau von 6.000 Wohnungen eine Bürgschaft von 16 Millionen Reichsmark zu übernehmen, rückgängig gemacht werden sollte, wurde ihm geantwortet, dass sich die Übernahme der Bürgschaft aus der Beschränkung der für den Wohnungsbau verfügbaren Hauszinssteuermittel, aus dem erheblichen Mangel an Kleinwohnungen und aus der Notwendigkeit, angesichts der gewaltigen Erwerbslosenziffer das Baugewerbe wenigstens zu einem kleinen Teil zu beschäftigen, rechtfertige.[755] Am Ende des Jahres 1932 mussten – verzinsliche – Kassenkredite des Reichs in Anspruch genommen werden.[756] Die Situation war wiederum dramatisch geworden, als Oberbürgermeister Sahm sich vor Ultimo 1932 erneut an den Reichskanzler und an den Reichsbankpräsidenten Luther wandte, um die wiederum drohende Zahlungsunfähigkeit der Stadt abzuwenden. Zur Kassenlage der Stadt wurde im November 1932 festgestellt,[757] dass für die Zeit vom 1. November 1931 bis zum 31. März 1932 der Kassenfehlbetrag der Stadt Berlin wieder insgesamt 86 Millionen Reichsmark betragen werde, wenn alle laufenden Verpflichtungen einschließlich des Kapitaldienstes erfüllt und die kurzfristigen Kredite prolongiert würden. Dabei war für die Zeit von November bis März eine anteilige Reichswohlfahrtshilfe von acht Millionen Reichsmark angesetzt und mit keiner weiteren Steigerung der Zahl der Wohlfahrtserwerbslosen gerechnet worden. In der Zeit vom 1. April bis 31. Oktober 1932 waren Staatssteuern im Betrag von rund 60 Millionen Reichsmark nicht abgeliefert worden. Die Kassenwirtschaft der Stadt konnte nur notdürftig aufrechterhalten werden. Zugleich waren auf fällige Zins- und Tilgungsleistungen Rückstände von rund 15 Millionen Reichsmark entstanden, von denen angenommen werden musste, dass sie *unreguliert weitergeschleppt* würden. Man resümierte: Wenn kein Weg gefunden werde, um den dringlichen Kassenbedarf der nächsten fünf Monate sicherzustellen, bliebe als einzige Konsequenz – da die Preußische Staatsregierung weitere Steuermittel nicht mehr zeitweise überlassen kann – die Unterbrechung des Kapitaldienstes der Stadt auf sämtliche kurz- und langfristigen Verbindlichkeiten, das heißt Schuldscheindarlehen, Wechselkredite und Inhaberanleihen im In- und Ausland. Der Kapitaldienst für das Anleihekapital von zusammen 406 Millionen Reichsmark betrage für diese

---

1933 und 1934 planmäßig zu leisten; die Rückstände von 1931 und 1932 sollten in den Jahren 1935 und 1936 je zur Hälfte erfolgen. Die Verzinsung der Verzugsbeträge musste noch vereinbart werden, ebd., Bl. 226 (Abschrift).

755 Sitzungsberichte des Preußischen Landtages, 3. Wahlperiode 1928/32, Bd. 10, 26. Februar 1930 bis 14. Juli 1933, Bl. 194 ff. (betrifft Preußischer Landtag, Kleine Anfrage, Nr. 2888, 26. Oktober 1931.

756 Insgesamt hatte Berlin Reichskredite in Form von verzinslichen Kassenbeihilfen von 38,5 Millionen Reichsmark bis Ende 1932 erhalten, vgl. Verwaltungsbericht der Hauptfinanzverwaltung [wie Anm. 242], S. 14.

757 Hektografierte Notiz zur Kassenlage der Stadt Berlin, in: GStA PK, I. HA, Rep. 77 Ministerium des Innern, Tit. 233, Bd. 21, unpag.

Zeit rund 65 Millionen, davon entfallen auf die Zinsen 31,85 und auf die Tilgung 33,27 Millionen.

Der Oberbürgermeister wies darauf hin, dass die vorübergehende Einstellung des Kapitaldienstes unübersehbare Folgen für die Kreditwirtschaft allgemein, besonders aber für die Deutsche Girozentrale habe. Zudem würde die Stadt die Rediskontfähigkeit bei der Reichsbank verlieren. Darüber hinaus folgerte er: *Ganz abgesehen von diesen lokalen Wirkungen, die schon dadurch, daß es sich um die Reichshauptstadt handelt, ein besonderes Gewicht erhalten, ist es ausgeschlossen, daß die Wirkungen auf Berlin beschränkt bleiben. Es ist vielmehr mit Bestimmtheit anzunehmen, daß die ungeheure Welle des Mißtrauens und der Angst, die durch einen derartigen Vorgang ausgelöst werden*, zerstörende Folgen in weitesten Bereichen der öffentlichen und privaten Wirtschaft hervorrufen würde, *die schließlich kostspieliger seien als Vorsorge*. Der ab März 1930 amtierende Reichsbankpräsident Luther bekannte, dass der Inhalt der ihm in Abschrift mitgeteilten Ausführungen über die Finanzlage der Stadt Berlin, die der Oberbürgermeister auch dem Reichskanzler gegenüber machen wollte, ihn mit *größter Sorge erfüllt* habe. Auch er sähe keine Möglichkeit, *in absehbarer Zeit den Kredit der Stadt Berlin, ja der Kommunen überhaupt wieder herzustellen, wenn nicht wenigstens der Zinsendienst aufrecht erhalten und der sonstige Kapitaldienst ohne Eingriff von Hoher Hand im Wege freiwilliger Vereinbarung mit den Gläubigern geregelt wird.*[758] Luther schloss mit der Bitte, *auf diesem Gebiete jede Gewaltsamkeit zu vermeiden*. Die Berliner Regelung sollte zum Vorbild für die Regelung in anderen großen Städten werden.[759] Bereits zuvor war die Zahlungsunfähigkeit Berlins nur durch Maßnahmen am Rande der Legalität abgewendet worden. So war die Stadt in das Visier des Reichswirtschaftsministeriums gelangt, da sie bei niederländischen und schweizerischen Banken erhebliche Pfundkredite ohne Genehmigung verlängert hatte, was als illegale Umgehung der Beratungsstelle für Auslandskredite angesehen wurde.[760] Da zur Einlösung der noch im Umlauf befindlichen Schatzanweisungen von rund 20 Millionen Reichsmark die notwendigen Mittel nicht zur Verfügung standen und der Oberbürgermeister im Interesse der Kreditwürdigkeit der Hauptstadt vermeiden wollte, den gleichen

---

758 Der Präsident des Reichsbankdirektoriums Luther, an Oberbürgermeister Dr. Sahm, 9. November 1932, ebd.

759 Die geplante Konsolidierung der kurzfristigen Kommunalschulden nach Berliner Vorbild scheiterte allerdings. In Köln wurden Verhandlungen über einen 40-Millionen-Reichsmark-Zwischenkredit geführt. Am 1. Februar war eine Quote von zehn Prozent zahlbar, Berliner Tageblatt vom 24. Dezember 1932. Für Frankfurt wurde eine Stundung beschlossen, ebenso eine zehnprozentige Teilrückzahlung: Frankfurter Zeitung vom 20. Dezember 1932 und Deutsche Allgemeine Zeitung vom 22. Dezember 1932. Tatsächlich betrug die Quote in beiden Fälle fünf Prozent, GStA PK, I. HA, Rep. 109 Preußische Seehandlung, Nr. 1131 Zeitungsausschnitte Stadtanleihen, 1. Januar 1931–30. August 1937.

760 GStA PK, I. HA, Rep. 77 Ministerium des Innern, Tit. 441, Nr. 32, Bd. 10, Mitteilung an den Preußischen Minister des Innern vom 22. Juni 1932, Bl. 217. Es handelte sich um zweimal 50.000 Pfund Sterling von 1929 und 1930 bei der Schweizerischen Bankgesellschaft sowie um 80.000 Pfund Sterling bei der Amsterdamsche Crediet Maatschippij vom Juli 1929.

Weg zu gehen wie die Städte Frankfurt am Main, Köln und Dresden, ermächtigte er den Kämmerer im Januar 1933, die Anleihe zu prolongieren.[761] Die besondere Hauptstadtsituation bewahrte Berlin vor der öffentlichen Erklärung der Zahlungsunfähigkeit. Die prekäre Situation der Stadt war nicht allein auf eigenes Versagen – etwa beim U-Bahnbau – zurückzuführen. Die Metropole wie auch die anderen großen Städte waren seit der Erzbergerschen Finanzreform bei der Verteilung der Reichssteuern, besonders aber beim preußischen Finanzausgleich, der sogenannten relativen Garantie, benachteiligt worden. Die von außen kommenden Einflüsse wie die Weltwirtschaftskrise mit ihren Folgen und die Bankenkrise von 1931 machten eine geordnete Finanzwirtschaft für die großen Städte unmöglich.

Nicht nur Berlin war in eine finanzielle Schieflage geraten. Auch die Stadt Köln hatte versucht, der kommunalen Finanznot durch die Aufnahme kurzfristiger Verbindlichkeiten zu begegnen. Am 1. Oktober 1932 wurden dabei Schatzanweisungen in Höhe von 40 Millionen Reichsmark von den gesamten kurzfristigen Verbindlichkeiten in Höhe von 152 Millionen Reichsmark fällig. Dort gelang es, die Elektrizitätswerke als Sicherheit einzusetzen und dadurch einen Zwischenkredit zu erhalten.[762] In Frankfurt am Main hatte sich im September 1932 ebenfalls gezeigt, dass Schatzanweisungen aus dem Jahr 1929 nicht zurückgezahlt werden konnten. Auch dort gab es eine entsprechende Polemik gegen die angeblich verantwortungslose Schuldenpolitik. Eine Prüfung durch eine unabhängige Kommission stellte darauf fest, dass einem kommunalen Vermögen von 610 Millionen Reichsmark Schulden von 309 Millionen gegenüberstanden, von denen nur ein Teil, 60 Millionen, kurzfristige Schulden waren. Mit den Gläubigern konnte am 27. Januar 1933 – drei Tage vor der Machtübernahme durch Hitler – ein Vergleich geschlossen werden, der durch ein preußisches Darlehen abgesichert wurde.[763] Das Problem blieb nicht auf Preußen beschränkt. Die stark schuldenbelastete bayerische Hauptstadt München war ab 1931 durch Notverordnungen zu Ausgabenkürzungen gezwungen und ihres finanziellen Spielraums beraubt. Der vor allem durch Wohlfahrtsausgaben belastete Münchener Etat wurde 1932 durch die Staatsaufsicht zwangsabgeglichen.[764] Bei dem für die moderne Hauptstadt so wichtigen Bereich des Ausbaus der Infrastruktur konnte die Stadt auf keine staatliche Bevorzugung bei der Durchführung hoffen. Die preußische wie die Reichsverwaltung bemühten sich im Gegenteil, die finanziellen Freiräume der Kommunen zu beschränken. Die für den hauptstadtgemäßen Rahmen notwendigen Spielräume bei der Kreditaufnahme wurden nicht zugestanden. Die Hauptstadt teilte so das Schicksal der anderen auf dem Gebiet der Infrastruktur führenden deutschen Großstädte. Es

761 Ebd., Bl. 296 ff. Die Umschuldungen der genannten Städte standen in engem Zusammenhang mit der Regelung der Berliner Schulden.

762 Henning Köhler, Adenauer. Eine politische Biographie, Bd. 1, Berlin 1997, S. 242 f.

763 Rebentisch, Frankfurt am Main [wie Anm. 270], S. 479.

764 Christine Rädlinger, Schwerpunkte Münchener Finanzierungspolitik im 19. und 20. Jahrhundert, in: Ribbe, Hauptstadtfinanzierung in Deutschland [wie Anm. 3], S. 238 f.

war kein Problem einzelner großer Städte, sondern eines der Struktur der Städtefinanzierung.

3.2.7 Die Auswirkungen der städtischen Verkehrspolitik auf die staatliche Eisenbahnverwaltung

Mit dem Ausbau der kommunalen Schnellbahnen hatte die Stadt die staatliche Reichsbahngesellschaft unter Zugzwang gesetzt. Nach vorangegangenen Versuchen auf Vorortstrecken war bereits vor dem Ersten Weltkrieg eine umfassende Elektrifizierung (Elektrisierung) des Berliner Eisenbahnnahverkehrs geplant und immer wieder zurückgestellt worden. Sie schien in den 1920er-Jahren überfällig zu sein. Das Ministerium der öffentlichen Arbeiten hatte die Kosten 1912/13 mit 133,5 Millionen Mark veranschlagt. In zum Teil sehr grundsätzlichen Debatten, die stark von den Interessenvertretern des Bergbaus bestimmt wurden, hatte der Preußische Landtag am 9. Juli 1913 zunächst 25 Millionen Mark bewilligt. Zu Baumaßnahmen kam es im Berliner Norden aber erst ab 1919. Neben der Modernisierung und dem Ausbau des Straßenbahn- und U-Bahnnetzes war es vor allem die Tarifeinheit von 1927 durch die Reichsbahngesellschaft, die den Eisenbahnvorortverkehr und die Stadt- und Ringbahn mit Lokomotiv- und Wagenmaterial aus der Vorkriegszeit betrieb, die Berlin unter Zugzwang setzte. Die Fahrgastzahlen bei der Bahn und damit die Einnahmen gingen dramatisch zurück. Die Antwort war die nach einigen Versuchsstrecken ab 1927 durchgeführte große Elektrisierung der innerstädtischen und Anschlussstrecken, die unter dem dazu neu eingeführten grünen S-Signet werbewirksam zur Berliner S-Bahn zusammengeführt wurden. Bis 1933 wurden 238 Kilometer Strecke elektrifiziert und die dafür geeigneten Triebfahrzeuge neu hergestellt. Die Kosten für den Bau betrugen 99,403 Millionen Reichsmark, die Beschaffung der 1.268 Fahrzeuge kostete weitere 55,682 Millionen.[765] Allein der Wunsch nach einer Verlängerung der elektrifizierten Strecke auf der Ostbahn über Kaulsdorf hinaus bis Mahlsdorf, die mit drei Millionen Reichsmark beziffert wurde, konnte nur durch die Zusage der Stadt für ein auf vier Jahre zinsloses Darlehen in Höhe von 2,2 Millionen und einen Kostenbeitrag von 0,347 Millionen Reichsmark erreicht werden. Trotz der so angespannten Finanzlage schloss die Stadt den Vertrag am 29. Februar 1929 ab.[766] Das Vorhaben der Elektrisierung, das 1933 abgeschlossen werden konnte, hatte nicht nur die Konstruktion und den Bau völlig neuer Triebwagenzüge,[767] sondern auch den zum Teil erheblichen Umbau der Bahnanlagen und völlige Neubauten (unter anderem den Bahnhof Westkreuz) erfordert. Neben der Stadt Berlin hatte sich der Siemens-Konzern an dem Großvorhaben beteiligt. Auf

765 Die Zahlen nach Wolfgang Kiebert, Der elektrische Betrieb auf der Berliner S-Bahn, Bd. 2.1: Die große Elektrisierung – 1926 bis 1930, Berlin 2015, S. 4, S. 99 f.

766 Ebd., S. 144 f.

767 Bis 1929 wurden (noch ohne Wannseebahn) 1.350 Fahrzeuge benötigt, ebd., S. 138.

eigene Kosten wurde für die circa 50.000 in der Siemensstadt beschäftigten Arbeitnehmer eine Stichstrecke zwischen der Ringbahn (Bahnhof Jungfernheide) und Gartenfeld gebaut. Die Kosten betrugen circa neun Millionen Reichsmark.[768] Durch den Druck der eigenen Innovationen im Schnell- und Straßenbahnbereich hatte die Stadt diese umfassende Modernisierung eines wichtigen Verkehrsträgers erreicht, ohne in nennenswerter Weise finanziell herangezogen zu werden und ohne Befürchtungen haben zu müssen, dass hier eine Konkurrenz zu den eigenen Verkehrsträgern entstehen würde. Dies sollte sich bei dem folgenden Vorhaben der staatlichen Eisenbahnverwaltung ändern.

Die im Jahr 1933 erfolgte Elektrifizierung der Wannseebahn (Potsdamer Bahnhof – Wannsee) wurde bald mit dem Projekt einer unterirdischen Eisenbahnverbindung zwischen den Fernbahnhöfen im Norden (Stettiner Bahnhof, Gesundbrunnen) über das Stadtzentrum (Bahnhof Friedrichstraße) und den Endbahnhöfen im Süden (Anhalter und Potsdamer Bahnhof) verbunden. Wie zuvor die U-Bahnbauten sollte auch dieser vollständige Neubau der Reichsbahn im Rahmen eines Arbeitsbeschaffungsprogrammes entstehen. Zur geplanten Linienführung parallel zur Nord-Süd-Strecke der U-Bahn hatte man bei dem Komunalbetrieb gegen die Rentabilität der geplanten Strecke, deren Kosten, die auf rund 140 Millionen Reichsmark geschätzt wurden, schwerste Bedenken: Aufsichtsrat und Vorstand der BVG waren aus *allgemeinen volkswirtschaftlichen und besonderen finanziellen allgemein-wirtschaftlichen und verkehrswirtschaftlichen Gründen* zur Überzeugung gekommen, dass die Planung der Reichsbahn in der vorliegenden Form nicht tragbar sei. Ein Einnahmeausfall der BVG von jährlich mindestens zehn Millionen Reichsmark sei die Folge. Die Stadtverwaltung schloss sich dieser Auffassung an.[769] Als den von Lippert vorgetragenen Berliner Forderungen in der Sitzung stattgegeben wurde und die Linienführung statt über den Wilhelmplatz und die Kanonierstraße (heute Glinkastraße) über den Pariser Platz geführt werden sollte, schienen einvernehmliche Lösungen zwischen der Staatsführung und der Stadtverwaltung bezüglich berechtigter finanzpolitischer Einwände für die Zukunft möglich zu sein. Doch sollte dieses Projekt, für das die Reichsbahn bis zur Fertigstellung 1939 letztlich 173 Millionen Reichsmark aufwendete,[770] in die Ära der megalomanen NS-Planungen überleiten.

---

768 Ebd.

769 GStA PK, I. HA, Rep. 77 Ministerium des Innern, Tit. 228a, Nr. 19, Bl. 40.

770 Wolfgang Kiebert, Der elektrische Betrieb auf der Berliner S-Bahn, Bd. 3: Zehn dramatische Jahre – 1937 bis 1946, Berlin 2013, S. 34.

3.3 Die Zerstörung städtischer Strukturen 1933–1945

3.3.1 Zwischen Schuldenabbau und hypertropher Ausgabenpolitik. Der Magistrat wird bedeutungslos

Im Gefolge der nationalsozialistischen Machtübernahme am 30. Januar waren im März 1933 sehr erhebliche personelle Umbesetzungen in der Berliner Verwaltung erfolgt, doch die Finanzprobleme der Stadt bestanden weiter. In einer Übersicht der kurzfristigen Kredite und der Kassenkredite der Stadt Berlin nach dem Stand vom 28. Februar 1933 bilanzierte man wie folgt:

Tab. 62: Stand der städtischen Kassenkredite im Februar 1933 (in Millionen Reichsmark).

insgesamt	davon sehr kurzfristig	Bemerkungen
211,643	83,449	48,245 noch nicht (durch den Oberpräsidenten) genehmigt
davon von der Preußischen Staatsbank:	2,540	gegen Solawechsel

Quelle: GStA PK, I. HA, Rep. 77 Ministerium des Innern, Tit. 441, Nr. 32 Bd. 10, Bl. 359.

In der Eröffnungsbilanz zum 31. März 1933 nannte der jetzt zum kommissarischen Stadtkämmerer aufgestiegene Dr. Steiniger Zahlen zur Entwicklung des städtischen Haushalts.[771] Die Fehlbeträge im ordentlichen Haushalt hatten sich danach in den Jahren 1930 bis 1933 auf 313,2 Millionen Reichsmark erhöht. In den einzelnen Jahren summierten sie sich wie folgt:

Tab. 63: Fehlbeträge im ordentlichen Haushalt 1930–1933 (in Millionen Reichsmark).

Jahr	Summe
1930	63,5
1931	31,7
1932	85,0
1933	(geschätzt) 133,0

Quelle: Verwaltungsbericht der Hauptfinanzverwaltung [wie Anm. 242], S. 15 f.

Im außerordentlichen Haushalt hatte es Mehrausgaben von 279 Millionen Reichsmark gegeben, von denen 151 Millionen aus dem Erlös des BEWAG-Verkaufs finanziert wa-

771 Zahlen nach Verwaltungsbericht der Hauptfinanzverwaltung [wie Anm. 242], S. 15 f.

ren. 128 Millionen blieben ungedeckt. Außerhalb der Haushaltsrechnungen hatten sich in der Grundstückswirtschaft Mehrausgaben von 52,4 Millionen Reichsmark ergeben. Aus nicht an die Grundstücksverwaltung abgeführten Erlösen aus Weiterverkäufen der Grundstücke besaß diese Verwaltung allerdings eine Forderung an die Kämmerei in Höhe von 26 Millionen Reichsmark. Darüber hinaus hatten sich Mehrausgaben bei den Sonderkonten ergeben, hauptsächlich zum Bau von Straßen, für Rechnung der Anlieger in Höhe von 17,6 sowie für Rechnung Dritter aus dem Vorschusskonto von 8,7 Millionen Reichsmark. Insgesamt betrugen die Mehrausgaben außerhalb des Haushalts 78,7 Millionen Reichsmark. Ausgeliehen hatte die Stadt Berlin insgesamt 86,8 Millionen Reichsmark. Die größten Posten waren Darlehen an die BVG (47 Millionen) und die Nordsüdbahn-AG (neuneinhalb Millionen) für Investitionen, die nicht aus Anleihen gedeckt waren, sowie Darlehen an städtische Gesellschaften (28,8 Millionen). Unter dem Begriff Vorläufige Deckungsmittel wurden im Verwaltungsbericht folgende Posten summiert: die Kassenbeihilfe des Reiches (38,5), Vorgriffe auf künftige Einnahmen (23,3), nicht abgelieferte Landessteuern (61) und Finanzierung durch schwebende Schulden (225,6 Millionen Reichsmark). An sonstigen ungedeckten Fälligkeiten bestanden Restbeträge für den Bau der Untergrundbahn und damit zusammenhängenden Grundstückskäufen in Höhe von fünf Millionen Reichsmark sowie die Rückzahlung von Schatzanweisungen und der zum 1. April 1934 fälligen Verkehrsanleihe von 1928/29 in Höhe von rund 90 (ursprünglich 74,5) Millionen Reichsmark. Die Rückstände (Zins- und Tilgungsbeiträge, Lieferantenrechnungen, Polizeikosten und so weiter) wurden mit 27 Millionen Reichsmark beziffert. Zur Sicherung der Stadthauptkasse waren die Tilgungen bis auf die von Inhaberanleihen und Hypotheken ausgesetzt. Ebenso wurden Einzelvereinbarungen mit Gläubigern getroffen. Doch reichten diese Maßnahmen zur Konsolidierung der städtischen Finanzen bei Weitem nicht aus. Gegen die von der Stadt erwünschte Herabsetzung des Zinsfußes wurde in der Presse mit vom Reichsfinanzministerium gemeinsam mit der Reichsbank inspirierten Artikeln unter der Überschrift: *Kredite müssen zurückgezahlt werden!* polemisiert. Am 19. August 1933 wandte sich Staatskommissar Lippert *im Einvernehmen mit dem Herrn Oberbürgermeister und dem Herrn Stadtkämmerer* in dieser Angelegenheit an den neuen Oberpräsidenten Kube und machte ihn in *eindringlichster Form darauf aufmerksam, daß die Finanzlage der Stadt Berlin einer Katastrophe zutreibt, die wegen des zu erwartenden Eindrucks nach außen geeignet ist, das Aufbauwerk Adolf Hitlers auf das empfindlichste zu gefährden. Gerade weil, wie es in der besagten Pressenotiz heißt, alles vermieden werden muß, was geeignet ist, den wirtschaftlichen Aufbau zu erschüttern, bedarf die Reichshauptstadt endlich und heute mehr denn je einer umfassenden Hilfsaktion, die in einer finanziellen Atempause und der Umwandlung der dringendsten kurz- und mittelfristigen Anleihen in eine langfristige Anleihe bestehen muß.* Dazu sei bisher *nichts geschehen.*[772]

772 Schreiben des Staatskommissars in der Hauptstadt Berlin an den Oberpräsidenten vom 19. August 1933, in: GStA PK, I. HA, Rep. 77 Ministerium des Innern, Tit. 441, Nr. 32, Bd. 11.

Die Zeit für grundlegende Überlegungen wurde knapp. Die achtprozentigen Goldschatzanweisungen von 1929 und 1930 in Höhe von 85 Millionen (40 und 45 Millionen) Reichsmark, die am 1. Oktober 1933 fällig wurden, bedurften ebenso wie die im April 1934 fällige Verkehrsanleihe dringend der Umschuldung. Eine Tilgung konnte die Stadt ohnehin nicht leisten.[773] Zur Lösung des Problems versammelten sich am 14. August 1933 Vertreter der staatlichen Verwaltung und der Banken mit Staatskommissar Lippert, dem neuen Bürgermeister Maretzky und dem neuen kommissarischen Kämmerer Steiniger. Einhellig war man der Meinung, dass Gläubigerversammlungen wie in Köln, Frankfurt am Main und Dresden für Berlin nicht in Betracht kämen. Das Vertrauen in die öffentliche Finanzwirtschaft insgesamt, das eben zu wachsen beginne, sei schweren Belastungen ausgesetzt. Allerdings hatte Dr. Schacht, der nun wiederum als Reichsbankpräsident amtierte, in einem Gespräch, das Dr. Steiniger einige Zeit zuvor mit ihm geführt hatte, *sich dahin geäußert, es sei aus allgemeinen Gründen nicht unerwünscht, wenn die schwierige Lage Berlins evident werde.*[774] Eine Entscheidung konnte nicht getroffen werden, da sich die Bankvertreter noch einmal mit den übrigen Gläubigerbanken beraten wollten. Bereits am folgenden Tag war klar, dass die Großbanken dem Berliner Vorschlag zum Rückkauf und Zahlungsmoratorium ihre Zustimmung versagen würden. Stattdessen erfolgte eine Umtauschaktion für die noch im Umlauf befindlichen Berliner Schatzanweisungen von 20 Millionen Reichsmark durch das Konsortium. Diese waren mit zehn Prozent Agio ausgestattet, das Gläubigern sofort bar gezahlt wurde. Die Gläubiger hatten neue, mit sechs Prozent verzinste Schatzanweisungen zu pari erhalten, die nach fünf Jahren zu 108 Prozent rückzahlbar waren. Die Zinsbelastung für die Stadt betrug nun insgesamt neun Prozent. Diese Schatzanweisungen wurden mit 80 Prozent gehandelt. Ausdrücklich forderten sowohl die Stadt Berlin als auch das Oberpräsidium noch einmal, die *Zahlungseinstellung unter allen Umständen zu vermeiden. Wenngleich andere Städte Verhandlungen mit ihren Gläubigern aufgenommen haben, so müsse doch die besondere Stellung der Stadt Berlin berücksichtigt werden. Es sei ausgeschlossen, daß die Stadt Berlin einen derartigen Schritt in einem Augenblick tue, in dem die inneren Finanzverhältnisse der Stadt unmittelbar vor der Gesundung ständen.* Staatsrat Reinhardt von der Commerzbank regte an, *im Wege der Gesetzgebung die Stadt Berlin und andere Kommunen* [...] *davor zu bewahren, Gläubiger einberufen zu müssen, da dieser Schritt, abgesehen vom Prestigeverlust, mit einer erheblichen Beunruhigung des Kapitalmarktes verbunden sei. Es sei daran zu denken, durch ein Reichsgesetz derartige Fälligkeiten etwa um ein Jahr zu pro-*

773 Bereits Anfang August 1933 hatte Bürgermeister Maretzky den Oberpräsidenten mündlich um einen Zahlungsaufschub gebeten, der diese Bitte am 5. August an das preußische Innenministerium weiterleitete, ebd.

774 Die Verhandlung fand in der Preußischen Staatsbank (Seehandlung) unter Vorsitz des Vizepräsidenten Brekenfeld statt. Anwesend waren Direktor Kiel (Deutsche Bank), vom Oberpräsidium Vizeoberpräsident Usinger, seitens der Stadt Lippert, Steiniger und Maretzky, vom preußischen Finanzministerium Ministerialrat Ahrends, das Protokoll führte Ministerialrat Surén (preußisches Innenministerium), ebd.

longieren. Außerdem sollte eine besondere überparteiliche Stelle geschaffen werden, an die sich Schuldner von öffentlichen Anleihen zu wenden hätten.[775] Am 20. September 1933 teilte das Innenministerium dem Oberpräsidenten mit, dass das Reichskabinett am 19. September 1933 ein Gesetz über die Umwandlung kurzfristiger Inlandsschulden verabschiedet habe, das die Bildung eines Umschuldungsverbandes zum Inhalt habe. Dieser wurde berechtigt, Schuldverschreibungen, die mit vier Prozent verzinst werden sollten, auf mindestens 20 Jahre bis zu einer Höhe auszugeben, die dem Betrag der nach dem Umschuldungsgesetz zur Umschuldung gelangten kurzfristigen Inlandschulden der Gemeinde entsprach. Mitglied des Verbandes konnte jede betroffene Gemeinde werden. Der Antrag der Stadt Berlin zum Beitritt in den Umschuldungsverband wurde aufsichtsbehördlich befürwortet.[776] Unter das Umschuldungsgesetz vom 21. September 1933 fielen für Berlin folgende Posten:[777]

Tab. 64: Kurzfristige Schulden nach dem Umschuldungsgesetz vom 21. September 1933 (in Millionen Reichsmark).

a) offenbar Bankschulden, davon Teilbeträge bereits zurückgezahlt	11,90
b) Hypothekenschulden, ohne Kündigung fällig	1,22
c) Hypothekenschulden, nach Kündigung fällig	0,40
d) Darlehen, Schuldscheine, Wechsel (davon 104,86 Schuldscheindarlehen)	212,06
Steuerrückstände an den Staat Preußen insgesamt	61,46
davon anrechenbar (Preußen hatte 30 Millionen Reichsmark Steuerüberweisungsanteile an die Stadt Berlin zurückgehalten)	rund 31,50

Quelle: Staatskommissar der Hauptstadt Berlin an das preußische Innenministerium, 25. Juni 1934, in: GStA PK, I. HA, Rep. 77 Ministerium des Innern, Tit. 441, Nr. 32, Bd. 11.

775 Die Ablehnung des Moratoriums war einhellig, Vermerk der Preußischen Staatsbank an Dr. Landfried vom preußischen Finanzministerium, 15. August 1933, ebd.

776 Mitteilung des Innenministers an den Oberpräsidenten vom 20. und dessen Befürwortung vom 23. September 1933, ebd.

777 Verwaltungsbericht der Hauptfinanzverwaltung [wie Anm. 242], S. 48, gibt nach der Genese der Schulden andere Zahlen. Zur Umschuldung kamen 64,3 Millionen Reichsmark Goldschatzanweisungen 1929 und 1930, 254,9 Millionen Reichsmark kurzfristige Kassenkredite, 77,29 Millionen Reichsmark Verkehrsanleihe, 0,3 Millionen Reichsmark Restkaufgelder und 0,61 Millionen Reichsmark Hypotheken. Umgeschuldet wurde auch die sechsprozentige Stadtanleihe von 1928 (Verkehrsanleihe). Gegen das Umschuldungsangebot bezüglich der Verkehrsanleihe von 1928 hatte die Deutsche Girozentrale für ihre Forderungen in Höhe von elf Millionen Reichsmark ein erstes Umschuldungsangebot abgelehnt; damit hätten die Beträge gesetzlich für fünf Jahre gestundet werden müssen. Hier aber kam es offenbar zu einer Einigung. Von den 92 Millionen Reichsmark der Verkehrsanleihe wurden 77,1 Millionen umgeschuldet, 2,9 Millionen gestundet. Im Eigenbesitz der Stadt waren zwölf Millionen Reichsmark. Nach der Aufstellung des Staatskommissars der Hauptstadt Berlin an das preußische Innenministerium vom 12. Dezember 1934, zum Bericht vom 25. Juni 1934 siehe GStA PK, I. HA, Rep. 77 Ministerium des Innern, Tit. 441, Nr. 32, Bd. 11.

Mit der Umschuldungsgesetzgebung, durch die kurzfristige Schulden in langfristige Verbindlichkeiten umgewandelt wurden und die mit dem dritten Gesetz zur Gemeindeumschuldung vom 29. März 1935[778] abgeschlossen wurde, waren für Berlin kurzfristige Kredite in Höhe von 147,88 Millionen Reichsmark zu langfristigen Verbindlichkeiten im Einvernehmen mit den Gläubigern verwandelt worden. Insgesamt waren im Fall Berlins 390,9 Millionen Reichsmark zur gesetzlichen Umschuldung gekommen,[779] was den Haushalt spürbar entlastete. Noch im Jahr 1933 war im Gesetz über die Zahlungsverbindlichkeiten im Ausland[780] bestimmt worden, dass die Zins- und Tilgungszahlungen nicht mehr direkt in Dollar oder britischen Pfund an den Gläubiger, sondern von der Kommune an die Konversionskasse für deutsche Auslandsschulden in Berlin zu leisten waren. Die Konversionskasse erfüllte die Verpflichtungen nur unvollständig und stellte die Zahlungen nach Kriegseintritt – für die Vereinigten Staaten 1941 – gänzlich ein. Entgegen früheren Bekundungen gegenüber dem kommissarischen Kämmerer Steiniger hatte sich Reichsbankpräsident Schacht in einer Besprechung mit dem erklärten Vertreter des neuen Regimes, Staatskommissar Lippert, am 25. August 1933 aufgeschlossen für Umschuldungsverhandlungen gezeigt und damit dem nationalsozialistischen Staat Zugeständnisse gemacht, die er der Weimarer Republik und noch Steiniger gegenüber aus prinzipiellen Erwägungen heraus stets verwehrt hatte. Lippert und Bürgermeister Maretzky erhielten die Zusage, dass die Gläubigerversammlung wegen der 72 Millionen Goldanweisungen durch Verhandlungen des Reichsbankpräsidenten mit der Preußischen Staatsbank ausfallen könnte. Die Reichsbank sei überdies entschlossen, kurzfristige Kredite in Höhe von 200 Millionen Reichsmark in langfristige Verbindlichkeiten umzuwandeln. Der als Nachfolger von Asch kommissarisch mit dem Amt des Kämmerers bestallte Steiniger, der in der Tradition der preußischen Verwaltung stand, fand seine *Nichthinzuziehung* zu diesen für die Stadt so wichtigen Verhandlungen *unerträglich*. Alle Schritte zur Sanierung Berlins sollten nach seiner Auffassung einheitlich durch ressortmäßige Organe erfolgen, zu denen Staatskommissar Lippert eben nicht gehörte.[781] Steiniger bezifferte in diesem Zusammenhang die voraussichtlichen Fehlbeträge und ihre Deckung für 1933 und 1934 wie folgt:[782]

---

778 Das dritte Gesetz gab den Gemeinden die Möglichkeit, mit den Gläubigern, die dem ersten Angebot widersprochen hatten, ein zweites Angebot zu machen. Damit gelangten weitere 2,8 Millionen Reichsmark Schatzanweisungen und zweieinhalb Millionen Reichsmark Verkehrsanleihe zur Umschuldung, ebd.

779 Ebd.

780 Gesetz vom 9. Juni 1933, Reichsgesetzblatt 1933, T. I, S. 349.

781 Als Staatskommissar hatte er (noch nicht) die Rechte eines Behördenchefs, siehe Anm. 307.

782 Der Staatskommissar für die Geschäfte des Berliner Stadtkämmerers an Staatskommissar Bürgermeister Dr. Maretzky als Oberbürgermeister in Vertretung, 26. August 1933. Steiniger bemerkte, dass die Verhandlung *ohne meine Zuziehung und Kenntnis* stattgefunden habe. Er hätte erst durch Maretzky davon Kenntnis erhalten, GStA PK, I. HA, Rep. 77 Ministerium des Innern, Tit. 441, Nr. 32, Bd. 11.

Tab. 65: Fehlbeträge im städtischen Haushalt 1933 und 1934 (in Millionen Reichsmark).

	1933	1934
haushaltsmäßiges Defizit	144	ca. 150
Mehrausgaben Restewirtschaft	29	–
Fehlbeträge insgesamt	173	ca. 150
erhaltene Zuschüsse	40	–
erbetene Zuschüsse	105	–

Quelle: GStA PK, I. HA, Rep. 77 Ministerium des Innern, Tit. 441, Nr. 32, Bd. 11.

Sorgen machten auch kleinere Beträge, zum Beispiel die Arbeitsbeschaffungskredite bei der Deutschen Gesellschaft für öffentliche Arbeiten AG (Öffa). Dort verlangte man allerdings weiterhin Sicherheitsleistungen für Darlehen, zum Beispiel Verkehrsbauten. Am 4. Oktober 1933 waren die Stadt Berlin und die BVG mit 2,3 Millionen Reichsmark für die aus Reichsmitteln gewährten Darlehen im Rückstand. Im Oktober 1933 bestand eine Aufrechnungsmöglichkeit gegen die der Öffa für Notstandsarbeiten zugesagten Darlehen in Höhe von 0,915 Millionen Reichsmark, mithin waren noch 1,385 Millionen Reichsmark in Teilzahlungsraten abzudecken.[783] Kassenkredite blieben auch im Jahr 1934 notwendig. Doch wurde jetzt neben Preußen auch das Reich eingeschaltet. Am 5. April 1934 teilte der Reichsfinanzminister dem preußischen Innenministerium mit, dass er dem Land Preußen *zur Überwindung von Kassenschwierigkeiten der Stadt Berlin auf seinen Antrag vom 4. April 1934* einen weiteren Kassenkredit von sechs Millionen Reichsmark bewilligt habe. Der Kredit wurde mit einem Prozent über dem jeweiligen Reichsbankdiskontsatz verzinst.[784] Einen weiteren Kassenkredit in Höhe von fünf Millionen Reichsmark beantragte der Staatskommissar in der Hauptstadt Berlin am 27. Juni 1934 beim Reichsfinanzministerium, nachdem sich der Oberbürgermeister vergeblich um einen Überbrückungskredit bemüht hatte.[785] Doch konnte der kommissarische Kämmerer der Stadt Berlin Steiniger dem preußischen Innenministerium auch Positives mitteilen, zum Beispiel am 3. Mai 1934, dass es ihm gelungen sei, das Defizit der Stadt Berlin von 140 Millionen Reichsmark im Vorjahr

783 Deutsche Gesellschaft für öffentliche Arbeiten-Aktiengesellschaft (Öffa) an den Oberbürgermeister der Stadt Berlin, 15. Mai 1933, ebd. Gegen die Sicherheitsleistung hatte der Oberpräsident Bedenken (Schreiben des Oberpräsidenten an das Innenministerium, 16. Mai 1933). Am 18. September 1933 teilte das Innenministerium dem Oberpräsidenten die Einzelheiten der Einigung bei der Vereinbarung vom 6. September mit, in der die Öffa die Bestimmung in der Schuldurkunde so formulierte, dass ein Prozent Aufschlag im Verzugsfalle für das gesamte Darlehen für die Verzugszeit vorgesehen war, ebd.

784 GStA PK, I. HA, Rep. 77 Ministerium des Innern, Tit. 233, Bd. 21, Abschrift des Reichsministers der Finanzen an das preußische Innenministerium vom 5. April 1934.

785 Ebd., dort auch Nachweisung über die voraussichtliche Kassenentwicklung in den Monaten Juli bis September 1934. Bei den fünf Millionen Reichsmark handelte es sich um den Ausgleich eines Fehlbetrages für September 1934.

auf 86,6 Millionen für das Rechnungsjahr 1934 herabzudrücken.[786] Weder die Aufrechterhaltung des Kassenbetriebes noch die grundlegende Sanierung der städtischen Finanzen waren der Hauptstadt aus eigenen Kräften möglich. Es mussten staatliche Hilfen in Anspruch genommen werden. Die Kapitale konnte immerhin an den für hochverschuldete Städte reichsweit durchgeführten Umschuldungsmaßnahmen teilnehmen.[787] Wie oft im nationalsozialistischen Staat führte man dabei in der Weimarer Zeit eingeleitete Bemühungen fort. Zu diesen Maßnahmen zählte die bereits durch Notverordnungen des Reichspräsidenten zur Sicherung von Wirtschaft und Finanzen vom 5. Dezember 1931 eingeleitete Zinssenkung für Kommunalschulden von acht auf sechs Prozent. Dieser Zinssatz wurde wegen der Notlage der Stadt noch einmal auf vier Prozent zurückgenommen, mithin halbiert. Allgemein wurde die Reduktion auf vier Prozent durch das Gesetz über die Durchführung einer Zinsermäßigung bei den Kreditanstalten vom 24. Januar 1935 und das Gesetz über Zinsermäßigung bei den öffentlichen Anleihen vom 27. Februar. Dies bedeutete, dass vom 1. April 1935 an der Zinsfuß der Schuldscheindarlehen und inländischen Inhaberanleihen generell auf den Satz von vier Prozent eingefroren wurde. Das Gemeindeumschuldungsgesetz vom 21. September 1933 leitete die Umschuldung der zur Rückzahlung fälligen Papiere ein. 390,91 Millionen Reichsmark wurden auf diesem Wege, weitere 147,88 Millionen in freier Vereinbarung umgeschuldet. Darüber hinaus konnten die gegenseitigen Forderungen des preußischen Staates und der Stadt hinsichtlich der wechselseitigen Steuerzurückhaltungen geklärt werden. Bis zum 31. März 1934 hatten die Forderungen Preußens an Berlin in diesem Bereich (einschließlich Zinsen) die Höhe von 62,251 Millionen Reichsmark erreicht. Im Gegenzug hatte Preußen die Anteile Berlins aus der Einkommen- und Körperschaftsteuer in Höhe von 30,836 Millionen Reichsmark zurückbehalten. Die Preußen geschuldete Differenz von 31,415 Millionen wurde im Rahmen des Umschuldungsgesetzes behandelt. Damit waren am Ende des Jahres 1934 die haushaltsmäßigen Fehlbeträge auf 57,88 Millionen Reichsmark reduziert worden. Zur Abdeckung des Fehlbetrages von 1934 (57,88 Millionen Reichsmark) wurden folgende haushaltstechnische Maßnahmen durchgeführt: einmalige Abschreibung des Markthallenfonds (12,30 Millionen), langfristige Verlängerung der Reichskassenkredite (39,48 Millionen), Einnahmen aus dem Allgemeinen Schuldentilgungsstock (2,71 Millionen) und Abführung von Währungsgewinnen im Konto *Geldaufnahme* (2,38 Millionen Reichsmark). Der Rest von 1,02 Millionen Reichsmark konnte aus verschiedenen Posten des Haushalts 1936 abgedeckt werden. Im außerordentlichen Haushalt hatte sich der Fehlbetrag, der unter dem Stichwort *Anleihevorschußkonto* verbucht wurde und 1931 123,892 Millionen Reichsmark betragen hatte, bereits durch den Verkauf der BE-

786 Ebd. Am 28. Juni ließ Steiniger dem Staatssekretär Grauert mitteilen, dass das Defizit unter 70 Millionen Reichsmark betragen werde.

787 Die Maßnahmen schränkten die kommunalen Entscheidungen zugunsten des Staates/Reiches ein, siehe Matzerath, Nationalsozialismus [wie Anm. 300], S. 116 f.

WAG um 87,199 Millionen reduziert. Der Rest wurde durch eine Verlängerung der Darlehen der Berliner Stadtbank haushaltsmäßig abgedeckt.

Doch auch die folgenden Stadthaushalte standen unter dem Spardiktat, da der beträchtliche Fehlbedarf weiterhin bestand. Oberbürgermeister Sahm bemühte sich nach Kräften, mit weiteren finanztechnischen Maßnahmen zur Entschuldung beizutragen. Im Bericht zum Haushalt 1936 teilte er dem Stadtpräsidenten mit, dass von dem für das Jahr 1936 errechneten Gesamtfehlbetrag von 58,8 Millionen Reichsmark durch Minderausgaben bei den Besoldungen und Unterstützungen 8,8 Millionen eingespart werden konnten. Durch die Teilauflösung von Rücklagen der Stadtentwässerung war es möglich, noch einmal 14 Millionen umzubuchen und den Fehlbedarf auf 36 Millionen Reichsmark zu reduzieren.[788] Bei einem weiteren Kürzungsdurchgang, in dem unter anderem der städtische Anteil an der Ausschmückung der Metropole für die Olympischen Spiele von 1936 um die Hälfte (auf 0,1 Millionen) reduziert wurde, konnte die Summe des Fehlbedarfs nochmals um 14 auf 22 Millionen Reichsmark vermindert werden.[789]

Mit der weiteren weltwirtschaftlichen Erholung, der im Deutschen Reich und der zusätzlich durch die beginnende Aufrüstung hervorgerufenen Sonderkonjunktur entspannte sich die Berliner Haushaltslage weiter.[790] Ein Grund waren die Einsparungen bei den Leistungen in der Erwerbslosenfürsorge. 1935 betrugen die Lasten für diesen Posten noch 86,6, 1936 nur noch 62 Millionen Reichsmark. Umgekehrt war die Entwicklung der Steuern auf der Einnahmenseite von 414,2 Millionen 1935 auf 455,5 Millionen Reichsmark 1936 angestiegen. Als Jahresdurchschnitt für 1935 wurden 114.000, 1936 nur noch 77.000 Wohlfahrtserwerbslose angenommen. So konnte der Bruttohaushalt im Umfang von 813,3 Millionen Reichsmark ausgeglichen werden. Bereits der Etat für das Jahr 1935 war mit einem Überschuss von 5,8 Millionen Reichsmark abgeschlossen worden. Ein wesentliches Ziel in dieser Periode war auch die Reduzierung der Schulden. Von einer nachhaltigen Sicherung der Finanzlage – so wurde festgehalten – könne erst dann gesprochen werden, wenn der Schuldendienst weniger als zehn Prozent der Steuereinnahmen, das heißt circa 650 Millionen Reichsmark erfordern würde.[791] Tatsächlich gelang es 1937, die Schulden unter die Milliardengrenze zu bringen. Am 31. Dezember 1936 betrug die Last der Gesamtschulden der Stadt 1.004 Millionen Reichsmark. Der Höchststand lag am Jahresende 1933 bei 1.247 Millionen. Neue kurz-

788 BLHA, Pr. Br. Rep. 60 Staatskommissar der Hauptstadt Berlin/Stadtpräsident, Nr. 260, Bericht des Oberbürgermeisters vom 2. April 1935, unpag.

789 Ebd. Bericht des Oberbürgermeisters vom 15. April 1936.

790 Folgendes nach LAB, A Rep. 005-03-01 Kämmereiverwaltung, Nr. 1428: Verwaltungsbericht der Stadtkämmerei für die Zeit vom 1.4.1936 bis zum Jahresschluß 1940. Im Gegensatz zu den bis dahin veröffentlichten Verwaltungsberichten trägt dieser maschinenschriftliche Bericht den Zusatz *Streng vertraulich! Nur für den Dienstgebrauch bestimmt!*

791 Folgendes nach LAB, A Rep. 005-03-01 Kämmereiverwaltung, Nr. 1428: Verwaltungsbericht der Stadtkämmerei für die Zeit vom 1.4.1936 bis zum Jahresschluß 1940, S. 1–6.

fristige Schulden wurden ab 1935 nicht mehr aufgenommen.[792] Trotz des weiteren Rückgangs der Aufwendungen für Wohlfahrtserwerbslose auf 43,8 Millionen Reichsmark und des Ansteigens des Steueraufkommens mit 525 Millionen konnte die Schuldenlast nicht weiter gesenkt werden. Die Berliner Auslandsschulden der Zwischenkriegszeit sollten die Stadt noch weitere 40 Jahre bis zum Ende der 1970er-Jahre beschäftigen. Ungeachtet des politischen und wirtschaftlichen Zusammenbruchs des Deutschen Reiches von 1945 wurde – anders als für das Reich und für den nachträglich aufgelösten Staat Preußen – die Weiterexistenz der Kommunen postuliert. Dies betraf grundsätzlich auch deren Verbindlichkeiten. Durch die Order 130 von 1945 der Alliierten Kommandantur war der Zins- und Tilgungsdienst für die Kommunalschulden Berlins zwar ausgesetzt, doch nicht aufgehoben. Nachdem im Februar 1953 das Londoner Abkommen zwischen den westlichen Alliierten und der Bundesrepublik Deutschland über die Regelung der deutschen Auslandsschulden geschlossen und im gleichen Jahr die für die Anwendung auf Berlin (West) nötigen Gesetze und Rechtsvorschriften erlassen worden waren, hob die Alliierte Kommandantur im Januar 1956 die 1945 verfügte Aussetzung auf und informierte den Berliner Senat, dass nunmehr der Zeitpunkt zur Regelung der Berliner Kommunalschulden gemäß dem Londoner Schuldenabkommen gekommen sei.[793] Als Kommunalschulden wurden die Sechseinhalb-Prozent-Dollar-Anleihe von 1925, die Sechs-Prozent-Pfundanleihe von 1927 und die Sechs-Prozent-Dollar-Anleihe von 1928 behandelt. Man einigte sich mit den britischen und US-amerikanischen Gläubigern im Juni 1956 auf folgende Eckpunkte: 1. Das alte Kapital bleibt unverändert. 2. Die Fälligkeit der Anleihen wird um 20 Jahre bis 1970 beziehungsweise 1977 und 1978 verlängert. 3. Die Tilgung erfolgt von 1928 an mit einem Prozent und von 1963 an mit zwei Prozent des neuen Kapitals. 4. Die bis zum Fälligkeitstag vor Kriegsende 1945 rückständigen Zinsen werden mit zwei Dritteln fundiert, soweit nicht andere Regelungen bereits getroffen wurden.[794] Auf dieser Grundlage erfolgte 1957 ein Regelungsangebot der Stadt Berlin (West), einen Umtausch der Anleihestücke in Viereinhalb-Prozent-Debit-Adjustment-Bonds vorzunehmen. Diese waren zum 1. April 1978 fällig. Mit der Ablösung dieser Schuld zum genannten Datum endete das Kapitel der Berliner Auslandsverbindlichkeiten aus der Zeit vor 1945 endgültig.

Der ‚gleichgeschaltete' Staat Preußen hielt sich bei der Finanzierung der Berliner Aufgaben zurück. Bei einem Umfang des preußischen Haushalts für 1934 von 2.698,4 Millionen Reichsmark waren 0,15 Millionen für die Tiergarten-Wasserleitung,

---

792 Verwaltungsbericht der Hauptfinanzverwaltung [wie Anm. 242], S. 19.

793 Hans J. Reichhardt/Joachim Drogmann/Hanns U. Treutler (Bearb.), Berlin. Chronik der Jahre 1955–1956, hrsg. im Auftrage des Senats von Berlin (Schriftenreihe zur Berliner Zeitgeschichte, Bd. 6), Berlin 1971, S. 400 f. Zum Londoner Abkommen von 1953 Christoph Buchheim, Das Londoner Schuldenabkommen, in: Ludolf Herbst (Hrsg.), Westdeutschland 1945–1955. Unterwerfung, Kontrolle, Integration, München 1986.

794 Reichhardt/Drogmann/Treutler, Berlin. Chronik der Jahre 1955–1956 [wie Anm. 793], S. 534 f.

11.250 Reichsmark für Forschungen im Robert-Koch-Institut und 27.000 für Wasseruntersuchungen im Rhein-Main-Gebiet durch das Institut für Wasser-, Boden- und Lufthygiene vorgesehen. Im Kultushaushalt waren 33.500 Reichsmark für die Herrichtung von Kinovorführungen in universitären Hörsälen, 0,3 Millionen Reichsmark für Bauten und Röntgenanlagen der Charité, 75.000 Reichsmark für Bauten an der Technischen Hochschule, 60.000 Reichsmark für Wiederherstellungen an den staatlichen Museen, 0,15 Millionen Reichsmark für die Verwaltung der Schlösser und Gärten sowie 0,4 Millionen Reichsmark für den Verein Volksbühne eingestellt.[795] Parallel zu der vom Stadtkämmerer angestrebten Haushaltssanierung durch Einschränkung der Ausgaben hatte allerdings wiederum eine, nun unter nationalsozialistischen Vorzeichen stehende, Ausgabenpolitik begonnen. Einen Einspruch Steinigers gegen einen Ausgabenbeschluss des Magistrats im März 1934 nahm Staatskommissar Lippert zum Anlass, unter Hinweis auf das Gesetz vom 15. Dezember 1933 über die Änderung der Staatsaufsicht in Berlin zu betonen, dass das Einspruchsrecht des Kämmerers damit praktisch hinfällig sei, da sonst für den Staatskommissar keine Möglichkeit bestünde, sein Aufsichtsrecht auszuüben. Lippert schlug deshalb dem preußischen Ministerpräsidenten Göring vor,[796] den Einspruch des Kämmerers nicht mehr zuzulassen. Die Tage Steinigers im neuen alten Amt waren nun gezählt. Der Entwurf eines Dankschreibens zur Entlassung des erst mit dem Machtwechsel in das Amt des Stadtkämmerers zurückgekehrten Dr. Steiniger wurde bereits im Mai 1934 ausgefertigt, doch erst im August 1934 rechtswirksam.[797] Sein Nachfolger wurde der als Finanzfachmann ausgewiesene Karl Maria Hettlage.[798] Die Schulden Berlins betrugen im September 1934:

Tab. 66: Schuldenübersicht nach dem Stand vom 30. September 1934 (in Millionen Reichsmark).

Anleihen	Betrag
Aufwertungsschulden (ohne Hypotheken und Restkaufgelder)	92,2
6 % Goldanleihe 1924	15,4
7 % Goldanleihe 1926	33,4
7,6 % Schuldverschreibung 1928	10,4
8,6 % Goldschatzanweisungen 1933	32,4
15 Millionen-US-Dollar-Anleihe 1925	38,5
3,5 Millionen-Pfund-Anleihe 1927	57,3

795 Für Berlin interessante Positionen des neuen preußischen Etats in: Berliner Börsen-Courier vom 3. Mai 1933, in: GStA PK, I. HA, Rep. 109 Preußische Seehandlung, Nr. 1212.

796 GStA PK, I. HA, Rep. 77 Ministerium des Innern, Tit. 233, Bd. 21, Schreiben des Staatskommissars in der Hauptstadt Berlin an den preußischen Ministerpräsidenten zu Händen von Staatssekretär Grauert, 27. März 1934.

797 Ebd. Steiniger war 1934 70 Jahre alt.

798 Zu Hettlage siehe Anm. 813.

Anleihen	Betrag
15 Millionen-US-Dollar-Anleihe 1928	153,4
Schuldscheindarlehen	533,7
Hypotheken	53,0
Restkaufgelder	14,9
Sonstiges	3,5
kurzfristige Schulden der Kämmerei	210,7

Quelle: GStA PK, I. HA, Rep. 77 Ministerium des Innern, Tit. 441, Nr. 32, Bd. 11.

Doch mussten aufgrund der besseren Wirtschaftslage im April desselben Jahres statt der errechneten und erbetenen Beihilfe von 18 nur sechs Millionen Reichsmark als Kassenkredit in Anspruch genommen werden. Kurzfristige Kredite wurden nun getilgt. Im November 1935 meldete der Oberbürgermeister, dass 39,48 Millionen Reichsmark aus früheren Kassenkrediten mit dem Reich auf dem Weg der Aufrechnung mit Veräußerung von städtischen Grundstücken getilgt worden seien.[799] 1935 konnte Stadtkämmerer Hettlage berichten, dass der Jahresabschluss 1934 zwar noch einen Fehlbetrag von fünfeinhalb Millionen Reichsmark aufgewiesen habe, es aber gelungen sei, die insgesamt 57,9 Millionen Reichsmark an Fehlbeträgen aus den Jahren 1928–1934 abzudecken und die schwebenden Schuld durch Verhandlungen mit den Gläubigern – genannt werden das Reich und die Deutsche Girozentrale – fast gänzlich zu beseitigen. Die städtische Gesamtverschuldung betrug aber weiterhin 1.174,9 Millionen Reichsmark.[800] In einer im Auftrag Hettlages gedruckten Schrift[801] wird ausdrücklich darauf verwiesen, dass äußerste Zurückhaltung bei der Aufnahme neuer Schulden bestehe. Für 1934 hatte man sich noch mit 38,25 Millionen Reichsmark neu verschuldet, doch 88,55 Millionen getilgt. Die Darlehensaufnahme für 1935 sollte auf 12,3 Millionen Reichsmark beschränkt werden. Doch war, wie der Kämmerer berichtet, der deutsche Kapitalmarkt für den Kommunalkredit weiterhin praktisch gesperrt, wegen der *Finanzansprüche des Reiches für vordringliche Sonderaufgaben*, das heißt der Wiederaufrüstung, aber auch wegen der strengen Praxis der staatlichen Aufsichtsbehörden.[802] Im Haushalt des Jahres 1935 waren die Einnahmen in Höhe von 855,6 und Ausgaben von 849,8 Millionen Reichsmark mit einem kleinen Überschuss ausgeglichen.[803] Nicht unbeträchtliche neue Ausgaben brachte die Vorbereitung der Olym-

799 BLHA, Pr. Br. Rep. 60 Staatskommissar der Hauptstadt Berlin/Stadtpräsident, Nr. 288.
800 Berlins Finanzlage 1935. Bericht des Kämmerers über die Entwicklung in der ersten Hälfte des Rechnungsjahres 1935, in: LAB, A Rep. 005-03-01, Kämmereiverwaltung, Nr. 1428: Verwaltungsbericht der Stadtkämmerei für die Zeit vom 1.4.1936 bis zum Jahresschluss 1940, S. 3–5.
801 Ebd.
802 Verwaltungsbericht der Hauptfinanzverwaltung [wie Anm. 242], S. 5.
803 Berlins Finanzlage 1936. Bericht des Kämmerers über die Entwicklung in der ersten Hälfte des Rechnungsjahres 1936, in: Verwaltungsbericht der Stadtkämmerei [wie Anm. 800], S. 4.

pischen Spiele von 1936 mit sich, wenn auch die größten Posten, etwa der Ausbau des Reichssportfeldes mit dem Stadion und den Nebenanlagen, vom Reich getragen wurden. Doch blieben für die Stadt viele Aufgaben übrig. In der Vorbereitung zu diesem für die Staatspropaganda so wichtigen Großereignis erinnerte der Reichsminister des Innern in einem Schreiben an den Oberbürgermeister vom 10. April 1934 daran, dass man bei den Überlegungen zur Finanzierung davon ausgegangen war, dass die Kosten für den Ausbau der erforderlichen Aufmarschstraßen und Parkplätze von den Städten Berlin und Potsdam getragen werden könnten. Von der am 19. Februar 1934 übermittelten Kostenübersicht in Höhe von 21,9 Millionen Reichsmark war der Betrag von 19,2 Millionen noch ungedeckt. Der Minister bemerkte dazu: *Ich habe der Kostenübersicht entnommen, daß die Stadt nicht nur die eigentliche Aufmarschstraße für den durch die Olympiade und größere sonstige sportliche Veranstaltungen verursachten Verkehr veranschlagt hat, sondern sämtliche Aufmarschstraßen einbezogen, die bei späterer Benutzung des Stadions für politische Massenveranstaltungen* anfallen würden.[804] In der Sitzung am 16. April 1934, bei der der Staatssekretär im Reichsinnenministerium Pfundtner, ein Vertreter des Reichsfinanzministers, der Architekt Werner March, Bürgermeister Maretzky, Stadtkämmerer Steiniger, der Generalbauinspektor des deutschen Straßenwesens sowie Vertreter der Reichsbauverwaltung und ein Vertreter der Öffa Berlin anwesend waren, bemerkte March, dass für die Mindestprojekte (tatsächlich ausgeführte Straßen ums Stadion) 3,85 Millionen Reichsmark, darin 1,37 Millionen für Parkplätze verbaut seien. Steiniger bezifferte die Kosten auf 8,1 Millionen Reichsmark, davon waren 2,3 Millionen für die Straße am Spandauer Bock abzuziehen. Die Einsparung an Parkplätzen betrug eine halbe Million Reichsmark; 5,3 Millionen waren noch zu decken.[805] Am 18. April erklärte sich die Stadt bereit, das Bauprogramm durchzuführen, wenn ihr zu den 5,3 Millionen Reichsmark irgendwie verholfen würde. Eine Zuweisung aus der Kraftfahrzeugsteuer lehnte das Finanzministerium ab; gegen Verwendung von Luftschutzmitteln für das Vorhaben hatte das Reichsluftfahrtministerium Einspruch erhoben. Doch waren es zunächst staatliche Arbeitsbeschaffungsmaßnahmen, über die – wie in der Zeit vor der Weltwirtschaftskrise – die Verbindung von kommunalen und staatlichen Projekten hergestellt wurde. Dazu gehörten der Ausbau der Reichsstraße 1 zwischen Berlin und Potsdam im Ortsteil Wannsee und Straßenverbindungen in der Umgebung des Olympiastadions im Vorgriff auf die Olympischen Spiele. Neben Mitteln aus dem Reinhardtprogramm blieb die bereits in der Weimarer Zeit tätige Öffa als Darlehensgeber aktiv.[806] 1935 gab der

804 GStA PK, I. HA, Rep. 77 Ministerium des Innern, Tit. 228a, Nr. 15, Bl. 69.

805 Ebd., Bl. 71.

806 Die Darlehen betrugen nach der Zusage der Öffa aus deren Mitteln 1,375 und 0,881 Millionen Reichsmark zu fünf Prozent Zinsen auf 20 Jahre Laufzeit. Die Mittel waren vorgesehen für den Ausbau der Zufahrtstraße zum Stadion (2,4 Millionen Reichsmark), für den Ausbau der Königstraße in Wannsee (2,6 Millionen Reichsmark), für die Hereinnahme von städtischen US-Dollar-Bonds aus Inlandsbesitz (3,5 Millionen Reichsmark) und für weitere Arbeitsbeschaffungsmaßnahmen (eine Million Reichsmark), zusammen rund neuneinhalb Millionen Reichsmark. Die Gesamtkosten der Zufahrtsstraßen

Reichsfinanzminister gegenüber dem preußischen Finanzministerium seine Zustimmung zu einem restlichen Öffa-Darlehen für die Zufahrtsstraße zum Olympiastadion.[807] Hinter den Öffa-Maßnahmen verbargen sich mitunter Rüstungsprojekte.[808] Freilich kann der gesamte Anteil der städtischen Kosten für die Olympischen Spiele nicht rekonstruiert werden.

3.3.2 Der Generalbauinspektor für die Reichshauptstadt. Der Wille des ‚Führers' als Grundlage der Stadtentwicklungspolitik. Die Finanzierung in Gemeinschaft mit der SS

Die Konsolidierungsphase – wenn man überhaupt davon sprechen kann – sollte auf den kurzen Zeitraum von 1934 bis 1936 beschränkt bleiben. Schon 1937 begann ein neuer Zeitabschnitt, der von der Verwaltung selbst mit *Finanzpolitik des größeren Wagnisses* apostrophiert wurde. Trotz weiteren Sinkens der Aufwendungen für Wohlfahrtserwerbslose auf 43,8 Millionen Reichsmark und des Ansteigens des Steueraufkommens auf 525 Millionen konnte die Schuldenlast nicht weiter gesenkt werden. Die kommende ‚Neugestaltung der Reichshauptstadt' brachte für die Stadt die Übernahme neuer Aufgaben. Zunächst waren es wesentlich Straßenbauten, die aus den in Höhe von 19 Millionen Reichsmark bestehenden Nachträgen zum Haushalt finanziert werden sollten. Immerhin wurde noch für dieses Jahr ein rechnungsmäßiger Überschuss von 3,2 Millionen Reichsmark erwirtschaftet.[809] Bis zum Beginn des Krieges wurde die Schuldentilgung fortgeführt. Am 31. März 1939 belief sich die äußere Schuld auf 783 Millionen Reichsmark.[810] Staatskommissar Lippert hatte sich ab 1933 – wohl in Fehleinschätzung des Stellenwerts der Neugestaltung der Hauptstadt für Hitler – um Abgrenzung und Haushaltskontrolle bemüht. Nach 1937 war *ein Rückblick auf den letzten Teilabschnitt Berliner Verwaltungsarbeit* erfüllt, *mit Befriedigung über die errungenen Erfolge*. Dazu wurden ausdrücklich die Festigung der Kassenlage, die Ausgleichung des Haushalts, die Bereinigung der schwebenden Schulden und eine nicht

---

waren mit 6,3 Millionen Reichsmark veranschlagt. Der offene Darlehensbetrag sollte bei der Öffa aufgenommen werden: Bericht des Staatskommissars der Hauptstadt Berlin an das Innenministerium vom 10. Oktober 1934, in: GStA PK, I. HA, Rep. 77 Ministerium des Innern, Tit. 441, Nr. 32, Bd. 11, unpag.

807 Der Reichsminister der Finanzen an das preußische Innenministerium, 23. Februar 1935. Das Darlehen betrug 2,4 Millionen Reichsmark zum Zinssatz von viereinhalb Prozent. Der Reichsfinanzminister von Krosigk bemerkte dazu ausdrücklich: *Meine Bedenken gegen eine Neuverschuldung habe ich im Hinblick auf den Verwendungszweck zurückgestellt*, ebd.

808 Im Nachtrag des Haushalts von 1934 erscheint der Neubau einer Flugzeugwerfthalle in Staaken. Dies sollte nicht veröffentlicht werden. Die Genehmigung des Ministeriums des Innern erfolgte am 4. Oktober 1934, ebd.

809 Verwaltungsbericht der Hauptfinanzverwaltung [wie Anm. 242], S. 6.

810 Ebd., S. 24.

unbeträchtliche Schuldentilgung sowie Reservebildung genannt.[811] Lippert hatte an diesem Vorgehen festgehalten, auch nachdem er Oberbürgermeister Sahm gestürzt hatte: *Für die Aufbringung des Anteils der Stadt Berlin an den Kosten der baulichen Neugestaltung der Reichshauptstadt und die Deckung des eigenen Finanzbedarfs der Stadt im Rahmen ausgeglichener Haushaltspläne* traf Lippert am 11. Januar 1938 die Anordnung, dass für die Rechnungsjahre 1937–1942 alljährlich zusätzlich zum städtischen Haushaltsplan ein *Sonderhaushaltsplan für Maßnahmen zur baulichen* Neugestaltung der Reichshauptstadt aufzustellen sei.[812] Darin sollten alle Ausgaben der Stadt für Grunderwerb, Maßnahmen der städtischen Kämmereiverwaltung, Gebührenanstalten, der städtischen Eigenbetriebe und Gesellschaften gesondert nachgewiesen werden. Ferner sollte eine *Städtebaurücklage* gebildet werden. Für fortdauernde Ausgaben sollten insgesamt keine höheren Mittel vorgesehen werden als die, die im Haushaltsplan 1937 (einschließlich des Nachtragshaushalts) vorgesehen waren. Für Haushaltsüberschreitungen sollte ein noch strengerer Maßstab angelegt werden. Insbesondere wandte sich Lippert in dieser Anordnung an Stadtkämmerer Hettlage, der veranlasst wurde, die notwendigen Einzelheiten festzulegen und entsprechende Entwürfe für Schreiben an die Reichs-, Staats- und Parteistellen zu entwerfen. Zu dem von Lippert angegebenen Verteiler gehörte allerdings nicht der im Jahr zuvor von Hitler zum Generalbauinspektor für die Reichshauptstadt ernannte Albert Speer. Speer seinerseits sollte den Finanzexperten Hettlage von der Stadt abwerben und in seinen Stab als Leiter der Hauptamtes II, Verwaltung und Wirtschaft eingliedern. Als Inhaber eines hohen SS-Ranges blieb Hettlage beim Generalbauinspektor tätig.[813] Durch eine Anordnung des ‚Führers' war es Speer gestattet, die Dienstbezüge seiner Mitarbeiter „den Erfordernissen entsprechend [...] auch außerhalb der Reichsbesoldungs- oder Tarifordnung selbstständig festzusetzen, was Hettlage offenbar dankbar angenommen hatte."[814] Speer stand für seine neue Behörde die jährliche feste Summe von 60 Millionen Reichsmark an Haushaltsmitteln für Neugestaltungspläne zur Verfügung.[815] Ab 1938 musste die Stadt Berlin für vorbereitende Häuserkäufe 70 Millionen Reichsmark in ihrem Haushalt einstellen.[816] Die restriktive Finanzpolitik der Stadt Berlin unter Lippert bedeutete keineswegs den Verzicht auf repräsentative Projekte im Sinne der

811 Ebd., S. 21.

812 Abschrift: LAB, A Rep. 005-03-01 Kämmereiverwaltung, Nr. 211.

813 Susanna Schrafstetter, Verfolgung und Wiedergutmachung. Karl M. Hettlage. Mitarbeiter von Albert Speer und Staatssekretär im Bundesfinanzministerium, in: Vierteljahreshefte für Zeitgeschichte 56/3 (2008), S. 431–466; Kurzbiografie in: Jörn Düwel/Werner Durth/Nils Gutschow (Hrsg.), 1945: Krieg – Zerstörung – Aufbau. Architektur und Stadtplanung 1940–1960 (Schriftenreihe der Akademie der Künste, Bd. 23), Berlin 1995, S. 370.

814 Reichhardt/Schäche, Von Berlin nach Germania [wie Anm. 335], S. 58.

815 Ebd., S. 61. Diese Mittel wurden nicht ausgeschöpft.

816 Wolfgang Schäche, Architektur und Städtebau in Berlin zwischen 1933 und 1945. Planen und Bauen unter der Ägide der Stadtverwaltung (Die Bauwerke und Kunstdenkmäler von Berlin, Beih. 17), Berlin 1991, S. 139.

nationalsozialistischen Stadtplanung. So sollte beispielsweise der Raum um den Mühlendamm wegen des Schleusenneubaus vollständig verändert werden. In diesem ältesten Teil der Stadt, dem Gebiet um den Molkenmarkt und das Stadthaus genannte Verwaltungsgebäude, waren seit der Zeit um den Ersten Weltkrieg größere Areale mit alter Bausubstanz für künftige kommunale Nutzungen aufgekauft worden. Der bekannteste historische Baukörper war das wegen seiner malerischen Durchblicke häufig fotografierte Ensemble des Krögels. Die geplante Sanierung sollte – wie schon beim Stadthaus – in Form von Neubauten für die Verwaltung geschehen. Nach 1933 entstand der Plan eines NS-Verwaltungsforums.

Abb. 16: Perspektivische Ansicht des geplanten Verwaltungsforums mit dem Haus des Stadtpräsidenten (rechts), in der Mitte das Stadthaus. © Wolfgang Schäche, Architektur und Städtebau in Berlin zwischen 1933 und 1945. Planen und Bauen unter der Ägide der Stadtverwaltung (Die Bauwerke und Kunstdenkmäler von Berlin, Beih. 17), Berlin 1991, S. 192, Abb. 160.

Das Stadthaus sollte von einer Reihe weiterer Großbauten eingefasst werden. Dazu gehörte auch das geplante Stadtpräsidentenhaus, der künftige Sitz Lipperts. Es ist bezeichnend, dass von dieser Gesamtplanung lediglich die vom Reich beziehungsweise Preußen (Reichsmünze, an der Stralauer- und Jüdenstraße),[817] von der städtischen Feuersozietät (später Neues Stadthaus, an der Parochialstraße) und von der GASAG (im Anschluss an das bestehende Verwaltungsgebäude Stralauer Straße, Teilnutzung)

817 Bundesarchiv Berlin [im Folgenden: BArch], R 4606, Generalbauinspektor für die Reichshauptstadt, Nr. 417, im Schriftwechsel mit der Preußischen Bau- und Finanzdirektion, März 1937 bis August 1942, Bl. 14. In der dem Präsidenten der Bau- und Finanzdirektion am 4. März 1937 zugesandten Aufstellung der durch die Bau- und Finanzdirektion, mithin Preußen zu erstellenden Gebäude wurde allein die Reichamünze mit 14. Millionen Mark angesetzt.

in Auftrag gegebenen Großbauten errichtet wurden. Von dem durch die Stadt unmittelbar finanzierten Hauptgesundheitsamt entstand nur ein Torso.[818]

Albert Speer duldete nach seiner Institutionalisierung als Generalbauinspektor für die Reichshauptstadt 1937 keine repräsentative Stadtplanung außer der eigenen. Im Mittelpunkt seiner unmittelbar auf Hitler zurückgehenden städtebaulichen Planungen stand ein Achsenkreuz. Eine bis dahin in Berlin noch nicht vorhandene *Nord-Süd-Achse* sollte durch die Mitte der Stadt Verkehrszentren bis hin zum südlichen Autobahnring auf einer Länge von 38 Kilometern verbinden. Die Distanz zu den beiden an der seit dem 19. Jahrhundert bestehenden Ringbahn gelegenen, neu zu errichtenden gewaltigen Zentren des Schienenverkehrs, dem Nord- und dem Südbahnhof, betrug sieben Kilometer. Dieser Abschnitt sollte zur Prachtstraße des neuen Reichs ausgebaut werden. Der südliche Zentralbahnhof, der Ankunftsort zukünftiger Staatsgäste, war größer als der Komplex des Grand Central Terminal in New York geplant. Von der großen Freitreppe vor dem Bahnhof hätte bereits der Bahnhofsvorplatz mit 1.000 Metern Länge und 330 Metern Breite einen Eindruck der gewaltigen Dimensionen der neuen Stadt vermittelt. Die Planungen wurden während des Zweiten Weltkrieges immer monströser. Die auf jeder der beiden Längsseiten des Platzes eingeplanten und in langer Reihe dort platzierten Beutewaffen, deren Anzahl Hitler selbst bestimmte, hätten die Kriegsbereitschaft sinnfällig betont. In der Entfernung von 800 Metern nach Norden war ein Triumphbogen über der Straße vorgesehen, für den Hitler nach eigenem Bekennen Speer gegenüber bereits 1925 einen Entwurf gemacht hatte. In der nun von Speer zur Verwirklichung vorgesehenen Planung hätte er 117 Meter in der Höhe, 170 in der Breite und 119 in der Tiefe gemessen. Nach dem Durchqueren des 80 Meter hohen Bogens hätte man bereits in der Ferne den ungeheuren Kuppelbau der Großen Halle erblickt, dessen Seitenlänge 315 Meter betrug. Die Kuppel des Gebäudes, das 180.000 Menschen Platz geboten hätte, war mit 290 Metern Höhe geplant. Die Spitze hätte – nach einer Idee Hitlers – ein Adler mit der Weltkugel in seinen Fängen gekrönt. Der Kuppeldurchmesser der Großen Halle war mit 250 Metern geplant. Die mit repräsentativen Gebäuden und Platzanlagen gesäumte Straße sollte in Höhe des Brandenburger Tors auf eine ‚Ost-West-Achse' treffen, die – anders als die ‚Nord-Süd-Achse' – in weiten Teilen vorhandene Stadtstraßen aufnahm (Heerstraße, Bismarckstraße, Charlottenburger Chaussee, Unter den Linden, Frankfurter Allee). Der Kreuzungspunkt wäre besonders hervorgehoben worden. Der Eingang zum Platz vor der Großen Halle (Platz der Republik) sollte von der Kanzlei des ‚Führers' und dem neuen Oberkommando der Wehrmacht flankiert werden. Gegenüber dem Reichstag war ein ‚Führerpalast' vorgesehen. Zwar hatte Speer für Hitler an der Voßstraße die Neue Reichskanzlei gebaut, doch genügte der 1939 in Rekordzeit vollendete Bau nun nicht mehr den gewachsenen Ansprüchen. Das neue Gebäude sollte nach Hitlers Willen *wie eine Festung zu verteidigen* sein. Ein in den Bau geladener Diplomat hätte

818 Schäche, Architektur und Städtebau [wie Anm. 816], S. 170–173; Goebel, Der Umbau Alt-Berlins [wie Anm. 458], S. 242–248, zum ‚Altstadtforum' S. 250–256.

zunächst einen 500 Meter langen Marsch durch das Gebäude antreten müssen, bevor er sein Ziel, das Arbeitszimmer des ‚Führers', erreicht hätte. In der 1939 fertiggestellten neuen Reichskanzlei waren es ‚nur' 220 Meter. Jenseits der Großen Halle, für deren Bau die Spree verlegt werden sollte, war eine 1.100 Meter lange und 50 Meter breite Wasserfläche vorgesehen, die auf der westlichen Seite von weiteren sehr repräsentativen Gebäuden – dem Oberkommando der Marine, dem neuen Berliner Rathaus mit 500 Metern Fassadenlänge und dem Berliner Polizeipräsidium – flankiert werden sollte. An der östlichen Seite war eine Kriegsakademie vorgesehen. Von dort aus gelangte man zum ebenfalls stattlich dimensionierten nördlichen Zentralbahnhof zwischen den heutigen Bahnhöfen Westhafen und Wedding. Wenn auch für viele Großbauten die endgültige Nutzung noch nicht feststand, so sollten nach außen Natursteinfassaden für ein beeindruckendes und einheitliches Stadtbild sorgen.

Die Anlage der Straße hätte nur zum Teil auf dem für den Betrieb der Kopfbahnhöfe nicht mehr benötigtem Eisenbahngelände erfolgen können. Allein zur Bauvorbereitung waren sehr umfangreiche Veränderungen der Straßen-, Schienen- und Wasserwege, vor allem die Verlegung der Spree und der Stadtbahn sowie zahlreicher U- und S-Bahnstrecken notwendig. Zudem erforderten die Maßnahmen erhebliche Eingriffe in die Stadtstruktur: Ganze Straßenzüge wie das Gebiet um die Matthäikirche und das Alsenviertel nördlich des Reichstages mussten geräumt werden. Neben der Großen Straße waren aber noch weitere Straßen geplant, darunter die ‚Ost-West-Achse', die mit der Großen Straße im Tiergarten ein Achsenkreuz bilden sollte. Um das Straßenkreuz herum waren vier konzentrische Ringstraßen geplant. Waren in der Innenstadt eher repräsentative Bauten geplant, sollten an der Peripherie, etwa dem Autobahnring, Wohn- und Industriesiedlungen entstehen.[819] Damit hatte sich zugleich das Interessengebiet des ‚Generalbauinspektors für die Reichshauptstadt' (GBI) über die Stadtgrenze hinaus in die Provinz Brandenburg erweitert. Als Fertigstellungszeit für wesentliche Bauten wurde das Jahr 1950 ins Auge gefasst. Weitere Bauteile sollten bis 1960 vollendet sein. Es waren dies ambitionierte Ziele jenseits aller Realität. Sowohl die Kosten wie auch der Umfang der Baumaßnahmen, die von den einzelnen Bauherren zu tragen gewesen wären, stellten alle Vorstellungen der Zeit in den Schatten und konnten nicht einmal annähernd korrekt ermittelt werden. Für die Planung der ‚Gestaltung des Stadtbildes der Reichshauptstadt Berlin' stellte der Chef der Reichskanzlei 1937 als ersten Teilbetrag 60 Millionen Reichsmark zur Verfügung.[820] Das gewaltige Bauprogramm wurde zwar unter straffer Leitung angegangen, doch kam man aus der Planungsphase nicht heraus, und nicht einmal die dafür bewilligten

---

819 Zu den Elementen der Bauplanung siehe Reichhardt/Schäche, Von Berlin nach Germania [wie Anm. 335], S. 63–69.

820 BArch, R 4606 Generalbauinspektor für die Reichshauptstadt [wie Anm. 817], Nr. 370 Verkehr mit staatlichen Behörden und anderen Dienststellen. Reichskanzler, Präsidialkanzlei, Kanzlei der NSDAP 1938–1942, Bl. 176, 24. Oktober 1937, Staatssekretär und Chef der Reichskanzlei Dr. Lammers an den GBI.

Mittel wurden voll in Anspruch genommen. Hettlage teilte Speer am 11. Dezember 1942 mit, dass aus den Ausgaberesten der Jahre 1937–1939 der Reichsmittel für die Neugestaltung Berlins 122 Millionen Reichsmark noch zur Verfügung ständen, weitere 60 Millionen im Reichshaushaltsplan 1940, insgesamt also 182 Millionen Reichsmark.[821]

Als der Entwurf des Stadthaushaltsplans für 1939 den Ratsherren am 4. Mai 1939 vorgelegt wurde, wurde im Bericht des Stadtkämmerers deutlich gemacht, dass eine generelle Abkehr von den jährlichen Haushaltsplänen intendiert war, die *eigentlich nur noch als Vollzugsmaßnahmen eines Gesamtplans angesehen* wurden.[822] Einen derartigen *Finanzplan könne man nur aufstellen, wenn man sich davon freimache, lediglich an Gleichgewichtsvorstellungen von Einnahmen und Ausgaben zu denken und wenn man versuche, aus der politischen Führungsidee einer so großen Gemeinde wie Berlin eine ihrem Vollzuge dienende finanzielle Grundidee herauszuarbeiten*. Die *Grundidee* der Stadtverwaltung von 1937, das *Anbinden an einen Status quo*, wird darin als *gewiß keine besonders geistvolle Politik* und weiter auch als *primitive*[r] *Ausgangspunkt* bezeichnet.[823] Eine derartige Wortwahl wie auch die grundsätzliche Abkehr von der etatistischen Haushaltstradition zeigt an, dass nun auch die Tage des ehemaligen Goebbels-Gefolgsmannes Lippert gezählt waren. 1940 erreichte Speer die Absetzung des Oberbürgermeisters. Dieser hatte sich am 9. Juli 1940 gegen eine ihm von Speer vorgelegte Vereinbarung beziehungsweise neue Richtlinie über die künftige Zusammenarbeit zwischen dem Generalbauinspektor und der Reichshauptstadt gewandt und sie als *einseitiges Diktat* bezeichnet. Er unterstellte dem GBI, dass es dessen Dienststelle darauf ankomme, *die reichshauptstädtische Verwaltung durch die Ablehnung einer freien Verständigung zu demütigen*.[824] Dies in den Händen, hatte Speer als Gast Hitlers auf dem Obersalzberg nun leichtes Spiel, die umgehende Absetzung Lipperts zu betreiben. Denn Speer hatte die besseren Verbindungen zur Spitze des Staates und fuhr zu seinem ‚Führer' auf den Obersalzberg. Dort hielt er in einer Aktennotiz die Ergebnisse seiner Besprechung über die Angelegenheit vom 14. Juli 1940 fest: Da *der Herr Oberbürgermeister meinen Erlaß, der die Zusammenarbeit zwischen Stadtverwaltung und Generalbauinspektor regelt*, als *demütigend empfindet und daher abgelehnt hat, stellte der Führer unverzüglich fest, dass dann Dr. Lippert als Oberbürgermeister und Stadtpräsident sofort abzusetzen* sei[825] und beauftragte den ebenfalls bei der Besprechung

821 Ebd., Nr. 370, Bl. 72, Hettlage an Speer, 5. Dezember 1940.
822 Verwaltungsbericht der Hauptfinanzverwaltung [wie Anm. 242], S. 10.
823 Ebd.
824 Kreutzmüller/Wildt, Julius Lippert [wie Anm. 301], S. 35–37, hier S. 36; Oleschinski, Julius Lippert [wie Anm. 302], S. 272.
825 Zitiert nach Reichhardt/Schäche, Von Berlin nach Germania [wie Anm. 335], S. 46; zur Sache auch Matthias Schmidt, Albert Speer: Das Ende eines Mythos. Aufdeckung einer Geschichtsfälschung, München 1983, S. 62–66; Speer, Erinnerungen [wie Anm. 335], S. 87, dagegen behandelt breit die Meinung Hitlers über Lippert, der *sich nicht für Hitlers Baupläne erwärmen* konnte und deshalb von Hitler als *kleinlich und unfähig eine Weltstadt zu regieren* angesehen wurde, und schildert die Initiative zur

anwesenden Reichsleiter Bormann, *Reichsminister Lammers die unverzügliche Absetzung Dr. Lippert's* [!] *zur Veranlassung mitzuteilen.*[826] Kommissarischer Nachfolger als Oberbürgermeister und Stadtpräsident wurde der bisherige Stellvertreter Lipperts, Ludwig Steeg.[827] Speer hatte Hitler schlichtweg auf seiner Seite, als dieser nach dem erfolgreichen Abschluss des Frankreichfeldzuges die durch den Krieg unterbrochene Fortführung der Arbeiten befahl. Anlässlich der Wiederaufnahme der Arbeiten während des Krieges hatte Speer einseitig die besagten neuen Richtlinien zum Verkehr mit der Stadtverwaltung eingeführt.[828]

In der Hauptstadt – und auch in den anderen ‚Führerstädten' – sollten die Kosten der gewaltigen Bauvorhaben nicht zuletzt durch Sklavenarbeit gesenkt werden, und Himmler verfügte über Arbeitskräfte aus den Konzentrationslagern. Speer hat in seinen ‚Erinnerungen' andere verantwortlich gemacht: Hitler für die Anregung und Himmler für die Bereitschaft der Einbeziehung des Systems der Konzentrationslager für die Lieferung von Baumaterialien.[829] Dabei war er selbst sehr aktiv. Nachdem bereits 1937 zwischen der ‚Ausbaustadt' Weimar und dem vom KZ Buchenwald aus gegründeten Ziegelwerk Berlstedt erste Vereinbarungen über Ziegellieferungen für eine der ‚Ausbaustädte' geschlossen worden waren, hatte sich Speer im Jahr 1938 mit der von der SS gegründeten Deutsche Erd- und Steinwerke GmbH vertraglich verbunden.[830] Im Großziegelwerk Oranienburg, für dessen Ausbau der GBI neuneinhalb Millionen Reichsmark als unverzinsliche Vorauszahlung auf spätere Lieferungen leistete, sollten jährlich 150 Millionen Ziegelsteine produziert werden.[831] Die vom Berliner Generalbauinspektor für das Werk Sachsenhausen geschlossenen Verträge wurden Vorbild zu ähnlichen Verträgen, etwa zwischen dem Werk der DEST am KZ Neuengamme und Hamburg.[832] Das bis 1939 in kürzester Zeit fertiggestellte Ziegelwerk war – abgesehen von der menschenverachtenden Grundidee – auch in seiner technischen Konzeption verfehlt und konnte die gestellten Aufgaben in keiner Weise erfüllen. Die Anlage

---

Absetzung von Hitler ausgehend; zur Sache zusammenfassend: Kreutzmüller/Wildt, Julius Lippert [wie Anm. 301], S. 35–37.

826 Reichhardt/Schäche, Von Berlin nach Germania [wie Anm. 335], S. 58–61.

827 Angela Martin, Ludwig Steeg, in: Ribbe, Stadtoberhäupter [wie Anm. 81], S. 277–295.

828 Kreutzmüller/Wildt, Julius Lippert [wie Anm. 301], S. 35–37.

829 Speer, Erinnerungen [wie Anm. 335], S. 158 f.

830 Zu den DEST, Walter Naasner, SS-Wirtschaft und SS-Verwaltung. ‚Das SS-Wirtschafts-Verwaltungshauptamt und die unter seiner Dienstaufsicht stehenden wirtschaftlichen Unternehmungen' und weitere Dokumente (Schriften des Bundesarchivs, Bd. 45a), Düsseldorf 1998.

831 Hermann Kaienburg, ‚Vernichtung durch Arbeit'. Der Fall Neuengamme. Die Wirtschaftsbestrebungen der SS und ihre Auswirkungen auf die Existenzbedingungen der KZ-Gefangenen, Bonn 1990, S. 93–97.

832 In einem Schreiben zum Einsatz von polnischen Häftlingen im Staatsgebiet Hamburg vom 25. Januar 1940 wird ausdrücklich auf die als Vorbild für eine Klinkerproduktion im KZ Neuengamme dienenden Vertragsverhältnisse zwischen den DEST und Berlin Bezug genommen, siehe Dülffer/Thies/Henke, Hitlers Städte [wie Anm. 312], S. 199 f.

musste mit großem personellen und finanziellen Aufwand vollkommen umgeplant werden. Als Klinkerwerk wurde der Komplex zu einem berüchtigten Todeslager.

Trotz der schlechten Erfahrungen der Jahre 1938/39 setzte Speer bei der Wiederaufnahme der Bautätigkeit im Jahr 1940 erneut auf das KZ-System der SS. Der Ausbau des Werksteinlagers erfolgte in der Nähe des Klinkerwerks in einem Waldgebiet am Ufer des Großschifffahrtsweges Berlin – Stettin (Hohenzollernkanal) nördlich des Lehnitzsees.[833] Trotz der bald auftretenden neuerlichen Irritationen, die nicht die unmenschlichen Verhältnisse im Werk und Lager, sondern nur die Effizienz der Arbeiten betraf, fassten die Stadt und die SS am 12. September 1940 die Ziele noch einmal wie folgt zusammen: 1. Die in Oranienburg im Anschluss an das Klinkerwerk geplante Steinverarbeitungswerkstätte wird (von der dem Reichsführer der SS und dem Wirtschafts- und Verwaltungshauptamt der SS unter Obergruppenführer Pohl unterstehenden) Firma DEST errichtet. 2. Die Projektierung und der Entwurf der Anlagen erfolgen durch die Generalbauleitung im Einvernehmen mit der SS. 3. Die Durchführung des Projekts, die Ausführung der Arbeiten, die Beschaffung der Maschinen und so weiter wird von der DEST durchgeführt. 4. Desgleichen wird der Betrieb ausschließlich durch die DEST durchgeführt. 5. Die Gesamtkosten werden durch den GBI bevorschusst.[834] Bereits am 4. September 1940 war man sich über die Einschaltung der SS in die Natursteinbearbeitung einig. Den *großen Mangel an Facharbeitern* gedachte die SS dadurch zu lösen, dass sie ihr *besonderes Augenmerk auf die Ausbildung von Gefangenen legt. Desgleichen will sie die Frage prüfen, ob und in wieweit evtl. auch ausländische Facharbeiter als Truppführer oder Aufseher einzustellen seien.* In der Übereinkunft wurden zunächst sechs Projekte geplant, davon drei Steinbruchbetriebe (Kiefersfelden, Vogesen, Lysa Gora) und drei Fertigungswerkstätten (Oranienburg, Dachau und Stettin-Hafen als Anlandungsplatz für skandinavische Steine).[835] Für den mit äußerster Brutalität, aber geringem ökonomischen Sachverstand geführten SS-Betrieb Werksteinplatz Oranienburg stellten die ebenso bedenkenlosen, aber besser rechnenden Mitarbeiter des GBI fest: *Da die Leistung der Häftlinge nach Angaben der Reichsführung SS nur etwa 1/10 der Normalleistung beträgt, werden Ersparnisse durch die*

833 Im Erläuterungsbericht Werksteinlager, den das Mitglied der GBI-Generalbauleitung Dr. Jelkmann am 20. September 1940 verfasste, heißt es: *Das Gelände hat folgende Vorzüge. Es hat einen etwa 200 m langen betonierten Kai an der vorhandenen Hafenanlage des Klinkerwerkes und einen abgeböschten Uferlandeplatz von etwa 80 m Länge am Hohenzollern-Kanal, so daß beste Verlademöglichkeit per Schiff nach Berlin besteht. Für die Anfuhr ist Eisenbahnanschluß direkt vom Verschiebebahnhof Oranienburg möglich. Die Kraftversorgung kann durch das Kraftwerk des Klinkerwerkes geschehen. Als Arbeitskräfte stehen die Häftlinge des benachbarten K.-Z.-Lagers zur Verfügung*, BA Berlin, Rep. 120 Generalbauinspektor für die Reichshauptstadt, Nr. 1585: Verträge und Übereinkommen des Generalbauinspektors mit dem Reichsführer SS beziehungsweise den Deutschen Erd- und Steinwerken GmbH betreffend Planung Finanzierung und Ausbau der Anlagen, Bl. 6.

834 Ebd., Bl. 4, vereinbart waren 10 Millionen Reichsmark; dazu Kaienburg, Vernichtung durch Arbeit [wie Anm. 831], S. 95.

835 Ebd., Bl. 1–3.

Häftlingsarbeit voraussichtlich nicht erzielt. Im Kostenüberschlag in Höhe von 5,3 Millionen Reichsmark waren zudem Kosten für Stacheldrahtumwehrungen und Beleuchtung enthalten, die der GBI nicht übernehmen wollte.[836] Bald musste man vonseiten des GBI feststellen, dass die DEST den Vertrag nicht einhalten konnte. Da die DEST keine eingetragene Baufirma war, mussten zudem wesentliche Teil der Bauaufträge (Brücke, Widerlager, Kanaldichtung, Eisenbahnanlage) unter der fachtechnischen Leitung vom Hauptiefbauamt der Stadt Berlin durchgeführt werden. Der Verkehr mit der SS-Firma wurde zudem dadurch erschwert, dass bei der DEST die leitenden Herren ständig wechselten. Auch wurde die Kostenbeteiligung bei den nur im Interesse der DEST vorzunehmenden baulichen Maßnahmen – Wachtürme, elektrischer Drahtzaun, verstärkte Platzbeleuchtung – in Frage gestellt. Dies traf sowohl für den Werksteinplatz als auch für das Klinkerwerk zu.[837] Auch waren einzelne mit großem Aufwand erstellte Hallen anderen Zwecken der Rüstungsindustrie zugeführt worden. Die DEST war nicht mehr in der Lage, die vereinbarten Lieferungen zu leisten beziehungsweise die Vorschüsse zurückzuzahlen.[838]

Der hier geschilderte Sonderfall der Finanzierung der ‚Neugestaltung der Reichshauptstadt' über Vorschüsse an die SS, die trotz des offensichtlichen Scheiterns der ersten Maßnahme noch einmal gezahlt wurden, zeigt den hohen Stellenwert, den Speer der Zusammenarbeit seiner Dienststelle GBI mit Heinrich Himmler und dem von ihm aufgebauten KZ-System beimaß. Das gute Verhältnis zu Himmler blieb Speer wichtig. Der Kriegsverlauf ließ nach den Niederlagen von 1942 keinen Weiterbau mehr zu, und im Rahmen des *Totalen Krieges* wurde der Ausbau der *Führerstädte* ein-

836 Ebd., Bl. 10–14: Kostenüberschlag Werksteinplatz Oranienburg auf Grund des Vorentwurfes vom 19. September 1940 aufgestellt von Dr. Jelkmann am 20. September 1940. Die erste Teilrechnung erfolgte am 15. Oktober 1940; sie betrug 1,1 Millionen Reichsmark, ebd., Bl. 20.

837 Am 30. Januar 1942 wurde abschließend festgestellt: *Es ist notwendig, zunächst das Ergebnis Ihrer Besprechungen über die Projektierung abzuwarten, um eine zuverlässige Schätzung über die Höhe der gesamten Ausbaukosten anstellen zu können. Nach den bisherigen Erfahrungen scheint es mir nicht möglich, in dem von den DESt. gedachten Umfang zur Finanzierung des Werksteinplatzes Oranienburg beizutragen. Die DESt. müssen selbst den größten Teil der Ausbaumittel beschaffen. Für den GBI kommt nur die Hergabe eines Ausbaudarlehns in Frage, das in einigen Jahren durch Anrechnungen auf Lieferungen zu tilgen wäre. Bei der Finanzierung des Ziegelwerkes Oranienburg haben wir leider feststellen müssen, daß die DESt. infolge unzulänglicher Projektierung mindestens 4,6 Mio. verloren haben, von denen sie nunmehr erwarten, daß sie vom Ausbaudarlehn des GBI gestrichen werden. In dieser Sache schwebt noch ein Schriftwechsel zwischen Prof. Speer und Gruppenführer Pohl.*

838 Insgesamt hatte der GBI zwölf Millionen Reichsmark, zwei Millionen Reichsmark über die vereinbarte Summe gezahlt. 1941 wurde die erste Rückzahlung gestundet. Später wurden 20 Prozent der tatsächlich erfolgten Lieferungen auf die Anzahlung verrechnet; bis 1944 hatte die DEST insgesamt 452.000 Reichsmark an den GBI zurückgezahlt, Kaienburg, Vernichtung durch Arbeit [wie Anm. 834], S. 95.

gestellt.[839] Als Nachfolger des tödlich verunglückten Ministers Fritz Todt war Speer nunmehr auch für die gesamte Rüstung und Kriegsproduktion zuständig. 1943 löste Speer auf Vorschlag des Reichsfinanzministers das zu diesem Zeitpunkt 321 Millionen Reichsmark umfassende Konto des GBI stillschweigend auf. Als Angeklagter im Nürnberger Prozess und als erfolgreicher Memoirenschreiber behauptete Speer mit viel Geschick, sich als Technokrat lediglich aufgrund der gewaltigen Dimensionen seiner Aufgaben schuldhaft verstrickt zu haben. Die schriftliche Überlieferung zeigt ein anderes Bild: Für die Wohnraumbeschaffung waren Deportationen ebenso notwendig wie Sklavenarbeit in den Konzentrationslagern für die Versorgung mit Natur- und Kunststeinen für die Großbauten. Speer wusste davon und trieb beides persönlich energisch voran. So musste den Bewohnern und gewerblichen Nutzern in den vom Abriss bedrohten Planungsgebieten Ersatz zugewiesen werden, obwohl die nationalsozialistische Wohnbautätigkeit gegenüber der Zeit vor 1933, in der angeblich so wenig geleistet worden war, erheblich zurückgegangen war. Das Versprechen, jährlich 15–20.000 Wohnungen zu bauen, konnte nicht erfüllt werden. Durch den Bombenkrieg verschärfte sich die Situation. Tief in das verbrecherische System eingebunden, ließ Speer in seiner Chronik für 1940 vermerken (und nach 1945 löschen): *In der Zeit vom 18. Oktober bis 2. November wurden in Berlin 4.500 Juden evakuiert. Dadurch wurden weitere 1.000 Wohnungen für Bombengeschädigte frei und dem Generalbauinspektor zur Verfügung gestellt.* Die Wohnungen wurden später wieder zur Unterbringung von Abrissmietern bereitgestellt. Die unter Vizepräsident Clahes entstandene Hauptabteilung Umsiedlung betraf zwischen Februar 1939 und November 1942 23.765 Wohnungen deportierter Juden. Auch diese Information der Chronik seiner Behörde sollte nach dem Willen Speers der Nachwelt nicht überliefert werden.[840] Mitunter ließ er persönlich nach den durch Deportation in die Vernichtungsorte freiwerdenden Wohnungen in besonderer Lage fragen.

Die Einrichtung der ‚Führerstädte' und deren Finanzierung war untrennbar mit dem KZ- System verbunden – nicht nur in Berlin.[841] Die städtischen Behörden waren in vielen Fällen – wie am Beispiel des Hauptttiefbauamts erwähnt – nur noch dem GBI nachgeordnet. So hatte der stellvertretende Oberbürgermeister Steeg am 9. August 1939 den Stadtkämmerer angewiesen, ein Vorschusskonto in Höhe von 1,4 Millionen Mark zur Unterbringung vor allem sudetendeutscher Arbeiter anzulegen, *da der Berliner Arbeitsmarkt die zur Durchführung der städtischen baulichen Maßnahmen, insbe-*

839 BArch, R 4606 Generalbauinspektor für die Reichshauptstadt, 4606 GBI für die Reichshauptsadt Berlin, Nr. 370 Verkehr mit staatlichen Behörden und anderen Dienststellen. Reichskanzler, Präsidialkanzlei, Kanzlei der NSDAP 1938–1942, Bl. 22, Rundschreiben des Reichsministers und Chef der Reichskanzlei, 2. April 1942.

840 Schmidt, Albert Speer [wie Anm. 825], S. 219–223. Auch Hitler mischte sich auf dem Obersalzberg ein und wies Speer am 9. September 1940 an, dass die 1.000 „freigemachten" Judenwohnungen für Fliegergeschädigte vorzuhalten wären, R 4606 Generalbauinspektor für die Neugestaltung der Reichshauptstadt Berlin, 369, Entscheidungen Hitlers März 1938 bis Februar 1941, Bl. 5.

841 Zu Hamburg siehe Anm. 832.

sondere solchen zur baulichen Neugestaltung der Reichshauptstadt erforderlichen Arbeitskräfte in dem erforderlichen Umfange nicht mehr bereitstellen konnte.[842] In den folgenden Jahren finden wir innerhalb des Stadthaushalts einen *Sonderhaushaltsplan für Maßnahmen zur baulichen Neugestaltung der Reichshauptstadt.* Für 1942 waren die Ausgaben wegen der Anordnung des ‚Führers', dass *die Neugestaltung für die Dauer des Krieges zum größten Teil zurückgestellt bleibt,* nur vorsorglich eingestellt. Die höchsten Ausgabenposten waren 1942 im Bereich der Kämmereiverwaltung die für Arbeitslager (fünfeinhalb Millionen), Wasserbaumaßnahmen (3,7 Millionen), Straßen-, Brücken-, Bahn- und Tunnelbau (je drei Millionen Reichsmark). Sachausgaben für Hochbauten waren nicht vorgesehen. Erhebliche Posten waren ferner die Grunderwerbskosten für Rechnung der Stadt und den Ersatzwohnungsbau mit insgesamt 25,5 Millionen Reichsmark. So kamen im ‚Sonderhaushaltsplan für Maßnahmen zur baulichen Neugestaltung der Reichshauptstadt für das Jahr 1942'[843] insgesamt 52,2, Millionen Reichsmark zusammen, die durch Stadtzuschüsse finanziert wurden. Allein bei den Grunderwerbskosten konnte ein im Vorjahr nicht ausgeschöpfter Betrag von 20 Millionen Reichsmark auf der Einnahmenseite verbucht werden.

Die Erosion kommunaler Rechte und Aufgaben betraf auch den Finanzbereich. Mit dem Beginn des Zweiten Weltkrieges wurde das traditionelle Haushaltsrecht noch weiter ausgehöhlt. In einem ‚Erlaß des Führers und Reichskanzlers über die Vereinfachung der Verwaltung' vom 28. August 1939 hieß es: *Bei allen Dienststellen des Reichs, der Länder und Gemeinden und öffentlichen Körperschaften gehen die mit der Reichsverteidigung zusammenhängenden Aufgaben allen anderen Arbeiten vor. Letztere werden nach Maßgabe der vorhandenen Kräfte fortgeführt. Jeder Behördenleiter ist verpflichtet, den Geschäftsbetrieb seiner Dienststelle so zu gestalten, daß diese zur vordringlichen Durchführung der mit der Reichsverteidigung zusammenhängenden Aufgaben in der Lage ist.* Für *wehrwirtschaftliche Maßnahmen* (Luftschutz, Wirtschaft, Ernährung, Kartenstellen, Quartier- und Wehrleistungswesen und so weiter) wurden Sonderhaushaltspläne aufgestellt. Der im Februar 1940 vorgelegte Nachtragshaushalt schloss mit einer Mindereinnahme von 17,57 Millionen Reichsmark ab. Die Minderausgaben bewegten sich auf ähnlicher Höhe.[844] Die Kriegsausgaben stiegen weiter. 1939 hatte man in den vier Kriegsmonaten 156, 1940 für das erste volle Kriegsjahr 272 Millionen Reichsmark ausgegeben. Der kommunale Haushalt hatte aber weiter einen enormen Umfang. Für das Jahr 1940 wurde der ordentliche bereinigte Bruttohaushalt mit 1.179,8 Millionen Reichsmark beziffert. Hinzu kam ein außerordentlicher Haushalt, der 22,2 Millionen Reichsmark umfasste.

Eine noch weitergehende Verschärfung brachte die Kriegswirtschaftsverordnung vom 4. September 1941.[845] Der Krieg traf bald auch die großen deutschen Städte mit

842 LAB, A Rep. 005-03-01 Kämmereiverwaltung, Nr. 140.
843 Reichsgesetzblatt 1941, T. I, S. 1609 f.
844 LAB, A Rep. 005-03-01 Kämmereiverwaltung, Nr. 1428, Bl. 17 ff.
845 Reichsgesetzblatt 1941, T. I, Nr. 153, S. 1535.

unmittelbarer Gewalt. Mit den Schäden des Luftkrieges tauchten weitere negative Posten in den Bilanzen auf. Zu einer geregelten Haushaltsführung und entsprechenden Verwaltungsberichten konnte es nun nicht mehr kommen. Am 1. April 1944 wurde das Amt des Stadtpräsidenten vom Oberbürgermeister getrennt und an Reichsminister und Gauleiter Goebbels übertragen. Lediglich formale Bedeutung hatte die Ernennung Steegs zum regulären Oberbürgermeister im Jahr 1940. Der Verwaltungsfachmann Steeg verfügte in dieser Zeit nur noch über die Reste einer geordneten Kommunalverwaltung. Die Berichte über die Verwaltungstätigkeit der Stadt Berlin und deren Finanzen wurden am Jahresende in knappster Form in der Berliner Ausgabe des Völkischen Beobachters veröffentlicht.[846] Eine geordnete städtische Finanzverwaltung war vollends illusorisch geworden. Die Eigenständigkeit hatte sie bereits ab 1933 verloren.

846 Völkischer Beobachter, Berliner Ausgabe, Jahresbericht 1943 am 31. Dezember 1943 von Oberbürgermeister Steeg; Jahresbericht 1944 am 31. Dezember 1944 von Hauptbereichsleiter Gerhard.

4 Ausblick

Angesichts der Niederlage des Deutschen Reiches 1945 wurde in der Berliner Erklärung vom 5. Juni 1945 festgestellt, dass es in Deutschland keine zentrale Regierung oder Behörde gäbe, die in der Lage sei, die Verantwortung für die Aufrechterhaltung der Ordnung, für die Verwaltung des Landes und für die Ausführung der Forderungen der siegreichen Mächte zu übernehmen.[847] Für die vier Besatzungszonen der Hauptsiegermächte (sowjetische, US-amerikanische, britische und französische Zone) war dies der Alliierte Kontrollrat, für die analog in vier Sektoren aufgeteilte Stadt die ebenfalls von den Großen Vier eingerichtete Interalliierte Militärkommandantur (Allied Kommadatura Berlin). Der vormals die Kommunalaufsicht führende Staat Preußen wurde durch das Kontrollratsgesetz Nr. 46 vom 25. Februar 1947 auch formal aufgelöst und dessen Befugnisse, Vermögen und Verbindlichkeiten an die ehemaligen preußischen Provinzen übertragen, die zu Ländern des unter dem Kontrollrat stehenden Gebietes wurden. Berlin, das keine eigene preußische Provinz gebildet hatte, wurde den Ländern gleichgestellt und so zu einem Teil der Erbengemeinschaft des aufgelösten Staates.[848]

Der Wiederaufbau der deutschen Staatlichkeit begann von unten, bei den Kommunen. Bereits vor dem Einzug der Westalliierten hatte der sowjetische Stadtkommandant am 19. Mai 1945 einen deutschen Magistrat samt Oberbürgermeister eingesetzt, der in allen Belangen der Besatzungsmacht unterstand. Es wurden politische Parteien zugelassen. Als SPD und KPD sich in der Sowjetzone im April 1946 zur Sozialistischen Einheitspartei Deutschlands (SED) vereinigten, konnte die wiedergegründete SPD in den Westsektoren Berlins ihre Selbstständigkeit behaupten und blieb auf westliche Intervention eine in der gesamten Stadt zugelassene Partei.[849] Sie stellte nach den in allen vier Sektoren Berlins durchgeführten Wahlen zur Stadtverordnetenversammlung am 20. Oktober 1946 die stärkste Fraktion und so den Oberbürgermeister in einem nach Parteienproporz zusammengesetzten Magistrat. Die eher bescheidenen Haushaltsansätze der deutschen Stadtverwaltung und das hohe Steueraufkommen mit einer infolge des Krieges völlig zerrütteten Währung ermöglichten für die Jahre 1946 bis 1948 einen ausgeglichenen Haushalt.[850] Doch blieben die Zuständigkeiten

---

847 Forschungsinstitut der Deutschen Gesellschaft für auswärtige Politik e. V. (Hrsg), Dokumente zur Berlin-Frage 1944–1962, 2. Aufl., München 1962, S. 10 f.

848 Vornehmlich durch die Auflösung Preußens und seiner Vermögensbestandteile, zu denen neben dem Grundbesitz Gebäude und Kunstbesitz gehörten, gelang es u. a. der Stadt Berlin, eine Aktienmehrheit der BEWAG zurückzuerlangen.

849 Jürgen Fijalkowski u. a., Berlin – Hauptstadtanspruch und Westintegration (Schriften des Instituts für politische Wissenschaft, Bd. 20), Köln/Opladen 1967, S. 41; Georg Kotowski, Der Kampf um die Selbstverwaltung in Berlin. Ein Beitrag zur Vorgeschichte der Spaltung der Stadt, in: Jahrbuch für Geschichte des deutschen Ostens 1 (1952), Das Hauptstadtproblem in der Geschichte, S. 172–202, hier S. 181.

850 Zschaler, Öffentliche Finanzen und Finanzpolitik [wie Anm. 2], S. 70–72.

https://doi.org/10.1515/9783111178714-004

durch die bedrückenden Zeitumstände und alliierte Vorbehalte auf wenige Gebiete beschränkt.[851] Die unterschiedlichen Vorstellungen der Sowjetunion und der drei Westalliierten zeigten sich bald in den Maßnahmen zum wirtschaftlichen und gesellschaftlichen Neuaufbau Deutschlands und führten im Frühjahr 1948 zur Beendigung der Tätigkeit der sowjetischen Mitglieder sowohl des Alliierten Kontrollrats wie auch der Berliner Kommandantur. Anlass war der Ersatz der nahezu wertlosen Reichsmark durch eine neue Währung. Als Antwort auf diese Maßnahme in den Westzonen beschloss die Sowjetische Militäradministration, am 23. Juni 1948 ihrerseits eine Währungsreform unter Einbeziehung Groß-Berlins durchzuführen. Die westlichen Alliierten widersprachen und begannen, in ihren Sektoren die Westmark auszugeben – anfangs besonders durch ein aufgedrucktes B erkennbar.[852] In den Westsektoren galten nun beide Währungen als Zahlungsmittel, während die Westmark im Ostsektor nicht zugelassen war.

Infolge der Ausdehnung der westlichen Währungsreform auf die Berliner Westsektoren blockierten die Sowjets noch im Juni 1948 die Zufahrtswege aus den Westzonen. Die Westmächte antworteten mit der Luftbrücke. Als am 6. September 1948 die Stadtverordnetensitzung im Sowjetsektor durch Demonstranten unmöglich gemacht wurde, zogen die nicht der SED angehörenden Verordneten und auch Magistratsmitglieder und -mitarbeiter in den Westen.[853] In den Westsektoren fanden im Dezember 1948 Neuwahlen statt – ohne Beteiligung der SED, die zum Wahlboykott aufgerufen hatte. Als am 20. März 1949 die Westmark zum alleinigen Zahlungsmittel für die Westsektoren bestimmt wurde, war die ehemalige Hauptstadt endgültig in zwei Währungsgebiete gespalten. Dies geschah noch bevor am 23. Mai 1949 das Grundgesetz der aus den drei Westzonen zusammengefassten Bundesrepublik Deutschland verkündet wurde. Am 7. Oktober 1949 folgte die Gründung der Deutschen Demokratischen Republik (DDR) auf dem Territorium der Sowjetzone als zweiter deutscher Staat. Die Stadthälften von Berlin wurden in das jeweilige Wirtschafts- und Rechtsgebiet einbezogen. Zwar sah man noch in beiden deutschen Teilstaaten die jeweilige Staatlichkeit als nur vorläufig an, doch entstanden jeweils eigene Regierungs- und Verwaltungsapparate. Als vorläufiger Sitz der Bundesorgane des Weststaates wurde mit knapper Mehrheit der Sitz des Parlamentarischen Rates Bonn gegen das ebenfalls zur Wahl stehende Frankfurt am Main bestimmt. Doch beschloss der Bundestag am 3. November 1949:

---

851 Nach Verwaltung/Justiz mit 25,3 Prozent (Haushaltsperiode 1946/47), 24,4 Prozent (1947/48) und 22,3 Prozent (1948/49) nahmen Gesundheits- und Sozialwesen/Arbeit (Bekämpfung von Seuchen und Hunger) mit 23,1 Prozent (1946/47), 25 Prozent (1947/48) und 19,7 Prozent (1948/49) die meisten Haushaltsmittel in Anspruch. Die Kriegsfolgelasten blieben in den drei Perioden bei rund 23 Prozent nahezu konstant, und das Bauwesen (Enttrümmerung) konnte seinen Anteil von 9,4 auf 12,3 Prozent steigern, Zahlen nach Zschaler, Öffentliche Finanzen und Finanzpolitik [wie Anm. 2], S. 72.

852 Michael W. Wolff, Die Währungsreform in Berlin: 1948/49 (Veröffentlichungen der Historischen Kommission zu Berlin, Bd. 77), Berlin/New York 1991.

853 Senat von Berlin (Hrsg.), Berliner Schicksal 1945–1952. Amtliche Berichte und Dokumente, Berlin 1952, S. 1610–1633.

Die leitenden Bundesorgane verlegen ihren Sitz in die Hauptstadt Deutschlands, Berlin, sobald allgemeine, freie, gleiche, geheime und direkte Wahlen in ganz Berlin und der Sowjetischen Besatzungszone durchgeführt sind. In der Verfassung der DDR wurde Berlin im Artikel 2 als Hauptstadt bezeichnet. Doch jenseits dieser Deklarationen blieben die alliierten Vorbehalte für die Viersektorenstadt weiterhin gültig. An den grundsätzlichen, nach der deutschen Kapitulation übernommenen staatsrechtlichen Zuständigkeiten der vier Hauptalliierten für Berlin sollte sich bis 1990 nichts ändern. Besonders die DDR-Regierung bemühte sich auf vielen Gebieten, ihre Hoheitsrechte uneingeschränkt nicht nur über den Ostsektor, sondern auch auf die Kontrolle der Zugangswege auszudehnen und den Viermächtestatus auf West-Berlin zu begrenzen.[854] Eine gewisse Unterstützung kam dazu aus der Sowjetunion.[855] Die wegen der Massenfluchten aus der DDR am 13. August 1961 errichtete Mauer verhinderte den ungehinderten Grenzübertritt der ostdeutschen Bevölkerung, doch blieben die Rechte der Alliierten zum großen Teil unberührt,[856] und dies blieb so trotz aller Bemühungen der DDR-Führung, auch in dem Viermächteabkommen über Berlin von 1971 und den daraufhin folgenden Vereinbarungen zwischen den deutschen Staaten. Die im Grundgesetz der Bundesrepublik (Artikel 23) vorgesehene Integration Groß-Berlins wurde auf Intervention der Westalliierten zwar suspendiert, doch wurden in Fragen der Versorgung der Westsektoren bereits 1948 deutsche Behörden wie der Wirtschaftsrat der Bizone und damit ein wichtiges Organ des im Entstehen begriffenen westdeutschen Staates in diese Aufgabe eingebunden.

Die Ausgangslage der während der sowjetischen Blockade zu einer politischen und Verwaltungseinheit verbundenen Westsektoren war in jeder Hinsicht denkbar ungünstig. Doch das ganze Ausmaß der Probleme wurde erst nach dem Ende der Aus-

854 Auf den Zugangswegen durch die SBZ/DDR hatten deren Dienste die Kontrolle der inländischen Transitreisenden übernommen. Weitere Schritte waren etwa vor dem Mauerbau die Einschränkung der Bewegungsmöglichkeiten für Westberliner für die Gebiete außerhalb der Stadt 1952; für West- und Ostberliner in der Stadt wurde die Grenze am 13. August 1961 geschlossen, dazu Dennis L. Bark, Die Berlin-Frage 1949–1955. Verhandlungsgrundlagen und Eindämmungspolitik (Veröffentlichungen der Historischen Kommission zu Berlin, Bd. 36), Berlin 1972, S. 279–281. Zu weiteren Überschreitungen alliierter Vorbehalte zählte die Einführung der Wehrpflicht und Präsenz der Nationalen Volksarmee im Ostsektor (1962), die direkte Wahl der Ostberliner Volkskammerabgeordneten (1976) sowie der endgültige Fortfall der Kontrollstellen an der Stadtgrenze von Ost-Berlin zur DDR (1977). Die entsprechenden Schritte waren jeweils von Protesten der Westalliierten begleitet.

855 Oft ergänzten sich im Kalten Krieg die Interessen der DDR-Regierung und der Sowjetunion, etwa bei der Auslösung der Berlin-Krise von 1958, als der Regierungschef und Generalsekretär der Kommunistischen Partei der Sowjetunion, Nikita Chruschtschow, der DDR die Kontrolle der Zugangswege übertrug. Die Kontrolle der Westalliierten behielt man sich aber vor, Matthias Uhl, Krieg um Berlin? Die sowjetische Militär- und Sicherheitspolitik in der zweiten Berlin-Krise 1958 bis 1962, München 2008.

856 Am Checkpoint Charlie in der Friedrichstraße standen sich am 27. August 1961 amerikanische und sowjetische Panzer – keine der DDR – gegenüber, Hope M. Harrison, Driving the Soviets up the Wall (2003), zitiert nach der deutschen Ausgabe: Ulbrichts Mauer. Wie die SED Moskaus Widerstand gegen den Mauerbau brach, Berlin 2011, S. 356–358, mit weiterer Literatur.

nahmesituation der Blockade und Luftbrücke im Mai 1949 deutlich. Nach den Kriegszerstörungen, Demontagen, Reparationen und Abwanderungen[857] kamen auf die Wirtschaft neue Erschwerungen hinzu. Die Versorgungs- und Absatzgebiete der Wirtschaft lagen nun mehr als 100 Kilometer entfernt, und die Landverbindungen konnten jederzeit erneut unterbrochen werden. Die unsichere Situation der Stadt und ihrer Zufahrtswege bewog zahlreiche Firmen, Berlin mit ihren führenden Mitarbeitern ganz zu verlassen oder die Betriebszentralen und wichtigen Produktionen und Forschungsabteilungen aus der Stadt zu verlegen. Die staatlichen Verwaltungsstellen hatten zum großen Teil ihre Tätigkeit eingestellt, und infolge sowjetischer Anordnungen war die ehemals in Berlin konzentrierte Banken- und Versicherungswirtschaft auf geringe Reste reduziert. Die Zahl der Arbeitslosen betrug in den Westsektoren über 250.000.[858]

Wichtigstes Ziel aller Anstrengungen war es, die Lebensfähigkeit der Westsektoren Berlins zu erhalten. Bereits in der Blockadezeit hatten sich die Vereinigten Staaten mit Krediten aus dem GARIOA-Programm (Government Appropriations for Relief in occupied Areas) und weiterer Unterstützung beteiligt.[859] Dazu gehörte auch die Einbeziehung der Westsektoren in das für Westeuropa und auch die Westzonen 1948 begonnene European Recovery Program (ERP).[860] Ein Berliner Notstandsprogramm beschäftigte über Kredite ab 1950 zeitweise mehr als 50.000 Arbeitslose.[861] Die Westalliierten bestanden darauf, dass sich die deutschen Verwaltungen ebenfalls an den Hilfen beteiligen. Als eine der ersten Maßnahmen wurde im westdeutschen Wirtschaftsgebiet eine Zusatzabgabe zur Einkommensteuer erhoben. Eine Steuermarke Notopfer Berlin wurde eingeführt, mit der die Postsendungen ab dem 1. Dezember 1948 auch in und nach den Westsektoren Berlins versehen werden mussten.[862] Bereits im ersten über den gesamten gesetzlich vorgeschriebenen Zeitraum aufgestellten Haushalt der zu West-Berlin zusammengeschlossenen Westsektoren von 1949 war ein erhebliches Defi-

---

857 Zu den Veränderungen der Industrie instruktiv Lothar Baar, Die Berliner Industrie nach dem Zweiten Weltkrieg, in: Wolfram Fischer/Johannes Bähr (Hrsg.), Wirtschaft im geteilten Berlin 1945–1990. Forschungsansätze und Zeitzeugen (Einzelveröffentlichungen der Historischen Kommission zu Berlin, Bd. 76), München u. a. 1994, S. 137–150.

858 Fijalkowski u. a., Berlin – Hauptstadtanspruch und Westintegration [wie Anm. 849], S. 246.

859 Ebd., S. 245–406; Zschaler, Öffentliche Finanzen und Finanzpolitik [wie Anm. 2], S. 207 f.

860 Aus dem durch Rückflüsse in der Bundesrepublik gebildeten ERP-Sondervermögen wurden über vier Milliarden Deutsche Mark vergeben, vor allem für Investitionskredite der – verglichen mit Westdeutschland – unter besonderem Kreditmangel leidenden Berliner Wirtschaft, zusammenfassend: Bundesministerium für wirtschaftlichen Besitz des Bundes (Hrsg.), ERP und die Stadt Berlin, Bad Godesberg/Berlin 1961.

861 Fijalkowski u. a., Berlin – Hauptstadtanspruch und Westintegration [wie Anm. 849], S. 251.

862 Grundlage war ein in den Westzonen erlassenes Gesetz vom 8. November 1948 (Gesetzblatt des Vereinigten Wirtschaftsgebietes 1948, S. 118). Die Laufzeit der zunächst für ein Jahr vorgesehenen Abgabe wurde mehrfach (bis 1956) verlängert, dazu Frank Zschaler, Die wirtschaftliche Spaltung Berlins. Zu Unterschieden in der Wirtschafts- und Finanzpolitik zwischen den Westsektoren und dem Sowjetsektor (Ende der 1940er, Anfang der 1950er Jahre), in: Fischer/Bähr, Wirtschaft im geteilten Berlin 1945–1990 [wie Anm. 857], S. 47–75, hier S. 59 f., mit weiterer Literatur.

zit vorhanden, das durch Bundesmittel ausgeglichen wurde.[863] Grund war vor allem die durch die schwierige Ausgangslage am Ende der Blockade und die durch Krisen im Ost-West-Verhältnis immer wieder belastete Wirtschaftslage der Stadt. Zu den Einnahmen aus Verwaltung (327 Millionen Deutsche Mark) und Steuern (613 Millionen Deutsche Mark) im Jahr 1950 wurden Bundeszuschüsse im Umfang von 751 Millionen, mithin über 44 Prozent hinzugerechnet. In den folgenden Jahren bis 1976 blieb der Anteil der Bundeszuschüsse bei stetig steigenden Umfängen unter 50 Prozent (bei einer Gesamthöhe von 14.159 Millionen Deutsche Mark). Bis 1989 waren die gesamten Einnahmen auf 25.110 Millionen Deutsche Mark angewachsen, von denen 12.945 Millionen oder 52 Prozent von Bundeszuschüssen ausgeglichen wurden.[864]

Für die Berlin-Hilfe musste in Bonn erst eine tragfähige gesetzliche Grundlage geschaffen werden. Dies geschah nach Vorgängergesetzen[865]1952 mit dem Dritten Überleitungsgesetz. West-Berlin erhielt danach zur Deckung eines auf andere Weise nicht auszugleichenden Haushaltsfehlbedarfs einen Bundeszuschuss. Außerdem stellte der Bund Darlehen *zur Deckung eines außerordentlichen Bedarfs für den Wiederaufbau Berlins* in Aussicht, *wenn eine anderweitige Darlehnsaufnahme dem Land Berlin nicht zugemutet werden kann oder aus sonstigen Gründen nicht möglich ist*. Die Bundeshilfe (Bundeszuschuss und Bundesdarlehen[866]) sollte so bemessen sein, *daß das Land Berlin befähigt wird, die durch seine besondere Lage bedingten Ausgaben zur wirtschaftlichen und sozialen Sicherung seiner Bevölkerung zu leisten und seine Aufgaben als Hauptstadt eines geeinten Deutschlands zu erfüllen*.[867] Zu den weiteren Pfeilern der Integration in den westdeutschen Rechts- und Wirtschaftsraum gehörte, dass Bundesgesetze (mit Ausnahme der dem entmilitarisierten Status von Berlin zuwiderlaufenden Rechtsvorschriften) durch einen formalisierten Akt des West-Berliner Parlaments in der Form von Landesgesetzen übernommen wurden. Ziel der Unterstützung war nicht nur der Erhalt der wirtschaftlichen Lebensfähigkeit. Langfristige Großvorhaben konnten sowohl der Bauwirtschaft wie auch dem Arbeitsmarkt eine kontinuierliche Entwicklung ermöglichen. Dazu gehörte die Erweiterung des U-Bahnnetzes.[868] Im August 1953 beschloss der Senat die Verlängerung der U-Bahnlinie C (Nord-Süd-Bahn) im Nor-

---

863 Zusammenfassend Doris Cornelsen, Finanzhilfe für West-Berlin. Eine Untersuchung über Umfang und Bedeutung der finanziellen Verflechtung im öffentlichen Sektor zwischen West-Berlin und Westdeutschland, Berlin 1970; Helmut Baesecke/Werner Maier, Finanzbeziehungen Berlin – Bund, Berlin 1981, S. 23–28.

864 Zahlen nach Zschaler, Öffentliche Finanzen und Finanzpolitik [wie Anm. 2], Tabelle 12, S. 302–304.

865 Schritte dazu bei Zschaler, ebd., S. 218 f.

866 Ein kleiner Teil (zweieinhalb Prozent) der Bundeshilfe nach dem Dritten Überleitungsgesetz wurde als Darlehen gewährt. Die Schulden daraus beliefen sich 1994 (Ende der Berlin-Förderung) auf 4,4 Milliarden Deutsche Mark, Hans Willi Weinzen, Berlin und seine Schulden. Ein Land auf der Flucht vor der Wirklichkeit?, Berlin 2003, S. 39.

867 Gesetz vom 4. Januar 1952, Bundesgesetzblatt 1952, T. I, S. 1–4, § 16, S. 4.

868 BusB, T. X, B Bauten für den Verkehr 2, Städtischer Nahverkehr, Berlin 1979, S. 79.

den,[869] und im April 1956 wurde mit dem Bau der Stadtautobahn (heute A 100) begonnen. Wie nach dem Ersten Weltkrieg galt der U-Bahnbau als besonders personalintensiv und wurde deshalb als Einsatzort von Notstandsarbeiten besonders geschätzt.[870] Strukturverbessernde und arbeitspolitische Motive verbanden sich bei der Konzeption dieses langfristigen Bauvorhabens. Hier wie in vielen anderen Fällen war die Bundesrepublik Deutschland als Partner der Stadt an die Stelle des preußischen Staates getreten. Mit dem Mauerbau und der daran anschließenden Verstärkung der Bundesmittel erhielten die Projekte – nun allein auf den Westteil konzentriert – weiteren Anschub. Man bemühte sich, möglichst viele zuvor in der Hauptstadt ansässige zentrale Einrichtungen des Reiches und Preußens am Standort Berlin zu halten[871] oder – wie die Museumsschätze – dorthin zurückzuführen.[872]

Zum Sinnbild des Hauptstadtanspruchs in den Westsektoren wurde das im britischen Sektor gelegene, durch die Brandstiftung von 1933, den Bombenkrieg und die Endkämpfe 1945 schwer beschädigte Reichstagsgebäude, für dessen Wiederaufbau der Deutsche Bundestag im Rechnungsjahr 1956 erste Mittel bewilligte. Der Wiederaufbau dieses Spiegelbilds deutscher Geschichte wurde – ohne Kuppel und in vereinfachter Form – zwischen 1960 und 1970 durchgeführt.[873] In Berlin wurde die Systemkonkurrenz der damals weltbeherrschenden Wirtschaftsblöcke sichtbar ausgetragen. Die Gesamtkosten der sowohl von den Westalliierten wie von den West-Berlinern ausdrücklich gewünschten Bundespräsenz in der ehemaligen Hauptstadt zwischen 1951 und

869 Die Kosten wurden für den ersten Bauabschnitt auf 34 Millionen Deutsche Mark geschätzt, Hans J. Reichhardt/Joachim Drogmann/Hanns U. Treutler (Bearb.), Berlin. Chronik der Jahre 1951–1954, hrsg. im Auftrage des Senats von Berlin (Schriftenreihe zur Berliner Zeitgeschichte, Bd. 5), Berlin 1969, S. 788; das Abgeordnetenhaus übernahm die Vorlage am 15. Oktober 1953, ebd., S. 835.

870 1955 wurde in einer Beschlussvorlage zum U-Bahnbau festgestellt, dass durch die Arbeiten der *bisher nie ausreichend ausgenutzte Gerätepark des Tiefbaugewerbes* [...] *zum Einsatz gelangen und 3.000–4.000 Arbeitskräfte Beschäftigung finden*, Zitat nach Schneider, Der städtische Berliner öffentliche Nahverkehr [wie Anm. 513], hier Bd. 11, S. 223.

871 Dies waren im Westteil vornehmlich die in der Kaiserzeit als Institutionen Preußens (z. B. die Königliche mechanisch-technische Versuchsanstalt, später Materialprüfungsamt) oder des Reiches (Reichsgesundheitsamt mit zahlreichen angeschlossenen Instituten, Reichsversicherungsamt und so weiter) gegründeten wissenschaftlich-technischen Anstalten und Ämter, die man in den Westsektoren als Einrichtungen des Bundes fortführte. Die größte derartige Institution war die zentrale Reichs- (später Bundes-)Rentenversicherungsanstalt für Angestellte. 1956 zählte man (mit Zweigstellen) 35 Bundesdienststellen mit 12.000 Beschäftigten und insgesamt 14.000 Mitarbeiter des Bundes in West-Berlin gegenüber 14.400 Bundesbeschäftigten in Bonn und Bad Godesberg: Reichhardt/Drogmann/Treutler, Berlin. Chronik der Jahre 1955–1956 [wie Anm. 793], S. 684.

872 (Bundes-) ‚Gesetz zur Errichtung einer Stiftung „Preußischer Kulturbesitz" und zur Übertragung von Vermögenswerten des ehemaligen Landes Preußen auf die Stiftung vom 25. Juli 1957', Bundesgesetzblatt 1957 T. I, Nr. 37, 5. August 1957, S. 841.

873 Micheal S. Cullen, Der Reichstag. Die Geschichte eines Monuments, Berlin 1983, S. 404–408.

1989 bezifferte das Bundesfinanzministerium 1990 auf 243 Milliarden Deutsche Mark;[874] davon waren 186 Milliarden Zuschuss zum Landesbudget.

In Ost-Berlin nahmen die im Sowjetsektor verbliebenen Stadtverordneten, ergänzt von weiteren Delegierten, am 30. November 1948 die Tätigkeit auf. Unter einem ebenfalls eingesetzten Magistrat begann man im Dezember 1948, die gesamte Wirtschaftsordnung grundsätzlich umzugestalten. Auf Befehl der sowjetischen Besatzungsmacht waren ab 1946 die in ihrem Berliner Machtbereich beschlagnahmten Unternehmen unter treuhänderische Verwaltung und 1947 einer ‚Deutschen Treuhandstelle zur Verwaltung der sequestrierten und beschlagnahmten Vermögen im sowjetischen Sektor von Berlin' unterstellt.[875] Ein noch von der gesamtstädtischen Stadtverordnetenversammlung gefasster Beschluss, wirtschaftliche Schlüsseleinrichtungen sowie die Betriebe von *Naziaktivisten und Kriegsverbrechern* zu enteignen, wurde umgesetzt und bisherige Konzernstrukturen wurden aufgelöst, um die verstaatlichten Wirtschaftseinheiten als Volkseigene Betriebe (VEB) oder auch als Vereinigung Volkseigene Betriebe fortzuführen, aus denen später nach sowjetischen Vorbildern Kombinate wurden. Aus einigen Wirtschaftseinheiten wurden zeitweise Sowjetische Aktiengesellschaften (SAG), die, statt demontiert zu werden, Reparationen an die Besatzungsmacht lieferten. Der Anteil der volkseigenen Betriebe an der Industrieproduktion im Ostsektor betrug 1950 70 Prozent.[876] Die Strukturänderungen in der Kriegs- und Nachkriegszeit hatten die Wirtschaft stark geschwächt. So blieb die Produktionskraft der Industrie auch in diesem Teil der Stadt hinter der gesamtwirtschaftlichen Entwicklung der Sowjetzone/DDR zurück.

Nach den großen wirtschaftlichen Veränderungen wurde das Steuer- und Finanzwesen im Sinne eines zentralistisch organisierten Staates umgestellt und damit die Eingliederung Ost-Berlins in die DDR vorangebracht. Die Übertragung vormaliger Landessteuern an die zentrale Staatsverwaltung von 1950 war ein weiterer wichtiger Schritt, den auch die Magistratsverwaltung mitgehen musste.[877] Faktisch war die haushaltsrechtliche Sonderstellung Ost-Berlins bereits mit Beendigung des Rechnungsjahres 1952 aufgehoben und der Etat in den Haushalt der nun in Bezirke aufgeteilten

---

874 Ralf Ahrens, Stadt am Tropf. Die Bundeshilfe für Westberlin und das Subventionssystem der Berlinförderung, in: Deutschland Archiv, 20. Dezember 2017, URL: www.bpb.de/262043 [abgerufen am: 8. November 2022]; Zahlen nach Bundesministerium der Finanzen (Hrsg.), Finanzbericht 1990. Die volkswirtschaftlichen Grundlagen und die wichtigsten finanzwirtschaftlichen Probleme des Bundeshaushaltsplans für das Haushaltsjahr 1990, Bonn 1989, S. 105. Zu bedenken sind die Kaufkraftveränderungen.

875 Es handelte sich um 273 Betriebe mit 33.000 Beschäftigten, dazu Zschaler, Die wirtschaftliche Spaltung Berlins [wie Anm. 862], S. 54 f.

876 Ebd., S. 67. Die Treuhandstelle blieb nur für kurze Zeit bestehen.

877 Zschaler, Öffentliche Finanzen und Finanzpolitik [wie Anm. 2], S. 97; Haushaltsmittel wurden in einem komplizierten Finanzausgleich ermittelt, in dem die Finanzpläne der örtlichen Unternehmen einbezogen waren.

DDR eingegliedert.[878] Der Haushaltsplan von 1953 war mit 1.580,5 Millionen Mark[879] veranschlagt. Als sich 1953 die Wirtschaft und damit auch die staatliche Einnahmesituation negativ entwickelte, beantragte der Magistrat einen Ausgleich des zu erwartenden Defizits in Höhe von 110 Mllionen Mark und erhielt ebenfalls besondere Subventionszahlungen.[880] Ab 1956 ist ein deutlicher Anstieg der DDR-Zuschüsse für die Einnahmesituation Ost-Berlins zu erkennen.[881] Die städtischen Einnahmen hatten 1950 1,76 Milliarden Mark erreicht, sanken 1953 auf 1,12 Milliarden und erlebten erst in den Jahren nach 1962 (1,5 Milliarden Mark) einen neuen Höhepunkt. Ab 1970 verstetigte sich die Einnahmesituation durch jährliche Zuwächse. Dabei stiegen die Zuführungsbeträge von 35 Prozent im Jahr 1970 auf über 60 Prozent in den Jahren 1986 bis 1989. Die Gesamteinnahmen betrugen 1986 6,7 Milliarden und 1989 7,6 Milliarden Mark.[882] Bereits 1950 bemühte sich die Partei- und Staatsführung, ihren Teil Berlins ebenfalls besonders zu fördern und als Hauptstadt und Regierungssitz der DDR zu einem *Schaufenster des Ostens* zu machen.[883] Ein Mittel dazu war das 1951 begonnene Aufbauprogramm, das außerhalb des Haushalts bald vom Nationalen Aufbauwerk als Freiwillige Masseninitiative geführt wurde. Aufbauhelfer leisteten unentgeltliche Arbeit, unterstützt durch eine Aufbaulotterie. Größtes Bauvorhaben war in den 1950er-Jahren die repräsentative, knapp zwei Kilometer lange Neubebauung entlang der weitgehend kriegszerstörten Stalinallee. Der Mauerbau 1961 beendete diese Phase der Systemkonkurrenz, die von der Ostseite zu keiner Zeit für sich zu entscheiden war. In den 1960er- und 1970er-Jahren lag der Schwerpunkt der finanzintensiven Bautätigkeit auf dem Wiederaufbau und dem Neubau im Stadtzentrum und in zentrumsnahen Gebieten. Nachdem Erich Honecker als Generalsekretär der SED die *Einheit von Wirtschafts- und Sozialpolitik* zur *Hauptaufgabe* gemacht hatte, begann ein Wohnungsprogramm mit gewaltigen Ausmaßen. Vor allem der bisher wenig erschlossene Nordosten hatte in der Planung einen hohen Stellenwert, und für die entstehenden Neubauviertel wurden neue Stadtbezirke innerhalb des bestehenden Stadtgebietes gebildet: Marzahn, Hellersdorf und Hohenschönhausen. Neben dem von den übrigen Bezirken der DDR durch Arbeitskräfte und Material unterstützten Wohnungsbau wurden, ebenfalls mit städtischen Mitteln, große Areale für die industrielle Nutzung vorbereitet.

---

878 Ebd., S. 147.

879 Deutsche Mark der Deutschen Notenbank, 24. Juli 1948 bis 31. Juli 1964.

880 Zschaler, Öffentliche Finanzen und Finanzpolitik [wie Anm. 2], S. 156; gezahlt wurden 104 Millionen Mark aus dem zentralen Haushalt, weitere 21,1 Millionen Mark wurden für ein Zusatzprogramm für Werthaltungsmaßnahmen an Wohnungen, Gewerberäumen, Straßen und so weiter bewilligt.

881 Die Mark der Deutschen Demokratischen Republik (auch Mark der DDR) war vom 1. Januar 1968 bis 30. Juni 1990 gültig, Zahlen nach Zschaler, Öffentliche Finanzen und Finanzpolitik [wie Anm. 2], Grafik 3, Tabelle 36, S. 163 und Tabelle 11, S. 293. Der Anteil der DDR-Haushaltszuführungen stieg von 1956 zu 1957 von 40 auf 368 Millionen Mark, das heißt von zweieinhalb auf 27 Prozent der Einnahmen.

882 Zschaler, Öffentliche Finanzen und Finanzpolitik [wie Anm. 2], Tabelle 11, S. 293–295.

883 Ebd., S. 158 f.

Als am 9. November 1989 die Mauer nach 28 Jahren ihres Bestehens fiel, dauerte es nur wenige Monate, bis auch die Volksvertreter der DDR nach den ersten freien Wahlen am 18. März 1990 am 23. August für den Anschluss an die Bundesrepublik stimmten. Verhandlungen der beiden deutschen Staaten mit den Siegern des Zweiten Weltkriegs führten zur Unterzeichnung des Staatsvertrags zwischen den deutschen Staaten und den Siegermächten, dem Vertrag über die abschließende Regelung in Bezug auf Deutschland (Zwei-plus-Vier-Vertrag) am 12. September 1990. Damit verzichteten die vier Hauptalliierten auf ihre seit der bedingungslosen Kapitulation von 1945 übernommenen *Rechte und Verantwortlichkeiten in bezug auf Berlin und Deutschland.* In Berlin blieben auch nach dem 3. Oktober 1990, als die deutsche Teilung nach fast einem halben Jahrhundert staatsrechtlich beendet wurde, große Unterschiede zwischen beiden Stadthälften sicht- und spürbar. Mit den Investitionsmitteln aus der Wirtschaft konnten nur Einzelprojekte durchgeführt werden. Es bedurfte bereits des vollen Einsatzes der staatlichen Mittel der Bundesrepublik, um dies zu ändern. Bald nach der Vereinigung wurden für Ost-Berlin wie für jeden der ehemaligen DDR-Bezirke staatliche Gelder[884] zur Verfügung gestellt. Doch gab es in Berlin noch zusätzliche Herausforderungen. Dazu gehörte die nahezu vollständige Abwicklung des Personals der einstigen ‚Hauptstadt der DDR', mithin der eines zentralistisch organisierten Staates, zu dem neben der politischen Staatsführung das der zahlreichen Institutionen der zentral geleiteten Wirtschaft und Wissenschaft zählte. Viele weitere Einrichtungen der zentral verwalteten DDR waren überflüssig geworden. Zudem mussten Parallelstrukturen in beiden Stadthälften abgebaut werden. Hohe Arbeitslosenzahlen waren die Folge. Andere Fachleute, zum Beispiel aus dem Bereich von Funk und Fernsehen, orientierten sich mit der Föderalisierung der Medien in die anderen neuen Länder. Hingegen wurden für Bonn die Ansiedlung weiterer Bundesdienststellen und großzügige Ausgleichszahlungen für den Verlust von Hauptstadtfunktionen festgelegt.[885]

Die Hoffnungen und Erwartungen auf eine rasche Wiederherstellung der einstigen Größe und Bedeutung Berlins bestanden nicht nur in der wiedervereinigten Stadt. Man hoffte auf schnelle Investitionsschübe und musste zur Kenntnis nehmen, dass zwar in Artikel 2 des Einigungsvertrags zwischen den deutschen Staaten vom 31. August 1990 festgeschrieben wurde *Die Hauptstadt Deutschlands ist Berlin*, doch blieb die

884 Zum Fonds Deutsche Einheit und zum Gemeinschaftswerk Aufschwung Ost und dessen Auswirkungen auf Ost-Berlin: Hans Willi Weinzen, Berlin und seine Finanzen. Von der Bundeshilfe in den Finanzausgleich (Verwaltung, Recht und Gesellschaft, Bd. 7), Berlin 1995, S. 26–32; Berlin war aber nicht nur Nehmer-, sondern auch Geberland. Im Haushaltsplan 2002/03 wurden 68 beziehungsweise 69 Millionen Euro als Landesbeitrag für Zins und Tilgung ausgewiesen. „Als einziger Teil des deutschen Ostens durfte Berlin somit den Aufbau Ost teilweise selbst finanzieren", so Weinzen, Berlin und seine Schulden [wie Anm. 866], S. 40 f.

885 Die Ausgleiche werden im ‚Gesetz zur Umsetzung des Beschlusses des Deutschen Bundestages vom 20. Juni zur Vollendung der Einheit' (Berlin/Bonn-Gesetz vom 26. April 1994, Bundesgesetzblatt 1994, T. I, S. 918) in Paragraf 6 ausgeführt. Dazu gehörte u. a. die Verlegung wichtiger Bundesbehörden aus Berlin nach Bonn, die wesentlich noch vor dem Regierungsumzug stattfanden.

politisch wie wirtschaftlich wichtigere Frage des Sitzes von Parlament und Regierung ausdrücklich einer späteren Entscheidung vorbehalten und wurde erst in der Hauptstadtdebatte des Bundestags am 20. Juni 1991 geklärt. Mit knapper Mehrheit wurde der Antrag ‚Vollendung der Einheit' angenommen, der den Umzug von Regierung, Parlament, Bundesrat und Bundespräsident nach Berlin bei einem Ausgleich für Bonn vorsah.[886] Tatsächliche und vermeintliche Hindernisse verzögerten die ursprüngliche Absicht, den Regierungsumzug innerhalb von vier Jahren zu bewältigen.[887] Die Aufbruchsdynamik der Jahre kurz nach dem Mauerfall verschwand und kam erst nach der Jahrtausendwende mit erheblich geringerer Geschwindigkeit zurück. Wesentlich schneller als der schließlich auf 2004 terminierte Umzug aus Bonn erfolgte der Abbau der Berlin-Subventionen und damit auch die Teilalimentierung des West-Haushalts nach dem Dritten Überleitungsgesetz. Ab 1996 galt für Berlin der Länderfinanzausgleich.

Obwohl angesichts der bis 1995 auslaufenden Bundeshilfen Kürzungen des Berliner Haushalts geboten erschienen, fanden sie nur an wenigen Stellen statt.[888] Große Einschnitte und soziale Verwerfungen im sozialen Gefüge der Stadt wollte man unbedingt vermeiden. So beschloss der Senat, die Landesbediensteten in Ost und West gleich zu entlohnen, was 1994 zum zeitweiligen Ausschluss des Landes Berlin aus der Tarifgemeinschaft des Bundes und der Länder führte. Man sah sich in Berlin überdies veranlasst, kostenintensive Projekte wie den Ausbau der Messehallen weiter zu finanzieren, und in den Jahren 1989–1993 wurden über 50 Millionen Deutsche Mark für eine – erfolglose – Bewerbung der Stadt für die Olympischen Spiele im Jahr 2000 ausgegeben. Die sich gerade ein wenig erholende Wirtschaft konnte die nun entstandenen Haushaltslöcher im Berliner Etat noch nicht stopfen. Als Ausweg erschien der schon einmal in den 1920er-Jahren eingeschlagene Weg in den Kapitalmarkt. Die bereits erheblichen Schulden der Stadt wuchsen von 11,05 Milliarden Euro[889] im Jahr 1990 auf rund 35 Milliarden im Jahr 2000.[890] Besonders folgenschwer wirkte sich der in Ratings der internationalen Agenturen durch gute und sehr gute Bewertung der Berliner Bonität befeuerte Übergang auf den internationalen Kreditmarkt aus. 2005

---

886 Er fand mit 337 gegen 320 Stimmen eine knappe Mehrheit.

887 Die Einzelheiten zu den betroffenen Institutionen wurden 1994 im ‚Gesetz zur Umsetzung des Beschlusses des Deutschen Bundestages vom 20. Juni zur Vollendung der Einheit' präzisiert. Neben dem Bundespräsidenten, dem Bundestag und dem Bundeskanzler zogen von den 14 Bundesministerien acht mit ihrem Hauptsitz an die Spree. Für sechs Ministerien blieb Bonn der erste Dienstsitz. Nach dem Berlin/Bonn-Gesetz sollten 60 Prozent der Arbeitsplätze in den Bundesministerien in der Bundesstadt Bonn erhalten bleiben.

888 Rechtzeitige Warnungen fanden statt, dazu die Schriften von Weinzen: Berlin und seine Schulden [wie Anm. 866] und Berlin und seine Finanzen [wie Anm. 884]; außerdem ders., Berlin in der Finanzkrise. Bilanz einer Sanierungsstrategie, Berlin 2007 und ders., Hauptstadtfinanzierung und Hauptstadtvertrag, in: Ribbe, Hauptstadtfinanzierung in Deutschland [wie Anm. 3], S. 183–215.

889 Der Euro löste ab 1999/2002 als Gemeinschaftswährung die nationalen Währungen der Europäischen Union als Zahlungsmittel ab. Der Kurs wurde auf 1,95 Deutsche Mark = 1 Euro festgelegt.

890 Weinzen, Berlin und seine Schulden [wie Anm. 866], S. 38.

zählte man bereits 52,28 Milliarden Euro Schulden.[891] So war, noch bevor sich der Regierungsumzug wirtschaftlich positiv auswirken konnte, der Berliner Landeshaushalt in eine Situation geraten, die der Verfassungsgerichtshof des Landes als *extreme Haushaltsnotlage* einstufte. Während das Bundesverfassungsgericht Bremen und dem Saarland 1992 ihre *extremen Haushaltsnotlagen* bestätigte und sie so zu Sanierungshilfen des Bundes kamen, sah das höchste deutsche Gericht für Berlin keine derartige Notlage.[892] Mit einem rigorosen Sparkurs musste die Stadt die Sanierung der Finanzen aus eigener Kraft vornehmen. Vorgänge aus der Zeit der Weltwirtschaftskrise hatten sich schon zuvor wiederholt. Die Senatsanteile an der BEWAG wurden bereits 1997 an eine private Gesellschaft verkauft und gelangten 2002 in den Konzernverbund der schwedischen Vattenfall Europe. Nun wurden in der Stadt auch soziale Einschnitte vorgenommen. Die Arbeitszeiten im öffentlichen Dienst wurden erhöht, und vor allem der Personalbereich wurde ausgedünnt. Der Verkauf des ‚Tafelsilbers' ging weiter. 2004 erfolgte der Verkauf der städtischen Gemeinnützigen Siedlungs- und Wohnungsbaugesellschaft (GSW) für 405 Millionen Euro an eine internationale Beteiligungsgesellschaft. Zwischen 2009 – als die Gesamtschulden der Stadt bei rund 63,7 Milliarden Euro lagen – und 2019 gelang es, rund 5,4 Milliarden Euro Schulden abzubauen.[893]

Ein der Zeit der Reichshauptstadt vergleichbares Verhältnis zwischen der Zentralregierung und -verwaltung und der Stadt Berlin war allerdings erst wieder nach dem – verzögerten – Umzug des Bundestags und der Bundesregierung gemäß dem Bonn-Berlin-Gesetz und dem dadurch gegebenen räumlichen Kontakt möglich. Wie zuvor für Bonn,[894] wurden 1994, 2007 und 2017 zwischen der Bundesregierung und dem Land Berlin Hauptstadtfinanzierungsverträge abgeschlossen.[895] Am 9. Dezember 2003 einigte man sich auf eine Regelung über den Hauptstadtkulturfonds, für den die Bundesregierung jährlich 10,2 Millionen Euro zur Verfügung stellt. Der folgende Hauptstadtfinanzierungsvertrag mit einem Leistungsvolumen von insgesamt rund

891 Ebd., S. 38 und S. 41 f.

892 Der Tagesspiegel online, 7. Oktober 2006. Maßgeblich für eine extreme Haushaltsnotlage ist das Verhältnis der Zinsausgaben zu den Steuereinnahmen. 2005 betrug es in Berlin 21,1 Prozent, der Länderdurchschnitt lag im selben Jahr bei elfeinhalb Prozent. Damit wurde in Berlin mehr als ein Fünftel der Einnahmen für den Zinsendienst verwendet.

893 Pressestelle der Senatsverwaltung für Finanzen 2020; siehe auch den Stabilitätsbericht 2019 des Landes Berlin, S. 5–8.

894 Dazu mit weiterer Literatur Jens Krüger, ‚Ein Skandal, wie Bonn zu Tode getrampelt wird!' Zur Finanzierung der Bundeshauptstadt Bonn 1949–1999, in: Ribbe, Hauptstadtfinanzierung in Deutschland [wie Anm. 3], S. 149–181.

895 Der Vertrag zwischen Bundesregierung und Senat vom 30. Juni 1994 sah ein finanzielles Volumen von 1,3 Milliarden Deutsche Mark zugunsten der Bundeshauptstadt (eine Milliarde Deutsche Mark für drei große Verkehrsprojekte, 240 Millionen für Kulturfinanzierung sowie 60 Millionen für Sonderbelastungen der Hauptstadt) vor. Im Jahr 2001 wurden für die Kulturfinanzierung sowie zur Abgeltung hauptstadtbedingter Sicherheitsmaßnahmen Folgevereinbarungen getroffen. Am 30. November 2007 einigten sich beide Parteien über den aus der Hauptstadtfunktion abgeleiteten Finanzierungsanspruch des Landes Berlin an den Bund in einem neuen Vertrag, der bis Ende 2017 galt.

zwei Milliarden Euro wurde am 8. Mai 2017 zwischen Berlin und dem Bund geschlossen.[896] Vor allem im Bereich der Inneren Sicherheit stiegen die Ausgleichsleistungen des Bundes nun auf 100 Millionen Euro an; 2022 wurden sie auf 110 und 2023 werden sie auf 120 Millionen Euro pro Jahr erhöht.[897] Damit werden ab der zweiten Hälfte der Vertragslaufzeit die Mittel gegenüber den derzeit noch geltenden Vereinbarungen verdoppelt. Auch im Kulturbereich wurden die Schwerpunkte ausgeweitet.[898]

896 Der Vertrag wurde um gegenseitige Grundstücksüberlassungen und zusätzliche Zahlungen für weitere Projekte und Kultureinrichtungen erweitert.

897 Die bisherige Regelung sieht dafür lediglich 60 Millionen Euro vor. Über die Vertragslaufzeit erhält Berlin für hauptstadtbedingte Sicherheitsausgaben somit 1,1 Milliarden Euro. Das ist eine Steigerung um 85 Prozent zum Vorgängervertrag.

898 Zu den finanzierten Institutionen gehören die Berliner Festspiele, die Berlinale, das Haus der Kulturen der Welt und das Jüdische Museum. Ferner übernimmt der Bund 200 Millionen Euro der Sanierungskosten der Staatsoper und unterstützt die Berliner Philharmoniker und die Opernstiftung mit siebeneinhalb beziehungsweise zehn Millionen Euro jährlich. Dazu kommen Zuschüsse zu den Betriebs- und Programmkosten der Stiftung Preußischer Kulturbesitz im Humboldt-Forum und eine mehr als fünfzigprozentige Aufstockung des Hauptstadtkulturfonds auf 15 Millionen Euro. Weitere Grundstücke wurden zum Tausch zwischen der Stadt und dem Bund vorgesehen, Pressemitteilung der Bundesregierung, Nr. 163 vom 8. Mai 2017.

5 Fazit

Ernst Kaeber hat in seinem 1924 verfassten Aufsatz[899] die Epochen der Finanzpolitik Berlins in zwei unterschiedliche Zeiträume eingeteilt: 1808–1859 und 1860–1914. Den ersten Teil dominiert der Mangel. Die Zeit von 1808 bis 1838 wird als Schuldenwirtschaft charakterisiert, herrührend aus dem verlorenen Krieg gegen Napoleon. Im folgenden Abschnitt stehen nach erfolgreicher Schuldenkonsolidierung die Armen- und Schulausgaben an erster Stelle im Haushalt, doch werden jetzt die Grundlagen für kommunale Betriebe gelegt. Die wirtschaftliche Krise ab 1846 bedeutete mehr noch als die Revolution von 1848 und deren Niederschlagung erneut einen Rückschlag. Wieder rückten Schuldentilgung und Armenlasten in die vorderste Reihe der Kommunalausgaben. Für den folgenden Zeitraum von 1860 bis 1914 sieht Kaeber dagegen sowohl auf der Ausgaben- wie auch auf der Einnahmenseite einen ununterbrochenen Aufstieg. Zugleich aber begannen in der zweiten Jahrhunderthälfte – von Kaeber an dieser Stelle nicht genannt – liberale Strömungen an Einfluss in der seit der Einführung der Städteordnung 1808 nach dem Dreiklassenwahlrecht zusammengesetzten Stadtverordnetenversammlung zu gewinnen. 1862 trat der erste liberale Oberbürgermeister Karl Theodor Seydel sein Amt an. 1859 wurde im Zuge der nach dem Regentenwechsel von Friedrich Wilhelm IV. zu seinem Bruder Wilhelm I. begonnenen Neuordnung der gesamten preußischen Politik der Berliner Polizeipräsident mit der Herstellung eines Bebauungsplanes beauftragt. Unter der Leitung des Tiefbaufachmanns James Hobrecht konnte eine Arbeitsgruppe 1862 den Bebauungsplan der Umgebungen Berlins fertigstellen. Im Erweiterungsgebiet der zu diesem Zeitpunkt circa 600.000 Einwohner zählenden Stadt sah die Planung die Unterbringung von zwei bis vier Millionen Einwohnern vor. Eine entsprechende Erweiterung des Stadtgebiets von 5.311 auf 5.923 Hektar war am 1. Januar 1861 erfolgt. Für die Anlage der neuen Straßen und der dazugehörigen Infrastruktur hatte die preußische Verwaltung neue rechtliche Bestimmungen erlassen, die den Staat bei deren Ausbau völlig entlasteten und wesentlich von den zukünftigen Anliegern getragen werden sollten. Damit war für die Erwerber der Grundstücke eine hohe Ausnutzung der Grundstücksflächen wirtschaftlich geboten.

Eine stetige positive Entwicklung der städtischen Finanzen und eine Neuausrichtung und Erweiterung der Kreditpolitik waren die Grundlagen für diese aus der Sicht Kaebers goldene Zeit der Berliner Finanzpolitik. Er preist die aus liberalem Geist (dem er sich selbst verbunden fühlte[900]) geschaffene Infrastruktur der Reichshauptstadt. Die Zeit nach 1860 wird auch in der hier vorliegenden Arbeit als Beginn einer neuen Epoche begriffen. Parallel zu der chronologischen Darstellung des verwaltungsgeschichtlichen Hintergrundes (Abschnitt C) wird von 1860 an die Finanzierung der

899 Kaeber, Die Epochen der Finanzpolitik [wie Anm. 6].
900 Werner Vogel, Ernst Kaeber. Leben und Werk, in Kaeber, Beiträge zur Berliner Geschichte [wie Anm. 6], S. 377–385, hier S. 382.

https://doi.org/10.1515/9783111178714-005

hauptstädtischen Aufgaben über den städtischen Haushalt, die Schulden- und Anleiheentwicklung in einem besonderen Abschnitt (D) ausführlich beleuchtet. Nachdem in den 1860er-Jahren mit der Stadterweiterung und einer neu ausgerichteten Kreditpolitik die Grundlagen dafür geschaffen wurden, nahm Berlin als Hauptstadt des Kaiserreichs einen Aufschwung auf allen Feldern der kommunalen Tätigkeit. Neben den Einnahmen aus den Kommunalsteuern wurde das Verhältnis zwischen Stadt und Staat wesentlich durch die Zuwendungen des preußischen Staates an die Kommunen bestimmt. Die rechtliche Grundlage für die Entwicklung im Kaiserreich war mit dem Gesetz vom 30. April 1873 betreffend die Dotation der Provinzial- und Kreisverbände zusammen mit dessen Ausführungsgesetz vom 8. Juli 1875 festgesetzt.[901] Sie blieben im Falle Berlins unter der Millionengrenze. Mithin musste die Stadt Berlin im Rahmen ihrer Finanzhoheit selbst für den hauptstädtischen Ausbau sorgen. Der preußische Staat und das Reich sorgten freilich durch die in ihrem Auftrag erstellten Bauten für die preußischen Ministerien und die nun zahlreich gegründeten Reichsämter, das Reichstagsgebäude sowie weitere öffentliche Bauten und Denkmäler für zusätzliches hauptstädtisches Gepräge. Die wesentlichen Kosten, etwa für den Ausbau neuer Straßen, musste allerdings die Kommune aufbringen. Im 19. Jahrhundert hatte die städtische Selbstverwaltung mit dem Ausbau einer Leistungsverwaltung auch in haushaltstechnischer Hinsicht völlig neue Aufgaben übernommen, und die Stadt Berlin musste den zugestandenen Steuerrahmen voll ausnutzten. Der preußisch-deutsche Staat finanzierte keineswegs die für eine Hauptstadt im europäischen Vergleich entsprechende Infrastruktur, sondern forderte die dazu nötigen Finanzmittel von der Stadt ab. Für den Ausbau der Infrastruktur mussten jetzt weitaus höhere Kreditmittel – zumeist in Anleiheform – aufgenommen werden.

Sowohl Preußen wie auch die Reichsregierung hatten den Ausbau der hauptstädtischen Infrastruktur und deren Finanzierung wesentlich der hauptstädtischen Verwaltung überlassen. So legte der Hobrechtplan von 1862 die Fluchtlinien der zukünftigen Bebauung an Straßen und Plätzen fest, die durch die Anlieger finanziert werden sollten, ebenso deren spätere Infrastruktur, die Wasser- und Gasversorgung wie auch die Abwasserentsorgung. Dafür wurden die an den Fluchtlinien der Straßen eingerichteten Parzellen so gestaltet, dass eine wirtschaftliche Ausnutzung möglich war. Die Ver- und Entsorgung war Sache der Stadt, ebenso – bis auf wenige Ausnahmen von staatlichen Gymnasien und der Charité – der Schul- und Krankenhausbau. Auch die Anlagen von Großmärkten und Parkanlagen (bis auf den Königlichen Tiergarten) waren städtisch. Die Stadt übernahm sukzessive den Bau und die Unterhaltung der Straßen und Brücken. Neue Straßen wie der Kurfürstendamm, der Durchbruch der Kaiser-Wilhelm-Straße oder die nach Döberitz führende Heerstraße sollten privat, ohne Kosten für den Staat, durchgeführt werden. Staatliche Ausgaben beschränkten sich auf die Staatsbauten. Das Kreditvolumen der Hauptstadt war den Aufsichtsbehörden zunehmend unheimlich geworden. Man reagierte 1903 nervös, als der städtische Etat

901 Siehe Anm. 385.

nur technisch nicht ausgeglichen war. Im selben Jahr war das Projekt einer Hauptstadtsteuer erörtert worden. Nicht nur die Berliner, sondern die Gesamtheit der städtischen Schulden, die 1907 die des Reichs übertrafen, führten im Reichsschatzamt zu Überlegungen, den städtischen Kredit administrativ zu begrenzen. An der Höhe und der Aufnahme einiger Einzelposten der Berliner Anleihe von 1912 wiederum übte das Reichsschatzamt Kritik. Gerade im Vorfeld des Ersten Weltkriegs zeigte sich, dass der deutsche Kapitalmarkt für eine stetige Entwicklung der kommunalen Bedürfnisse und der Aufrüstung zu eng geworden war.

Sowohl in der Zeit der Monarchie als auch in der Weimarer Republik blieben die staatlichen Zuwendungen für die städtische Finanzverwaltung im gesetzlichen Rahmen, der keinerlei hauptstadtbedingte Sonderzahlungen vorsah. Eine vermeintliche Bevorzugung der Hauptstadt sollte nicht nur ausgeschlossen werden, sondern wurde mit fiskalischen Mitteln bekämpft. Am 6. März 1903 unterrichtete der preußische Finanzminister den preußischen Kultusminister, bei der Beratung des Kultusetats in der Budgetkommission habe der dortige Kommissar, Ministerialdirektor Dr. Althoff, geäußert, *daß die Unterrichtsverwaltung in der Lage sei, in geeigneter Weise durchführbare Vorschläge zu machen, um ganz allgemein die Stadt Berlin zu einer bedeutenden Beteiligung an den außerordentlich hohen Aufwendungen heranzuziehen, welche von dem Staate in dieser Stadt unter Bevorzugung derselben vor anderen Orten gemacht würden.* Die Finanzverwaltung kam dem Wunsch des in seiner Stellung ministergleichen Althoff[902] nach und begann eine große statistische Untersuchung über eine signifikante Besserstellung Berlins gegenüber den anderen preußischen Großstädten.[903] Eine Hauptstadtsteuer aufgrund der Bevorzugung Berlins konnte nach der sorgfältigen statistischen Erhebung nicht eingeführt werden. Der Vorgang, der zugleich ein Licht auf die Dotationen der großen preußischen Städte wirft, ist im Anhang dargestellt.

Berlin, das seine im Verhältnis zu anderen Städten große Steuerkraft sicher auch der Hauptstadtfunktion verdankte, wurde staatlicherseits grundsätzlich nicht anders als andere große Städte behandelt und erlitt das gleiche Schicksal. In der Zeit des Kaiserreichs erhielt die Stadt im Zusammenklang mit den vom preußischen Staat und dem Deutschen Reich finanzierten Bauleistungen vor allem durch kommunale Eigenleistungen ein hauptstädtisches Gepräge. Dabei ist insbesondere der Aufbau einer internationalen Maßstäben standhaltenden Infrastruktur seitens der Kommune hervorzuheben. Auf diesem Feld beteiligte sich der preußische Staat als Anreger, hielt sich jedoch bei der Umsetzung und Finanzierung völlig heraus. Dasselbe gilt für den mit den Tiefbaumaßnahmen eng verbundenen Straßenbau seit der Mitte des 19. Jahrhun-

---

902 Bernhard vom Brocke, Hochschul- und Wissenschaftspolitik in Preußen und im Deutschen Kaiserreich 1882–1907. Das ‚System Althoff', Stuttgart 1980; Ralph-Jürgen Lischke, Friedrich Althoff und sein Beitrag zur Entwicklung des Berliner Wissenschaftssystems an der Wende vom 19. zum 20. Jahrhundert, Berlin 1990.

903 Siehe Anhang 2.

derts. Die Fortsetzung der Infrastrukturinvestitionen in Berlin, das 1920 zu einer der größten Städte Europas wurde, war nach dem alle Lebensbereiche verheerenden Ersten Weltkrieg und der damit zusammenhängenden Inflation erschwert. Darüber hinaus forderten neue Aufgaben auf sozialem Gebiet die hauptstädtische Finanzkraft heraus: die Arbeitslosenfürsorge, das Wohnungs- und Verkehrswesen und auch die Eingliederung der Kommunen, die mit dem Gesetz über die Bildung einer neuen Stadtgemeinde Berlin vom 27. April 1920 zur Einheitsgemeinde verschmolzen. In der preußischen Staatsverwaltung erhöhte diese Sonderkonstruktion den vorhanden Argwohn gegenüber der Hauptstadt.[904] In der preußischen Finanzverwaltung bestand nur ein geringes Verständnis für die finanzielle Lage der Hauptstadt in den Turbulenzen der frühen und späten 1920er-Jahre. Mit den zugunsten notleidender Kommunen novellierten Dotationsgesetzen der Kaiserzeit und vor allem mit der mit Matthias Erzberger verbundenen Steuerreform sowie durch den Finanzausgleich in der Weimarer Zeit wurde zwar die relative Bevorzugung der großen, nicht allein auf Steuereinnahmen aus der Industrie angewiesenen Städte – zumindest teilweise – rückgängig gemacht, deren Gestaltungsmöglichkeiten auf finanziellem Gebiet zugunsten der Staatsverwaltung aber eingeschränkt.[905]

Die schwierige Situation des Berliner Magistrats mit dem bürgerlichen Oberbürgermeister Böß an der Spitze einer mehrheitlich sozialistisch orientierten Stadtverordnetenversammlung verlangte, dass Erfolge in der eng miteinander verbundenen Wohnungs- und Verkehrspolitik schnell sichtbar wurden. Große Leistungen wurden in bisher von der Kommune vernachlässigten Bereichen des Sozial- und Wohnungswesens erreicht, auch im nun als kommunaler Betrieb zusammengefassten Verkehrswesen. Das war eine Voraussetzung für die Entwicklung zu einer aufgelockerten Stadt. Vor allem der U-Bahnbau erwies sich als äußerst kostenintensiv. Er war nach dem Weltkrieg gemeinsam mit der preußischen Staatsregierung vornehmlich als Arbeitsbeschaffungsmaßnahme wieder aufgenommen worden. Notwendige Kredite dafür nahm der städtische Eigenbetrieb zunehmend parallel zu den städtischen Krediten selbst auf. Damit konnte ein ernstes Problem, der Zugang zum internationalen Kapitalmarkt mit wesentlich günstigeren Kreditbedingungen, gelöst werden. Eine Umgehung der stärker regulierten Kommunalanleihen war so möglich. Generell sollten die deutschen Kommunen zum Schutz der Reichswährung auf den teuren und engen deutschen Kapitalmarkt angewiesen bleiben. Auslandskredite hatten eine von der Reichsbank eingerichtete Beratungsstelle für Auslandskredite zu passieren. Doch gerade für die Kommunen wurde der Zugang restriktiv gehandhabt. Dennoch blieb der Berliner Haushalt bis 1928 intakt.[906] Warnungen, wie sie etwa der scheidende Kämmerer Karding aussprach, führten nicht zur Abkehr von der allzu optimistischen Ausga-

---

904 Siehe Anm. 230.

905 Dazu Josef Wysocky, Die Kommunalfinanzen in Erzbergers Reformkonzept: Finanzzuweisungen statt eigener Steuern, in: Hansmeyer, Kommunale Finanzpolitik [wie Anm. 433], S. 35–59.

906 Verwaltungsbericht der Hauptfinanzverwaltung [wie Anm. 242], S. 6.

benpolitik der Hauptstadt. In der Folgezeit sollten sich die negativen Entwicklungen zusammen mit einer globalen Wirtschaftskrise zu einem gefährlichen Gemisch entwickeln. Die zweifellos auch in Berlin erkennbare „mangelnde Verwaltungsrationalität“ [907] in den kommunalen Entscheidungsgremien war nur ein Grund für die Schuldenkrise. Dass sie angesichts des desolaten deutschen Kapitalmarkts nach dem Weltkrieg abwendbar gewesen wäre, darf bezweifelt werden. Die Schuldenentwicklung anderer deutscher Großstädte wie Köln, Frankfurt am Main, Hamburg und Dresden zu Beginn der 1930er-Jahre zeigt, dass nicht allein Berlin in eine solche Situation geraten war. Die Schuldenkrise hatte eher systemische Ursachen.

Die Jahre nach 1933 sind von dem sich bereits in den letzten Jahren der Republik abzeichnenden Übergang der Entscheidungsgewalt über die Erhebung und Verwendung der finanziellen Mittel auch im kommunalen Rahmen von gewählten Gremien auf die Exekutive und schließlich auf den nationalsozialistischen Staat gekennzeichnet. Erst nach 1933 gelang es, die Kommunalschulden allgemein, und damit auch die von Berlin, zu konsolidieren. Die nationalsozialistische Machtübernahme begann mit der Entlassung des ganz überwiegenden Teils des kommunalen Spitzenpersonals und der Einsetzung eines Staatskommissars zur besonderen Verwendung neben dem noch einige Zeit weiter amtierenden Oberbürgermeister und erreichte einen Höhepunkt in der Ernennung von Albert Speer zum ‚Generalbauinspektor für die Neugestaltung der Reichshauptstadt‘ (GBI) im Jahr 1937. Der zum Staatskommissar und später zum Stadtpräsidenten ernannte Julius Lippert geriet freilich bald in Bedrängnis. Vor 1933 hatte er journalistisch heftig gegen die Ausgabenfreude der demokratischen Stadtverwaltung polemisiert und musste nun feststellen, dass die neue Staatsregierung ebenfalls keinen Sparkurs verfolgte. Prestigevorhaben und die bald einsetzende Wiederaufrüstung hatten nun Priorität. Mit dem Verhältnis Oberbürgermeister – Stadtpräsident und später Oberbürgermeister – Generalbauinspektor ist auch in Berlin die generelle Entwicklung zum nationalsozialistischen ‚Doppelstaat‘ zu beobachten. Neben der auf rechtlicher Grundlage stehenden Stadtverwaltung standen die außerhalb der traditionellen Rechtsordnung eingesetzten Exekutoren des ‚Maßnahmenstaates‘.[908] Der 1933 als neuer Kämmerer eingesetzte ehemalige Verbandsdirektor Steiniger, der die Staatsbehörden 1929 vor einer Berliner Schuldenkrise gewarnt hatte, musste seinen Posten bald wieder räumen. Die Antwort, die einer seiner Nachfolger und zeitweiliger Chef der Finanzen im Stab des Generalbauinspektors, Karl Maria Hettlage, auf die Frage nach dem Unterschied zwischen dem Finanzgebaren der Stadt Berlin und dem des Ge-

---

907 Lehnert, Kommunale Politik [wie Anm. 246], S. 13.

908 Zum Begriff siehe Ernst Fraenkel, Der Doppelstaat. Recht und Justiz im ‚Dritten Reich‘, Rückübersetzung aus dem Englischen von Manuela Schöps in Zusammenarbeit mit dem Verfasser, Frankfurt am Main 1974. Speer agierte ab 1937 völlig unabhängig von der Stadtverwaltung, die seinen Anordnungen im Konfliktfall folgen musste. Zur Regelung der Aufgabenbereiche siehe: Gerhard Fränk/Werner Hempfing (Hrsg.), Die Neugestaltung deutscher Städte. Kommentar zum Gesetz vom 4. Oktober 1937 nebst allen Durchführungsverordnungen und einschlägigen Gesetzen und Verordnungen. Mit einem Vorwort von Albert Speer, München 1939.

neralbauinspektors gab, markiert den Unterschied, der zwischen einer an gesetzliche Vorgaben gebundenen Verwaltung und der allein auf dem ‚Führerwillen' beruhenden neue Staatseinrichtung bestand. Als Stadtkämmerer von Berlin konnte Hettlage nicht zuletzt mit einer von der Besoldungsordnung abweichenden höheren Vergütung für den Generalbauinspektor gewonnen werden.[909] Hettlages Antwort, dass *sich bei der Stadt die Ausgaben nach den Einnahmen gerichtet hätten und es bei uns* [gemeint ist der GBI] *umgekehrt sei, womit er das Thema als erschöpfend behandelt ansehe,* zeigt den Zynismus und die Frivolität dieser Behörde. Die im Stab des Generalbauinspektors zum Ausdruck gekommene Hybris und Menschenverachtung endete mit der Niederlage des Deutschen Reichs im Zweiten Weltkrieg. Es folgten der tiefe Fall und die Teilung des Landes und der Stadt.

Mit dem seit 2004 wieder neu entstandenen nachbarlichen Verhältnis zwischen Staat und Stadt hat sich das von Stadtarchivar Ernst Kaeber als Begleiter der Stadtfinanzen seit dem Beginn der städtischen Selbstverwaltung festgestellte *Gespenst des Bankrotts* zeitweise wieder in bedrohlicher Nähe gezeigt. Es scheint aber zumindest im Herbst 2020 nicht mehr bedrohlich nahe, aber doch nicht allzu weit von der Stadt entfernt zu sein, wie die Kennziffern eines am 10. November 2020 vom Berliner Senat beschlossenen Stabilitätsberichts auf den Gebieten des Finanzierungssaldos (je Einwohner), der Kreditfinanzierungsquote und der Zins-Steuer-Quote ausweisen. Zwar sind Saldo und Quote im akzeptablen Bereich, doch beim Schuldenstand überschreitet die Stadt Berlin einen kritischen Schwellenwert.[910] Die gesamten Schulden des Landes Berlin lagen für den 31. Dezember 2019 bei 53,959 Milliarden Euro und waren damit in einem Jahr um knapp sechs Prozent gewachsen. Eine günstige Entwicklung ist dies nicht, wenn auch im Bericht behauptet wird, dass die Kennziffern nicht auf eine *drohende Haushaltsnotlage* hinweisen. Doch beweist gerade diese Bemerkung in dem Papier, dass man sich keineswegs sicher ist, die Gefahren endgültig beseitigt zu haben. Ausgehend von der positiven Entwicklung auf der Einnahmenseite, hat die Stadt sich inzwischen neue und kostenintensive Ziele gesetzt und mit dem Neu- bzw. Rückkauf von Wohnungen und von kommunalen Versorgern begonnen, zu denen auch das an den Vattenfall-Konzern verkaufte Stromnetz gehört. Für die Haushaltslage ist bezeichnend, dass für den Haushalt 2020 eine Kreditaufnahmequote von 17,4 Prozent genannt wird.[911] Wegen der Höhe der alten Schulden überschreitet nun die Zins-Steuer-Quote, also das Verhältnis der Zinsausgaben zu den Steuereinnahmen (von Bund, Land und Kommune), nicht nur den Länderdurchschnitt deutlich, sondern auch den für Auffälligkeitsmerkmale eingeführten errechneten Schwellenwert. Zwar attestiert sich der

---

909 Zu Hettlage Schrafstetter, Verfolgung und Wiedergutmachung [wie Anm. 813], das Zitat S. 437, dazu siehe Anm. 789.

910 Zahlen nach dem von der Senatsverwaltung für Finanzen herausgegebenen Stabilitätsbericht 2020 des Landes Berlin, dazu Der Tagesspiegel vom 11. November 2020. Der Länderdurchschnitt liegt bei 7.786 Euro.

911 Der Länderdurchschnitt liegt bei 12,9 Prozent: Stabilitätsbericht 2021 des Landes Berlin, S. 5.

Senat im Stabilitätsbericht, dass die Haushaltslage weiterhin *unauffällig* sei, doch sind neue Unwägbarkeiten in ihren Folgen kaum abzusehen. So hat sich – trotz allen Glanzes der Reichs- und heutigen Bundeshauptstadt – das alte, schon von Ernst Kaeber beobachtete Gespenst nie völlig aus dem Umfeld des Berliner Haushalts entfernt.

Anhang

1 Einnahmen und Ausgaben der Stadt Berlin 1920–1942

Tab. 67: Einnahmen und Ausgaben der Stadt Berlin 1920–1942 (in 1.000 Mark, für 1923 Papiermark, ab 1924 in 1.000 Reichsmark, aufgerundet).

Jahr	Einnahmen Verwaltung	Ausgaben ordentliche Verwaltung	Ausgaben Außerordentliche Verwaltung	Ausgaben Zusammen
1920	1.760,8			
1921	6.116,7	6.116,7		6.116,7
1922	13.179,9	13.179,9		13.179,9
1923	474.333,2	502.211,5		502.211,5
1924*	535,0	519,0		519,0
1925*	489,4	489,4		550,3
1926*	590,0	522,5		
1927*	712,0			
1928*	897,0	897,0		
1929	958,2	1.065,0	300,8	1.365,3
1930	1.107,9	1.128,7	271,1	1.399,8
1931	1.124,4	1.156,1	445,2	1.601,3
1932	735,5	627,7	407,6	1.035,3
1933	786,8	858,3	122,6	980,9
1934	694,2	721,4	380,3	1.101,7
1935	734,2	733,3	571,0	1.304,3
1936	777,2	854,7	86,4	940,9
1937	851,6	883,9	75,2	959,1
1938	959,4	1.007,3	64,3	1007,3
1939	1.101,1	1.091,5	64,5	1.156,0
1940	1.366, 9	1.446,8	31,2	1.478,0
1941	1.551,5	1.680,7	57,9	1.738,6
1942	1.682,6	1.769,8	140,2	1.910,0

Quellen: für die Zahlen 1920–1923: Erster Verwaltungsbericht 1920–1924 [wie Anm. 205], Bd. 1, H. 2a, für 1924/1925; * nach Statistisches Jahrbuch der Stadt Berlin 2 (1926), für 1929–1942 sind die (höheren) Zahlen nach Rechnung, einschließlich Nachtragshaushalte: Berlin in Zahlen, Berlin 1947, S. 347 verwendet worden (leere Felder = keine Angaben).

https://doi.org/10.1515/9783111178714-006

2 Quellen

Über eine in der Städteordnung von 1808 (Titel 1, Paragrafen 1–2) vorgesehene Staatsaufsicht hatte der preußische Staat zu jeder Zeit eine genaue Kenntnis der finanziellen Situation der im Land befindlichen Städte. Die Entscheidung über die Ausgaben dagegen war den Stadtverordneten übertragen.[912] Die Staatsaufsicht erfuhr in der revidierten Städteordnung von 1853 noch eine weitere Präzision. Nun mussten sogar die von den Magistraten aufgestellten Etatentwürfe zur Prüfung vorgelegt werden.[913] In der Städteordnung von 1808 enthielt der einleitende Titel 1 mit den Paragrafen 1–2 die Bestimmungen über die staatliche Aufsicht *über die Städte, ihre Verfassung und ihr Vermögen.*[914] Die Staatsaufsicht über die kommunalen Organe regelt in der Städteordnung von 1853 ebenfalls ein eigener Titel (*Titel X. Von der Oberaufsicht über die Stadtverwaltung* (Paragrafen 76–80). Die Aufsicht wurde grundsätzlich von der Bezirksregierung, in höheren Instanzen (und im Fall Berlins schon in erster Instanz) vom Oberpräsidenten der Provinz Brandenburg und vom preußischen Innenminister wahrgenommen, deren Akten – vorzugsweise im Bestand des preußischen Ministeriums des Innern – im Geheimen Staatsarchiv Preußischer Kulturbesitz (GStA PK) in Berlin-Dahlem überliefert sind. Nachdem Berlin 1875 aus dem Kommunalverband der Provinz Brandenburg ausschied, wurde die Verwaltungsaufsichtsfunktion des Oberpräsidenten bestätigt[915] und im Gesetz über die Zuständigkeit der Verwaltungs- und Verwaltungsgerichts-Behörden vom 1. August 1883 bekräftigt, in dem der Oberpräsident der Provinz Brandenburg ausdrücklich als Oberpräsident von Berlin bezeichnet wurde.[916] In der nächsthöheren Instanz oblag diese Aufgabe dem preußischen Minister des Innern, der jeweils einen anderen Minister, in Finanzangelegenheiten den preußischen Innenminister, hinzuziehen sollte. Dieser gesetzliche Rahmen für die städtischen Haushalte Preußens blieb auch nach der Bildung der Einheitsgemeinde Berlin im Jahr 1920 im gesamten Untersuchungszeitraum in seinen Grundzügen erhalten.[917] Im Falle der preußischen und Reichshauptstadt Berlin waren die Organe der Stadt in allen finanziellen Belangen im engen Aktenaustauch mit dem Oberpräsidenten der Provinz Brandenburg und dem preußischen Ministerium des Innern, das sich wiederum mit dem preußischen Finanzministerium abstimmte. Diese Akten bilden die Grundlage dieser Ausarbeitung. Die im GStA PK überlieferten Bestände der preußischen Ministerien des Innern (Rep. 77) und der Finanzen (Rep. 151) erwiesen sich als besonders aufschlussreich. Weiteres wichtiges Material boten auch die Akten anderer Ministerien – Ministerium der öffentlichen Arbeiten (Rep. 93), Ministerium für Handel und Gewerbe

912 Preußische Städteordnung von 1808 [wie Anm. 20], hier § 184, S. 128.
913 Preußische Städteordnung von 1853 [wie Anm. 23], hier §§ 66–71, S. 391 f., dazu Anm. 23.
914 Preußische Städteordnung von 1808 [wie Anm. 20], hier §§ 1–2, S. 105.
915 Bericht über die Gemeinde-Verwaltung 1861–1876 [wie Anm. 7], H. 1, S. 35.
916 Bericht über die Gemeinde-Verwaltung 1882–1888 [wie Anm. 425], H. 1, S. 29 f.
917 Groß-Berlin-Gesetz [wie Anm. 213], hier § 5, S. 585.

https://doi.org/10.1515/9783111178714-007

(Rep. 120) – und vor allem der Seehandlung/Preußische Staatsbank (Rep. 109), in der die Finanztätigkeit der preußischen Städte, vor allem Berlins, in umfangreichen Zeitungsausschnittsammlungen verfolgt wurde.

Für das über die Finanzausstattung und deren Verwendung zu definierende Verhältnis zwischen dem Staat und seiner Hauptstadt wird für die vorliegende Untersuchung auf der kommunalen Seite Aktenmaterial des nach der Einführung der Städteordnung eingerichteten ‚Generalbüros' (‚Zentralbüro') herangezogen, das im Landesarchiv Berlin (im Folgenden: LAB) unter der Signatur A Rep. 001-02[918] aufbewahrt wird. Die Überlieferung der aus der preußischen Ministerial-, Militär- und Baukommission hervorgegangenen Preußischen Bau- und Finanzdirektion (A Pr. Br. Rep. 042) ist über das GStA PK ebenfalls an das Landesarchiv Berlin gelangt.

Im Brandenburgischen Landeshauptarchiv wurden die Bestände Oberpräsident der Provinz Brandenburg (Pr. Br. Rep. 1), Stadtpräsident von Berlin und Regierungspräsident des Regierungsbezirks Potsdam (Pr. Br. Rep. 2A) gesichtet.

Mithilfe dieser Bestände konnte die Arbeit der Staatsaufsicht über die Finanzen der preußischen und Reichshauptstadt für den gesamten Bearbeitungszeitraum nachvollzogen und damit ein dichtes Bild der städtischen Finanzen gewonnen werden. Eine gewisse Unabhängigkeit vom preußischen Staatsverband (und den Reichsministerien) erreichte die Hauptstadt des Reichs erst 1937 mit der Berufung von Albert Speer zum ‚Generalbauinspektor für die Neugestaltung der Reichshauptstadt'. Die überlieferten Akten dieser Behörde sind hauptsächlich im Bundesarchiv Berlin (BArch) zu finden (Bestand R 4606 Generalbauinspektor für die Reichshauptstadt). Von besonderem Interesse sind dort ferner die Bestände Reichskanzleramt/Reichsschatzamt (R 53), Reichsfinanzministerium (R 2) und Generalbauinspektor für die Neugestaltung der Reichshauptstadt Berlin (R 120).

---

918 Dazu: Landearchiv Berlin (Hrsg.), Das Landesarchiv und seine Bestände, T. 1. Übersicht über die Bestände aus der Zeit bis 1945 (Tektonik-Gruppe A) (Schriftenreihe des Landesarchivs, Bd. 1,1), Berlin 2003, S. 48 f.

3 Zur Berechnung der Währungen

Die in Preußen und ab 1871 im Reich üblichen Währungen sind übernommen worden. Dies waren ab 1750 die preußische Version des Reichst(h)alers und 1821–1871/1873 der Neue preußische Taler (Rtlr.) zu 30 Silbergroschen à je 12 Pfennig. Der Taler wurde bis 1873 von der Mark mit 100 Pfennig abgelöst. Ein Taler entsprach drei Mark. Wie zuvor der Taler war die Mark durch die preußisch-deutschen Goldreserven gedeckt. 1914 wurde die Golddeckung aufgehoben; die Mark wurde zur Papiermark. Die während der Kriegsjahre schleichende Inflation führte vor allem im Jahr 1923 zu einem bodenlosen Währungsverfall und Staatsbankrott. Der Begriff Goldmark wurde als Rechnungseinheit mit Bezug zum US-Dollar auch nach dem Weltkrieg benutzt. Die Umrechnung erfolgte in Bezug auf den Dollarkurs vor dem Ersten Weltkrieg: 1 US-Dollar = 4,2 Mark. Die kurz zuvor gegründete Deutsche Rentenbank gab ab November 1923 Banknoten als Rentenmark aus, eigentlich Inhaberschuldverschreibungen der Rentenbank. Zur fiktiven Deckung der Schuldverschreibungen dienten die Immobilien der deutschen Landwirtschaft, Industrie und Gewerbe, deren Wert auf 3,2 Milliarden Mark in Gold festgesetzt wurde. Als Abschluss dieser Währungsreform führte man am 30. August 1924 die Reichsmark mit dem gleichen Wert wie die bereits allgemein akzeptierte Rentenmark ein. Bis 1948 blieb die Reichsmark das in Deutschland allgemein gültige Zahlungsmittel.

https://doi.org/10.1515/9783111178714-008

4 Verzeichnis der Tabellen

https://doi.org/10.1515/9783111178714-009

Exkurs

Besser- oder Schlechterstellung Berlins? Die Anfänge eines innerpreußischen Finanzausgleichs und das Scheitern des Planes einer Hauptstadtsteuer. Die Hauptstadtfinanzierung in der Innensicht der Staatsverwaltung

Die Vorteile, die die Stadt Berlin als Reichshauptstadt aus der Anwesenheit der zahlreichen Beschäftigten in der Reichs- und preußischen Zentralverwaltung mit ihren nachgeordneten Behörden zog, sollten für den preußischen Staat nutzbar gemacht werden und waren Gegenstand ernsthafter Überlegungen. Es war der Ministerialdirektor und ‚heimliche Kultusminister' Preußens, Prof. Dr. Friedrich Althoff (1839–1907),[919] der diesen Vorschlag in die Welt setzte – wohl um ein Projekt zu finanzieren, das den Berliner Raum zu einem international führenden Wissenschaftsstandort machen sollte. Dagegen argumentierte die Freisinnige Zeitung: *Die Zeiten, in denen Berlin als ‚Residenz' aus dem allgemeinen Staatsfonds, in der Kommunalverwaltung besonders, unterstützt wurde, sind längst vorüber* [...]. *Alle betreffenden Verhältnisse sind abgelöst, so auch die Pflasterung für die innere Stadt und der Brückenbau über die Spree, die bis 1875 dem Staate oblagen. Auch zur Unterhaltung des Tiergartens leistet die Stadt ihren Betrag, obgleich sie große Parks auf eigene Kosten in den verschiedensten Stadtgegenden errichtet hat. Auch die höheren Lehranstalten in Berlin werden in größerem Umfange als an anderen Orten von der Kommune unterhalten. Zahlreiche öffentliche Gebäude und Anstalten unterhält der Staat in Berlin, nicht um den Berlinern eine Wohlthat zu erweisen, sondern im eigensten Interesse. Wo dies nicht der Fall ist, verlegt er solche Anstalten nach außerhalb, wie das Reichsgericht nach Leipzig, die Oberrechnungskammer nach Potsdam. Das Grundeigentum des Reiches und des Staates in Berlin hat alle Vorteile von den Aufwendungen der Kommune, ohne daß es zu Grundsteuern und Gebäudesteuern herangezogen wird.* Die Freisinnige Zeitung kam zu diesen allgemeinen Überlegungen, nachdem zwischen dem preußischen Kultusministerium und der Stadt Berlin ein prinzipieller Streit in aller Heftigkeit geführt wurde. Der Anlass waren Abwasserkosten des staatlichen Krankenhauses Charité. Das liberale Blatt vermeinte, dass *der Haß des Junkertums gegen die Städte* in der Budgetkommission des Abgeordnetenhauses zum Ausbruch gekommen sei. Deshalb war der Artikel auch *Junkertum und Bürgertum* betitelt.[920] Der Artikel traf den Nerv der Zeit. Trotz der eindeutigen verwaltungsrechtlichen Lage, die im Deutschen Reich eine institutionalisierte Hauptstadtfinanzierung verbot, war vor der Jahrhundertwende und zu Beginn des 20. Jahrhunderts in Kreisen der preußischen Staatsverwaltung der Gedanke verbreitet, dass die Hauptstadt Berlin aufgrund der Konzentration der Reichs- und Staatsbe-

919 Zu den Aktivitäten Althoffs im Berliner Raum Brocke, Hochschul- und Wissenschaftspolitik [wie Anm. 902]; Lischke, Friedrich Althoff [wie Anm. 902].

920 Freisinnige Zeitung vom 6. März 1903; zur Kabinettsordre von 1835 siehe Anm. 46.

https://doi.org/10.1515/9783111178714-010

hörden vor allen anderen Städten des Reiches durch die Investitionen der öffentlichen Hand bevorzugt werde und dass diese Besserstellung finanziell ausgeglichen werden müsse. Ein Anlass dazu ergab sich in der Debatte über den Medizinaletat im Preußischen Haus der Abgeordneten am 19. März 1903, konkret über den Etat der Charité, die der preußischen Staatsverwaltung unterstand. Ausgangspunkt war der Posten der dauernden Ausgaben und Mehrforderungen der Charité in Höhe von 113.310 Mark zur Deckung des Anstaltsdefizits. Die Mehrausgaben, so wurde argumentiert, seien dadurch entstanden, dass die Charité in den vorangegangenen Jahren mit Unterbilanz gearbeitet habe und Defizite durch die Einschränkung der Bettenzahl entstanden seien. Der zuständige Staatskommissar Althoff gab eine Anregung *aus der Mitte der Budgetkommission*[921] weiter, in der festgestellt wurde, dass die Stadt Berlin eigentlich sehr viele Vorteile durch die Charité habe und es deshalb nicht unangemessen sei, wenn sie zu diesem Institut einen angemessenen finanziellen Beitrag hinzugäbe.[922] Aus dieser Debatte entwickelte sich die Diskussion über eine besondere Residenzsteuer für die Hauptstadt.

Bereits die Forderung der preußischen Verwaltung, zur Finanzierung der Charité hinzugezogen zu werden, fand sofort den lebhaften Widerspruch der Berliner Seite. Der freisinnige Abgeordnete Rosenow, ein Fabrikbesitzer, vermutete dahinter eine *Rache- und Vergeltungspolitik*. Die Stadt Berlin hatte den Anspruch auf 100.000 freie Verpflegungstage in der Charité durch eine Kabinettsordre vom 6. Juni 1835 erhalten. Diese aber war das Ergebnis der damaligen Verhandlungen im Zusammenhang mit dem Übergang der Armenverwaltung vom Staat auf die Stadt. Deshalb liege hier – wie auch gerichtlich festgestellt – ein Rechtsanspruch vor. Überdies sei die Stadt Berlin durch den Umbau der Charité gezwungen gewesen, ein neues Krankenhaus (Rudolf-Virchow-Krankenhaus) mit 1.650 Betten für 18 Millionen Mark zu bauen.

Doch auch zu der allgemeinen Frage, ob es angezeigt sei, Berlin und andere große Städte zur Errichtung staatlicher Gebäude heranzuziehen, weil die Stadt Berlin so viele staatliche Gebäude und Institute ohne eigene Anstrengung erhielte und große Vorteile von ihnen habe, nahm Rosenow Stellung: Neben den unbestreitbaren Vorteilen

---

921 Anreger war der Zentrumsabgeordnete Landrat von Savigny. Am 6. März 1903 unterrichtete der preußische Finanzminister den preußischen Kultusminister: *Bei der Beratung des Kultusetat in der Budgetkommission hat der dortige Kommissar Ministerialdirektor Dr. Althoff geäußert, daß die Unterrichtsverwaltung in der Lage sei, in geeigneter Weise durchführbare Vorschläge zu machen, um ganz allgemein die Stadt Berlin zu einer bedeutenden Beteiligung an den außerordentlich hohen Aufwendungen heranzuziehen, welche von dem Staate in dieser Stadt unter Bevorzugung derselben vor anderen Orten gemacht würden. Es wäre sehr erwünscht gewesen, wenn mir Kenntnis von solchen Vorschlägen gegeben werden.* Diesem Wunsch kam die Finanzverwaltung nach, GStA PK, I. HA, Rep. 151 Preußisches Finanzministerium Abt. IC, Verkehr zur Schiene 1868–1944, Nr. 1255: Akte betreffend statistische Erhebungen in Städten über 80.000 Einwohnern zur Beantwortung der Frage, inwieweit finanzieller Beziehung staatlicherseits eine Bevorzugung der Stadt Berlin stattfindet (unfol.).

922 Zur Debatte: Stenographische Berichte über die Verhandlungen des Preußischen Hauses der Abgeordneten, 19. Legislaturperiode, V. Session 1903, Bd. 3, Sp. 3423–3490.

der Hauptstadtsituation gebe es auch besondere Nachteile für die Stadt. Zwischen der Hauptstadt und dem Staat bestünden durchaus Konfliktfelder. Neben dem damals neuen Lehrerbesoldungsgesetz, über das in Berlin lediglich 25 Lehrer finanziert würden, hob er das ebenfalls jüngst in Kraft getretene Dotationsgesetz hervor, über das Ausgaben in Höhe von insgesamt 10 Millionen Mark verteilt würden, von denen auf die Hauptstadt aber lediglich 84.000 Mark entfielen. In der Stadt würden lediglich sechs höhere Lehranstalten vom Staat, aber 20 von der Kommune unterhalten, die 13 städtischen Realschulen nicht eingerechnet. Der jährliche städtische Zuschuss für Schüler betrüge pro Kopf 160 Mark auf den Gymnasien, 140 in den Realschulen. Da aber die 50.385 Staats- und Reichsbeamten nur die Hälfte oder gar keine Kommunalsteuer zahlten,[923] ihre Kinder aber sehr wohl auf städtische Schulen schickten, komme es zu einem Ausfall von jährlich 1,6 Millionen Mark. Eine weitere städtische Einnahme, die Realsteuer, könne für 20 Prozent der städtischen Fläche, die mit staatlichen Instituten bebaut sei, nicht erhoben werden.[924] Den jährlichen Ausfall an Realsteuern der Hauptstadt bezifferte Rosenow hier auf viereinhalb Millionen Mark.

Die größtenteils von der Stadt finanzierte, aber der staatlichen Weisung unterstehende Polizeiverwaltung wurde in diesem Zusammenhang als besonderes Ärgernis genannt. Die von der Kommune zu den Polizeikosten zu leistende Zuzahlung betrage in Berlin pro Kopf der Bevölkerung zwei Mark fünfzig. Keine andere Stadt habe derartig hohe Kosten zu tragen. Damit verband Rosenow den Hinweis auf die von liberaler Seite immer wieder als Zurücksetzung der Kommune empfundene Machtfülle des Polizeipräsidiums: Nichts könne auf den Straßen geschehen ohne eine Genehmigung durch die königliche Verwaltung: keine Straßenverbreiterung, keine Fluchtlinie, kein Bebauungsplan, obwohl die Stadt ja nun auf den Straßen Herr geworden sei.[925] Auch müsse die Stadt für die Feuerwehr jährlich 1,32 Millionen Mark ausgeben, obwohl sie auch hier kein kommunales Mitspracherecht habe.

Von einer Verhätschelung der Stadt Berlin könne auch in anderer Hinsicht keine Rede sein. Dagegen sprächen die Verlegung der Technischen Hochschule, des Botanischen Gartens, der Musikhochschule und anderer Einrichtungen aus dem engeren Stadtgebiet. Erhebliche Missverhältnisse seien ferner in der politischen Repräsentation vorhanden. Überdies müssten statt der neun Berliner Abgeordneten eigentlich 27 die Stadt im Preußischen Haus der Abgeordneten vertreten; für den Reichstag lägen die Relationen ähnlich. In der Zeit des beginnenden Wahlkampfes vergaß der Redner nicht, auf die atmosphärischen Störungen hinzuweisen, die sich zwischen der preußischen Monarchie und deren Residenz entwickelt hatten. Er wies auf die verzögerte Aufstellung der Denkmäler für Waldeck und Schultze-Delitzsch hin und nannte in die-

923 Gemeint ist hier die staatliche Einkommensteuer, von der Beamte und Offiziere ganz oder teilweise befreit waren. Sie bildete die Grundlage des – für Berlin hundertprozentigen – Kommunalzuschlags und war eine der wichtigsten städtischen Einnahme, dazu Anm. 141

924 Das heißt, dass von 4.390 Hektar Gesamtareal 880 in Staatsbesitz waren.

925 Vgl. dazu Anm. 18.

sem Zusammenhang auch den Neptunbrunnen, der, obwohl als Geschenk angeboten, keine freundliche Aufnahme durch den Monarchen gefunden hatte.

Der liberalen Presse bot der Vorgang Grund für eine ausführlichere Berichterstattung. Die Abendausgabe des Berliner Tageblatts vom 14. März 1903 bemerkte unter der Überschrift *Der Fiskus und Berlin* zum Vorgehen Althoffs, der, *noch Miquelscher als Miquel*[926] darüber nachsinne, welche neuen fiskalischen Verpflichtungen auf die Stadt Berlin und ihre Steuerzahler abgewälzt werden könnten, dass die staatliche Fürsorge, welche Berlin in den letzten Jahren zuteil geworden sei, anders aussähe, und führte neben den im Abgeordnetenhaus genannten Bereichen weitere Benachteiligungen an, ohne den Hinweis zu vergessen, dass diese Liste keineswegs vollständig sei. Kurz vor den Wahlen zum Abgeordnetenhaus erinnerte die Freisinnige Zeitung am 17. September 1903 noch einmal an die Vorgänge im Frühjahr und fügte ein Interview mit Oberbürgermeister Kirschner hinzu, der seine Stellungnahme auf den Fall der Charité beschränkte.[927]

Das zur Stellungnahme zu den Berliner Erwiderungen aufgeforderte Finanzministerium konnte nur bemerken, dass die in der Diskussion genannten Fakten zutreffend seien. So hieß es in der zum erwähnten Dotationsgesetz erlassenen Verordnung,[928] dass von den zur Verfügung stehenden sieben Millionen Mark nur 86.687 zur Erleichterung der Armenlasten der Hauptstadt überlassen werden sollten, die übrigen Mittel stellte man *drei Provinzen ohne Berlin zur Unterstützung leistungsschwacher Kreise pp. im Armen- und Wegewesen* sowie zum Bau und zur Unterhaltung von Brücken zur Verfügung. Paragraf 9 wies zudem den Provinzen, nicht aber Berlin für den Kunststraßenbau drei Millionen Mark zu. Nach der Begründung[929] war mit dem neuen Gesetz eine Erleichterung der Förderung rückständiger Kommunen in den wirtschaftlich schwächeren Landkreisen beabsichtigt. Daraus resultierte – wie der Berichterstatter formulierte – die geringe Berücksichtigung und das gänzliche Ausscheiden Berlins. Der hier im Ansatz erkennbare Versuch eines Finanzausgleichs wurde auch in anderen Gesetzen durchgeführt, etwa in den ebenfalls in der Debatte genannten Lehrerbesoldungs- und Relikten-Gesetzen, die jeweils eine Schlechterstellung der größten Stadt Preußens bedeuteten. Einzig in Bezug auf das Polizeikostengesetz konnte der Berichterstatter den Berliner Argumenten nicht folgen. Nach Paragraf 1 des Gesetzes vom 20. April 1892 wurden in den Städten mit königlicher Polizeiverwaltung alle Ausgaben vom Staat bestritten, alle Einnahmen von ihm erhoben. Die Städte leisteten zu den Ausgaben nach der Bevölkerungszahl einen kommunalen Beitrag, Berlin in der Höhe

926 Gemeint ist Johannes (von) Miquel (1828–1901), preußischer Finanzminister 1890–1901, zuvor Oberbürgermeister von Frankfurt am Main.

927 Freisinnige Zeitung vom 17. September 1903.

928 Paragraf 1 der Verordnung vom 22. Juni 1902 (Gesetzes-Sammlung 1902, S. 258) zum Gesetz vom 2. Juni 1902 (Gesetzes-Sammlung 102, S. 167).

929 Stenographische Berichte über die Verhandlungen des Preußischen Hauses der Abgeordneten, 19. Legislaturperiode, V. Session 1903, Drucksache, Nr. 36/1902.

von zwei Mark fünfzig, Städte mit mehr als 75.000 Einwohnern eine Mark fünfzig, Städte mit mehr als 40.000 Einwohnern eine Mark zehn, Städte mit weniger als 40.000 Einwohnern 70 Pfennig pro Einwohner. Mithin wären – so argumentierte der Berichterstatter – nach der Progression des Beitragssatzes in Berlin drei Mark zehn zu fordern.

Auf Anregung des preußischen Kultusministers nahm das preußische Finanzministerium dies zum Anlass, die tatsächliche oder vermeintliche Besser- bzw. Schlechterstellung Berlins gegenüber anderen preußischen Großstädten näher zu untersuchen.[930] Die so veranlasste statistische Übersicht erstreckte sich auf die Verhältnisse aller Städte mit über 80.000 Einwohnern. Die Höhe der Ausgaben des Staates, des Reiches und der Krone in diesen Städten und damit deren Begünstigung sollte ermittelt werden. Dazu wurde die *spezifizierte Angabe über die laufenden Istausgaben (und einiger Einnahmen)* [im Original in Bleistiftklammern] *der dem Finanzminister unterstellten Verwaltungen für das Rechnungsjahr 1902* eingeholt. Ferner bestimmte man für die Aufstellung: *In Betracht kommen die Besoldungen, Wohnungszuschüsse, Remunerationen, Stellvertretungskosten, Dienstaufwendungen und sonstige persönliche Ausgaben für Beamte der in den Städten stationierten Behörden sowie die sächlichen Kosten derselben.* Nicht zu berücksichtigen waren dabei *die Ausgaben für Pensionen, Relikten-(Hinterbliebenen-)versorgung, Diäten, Reise-, Fuhr- und Versetzungskosten, weil diese wahrscheinlich zum großen Teil nicht in den betreffenden Städten zur Verausgabung gelangen.* In einer zweiten Untersuchung kamen *die Nettoausgaben des Staates für solche Institutionen in Betracht, durch deren Vorhandensein in den betreffenden Städten diese entweder der Notwendigkeit enthoben sind, aus eigenen Mitteln ein ähnliches Institut zu unterhalten (Lehranstalten pp.) oder gewisse geistige Bedürfnisse der Bevölkerung befriedigt werden (Theater, Museen pp.).* Dazu gehörte *die Feststellung der aus allgemeinen Mitteln geleisteten Ausgaben des Staates, des Reiches und der Krone auf der einen, der preußischen Großstädte* [...] *auf der anderen Seite für solche Einrichtungen, bei denen, wie im Schulwesen und in der Polizeiverwaltung, die Gemeinden mit einer jener Körperschaften zu konkurrieren pflegen oder wie bei Museen, Theatern, Parkanlagen, Universitätskliniken und anderen Krankenanstalten, soweit die Gemeinde eigene Anstalten erspart, wenigstens tatsächlich an den Ausgaben teilnehmen, so daß diese als unentgeltliche Zuwendung an die Gemeinde erscheinen.* Angestrebt wurde die möglichst vollständige Ermittlung der gesamten, in jeder preußischen Stadt mit mehr als 80.000 Einwohnern vonseiten des Staates, des Reiches und der Krone geleisteten Ausgaben, von denen anzunehmen ist, daß sie regelmäßig am Orte verbleiben.[931] Grundlage sollten für die laufenden Ausgaben die Ist-Beträge des Rechnungsjahres 1902 sein. Für die einmaligen Ausgaben der vorangegangenen Jahre sollten der Durchschnitt der

930 Schreiben des preußischen Kultusministers an den preußischen Finanzminister, 24. August 1903, in: GStA PK, I. HA, Rep. 151 Preußisches Finanzministerium, IC, Nr. 1255, unfol.

931 Erläuterungen zu den Umfragen vom 24. August 1903 und 21. März 1904 in: GStA PK, I. HA, Rep. 151 Preußisches Finanzministerium, IC, Nr. 1255, unfol.

Istausgaben für die Jahre 1883 bis 1901 ermittelt und die nötigen Angaben bezüglich des Staates, des Reiches und der Krone von den betroffenen Zentralbehörden angefordert werden. In gleicher Weise sollten bezüglich der Gemeinden die Unterlagen von den Gemeindebehörden eingezogen werden.

Zur Erleichterung der Arbeit wurde schon für die Umfrage vom 24. August 1903 jedem der betreffenden Ressorts ein aus dem Etat für das Jahr 1902 zusammengestellter Überblick derjenigen Etattitel übermittelt, *welche dem äußeren Anschein nach* bezüglich der einmaligen Ausgaben für die Jahre 1883–1901 für einen der Zwecke oder beide in Betracht kommen könnten. Aus den Zahlen der 1902 vorangegangenen Jahre wurde ein Durchschnitt ermittelt. Bei den in den preußischen Erhebungen eingebrachten Zahlen handelte es sich wesentlich um die Gehälter der Behördenbeamten, -angestellten und -arbeiter sowie um Bau- und Unterhaltungskosten der Dienstgebäude. Ausgaben für Investitionen, zum Beispiel auf dem Verkehrssektor (Eisenbahn), fehlten, da das zuständige preußische Ministerium der öffentlichen Arbeiten keine nach Großstädten geordnete Aufstellung vorzulegen vermochte. Dies bedeutete eine nicht unerhebliche Minderung der Aussagekraft der festgestellten Daten. Entfielen von den 2.511,3 Millionen Mark der im Etatjahr 1902 vom preußischen Staat im Ordinarium verausgabten Gelder doch immerhin allein 904.507,8 Millionen auf die Bau- und Eisenbahnverwaltung, also mehr als ein Drittel der Gesamtausgaben. Bei den einmaligen und außerordentlichen Ausgaben war der auf die Bau- und Eisenbahnverwaltung entfallende Anteil noch höher anzusetzen.[932] Ob die seitens des Ministeriums der öffentlichen Arbeiten geleisteten Ausgaben allerdings den größeren Städten zugutegekommen wären, war für die Verfasser der Aufstellung nicht zu erkennen. Das Berlin betreffende Ergebnis der Untersuchung hätte durch die Einbeziehung der in der Stadt getätigten Eisenbahninvestitionen sicherlich keine grundsätzliche Änderung erfahren, zumal im engeren Stadtgebiet zu dieser Zeit keine umfänglichen Neubauten vorgenommen wurden.[933] Für das Reich sind derartige Ausgaben, zum Beispiel für Hafenanlagen, in dem Zahlenwerk durchaus enthalten.

932 Die berücksichtigten Ausgaben hatten eine Gesamthöhe von 1.606,8 Millionen Mark.

933 Die Großprojekte der Ring- und Stadtbahn waren in ihren wesentlichen Teilen bereits 1882 abgeschlossen. Weitere sehr arbeits- und kostenaufwendige Anpassungen an den zeitgemäßen Stadtverkehr (niveaufreie Kreuzungen mit dem Straßenverkehr und der doppel- bis vier394ige Ausbau der Hauptstrecken) fanden vor allem in den frühen 1890er-Jahren statt, Berlin und seine Eisenbahnen, Bd. 1 [wie Anm. 478], S. 342–344, dazu auch Anm. 493; 1903 erfolgte auf der Berliner Stadtbahn die Höherlegung der Stationen im Ortsverkehr, dazu Zentralblatt der Bauverwaltung 1903, Nr. 1, S. 61–64.

Tab. 68: Zusammenstellung der in den Rechnungsjahren 1883/84 bis einschließlich 1901 in den Städten mit mehr als 80.000 Einwohnern geleisteten einmaligen und außerordentlichen sowie außeretatmäßigen Staatsausgaben im Finanzministerium (in Mark).[934]

Stadt	Etat Finanzministerium	Verwaltung der direkten Steuern	Verwaltung der indirekten Steuern	Preußische Seehandlung	Münzverwaltung	Staatsschuld
Königsberg	3.226	7.545	383.043			
Danzig		6.788	58.830			
Berlin	11.595.490	178.018	5.643.236	191.990	74.341	1.158.031
Charlottenburg		6.655			330	4.060
Rixdorf					292	130
Schöneberg						5.410
Stettin						
Posen	1.543.582	10.009	230.106			
Breslau		19.268				
Görlitz						
Magdeburg			475.220			
Halle		10.860	151.019			
Erfurt		8.038				
Altona		2.812	316.888			
Kiel		1.045				
Hannover	991.072	5.633				
Dortmund		15.839				
Kassel	232.394	6.650	165.000			
Wiesbaden		10.534				
Frankfurt am Main	15.935	9.821				
Barmen		616	10.534			
Krefeld		11.985				
Duisburg			5.212			
Düsseldorf		23.480	48.765			

934 In den Ausgaben für Berlin sind der Anteil der Finanzverwaltung für die Zuschüttung des Königsgrabens und des Grünen Grabens sowie der Anteil für den Bau des Packhofs (zusammen fünfeinhalb Millionen Mark), bei der Seehandlung die Rücklagenfonds von 157.218 Mark für den Neubau enthalten; bei der Staatsschuldenverwaltung sind die auf Berlin, Charlottenburg, Rixdorf und Schöneberg entfallenden Kosten der Konvertierung der vierprozentigen konsolidierten Staatsanleihe in Höhe von 712.367 Mark berücksichtigt. Für Altona sind die im Zusammenhang mit dem Anschluss an das deutsche Zollgebiet geleisteten Beiträge nicht enthalten.

Stadt	Etat Finanzministerium	Verwaltung der direkten Steuern	Verwaltung der indirekten Steuern	Preußische Seehandlung	Münzverwaltung	Staatsschuld
Elberfeld		11.482	91.427			
Essen		12.817	2.228			
Köln		28.081	363.165			
Aachen			11.312			

Quelle: GStA PK, I. HA, Rep. 151 Preußisches Finanzministerium, IC Nr. 1255, unfol.

Die Ergebnisse wurden zunächst für die Einzelressorts, wie hier für das Finanzministerium, zusammengestellt und dann zu einer Gesamttabelle vereinigt. Die Ende des Jahres 1905 unter der Federführung des Kultusministeriums vorgelegte Erhebung förderte Sachverhalte zutage, die nicht zuletzt die Auftraggeber des Zahlenwerkes verwundert haben dürften. Dies gilt vor allem für den so ermittelten Gesamtanteil der großen Städte Preußens an den vermutlich am Ort verbliebenen staatlichen Investitionen. Festgestellt wurde, dass von den im Rechnungsjahr 1902 seitens der den preußischen Ministerien – immer mit Ausnahme des Ministeriums der öffentlichen Arbeiten – unterstehenden Verwaltungen im Ordinarium verausgabten Beträgen in einer Gesamthöhe von 1.606.835.553 Mark vermutlich nur 132.167.271 Mark oder 8,23 Prozent in den preußischen Städten mit mehr als 80.000 Einwohnern verblieben waren. Wäre dieser Anteil gleichmäßig auf die Bevölkerung verteilt gewesen, so hätten auf die preußischen Großstädte insgesamt 18,46 Prozent entfallen müssen. Bei der Addition aller außerordentlichen und außeretatmäßigen mit den ordentlichen Ausgaben ergab sich für das gesamte Staatsgebiet eine Jahresausgabe von 1.658.753.337 Mark. Davon verblieben 141.557.788 Mark oder 8,53 Prozent in den preußischen Großstädten. Auf die Reichshauptstadt allein entfielen 53.913.541 Mark oder dreieinviertel Prozent der Gesamtausgabe. Gemessen an der Bevölkerungszahl wurde dies aber wiederum relativiert. Berlin blieb zwar unter den sieben Städten, die wenigstens über 50 Prozent des ihnen nach der Bevölkerungszahl zukommenden Anteils erhalten haben, doch nahm die preußische Hauptstadt nach Kassel (87), Posen (82), Königsberg (71) und Kiel (61) mit 58 Prozent Anteil vor Charlottenburg (58), Wiesbaden (52) sowie Danzig und Halle nur den fünften Rang in der Aufstellung ein. Den *verhältnismäßig geringsten Vorteil von den Staatsausgaben* hatten nach dieser Rechnung die Großstädte Elberfeld (22 Prozent), Duisburg (19), Rixdorf (19), Krefeld (13) und Barmen (zehn). Pro Kopf der Bevölkerung umgerechnet, ergab sich im Rechnungsjahr 1902 und im Durchschnitt der Jahre 1883 bis 1901 folgender Anteil an den ordentlichen Ausgaben des preußischen Staates: in Kassel 41,48 Mark, in Posen 39,61, in Königsberg 34,40, in Berlin 28,54, in Kiel 28,52 und in Charlottenburg 27,65. Über dem Durchschnitt von 22,24 Mark blieben außer den genannten Städten nur noch Wiesbaden, Hannover, Danzig und Halle. Beim Durchschnitt für die Jahre 1883 bis 1901 errechnete man einen Jahresaufwand von 51.917.784 Mark. Davon entfielen auf die Großstädte insgesamt 9.390.517 Mark. Die Hauptstadt Berlin war an diesem Jahresdurchschnitt mit 5.145.406 Mark, mithin mit über der Hälfte der Summe beteiligt.

Von den pro Kopf der Bevölkerung insgesamt entfallenden Staatsausgaben in Höhe von 48,12 Mark entfielen nach dieser Aufstellung auf die preußischen Großstädte im Durchschnitt lediglich 22,24 Mark. Diesen geringen Anteil der Großstädte versuchte man dadurch zu erklären, dass *von einem erheblichen Teile der Staatsausgaben der Verbleib nicht festzustellen war, so daß der von ihnen auf die Großstädte entfallende Anteil naturgemäß nicht angerechnet werden konnte.* Zu diesen Ausgaben gehören in erster Linie die Verzinsung der öffentlichen Schuld im Betrag von 236.356.816 Mark, die Tilgung der öffentlichen Schuld im Betrag von 40.324.748 Mark sowie die Matrikularbeiträge an das Reich im Betrag von 355.497.405 Mark. Daraus wurde gefolgert: *Setzt man diese Summe von den staatlichen Gesamtausgaben ab und legt den Berechnungen nur die übrigen 1.026.574.368 M zugrunde, so steigt der davon in den Großstädten verbliebene Anteil bereits auf 13,79 von Hundert, während sich andererseits der auf den Kopf der Bevölkerung entfallende Betrag der gesamten Staatsausgaben auf 29,78 M ermäßigt. Da jedoch auch von anderen Ausgaben, wie zum Beispiel bei Pensionen, Witwen- und Waisengeldern, der Verbleib nicht ermittelt werden kann, so dürften in Wirklichkeit die Verhältnisse für die preußischen Großstädte erheblich günstigere gewesen sein.*

Bei den am Ort verbliebenen Reichsausgaben waren die preußischen Großstädte grundsätzlich etwas besser gestellt als bei den Ausgaben des preußischen Staates. Von den ordentlichen Gesamtausgaben des Reiches im Rechnungsjahr 1902, die sich auf 1.986.515.082 Mark beliefen, verblieben 269.553.981 Mark oder 13,57 Prozent in den Großstädten Preußens. Bei Mitberücksichtigung der durchschnittlichen außerordentlichen, einmaligen und außeretatmäßigen Jahresausgaben entfielen von den gesamten Reichsausgaben im Betrag von 2.205.817.648 Mark insgesamt 297.557.477 Mark oder 13,49 Prozent auf die preußischen Großstädte. Von den am Ort verbliebenen Ausgaben des Reichs für die preußischen Großstädte behielt man in Berlin 33,52 Prozent, in Kiel 9,56, in Köln 6,06 und in Danzig 5,88. Von den übrigen Großstädten zeigten 14 Anteile, die zwischen einem und vier Prozent schwankten, während zehn noch nicht ein Prozent erreichten. In dieser Rechnung gab es 13 preußische Großstädte mit einem höheren Betrag, als ihnen bei gleichmäßiger Verteilung der Gesamtausgaben auf die Bevölkerung des Reichs mit 11,29 Prozent zugestanden wäre. Breslau, Aachen und Stettin erreichten annähernd den Durchschnitt. Auf die Kopfzahl umgerechnet, lag er für Hannover und Magdeburg mit je sieben Prozent höher als der Durchschnitt, desgleichen für Charlottenburg (21 Prozent), Köln (24), Berlin (35), Königsberg (47), Kassel (53), Erfurt (67), Posen (86), Schöneberg (88), Essen (114) und Danzig (216). Spitzenreiter war Kiel mit 595 Prozent über dem Durchschnitt. Ebenso gab es nach unten große Unterschiede: Zu den Städten, die durch ihre niedrigen Anteilsätze auffielen, gehörte Dortmund mit 32 Prozent, des Reichsdurchschnitts. Duisburg folgte mit 31 Prozent, Krefeld mit 26 Prozent, Rixdorf und Elberfeld mit je 25 Prozent und Barmen mit nur 20 Prozent des rechnerisch pro Kopf zustehenden Anteils. Die pro Kopf der Reichsbevölkerung errechneten 39,13 Mark an Reichsausgaben wurden damit in 13 preußischen Großstädten erreicht und übertroffen, dagegen betrug dieser Satz in Elberfeld, Krefeld, Rixdorf und Barmen noch nicht einmal zehn Mark. Bei den Gesamtausgaben des Reichs im Durchschnitt der Jahre 1896/1900 von 1.877,7 Millionen Mark, das heißt einem Durchschnitt pro Kopf von 34,51 Mark, betrugen im Vergleich die Rüstungsausgaben für das Heer 702,7 Millionen Mark (37,4 Prozent der Gesamtsumme), mithin 12,91 Mark pro Kopf der Bevölkerung. Für die Marine mussten im gleichen Zeitraum 133,9 Millionen Mark (7,1 Prozent), das sind 2,46 Mark pro Kopf aufgewendet werden.[935]

Von weitaus geringerer Bedeutung waren die Ausgaben der Krone, die sich überdies nur auf wenige Städte der preußischen Monarchie beschränkten. Von den 13.049.909 Mark, die von den Ausgaben der Krone in den preußischen Großstädten verblieben, entfielen 9.556.356 Mark oder 73,23 Prozent auf Berlin. Die Reichshauptstadt und Residenzstadt war hier sehr dominant. Daneben zeigten nennenswerte Anteile nur noch Hannover (7,74 Prozent), Wiesbaden (7,52), Charlottenburg (5,2) und Kassel (4,32 Prozent). Sämtliche anderen Großstädte erreichten nicht einmal ein Prozent. Doch auch hier stand Berlin bei einer Berücksichtigung der Bevölkerungszahl nicht an erster Stelle. Wie Kiel bei den Reichsausgaben erschien nun Wiesbaden als meistbevorzugt (447,04 Prozent), gefolgt von Kassel (160,24), dahinter Berlin (146, 81), vor Hannover (109,19) und Charlottenburg (75,08). Potsdam, das in dieser Aufstellung sicher einen Spitzenplatz eingenommen hätte, zählte zu diesem Zeitpunkt noch nicht zu den Großstädten und wurde deshalb nicht berücksichtigt.

Bei der Zusammenfassung der am Ort verbliebenen Ausgaben von Staat, Reich und Krone ergab es sich, dass durchschnittlich 71,04 Mark auf den Kopf der Bevölkerung entfielen. In zehn Städten war der Kopfbetrag höher. So betrug er in Charlottenburg 78,89 Mark, in Erfurt 82,24, in Berlin 86,41, in Schöneberg 92,02, in Königsberg 92,69, in Essen 95,66, in Kassel 108,13, in Posen 113,71, in Danzig 147,60 und endlich in Kiel 297,60 Mark. Mithin übertrafen den bei gleichmäßiger Verteilung der Ausgaben des Staates, Reiches und der Krone auf die Bevölkerungszahl der Großstädte entfallenden Anteil: Charlottenburg um 11,11 Prozent, Erfurt um 15,67, Berlin um 21,67, Schöneberg um 28,14, Königsberg um 30,54, Essen um 34,76, Kassel um 53,01, Posen um 59,78, Danzig um 107,69 und Kiel sogar um 318,24.[936] In einem Resümee wurde festgestellt: *Von den vermutlich am Orte verbliebenen Ausgaben des Staates, des Reiches und der Krone für die 28 Großstädte Preußens mit einem Gesamtbetrage von 452.165.174 M verblieben in der Reichshauptstadt allein 36,10, in Kiel 7,11, in Cöln 5,27, in Danzig 4,59 und*

935 Zahlen nach Schremmer, Steuern und Staatsfinanzen [wie Anm. 411], S. 187.

936 Daraus folgerten die Statistiker, dass bei alleiniger Berücksichtigung der Staatsausgaben sich ergebe, dass außer auf Berlin (wo von den Gesamtausgaben von 141.557.788 Mark 38,09 Prozent verblieben) nur auf Breslau (6,3 Prozent), Königsberg (4,6 Prozent) und Cöln (4,11 Prozent) mindestens vier Prozent der seitens des Staates für die Großstädte aufgewendeten Beträge entfielen, GStA PK, I. HA, Rep. 151 Preußisches Finanzministerium, IC, Nr. 1255, unfol.

in Breslau 4,49 Hundertteile. Die Anteilsätze der übrigen Großstädte erreichten noch nicht 4 von Hundert. Vergleicht man diese Ziffern mit den Anteilen, welche den Städten bei gleichmäßiger Verteilung der Gesamtausgaben von Staat, Reich und Krone für die preußischen Großstädte nach ihrer Bevölkerungszahl zustehen würden, so ergibt sich, daß 18 von 28 preußischen Großstädten den auf sie bei diesem Verteilungsmaßstabe entfallenden Anteil nicht erreichten. Am meisten hinter ihm zurück blieben Duisburg, Elberfeld, Crefeld und Barmen (zwischen 29,5 % und 17,5 % der ihnen nach der Bevölkerung zustehenden Anteils). Während die Städte Breslau, Aachen und Stettin nur wenig hinter den ihnen zustehenden Anteilsätzen zurückblieben, fehlen bei Rixdorf 56,34 und bei Barmen gar 78,92 Prozent.[937]

Der an sich hohe Anteil der Hauptstadt relativierte sich bei der Umrechnung auf die Kopfzahl. Konnte in diesem Zusammenhang keine besonders herausragende Stellung der Hauptstadt bewiesen werden, so gab es doch bei der oben genannten zweiten Untersuchung unter Beschränkung auf einzelne wenige Zweige der Staatstätigkeit, des Baus und Unterhaltes kultureller Einrichtungen, wie Opernhäuser, Theater, Museen eine Sonderrolle der Hauptstadt:

Tab. 69: Einmalige und außerordentliche Ausgaben (kulturelle Einrichtungen außerhalb Berlins in Hannover, Kassel, Posen), 1883/84–1901 (in Mark, – = keine Angabe).

Etatjahr	Berlin	andere Städte
1883/84	135.000	–
1884/85	163.596	–
1885/86	–	–
1886/87	2.067	–
1887/88	–	–
1888/89	–	–
1889/90	–	–
1890/91	5.147	–
1891/92	126.873	–
1893/94	671.515	112.658
1894/95	30.308	543.289
1895/96	55.000	421.444
1896/97	–	30.902
1897/98	–	21.430
1898/99	4.730	116.006
1899	–	383.769

937 Der preußische Finanzminister an den preußischen Kultusminister, 9. April 1906 (Konzept), ebd.

Etatjahr	Berlin	andere Städte
1900*	7.317.679	621.786
1901	1.013.168	567.913

Quelle: GStA PK, I. HA, Rep. 151 Preußisches Finanzministerium, IC Nr. 1255, unfol.
* Beginn der Arbeiten für die Preußische Staatsbibliothek.

Auf den Kopf der Bevölkerung gerechnet, entfiel zwar hier auf Berlin der höchste Satz mit 10,90 Mark. Allein der Unterschied in den Sätzen der anderen Städte, die zumindest im wilhelminischen Reich regelmäßig vom Monarchen aufgesucht wurden, mithin Residenzcharakter trugen und auch entsprechend ausgestattet waren, war nicht sehr groß. Für Kiel wurden 8,54 Mark, für Kassel 8,42 und für Posen 8,30 Mark pro Kopf der Bevölkerung errechnet. Man gab aber zu bedenken, dass wesentliche Aufwendungen, die für die Stadt Berlin in Rechnung gestellt wurden, zugleich auch Charlottenburg, Schöneberg und Rixdorf zu Gute kamen. Dabei würde sich der Anteil nach dem Kopf der Bevölkerung nicht unwesentlich ermäßigen. Überdies würde für diese Zwecke mit knapp 40 Millionen Mark eine im Verhältnis zu den gesamten Ausgaben geringe Summe zur Verfügung gestellt. Angesichts dieses einzigartigen Ergebnisses erschien es dem Berichterstatter *wenig gerechtfertigt, um eine Bevorzugung Berlins darzutun, nur einzelne Zweige der öffentlichen Tätigkeit herauszunehmen.*[938]

938 Der preußische Finanzminister an den preußischen Kultusminister, 9. April 1906 (Konzept), in: GStA PK, I. HA, Rep. 151 Preußisches Finanzministerium, IC, Nr. 1255, unfol.

Tab. 70: Ausgaben der Krone 1902 (in Mark).

	laufende Ausgaben im Rechnungsjahr 1902	Durchschnitt 1892–1901	Ausgaben zusammen	davon pro Kopf
1. Berlin	9.288.551	267.805	9.556.356	5,060
2. Breslau	17.089		17.089	0,040
3. Köln	1.087		1.087	0,002
4. Frank-furt am Main	35.587		35.587	0,120
5. Hannover	1.009.740	600	1.010.340	4,290
6. Magdeburg	4.724		4.724	0,020
7. Düsseldorf	21.303		21.302	0,100
8. Stettin	3.875		3.875	0,020
9. Königsberg	22.565		22.565	0,120
10. Charlottenburg	678.446		679.446	3,580
11. Altona	444		444	0,002
12. Elberfeld	292		292	0,001
13. Halle/Saale	246		246	0,001
14. Dortmund				
15. Barmen				
16. Danzig	212		202	0,001
17. Aachen	235		235	0,001
18. Essen	19		19	0,001
19. Posen	48.946		48.946	0,420
20. Kiel	20.468		20.468	0,190
21. Krefeld	145		145	0,001
22. Kassel	555.713	8.044	563.757	5,320
23. Schöneberg	72.344			0,750
24. Duisburg				
25. Rixdorf	9.507		9.507	0,110
26. Wiesbaden	975.429	5.800	981.229	11,390
27. Erfurt	677			
28. Görlitz	17		17	0,002
preußische Groß-städte zusammen	12.767.660	282.249	13.049.409	2,020

Quelle: GStA PK, I. HA, Rep. 151 Preußisches Finanzministerium, IC Nr. 1255, unfol.

Tab. 71: Ausgaben Staat, Reich, Krone zusammen 1902 (in Mark).

	laufende Ausgaben im Rechnungsjahr 1902	**Durchschnitt 1892–1901**	**Ausgaben zusammen**	**davon pro Kopf**
1. Berlin	148.714.983	14.506.770	163.221.713	86,41
2. Breslau	19.205.709	1.097.082	20.302.791	48,03
3. Köln	21.571.273	2.263.760	23.835.038	63,98
4. Frankfurt am Main	13.773.553	474.687	14.248.242	69,68
5. Hannover	15.831.866	572.212	16.404.078	60,88
6. Magdeburg	13.151.746	829.535	13.981.299	50,59
7. Düsseldorf	9.328.565	1.487.963	10.811.528	52,11
8. Stettin	10.371.234	608.531	10.979.594	92,69
9. Königsberg	15.519.424	2.044.169	17.563.593	92,69
10. Charlottenburg	14.014.619	919.787	14.934.406	78,89
11. Altona	4.906.242	194.684	5.100.889	31,58
12. Elberfeld	3.203.880	56.778	3.260.658	20,77
13. Halle/Saale	7.993.094	408.724	8.401.818	53,65
14. Dortmund	3.668.990	135.775	3.804.765	26,66
15. Barmen	1.710.511	67.839	1.778.350	17,53
16. Danzig	18.429.424	2.317.763	20.747.366	147,60
17. Aachen	5.040.220	249.607	5.289.822	39,11
18. Essen	8.019.917	3.358.191	11.370.106	95,66
19. Posen	11.598.227	1.710.083	13.308.310	113,71
20. Kiel	30.259.651	1.873.955	32.133.606	297,60
21. Krefeld	1.600.817	105.784	1.716.602	16,06
22. Kassel	11.132.753	332.868	11.465.621	108,13
23. Schönebrg	8.730.826	102.987	8.833.813	92,02
24. Duisburg	1.934.220	32.652	1.966.872	32,21
25. Rixdorf	1.518.772	238.408	1.757.180	19,43
26. Wiesbaden	5.019.491	156.244	5.175.735	60,11
27. Erfurt	5.553.853	1.407.765	7.008.618	82,24
28. Görlitz	2.889.883	74.880	2.764.763	34,16
preußische Großstädte zusammen	414.488.912	37.676.262	452.165.174	71,04

Quelle: GStA PK, I. HA, Rep. 151 Preußisches Finanzministerium, IC Nr. 1255, unfol.

Das Ergebnis der Aufstellung entsprach damit nicht den Vorstellungen der Auftraggeber. Dazu wurde festgestellt: *Der Ausgangspunkt der statistischen Erhebungen war eine Äußerung des Commissars* [...] *in der Budgetcommission des Abgeordnetenhauses vom 2. März 1903, dass die Unterrichtsverwaltung in der Lage sei, im gemeinsamen Kreise durchsetzbare Vorschläge zu machen, um ganz allgemein die Stadt Berlin zu einer bedeutenden Beteiligung an den außerordentlichen Aufwendungen heranzuziehen, welche von dem Staate unter Bevorzugung derselben vor anderen Orten gemacht würde. Die Ergebnisse dieser zweiten Arbeit sind aber weder dazu angetan, um auf Grund derselben Berlin zu steuerlichen Provinzialleistungen heranzuziehen, noch kann aus ihnen eine besondere Bevorzugung Berlins gefolgert werden.*[939] Verursacher der Diskussion über die Residenzsteuer war der Ministerialdirektor und Leiter der Ersten Unterrichtsabteilung im preußischen Kultusministerium, Prof. Dr. Friedrich Althoff,[940] der sicher auch der Empfänger des vom Finanz- mit dem Kultusministerium geführten Schriftwechsels war. In der Sitzung des Abgeordnetenhauses hatte er als Staatskommissar auf die Berliner Darlegungen noch forsch mit *qui s'excuse, s'accuse*, geantwortet.[941] Nun aber war er mit seinem Plan der Residenzsteuer und damit einer institutionellen Hauptstadtfinanzierung gescheitert. So wurde auch von der geplanten Veröffentlichung der Untersuchung grundsätzlich abgeraten, nicht zuletzt aus politischen Gründen.[942] Der hier zugleich als Berichterstatter seines Ministeriums erscheinende Althoff war kein grundsätzlicher Feind Berlins. Neben und im Zusammenhang mit seiner Arbeit der Reorganisation des preußischen Hochschulwesens beeinflusste er wie kein anderer Staatsbeamter die Gestaltung des Großraumes um die Hauptstadt. Der Plan zur Entwicklung Dahlems zu einem *deutschen Oxford* mit der Ansiedlung der

939 Ebd.

940 Zur Biografie mit Quellen und weiterer Literatur Bernhard vom Brocke, Friedrich Althoff, in: Wilhelm Treue, Karl Gründer (Hrsg.), Wissenschaftspolitik in Berlin. Minister, Beamte Ratgeber (Einzelveröffentlichungen der Historischen Kommission zu Berlin, Bd. 60/Berlinische Lebensbilder, Bd. 3), Berlin 1987, S. 195–214; Arnold Sachse, Friedrich Althoff und sein Werk, Berlin 1928; zu seiner Bedeutung für Berlin Ralph-Jürgen Lischke, Zur wissenschaftspolitischen und wissenschaftsorganisatorischen Leistung Friedrich Althoffs unter besonderer Berücksichtigung seines Beitrages zur Herausbildung Berlins als bedeutendes Wissenschaftszentrum, Diss. Humboldt-Universität zu Berlin 1984.

941 Stenographische Berichte über die Verhandlungen des Preußischen Hauses der Abgeordneten 19. Legislaturperiode, V. Session 1903, Bd. 3, Sp. 3437.

942 Der preußische Finanzminister an den preußischen Kultusminister, 9. April 1906 (Konzept): *Würde nun nach dem Wunsche* [...] *der zweite Anteil veröffentlicht werden, so würde voraussichtlich eine Beunruhigung in weite Kreise getragen werden, es würde die Preßpolemik, die sich an die* [...] *Äußerungen des Kommissars geknüpft hatte, wieder aufleben, ohne daß ich mir aus der Veröffentlichung irgend eine praktische Stütze für die Staatsregierung ansprechen kann.* Vor allem fürchtete man, *daß die Großstädte, die nach der zweiten Arbeit besonders benachteiligt erscheinen, zum Beispiel Düsseldorf usw.* [...] *mit 1,8 M Ausgaben des Staates gemäß dem Kopf der Bevölkerung, Essen mit 1,56 M, Dortmund mit 1,59 M, Elberfeld mit 1,60 M, Barmen mit 1,76 M* [...] *die Veröffentlichung zum Anlaß nehmen könnten, um Forderungen an den Staat zu stellen,* GStA PK, I. HA, Rep. 151 Preußisches Finanzministerium, IC Nr. 1255, unfol.

Kaiser-Wilhelm-Gesellschaft sowie zahlreicher weiterer wissenschaftlicher Institutionen, auch die Verlegung des Botanischen Gartens von Schöneberg auf die Feldmark von Lichterfelde, gehen auf ihn zurück. Für seine den Bewilligungsrahmen der Abgeordneten übersteigenden Projekte, mit denen er das Interesse des Monarchen gewinnen konnte, mussten zusätzlich andere Finanzierungsquellen erschlossen werden. Grundstücksverkäufe (alter Botanischer Garten und Gelände der Aufteilungskommission der Domäne Dahlem) zeugen von seinem Einfallsreichtum auf dem Gebiet der Immobilienwirtschaft. In diesem Zusammenhang ist wohl auch der gescheiterte Plan einer Zusatzsteuer zu sehen.

Tab. 72: Die vermutlich am Ort verbliebenen Ausgaben des preußischen Staates 1902 (in Mark).

Städte	Einwohner nach der Volkszählung 1900	laufende Ausgaben 1902	pro Kopf	in Prozent	Durchschnitt der Ausgaben 1883–1901	Ausgaben zusammen	pro Kopf	in Prozent	Einwohneranteil an der Gesamtbevölkerung in Prozent
1. Berlin	1.888.848	48.768.135	25,82	3,25	5.145.406	53.913.541	28,54	3,25	5,48
2. Breslau	422.709	8.718.335	20,62	0,54	664.218	9.382.553	22,20	0,57	1,23
3. Köln	372.529	5.635.877	15,13	0,35	178.456	5.814.333	15,61	0,35	1,08
4. Frankfurt am Main	288.989	3.354.323	11,61	0,21	185.361	3.539.684	12,25	0,21	0,84
5. Hannover	235.649	5.157.769	21,89	0,32	313.031	5.470.800	23,22	0,33	0,68
6. Magdeburg	229.667	4.126.309	17,97	0,26	124.697	4.251.006	18,51	0,26	0,67
7. Düsseldorf	213.711	3.822.923	17,89	0,24	134.445	3.957.368	18,52	0,24	0,62
8. Stettin	210.702	4.385.015	20,81	0,27	91.167	4.476.182	21,24	0,27	0,61
9. Königsberg	189.483	6.037.249	31,86	0,38	481.096	6.518.345	34,40	0,39	0,55
10. Charlottenburg	189.305	4.830.892	25,52	0,30	402.565	5.233.457	27,65	0,32	0,55
11. Altona	161.501	2.237.700	13,86	0,14	48.703	2.286.403	14,16	0,14	0,47
12. Elberfeld	156.966	1.704.997	10,86	0,11	37.825	1.742.822	11,10	0,10	0,46
13. Halle/Saale	156.609	3.272.779	20,90	0,20	331.137	3.603.916	23,01	0,22	0,45
14. Dortmund	142.793	1.842.929	12,91	0,11	65.407	1.908.336	13,37	0,11	0,41
15. Barmen	141.944	693.948	4,51	0,04	26.767	666.715	4,7	0,04	0,41
16. Danzig	140.563	3.164.820	22,52	0,20	75.106	3.239.926	23,05	0,20	0,41
17. Aachen	135.245	2.788.659	20,62	0,17	118.476	2.907.135	21,50	0,18	0,39
18. Essen	118.862	1.477.303	12,43	0,09	27.056	1.504.359	12,66	0,09	0,34

Städte	Einwohner nach der Volkszählung 1900	laufende Ausgaben 1902	pro Kopf	in Prozent	Durchschnitt der Ausgaben 1883–1901	Ausgaben zusammen	pro Kopf	in Prozent	Einwohneranteil an der Gesamtbevölkerung in Prozent
19. Posen	117.033	4.512.087	38,55	0,28	123.798	4.635.885	39,61	0,28	0,34
20. Kiel	107.977	2.796.138	25,90	0,17	283.839	3.079.977	28,52	0,19	0,31
21. Krefeld	106.893	592.646	0,04	5,54	60.636	653.282	6,11	0,04	0,31
22. Kassel	106.034	4.312.510	40,67	0,27	85.959	4.398.469	41,48	0,27	0,31
23. Schöneberg	95.995	1.664.848	17,34	0,10	59.661	1.724.509	17,96	0,10	0,28
24. Duisburg	92.730	891.160	9,61	0,05	14.796	905.956	9,77	0,05	0,27
25. Rixdorf	90.422	649.334	7,18	0,04	227.533	876.867	9,70	0,05	0,26
26. Wiesbaden	86.111	2.182.970	25,35	0,14	47.818	2.230.788	25,91	0,13	0,25
27. Erfurt	85.202	1.542.210	18,10	0,10	32.840	1.575.050	18,49	0,09	0,25
28. Görlitz	80.931	1.057.406	13,07	0,07	2.718	1.060.124	13,10	0,06	0,23
preußische Groß-städte zusammen	6.365.346	132.167.271	20,76	8,23	9.390.517	141.557.788	22,24	8,53	18,46
preußischer Staat (ohne Ministerium der öffentlichen Arbeiten) zusammen	34.472.509	1.606.835.55-3	46,61	100,00	51.917.784	1.658.753.337	48,12	100,00	100,00

Quelle: GStA PK, I. HA, Rep. 151 Preußisches Finanzministerium, IC Nr. 1255, unfol.

Tab. 73: Die vermutlich am Ort verbliebenen Ausgaben des Deutschen Reichs 1902 (in Mark).

Städte	laufende Ausgaben 1902	pro Kopf	in Prozent	Durchschnitt 1883–1901	Ausgaben zusammen	pro Kopf	in Prozent	Einwohneranteil an der Gesamtbevölkerung
1. Berlin	90.658.257	48,00	4,56	9.098.559	99.751.816	52,81	4,52	3,35
2. Breslau	10.470.285	24,77	0,53	432.864	10.903.149	25,79	0,49	0,75
3. Köln	15.934.309	42,77	0,80	2.085.304	18.019.613	48,37	0,82	0,66
4. Frankfurt am Main	10.383.645	35,93	0,52	289.326	10.672.971	36,93	0,48	0,51
5. Hannover	9.664.257	41,01	0,49	258.581	9.922.938	42,11	0,45	0,42
6. Magdeburg	9.020.731	39,28	0,45	704.838	9.725.569	42,35	0,44	0,41
7. Düsseldorf	5.484.340	25,66	0,28	1.348.518	6.832.858	31,97	0,31	0,38
8. Stettin	5.982.353	28,39	0,30	517.184	6.499.537	30,85	0,29	0,37
9. Königsberg	9.459.610	49,92	0,48	1.563.073	11.022.683	58,17	0,50	0,37
10. Charlottenburg	8.505.281	44,93	0,43	517.222	9.022.503	47,66	0,41	0,34
11. Altona	2.668.098	16,52	0,14	145.945	2.814.043	17,42	0,13	0,29
12. Elberfeld	1.498.591	9,55	0,08	18.953	1.517.544	9,67	0,07	0,28
13. Halle/Saale	4.720.069	30,14	0,24	77.587	4.797.656	30,63	0,22	0,25
14. Dortmund	1.826.061	12,79	0,09	70.368	1.186.429	13,29	0,08	0,25
15. Barmen	1.070.563	7,54	0,05	41.072	1.111.635	7,83	0,05	0,25
16. Danzig	15.264.571	108,60	0,77	2.242.657	17.507.228	124,55	0,79	0,25
17. Aachen	2.251.326	16,65	0,11	131.126	2.382.452	17,62	0,11	0,24
18. Essen	6.542.595	55,04	0,33	3.323.135	9.865.730	83,00	0,45	0,21
19. Posen	7.037.194	60,13	0,36	1.586.285	8.623.479	73,68	0,39	0,21
20. Kiel	27.443.045	254,16	1,38	1.590.116	29.033.161	268,88	1,32	0,19

Städte	laufende Ausgaben 1902	pro Kopf	in Prozent	Durchschnitt 1883–1901	Ausgaben zusammen	pro Kopf	in Prozent	Einwohneranteil an der Gesamtbevölkerung
21. Krefeld	1.018.027	9,52	0,05	45.148	1.063.175	9,95	0,05	0,19
22. Kassel	6.264.530	59,08	0,32	238.865	6.503.395	61,33	0,29	0,19
23. Schöneberg	6.993.634	72,85	0,35	43.326	7.036.960	73,30	0,32	0,17
24. Duisburg	1.043.060	11,25	0,05	17.856	1.060.916	11,44	0,05	0,16
25. Rixdorf	859.931	9,51	0,04	10.875	870.806	9,63	0,04	0,16
26. Wiesbaden	1.861.092	21,61	0,09	102.626	1.963.718	22,80	0,09	0,15
27. Erfurt	3.995.966	46,90	0,20	1.434.925	5.430.891	63,74	0,25	0,15
28. Görlitz	1.632.460	20,17	0,08	72.162	1.704.622	21,06	0,08	0,14
preußische Groß-städte zusammen	269.553.981	42,35	13,57	28.003.496	297.557.477	46,75	13,49	11,29
Deutsches Reich zusammen	1.986.515.082	33,24	100	219.302.566	2.205.817.649	39,13	100	100

Quelle: GStA PK, I. HA, Rep. 151 Preußisches Finanzministerium, IC Nr. 1255, unfol.

Dieser Versuch, die Besserstellung Berlins durch Fakten zu beweisen, erwies sich als vergeblich. Im Sinne der Initiatoren des Vorschlags einer Hauptstadtsteuer war es nachteilig, dass ein Großteil der Investitionen für den Wissenschaftsstandort nach der Jahrhundertwende zwar in die Agglomeration Berlin geleitet wurde, die Standorte aber zu den außerhalb der Stadt in den zur Provinz Brandenburg gehörenden Vororten wie dem in der Liste aufgeführten Charlottenburg, aber auch in kleineren Gemeinden wie Dahlem[943] und Lichterfelde verblieben, die erst ab 1920 zur neuen Stadtgemeinde Berlin gehörten.

943 Zum Ausbau Dahlems als Wissenschaftsstandort zusammenfassend Michael Engel, Geschichte Dahlems, Berlin 1984, S. 69–83; Eckart Henning/Marion Kazemi, Dahlem – Domäne der Wissenschaft. Ein Spaziergang zu den Berliner Instituten der Kaiser-Wilhelm-/Max-Planck-Gesellschaft im ‚deutschen Oxford'; in: Archiv zur Geschichte der Max-Planck-Gesellschaft, Berlin 2002.

Quellen- und Literaturverzeichnis

Quellen

Stadt Berlin

Berichte über die Verwaltung der Stadt Berlin in den Jahren 1829 bis incl. 1910, 11 Bde., Berlin 1842–1912.
Die Stadtverordneten zu Berlin an ihre Mitbürger über die Verwaltung ihrer Communal-Angelegenheiten, Berlin 1819.
Dritter Verwaltungsbericht des Magistrats der Stadt Schöneberg, 1. April 1902 bis 31. März 1908, Schöneberg 1910.
Erster Verwaltungsbericht der neuen Stadtgemeinde Berlin für die Zeit vom 1. Oktober 1920 bis 31. März 1924, Bd. 1: Zentralverwaltung, Berlin 1926.
Forschungsinstitut der Deutschen Gesellschaft für auswärtige Politik e. V. (Hrsg.), Dokumente zur Berlin-Frage 1944–1962, 2. Aufl., München 1962.
Hans J. Reichhardt (Hrsg.), Die Entstehung der Verfassung von Berlin. Eine Dokumentation, Bd. 1, Berlin 1990.
Hans J. Reichhardt/Joachim Drogmann/Hanns U. Treutler (Bearb.), Berlin. Chronik der Jahre 1951–1954, hrsg. im Auftrage des Senats von Berlin (Schriftenreihe zur Berliner Zeitgeschichte, Bd. 5), Berlin 1969.
Hans J. Reichhardt/Joachim Drogmann/Hanns U. Treutler (Bearb.), Berlin. Chronik der Jahre 1955–1956, hrsg. im Auftrage des Senats von Berlin (Schriftenreihe zur Berliner Zeitgeschichte, Bd. 6), Berlin 1971.
Senat von Berlin (Hrsg.), Berliner Schicksal 1945–1952. Amtliche Berichte und Dokumente, Berlin 1952.
Stenographische Berichte über die öffentlichen Sitzungen der Stadtverordnetenversammlung der Stadt Berlin, 1925–1932, Berlin 1932.
Verband Groß-Berlin. Verwaltungsbericht umfassend die Zeit vom 1. April 1912 bis 31. März 1916: Verkehr, Berlin 1917.
Verband Groß-Berlin. Verwaltungsbericht für die Zeit des Bestehens des Verbandes vom 1. April 1912 bis zum 30. September 1920, Berlin 1920.
Verwaltungsbericht der Stadt Berlin, 1. April 1924 bis 31. März 1928 und 1. April 1932 bis 31. März 1936.
Verwaltungsbericht des Königlichen Polizei-Präsidiums von Berlin für die Jahre 1871–1880, Berlin 1882.
Vorlagen für die Stadtverordnetenversammlung, Berlin 1915 und 1928.

Königreich/Freistaat Preußen

Ministerialblatt für die preußische innere Verwaltung 1934.
Preußische Gesetzes-Sammlung, 1931, 1933, 1934.
Preußisches Haus der Abgeordneten, 12. Legislaturperiode, 1. Session 1873/74, Drucksache Nr. 117, Drucksachen des Preußischen Landtages (Anlage zu den Sitzungsberichten), 3. Wahlperiode, Bd. 13, Drucksache 7470A, Bericht des 21. Ausschusses: Untersuchungsausschuß zur Prüfung der Mißwirtschaft in der Berliner Stadtverwaltung und der Unterlassung der Ausübung der Aufsichtspflicht seitens des zuständigen Ministeriums (KVG – BVG – Sklarek – Stadtbank), Bd. 1: Niederschriften über die 1. bis 27. Sitzung des 21. Untersuchungsausschusses.
Protokolle des Preußischen Landtages, Haus der Abgeordneten, 24. Sitzung, 11. März 1912.
Heinrich Silbergleit, Preußens Städte. Denkschrift zum 100jährigen Jubiläum der Städteordnung vom 19. November 1808, Berlin 1908.

https://doi.org/10.1515/9783111178714-011

Stenographische Berichte über die Verhandlungen der am 2. November 1882 berufenen beiden Häuser des Landtages. Haus der Abgeordneten, Bd. 3, Berlin 1883.
Stenographische Berichte über die Verhandlungen des Preußischen Hauses der Abgeordneten: 19. Legislaturperiode, V. Session 1903, Bd. 3; 21. Legislaturperiode, III. Session 1908/09, Bd. 3, Berlin 1909.

Sonstige

Amtsblatt der Regierung Potsdam 1835.
Amtsblatt der Regierung Potsdam und der Stadt Berlin, Stück 26, 28. Juni 1889; Stück 31, 31. August 1890; Stück 38, 23. September 1881; Stück 40, 6. Oktober 1882; Stück 47, 18. November 1892; Stück 49, 9. Dezember 1898.
Bundesgesetzblatt 1952, 1957, 1994.
Gesetzblatt des Vereinigten Wirtschaftsgebietes 1948.
Reichsgesetzblatt 1897, 1925, 1933, 1936, 1937, 1941.
Statistisches Jahrbuch Deutscher Städte 23 (1928).
Verhandlungen und Berichte des Deutschen Reichstages, 4. Wahlperiode, Unterausschusses für Geld-, Kredit und Finanzwesen (5. Unterausschuß), Berlin 1929 (Reichsbank).
Verhandlungen und Berichte des Deutschen Reichstages, 4. Legislaturperiode IV. Session 1881, Bd. 2, Berlin 1891.
Verwaltungsberichte des Magistrats der Stadt Schöneberg, Schöneberg, 3 Bde., Schöneberg 1899–1919.

Literatur

50 Jahre Berliner U-Bahn 1902–1952, Berlin 1952.
Kurt Adamy/Kristina Hübener, Die preußische Provinz Brandenburg im Deutschen Kaiserreich (1871–1918), in: Materna/Ribbe (Hrsg.), Brandenburgische Geschichte, S. 503–560.
Ralf Ahrens, Stadt am Tropf. Die Bundeshilfe für Westberlin und das Subventionssystem der Berlinförderung, in: Deutschland Archiv, 20. Dezember 2017, www.bpb.de/262043
Architektenverein zu Berlin (Hrsg.), Berlin und seine Bauten, 2 Teile in einem Band, 1. Aufl., Berlin 1877.
Autorenkollektiv, Die Berliner S-Bahn, 2. Aufl., Berlin 1968.
Rudolf Baade, Kapital und Wohnungsbau in Berlin 1924 bis 1940. Die öffentliche Förderung in der Weimarer Republik und im NS-Staat (Berlin-Forschungen der Historischen Kommission zu Berlin, Bd. 3), Berlin 2004.
Lothar Baar, Die Berliner Industrie nach dem Zweiten Weltkrieg, in: Fischer/Bähr, Wirtschaft im geteilten Berlin, S. 137–150.
Helmut Baesecke/Werner Maier, Finanzbeziehungen Berlin – Bund, Berlin 1981.
Johannes Bähr, Die Berliner Finanzkrise 1929–1931/32. Eine Fallstudie zu den Spielräumen der kommunalen Demokratie und der preußischen Politik in der Krise der Weimarer Republik, in: Wolther von Kieseritzky/Klaus-Peter Sick (Hrsg.), Demokratie in Deutschland. Chancen und Gefährdungen im 19. und 20. Jahrhundert, Historische Essays, München 1999, S. 228–253.
Ilse Balg (Hrsg.), Martin Mächler. Weltstadt Berlin. Schriften und Materialien, Berlin 1986.
Franz Baltzarek/Alfred Hoffmann/Hannes Stekl, Wirtschaft und Gesellschaft der Wiener Stadterweiterung (Die Wiener Ringstraße. Bild einer Epoche. Die Erweiterung der inneren Stadt Wien unter Kaiser Franz Joseph, Bd. 5), Wiesbaden 1975.
Dennis L. Bark, Die Berlin-Frage 1949–1955. Verhandlungsgrundlagen und Eindämmungspolitik (Veröffentlichungen der Historischen Kommission zu Berlin, Bd. 36), Berlin 1972.

Ingrid Bartmann-Kompa, Das Berliner Rathaus, Berlin 1992.
Magnus Friedrich von Bassewitz, Die Kurmark Brandenburg im Zusammenhang mit den Schicksalen des Gesamtstaates Preußen während der Zeit vom 22. Oktober 1806 bis zu Ende des Jahres 1808, 2 Bde., Leipzig 1851/52.
Kurt Beelitz, Zum 100jährigen Bestehen der Ministerial-, Militär- und Baukommission in Berlin, Berlin 1922.
Otto Behre, Geschichte der Statistik in Brandenburg-Preussen, Berlin 1905 [ND Vaduz 1979], S. 106.
Elfie Bendikat, Öffentliche Nahverkehrspolitik in Berlin und Paris 1890–1914 (Veröffentlichungen der Historischen Kommission zu Berlin, Bd. 96), Berlin/New York 1999.
Felix Bentlin/Fritz Lammert, Der Wandel von Schifffahrts- und Bahninfrastruktur. Neuordnung des Bebauungsplans von 1862, in: Dolff-Bonekämper/Million/Pahl-Weber, Das Hobrechtsche Berlin, S. 171–195.
Felix Bentlin, Der Weg zum Bebauungsplan von 1862, in: Dolff-Bonekämper/Million/Pahl-Weber, Das Hobrechtsche Berlin, S. 34–45.
Erich Berger, Berlin wird deutsch! Ein Beitrag zur Erneuerung der größten deutschen Kommunalverwaltung, Berlin 1934.
Berlin und seine Bauten (BusB), 24 Bde., Berlin 1964–2009.
Berlin und seine Bauten, 2 T. in einem Bd., 1. Aufl., Berlin 1877.
Christoph Bernhardt, Bauplatz Groß-Berlin. Wohnungsmärkte, Terraingewerbe und Kommunalpolitik im Städtewachstum der Hochindustrialisierung (1871–1918), Berlin/New York 1998.
Ders./Harald Bodenschatz, Berlin 1910 – Kulminationspunkt einer internationalen Städtebau-Bewegung, in: Informationen zur modernen Stadtgeschichte 1 (2010), S. 5–13.
Eduard Bernstein, Die Geschichte der Berliner Arbeiter-Bewegung. Ein Kapitel zur Geschichte der deutschen Sozialdemokratie, Bd. 3, Berlin 1910.
Frauke Bey-Hard, Hauptstadt und Staatsumwälzung Berlin 1919. Problematik und Scheitern der Rätebewegung in der Berliner Kommunalverwaltung (Schriftenreihe des Vereins für Kommunalwissenschaften, Bd. 27), Stuttgart u. a. 1969.
Hans-Heinrich Blotevogel (Hrsg.), Kommunale Leistungsverwaltung und Stadtentwicklung vom Vormärz bis zur Weimarer Republik, Köln/Wien 1990.
Harald Bodenschatz, Platz frei für das Neue Berlin! Zur Geschichte der Stadterneuerung in der ‚größten Mietskasernenstadt der Welt' seit 1871, Berlin 1987.
Ders./Celina Kress (Hrsg.), Kult und Krise des großen Plans im Städtebau, Petersberg 2018.
Eberhard Bohm, Kurfürstendamm. Entstehung und erste Entwicklung, in: Wolfgang Ribbe (Hrsg.), Von der Residenz zur City. 275 Jahre Charlottenburg, Berlin 1980, S. 67–102.
Carl Böhret, Aktionen gegen die ‚kalte Sozialisierung' 1926–1930. Ein Beitrag zum Wirken ökonomischer Einflußverbände in der Weimarer Republik (Schriften zur Sozial- und Wirtschaftsgeschichte, Bd. 3), Berlin 1966.
Conrad Bornhak, Preußische Staats- und Rechtsgeschichte, Berlin 1903 [ND Berlin 1979].
Gustav Böß, Beiträge zur Berliner Kommunalpolitik, hrsg. von Christian Engeli, Berlin 1982.
Ders., Sechs Jahre neues Berlin, in: Hans Brennert/Erwin Stein (Hrsg.), Probleme der neuen Stadt Berlin. Darstellungen der Zukunft einer Viermillionenstadt, Berlin 1926, S. 11–14.
Friedrich Wilhelm August Bratring, Statistisch-topographische Beschreibung der gesamten Mark Brandenburg, kritisch durchgesehene und verbesserte Neuausgabe, hrsg. von Otto Büsch/Gerd Heinrich (Veröffentlichungen der Historischen Kommission zu Berlin, Bd. 22), Berlin 1968, S. 702.
Bernhard vom Brocke, Friedrich Althoff, in: Wilhelm Treue/Karl Gründer (Hrsg.), Wissenschaftspolitik in Berlin. Minister, Beamte Ratgeber (Einzelveröffentlichungen der Historischen Kommission zu Berlin, Bd. 60/Berlinische Lebensbilder, Bd. 3), Berlin 1987, S. 195–214.
Ders., Hochschul- und Wissenschaftspolitik in Preußen und im Deutschen Kaiserreich 1882–1907. Das ‚System Althoff', Stuttgart 1980.
Christoph Buchheim, Das Londoner Schuldenabkommen, in: Ludolf Herbst (Hrsg.), Westdeutschland 1945–1955. Unterwerfung, Kontrolle, Integration, München 1986.

Bundesministerium der Finanzen (Hrsg.), Finanzbericht 1990. Die volkswirtschaftlichen Grundlagen und die wichtigsten finanzwirtschaftlichen Probleme des Bundeshaushaltsplans für das Haushaltsjahr 1990, Bonn 1989.

Bundesministerium für wirtschaftlichen Besitz des Bundes (Hrsg.), ERP und die Stadt Berlin, Bad Godesberg/Berlin 1961.

Paul Busch, Zeitgemäße Grundstückspolitik der Stadt Berlin, Berlin 1929.

Otto Büsch, Entstehung und Leistung der ersten Berliner Demokratie: Das neue Groß-Berlin als Hauptstadt der Weimarer Republik, in: ders./Haus, Berlin als Hauptstadt, S. 20–44.

Ders., Geschichte der Berliner Kommunalwirtschaft in der Weimarer Republik (Veröffentlichungen der Historischen Kommission zu Berlin, Bd. 1), Berlin 1960.

Ders., Staatskommissare und Selbstverwaltung 1930–1933. Fragwürdige Überlieferung zum ‚Versagen' der demokratischen Kommunalverwaltungen, in: Der Städtetag 3 (1956), S. 90–97.

Ders./Wolfgang Haus, Berlin als Hauptstadt der Weimarer Republik 1919–1933 (Veröffentlichungen der Historischen Kommission zu Berlin, Bd. 70.1/Berliner Demokratie, Bd. 1).

Paul Clauswitz, Die Städteordnung von 1808 und die Stadt Berlin. Festschrift zur hundertjährigen Gedenkfeier der Einführung der Städteordnung, Berlin 1908.

Doris Cornelsen, Finanzhilfe für West-Berlin. Eine Untersuchung über Umfang und Bedeutung der finanziellen Verflechtung im öffentlichen Sektor zwischen West-Berlin und Westdeutschland, Berlin 1970.

Micheal S. Cullen, Der Reichstag. Die Geschichte eines Monuments, Berlin 1983.

Peter Czada, Die Berliner Elektroindustrie in der Weimarer Zeit. Eine regionalstatistisch-wirtschaftshistorische Untersuchung (Einzelveröffentlichungen der Historischen Kommission zu Berlin, Bd. 4), Berlin 1969.

Felix Czeike, Liberale, christlich-soziale und sozialdemokratische Kommunalpolitik (1861–1934). Dargestellt am Beispiel der Gemeinde Wien, München 1962.

Laurenz Demps, Der Schlesische Bahnhof in Berlin. Ein Kapitel preußischer Eisenbahngeschichte, Berlin 1991.

Gabi Dolff-Bonekämper/Angela Million/Elke Pahl-Weber (Hrsg.), Das Hobrechtsche Berlin. Wachstum, Wandel und Wert der Berliner Stadterweiterung, Berlin 2018.

Alexander Dominicus, Kommerzienrat Haberland und Groß-Berlin, in: Bodenreform 45 (1934), S. 12–14.

Jost Dülffer/Jochen Thies/Josef Henke (Hrsg.), Hitlers Städte. Baupolitik im Dritten Reich. Eine Dokumentation, Köln/Wien 1978.

Jörn Düwel/Werner Durth/Nils Gutschow (Hrsg.), 1945: Krieg – Zerstörung – Aufbau. Architektur und Stadtplanung 1940–1960 (Schriftenreihe der Akademie der Künste, Bd. 23), Berlin 1995.

Helmut Engel/Stefi Jersch-Wenzel/Wilhelm Treue (Hrsg.), Geschichtslandschaft Berlin. Orte und Ereignisse, Bd. 1: Charlottenburg, T. 2: Der Neue Westen, Berlin 1985.

Michael Engel, Geschichte Dahlems, Berlin 1984, S. 69–83.

Harald Engler, Die Finanzierung der Reichshauptstadt. Untersuchungen zu den hauptstadtbedingten staatlichen Ausgaben Preußens und des Deutschen Reiches in Berlin vom Kaiserreich bis zum Dritten Reich (1871–1945) (Veröffentlichungen der Historischen Kommission zu Berlin, Bd. 105), Berlin/New York 2004.

Ders., Hauptstadtbedingte Ausgaben des Deutschen Reiches und Preußens in Berlin vom Kaiserreich bis zum ‚Dritten Reich' (1871–1945), in: Ribbe, Hauptstadtfinanzierung, S. 63–122.

Christian Engeli (Hrsg.), Gustav Böß. Oberbürgermeister von Berlin 1921–1930 (Schriftenreihe des Vereins für Kommunalwissenschaften, Bd. 31), Stuttgart u. a. 1971.

Ders./Wolfgang Haus (Hrsg.), Quellen zum modernen Gemeindeverfassungsrecht in Deutschland, Stuttgart u. a. 1975, S. 101–134, hier § 184.

Felix Escher, Berlin und sein Umland. Zur Genese der Berliner Stadtlandschaft bis zum Beginn des 20. Jahrhunderts (Einzelveröffentlichungen der Historischen Kommission zu Berlin, Bd. 47), Berlin 1985.

Ders., Berlin und sein Umland in den Zwanziger Jahren, in: Wissenschaftliche Zeitschrift der Humboldt-Universität, Reihe Geistes- und Sozialwissenschaft 6 (1992), S. 103–109.

Ders., Berliner Anleihepolitik bis 1931/33, in: Kristina Hübener/Wilfried G. Hübscher/Detlev Hummel (Hrsg.), Bankgeschäfte an Havel und Spree. Geschichte – Traditionen – Perspektiven (Brandenburgische historische Studien, Bd. 6), Potsdam 2000, S. 123–156.

Ders., Hauptstadtaufgaben, der Berliner Haushalt und die Finanzverwaltung Preußens und des Reiches, in: Ribbe, Hauptstadtfinanzierung, S. 27–62.

Ders., Hugo Preuß und der steinige Weg zu einem Groß-Berlin, in: Lehnert, Hugo Preuß, S. 303–316.

Ders., Neukölln (Geschichte der Berliner Verwaltungsbezirke, Bd. 39), Berlin 1988.

Andreas Faludi, Der Wiener Wald- und Wiesengürtel und der Ursprung der ‚green-belt'-Idee, in: Raumforschung und Raumordnung 25 (1967), S. 195–206.

Jürgen Fijalkowski u. a., Berlin – Hauptstadtanspruch und Westintegration (Schriften des Instituts für politische Wissenschaft, Bd. 20), Köln/Opladen 1967.

Wolfram Fischer/Johannes Bähr (Hrsg.), Wirtschaft im geteilten Berlin 1945–1990. Forschungsansätze und Zeitzeugen (Einzelveröffentlichungen der Historischen Kommission zu Berlin, Bd. 76), München u. a. 1994.

Caroline Flick, Werner Hegemann (1881–1936). Stadtplanung, Architektur, Politik. Ein Arbeitsleben in Europa und den USA, 2 T. (Einzelveröffentlichungen der Historischen Kommission zu Berlin, Bd. 84), München 2005.

Ernst Fraenkel, Der Doppelstaat. Recht und Justiz im ‚Dritten Reich', Rückübersetzung aus dem Englischen von Manuela Schöps in Zusammenarbeit mit Felix Escher, Frankfurt am Main 1974.

Gerhard Fränk/Werner Hempfing (Hrsg.), Die Neugestaltung deutscher Städte. Kommentar zum Gesetz vom 4. Oktober 1937 nebst allen Durchführungsverordnungen und einschlägigen Gesetzen und Verordnungen. Mit einem Vorwort von Albert Speer, München 1939.

Freie Universität Berlin. Zentralinstitut für sozialwissenschaftliche Forschung (Hrsg.), Gedenkbuch Berlins der jüdischen Opfer des Nationalsozialismus, Berlin 1995.

Ernst Friedel/Robert Mielke (Hrsg.), Landeskunde der Provinz Brandenburg, Bd. 2, Berlin 1910.

Friedrich-Meinecke-Institut an der Freien Universität Berlin (Hrsg.), Das Hauptstadtproblem in der Geschichte. Festgabe zum 90. Geburtstag Friedrich Meineckes gewidmet vom Friedrich-Meinecke-Institut der Freien Universität Berlin, zugleich: Jahrbuch für die Geschichte des Deutschen Ostens, Bd. 1 (ab Bd. 2 Jahrbuch für die Geschichte Mittel- und Ostdeutschlands), Tübingen 1952.

Johann Friedrich Geist/Klaus Kürvers, Das Berliner Mietshaus, Bd. 1: 1740–1862. Eine dokumentarische Geschichte der ‚von Wülcknitzchen Familienhäuser' vor dem Hamburger Tor, der Proletarisierung des Berliner Nordens und dem Übergang von der Residenz zur Metropole, München 1980.

Dies., Das Berliner Mietshaus, Bd. 2: 1862–1945. Eine dokumentarische Geschichte von ‚Meyer's-Hof' in der Ackerstraße 132–133, München 1984.

Wilhelm Gerloff, Die Finanz- und Zollpolitik des Deutschen Reiches nebst ihren Beziehungen zu Landes- und Gemeindefinanzen von der Gründung des Norddeutschen Bundes bis zur Gegenwart, Jena 1913.

Carl Gerstenberg (Hrsg.), Ein französisches Urtheil über die Berliner Gemeinde-Verwaltung nach dem Bericht des französischen Ingenieurs D. Mayer, Berlin 1887.

Gustav Giese, Kommunales Schuldenwesen, in: Handbuch der kommunalen Wissenschaft und Praxis, Bd. 3, Berlin u. a. 1959.

Benedikt Goebel, Der Umbau Alt-Berlins zum modernen Stadtzentrum. Planungs-, Bau- und Besitzgeschichte des historischen Berliner Stadtkerns im 19. und 20. Jahrhundert (Schriftenreihe des Landesarchivs Berlin, Bd. 69), Berlin 2003.

Cornelius Goeters, Chronologie der Berliner Stadtoberhäupter und ihrer Stellvertreter 1294–1990 in: Ribbe, Stadtoberhäupter, S. 625–669.

Hendrik Göttrup, Die kommunale Leistungsverwaltung. Grundlage der gemeindlichen Daseinsvorsorge (Schriftenreihe des Vereins für Kommunalwissenschaften, Bd. 37), Stuttgart 1972.

Edward Gough, Die SPD in der Berliner Kommunalpolitik 1925–1933, Diss. Freie Universität Berlin 1984, S. 129–188.
Eberhard Grünert, Die Preußische Bau- und Finanzdirektion in Berlin. Entstehung und Entwicklung 1822–1944, Berlin/Köln 1982.
Berthold Grzywatz, Arthur Scholtz, in: Ribbe, Stadtoberhäupter, S. 203–233.
Ders., Städtisches Finanzwesen und Kommunalkredit, T. 2: Die kommunale Finanzsituation unter Einwirkung des Ersten Weltkrieges und den Reformversuchen der Weimarer Republik, in: Jahrbuch für die Geschichte Mittel- und Ostdeutschlands 43 (1995), S. 95–170.
Ders., Städtisches Finanzwesen und Kommunalkredit im Kaiserreich und in der Weimarer Republik, T. 1: Die Grundlagen vor dem Ersten Weltkrieg, in: Jahrbuch für die Geschichte Mittel- und Ostdeutschlands 42 (1994), S. 1–58.
Rüdiger Hachtmann/Thomas Schaarschmidt/Winfried Süß (Hrsg.), Berlin im Nationalsozialismus. Politik und Gesellschaft 1933–1945 (Beiträge zur Geschichte des Nationalsozialismus, Bd. 27), Göttingen 2011.
Stefan Handke, Die Eisenbahn Berlin-Potsdam. Die Wannseebahn, Berlin 1988.
Adolf Hannemann, Der Kreis Teltow – seine Geschichte, seine Verwaltung und seine Einrichtungen, hrsg. vom Kreisausschuß des Kreises Teltow, Berlin 1931.
Karl-Heinrich Hansmeyer (Hrsg.), Kommunale Finanzpolitik in der Weimarer Republik (Schriftenreihe des Vereins für Kommunalwissenschaften, Bd. 36), Stuttgart u. a. 1973.
Hope M. Harrison, Driving the Soviets up the Wall (2003), deutsche Ausgabe: Ulbrichts Mauer. Wie die SED Moskaus Widerstand gegen den Mauerbau brach, Berlin 2011.
Wolfgang Haus, Chance, Krise und Sturz der Demokratie im Berlin der Weimarer Republik, in: Otto Büsch/Wolfgang Haus, Berlin als Hauptstadt der Weimarer Republik 1919–1933 (Veröffentlichungen der Historischen Kommission zu Berlin, Bd. 70.1/Berliner Demokratie, Bd. 1), Berlin/New York 1987, S. 157–264.
Werner Hegemann, Das steinerne Berlin. Geschichte der größten Mietskasernenstadt der Welt, Berlin 1930 [ND 2. Aufl., Braunschweig 1976].
Ernst Heinrich, Der ‚Hobrechtplan', in: Jahrbuch für brandenburgische Landesgeschichte 13 (1962), S. 40–58.
Gerd Heinrich/Friedrich-Wilhelm Hennig/Kurt G. A. Jeserich, Verwaltungsgeschichte Ostdeutschlands, Stuttgart u. a. 1992.
Eckart Henning/Marion Kazemi, Dahlem – Domäne der Wissenschaft. Ein Spaziergang zu den Berliner Instituten der Kaiser-Wilhelm-/Max-Planck-Gesellschaft im ‚deutschen Oxford'; in: Archiv zur Geschichte der Max-Planck-Gesellschaft, Berlin 2002.
Karl M. Hettlage, Die Finanzverwaltung, in: Kurt G. A. Jeserich/Hans Pohl/Georg-Christoph von Unruh (Hrsg.), Deutsche Verwaltungsgeschichte, Bd. 4: Das Reich als Republik und in der Zeit des Nationalsozialismus, Stuttgart 1985, S. 177–185.
Walter G. Hoffmann, Das Wachstum der deutschen Wirtschaft seit der Mitte des 19. Jahrhunderts, Berlin u. a. 1965.
Wolfgang Hofmann, Aufgaben und Struktur der kommunalen Selbstverwaltung in der Zeit der Hochindustrialisierung, in: Jeserich/Pohl/Unruh, Deutsche Verwaltungsgeschichte, Bd. 3, S. 644–577.
Ders., Bürgerschaftliche Repräsentanz und kommunale Daseinsvorsorge. Studien zur neueren Stadtgeschichte (Beiträge zur Stadtgeschichte und Urbanisierungsforschung, Bd. 14), Stuttgart 2012.
Ders., Kommunale Daseinsvorsorge, Mittelstand und Städtebau 1817–1918 am Beispiel Charlottenburgs, in: Mai/Pohl, Kunstpolitik und Kunstförderung, S. 167–196.
Ders., Zwischen Rathaus und Reichskanzlei. Die Oberbürgermeister in der Kommunal- und Staatspolitik des Deutschen Reiches von 1890 bis 1933 (Schriften des Deutschen Instituts für Urbanistik, Bd. 46), Stuttgart u. a. 1974.

Ders., Städtetag und Verfassungsordnung. Position und Politik eines kommunalen Spitzenverbandes, Stuttgart u. a. 1966, S. 6–9.

Ders., Wachsen Berlins im Industriezeitalter. Siedlungsstruktur und Verwaltungsgrenzen, in: Helmut Jäger (Hrsg.), Probleme des Städtewesens im industriellen Zeitalter, Köln/Wien 1978, S. 159–177.

Carl Ludwig Holtfrerich, Aus dem Alltag des Reichswirtschaftsministeriums 1919–1923/24, in: ders. (Hrsg.), Das Reichswirtschaftsministerium und seine Vorläufer. Strukturen, Akteure, Handlungsfelder, Berlin/Boston 2016, S. 224–360.

Ders., Die deutsche Inflation 1914–1923. Ursachen und Folgen in internationaler Perspektive, Berlin/New York 1980.

Ders. (Hrsg.), Das Reichswirtschaftsministerium und seine Vorläufer. Strukturen, Akteure, Handlungsfelder, Berlin/Boston 2016.

Ingenieurwerke in und bei Berlin (Hrsg.), Festschrift des Bezirksvereins Deutscher Ingenieure 1906, Berlin 1906.

Harold James, The German Slump, Oxford 1986, deutsche Übersetzung: Deutschland in der Weltwirtschaftskrise 1924–1936, Stuttgart 1988.

Kurt G. A. Jeserich/Hans Pohl/Georg-Christoph von Unruh (Hrsg.), Deutsche Verwaltungsgeschichte, Bd. 3: Das Deutsche Reich bis zum Ende der Monarchie, Stuttgart 1984.

Ernst Kaeber, Beiträge zur Berliner Geschichte. Ausgewählte Aufsätze, bearb. von Werner Vogel (Veröffentlichungen der Historischen Kommission zu Berlin, Bd. 14) Berlin 1964.

Ders., Berlin im Weltkriege. Fünf Jahre städtischer Kriegsarbeit, Berlin 1921.

Ders., Die Epochen der Finanzpolitik Berlins 1808–1914 [zuerst 1924], in: ders., Beiträge zur Berliner Geschichte, S. 191–203.

Ders., Die Oberbürgermeister Berlins seit der Steinschen Städteordnung, in: Bär von Berlin 2 (1952), S. 53–114.

Ders., Das Weichbild der Stadt Berlin seit der Steinschen Städteordnung, in: ders., Beiträge zur Berliner Geschichte, S. 234–385.

Hermann Kaienburg, ‚Vernichtung durch Arbeit'. Der Fall Neuengamme. Die Wirtschaftsbestrebungen der SS und ihre Auswirkungen auf die Existenzbedingungen der KZ-Gefangenen, Bonn 1990.

Karl Heinrich Kaufhold (Hrsg.), Investitionen der Städte im 19. und 20. Jahrhundert (Städteforschung A/42), Köln/Wien 1997.

Gustav Kemmann, Zur Eröffnung der elektrischen Hoch- und Untergrundbahn in Berlin, Berlin 1902 [ND Berlin 2002].

Wolfgang Kiebert, Der elektrische Betrieb auf der Berliner S-Bahn, Bd. 2.1: Die große Elektrisierung – 1926 bis 1930, Berlin 2015; Bd. 3: Zehn dramatische Jahre – 1937 bis 1946, Berlin 2013.

Wolfgang Klee, Preußische Eisenbahngeschichte, Stuttgart u. a. 1982.

Annika Klein, Korruption und Korruptionsskandale in der Weimarer Republik, Göttingen 2014.

Manfred Klinkott, Hermann Blankenstein, in: Ribbe/Schäche, Baumeister, S. 235–256.

Walter Klose, Die Finanzpolitik der preußischen Großstädte, Berlin 1908.

Walter Franz Koch, Städtische Anleihen- und Bankpolitik, in: Wuttke, Die deutschen Städte, S. 701.

Henning Köhler, Adenauer. Eine politische Biographie, Bd. 1, Berlin 1997.

Ders., Berlin in der Weimarer Republik, in: Ribbe, Geschichte Berlins, Bd. 2, S. 814–824.

Königlich Preußischer Minister der öffentlichen Arbeiten (Hrsg.), Berlin und seine Eisenbahnen: 1846–1896, Bd. 1, Berlin 1896.

Georg Kotowski, Der Kampf um die Selbstverwaltung in Berlin. Ein Beitrag zur Vorgeschichte der Spaltung der Stadt, in: Jahrbuch für Geschichte des deutschen Ostens 1 (1952), Das Hauptstadtproblem in der Geschichte, S. 171–202.

Wolfgang R. Krabbe, Die deutsche Stadt im 19. und 20. Jahrhundert, Göttingen 1989.

Friedrich Krause/Georg Pinkenburg, Die Straßen-Brücken der Stadt Berlin, 2 Bde., Berlin 1902.

Celina Kress, Adolf Sommerfeld | Andrew Summerfield. Bauen für Berlin 1910–1970, Berlin 2011.

Christoph Kreutzmüller/Michael Wildt, ‚Ein radikaler Bürger'. Julius Lippert – Chefredakteur des ‚Angriff' und Staatskommissar zur besonderen Verwendung in Berlin, in: Hachtmann/Schaarschmidt/Süß, Berlin im Nationalsozialismus, S. 19–38.

Helga Krohn, Bruno Asch: Sozialist. Kommunalpolitiker. Deutscher Jude. 1890–1940, Frankfurt am Main 2015.

Jens Krüger, ‚Ein Skandal, wie Bonn zu Tode getrampelt wird!' Zur Finanzierung der Bundeshauptstadt Bonn 1949–1999, in: Ribbe, Hauptstadtfinanzierung in Deutschland, S. 149–181.

Gerhard Kutzsch, Der Staat und die Stadt Berlin. Skizzierung ihres Verhältnisses zueinander im 19. Jahrhundert, in: Bär von Berlin 17 (1968), S. 1–21.

Ural Kalender, Die Geschichte der Verkehrsplanung Berlins (Archiv für die Geschichte des Straßen- und Verkehrswesens, H. 24), Köln 2012.

Landesarchiv Berlin (Hrsg.), Das Landesarchiv und seine Bestände, T. 1. Übersicht über die Bestände aus der Zeit bis 1945 (Tektonik-Gruppe A) (Schriftenreihe des Landesarchivs, Bd. 1.1), Berlin 2003.

Friedrich C. A. Lange, Groß-Berliner Tagebuch 1920–1933, 2. Aufl., Berlin 1982.

Detlef Lehnert (Hrsg.), Hugo Preuß 1860–1925. Genealogie eines modernen Preußen, Köln 2011.

Ders., Kommunale Finanzpolitik im Berlin der 1920er Jahre, in: Heinz Reif/Moritz Feichtinger (Hrsg.), Ernst Reuter – Kommunalpolitiker und Gesellschaftsreformer 1921–1953 (Historisches Forschungszentrum der Friedrich-Ebert-Stiftung, Politik und Gesellschaft, Bd. 81), Bonn 2009, S. 103–125.

Ders., Kommunale Politik, Parteiensystem und Interessenkonflikte in Berlin und Wien 1919–1932. Wohnungs-, Verkehrs- und Finanzpolitik im Spannungsfeld von städtischer Selbstverwaltung und Verbandseinflüssen, Berlin 1988.

Uta Lehnert, Der Kaiser und die Siegesallee. Réclame Royale, Berlin 1998.

Friedrich Leyden, Gross-Berlin. Geographie der Weltstadt, Breslau 1933.

Viktor von Leyden, Der künftige Finanz- und Lastenausgleich [Vortrag auf einer Sitzung des Reichsstädtebundes vom 17. Juni 1930, gedruckt], Berlin 1930.

Viktor von Leyden, Das preußische Gemeindewahlrecht seit der Staatsumwälzung, Berlin 1925.

Ders., Preußische Verwaltungsreform (Schriften des Vereins für Kommunalwirtschaft und Kommunalpolitik, Nr. 34), Berlin 1929.

Ders., Probleme und Möglichkeiten eines preußischen Finanzausgleichs [Vortrag, gedruckt], Berlin 1930.

Ders., Das Wahlgesetz für die Provinziallandtage und Kreistage, Berlin 1926.

Albert Lichtblau, Antisemitismus und soziale Spannungen in Berlin und Wien 1867–1914, Berlin 1994.

Julius Lippert, Die Reinigungen der Kommunalverwaltung, in: Wilhelm Kube (Hrsg.), Almanach der nationalsozialistischen Revolution, Berlin 1934, S. 203–205.

Ralph-Jürgen Lischke, Friedrich Althoff und sein Beitrag zur Entwicklung des Berliner Wissenschaftssystems an der Wende vom 19. zum 20. Jahrhundert, Berlin 1990.

Ders., Zur wissenschaftspolitischen und wissenschaftsorganisatorischen Leistung Friedrich Althoffs unter besonderer Berücksichtigung seines Beitrages zur Herausbildung Berlins als bedeutendes Wissenschaftszentrum, Diss. Humboldt-Universität zu Berlin 1984.

Jutta Lubowitzki, Der ‚Hobrechtplan'. Probleme der Berliner Stadtentwicklung um die Mitte des 19. Jahrhunderts, in: Wolfgang Ribbe (Hrsg.), Berlin-Forschungen, Bd. V, (Einzelveröffentlichungen der Historischen Kommission zu Berlin, Bd. 71), Berlin 1990, S. 11–130.

Cordula Ludwig, Korruption und Nationalsozialismus in Berlin 1924–1934 (Geschichtliche Grundlagen der Politik, Bd. 1), Frankfurt am Main u. a. 1998.

Magistrat von Berlin (Hrsg.), Denkschrift der Stadt Berlin zum Preußischen Finanzausgleich, Berlin 1928.

Ekkehard Mai/Hans Pohl/Stephan Waetzoldt (Hrsg.), Kunstpolitik und Kunstförderung im Kaiserreich. Kunst im Wandel der Sozial- und Wirtschaftsgeschichte, Berlin 1982.

Helmut Maier, Berlin Anhalter Bahnhof, Berlin 1984.

[Vorname unbekannt] Mann, Leistungen der Gemeinden auf Grund des Kriegsleistungsgesetzes, in: Kommunales Jahrbuch – Kriegsband, Jena 1919, S. 23–31.

Angela Martin, Ludwig Steeg, in: Ribbe, Stadtoberhäupter, S. 277–295.
Dies., Oskar Maretzky, in: Ribbe, Stadtoberhäupter, S. 252–260.
Ingo Materna/Wolfgang Ribbe (Hrsg.), Brandenburgische Geschichte, Berlin 1995.
Daniel S. Mattern, Robert Zelle, in: Ribbe, Stadtoberhäupter, S. 147–156.
Ders., Martin Kirschner, in: Ribbe, Stadtoberhäupter, S. 157–166.
Horst Matzerath, ‚Kommunale Leistungsverwaltung'. Zu Bedeutung und politischer Funktion des Begriffs im 19. und 20. Jahrhundert, in: Blotevogel, Kommunale Leistungsverwaltung, S. 3–24.
Ders., Nationalsozialismus und kommunale Selbstverwaltung (Schriftenreihe des Vereins für Kommunalwissenschaften, Bd. 29), Stuttgart u. a. 1970.
Max Meiling, Die Reform des kommunalen Finanzwesens auf Grund des Gesetzes vom 14. Juli 1893 und der Berliner Gemeindehaushalt 1890/1900, in: Jahrbücher für Nationalökonomie und Statistik LXXXIV (1905), S. 289–364.
Theodor Meinrich, Die Bevölkerung, in: Friedel/Mielke, Landeskunde der Provinz Brandenburg, Bd. 2, S. 110–112.
Karl-Heinz Metzger/Ulrich Dunker, Der Kurfürstendamm. Leben und Mythos des Boulevards in 100 Jahren deutscher Geschichte, Berlin 1986.
Kurt Mollik/Herbert Reining/Rudolf Wurzer, Planung und Verwirklichung der Wiener Ringstraße (Die Wiener Ringstraße. Bild einer Epoche. Die Erweiterung der inneren Stadt Wien unter Kaiser Franz Joseph, Bd. 3, Textband), Wiesbaden 1980.
Otto Most, Finanz- und Steuerwesen, in: Kommunales Jahrbuch – Kriegsband (1919), S. 479–520.
Oskar Mulert, Die Bedeutung des Auslandskredits für die deutschen Gemeinden, in: Schriften des Vereins für Sozialpolitik 174 (1928), T. 3.
Christoph Müller, Einleitung, in: ders. (Hrsg.), Hugo Preuß, Gesammelte Schriften, Bd. 5, Kommunalwissenschaft und Kommunalpolitik, Tübingen 2012.
Helmut Müller, Die Zentralbank – eine Nebenregierung. Hjalmar Schacht als Politiker der Weimarer Republik, Wiesbaden 1973.
Walter Naasner, SS-Wirtschaft und SS-Verwaltung. ‚Das SS-Wirtschafts-Verwaltungshauptamt und die unter seiner Dienstaufsicht stehenden wirtschaftlichen Unternehmungen' und weitere Dokumente (Schriften des Bundesarchivs, Bd. 45a), Düsseldorf 1998.
Karl-Heinz Noack, Max von Forckenbeck, in: Ribbe, Stadtoberhäupter, S. 135–146.
Ders., Arthur Hobrecht, in: Ribbe, Stadtoberhäupter, S. 125–134.
Ders., Karl Theodor Seydel, in: Ribbe, Stadtoberhäupter, S. 113–124.
Brigitte Oleschinski, Julius Lippert, in: Ribbe, Stadtoberhäupter, S. 261–276.
Helge Pitz/Wolfgang Hofmann/Jürgen Tomisch, Berlin-W. Geschichte und Schicksal einer Stadtmitte, 2 Bde., Berlin 1984.
Hugo Preuß, Sozialpolitik im Berliner Verkehr, in: Fragen der kommunalen Sozialpolitik in Groß-Berlin. Fünf Vorträge, H. I, Jena 1911, S. 1–26.
Ders., Sozialpolitik im Berliner Verkehr, in: Fragen der kommunalen Sozialpolitik in Groß-Berlin. Fünf Vorträge, H. II, Jena 1912, S. 98–124.
Christine Rädlinger, Schwerpunkte Münchener Finanzierungspolitik im 19. und 20. Jahrhundert, in: Ribbe, Hauptstadtfinanzierung in Deutschland, S. 217–246.
Wolfgang Radtke, Armut in Berlin. Die sozialpolitischen Ansätze Christian von Rothers und der Königlichen Seehandlung im vormärzlichen Preußen, Berlin 1992.
Dieter Rebentisch, Frankfurt am Main in der Weimarer Republik, in: Frankfurter Historische Kommission (Hrsg.), Frankfurt am Main. Die Geschichte der Stadt in neun Beiträgen, Sigmaringen 1991, S. 423–518.
Hans D. Reichardt, Berliner Omnibusse. Vom Pferdeomnibus zum Doppeldecker, Düsseldorf 1975.
Ders./Wolfgang Schäche, Von Berlin nach Germania. Über die Zerstörung der ‚Reichshauptstadt' durch Speers Neugestaltungsplanungen, 2. Aufl., Berlin 2002.

Jürgen Reulecke, Die Armenfürsorge als Teil der kommunalen Leistungsverwaltung im 19. Jahrhundert, in: Blotevogel, Kommunale Leistungsverwaltung, S. 71–80.
Ders., Auswirkungen der Inflation auf die städtischen Finanzen, in: Gerald D. Feldman (Hrsg.), Die Nachwirkungen der Inflation auf die deutsche Geschichte 1924–1933 (Schriften des Historischen Kollegs, Kolloquien, Bd. 6), München 1985, S. 97–116.
Ders. (Hrsg.), Die Stadt als Dienstleistungszentrum. Beiträge zur Geschichte der ‚Sozialstadt' in Deutschland im 19. und frühen 20. Jahrhundert, St. Katharinen 1995.
Ernst Reuter, Schriften. Reden, Bd. 2: 1922 bis 1946, hrsg. von Ernst E. Hirschfeld/Hans J. Reichhardt, Berlin 1973.
Ursula Reuter, Paul Singer (1844–1811). Eine politische Biographie (Beiträge zur Geschichte des Parlamentarismus und der politischen Parteien, Bd. 138), 2. Aufl., Düsseldorf 2006.
Wolfgang Ribbe/Wolfgang Schäche (Hrsg.), Baumeister. Architekten. Stadtplaner. Biographien zur baulichen Entwicklung Berlins (Berlinische Lebensbilder), Berlin 1987.
Ders. (Hrsg.), Geschichte Berlins, Bd. 2: Von der Märzrevolution bis zur Gegenwart, München 1987.
Ders. (Hrsg.), Hauptstadtfinanzierung in Deutschland: Von der Reichsgründung bis zur Gegenwart (Berlin-Forschungen der Historischen Kommission zu Berlin, Bd. 4), Berlin 2004.
Ders. (Hrsg.), Stadtoberhäupter. Biographien Berliner Bürgermeister im 19. und 20. Jahrhundert (Berlinische Lebensbilder, Bd. 7), Berlin 1992.
Günter Richter, Zwischen Revolution und Reichsgründung, in: Ribbe, Geschichte Berlins, Bd. 2, S. 605–687.
Sabine Rudischhauser, Sozialpolitische Konzeptionen im alten und neuen Berlin 1900 bis 1927, Magisterarbeit, Freie Universität Berlin 1988.
Arnold Sachse, Friedrich Althoff und sein Werk, Berlin 1928.
Ludovica Scarpa, Martin Wagner und Berlin. Architektur und Städtebau in der Weimarer Republik, Braunschweig/Wiesbaden 1986.
Wolfgang Schäche, Architektur und Städtebau in Berlin zwischen 1933 und 1945. Planen und Bauen unter der Ägide der Stadtverwaltung (Die Bauwerke und Kunstdenkmäler von Berlin, Beih. 17), Berlin 1991.
Ders., Ludwig Hoffmann, in: Ribbe/Schäche, Baumeister, S. 277–300.
Hjalmar Schacht, 76 Jahre meines Lebens, Bad Wörishofen 1953.
Ders., Schacht in seinen Äußerungen. Im Auftrage des Reichsbankdirektoriums zusammengestellt in der Volkswirtschaftlichen und Statistischen Abteilung der Reichsbank. Zum 22. Januar 1937, Berlin 1937.
Matthias Schmidt, Albert Speer: Das Ende eines Mythos. Aufdeckung einer Geschichtsfälschung, München 1983.
Walter Schneider, Der städtische Berliner öffentliche Nahverkehr, 12 Bde. [Manuskript], Berlin [o. J.].
Kurt Schrader, Die Verwaltung Berlins von der Residenzstadt des Kurfürsten Friedrich Wilhelm bis zur Reichshauptstadt. Unter besonderer Berücksichtigung der Stellung der Stadtverwaltung zu den oberen preußischen Staatsbehörden mit einem Abriß der Berliner Regierung, Diss. masch., Humboldt-Universität zu Berlin 1963, T. 2.
Susanna Schrafstetter, Verfolgung und Wiedergutmachung. Karl M. Hettlage: Mitarbeiter von Albert Speer und Staatssekretär im Bundesfinanzministerium, in: Vierteljahreshefte für Zeitgeschichte 56/3 (2008), S. 431–466.
Eckart Schremmer, Steuern und Staatsfinanzen während der Industrialisierung Europas. England, Frankreich und das Deutsche Reich 1800 bis 1914 (Enzyklopädie der Rechts- und Staatswissenschaft), Berlin u. a. 1994.
Dirk Schubert, Stadterneuerung in London und Hamburg. Eine Stadtbaugeschichte zwischen Modernisierung und Disziplinierung, Braunschweig/Wiesbaden 1997.
Joachim H. Schultze, Die Weltstadt als Objekt geographischer Forschung. Eine Einführung in die Festschrift, in: ders. (Hrsg.), Zum Problem der Weltstadt. Festschrift zum 32. Deutschen Geographentag in Berlin 20.–24. Mai 1959, Berlin 1959, S. IX–XX.

Berthold Schulze, Polizeipräsident Carl von Hinckeldey, in: Jahrbuch für die Geschichte Mittel- und Ostdeutschlands 4 (1955), S. 81–108.

Ders., 200 Jahre staatlicher Verwaltungsbezirk Berlin, in: Jahrbuch für brandenburgische Landesgeschichte 3 (1952), S. 1–9.

Hagen Schulze, Preußens demokratische Sendung, Frankfurt am Main/Berlin/Wien 1977.

Otto Schwarz/Georg Strutz (Hrsg.), Der Staatshaushalt und die Finanzen Preußens, Bd. 3: Dotationen und allgemeine Finanzverwaltung, Berlin 1904.

William Smalldone/Rudolf Hilferding. Tragödie eines deutschen Sozialdemokraten, Bonn 2000.

Albert Speer, Erinnerungen, 10. Aufl., Berlin 1972.

Andreas Splanemann, Adolf Wermuth, in: Ribbe, Stadtoberhäupter, S. 167–184.

Ders., Brandenburg und Berlin 1920–1932, in: Heinrich/Hennig/Jeserich, Verwaltungsgeschichte Ostdeutschlands, S. 760–765.

Adolf Streckfuß, Vom Fischerdorf zur Weltstadt. 500 Jahre Berliner Stadtgeschichte, 4 Bde., Berlin 1885, hier Bd. 2.

Klaus Strohmeyer, James Hobrecht (1825–1902) und die Modernisierung der Stadt, Berlin 2000.

Anthony Sutcliffe, The Autumn of Central Paris. The Defeat of Town Planning 1850–1970 (Studies in Urban History, Bd. 1), London 1970.

Heinrich Tepasse, Stadttechnik im Städtebau Berlins, 3 Bde., Berlin 2001, hier Bd. 1: Das 19. Jahrhundert.

Jochen Thies, Architekt der Weltherrschaft. Die ‚Endziele' Hitlers, 2. Aufl., Düsseldorf 1976.

Richard H. Tilly, Investitionen der Gemeinden im deutschen Kaiserreich. Ein Überblick, in: Kaufhold, Investitionen, S. 39–59.

Ders., Städtewachstum, Kommunalfinanzen und Munzipalsozialismus in der deutschen Industrialisierung: eine vergleichende Perspektive 1870–1913, in: Reulecke, Die Stadt als Dienstleistungszentrum. S. 125–152.

Hermann-Dietrich Troeltsch, Die Einrichtung der Beratungsstelle für Auslandskredite und deren Funktionsweise/Die Diskussion der Deckungsregeln, in: Hansmeyer, Kommunale Finanzpolitik, S. 200–220.

Matthias Uhl, Krieg um Berlin? Die sowjetische Militär- und Sicherheitspolitik in der zweiten Berlin-Krise 1958 bis 1962, München 2008.

Gisela Upmeier, Die Entwicklung der kommunalen Ausgaben und Einnahmen im Verlauf des Währungsverfalls, in: Hansmeyer, Kommunale Finanzpolitik, S. 63–71.

Verband Berliner Wohnungsbaugenossenschaften (Hrsg.), Geschichte der gemeinnützigen Wohnungswirtschaft in Berlin, Berlin 1957.

Verein Deutscher Ingenieure (Hrsg.), Festschrift zur XXXV. Hauptversammlung des Vereins Deutscher Ingenieure, Berlin 1894.

Verein Deutscher Ingenieure, Die öffentlichen Straßen Berlins, in: ders., Festschrift zur XXXV. Hauptversammlung, S. 23.

Verein deutscher Straßenbahn- und Kleinbahn-Verwaltungen (Hrsg.), Die Große Berliner Straßenbahn und ihre Nebenbahnen 1902–1911. Denkschrift aus Anlaß der XIII. Vereinsversammlung des Vereins deutscher Straßenbahn- und Kleinbahn-Verwaltungen, Berlin 1911.

Werner Vogel, Ernst Kaeber. Leben und Werk, in Kaeber, Beiträge zur Berliner Geschichte, S. 377–385.

Martin Voigt (Bearb.), Akten der Reichskanzlei, Weimarer Republik, Das Kabinett Müller II, Bd. 2, Boppard 1970.

Paul Voigt, Grundrente und Wohnungsfrage in Berlin und seinen Vororten. Eine Untersuchung ihrer Geschichte und ihres gegenwärtigen Standes, Jena 1891.

Georg Wagner/Albert Schwartz, Die Große Berliner Straßenbahn 1871–1902. Denkschrift aus Anlaß der vollständigen Durchführung des elektromotorischen Betriebes, Berlin 1902.

Hans-Ulrich Wehler, Deutsche Gesellschaftsgeschichte, Bd. 3: Von der ‚Deutschen Doppelrevolution' bis zum Beginn des Ersten Weltkrieges 1849–1914, 2. Aufl., München 2006.

Hans Willi Weinzen, Berlin in der Finanzkrise. Bilanz einer Sanierungsstrategie, Berlin 2007.

Ders., Berlin und seine Finanzen. Von der Bundeshilfe in den Finanzausgleich (Verwaltung, Recht und Gesellschaft, Bd. 7), Berlin 1995.

Ders., Berlin und seine Schulden. Ein Land auf der Flucht vor der Wirklichkeit?, Berlin 2003.

Ders., Hauptstadtfinanzierung und Hauptstadtvertrag, in: Ribbe, Hauptstadtfinanzierung in Deutschland, S. 183–215.

Karl Weiss, Wien 1848–1888. Denkschrift zum 2. December 1888, hrsg. vom Gemeinderathe der Stadt Wien, Bd. 1, Wien 1888.

Adolf Wermuth, Ein Beamtenleben. Erinnerungen, Berlin 1922.

Jürgen Wetzel, Wilhelm Krausnick, in: Ribbe, Stadtoberhäupter, S. 83–107.

Ruth Wimmer, Charakteristika der Berliner Kommunalpolitik in den Jahren der Weimarer Republik, untersucht an der wirtschaftspolitischen Konzeption des Berliner Oberbürgermeisters Gustav Böß (1921 bis 1929), in: Jahrbuch für Wirtschaftsgeschichte 1 (1969), S. 75–109.

Irmgard Wirth, Die Bauwerke und Kunstdenkmäler von Berlin. Bezirk Tiergarten, Berlin 1955.

Peter-Christian Witt, Die Finanzpolitik des Deutschen Reiches von 1903 bis 1913. Eine Studie zur Innenpolitk des Wilhelminischen Deutschlands, Lübeck/Hamburg 1970.

Gerhard W. Wittkämper, Zur Entstehung und Entwicklung kommunaler Aufgabenfelder im 19. Jahrhundert. Forschungsprobleme zwischen Verwaltungswissenschaft und Kommunalgeschichte, in: Blotevogel, Kommunale Leistungsverwaltung, S. 25–41.

Michael W. Wolff, Die Währungsreform in Berlin: 1948/49 (Veröffentlichungen der Historischen Kommission zu Berlin, Bd. 77), Berlin/New York 1991.

Robert Wuttke (Hrsg.), Die deutschen Städte. Geschildert nach den Ergebnissen der ersten deutschen Städtebauausstellung zu Dresden 1903, Leipzig 1904, S. 701.

Josef Wysocky, Die Kommunalfinanzen in Erzbergers Reformkonzept: Finanzzuweisungen statt eigener Steuern, in: Hansmeyer, Kommunale Finanzpolitik, S. 35–59.

Otto Ziebill, Geschichte des Deutschen Städtetages. Fünfzig Jahre deutsche Kommunalpolitik, Stuttgart/Köln 1953.

Friedrich W. R. Zimmermann, Die Finanzwirtschaft des Deutschen Reiches und der deutschen Bundesstaaten zum Kriegsausbruch 1914, Berlin/Leipzig 1916.

Zschaler Frank, Öffentliche Finanzen und Finanzpolitik in Berlin 1945–1961. Eine vergleichende Untersuchung von Ost- und West-Berlin (mit Datenanhang 1945–1989) (Veröffentlichungen der Historischen Kommission zu Berlin, Bd. 88), Berlin/New York 1995.

Ders., Die wirtschaftliche Spaltung Berlins. Zu Unterschieden in der Wirtschafts- und Finanzpolitik zwischen den Westsektoren und dem Sowjetsektor (Ende der 1940er, Anfang der 1950er Jahre), in: Fischer/Bähr, Wirtschaft im geteilten Berlin 1945–1990, S. 47–75.

Zum 50jährigen Bestehen der Stadtbahn, in: Verkehrstechnische Woche 26 (1932).

Abbildungsverzeichnis

https://doi.org/10.1515/9783111178714-012

Sachregister

https://doi.org/10.1515/9783111178714-013

Personen- und Firmenregister

https://doi.org/10.1515/9783111178714-014

Ortsregister

https://doi.org/10.1515/9783111178714-015

www.ingramcontent.com/pod-product-compliance
Lightning Source LLC
LaVergne TN
LVHW081328011026
849161LV00013BB/2871